지역 다양성과 사회 통합

세계 각국의 시민-정당 연계 동향과 쟁점

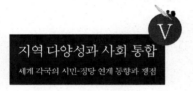

지역 다양성과 사회 통합

세계 각국의 시민-정당 연계 동향과 쟁점

초판 1쇄 발행 2020년 5월 2일

지은이 윤종빈·김기태 외

펴낸이 김선기
펴낸곳 (주)푸른길
출판등록 1996년 4월 12일 제16-1292호
주소 (08377) 서울시 구로구 디지털로 33길 48 대륭포스트타워 7차 1008호
전화 02-523-2907, 6942-9570~2
팩스 02-523-2951
이메일 purungilbook@naver.com
홈페이지 www.purungil.co.kr

ISBN 978-89-6291-866-3 93340

*이 도서의 국립중앙도서관 출판예정도서목록(CIP)은 서지정보유통지원시스템 홈페이지(http:
//seoji.nl.go.kr)와 국가자료공동목록시스템(http://www.nl.go.kr/kolisnet)에서 이용하실 수
있습니다.(CIP제어번호: CIP2020006604)

이 저서는 2019년 대한민국 교육부와 한국연구재단의 지원을 받아 수행된 연구임(NRF-
2019S1A3A2098969).

지역 다양성과 사회 통합

미래정치연구소 학술 총서 시리즈 11

세계 각국의 시민-정당 연계 동향과 쟁점

미래정치연구소 편

윤종빈·김기태·김진주·김소정·정승희·권정현·김우진·김은중·박예린·
백하은·손제인·신건·유예닮·이순영·이연경·이예리·임태훈·정현영·
최민지·탁희주·한소정·홍예림·황슬기

푸른길

Regional Diversity and Social Integration

Trends and Issues of Citizens-Parties Linkages in the World

Korea Institute for Future Politics
by Jong Bin Yoon and Ki Tae Kim

PURUNGIL

책을 내면서

　본 학술 도서는 2013년 한국연구재단의 한국사회과학연구지원(Social Science Korea, SSK) 사업에 선정되어 2019년 대형단계에 진입한 명지대학교 산하 미래정책센터(The Center for Future Policy Studies)가 기획한 연구 성과물 중 하나이다. '대의민주주의 강화를 위한 시민-정당 연계모델과 사회통합'이라는 큰 주제하에 본 사업단은 지난 6년의 연구기간 동안 정당의 역할을 강화하고, 숙의 민주주의를 제도화하며, 지식 정보화 시대의 새로운 시민사회 거버넌스를 구축하기 위한 학문적·이론적 패러다임을 구축해왔다. 이러한 학문적 성과를 바탕으로 본 사업단은 한국적 정당-시민 연계 강화와 사회통합을 위한 정책적·실천적 방안을 고심하던 중 다양한 지역과의 비교 분석에 그 길이 있음을 깨달았다. 즉, 한국에만 국한하지 않고 동유럽, 유럽의회, 미국, 일본 등 세계 다양한 지역까지 포함한 비교 분석을 통해 한국적 사회통합의 모델을 모색하고자 하는 것이 우리의 합의된 전략이었다. 왜냐하면 세계 여러 나라들은 다른 정도의 사회통합 수준을 보여주고 있으며 이들 국가들이 사회 통합을 위해 사용한 전략도 각기 다양하기에 이들에 대한 검토를 통해 우리가 반면교사로 삼을 좋은 정책적 제안이 도출될 수 있다고 보았기 때문이다.

　본 학술도서는 이러한 관점에서 기획되었으며, 동유럽, 유럽의회, 미국, 일본, 동남·남부 아시아의 지역별 동향 및 쟁점을 다루고 있다. 제1부에서는 동유럽 사례를 다룬다. 2017년 말부터 2019년 중순까지 동유럽은 우파 정당의 집권이 계속되는 가운데, 극우시위가 빈발하고 이에 정부가 강경하게 대응하는 등 정치적 불안정성이 증가하여 민주주의의 위기가 지속되고 있다. 해방 이후 단기간에 민주주의 정치체계를 달성한 한국처럼, 폴란드, 헝가리, 체코 등 동유럽 국가들 역시 1980년대 후반 공산당의 일당지배체제가 붕괴된 이후 단시간에 절차적 민주주의를 향해 나아가고 있다. 이러한 점에서 동유럽에 대한 연구는 한국 사회에서도 중요한 정책적 함의를 제공해줄 수 있을 것이다. 제2부는 유럽 각국 정당들의 연합으로 구성되는 유럽정당(European Political Groups, EPG)의 활동 영역인 유럽의회를 살펴본다. 최근 유럽연합은 브렉시트 재투표 이슈 및 극우정당의 약진, 인종갈등, 난민 문제 등으로 유럽연합의 응집력에 균열을 일으킬 수 있는 혼란이 가중되었다. 그러한 상황에서 유럽연합의 균열을 방지하고 통합을 강화하기 위하여 유럽연합 내 각국 정당들이 어떤 방식으로 시민사회를 재구성하고 정당과의 연계를 강화하고 있는지 살펴보는 것은 한국의 사회통합 과정에도 시사점을 주고 있다. 제3부에서는 미국 정치의 동향과 쟁점을 다룬다. 강경 우파적인 정책을 펼치는 트럼프 대통령이 당선된 후 미국 사회는 극단적 '정체성 정치' 양상하에 집단극화 및 인종과 계급 간 여론 분열이 심화되고 있다. 그 속에서 미국의 정당들은 유권자들을 대변하고 대의민주주의 강화를 위해 어떤 방식의 정책적 노력을 기울이고 있는지 살펴보았다. 제4부는 일본의 동향과 일본 정치의 쟁점을 살펴보았다. 자민당이 장기집권을 이어가고 있는 가운데, 최근 아베 정부에 대한 일본 국민의 신뢰가 하락하고 있으며, 야당 또한 이러한 집권여당에 대한 지지율 하락을 자신들의 지지율 상승으로 반전시키지 못하는 무력한 모습을 보여주고 있다. 이러한 일본 정치의 모습은 작금의 한국 정치상황에도 타산지석의 교훈을 제공하고 있다. 제5부와 제6부에서는 대만·싱가포르·필리핀·인도·인도네시아·말레이시아 등 동남·남부 아시아의 정치적 동향 및 쟁점을 살펴보았다. 우선 대만의 경우 중국에서 독립한 이후 양안 갈등이 심화되고 있으며, 이러한 갈등은 대외적으로는 미·중 간 갈등 격화 대내적으로는 친중 성향 정당 간부 체포 등의 사건 등으로 더욱 경색 국면으로 치닫고 있는 형편이다. 인도의 경우, 카스트 제도와 여성차별 문제 등 반근대적인 전통적 가치가 여전히 공고한 가운데, 이를 극복하고 사회통합으로 나아가기 위한 노력을 기울이고 있다. 인도네시아·말레이시아의 경우, 다인종 간 사회통합을 위해 여러 노력을 기울이고 있는데, 이러한 노력 역시 특정 인종에게 국한되어 있고, 지나치게 여당 중심의 권위주의적 성격을 띠고 있다는 점에서 문제점을 노출하고 있다. 미·중 갈등 등 주변국들의 대외관계 속에서 전통적 가치를 극복하고 민주주의로 나아가기 위한 동남·남부 아시아의 정치상황을 비교·분석하면서 한국의 민주주의가 나아가야 할 방향에 대해 모색할 수 있을 것이다.

지난 6년여간의 연구기간 동안 참여 연구원 7명은 매달 진행된 월례발표회를 토대로 우리가 선정한 지역을 직접 탐방하여 현지 인터뷰를 실시하고 자료를 수집하는 등 치열하게 연구하며 토론하였다. 공동 연구원으로서 박경미(전북대 정치외교학과)·유성진(이화여대 스크랜튼학부)·장승진(국민대 정치외교학과)·한의석(성신여대 정치외교학과)·한정훈(서울대 국제대학원 국제학과) 교수님들의 노고에 깊이 감사드린다. 더불어 본 학술도서는 명지대학교 대학원생 및 학부생 연구보조원들과 같이 하였다. 연구보조원 학생들을 매달 지도해주신 사업단의 전임연구원이자 연구교수인 정수현(명지대 미래정책센터), 박지영(명지대 미래정책센터), 김진주(명지대 미래정책센터), 김기태(명지대 미래정책센터)께도 감사의 말씀을 전한다. 또한 연구 자료 수집과 정리를 담당한 김소정, 정승희, 김경혜 학생을 포함한 학부생 연구보조원들의 도움 없이 본 연구 성과물은 가능하지 않았을 것이다. 본 학술도서는 명지대학교 사업단이 앞으로 만들어낼 여러 연구 총서의 하나로서 지속적인 연구를 통해 한국의 사회통합의 길을 앞당기는 촉매제가 되었으면 하는 희망으로 머리말을 마무리하고자 한다.

2020년 4월
저자들을 대신하여, 윤종빈·김기태

차례

제1부

동유럽의 동향 및 쟁점
- 우파의 집권 지속과 야권의 견제

언론의 자유 침해와 야당의 역할 부재 | 헝가리 정부, 난민 정책과 관련하여 유럽의회와 여론에 포용적 자세 보여야 | 체코 정부, 단기체류자 투표권 부여에 대한 논란 | 정부와 극우세력의 폴란드 독립 100주년 공동행진에 대한 야당과 국민들의 비판 | 헝가리 정부의 노동법 개정안 추진에 대한 여론과 야당의 비판 | 폴란드 그단스크 시장의 죽음을 통해 본 정치적 포용성 | 체코 정부의 사법부 개입 의혹과 상원의원들의 탄핵안 추진 | 헝가리 여당 피데스의 유럽국민당그룹 내 자격정지의 의미 | 교사 파업에 대한 폴란드 정부의 포용적 태도의 필요성 | 체코 바비스 총리의 사기 혐의와 새로운 법무부 장관 임명에 대한 의혹 | 성소수자에 대한 포용력이 결여된 폴란드 정치권 | 헝가리 정부의 과학계 통제와 시민의 자유 침해 | 폴란드 사법개혁을 둘러싼 법무부 차관 스캔들

제2부

유럽의회의 동향 및 쟁점
- 분열하는 유럽연합과 극우 정당의 약진

제3부

미국의 동향 및 쟁점

- '위대한 미국'의 재건과 정치적 양극화

제2장.. 미국의 쟁점   **408**

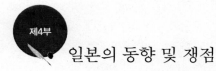

계' 부정 사건 논란과 야당의 반발 | 자민당 지역 조직과 국민을 향한 아베 총리의 일방적인 개헌추진 | 지방선거를 앞둔 오사카 유신회의 명분과 당위성 | 일본 지방선거에서 대거 무투표 당선의 원인과 야권의 미흡한 공천 | 마루야마 호다카 의원을 통해 바라본 국회의원의 진정한 역할 | 참의원 선거를 앞두고 내각 불신임안을 제출한 야권의 진정한 의도 | 참의원 선거, 자민당의 개헌 이슈 쟁점화 실패 | 한일관계 악화로 초래된 일본 내 경제난과 여론의 불안

제5부
동남·남부 아시아 Ⅰ의 동향 및 쟁점
- 전통의 지속과 대외갈등 속 위기의 민주주의

안 갈등 | 연말 지방선거를 앞두고 내각 개편의 의지를 다지는 민진당 | 지진 피해에 대한 중국의 도움을 거절한 대만 행정원 | 필리핀 두테르테 대통령의 반(反)민주적 행보 | 카스트로 인한 갈등을 해소하기 위한 정부의 노력 | 연금 개혁을 둘러싼 갈등과 차이잉원 정부의 지지율 하락 | 거침없는 언행을 서슴지 않는 두테르테 대통령 | 나렌드라 모디 총리 국정 위기의식 가져야 | 미·중 갈등 속에서 경색되는 양안관계 | 인도 주(州) 고위 관료들의 공백과 대책 마련의 필요성 | 베일에 싸인 필리핀 대통령 건강악화설 | 대만, 민진당의 지방선거 패배와 그 원인 | 현 인도정부의 경제정책에 대한 국민들의 불만과 여당의 지방선거 패배 | 인도 여성의 힌두사원 출입에 대한 두 정당의 대립 | 래플러 언론사 사장의 계속되는 체포와 두테르테 대통령의 언론탄압 의혹 | 모디 총리의 라팔 제트기 비리에 대한 논란과 여론의 반응 | 인도, 세계 최대 민주주의 선거의 명암 | 필리핀의 중간선거 조작 의혹 | 차이 총통의 총통 후보 경선 승리를 둘러싼 조작 의혹 | 인도 정부의 국립수사국 권한 강화를 둘러싼 권위주의적 행보 | 필리핀의 테러 방지를 위한 반체제법 부활을 둘러싼 기본권 침해 논란

제6부

동남·남부 아시아 II의 동향 및 쟁점

- 반정부 시위와 대의민주주의 강화 노력

21차(2월 말~3월 말) | 22차(3월 말~4월 말) | 23차(4월 말~5월 말) | 24차(5월 말~6월 말) | 25차(6월 말~7월 말) | 26차(7월 말~8월 말)

제2장.. 동남·남부 아시아 II의 쟁점

리셴룽 총리의 정치적 스캔들 대응 방식과 대의민주주의 | 싱가포르 내 언론과 여론의 현실과 자율성 확대의 필요 | 제8대 대통령 선출과정과 싱가포르 민주주의의 위기 | 대통령선거와 여당의 불통 | 싱가포르 노동운동가의 검찰 기소와 국민의 자율권 | 정권 지속을 위한 인민행동당의 다각적인 행보 | 싱가포르 대의민주주의의 위기, 심각한 표현의 자유 통제 | 실질적 민주주의로 가기 위한 싱가포르 야당들의 노력 | 말레이시아 범여권의 장기집권 야욕과 비(非) 민주적 행위 | 인도네시아 단결당의 의미와 한계 | 말레이시아 마하티르 전 총리 정권 재탈환의 명암(明暗) | 인도네시아 선거와 족벌주의(nepotism) | '부미푸트라'를 둘러싼 갈등과 사회통합 | 말레이시아 새 정부의 급진적 행보와 전망 | 말레이시아 주(州) 하원의원의 차기 총리를 위한 '자리양보'의 정당성 | 노동자당 의원 3인의 부패혐의와 정권교체를 위한 노력의 난관 | 2019년 인도네시아 대선, 경제이슈와 향후 전망 | 싱가포르 집단선거구의 명암과 이를 극복하기 위한 야당의 움직임 | 카메론하일랜즈 보궐선거 패배의 의미와 이를 수용하는 희망연대의 자세 | 인도네시아 대선 후보들의 네거티브 캠페인과 대통령의 정치적 대표성 | 통일말레이국민조직의 탈당 의원 소송에 대한 제언 | 싱가포르 정부의 온라인 허위 및 조작 방지 법안과 표현의 자유 논란 | 대선 결과를 둘러싼 사회적 불안과 야권의 선거 결과 불복 소송의 무게 | 말레이시아 마하티르 정권의 불안정성을 통해 본 공약의 중요성 | 싱가포르, 인민행동당의 장기집권 속 야당 연합의 필요성 | 사회 다양성과 포용의 측면에서 바라본 말레이시아 아랍어 표기법 수업 도입

동유럽의 동향 및 쟁점

우파의 집권 지속과 야권의 견제

제1장
동유럽의 동향

1차(2017년 6월 말~7월 말)

김소정

폴란드에서는 여론조사 결과 폴란드 국민의 62%가 안드레이 두다(Andrzej Duda) 대통령을 신뢰한다고 응답하였으며 이는 정치인 중 가장 높은 수치인 것으로 나타났다(Warsaw Voice 2017. 06. 26). 한편 정치권에서는 도널드 투스크(Donald Tusk) 유럽연합 정상회의(European Council) 상임의장이 새로운 정당을 구성할 것이라는 예측이 나오고 있으며 이러한 예측에 따라 정당들은 긴장하는 모습을 보였다(Rzeczpospolita 2017. 07. 11; Warsaw Voice 2017. 07. 11 재인용). 또한 폴란드 집권 여당 법과정의당(Prawo i Sprawiedliwość, PiS)이 사법부 구성권을 갖는 법안을 추진하여 이에 대한 야당과 시민들의 반발이 증폭되고 있는 상황이다(Financial Times 2017. 07. 17; 연합뉴스 2017. 07. 17 재인용). 시민들의 반발이 거세지자 안드레이 두다 대통령은 여당이 추진하고 있는 사법개혁 법안에 대한 수정안을 제시하고 이에 동의하지 않으면 법안이 통과되어도 거부권을 행사하겠다고 밝혔다(Financial Times 2017. 07. 19; 연합뉴스 2017. 07. 19 재인용). 헝가리에서는 시민단체들의 최대 모임 공간이 폐쇄될 위기에 놓여 관련 단체들이 반발하고 있다(AFP 2017. 07. 01; 연합뉴스 2017. 07. 01 재인용). 헝가리 당국은 해당 공간이 법을 위반한 사항이 있어 영업정치 처분을 내렸다는 입장을 표명하였다(AFP 2017. 07. 01; 연합뉴스 2017. 07. 01 재인용). 한편 내년 총선을 앞두고 헝가리 정치권에서는 인종주의를 내세운 극우단체들이 등장하여 논란이 되고 있다(AP 2017. 07. 08; 연합뉴스 2017. 07. 10 재인용). 헝가리 정부는 헝가리 출신 미국의 부호 조지 소로스(George Soros)에 대한 비난 광고를 이번 주말에 끝낼 것이라고 밝혔으나, 시위대는 정부의 예고를 믿지 못하겠다는 반응을 보였다(AP 2017. 07. 12; 연합뉴스 2017. 07. 12 재인용). 체코 하원은 국가 안보를 보호하기 위한 총기 소유의 권리를 헌법에 명시하는 내용을 골자로 하는 개정안을 통과시켰는데 무기를 제한하려는 유럽연합(European Union, EU)의 방향성과 상반되는 탓에 논란이 되고 있다(Reuters 2017. 06. 28). 한편 여론조사 결과 안드레이 바비스(Andrej Babis)가 이끄는 긍정당(Akce Nespokojených Občanů, ANO)이 지지율 선두를 달리고 있는 반면, 여당인 사회민주당(Česká Strana Sociálně Demokratická, ČSSD)은 시민민주당(Občanská Demokratická Strana, ODS), 공산당(Komunistická Sstrana Čech a Moravy, KSČM)에 이어 4위를 차지하는 데 그쳤다(Praguemonitor 2017. 07. 03). 국제투명성기구(Transparency International, TI)는 10월 치러지는 총선 이전까지 정당의 선거 기금 모금 과정과 그 지출에 대한 모니터링을 최초로 실시할 것이라고 밝혔다(Praguemonitor 2017. 07. 07).

폴란드

06월 26일

• 폴란드 국민 대부분 대통령 신뢰하는 것으로 나타나   (Warsaw Voice 06. 26)

− 여론조사기관인 CBOS(Centrum Badania Opinii Społecznej)에 따르면 안드레이 두다 대통령에 대한 신뢰도가 지난 조사에 비해 4%p 상승한 62%인 것으로 나타나 정치인 중 가장 높은 수치인 것으로 확인되었다. 베아타 슈드워(Beata Szydlo)에 대한 신뢰도는 56%이며, 야당 쿠키스15(Kukiz'15)의 대표인 파블 쿠키스(Pawel Kukiz)에 대한 신뢰도는 50%로 슈드워 총리의 뒤를 잇는 것으로 나타났다. 한편 안토니 메체르비츠(Antoni Macierewicz) 국방장관에 대한 국민들의 불신은 52%에 이르러 폴란드 정치인 중 가장 신뢰도가 낮은 인물인 것으로 확인되었다.

07월 11일

• **투스크, 창당할 것인가?**　　　(Rzeczpospolita 07. 11; Warsaw Voice 07. 11 재인용)

─ 폴란드의 일간지인 제스포츠폴리타(Rzeczpospolita)는 도널드 투스크 유럽연합 정
상회의 상임의장이 제1야당인 시민연단(Plaforma Obywatelska, PO)에 더 이상 기대하는
바가 없기 때문에 폴란드 정치권에 새로운 정당을 구성할 가능성이 있다고 내다보았
다. 또한 폴란드 정치인 중 한 명은 비공식적인 인터뷰에서 창당될 예정인 정당이 유
럽연합의 특정 정당을 기반으로 활동을 시작할 가능성이 높다고 지적하였다. 한편
시민연단의 대표인 그제고즈 쉐티나(Grzegorz Schetyna)는 이러한 소식을 전해 듣고는
낙담하지 않고 2018년 지방선거에 집중하여 유권자들을 동원하는 데에 총력을 기울
일 것이라는 입장을 표명했다.

07월 17일

• **폴란드 대정부시위 가열…'집권당 사법부 장악'에 반발**

　　　　　　　　　　　　　(Financial Times 07. 17; 연합뉴스 07. 17 재인용)

─ 폴란드 집권당이 사실상 사법부 구성권을 갖는 법안을 추진해 야당과 시민들의 반
발이 거세지고 있다. 폴란드 수도 바르샤바의 의회 앞에서 1만 명의 시민들이 항의
집회를 여는 등 여러 지역에서 반대시위가 벌어졌다고 17일 영국 일간 파이낸셜타임
스가 보도했다. 폴란드 집권당인 법과정의당은 판사 임명권을 사실상 의회가 갖도
록 하는 법안을 통과시킨 뒤 법무부 장관이 유임 허가를 받지 않은 모든 대법관을 사
임하도록 하는 법안도 일방 처리를 시도하고 있다. 폴란드 정부와 법과정의당은 법
원 시스템을 더 공정하고 효율적으로 바꾼다며 사법개혁을 명분으로 내세워 법안
을 추진했다. 특히 사회주의 붕괴 이후 사법부는 개혁을 위한 숙청을 피해갔기 때문
에 이번에는 불가피하다는 논리를 내세웠다. 그러나 야당 지도자들은 이런 움직임을
'쿠데타 선언'으로 규정하고 법안이 통과 시 사법부 독립성의 마지막 자취마저 사라
질 것이라고 반발했다. 유럽에서 극우 포퓰리스트 정당으로 분류되는 법과정의당은
2015년 과반의석을 차지하며 집권한 뒤 거센 권위주의 행보를 이어왔다. 헌법재판소
의 기능을 무력화해 권력분립과 상호견제를 약화하고 공영방송을 정부의 선전도구
로 만들어 민주주의와 법치를 위협한다는 비판을 받았다.

07월 19일

• 폴란드 집권당의 사법부 장악시도에 두다 대통령 '제동'

(Financial Times 07. 19; 연합뉴스 07. 19 재인용)

– 폴란드 집권당이 사실상 사법부를 장악할 수 있는 법안을 추진하는 데 대해 안드레이 두다 대통령이 제동을 걸고 나섰다. 19일 영국 일간 파이낸셜타임스에 따르면 두다 대통령은 집권 법과정의당이 밀어붙이는 사법개혁 법안에 대해 수정안을 제시하고 이에 동의하지 않으면 법안이 의회를 통과하더라도 거부권을 행사하겠다는 뜻을 밝혔다. 이 법안은 의회가 판사 임명권을 갖고 있는 국가법원평의회(Krajowy Rejestr Sadowy, KRS) 위원들을 사퇴시키고 새로운 위원을 임명할 수 있도록 하는 내용이다. 또한, 법무장관에게 하급법원장을 해고할 수 있는 권한을 부여할 뿐만 아니라, 법무장관이 유임시키지 않은 모든 대법관이 사임하도록 해 사실상 정부와 의회 다수 의석을 점하고 있는 집권당이 사법부를 장악할 수 있도록 했다. 법과정의당 출신인 두다 대통령은 의원 과반이 찬성하면 국가법원평의회 위원을 교체할 수 있도록 한 제출 법안에서 5분의 3 이상이 찬성하도록 수정한 중재안을 내놓았다. 폴란드 중도 성향 야당 시민연단 측은 두다 대통령의 개입에 대해 환영의 뜻을 나타냈다. 그러나 전문가들은 두다 대통령의 중재안이 법과정의당이 우익 정당과 연합할 경우 5분의 3 이상의 의석을 확보할 수 있기 때문에 사법부를 보호하는 데 한계가 따를 수 있다고 지적했다.

헝가리

07월 01일

• 헝가리 NGO 또 날벼락…주요 시민센터 폐쇄위기

(AFP 07. 01; 연합뉴스 07. 01 재인용)

– 등록제 시행 등 통제 정책으로 곤욕을 치르는 헝가리 시민단체들이 이번에는 최대 모임 공간마저 폐쇄될 위기에 놓였다고 AFP통신이 1일 전했다. 헝가리 수도 부다페스트 외곽의 허름한 건물에 입주한 오로라 센터는 유대인 커뮤니티의 지원을 받는 곳으로 유대인과 집시, 난민, 성소수자(LGBT)들의 모임이 열리는 곳이지만 최근 영업

정지 처분을 받았다. 영업정지 처분은 이 센터에 입주한 바와 식당 등이 대상이 됐는데 센터 수익의 80%를 차지하고 있어 사실상 센터 운영이 막막해진 상황이 됐다. 헝가리 당국은 기술적인 법 위반 사항이 있어 영업정지 처분을 내렸다면서 조사가 진행 중이라고 말했다. 경찰은 오로라 센터 후원자 일부가 약물 소지 혐의로 기소된 뒤 이 건물을 압수 수색하기도 했다. 오로라 센터 아론 루카치 대변인은 AFP통신에 "센터는 법을 위반한 적이 없다"며 "경찰과 당국, 친정부 매체가 짜고 센터를 압박하고 있다"고 말했다.

07월 10일
• 헝가리 총선 정국에 '인종주의' 극우단체까지 등장
(AP 07. 08; 연합뉴스 07. 10 재인용)

– 내년 총선을 앞둔 헝가리에서 인종주의를 내세운 극우단체까지 결성됐다고 AP 등이 전했다. 이달 8일 헝가리 수도 부다페스트 외곽의 베세스에서는 300여 명의 지지자들이 모인 가운데 '힘과 결단'이라는 단체의 출범식이 열렸다. 헝가리 소규모 극우단체 3곳이 함께 결성한 이 단체는 자신들을 신우파라고 지칭하고 '유럽 백인'의 대표라고 주장하면서 난민과 집시에 맞서 '인종적 자기방어'를 확산시키겠다고 말했다. 이들은 내년 총선에서 후보를 낼 계획이다. 단체에 참여한 '불법 군대'라는 극우단체 관계자는 "자유주의는 민족성과 인종적 정체성, 나아가 성적 정체성까지 상실하게 하고 있다"고 주장했다. 그는 "나는 유럽 백인이라는 게 자랑스럽다"면서 헝가리를 차지하려는 제3세계 인종들은 "역사의 쓰레기통 속으로 사라져야 한다"고도 했다. 이들은 인근에서 열리는 동성애자 행진을 맹렬하게 비난하기도 했다. 경찰은 극우단체 회원들이 동성애자 행진을 습격할 가능성을 우려해 극우주의자 80여 명이 참가하는 것을 막기도 했다. '정체성'이라는 단체의 구성원은 "우리는 새로운 우파, 새로운 정치적 성향을 원한다"면서 "과거를 돌아보기보다는 미래를 논의해야 한다"고 말했다. AP는 이들의 세력이 아직 미미하지만, 헝가리 최대 극우정당 요빅(Jobbik Magyarországért Mozgalom, Jobbik)처럼 중도 성향 유권자들을 극우 쪽으로 끌어들일 여지는 충분하다고 전망했다.

07월 12일

• 반이민 헝가리정부, 소로스 비난 광고전 종식선언…시위대는 "못 믿겠다"

(AP 07. 12; 뉴시스 07. 12 재인용)

– 헝가리 정부는 헝가리 유대인 출신 미국의 부호 조지 소로스에 대한 정부의 비난 광고를 이번 주말까지 끝낼 것이라고 12일 발표했다. 이는 그동안 대형광고판, 포스터, TV광고를 총동원한 반(反) 소로스 광고가 헝가리 유대사회 지도자들을 비롯한 시민들의 극심한 반발을 산 데다 곧 부다페스트에서 열릴 세계 수영선수권대회를 앞두고 국제 사회의 시선을 의식한 것으로 풀이되고 있다. 웃고 있는 소로스의 대형사진에다 "소로스가 최후의 웃음을 웃게 해선 안 된다"는 글을 붙인 이 광고는 그동안 난민들과 이민들을 지원해온 소로스에 대항해서 정부의 난민거부정책을 선전하기 위한 것이었다. 문제의 광고는 소로스가 지향하는 "열린 사회"와 빅토르 오르반(Viktor Orban) 총리가 헝가리를 "편협한 나라"로 회귀시키려는 정치적 목표 간의 갈등과 투쟁을 고스란히 보여주기도 했다. 소로스는 지난달 이 광고에 반대하는 헝가리 국민들에게 감사하면서 오르반 총리가 반유대주의를 주장하면서 헝가리에 "부패한 마피아 국가"를 세워놓았다고 맹렬히 비난했다. 정부 홍보센터는 토요일인 15일까지 반소로스 캠페인과 광고를 끝낸다고 발표했지만 일부 반정부 활동가들은 자신들이 직접 대형광고판을 철거하겠다고 나섰다.

체코

06월 28일

• 체코 하원, 총기 소유의 권리를 헌법에 명시하는 개정안 통과시켜 (Reuters 06. 28)

– 체코의 하원은 유럽 주요 도시에서 이슬람 무장 세력의 공격에 따라 일부 무기를 제한하려는 유럽연합의 움직임과는 반대로 헌법에 총기 소유주의 권리를 명시하는 법안을 28일 의결했다. 유럽연합 집행위원회는 체코, 룩셈부르크, 폴란드의 반대가 있었음에도 불구하고 작년 12월보다 엄격한 총기 제재안을 채택한 바 있다. 체코에서 통과된 법안을 지지하는 한 의원은 이번에 통과된 법안이 유럽연합의 총기 제재안의 효력을 무효화하지는 않을 것이라는 입장을 밝혔다. 200명의 하원의원 중 139

명이 찬성한 법안은 시민들에게 국가의 안보를 위해 총기를 사용할 수 있는 권리를 부여한다는 내용을 골자로 하고 있다. 하원은 "이번에 통과된 법안은 최근의 안보 위협, 특히 테러 공격과 같은 폭력적 행위의 위험성에 대한 적극적 대응책"이라는 입장을 표명했다. 한편 하원에서 통과된 헌법 개정안은 상원으로 회부되어 3분의 2 이상의 의원이 찬성해야 의결된다. 만약 상원에서 개정안이 통과된다면 최종적으로는 대통령이 이에 대해 거부권을 행사할 수 있다.

07월 03일

· 여론조사 결과, 긍정당 앞서는 것으로 나타나 　　　　　　　　(Praguemonitor 07. 03)

- TNS(Taylor Nelson Sofres)의 여론조사에 따르면 안드레이 바비스가 이끄는 긍정당이 다른 정당들에 비해 지지율에서 월등히 앞서고 있는 것으로 나타났다. "당장 총선이 실시된다면 어느 정당을 지지하시겠습니까?"라는 문항으로 조사한 결과를 보면 응답자의 33.5%가 긍정당을 지지할 것이라고 응답했으며, 중도 보수 정당으로 분류되는 시민민주당이 11%의 지지를 받는 것으로 나타나 긍정당의 뒤를 이었다. 또한 공산당은 10.5%의 지지율을 획득해 시민민주당을 바짝 뒤쫓고 있는 것으로 나타났다. 한편 여당인 사회민주당은 10%의 지지율을 획득하는 데 그쳐 지지도 조사에서 4위를 차지했다. 전통책임번영당(Tradice Odpovědnost Prosperita, TOP 09)은 7.5%의 지지율을 획득하였고 기독민주당 연대(Křesťanská a Demokratická Unie – Československá Strana Lidová, KDU–ČSL) 역시 7.5%에 그쳐 총선에서의 의석 확보가 어려울 것이라는 예측이 나오기도 했다.

07월 07일

· 국제투명성기구, 정당의 선거운동을 위한 기금 모금 감시할 것이라 밝혀

(Praguemonitor 07. 07)

- 국제투명성기구는 총선이 치러지는 10월 20~21일 이전까지 정당의 선거운동을 위한 기금 모금 과정을 집중적으로 감시할 것이라고 밝혔다. 국제투명성기구는 처음으로 정당의 소셜 네트워킹 웹사이트 및 기타 온라인상의 기금모금 활동 또한 모니터링 대상에 포함할 것이라고 밝혔다. 모니터링 결과는 10월 중으로 발표될 예정이

다. 국제투명성기구의 이번 프로젝트는 정치인들의 투명성에 대한 정보를 제공하고 투명성에 있어 부족한 지점들을 바로 잡을 수 있는 기회를 부여하는 취지를 갖는다. 국제투명성기구는 정당에 기금 모금과 지출의 구조와 내역을 질문한 자료를 토대로 모니터링을 실시할 예정이다. 하지만 그러한 모니터링 결과가 대중에게 공개될 수 있을지는 아직 결정된 바 없다. 국제투명성기구 체코 본부는 2012년부터 정당의 활동을 모니터링해왔으며, 올해 최초로 선거 기금 분야에 대한 모니터링을 실시할 예정이다.

2차(7월 말~8월 말)

김소정

폴란드 하원에서 찬성 235표, 반대 192표, 기권 23표로 대법관 임명권을 법무장관에 이전하는 내용의 법안이 가결되면서 삼권분립의 훼손을 둘러싼 논란이 지속되고 있다(AFP 2017. 07. 20; 뉴스1 2017. 07. 21 재인용). 입법부가 사법부를 장악한다는 비판이 계속되자 안드레이 두다 대통령은 해당 법안에 대한 거부권을 행사하겠다는 뜻을 밝혔다(BBC 2017. 07. 24; 연합뉴스 2017. 07. 24 재인용). 한편 폴란드에서 제노포비아(외국인혐오증) 범죄가 급증하고 있는 가운데 해당 범죄로 분류되는 건수가 2010년 이후 6배나 증가한 것으로 나타났다(Deutsche Welle 2017. 08. 02; 뉴시스 2017. 08. 03 재인용).

헝가리 정부는 애국심 고취를 목적으로 학교에서 육체적 군사훈련을 의무화하는 법안을 추진하였으나, 교사 노조 및 학부모들이 학교가 병영화될 수 있다며 거세게 반발하자 해당 법안을 철회하였다(DPA 2017. 08. 07; 연합뉴스 2017. 08. 07 재인용). 일각에서는 정부가 일단 후퇴하긴 하였으나, 육체적 군사훈련이 여전히 선택 항목으로 남아있어 논란이 다시 불거질 가능성이 있다고 지적하였다(DPA 2017. 08. 07; 연합뉴스 2017. 08. 07 재인용). 한편 헝가리 주재 네덜란드 총영사가 오르반 정부에 대해 이슬람 테러리스트와 유사한 전략을 쓰고 있다며 비난하였으며, 이에 대해 헝가리 정부가 거세게 항의하고 있다(AFP 2017. 08. 25; 뉴스1 2017. 08. 25 재인용). 헝가리 외무장관은 네덜란드에 파견된 헝가리 대사를 소환하고, 양국의 고위급 외교 관계를 중단한다는 입장을 밝히면서 상황이 점차 심각해지고 있다(연합뉴스 2017. 08. 26). 한편 유럽연합은 난민 할당제를 거부하는 입장을 밝힌 체코, 헝가리, 폴란드 3개국에 대한 법적 조치를 준비하고 있다고 밝혔다(Financial Times 2017. 07. 26; 연합뉴스 2017. 07. 27 재인용). 유럽연합은 법적조치를 준비하고 있는 동시에 만약 해당 국가가 난민 할당에 대한 입장을 변경한다면 대화를 나눌 준비가 되어있다는 말을 덧붙이며, 해결방안을 모색하고자 하는 의사를 밝혔다(Financial Times 2017. 07. 26; 연합뉴스 2017. 07. 27 재인용). 체코 상원은 역사상 두 번째로 직선제를 통해 치러질 대통령선거(1차 투표) 날짜를 2018년 1월 12일-13일 양일로 확정하였다(Praguemonitor 2017. 08. 23).

07월 20일

• 폴란드, 대법관 임명권 법무장관에…사법독립 흔들

(AFP 07. 20; 뉴스1 07. 21 재인용)

– 폴란드 하원이 유럽연합의 강력 경고에도 불구하고 사법부 독립성을 위협하는 법안을 가결했다. 이에 따라 폴란드 정부는 야권과 유럽연합 등 내외부의 반발에 직면할 것으로 보인다. 20일 AFP통신에 따르면, 대법원 체제 개편 법안이 하원에서 찬성 235표, 반대 192표, 기권 23표로 가결됐다. 대법원 개편안은 대법관 임명 권한을 법무장관에 이전하는 내용이 골자다. 현재 임명권은 판사와 소수 정치인들로 구성된 국가법원평의회가 갖고 있다. 이번 개편안 통과로 대법원이 사실상 집권당인 법과정의당 손에 들어가게 됐다. 집권당은 사법부를 개혁하고 국민을 섬기도록 하기 위함이라고 설명했지만, 민주주의의 기본 원칙인 삼권분립이 훼손된다는 비판이 잇따르고 있다. 야권은 물론 유럽연합도 표결 전 "사법 독립성에 매우 중대한 부정적 영향을 가져올 수 있다"며 '전례 없는 조치'를 취하겠다고 경고했다. 한편 하원을 통과한 대법원 개편안은 상원 표결을 거쳐 안드레이 두다 대통령이 서명하면 발효된다. 상원도 집권 여당이 장악하고 있어 표결 통과엔 무리가 없을 것으로 보인다.

07월 24일

• '의회 사법장악' 비판 촛불에 폴란드 대통령 "거부권 행사"

(BBC 07.24; 연합뉴스 07.24 재인용)

– 여당이 주도해 사법부를 무력화할 수 있는 법안이 폴란드 의회를 통과한 뒤 대규모 비판 집회가 잇따르자 안드레이 두다 폴란드 대통령이 거부권을 행사하겠다는 뜻을 공식적으로 밝혔다. 24일 영국 BBC 등에 따르면 두다 대통령은 이날 공영방송을 통해 발표한 성명에서 법관 인사권을 정부에 넘기는 법안 등 삼권분립을 훼손할 수 있는 문제의 법안에 대해 거부권을 행사하겠다고 말했다. 폴란드 정부와 의회가 추

진했던 '사법개혁' 법안은 세 가지다. 대법원 판사가 일괄 사퇴하면 일부 사표를 반려하고 유임시킬 수 있는 권한을 법무부 장관이 갖도록 하는 법안과 대법원 판사를 임명할 수 있는 국가 사법위원회의 위원을 의회가 임명하도록 하는 법안, 하급 법원 판사의 임면권을 법무부 장관이 행사할 수 있는 법안 등이다. 두다 대통령은 이 가운데 앞의 두 가지에 대해서는 거부권을 행사하고 나머지 세 번째 법안은 거부권을 행사하지 않겠다고 말했다. 집권여당은 두다 대통령의 성명을 비판하면서 반발했다. 대통령이 거부권을 행사하면 여당은 전체 의원 5분의 3의 동의를 얻어 다시 법안을 의결할 수 있다. 이론적으로는 하원 460석 중 234석을 차지한 여당이 극우 소수 정당 'Kukiz'15'(45석)와 협조하면 5분의 3 의석을 확보할 수 있지만, 소수 정당의 협조가 확실히 보장된다고 할 수는 없는 상황이다. 이 때문에 대통령이 거부권을 행사하면 의회가 일부 내용을 수정해 법안이 통과될 것이라는 예상이 힘을 얻고 있다.

08월 02일
• 폴란드, 제노포비아 범죄 2010년 이후 6배 증가

(Deutsche Welle 08. 02; 뉴시스 08. 03 재인용)

— 폴란드에서 제노포비아(외국인혐오증) 범죄가 급증하고 있는 데도 폴란드 우파 정부가 침묵한 채 이를 은폐하거나 수수방관하고 있다는 비판이 나오고 있다. 2일 독일 국영방송 도이체벨레(Deutsche Welle)에 따르면 폴란드에서는 거의 매일 외국인에 대한 공격이 발생하고 있다. 최근에도 인종 차별적 폭력이 바르샤바 시내 한가운데서 대낮에 발생했다. 과거에는 폴란드에서 외국인들이 모욕이나 폭력을 당하는 것은 드물었다. 그러나 지금은 놀랄 만한 속도로 관련 범죄가 증가하는 등 상황이 날로 악화하고 있다. 인종차별주의 또는 제노포비아에 의해 발생한 범죄 건수는 지난 2010년 이후 6배나 증가했다. 2016년에는 그 같은 범죄가 공식적으로 700건이 넘었다. 법과 정의당은 지난 2015년 선거 당시 중동과 아프리카 출신 이민자들에 대해 불평을 늘어놓았다. 당시 유럽의 난민 위기는 최고조에 달한 상태였다. 폴란드의 외국인 등록 현황에 따르면 폴란드 체류 신청 건수는 2015년 이후 86% 증가했다. 영구적으로 정착하려는 사람들은 주로 우크라이나, 벨라루스, 인도, 중국, 그리고 베트남 출신 이민자이다.

08월 07일

・헝가리, '애국심 고취' 학교 군사교육 의무화 추진

(DPA 08. 07; 연합뉴스 08. 07 재인용)

– 헝가리 정부가 학교에서 애국심 고취 목적의 군사교육을 의무화하는 방안을 추진하기로 했다고 독일 DPA통신이 현지 일간 마쟈르 이드크를 인용해 7일 전했다. 앞서 빅토르 오르반 헝가리 총리는 지난달 학교에서 육체적 군사훈련을 의무화하는 법안을 추진하려다 교사 노조, 학부모들의 반대로 철회했다. 교사와 학부모들은 육체적 군사교육이 학교를 병영화할 수 있다며 정부 정책을 비판했다. 마르차 졸탄 헝가리 교육 비서관은 인터뷰에서 애국심 고취 군사교육이 역사와 지리학이 제공할 수 있는 삶과 관련된 것이라면서 육체적인 군사 훈련은 아니라고 설명했다. 헝가리 정부가 여론에 밀려 한 발짝 물러서기는 했지만, 육체적 군사 훈련은 여전히 일부 선택 항목으로 남아 있어 논란이 다시 불거질 수도 있다. 2010년부터 집권한 오르반 총리는 유럽연합의 난민 분산 수용 정책을 거부하면서 난민을 독이라고 부르고 시민단체들과도 대립해 야당으로부터는 독재자라는 비판을 받고 있다.

08월 25일

・헝가리, 자국 네덜란드 대사 소환···외교 마찰 (AFP 08. 25; 뉴스1 08. 25 재인용)

– 헝가리가 네덜란드 주재 자국 대사를 소환했다고 AFP통신이 25일 보도했다. 헝가리 주재 가유스 셸테마 네덜란드 총영사가 빅토르 오르반 헝가리 정부가 이슬람 테러리스트와 유사한 전략을 쓰고 있다며 비난한 것에 대한 항의의 표시이다. 셸테마 총영사의 발언이 알려진 뒤 피테르 씨야르토 헝가리 외교통상부 장관은 네덜란드 정부는 "이 근거 없는 모욕"에 대해 해명을 해야 한다고 주장했다. 이어 "비공개 해명은 받아들이지 않을 것이다"고 덧붙였다. 셸테마 총영사는 맹목적으로 공격을 일삼는 이슬람 극단주의자들이나 난민 위기에서 모든 망명 신청자들을 잠재적 "테러리스트"로 보는 오르반 총리는 별다른 차이가 없다고 말했다. 난민위기가 한창이었던 2015년, 40만 명 이상의 난민들이 서유럽과 북유럽으로 가기 위해 헝가리를 거쳐갔

다. 오르반 총리는 중동·아프리카 출신 난민들이 "테러의 트로이목마"로 이용되고 있다며 자국으로의 난민 유입을 막기 위해선 특단의 조치가 불가피하다는 주장을 펴 왔다.

08월 25일
• "헝가리 정부, IS와 비슷" 네덜란드 대사 발언에 헝가리 '발끈'   (연합뉴스 08. 26)
– 헝가리가 헝가리 정부의 강경한 난민 정책을 비난하며 헝가리를 이슬람 극단주의 무장세력 이슬람국가(Islamic State, IS)에 견준 자국 주재 네덜란드 대사에 불쾌감을 감추지 못하고 있다. 페테르 시야르토 헝가리 외무장관은 가이외스 스헬테마 헝가리 주재 네덜란드 대사의 발언을 문제 삼아 네덜란드에 파견된 헝가리 대사를 소환하고, 양국의 고위급 외교 관계를 중단한다고 25일 밝혔다. 스헬테마 대사는 전날 발행된 한 헝가리 잡지와의 인터뷰에서 유럽연합 차원의 난민 할당 정책을 거부하고, 유연한 난민 정책을 지지하는 헝가리 출신 억만장자 조지 소로스를 비방하는 캠페인을 펼친 헝가리 정부를 강도 높게 비판하며 "적대 세력을 만들어내는 헝가리 정부의 노력은 IS와 비슷하다"고 주장했다. 그는 또 헝가리의 부패 문제와 언론 자유 문제에 대해서도 우려를 표명했다. 시야르토 장관은 "헝가리의 이번 결정은 외교적으로 가장 극단적인 조치 중 하나"라며 스헬테마 대사의 발언에 대해 네덜란드 외교부의 입장 표명을 요구했다. 헝가리가 거세게 반발하자 베트 쿤더스 네덜란드 외교장관은 이날 네덜란드 기자들에게 "스헬테마 대사의 발언은 올바르지 않다. (헝가리와 IS를 나란히 둔) 그런 비교는 해서는 안 된다"며 수습에 나섰다.

체코

07월 26일
• 유럽연합, '난민거부' 헝가리·폴란드·체코에 법적 조치 준비
                                (Financial Times 07. 26; 연합뉴스 07. 27 재인용)
– 유럽연합이 난민 할당 정책에 반대하는 폴란드와 헝가리, 체코를 상대로 압박을 강화했다. 26일 영국 일간 파이낸셜타임스에 따르면 유럽연합 집행위원회는 폴란드

와 헝가리, 체코를 상대로 유럽사법재판소(ECJ) 제소 등의 제재 조치를 취하기 위한 준비 작업에 들어갔다. 드미트리스 아브라모풀로스(Dimitris Avramopoulos) 유럽연합 이민담당 집행위원은 "헝가리와 폴란드, 체코의 어떤 입장도 난민 할당 결정을 이행하지 않는 것을 정당화하지 못한다"면서 유감을 표시했다. 더구나 유럽사법재판소의 이브 보 법무감은 이들 국가가 유럽연합 회원국의 난민 의무할당을 취소해달라고 유럽사법재판소에 제소한 데 대해 기각돼야 한다는 의견을 밝혔다. 보 법무감은 "유럽연합 조약은 명확하게 확인된 비상상황에 대응하기 위한 조치를 취할 수 있도록 허용하고 있다"면서 "유럽연합이 그리스와 이탈리아에 유입된 난민을 다루기 위해 비율에 맞는 메커니즘을 만들었다"고 말했다. 그러면서도 유럽연합은 회유 작업도 병행했다. 아브라모풀로스는 "이들 국가를 위한 문은 여전히 열려있다"면서 "이들 국가가 난민 할당에 대한 입장을 바꾸면 우리는 그들의 관심사에 대해 대화를 나눌 준비가 돼 있다"고 말했다.

08월 23일
• 체코 대통령선거 날짜 설정돼   (Praguemonitor 08. 23)

- 체코 역사상 두 번째 직선제로 치러질 대통령선거 날짜가 확정될 전망이다. 23일 오전 상원에서는 1차 대통령선거 날짜를 2018년 1월 12일과 13일로 결정했다고 전했다. 이러한 날짜는 5년 전 치러진 지난 대통령선거 일정과는 약간 다르다고 볼 수 있다. 한편 1차 투표에서 50% 이상의 지지를 획득한 후보가 나오지 않는다면, 2주 후 상위 득점 후보들 간 2차 투표가 실시될 예정이다. 한 상원의원은 법률상으로 현행 대통령의 임기가 종료되기 이전에 선거가 실시되어야 하며, 임기 종료 이후 한 달 안에 결과가 도출되어야 한다는 점을 지적하면서 대통령선거 날짜를 이르게 확정한 이유에 대하여 설명하였다.

3차(8월 말~9월 말)

    폴란드에서는 원외정당인 자유와 연대(Wolni i Solidarni, WiS) 대표가 향후 치러질 지방선거와 총선을 계기로 하여 원내에 진입할 것이라는 입장을 밝혔다(Warsaw Voice 2017. 09. 14). 한편 여당인 법과정의당은 공화당계 소수파 의원 2인을 영입함에 따라 제1당의 위치를 공고히 했다(Warsaw Voice 2017. 09. 22).

    국민투표 실시를 앞두고 있는 헝가리에서는 자유당(Magyar Liberális Párt, MLP)이 의회의 국가안보위원회에 요빅의 활동 및 자금의 출처에 대한 조사를 요청했다(Politics.hu 2017. 08. 30). 한편 헝가리에서는 부패 관련 범죄의 처벌을 강화하는 내용을 중심으로 한 국민투표 실시를 위해 서명운동이 시작되었다(Politics.hu 2017. 09. 16).

    10월 총선을 앞두고 있는 체코에서는 하원이 유럽연합 보조금 등에 대한 사기 혐의와 관련해 안드레이 바비스 전 재무장관에 대한 면책특권을 박탈하는 결정을 내렸다(AP 2017. 09. 07; 뉴시스 2017. 09. 07 재인용). 한편 체코에서는 10월 20일, 21일 총선이 치러질 예정이며 그에 따라 9월 초 정당의 선거운동이 본격적으로 시작되었다(ČTK 2017. 09. 10).

폴란드

09월 14일

• 1월, 새로운 세력 원내 진입하나   (Warsaw Voice 09. 14)

– 원외 세력인 자유와 연대 대표 코르넬 모라비에츠키(Kornel Morawiecki)는 자유와 연대를 원내에 진입시킬 것이라는 입장을 밝힘에 따라 폴란드 정치권에 새로운 세력이 진입할 예정이다. 모라비에츠키 대표는 자유와 연대가 돌아오는 지방선거 및 총선에 후보를 낼 것이라는 계획을 밝혔다. 그는 또한 자유와 연대의 정당으로의 변화는 2018년 1월경 이루어질 예정이라고 말했다.

09월 22일

· 법과정의당 소속 의원 수 늘어나   (Warsaw Voice 09. 22)

- 집권당인 법과정의당은 공화당계 소수파 의원 2인을 영입함에 따라 하원 460석 중 236석을 차지해 다수당의 위치를 더욱 공고히 했다. 이러한 의원 수 증가는 법과정의당의 의회 표결 결과에 미치는 영향력을 더욱 확대한 것이다. 한 야당 의원은 법과정의당이 쿠키스15(Kukiz'15) 등의 정당 소속 의원들을 대상으로 법과정의당으로 당적 변경을 하게 하는 작업을 실시하고 있다고 주장했다. 법과정의당의 의원 영입에 대해 야당은 법과정의당 내에서의 야로슬라프 고빈(Jaroslaw Gowin)의 영향력을 약화시키기 위한 것이라는 평가를 내렸다. 야로슬라프 고빈 의원은 최근 교육 개혁안을 두고 정당 간부들과 갈등을 빚고 있다. 이러한 야당의 평가에 대해 법과정의당은 의원 영입이 안정적인 다수의 위치를 차지하기 위한 하나의 노력이라는 입장을 밝혔다.

헝가리

08월 30일

· 자유당, 안보위원회에 요빅의 국제적 급진주의자들과의 연대에 대한 조사 요청해

(Politics.hu 08. 30)

- 자유당은 의회의 국가안보위원회에 야당들의 재정적 자원에 대한 조사와 함께 극우정당인 요빅과 국제적 급진단체들의 연계에 대한 조사를 요청했다. 자유당의 대표 아담 세르미르(Ádám Sermer)는 "국제적인 급진주의 단체나 급진주의자들이 헝가리에서의 활동을 매우 편안하게 여기는 경향이 눈에 띄게 증가했다"는 입장을 밝혔다. 그는 또한 요빅이 유권자들에게 온건한 모습을 보이려고 노력하지만 요빅 의원들이 정기적으로 국제적으로 극단적인 단체와 연관 있는 행동을 한다고 지적했다. 덧붙여 그는 "부다페스트가 유럽연합 내 극단주의자들의 두 번째 집이 된 것을 더 이상 지켜볼 수 없다"는 입장을 밝혔다. 헝가리의 야당들이 블라디미르 푸틴(Vladimir Putin) 러시아 대통령의 헝가리 방문에 대해 항의한 가운데 요빅의 대표인 가보르 보나(Gábor Vona)는 이를 비판하지 않았다. 이에 대해 세르미르 대표는 "요빅이 러시아와 상당히 긴밀한 관계를 유지할 가능성이 크다"고 지적했다. 앞서 지적한 내용을 바탕으로 세

르미르 대표는 이 모든 것들이 국가안보위원회가 과격단체 및 요빅의 재원, 특히 러시아에서 제공되는 재원에 대한 조사를 실시해야 하는 이유라고 밝혔다.

09월 16일

• 부패 방지 국민투표 실시를 위한 서명 운동 시작해　　　　　　　(Politics.hu 09. 18)

– 부패와 관계된 범죄의 경우 관련 법령의 내용을 강화하는 것을 골자로 하는 국민투표 실시를 위한 서명운동이 지난주말에 시작되었다. 이러한 서명운동은 대안정당(Lehet Más a Politika, LMP) 소속 전직 의원인 가보르 바고(Gábor Vágó)가 시작했다. 가보르 바고는 법령 내용 강화, 구체적으로는 소멸시효(statute of limitation)를 연장하는 것이 부패 범죄를 저지르는 인사들을 처벌할 수 있는 도구가 될 것이라는 입장을 밝혔다. 향후 실시될 국민투표의 질문은 "부패 범죄가 처벌된 이후 최소 12년이 경과해야 한다는 데 동의하십니까?"이다. 국민투표가 실시되기 위해서는 2018년 1월 13일까지 12만 명 이상의 서명이 있어야 한다. 가보르 바고 전 의원은 법령의 강화는 정부가 부패를 근절하는 것으로 이어질 것이라고 주장했다. 한편 헝가리 선거관리위원회는 2018년 4월 10일 다른 안건을 포함한 국민투표가 실시될 예정이라고 밝혔다.

체코

09월 07일

• 체코 하원, 유력 총리 후보 사기 혐의 관련 면책특권 박탈

(AP 09. 07; 뉴시스 09. 07 재인용)

– 체코 하원이 안드레이 바비스 전 재무장관의 유럽연합 보조금 등에 대한 사기 혐의와 관련해 그의 면책특권을 박탈하기로 결정했다고 밝혔다. 하원은 바비스 전 장관의 200만 달러(22억 6800만 원) 사기 혐의에 대한 경찰의 조사를 허용하기로 결정하였으며, 필요할 경우 기소도 가능하게 하는 법안을 찬성 123, 반대 4로 통과시켰다. 하원은 바비스 전 장관의 대리인 야로슬라프 팔터넥의 면책특권 또한 박탈했다. 이러한 면책특권 박탈 결정은 10월 20일, 21일 양일간 치러질 총선에서 바비스가 이끄는 긍정당이 승리할 것으로 예상되는 가운데 결정됐다. 만약 긍정당이 예상대로 총

선에서 승리할 경우 바비스 전 장관은 총리 직에 오르게 된다. 한편 바비스 전 장관과 팔티넥 대리인은 사기혐의는 정치적 이유에서 비롯된 허위라며 어떠한 잘못도 저지르지 않았다고 반박했다. 바비스 전 장관은 2017년 초 일련의 거래 행위를 원인으로 재무장관직에서 해임되었다. 한편 유럽연합 역시 바비스 전 장관의 사기혐의에 대해 조사를 진행하고 있는 것으로 전해졌다.

09월 10일

• 정당들, 총선을 위한 선거운동 시작해 (ČTK 09. 10)
- 10월 20일, 21일 치러질 예정인 총선을 위한 본격적인 선거운동이 9월 초에 시작되었으며 선거운동은 6주간 계속될 예정이다. 정치인들은 주로 유권자들을 직접 대면하며, 종종 다양한 사회문화적 행사에 참여하는 방식으로 선거운동을 한다. 또한 정당은 소셜 네트워크, 웹사이트 등을 통해 활발한 활동을 지속하며 전통적으로는 옥외 광고판, 포스터, 광고를 이용해 유권자들을 동원한다. 정당별 선거운동 전략을 구체적으로 보면 긍정당은 'Now or Never'라는 구호를 내세우고 있다. 사회민주당은 이미 6월에 '살기 좋은 나라'라는 프로그램을 발표했다. 사회민주당은 이 프로그램을 통해 연봉 인상을 공약으로 내세우고 있다. 한편 기독민주연합-체코슬로바키아 인민당(Křesťanská a Demokratická Unie – Československá Strana Lidová, KDU-ČSL)의 선거운동은 주로 가족의 가치를 강조하는 것에 중점을 두고 있다. 선거운동에 사용할 수 있는 금액의 한도는 이번 총선에서 처음 적용되었다. 각 정당은 선거운동에 9천만 크라운(약 46억 원)까지 사용할 수 있다.

4차(9월 말~10월 말)

김소정

　폴란드에서는 사법부 개혁안을 두고 집권당인 법과정의당과 대통령 간 의견 충돌이 빚어졌는데 개혁안이 비민주적이라는 비판을 받고 있는 상황이다(AP 2017. 09. 25; 뉴시스 2017. 09. 25 재인용). 한편 야당들은 2018년 치러질 예정인 지방선거에서 현 집권당을 견제하기 위한 연대를 시도했으나 어려울 것으로 전망된다(Warsaw Voice 2017. 10. 20). 헝가리에서는 2018년 총선을 앞두고 실시된 여론조사 결과, 현 청년민주동맹(Magyar Polgári Szövetség, Fidesz) 정권이 교체되어야 한다는 의견이 다수인 것으로 나타났다(Politics.hu 2017. 09. 29). 한편 극우정당인 요빅은 성소수자인 유권자의 지지 또한 환영한다는 입장을 밝혔다(Politics.hu 2017. 10. 26).

　체코에서는 10월 총선 결과, 중도좌파 정당인 긍정당이 29.6%를 득표해 승리하였으며 해적당(Pirate Party)을 비롯한 정당들이 새로이 원내에 진입하였다(Radio Praha 2017. 10. 21). 한편 체코에서는 대통령의 언론 탄압과 관련한 논란이 일고 있다(Washington Post 2017. 10. 23; 연합뉴스 2017. 10. 24 재인용).

폴란드

09월 25일
• 유럽연합 골칫거리인 폴란드 우파 정부, 대통령과 집권당 간 충돌

(AP 09. 25; 뉴시스 09. 25 재인용)

－ 강경 보수 노선으로 유럽연합과 마찰을 빚고 있는 폴란드 우파 정부 내에서 집권당 대표와 대통령 간에 의견 충돌이 일어났다. 법과정의당의 야로슬라프 카친스키(Jaroslaw Kaczynski) 대표는 사법부 개혁안에 대해 자신과 안드레이 두다 대통령이 매우 다른 의견을 가지고 있다고 밝혔다. 폴란드 현 정부의 사법부 개혁은 법치주의를 흔드는 '비민주적' 조치라는 국내외적 비판을 받고 있는 상황이다. 지난 2016년 7월, 두다 대통령은 법과정의당이 통과시킨 관련 개혁안에 대해 거부권을 행사하면서 자신이 새 안을 내놓겠다고 밝혔다. 이에 카친스키 대표는 서로의 견해를 조정하는 데

많은 노력이 요구될 것이라고 말했다. 법과정의당은 2015년 총선에서 중도 좌파 정권을 밀어내고 집권한 뒤 사법부와 언론을 통제하는 여러 조치를 취해 잇따라 유럽연합의 경고를 받았다. 두다 대통령은 지난 7월 사법부 개혁안에 대한 거부권을 행사하기 이전까지는 집권당의 정책 노선을 지지했다.

10월 20일

• **지방선거 위한 야권 연대 시도 실패할 것으로 전망돼**   (Warsaw Voice 10. 20)

− 내년 2018년 지방선거를 앞두고 폴란드 야당들이 전략적 동맹을 시도했으나 실패할 것으로 전망된다. 제1야당인 시민연단은 연대를 위한 대화를 시도했으나 합의가 빠른 시일 내에 도출되지는 못할 것이라는 전망이 우세하다. 한편 시민연단의 한 관계자는 시민연단이 현대폴란드당을 비롯해 국민당(Polskie Stronnictwo Ludowe, PSL), 무소속 의원들까지 모두 포함한 거대 선거 연합을 고려하고 있다고 밝혔다. 시민연단은 지방선거에서 거대 여당인 법과정의당에 승리하기 위해서는 야권 단일화가 선행되어야 한다는 주장을 하고 있는 상황이다. 그러나 이러한 시민연단의 의도와는 달리 국민당 소속, 무소속 의원 몇몇은 선거 연대에 부정적인 시각을 내비쳤다. 한 국민당 소속 의원은 국민당은 어느 정당과도 연대하지 않을 것이며 단일한 정당으로 선거를 치를 것이라는 입장을 밝혔다.

헝가리

09월 29일

• **유권자의 40%, 내년 총선 통해 오르반 정권교체될 것이라 예측**   (Politics.hu 09. 29)

− 자베츠 연구소(Závecz Research Institute, ZRI)의 조사 결과에 따르면 지난 9월 유권자들의 정당 선호도는 큰 변화가 없었으나, 현 정권이 권력을 유지하기를 원하는 의견보다 정권이 변화해야 한다는 의견이 더 많은 것으로 나타났다. 또한 응답자의 40%는 내년 선거결과를 통해 현 빅토르 오르반 정권이 교체될 것이라고 전망했다. 한편 여당인 청년민주동맹이 정권을 유지할 가능성이 높은 가운데 응답자의 43%가 2018년 총선결과를 통해 청년민주동맹이 집권하는 것에 반대하는 것으로 나타났으며, 반

대로 청년민주동맹 재집권을 지지하는 응답자는 32%인 것으로 확인되었다. 2018년 4월 혹은 5월에 치러질 예정인 총선을 위해 정당들은 선거운동에 한창이지만, 유권자들은 투표 참여에 회의적인 태도를 보이는 것으로 나타났다. 지지하는 정당이 있는 유권자들의 경우 실제 투표에 참여할 것이라고 확신하는 비율이 절반 이하인 것으로 확인되었다.

10월 26일

• 요빅, 성소수자인 유권자의 지지 또한 환영한다고 밝혀　　　(Politics.hu 10. 26)

– 요빅의 원내대표인 도라 두로(Dóra Dúró)는 기자회견에서 요빅이 우파적 성향의 정당이지만 성소수자인 유권자 표 또한 환영한다는 입장을 밝혔다. 한편 요빅의 당대표인 가보르 보너는 "이제는 누가 보수적이고 누가 진보적인지는 더 이상 중요하지 않다"며 "요빅은 유권자를 분열시키는 것보다 통합하는 데 더 관심을 둘 것"이라는 입장을 밝혔다. 두로 대표는 요빅이 모든 헝가리 유권자를 대표할 것이기 때문에 모든 유권자들의 지지를 환영한다고 말했다. 이후 동성애자 또한 요빅이 환영하는 유권자인 것인지에 대한 질문에 두로 대표는 성소수자 유권자가 요빅이 그들의 이익을 대변할 것이라는 판단하에 요빅을 지지한다면 그 유권자의 표 또한 환영한다는 입장을 밝혔다.

체코

10월 21일

• 총선 결과, 긍정당 승리해　　　(Radio Praha 10. 21)

– 안드레이 바비스가 대표를 맡고 있는 긍정당은 총선에서 29.6%의 지지를 획득해 승리했다. 이러한 지지율은 4년 전인 2013년 치러진 총선에서 획득한 18.65%보다 상당히 높아진 것으로 해석되며, 결과적으로 200석 중 78석을 차지했다. 긍정당과 더불어 큰 성공을 거둔 해적당은 이전에는 하원에 진입한 적이 없었으나 10.8%의 지지를 획득해 원내 진입에 성공하였다. 한편 자유와 직접 민주주의 또한 10.6%의 지지를 획득해 새로이 원내에 진입하였다. 전통적인 보수정당이라고 할 수 있는 시민민

주당은 2013년 총선의 7.7%의 지지도에서 상승한 11.3%의 지지율을 보였다. 이번 총선의 가장 큰 패배를 맛본 정당은 집권당이었던 사회민주당으로서 2013년 총선에서 20.45%의 지지율을 획득했으나 이번 총선에서 7.3%의 지지를 받는 것에 그쳐 공산당과 동일하게 15석을 획득하였다. 총선 결과 투표율은 60.8%인 것으로 나타나 지난 2013년 총선에 비해 소폭 상승한 것으로 확인되었다.

10월 23일
· 기자회견서 가짜 소총 휘두른 체코 대통령…동유럽 언론압박 심각

(Washington Post 10. 23; 연합뉴스 10. 24 재인용)

- 밀로스 제만 체코 대통령이 기자회견 도중 모의소총으로 기자들에게 위협을 주는 등 언론에 압력을 가하겠다는 행동을 해 논란이 되고 있다. 제만 대통령은 체코의 대표적 대(對)언론 혐오주의자로 통한다. 그가 총선 관련 기자회견 도중 꺼내 든 모의소총에는 '기자들을 향해' 또는 '기자들에게'라는 글귀가 적혀 있었다. 현지 언론에 따르면 그는 총을 꺼내 들고 웃으면서 기자들에게 "이 글귀를 보라"고 말했다. 이러한 대통령의 행동에 대해 인권단체들은 비난하고 나섰다. 현 정치 제도상 대통령이 언론의 자유를 제한할 권한은 갖고 있지 않지만, 지난주 치러진 체코 선거에서 그의 입지가 강화된 상황에서 향후의 귀추가 주목되고 있다. 그의 오랜 정치적 동지인 안드레이 바비스 긍정당 대표는 총선에서 압승을 거뒀으며, 이에 따라 차기 총리 임명이 유력한 상황이다. 기자들 사이에서는 그가 총리가 될 경우 언론이 위협받게 될 것이라는 우려가 나오고 있다.

5차(10월 말~11월 말)

김소정

폴란드에서는 독립기념일에 극우 민족주의, 백인 우월주의의 성격을 보이는 대규모 극우 집회가 열렸으나, 집회의 극단적인 성격에도 불구하고 폴란드 내부에서의 비판의 목소리는 크지 않은 상황이다(The Guardian 2017. 11. 11; 중앙일보 2017. 11. 13 재인용). 한편 폴란드에서는 2018년 지방선거를 앞두고 선거법 개정에 대한 논의가 이어지고 있다(Warsaw Voice 2017. 11. 29). 2018년 총선을 앞두고 있는 헝가리에서는 우파 여당인 청년민주동맹이 선두를 달리고 있는 것으로 나타났다(연합뉴스 2017. 11. 03). 한편 미국은 헝가리의 언론의 자유를 위한 자금을 지원하겠다고 밝혔고 이에 대해 헝가리 정부는 내정 간섭이라며 반발하고 있는 상황이다(연합뉴스 2017. 11. 16).

체코에서는 총선에서 승리한 긍정당이 연정 구성에서 난항을 겪자 소수 정부를 구성하겠다는 의지를 밝혔다(연합뉴스 2017. 10. 31). 또한 2018년 1월 대통령선거를 앞두고 대선 후보들에게 설문조사를 실시한 결과 대부분의 후보들이 대통령의 권한 강화에 부정적인 것으로 나타났다(CTK 2017. 11. 20; Prague Monitor 2017. 11. 20 재인용).

폴란드

11월 11일

• "유럽은 백인의 것" 폴란드 독립기념일에 6만 명 극우 시위

(The Guardian 11. 11; 중앙일보 11. 13 재인용)

– 지난 11일 수도 바르샤바에서 폴란드 독립기념일을 맞아 대규모 극우 집회가 열렸다. 현지 경찰은 이날 집회에 약 6만 명이 참가했다고 밝혔다. 영국 일간 가디언은 이번 집회에 대해 "유럽에서 열린 최대 규모의 극우 집회"라고 평가했다. 집회 현장에서는 극우 민족주의와 백인 우월주의, 이슬람포비아가 난무했다. 집회 참가자들은 "유럽은 백인의 것", "조국의 적들에겐 죽음을", "순수한 혈통" 등의 구호를 외쳤다.

이렇듯 전례 없는 대규모 극우 집회가 열렸음에도 폴란드 내부에서 비판의 목소리는 크지 않다. 마리우스 블라지자크 내무장관은 집회에 대해 "아름다운 광경", "독립 기념일 행사에 수많은 폴란드인이 참가해 축하하는 것이 자랑스럽다"고 평가하며 시위대를 옹호했다. 이날 바르샤바에서는 극우주의에 반대하는 시위도 열렸으나, 규모는 훨씬 작았다. 이러한 극우 시위가 옹호되고 있는 배경에는 반(反)무슬림·반(反)이민 정책을 내세운 집권당의 행보가 존재한다. 법과정의당이 집권한 이후 유색인종에 대한 공격이 늘었지만 정부는 방관으로 일관하고 있다.

11월 28일

· 선거법 개정 관련 논의 이루어져   (Warsaw Voice 11. 29)

– 집권당인 법과정의당이 제안한 선거법 개정안이 11월 28일 개최된 의회 특별위원회의 의제로 채택되었다. 선거법 개정안에는 시장의 연임을 2회로 제한하는 것과 지방의회선거에서 소선거구를 폐지하는 것 등의 내용이 포함되었다. 의회에서 선거법 개정 논의가 활발히 이루어지고 있는 것은 2018년 예정된 지방선거부터 관련 내용을 적용하기 위함으로 해석된다.

헝가리

11월 02일

· '우향우 유럽' 총선 앞둔 헝가리도 우파與 지지율 1위   (연합뉴스 11. 03)

– 2018년 4월 총선이 예정된 헝가리에서 우파 여당인 청년민주동맹이 압도적으로 선두를 달리고 있는 것으로 나타났다. 메디안(Median)이 10월 20일부터 24일까지 실시한 여론조사 결과에 따르면 청년민주동맹은 40%의 지지율을 기록해 9월 말에 비해 지지율이 4%p 가까이 상승했다. 극우 정당인 요빅은 12%에서 11%로 지지율이 하락하였지만, 청년민주동맹의 뒤를 이어 2위를 차지했으며, 사회당(Magyar SZocialista Párt, MSZP)은 7%로 변동 없이 요빅의 뒤를 이었다. 메디안은 요빅의 지지층 일부가 청년민주동맹으로 이동했으며, 사회당을 비롯한 야당들이 국정을 운영할 수 있는 능력을 유권자에게 보여주지 못하고 있는 상황이기에 여당의 지지율이 지속적으로

상승하고 있다고 분석했다. 한편 사회당이 내년 총선에서 총리 후보로 지명한 라슬로 보트카(László Botka)는 지난달 사퇴했다. 지난 10월 오스트리아에서는 우파 국민당(Österreichische VolksPartei, ÖVP)이 11년 만에 총선에서 승리했고 체코에서도 우파 정당이 다수당이 되는 등 중부 유럽에는 잇따라 우파 정권이 들어서고 있다.

11월 14일
• 美, '헝가리 언론기금' 추진에 헝가리 "美 지원은 내정간섭"   (연합뉴스 11. 16)
– 미국과 헝가리가 언론의 자유 문제를 두고 날을 세우고 있다. 미국이 지난 14일 헝가리 내에서 언론인 재교육, 장비 조달 등을 위해 사용할 수 있는 70만 달러(한화 7억 6천만 원)를 지원하겠다고 밝혔고 이에 대해 헝가리 외무부는 항의했다. 빅토르 오르반 총리는 지난 2016년부터 올해까지 일련의 법률 개정을 통해 주요 언론사의 지분을 합법적으로 측근들에게 넘겼다. 유럽의 인권과 언론의 자유 문제 등을 다루는 유럽 안보협력기구(Organization for Security and Cooperation in Europe, OSCE)는 헝가리 언론·미디어의 다양성이 위축되고 있다고 비판하기도 했다. 2018년 4월 총선을 앞두고 있는 헝가리에서는 정부가 선거 승리를 위해 언론을 장악하고 있다는 비판이 나오고 있는 상황이다. 미국 정부는 헝가리가 선거를 앞두고 있는 시점인 만큼 선거가 끝난 내년 5월부터 기금을 사용할 수 있다고 밝혔다.

체코

10월 31일
• 체코 총선 승리 바비스, 연정 구성 어렵자 소수정부로 선회   (연합뉴스 10. 31)
– 지난달 치러진 총선에서 승리한 안드레이 바비스 긍정당 대표가 연정 구성이 힘들어지자 소수 정부를 구성하겠다는 의사를 표명했다. 현지 언론에 따르면 총선 승리로 총리직을 맡을 바비스 대표가 밀로스 제만 대통령과 면담을 한 이후 "소수 정부를 구성하고 다른 정당의 의원들을 상대로 긍정당의 계획을 설득할 것"이라고 말했다. 실용주의적인 중도우파 노선을 내세우며 포퓰리즘적 성향을 보인 긍정당은 총선 결과 하원 의석 200석 중 78석을 차지했으나 과반 의석 획득을 하지 못하였고 이에 긍

정당은 안정적인 국정 운영을 위해 연정을 추진했다. 그러나 다른 정당들이 바비스 대표의 유럽연합 보조금 사기 혐의로 기소된 점을 들며 연정 협상 참여를 거부하자 바비스 대표는 소수 정부 카드를 꺼내 들었다.

11월 20일

· **대부분의 대선 후보, 대통령의 권한 강화 원하지 않는 것으로 나타나**

(CTK 11. 20; Prague Monitor 11. 20 재인용)

– 2018년 1월 대통령선거를 앞둔 시점에서 CTK의 조사 결과에 따르면 현 밀로스 제만 대통령과는 달리 대부분의 대선 후보들은 현재 대통령의 권한을 충분하다고 여기고 있으며, 권력 강화를 위한 헌법 개정도 고려하지 않는 것으로 나타났다. 그러나 몇몇 후보들은 대통령이 법률안을 제출할 수 있는 권한을 부여하거나, 형사 기소를 중단할 수 있는 권한을 폐지하는 것이 올바르다는 의견을 표명하기도 했다. CTK는 대선 후보들에게 현 체제에서의 대통령의 권한이 충분한지 혹은 대통령을 직선제를 통해 선출하는 만큼 그에 상응하는 보다 폭넓은 권한을 부여해야 하는지에 대해 질문하였다. 한편 재선에 도전하는 제만 대통령은 이러한 질문에 대해 응답하지 않았으나, 지난 10월에 직선제를 통해 선출된 대통령의 권한을 보다 확장해야 한다는 의견을 표명한 바 있다.

6차(11월 말~12월 말)

김소정

폴란드에서는 야당이 추진한 베아타 슈드워 총리 불신임투표가 기각된 직후 마테우시 모라비에츠키(Mateusz Jakub Morawiecki) 재무장관이 신임 총리로 지명 되었다(가디언 2017. 12. 07; 뉴시스 2017. 12. 08 재인용). 한편 폴란드 당국은 반(反)정부 시위를 보도했다는 이유로 민간 방송사에 4억여 원의 벌금을 부과해 논란이 되고 있다(가디언 2017. 12. 12; 연합뉴스 2017. 12. 13 재인용). 2018년 4월 총선을 앞두고 있는 헝가리에서는 야당인 민주연합(Demokratikus Koalíció, DK)이 우파 야당 요빅과의 이념적 거리를 이유로 어떠한 유형의 협력이든 배제하겠다는 입장을 밝혔다(Dailynews Hungary 2017. 12. 07). 또한 요빅은 선거를 앞두고 감사원으로부터 과징금 처분을 받아 파산 위기에 놓여 논란이 되고 있다(AP 2017. 12. 09; 연합뉴스 2017. 12. 09 재인용).

체코에서는 전임 연립정부가 임기를 마치고 소수정부인 긍정당이 임기를 시작했다(Prague Monitor 2017. 12. 06). 여론조사 결과 긍정당이 35.5%의 지지율로 선두를 달리고 있는 것으로 나타났다(CTK 2017. 11. 20; Prague Monitor 2017. 11. 20 재인용).

폴란드

12월 07일
· 폴란드 재무장관, 신임 총리로 지명…변화 이끌까

(The Guardian 12. 07 뉴시스 12. 08 재인용)

– 베아타 슈드워 총리의 뒤를 이어 마테우시 모라비에츠키 폴란드 재무장관이 폴란드 총리로 지명됐다. 7일 가디언 등에 따르면 야당이 추진한 슈드워 총리 불신임투표가 기각된 직후 집권당인 법과정의당은 모라비에츠키 장관으로 총리를 교체했다. 법과정의당 정권은 사법부와 언론 통제 등의 조치로 수차례 유럽연합의 경고를 받은 바 있다. 따라서 이번 총리 지명은 폴란드 정부가 유럽연합과 빚고 있는 마찰을 원인

으로 이루어진 것으로 해석된다. 모라비에츠키 총리는 다가오는 2019년 지방선거와 2020년 대통령선거 등에 대비해 향후 3년간 법과정의당을 이끌게 된다. 전문가들은 총리 교체에 대해 총리가 바뀐 것과 관계없이 폴란드 정계 최대 권력은 여전히 야로슬라프 카친스키 법과정의당 대표에게 있다는 점을 지적했다. 그러나 바르샤바의 싱크탱크 '정치인사이트'의 바브르지니에츠 스모친스키 소장은 모라비에츠키 신임 총리에 대해 "부서진 다리를 수선할 수 있는 인물"이라고 평가하면서 "유럽연합과 사업가 공동체 및 온건 성향의 유권자와의 관계에 숨통을 트게 될 것"이라고 평가했다.

12월 11일
• 폴란드, 반정부 집회 보도 방송사 4억 원 벌금…언론장악 논란

(The Guardian 12. 12; 연합뉴스 12. 13 재인용)

- 폴란드 당국이 2016년 있었던 반정부 시위를 보도했다는 이유로 민간 방송사에 4억여 원의 벌금을 부과해 논란이 되고 있다고 가디언이 전했다. 지난 11일 국가방송심의회는 폴란드 방송사인 'TVN SA'가 지난해 반정부 시위 보도로 폴란드 법률을 위반했다면서 150만 즈워티(약 4억 6천만 원)의 벌금을 부과했다. 벌금 부과 이유에 대해 국가방송심의회는 해당 보도가 "위법행위를 선전하고 안보를 위협하는 행동을 고무했다"고 밝혔다. 지난 2016년 12월, 집권당이 의회 내 취재를 제한하는 법안을 추진하려다 거센 반대에 부딪힌 바 있다. 그러한 법안 추진에 반대하며 수천 명의 시민이 의회에 모여 수일에 걸쳐 시위를 벌였으며, 야당 의원들은 의장석을 점거하며 격렬히 항의했다. TVN SA는 이번 결정에 대해 "극도로 편향되고 부주의한 보고서"를 근거로 이뤄졌다면서 항소하겠다는 입장을 밝혔다. 정부의 이러한 조치는 법과정의당이 해당 방송사의 뉴스채널인 TVN24 장악을 노리고 있다는 보도가 나오는 가운데 이뤄진 것이라는 시각도 존재한다. 한편 법과정의당 집권 이래 폴란드 내 언론의 자유는 급격히 하락하는 양상을 보였다. 국경없는기자회(Reporters Sans Frontières, RSF)의 언론자유지수 평가에서 2015년 180개국 가운데 18위였던 폴란드는 2017년에는 54위로 추락했다.

12월 07일

• **민주연합, 요빅과의 협력 배제할 것이라 밝혀**   (Dailynews Hungary 12. 07)

– 민주연합 대변인은 진보적 성향의 민주연합은 극우 민족주의 성향을 띠는 요빅과 어떤 형태의 협력이든 하지 않겠다는 입장을 밝혔다. 대변인은 최근 요빅이 "(기존의 이념적 색채와는) 다른 가면을 쓰고 있지만" 배제주의적 성향을 보이며 민주연합과 이념적 거리가 멀기 때문에 요빅과 협력할 수 없다고 언급했다. 덧붙여 그는 2018년 치러질 총선에서 진보주의적 정당들이 공동으로 선거에 임한다면 요빅 없이도 다수 의석을 차지할 수 있을 것이라고 주장했다. 그는 또한 2018년 4월 총선을 앞두고 민주연합은 당대표의 지도하에 정당 명부를 작성하고 있다고 전했다.

12월 09일

• **총선 앞두고 헝가리 야당 거액 과징금에 파산 위기**

(AP 12. 09; 연합뉴스 12. 09 재인용)

– 헝가리의 야당이 2018년 4월 치러질 총선을 앞두고 거액의 과징금을 부과 받아 선거에 타격을 입을 수도 있게 됐다고 외신들이 전했다. 헝가리 우파 야당인 요빅은 정치자금법상 금지된 부당이득을 취했다며 감사원으로부터 6억 6천300만 포린트(약 27억 3천만 원)의 과징금 처분을 받았다. 감사원은 요빅이 지난 2016년 빅토르 오르반 총리를 비판하는 광고물을 설치할 때 광고판 사용료를 시세보다 훨씬 낮게 지급했다며 이를 부당이득으로 보고 과징금을 부과한다고 밝혔다. 현재 의회의 의석수를 보면 전체 199석 중 여당인 청년민주동맹이 133석을 차지하고 있다. 한때 집권 정당이었던 사회민주당은 군소정당과 연합하였음에도 불구하고 29석을 차지할 정도로 세력이 약화된 상황에서 요빅은 23석을 차지하고 있기 때문에 그나마 다음 총선에서 여당을 견제할 수 있는 정당으로 요빅이 거론되고 있다. 요빅은 "감사원이 독재시대의 군법회의처럼 행동하고 있다"며 "이번 과징금 부과는 내년 총선에 우리 당 후보들이 출마하는 것을 막으려는 속셈이다"라고 비판했다. 감사원은 이러한 논란에 대해 "감사원은 독립된 기구이며 정치와 관련이 없다"고 반박했다. 요빅은 당장 과징금을

내지 못하면 당이 파산할 수 있다는 입장을 밝히며 12월 9일부터 지지자들을 상대로 후원금 모금에 나섰다.

12월 06일

• 소보트카 정부, 마지막 회의 주최해　　　　　　　　　(Prague Monitor 12. 06)

– 보후슬라프 소보트카 총리가 이끄는 사회민주당과 긍정당, 기독민주당 연립정부가 12월 6일, 마지막 회의를 가졌다. 한편 지난 12월 4일 밀로스 제만 대통령은 공식적으로 소보트카 정부의 사임을 받아들였으며 12월 5일에는 긍정당대표인 안드레이 바비스를 총리로 지명했다. 소보트카 정부는 제만 대통령이 소수정부인 긍정당 정부를 공식적으로 인정하기 전인 다음 주까지 업무를 계속할 것으로 예상된다. 한편 10월 총선에서 200석의 의석 중 30%인 78석을 긍정당이 차지한 이래로 현 소보트카 정부는 국내의 긴급한 현안이나 유럽과 관련된 이슈로 정부의 활동을 제한해왔다.

12월 21일

• 긍정당, 가장 지지율 높은 정당으로 나타나

(CTK 12. 21; Prague Monitor 12. 22 재인용)

– 여론조사기관인 CVVM이 12월 초(12월 2일–12월 17일) 실시한 조사결과에 따르면 "현재 선거가 치러진다면 어느 정당을 지지하겠는가"라는 질문에 대해 응답자의 35.5%가 긍정당을 지지할 것이라고 밝혔으며, 해적당과 시민민주당이 각각 11.5%의 지지율을 획득해 긍정당의 뒤를 잇는 것으로 나타났다. 또한 소보트카 전 총리가 속해있는 사회민주당은 10%의 지지율을 보인 것으로 확인되었다. 한편 전통책임번영당을 비롯한 원외정당은 모두 원내 진입 최소요건인 5%의 지지율을 밑도는 것으로 나타났다.

7차(12월 말~2018년 1월 말)

김소정

폴란드에서는 1월 실시된 여론조사 결과 여당인 법과정의당이 45.7% 지지율을 보여 선두를 달리고 있는 것으로 나타났다(Warsaw Voice 2018. 01. 04). 한편 마테우시 모라비에츠키 신임 총리는 유럽연합과의 관계개선을 위해 개각을 단행하였다(AP 2018. 01. 10; 뉴시스 2018. 01. 10 재인용). 헝가리에서는 의회에서 합의를 바탕으로 야노시 아데르(Joanos Ader) 대통령이 오는 4월 8일에 총선을 실시하겠다고 밝혔으며, 집권당인 청년민주동맹의 승리가 예상되고 있다(AP 2018. 01. 11; 뉴시스 2018. 01. 12 재인용). 여론조사 결과에 따르면 여당의 지지율이 40%에 달하는 것으로 나타났다(Dailynews Hungary 2018. 01. 29).

체코에서는 의회의 신임투표가 부결되어 안드레이 바비스 총리가 이끄는 내각이 취임 한 달 만에 총사퇴하였다(Bloomberg·AFP 2018. 01. 16; 연합뉴스 2018. 01. 17 재인용). 한편 1월 27일 치러진 대통령선거 결선투표에서 밀로스 제만 대통령이 51.8%를 득표하여 연임에 성공하였다(AP 2018. 01. 27; 서울신문 2018. 01. 28 재인용).

폴란드

01월 04일

· 여당 법과정의당 지지율 선두 달리는 것으로 나타나 　　　　　(Warsaw Voice 01. 04)

– 폴란드의 주간지인 'Do Rzeczy'에서 실시한 설문조사 결과에 따르면 여당인 법과정의당의 지지율은 소폭 상승한 45.7%로 나타난 반면, 제1야당인 시민연단의 지지율은 지난 12월에 비해 하락해 23.4%에 그친 것으로 확인되었다. 또한 쿠키스15(Kukiz'15)의 지지율은 8.3%인 것으로 나타났으며 진보적 성향의 야당인 현대폴란드당은 6.9%의 지지율을 보였다. 한편 국민당과 민주좌파동맹(Sojusz Lewicy Demokratycznej, SLD)은 5%대의 지지율을 보인 것으로 확인되었다.

01월 09일

• 폴란드 신임 총리, 유럽연합과의 관계 개선 위해 개각 단행

(AP 01. 10; 뉴시스 01. 10 재인용)

- 마테우시 모라비에츠키 신임 총리는 9일 그동안 논란이 많았던 외무, 환경 장관을 경질하고 공석이었던 국방장관을 임명하는 등 개각을 단행했다. 이러한 개각은 악화된 유럽연합과의 관계를 개선해 유럽연합의 제재를 피하기 위한 것으로 풀이된다. 모라비에츠키 총리는 지난해 12월 베아타 슈드워 전 총리의 후임으로 내정되었다. 슈드워 총리는 2년간의 재임기간 동안 난민문제, 폴란드의 민주주의 제도를 두고 유럽 정상들과 지속적으로 갈등을 빚었다. 유럽연합 정상들은 그동안 폴란드 국내의 사법개혁 등에 우려를 표하면서 유럽연합 내에서의 폴란드의 투표권을 박탈하는 제재의 가능성을 시사한 바 있다. 이에 모라비에츠키 총리는 여당 법과정의당의 대표인 야로슬라프 카친스키를 설득해 유럽연합과 야당이 비난하고 있는 장관들의 퇴진을 관철시켰다.

헝가리

01월 11일

• 헝가리 총선, 4월 8일로 결정…우파 오르반 총리 압승 예상

(AP 01. 11; 뉴시스 01. 12 재인용)

- 헝가리 총선일이 4월 8일로 결정됐다. AP에 따르면 야노시 아데르 대통령이 11일 성명을 통해 4월 8일에 총선을 실시하겠다고 밝혔다. 이번 총선에서는 빅토르 오르반 총리가 4선을 노린다. 여론조사 결과를 통해 살펴보았을 때 오르반 총리가 이끄는 우파 성향의 집권당 청년민주동맹의 압승이 예상되고 있는 상황이다. 포퓰리즘과 민족주의를 강조하는 오르반 총리는 집권 이후 지속적으로 반 이민, 반 무슬림 정책을 펼치면서 '동유럽의 트럼프'로 불리기 시작했다. 오르반 총리가 올해 총선에서 재집권에 성공할 경우 동유럽의 극우세력이 더욱 힘을 받을 전망이다. 폴란드와 더불어 헝가리는 2015년 유럽연합이 시작한 난민할당제에 반대하였으며, 난민 수용을 금지하는 정책을 도입한 이후 단 한 명의 난민도 받아들이지 않고 있다.

01월 29일

• 여당 청년민주동맹 지지율 1위, 야당 중에서는 요빅이 선두 달리는 것으로 나타나

(Dailynews Hungary 01. 29)

– 4월 8일 총선을 앞두고 1월 3일부터 21일까지 실시된 여론조사 결과, 연정을 이루고 있는 청년민주동맹과 기독민주국민당(KeresztényDemokrata NépPárt, KDNP) 연합의 지지율은 지난 12월보다 3%p 상승한 40%에 달하는 것으로 나타났다. 야당인 요빅은 2014년이래로 가장 낮은 7%의 지지율을 보였으며, 사회당 또한 5%대의 지지율에 머무르고 있는 것으로 확인되었다. 또한 민주연합과 대안정당은 각각 4%, 3%의 지지율을 보이며 사회당의 뒤를 잇는 것으로 나타났다. 한편 투표 결정을 한 유권자들 대상으로 하였을 때 청년민주동맹과 기독민주국민당 연합의 지지율은 야당들의 지지율을 모두 합한 것보다 높은 54%에 달하는 것으로 나타났다.

체코

01월 16일

• 체코 내각, 신임투표 부결로 한 달 만에 총사퇴 위기

(Bloomberg·AFP 01. 16; 연합뉴스 01. 17 재인용)

– 의회의 신임투표에서 지지를 얻지 못해 안드레이 바비스 총리가 이끄는 내각이 취임 한 달 만에 총사퇴 위기를 맞았다. 16일 의회의 신임투표가 부결되면서 바비스 총리 내각은 총사퇴하고 임시정부로 남게 됐다. 2017년 10월 치러진 체코 총선에서 긍정당을 승리로 이끈 바비스 총리는 승리했지만 의회 과반 달성에 실패했다. 그는 안정적인 정국 운영을 위해 연정을 추진했으나 정당들이 거부하자 소수정부를 구성했었다. 다른 정당들은 바비스 총리가 한때 소유했던 기업이 유럽연합 보조금을 빼돌린 혐의로 그가 수사를 받고 있으며, 기소될 수 있다는 점을 들어 연정 참여에 부정적이었다. 바비스 총리는 보조금 편취 혐의를 부인하고 있다. 한편 대통령선거 결선투표를 앞둔 밀로스 제만 대통령은 바비스 총리가 사퇴하더라도 그를 다시 총리로 지명하겠다고 약속한 바 있다.

01월 27일
· 친(親)러 제만 체코 대통령 결선투표서 연임 성공

(AP 01. 27; 서울신문 01. 28 재인용)

‒ 대선 결과 현 밀로스 제만 대통령이 연임에 성공했다. 제만 대통령의 승리로 인해 체코의 친러시아·친중국, 반 유럽연합·반난민 행보에 가속도가 붙을 전망이다. AP는 제만 대통령이 결선투표에서 51.8%의 득표율로 48.2%를 득표한 이르지 드라호슈(Jiří Drahoš) 후보와의 경쟁에서 승리했다고 보도했다. 제만 대통령은 1월 12일부터 13일 양일간 치러진 대선 1차 투표에서 38%를 득표했으나, 과반 득표에 실패하여 결선투표를 치렀다. 2013년 처음으로 실시된 직선제 대선에서 승리해 임기를 시작한 제만 대통령은 이번 승리로 연임하게 되었다. 한편 제만 대통령이 연임에 성공하면서 안드레이 바비스 총리의 내각 재구성 작업에 힘이 실릴 전망이다. 바비스 총리는 작년 10월 치러진 총선에서 긍정당을 승리로 이끌고 소수정부를 구성하였으나, 최근 의회에서 불신임을 당해 내각이 총사퇴했다. 앞서 제만 대통령은 바비스 총리에게 다시 내각 구성권을 줄 것이라고 밝힌 바 있다.

8차(1월 말~2월 말)

김소정

　　폴란드에서는 현대당이 당 지지자들의 입장을 반영하여 시민연단과 통합하지 않겠지만, 11월 지방선거에서만 연대를 이룰 것이라는 입장을 발표했다(Warsaw Voice 2018. 02. 13). 한편 2월 초 통과된 '홀로코스트법'에도 불구하고 대통령과 총리에 대한 지지율이 상승한 것으로 나타났다(Politico 2018. 02. 21; 뉴시스 2018. 02. 21 재인용). 4월 총선을 앞두고 있는 헝가리에서는 빅토르 오르반 총리가 반 난민 정서를 자극하는 발언을 이어가고 있어 논란이 되고 있다(연합뉴스 2018. 02. 20). 2월 말 호드메죄바샤르헤이시에서 실시된 시장선거 결과, 여당 청년민주동맹이 우세했던 지역임에도 불구하고 현 총리 연임에 반대하는 움직임으로 야당 연합 후보가 승리하여 총선 과정이 새로운 국면을 맞이했다는 평가가 관측되고 있다(Washington Post 2018. 02. 26).

　　체코에서는 안드레이 바비스 총리가 내각 구성을 이루지 못한다면 최후의 보루로 조기총선을 실시할 것이라는 입장을 밝혔다(Warsaw Voice 2018. 02. 03). 1월 실시된 여론조사에 따르면 대다수의 체코 국민이 정치적 상황에 대해 부정적으로 평가하는 것으로 나타났다(ČTK 2018. 02. 12).

폴란드

02월 13일

• 현대당–시민연단, 통합하지 않을 것이라고 밝혀　　　　　　　　　(Warsaw Voice 02. 13)

－ 진보적 성향의 현대당이 보다 보수적인 이념을 보이는 시민연단과 통합하지 않을 것이라는 입장을 밝혔다. 시민연단의 대표인 그레고르즈 쉐테나(Grzegorz Schetyna)는 일전에 현대당에 두 당의 통합을 제안한 바 있으나, 현대당은 당 지지자들의 의견을 수용하여 통합하지 않겠다는 입장을 밝히는 한편 다가오는 선거에서 연대를 이룰 것이라는 입장을 표명하였다. 현대당 대표인 카타주나 루부나에(Katarzyna Lubnauer)는 대부분의 현대당 지지자들은 시민연단–국민당의 국정 운영 능력에 대해 매우 부정

적으로 평가한 바 있으며, 만일 시민연단과 연대한다면 한 번의 선거에서만 그 연대가 지속되어야 한다고 생각하는 것으로 나타났다고 밝혔다. 이러한 배경에서 현대당은 시민연단과 11월에 치러지는 지방선거에서만 연대를 준비하고 있다는 입장을 표명하였다.

02월 20일
· 폴란드 대통령·총리, '홀로코스트 법' 논란에도 지지율 상승

(Politico 02. 21; 뉴시스 02. 21 재인용)

– 폴리티코의 보도에 따르면 이른바 '홀로코스트법'을 중심으로 불거지고 있는 논란에도 불구하고 폴란드 대통령과 총리에 대한 지지율이 상승한 것으로 나타났다고 한다. 폴란드의 여론조사기관인 이바에르이에스(IBRiS)가 20일 공개한 조사결과에 따르면 안드레이 두다 대통령의 지지율은 57%로 지난 1월과 비교해 8%p 상승했다. 또한 마테우시 모라비에츠키 총리의 지지율은 55%로 지난 조사 대비 2%p 상승했다. 폴란드 상원은 2월 초, 여당인 법과정의당 주도로 제2차 세계대전 당시 나치가 폴란드 강제수용소에서 저지른 유대인 대학살 과정에서 폴란드의 가담을 부인하는 법안인 '홀로코스트 법안'을 찬성 57표 반대 23표로 통과시켰다. 새로운 법안에 따라 '폴란드의 강제수용소'라는 말을 한 사람에게는 벌금 또는 최고 징역 3년을 선고할 수 있게 되었다.

헝가리

02월 19일
· 총선 앞둔 헝가리 총리 "유럽 위에 난민 먹구름 드리워"　　　(연합뉴스 02. 20)

– 다가오는 4월 총선에서 세 번째 연임에 도전하는 빅토르 오르반 총리가 연일 반난민 정서를 자극하는 발언을 이어가고 있다. 19일 보이코 보리스프(Boyko Borissov) 불가리아 총리와 회동한 이후 오르반 총리는 "이민자들이 우리의 안보와 생활방식, 기독교 문화를 위협하고 있다"면서 급격하게 증가한 난민을 유럽 위로 드리운 먹구름이라고 비판했다. 오르반 총리는 18일 국정연설에서도 "유럽이 침략당하고 있다는

걸 깨닫지 못하는 동안 민족은 존재하지 않게 될 것이고 서구는 쇠퇴할 것"이라는 강경한 발언을 한 바 있다. 1998년 처음 총리가 된 그는 2010년, 2014년 총선에서 승리하면서 유럽의 장수 총리가 됐다. 또한 2017년 11월 여당 청년민주동맹의 전당대회에서는 만장일치로 당 의장에 선출돼 3연임이자 네 번째 총리직 도전을 공식화했다. 언론사를 측근들에게 넘기고 시민단체의 재정을 통제해 야당으로부터 '독재자'라는 비판을 받고 있으나, 헝가리에 팽배한 반난민 정서와 자멸한 야당을 배경으로 하여 4월 총선도 오르반 총리가 승리할 것이라는 전망이 우세하다. 또한 오르반 총리의 사위가 연루된 부패 스캔들은 반난민 정서에 묻힌 바 있다.

02월 25일
• 야당 단일 후보 시장선거 승리, 반(反) 오르반 연대에 희망 안겨

(Washington Post 02. 26)

– 빅토르 오르반 총리가 이끄는 여당 청년민주동맹이 우세했던 지역에서 야당 연합 후보가 시장에 당선되는 이변이 발생했다. 호드메죄바샤르헤이(Hodmezovasarhely)시에서 야권 후보인 페테르 마르키–자이(Péter Márki–Zay)가 당선되자 정치 분석가들은 오는 4월 8일 실시될 예정인 총선 과정이 새로운 국면을 맞이할 수도 있다는 평가를 내놓았다. 또한 정치 분석가들은 최근 실시된 여론조사 결과 청년민주동맹이 앞서고 있는 상황이나, 이번 선거결과를 통해 야당연합이 오르반 총리에 대항할 수 있는 기회를 얻을 수도 있다는 관측을 했다. 청년민주동맹 소속 졸탄 헤게두스(Zoltan Hege-dus) 후보가 41.6%를 득표한 반면, 마르키–자이 당선자는 57.5%를 득표해 시장이 되었다. 마르키–자이 후보가 승리한 이 도시는 오르반 총리의 수석 보좌관인 야노시 라자르(Janos Lazar)의 고향으로 라자르 보좌관이 2012년까지 10년간 시장으로 재임한 바 있어 이번 선거결과는 큰 이변으로 평가된다.

02월 03일

· 총리, 새로운 내각 구성 이루지 못한다면 최후의 수단으로 조기총선 실시

(Reuters 02. 03)

– 체코의 안드레이 바비스 총리는 지난 1월 그의 내각이 불신임 받은 이후 새로운 내각 구성에 실패한다면 최후의 수단으로 조기 총선을 실시할 예정이라는 입장을 밝혔다. 바비스 총리가 이끄는 긍정당은 2017년 10월 총선에서 승리했으나 과반 의석 확보는 실패한 바 있다. 긍정당은 부패 척결, 감세 등을 공약으로 내세우며 유권자들을 동원하였다. 하지만 집권을 시작한 바비스 총리는 과거에 유럽연합의 보조금을 편취했다는 것을 원인으로 하여 야당의 비협조에 직면하였다. 바비스 총리는 그러한 혐의를 전면 부인하는 한편 다른 총리 후보를 선출하는 것을 거부하였다. 그는 한 일간지와의 인터뷰에서 "만약 긍정당이 다른 정당들과 합의를 도출하는 데 실패한다면 유일한 해결책은 조기총선"이라고 말하는 한편 "하지만 조기총선은 최후의 보루"라고 주장하면서 총선 실시를 원치 않는다는 입장을 표명했다. 바비스의 현 내각은 새로운 내각이 구성되기 이전까지 업무를 수행하게 된다. 한편 밀로스 제만 대통령은 재선에 성공한 이후 바비스 총리에게 내각 구성을 위한 충분한 시간을 줄 것이라고 밝혔다.

02월 12일

· 체코 국민들, 정치적 상황 부정적으로 평가하는 것으로 나타나 (ČTK 02. 12)

– 여론조사기관인 CVVM이 1월 실시한 조사결과에 따르면 대다수의 체코 국민이 2016년에 비해 2017년의 정치적인 상황이 나빠졌다고 평가한 것으로 나타났으며, 사회 전반에 대해 부정적으로 인식하는 것으로 확인되었다. 반면 난민에게 느끼는 두려움 정도는 2016년에 비해 낮아진 것으로 나타났다. 응답자의 52%는 2016년에 비해 2017년에 정치적 상황이 나빠졌다고 평가한 반면, 나아졌다고 평가한 응답은 8%에 그친 것으로 확인되었다.

9차(2월 말~3월 말)

김소정

폴란드 정부는 유대인 대학살에 폴란드가 관여하지 않았다는 내용의 '홀로코스트 법'을 둘러싼 논란을 진화하기 위해 유대인 지역사회를 방문하는 등의 노력을 기울이고 있다(AP 2018. 02. 27; 연합뉴스 2018. 02. 28 재인용). 한편 마테우시 모라비에츠키 총리는 장·차관급 고위 관료의 수를 줄여 정부의 규모를 축소할 것이라고 밝혔다(Warsaw Voice 2018. 03. 13). 4월 8일 총선을 앞두고 있는 헝가리에서는 빅토르 오르반 총리의 4선이 유력한 것으로 예상된다(동아일보 2018. 03. 22). 극우정당인 요빅은 유권자 동원을 위해 기존의 극우적 노선을 탈피하는 행보를 보이고 있다(AFP 2018. 03. 26; 뉴스1 2018. 03. 27 재인용).

체코에서는 언론의 자유를 촉구하는 대규모 집회가 열렸다(AFP·Bloomberg 2018. 03. 14; 뉴스1 2018. 03. 15 재인용). 한편 사회민주당 대표인 보후슬라프 소보트카(Bohuslav Sobotka) 전임 총리는 당대표직을 사임할 예정이라고 밝혔는데 그 배경에는 긍정당과의 연정을 반대하는 의중이 존재한다는 해석이 지배적이다(Radio Praha 2018. 03. 23).

폴란드

02월 27일

- '나치부역부정법' 폴란드, 반유대주의 비판 잠재우기 분주

(AP 02. 27; 연합뉴스 02. 28 재인용)

– 폴란드 정부가 제2차 세계대전 중 나치가 주도한 유대인 대학살에 폴란드가 관여하지 않았다는 내용을 담은 '홀로코스트 법'(나치 부역 부정법)을 둘러싼 논란 진화에 나섰다. 폴란드 대통령은 유대인 지역사회를 방문해 유대인 문화를 치켜세우고 이스라엘에 정부 대표단을 파견해 새로운 법안에 대한 논의도 진행할 예정이다. 폴란드에서는 유대인 학살에 폴란드인이 가담했다는 논지의 발언을 규제하는 내용을 담은 법안이 상원에서 통과돼 반유대주의를 조장한다는 국제 사회의 비판을 받고 있다. 이

법은 3월 초에 발효될 예정이다. 법안이 실시되면 2차 대전 당시 존재했던 강제수용소 명칭과 폴란드의 연관성을 암시하는 표현을 사용할 수 없으며, 이를 위반하면 내국인뿐 아니라 외국인도 벌금 또는 최대 징역 3년형에 처할 수 있다.

03월 13일

• **모라비에츠키 총리, 고위 관료 수 줄이는 개혁 단행해** (Warsaw Voice 03. 13)

– 마테우시 모라비에츠키 총리는 각 부처에서 장·차관을 비롯한 고위 관료의 수를 줄이는 것을 통해 정부의 규모를 축소하기로 결정했다고 밝혔다. 모라비에츠키 총리는 3월 12일, 17건의 사임을 발표하였으며 향후 몇 주간 더 많은 수의 관료들의 사임을 발표할 예정인 것으로 보인다. 그는 "정부의 규모를 축소하겠다는 약속을 이행하기 위해 20여 명의 인사가 정부를 떠날 것으로 예상된다"고 밝혔다. 또한 정부 인사 감축은 궁극적으로 정부 업무를 축소하기 위함임을 전했다. 정부 대변인은 정부를 떠나게 된 인사에 에너지부 장관, 기술부 장관 등이 포함되었다고 발표하였다. 모라비에츠키 총리는 3월 초, 장·차관급 관료의 인원수를 20~25% 정도 줄이는 동시에 장관급에게 지급되는 성과급을 삭감하겠다고 밝힌 바 있다.

헝가리

03월 22일

• **'동유럽 트럼프' 빅토르 오르반 총리, 압도적 지지로 4선 유력** (동아일보 03. 22)

– '동유럽의 트럼프'로 불리기도 하는 빅토르 오르반 헝가리 총리는 오는 4월 8일 실시될 예정인 총선에서 압도적 지지로 4연임에 성공할 것으로 예상된다. 오르반 총리는 1998년 처음으로 총리가 되었을 때만 해도 서구 민주주의와 자유주의를 지지한 바 있다. 당시 그는 헝가리를 유럽연합과 북대서양조약기구(North Atlantic Treaty Organization, NATO)에 가입시키기 위해 노력하였으며, 국영기업의 민영화를 주도했다. 그러던 중 2002년 선거에서 패배한 오르반 총리는 2010년, 친서방 자유주의에서 민족주의 우파 노선으로 180도 변신해 재집권을 시작했다. 이후 그는 공공연하게 "헝가리는 서방이 추구하는 가치 대신 러시아나 중국 같은 국가를 모델로 삼아 나아가야

한다", "헝가리는 유럽의 이슬람화에 맞서 싸울 마지막 요새" 등의 발언을 하며 극우적 성향을 보였음에도 불구하고 유권자들은 기꺼이 표를 던졌다. 난민을 대거 받아들인 프랑스와 독일에서 난민과 관련된 테러가 벌어질 때마다 오르반 총리의 지지율은 오르고 있다.

03월 26일

- **헝가리 극우정당 요빅, 총선 앞두고 '180도' 변신**   (AFP 03. 26; 뉴스1 03. 27 재인용)
  - 헝가리 극우정당 요빅이 총선을 앞두고 반유대주의·반서방이 아닌 '국민의 정당'을 표방하며 이미지 전환에 나섰다. 26일 AFP통신에 따르면 요빅은 유권자들을 동원하기 위해 본래 기치인 극우 색채를 완전히 지우고 지지를 호소하고 있는 것으로 나타났다. 가보르 보나 요빅 대표는 최근 유대인들에게 유대교 명절인 하누카에 축하 카드를 보내고 집시들에게 용서를 구하는 등 과거 요빅의 정책에 대해 반성하는 행보를 보였다. 2003년 청년들을 핵심으로 한 우익 정당으로 시작한 요빅은 반(反)난민을 주장하며 크게 득세했다. 이후 이들은 반서방, 반유대주의를 표방하며 집시 반대를 외쳐왔으며, 최근 실시된 여론조사에서는 지지율 2위를 기록하기도 했다. 하지만 우파적 성향을 보여 요빅과 성향이 겹치는 청년민주동맹이 요빅의 지지자들을 빼앗아 가기 시작하자, 요빅은 노선을 완전히 변경하는 방식을 통해 살 길을 모색한 것으로 보인다. 최근 청년민주동맹의 지지율은 40%에 달하지만 요빅을 비롯해 진보적 정당 두 곳의 지지율을 합쳐도 20%를 채 넘지 못하는 상황이다.

체코

03월 14일

- **체코 프라하서 언론자유 촉구 집회…"부끄러운 줄 알라"**

(AFP·Bloomberg 03. 14; 뉴스1 03. 15 재인용)
  - 3월 14일 수도인 프라하에서 수천 명의 시민이 '언론 자유 보장'을 외쳤다. 블룸버그, AFP에 따르면, 이날 시위의 목적은 공영방송 '체코 텔레비전(Česká televize)'(이하 체코TV)에 대한 정부의 억압을 규탄하는 것이었다. 시민들은 지난 1월 재임에 성공한

밀로스 제만 대통령이 언론을 탄압하는 취지의 발언을 하자 그에 대해 비판하며 행진했다. 시민들은 "창피한 줄 알라"고 외쳤고 '체코TV와 언론인 공격 반대'라고 쓰인 팻말을 들었다. 이번 시위는 제만 대통령이 취임식 연설 도중 체코TV를 향해 "대중을 조종하려 한다"고 비난한 데서 비롯되었다. 제만 대통령은 이전에도 "언론인들을 청산해야 한다"고 말한 사실이 알려져 논란이 되고 있다. 안드레이 바비스 총리 역시 체코TV 기자들을 "부패한 무리"라고 비난한 바 있다.

03월 23일

• **소보트카 전임 총리, 당대표직 사임할 예정이라 밝혀**　　　　　(Radio Praha 03. 23)
－ 체코의 사회민주당 대표 보후슬라프 소보트카 전임 총리는 4월부터 당대표직을 내려놓고 정당의 일원이 될 것이라고 발표하였다. 소보트카 대표는 그의 페이스북(Facebook)과 트위터(Twitter)에 수개월 동안 숙고한 결과 이 같은 결정을 내렸으며, 그러한 결정은 개인적인 이유에서 비롯되었다는 입장을 전하였다. 소보트카 대표가 사임한 배경에는 가족에게 더 많은 시간을 할애하고자 하는 사적인 원인이 존재하나 이는 표면적인 것이며, 궁극적으로는 사회민주당이 안드레이 바비스 총리가 속한 긍정당과 연립 정부를 구성하려는 움직임을 보이자 이에 반대하는 행보가 아니냐는 해석이 지배적이다. 소보트카 대표는 최근 사회민주당 내에서 실시된 연정 여부를 묻는 투표 과정에서 공공연하게 연정 참여에 반대하는 입장을 밝힌 바 있다.

10차(3월 말~4월 말)

김소정

사법개혁을 두고 유럽연합과 갈등을 겪고 있는 폴란드에서는 유럽연합이 제안한 권고사항 중 일부를 수용할 것이라며, 제재 철회를 요구했다(Politico 2018. 04. 04; 연합뉴스 2018. 04. 05 재인용). 여론조사 결과 대통령의 업무 수행에 대해 응답자의 63%가 긍정적인 평가를 내린 반면, 상·하원에 대해서는 부정적인 평가가 대부분인 것으로 확인되었다(Warsaw Voice 2018. 04. 13). 4월 8일 헝가리에서는 총선이 실시되었으며, 여당인 청년민주동맹의 승리로 인해 빅토르 오르반 총리의 4선이 확정되었다(연합뉴스 2018. 04. 15). 한편 총선 이후에는 오르반 총리의 비민주주의적 행보에 반발해 10만여 명의 시민들이 총선 재실시를 요구하며 대규모 시위를 개최하였다(AP 2018. 04. 14; 연합뉴스 2018. 04. 15 재인용).

체코에서는 긍정당과 사회민주당을 중심으로 한 연립정부 구성 협상이 결렬되면서 조기총선이 실시될 가능성이 예측되고 있다(연합뉴스 2018. 04. 07). 관련된 여론조사 결과에 따르면 응답자의 대부분이 조기총선 실시에 부정적인 것으로 나타났다(연합뉴스 2018. 04. 15).

폴란드

04월 04일

• 유럽연합에 손 내민 폴란드…"유럽연합과 합의해 사법개혁안 수정"

(Politico 04. 04; 연합뉴스 04. 05 재인용)

– 사법개혁을 중심으로 하여 유럽연합과 갈등을 겪고 있는 폴란드가 유럽연합과의 화해 가능성을 전망했다. 4일 폴리티코 등에 따르면 여당인 법과정의당의 야로슬라프 카친스키 대표는 일간지와의 인터뷰에서 "우리는 유럽연합집행위원회(European Commission)와 합의한 사항을 (사법)개혁안에 반영할 계획"이라고 밝혔다. 다수 유럽연합 회원국은 폴란드 정부가 추진하고 있는 사법개혁이 사법부의 독립을 해친다며 반대하고 있는 상황이다. 지난해 12월, 안드레이 두다 대통령은 유럽연합이 제재 조

치를 취할 것이라는 경고를 무시하고 사법부 개혁을 위한 법안들에 서명한 바 있다. 두다 대통령이 서명한 법안들은 정부가 사법부를 보다 쉽게 통제할 수 있게 하는 내용을 담고 있다. 이에 유럽연합집행위원회는 리스본조약 7조를 발동해 조사를 시작하였으며, 폴란드 정부가 사법부의 독립을 훼손하는 사실이 밝혀지면 유럽연합 내 폴란드의 투표권 정지를 비롯한 전례 없는 제재를 가할 것이라고 밝혔다. 폴란드의 야체크 차푸토비치(Jacek Czaputowicz) 외무장관은 지난달 유럽연합에 리스본조약 7조 발동 철회를 요구하면서 "유럽연합집행위원회의 권고사항 중 일부를 수용할 준비가 됐다"고 밝혔다.

04월 20일
· 대통령의 업무 수행에 대한 긍정적 평가 상승해 　　　　　　　(Warsaw Voice 03. 13)
– 여론조사기관인 CBOS의 조사결과에 따르면 응답자의 63%가 안드레이 두다 대통령의 업무 수행에 대해 긍정적으로 평가하고 있는 것으로 나타났다. 이러한 긍정적인 평가는 지난달에 비해 소폭 상승하였으며, 응답자의 28%는 대통령의 업무 수행에 대해 부정적이라고 응답하였다. 한편 하원에 대한 긍정적인 평가는 매달 제고되고 있는 것으로 나타났으나 여전히 부정적인 평가가 대부분인 것이 확인되었다. 구체적으로 응답자의 29%는 하원에 대해 긍정적인 평가를 내렸으며, 55%는 부정적으로 생각하는 것으로 나타났다. 상원의 경우 응답자의 29%가 긍정적으로 평가하였으며, 47%는 부정적이라고 응답한 것으로 확인되었다.

헝가리

04월 14일
· 헝가리 국민 10만 명 대규모 반정부 시위…총선 재실시 요구
　　　　　　　　　　　　　　　　　　(AP 04. 14; 연합뉴스 04. 15 재인용)
– 헝가리 시민 10만여 명이 14일, 총선 재실시와 선거제도 개혁 등을 요구하며 대규모 시위에 참여하였다. 청년층을 대부분으로 하여 구성된 시위대는 총선 투표 재개표, 총선 재실시, 공영언론의 공정 보도, 야당의 단결 등을 요구하였다. 빅토르 오르

반 총리는 4월 8일 실시된 총선에서 여당인 청년민주동맹이 3분의 2 의석을 확보하며 압승을 거두면서 4선에 성공했다. 오르반 총리는 지난 1998년 임기를 시작하여 2010년 재집권에 성공해 3연임했으며 반대론자들로부터 언론 탄압과 사법권 독립 침해, 선거제도 조작 등 여러 비판을 받고 있다. 오르반 총리는 헝가리 출신 미국인 조지 소로스가 자금 지원을 하는 시민단체들을 적으로 규정하며 헝가리에서 활동하는 시민단체들을 압박하기 위한 입법을 추진하고 있다. 시위 주최 측은 향후에도 지속적으로 반정부 시위를 개최할 예정이라고 밝혔다.

04월 15일

• 헝가리 총선 결과 확정…여당 개헌 의석 확보   (연합뉴스 04. 15)

– 4월 15일, 헝가리 중앙선거관리위원회는 여당 청년민주동맹과 위성 정당인 기독민주국민당 연합이 전체 199석 중 133석을 차지했다고 밝히며 이달 8일 치러진 총선 결과를 확정했다. 여당이 개헌 가능 최소 의석을 확보함에 따라 헝가리 정부의 반난민정책은 보다 강화될 전망이다. 한편 극우 정당인 요빅은 26석을 차지했고 사회당은 20석을 획득하는 데 그쳤다. 이번 총선의 투표율은 2014년 61.7%보다 8%p 높은 69.7%로 집계됐다. 헝가리에서는 총선 결과에 반발하는 시민 10만여 명이 대규모 시위를 벌이며 재선거와 선거제도 개혁을 요구하기도 했다.

체코

04월 06일

• 체코, 연정협상 실패로 다수정부 구성 지연…조기총선 가능성도   (연합뉴스 04. 07)

– 체코의 연립정부 구성 협상이 실패로 돌아가면서 안정적인 정부 구성이 지연될 전망이다. 안드레이 바비스 총리가 이끄는 긍정당과 사회민주당은 4월 6일, 연정 협상을 하였으나 결렬됐다. 반 난민, 반 유로 성향의 긍정당은 2017년 10월 총선에서 200석 가운데 78석을 차지하며 제1당이 되었으나 6개월째 정부 구성에 애를 먹어왔다. 바비스 총리가 한때 소유한 기업이 유럽연합의 보조금을 빼돌린 혐의로 수사를 받고 있다는 점 때문에 정당들이 연정 참여에 부정적인 입장을 취하고 있기 때문이다.

바비스 총리는 지난 1월 소수정부를 꾸렸으나 내각 구성안이 의회 신임투표에서 부결된 바 있다. 현재는 임시내각이 국정을 운영하고 있는 상황이다. 이후 바비스 총리는 의회에서 안정적인 지지를 확보하기 위해 사회민주당과의 연정 협상을 진행했지만 실패하였다. 사회민주당은 내무장관직을 요구했으나 총리가 이를 거부하면서 협상이 결렬되었기 때문에 총리가 공산당 등 극우정당들과 연정을 모색할 수도 있다는 관측이 대두되고 있는 한편, 조기총선이 치러질 가능성도 점쳐진다. 다만 총리가 조기총선을 결심하더라도 의회의 찬성이 필요하기 때문에 실현 여부는 불투명한 상황이다.

04월 16일
• 여론조사 결과, 대부분의 체코 국민 바비스 총리에 의한 정부 구성에 반대해
(Prague Daily Monitor 04. 16)

– 체코의 여론조사기관인 메디안의 조사 결과에 따르면 체코 국민의 5분의 3은 밀로스 제만 대통령이 현 총리인 안드레이 바비스를 대신해 정부를 구성할 새로운 인사를 임명해야 한다고 응답했다. 조기총선 실시에 대해서는 대다수의 국민이 부정적인 것으로 나타났는데 연정 구성 시도를 지속적으로 했음에도 실패할 경우에만 조기총선이 실시되어야 한다고 응답하였다. 조기총선 실시 자체에 대해서는 20%의 응답자만이 찬성한다고 응답하는 것으로 나타났다. 한편 응답자의 37%는 공산당의 지원을 배경으로 긍정당과 사회민주당이 연정을 구성해야 한다고 응답하였으며 32%는 긍정당, 공산당, 자유직접민주주의당(Svoboda a Přímá Demokracie, SPD)이 연정을 구성하는 것이 바람직하다고 보는 것으로 나타났다. 해당 여론조사는 1018명의 체코 국민들을 대상으로 하여 4월 11일부터 13일까지 실시되었다.

11차(4월 말~5월 말)

올 가을 지방선거를 앞둔 폴란드에서는 야당인 국민당과 민주좌파동맹의 연대 논의가 진행되고 있다(Warsaw Voice 2018. 05. 08). 한편 이번 지방선거에서는 대다수의 대도시에서 무소속 후보가 선전할 것이라는 여론조사 결과가 도출되었다(Polska The Times 2018. 05. 28; Warsaw Voice 2018. 05. 28 재인용).

헝가리에서는 빅토르 오르반 총리가 취임연설에서 장기집권의 뜻을 내비치는 발언을 해 논란이 되고 있다(AFP 2018. 05. 10; 뉴스1 2018. 05. 11 재인용). 또한 오르반 정부는 출범 이후 난민 및 망명 신청에 대한 규제를 강화하는 법안을 제안하면서 국내외적 비판을 받고 있다(AP 2018. 05. 29; 연합뉴스 2018. 05. 30 재인용).

체코에서는 긍정당과의 연정 여부를 결정하는 사회민주당내 투표가 진행되고 있으며, 해당 투표 결과는 6월 15일 공개될 예정이다(Radio Praha 2018. 05. 21). 한편 밀로스 제만 대통령은 상원의원 및 지방선거 실시 일정을 10월 5일부터 6일로 결정했다(Radio Praha 2018. 05. 23).

폴란드

05월 08일

· 국민당과 민주좌파동맹 연대, 쉽지 않을 것으로 보여 　　　　(Warsaw Voice 05. 08)

– 일간지인 제츠포스폴리타(Rzeczpospolita)와의 인터뷰에서 야당인 국민당 소속 의원은 최근 등장한 민주좌파동맹과의 지방선거 연대설에 관해 조심스럽게 접근하고 있다는 입장을 밝혔다. 제스포스폴리타지는 국민당–민주좌파동맹 연대 형성이 절차상으로도 복잡할 것이라고 전망했다. 또한 해당 일간지는 만약 민주좌파동맹이 국민당과의 선거연대 형성 여부를 결정하기 위해 당내 투표를 진행한다면 그 시기는 5월이나 6월일 것으로 전망하였다.

05월 28일

· 지방선거에서 무소속 후보 선전할 것

(Polska The Times 05. 28; Warsaw Voice 05. 28 재인용)

– 폴스카 더 타임스(Polska The Times)는 최근 36개 지역에서 만 명을 대상으로 실시된 설문조사 결과를 인용하면서 다가오는 지방선거에서는 다수의 대도시에서 무소속 후보가 승리할 것이라고 예측하였다. 또한 해당 신문은 수도를 중심으로 한 몇몇 도시만이 양당의 접전지가 될 것이라고 주장하였다. 대표적으로 양당의 접전지라고 평가되는 수도 바르샤바 시장선거의 경우 법과정의당의 후보인 패트릭 재키(Patryk Jaki)가 31.2%를 득표할 것으로 예측된 반면, 야당인 시민연단과 현대당의 후보인 라팔 트라초프스키(Rafal Trzaskowski)는 40.2%를 득표할 것이라는 결과가 도출돼 해당 지역에서는 2차 투표가 진행될 것으로 관측되고 있다.

헝가리

05월 10일

· 헝가리 오르반 총리, 취임연설서 장기집권 '흑심'   (AFP 05. 10; 뉴스1 05. 11 재인용)

– 5월 10일 공식 취임선서를 한 빅토르 오르반 총리가 2030년까지 집권하겠다는 바람을 내비쳤다고 AFP가 보도했다. 오르반 총리는 취임 연설에서 2030년까지의 정부 프로그램을 설명하면서 "단지 4년이 아닌 앞으로 10년, 12년에 대한 계획을 만들어야겠다는 마음이 커진다"고 발언했다. 한 야당 소속 정치인은 총리의 임기는 4년인데 오르반 총리가 마치 2030년까지 청년민주동맹이 집권을 이어갈 것처럼 발언했다며 "민주주의를 비웃는 처사"라고 비판했다. 이날 총리 재선출 표결에는 의원 199명 중 162명이 참여했으며 찬성 134표, 반대 28표로 오르반 총리가 재선출되었다. 사회당을 비롯한 야당 소속 의원들은 여당의 선거 조작을 보이콧하겠다는 의미로 표결에 불참했다. 지난 4월 치러진 총선에서 청년민주동맹은 압승해 단독 개헌까지 가능한 의석의 3분의 2를 차지했다. 오르반 총리가 장기집권 시나리오를 충분히 실행 가능한 상황이다. 오르반 총리는 자신의 기치인 '반자유주의적 민주주의'를 이번 임기에도 강화하겠다고 강조했다.

05월 29일

• 헝가리, 이민 막기 위한 개헌 추진…망명 신청도 대폭 제한

(AP 05. 29; 연합뉴스 05. 30 재인용)

– 헝가리 정부가 29일 헝가리가 이주자들의 나라가 되는 것을 방지하기 위한 헌법 개정과 난민 신청자들의 입국 규제를 강화하는 새 법안을 제안했다. 이날 의회에 제출된 규제 강화 법안은 불법 이민을 조장하거나 돕는 행위에 대해 최대 징역 1년형에 처할 수 있도록 하는 내용을 담고 있다. '스톱 소로스' 법으로 이름 붙여진 이 법안은 시민단체들을 겨냥하고 있기도 하다. 일부 시민단체들은 헝가리 출신 미국 억만장자인 조지 소로스 재단의 지원을 받고 있는데 소로스 재단은 망명 신청자들에게 지원 등을 제공하고 있다. 헝가리 정부는 또한 망명 신청 자격에 추가 제한을 두는 것을 헌법 개정안에 포함시키는 것을 추진하고 있다. 예를 들어 박해의 위험이 없는 나라에서 헝가리로 온 외국인들은 망명을 신청할 수 없는 규정을 신설할 예정이다. 이에 유엔난민기구(United Nations High Commissioner for Refugees, UNHCR)는 헝가리 정부에 법안 도입을 취소할 것을 촉구했다.

체코

05월 21일

• 사회민주당, 긍정당과의 연정 결정하는 당내 투표 진행　　　(Radio Praha 05. 21)

– 긍정당과의 연정을 결정하는 사회민주당 내 투표가 5월 21일 시작되었다. 투표는 6월 14일까지 진행되며, 당원의 4분의 1 이상이 투표해야 결과가 유효하다. 투표 결과는 6월 15일 공개될 예정이다. 사회민주당은 투표 시작에 앞서 지난주, 연정이 결정될 경우 내각에 입성할 5명의 명단을 공개한 바 있다. 해당 명단에 따르면 정당 대표인 얀 하마체크(Jan Hamáček)는 내무부 장관 후보로 지명되었다. 또한 사회민주당은 제만 대통령의 반대에도 불구하고 외무부 장관 후보로 미로슬라프 포체(Miroslav Poche)를 지명하였다. 유럽연합 보조금 유용 혐의가 있는 안드레이 바비스 긍정당 대표와의 연정을 두고 사회민주당은 극명한 입장 차이를 나타내고 있어 투표 결과는 쉽게 예측되지 않고 있다.

05월 23일

• 제만 대통령, 지방선거와 상원의원 선거 일정 결정해 (Radio Praha 05. 23)

– 밀로스 제만 대통령은 다가오는 상원의원 선거와 지방선거의 일정을 10월 5일부터 6일까지로 결정했다. 해당 날짜는 아직 안드레이 바비스 총리의 승인을 받지 않은 상황이다. 해당 선거에서 체코의 유권자들은 투표를 통해 총 81명인 상원의원의 3분의 1인 27명의 상원의원을 교체할 예정이다. 상원의원은 6년 임기로 선출되며, 2년마다 전체 의석의 3분의 1이 재선출 된다. 상원의원 선거는 만약 후보자가 절대적 다수의 지지를 받지 못할 경우 2차 투표가 진행된다.

12차(5월 말~6월 말)

폴란드에서는 올 가을 치러질 예정인 지방선거 이후 내각 개편의 가능성이 대두되고 있다(Rzeczpospolita 2018. 06. 05; Warsaw Voice 2018. 06. 05 재인용). 한편 폴란드는 사법부를 개혁하는 내용의 법안을 통과시켰는데 해당 법안이 사법부의 독립성을 해친다는 이유로 유럽연합의 비판이 지속되고 있는 상황이다(Financial Times 2018. 06. 18; 뉴시스 2018. 06. 18 재인용).

헝가리에서는 야당인 사회당의 당내 투표 결과 베르타란 토스(Bertalan Tóth)가 당 대표로 선출되었으며, 새로운 당 지도부가 구성되었다(Dailynews Hungary 2018. 06. 18). 6월 20일 의회에서는 불법이민자들의 난민 신청을 돕는 개인 혹은 단체를 처벌하는 내용을 담은 '스톱 소로스(Stop Soros) 법'이 통과되었는데 해당 법안을 둘러싸고 여야의 공방이 지속되고 있다(AFP 2018. 06. 20; 경향신문 2018. 06. 21 재인용).

체코에서는 사회민주당이 긍정당과의 연립내각 구성에 최종적으로 합의하였으며(Radio Praha 2018. 06. 15), 이에 따라 대통령은 6월 27일 새로운 내각을 승인할 것이라고 밝혔다(Reuters 2018. 06. 26; 연합뉴스 2018. 06. 26 재인용).

폴란드

06월 05일
· **지방선거 이후 내각 개편 예정돼**

(Rzeczpospolita 06. 05; Warsaw Voice 06. 05 재인용)

– 폴란드의 일간지인 제스포츠폴리타에 따르면 법과정의당 관계자들이 내각 개편 가능성을 언급했다고 한다. 그들에 따르면 야로슬라프 카친스키 법과정의당대표는 유럽의회의원 선거를 위해 지방선거가 끝난 이후 사임할 계획을 가지고 있으며, 따라서 늦가을쯤에는 내각 개편이 이루어질 것이라고 한다. 향후 내각 개편에 따라 사임할 정부인사의 명단으로는 베아타 슈드워 총리, 안나 잘레브스카(Anna Zalewska) 교

68   지역 다양성과 사회 통합 (V)

육부 장관, 크리스토프 유르겔라(Krzysztof Jurgiel) 농림부 장관, 마렉 쿠흐친스키(Marek Kuchcinski) 대변인 등이 거론되고 있다.

06월 18일
• 유럽연합·폴란드, '사법개혁' 논란에 최종 담판…7월 3일 발효 예정
(Financial Times 06. 18; 뉴시스 06. 18 재인용)

– 사법개혁안을 놓고 갈등하고 있는 유럽연합과 폴란드가 18일 최종 담판을 지을 예정이다. 프란스 팀머만스(Frans Timmermans) 유럽연합 집행위원회 부위원장은 지난주 유럽의회에서 폴란드 정부를 향해 "다수의 지지를 얻었다고 해서 원하는 것을 무엇이든 하는 것이 법치주의라고 말할 수 없다"고 비판했다. 다수의 유럽연합 회원국들은 폴란드 정부가 추진하는 사법개혁안이 사법부의 독립을 해친다는 이유로 반대의 목소리를 내고 있다. 오는 7월 3일 발효되는 폴란드의 사법개혁안은 현재 재임 중인 재판관의 3분의 1을 강제 은퇴하도록 하는 내용 등을 담고 있다. 지난해 12월 20일 유럽연합 집행위원회는 리스본조약 7조를 발동해 개혁안을 둘러싼 조사에 나섰다. 조사 중 폴란드 정부가 사법 독립을 훼손하는 실태가 밝혀지면 유럽연합 내 폴란드의 투표권 정지 등 관련 조치가 취해질 예정이다. 몰타와 슬로바키아 등의 국가에서 지도부의 독재 혐의가 지속되는 가운데 유럽연합의 폴란드 제재가 실패로 돌아가면 유럽연합의 통치 능력 전반이 타격을 입을 것으로 예측되고 있다.

헝가리

06월 17일
• 사회당, 새로운 당 지도부 선출해 (Dailynews Hungary 06. 18)
– 6월 17일, 야당인 사회당은 베르타란 토스를 새로운 당 대표로 선출했다. 당내 투표 결과 토스는 54%의 지지를 받은 반면 경쟁 후보였던 아틸라 메스테헤지(Attila Mesterházy)는 46%의 지지를 획득했다. 선거 직후 토스 대표는 "전통적인 좌익의 가치를 지속적으로 대표하는 정당"을 만들어갈 것이라는 의지를 다졌다. 덧붙여 사회당은 정부를 무자비하게 비난해 정부의 변화를 이끌어내는 원동력이 되어야 한다고

강조했다. 그는 또한 오르반 총리가 집권한 지난 8년 간 빈부격차가 극심해졌다는 점을 지적했다. 사회당은 토스 대표 이외에도 율라 헤기(Gyula Hegyi), 이므레 코미야티(Imre Komjáthi), 티보르 사니(Tibor Szanyi) 등의 의원들을 당 지도부로 선출하였다.

06월 20일
· 헝가리, 불법이민엔 '철벽' NGO 비판엔 '재갈'　(AFP 06. 20; 경향신문 06. 21 재인용)
– 헝가리 의회가 이민자 지원활동을 원천봉쇄하는 법안을 통과시켰다. 20일 헝가리 하원에서 불법이민자로 판명된 이들의 난민 신청을 도운 것이 적발된 개인 혹은 단체에 대해 최고 징역 1년에 처하도록 하는 내용 등을 담은 반이민법 패키지 '스톱 소로스법'이 찬성 160표, 반대 18표로 통과됐다고 AFP통신이 전했다. 하지만 해당 법안은 이민자 지원활동의 정의를 명확히 규정하지 않아 정부에 비판적인 목소리를 사전에 차단하는 방향으로 악용될 수 있다는 비판이 제기되고 있다. 특히 개념이 모호한 반면 처벌이 강력한 조항 때문에 이민자를 대상으로 한 비정부기구(NGO)들의 합법적인 법률지원 서비스까지 위축될 수 있다는 우려의 목소리가 나오고 있다. '스톱 소로스법'은 헝가리 출신의 조지 소로스의 이름에서 따온 것으로, 소로스는 인권 신장을 강조하며 헝가리 정부의 민족주의적 행보를 줄곧 비판한 바 있다. 오르반 총리는 선거 유세 당시 소로스의 지원을 받는 비정부기구들을 언급하면서 소로스가 국내의 비정부기구를 통해 헝가리를 이민자들로 채우려 한다고 비난했다. 한편 재무부는 이민자를 지원하는 비정부기구들에는 기존에 내던 세금에 25%를 할증할 것을 제안했다.

체코

06월 15일
· 사회민주당, 긍정당과 연립내각 구성에 합의해　　　　　　　　　　(Radio Praha 06. 15)
– 체코 정치권에서의 8개월간 교착상태가 종료되고 새로운 정부가 구성될 것으로 전망된다. 사회민주당은 공산당의 지원하에 긍정당과 연립정부를 수립하는 안에 대해 당내에서 최종적으로 합의를 이루었다. 사회민주당과 긍정당은 하원 전체 의석인

200석 중 93석을 차지해 과반에 미치지 못하기 때문에 국정운영의 파트너로서 공산당의 지원에 의존해야 할 것으로 예측된다. 지난 10월 총선에서 부진했던 사회민주당에게 이번 연립정부 구성은 국정운영에 참여할 수 있는 기회이며, 다섯 개의 장관직을 사회민주당 소속 의원이 차지할 것으로 보인다. 하지만 사회민주당이 긍정당과의 연대를 결정하기까지 당내에서 많은 반발이 있었기 때문에 이를 해소해가는 과정도 필요할 것으로 지적되고 있다. 연정구성을 반대하는 원인으로는 안드레이 바비스 총리의 유럽연합 보조금 사기 혐의, 공산당과의 연대 등이 존재한다. 오는 6월 24일, 안드레이 바비스 총리는 내각 구성안을 밀로스 제만 대통령에게 제출할 예정이다.

06월 26일
• 체코 대통령, 27일 바비스 총리의 새 내각 승인키로
(Reuters 06. 26; 연합뉴스 06. 26 재인용)

– 체코의 밀로스 제만 대통령이 27일 안드레이 바비스 총리의 새 내각을 승인할 것이라고 로이터 통신이 보도했다. 긍정당 대표인 바비스 총리는 사회민주당과 연립정부 내각을 구성하기로 합의하고 지난 22일 내각 구성을 완료했다. 앞서 바비스 총리는 총선 이후 지난 1월 긍정당을 중심으로 한 소수내각을 구성했다. 그러나 내각 구성 이후 의회 신임투표가 부결되면서 그동안 임시 내각 체제로 정부가 운영됐다. 총리가 국정 전반의 실권을 행사하는 체코에서 대통령은 명목상으로 국가를 대표하면서 총리와 법관을 임명할 수 있는 권한을 가진다.

13차(6월 말~7월 말)

폴란드에서는 사법부 독립 훼손 논란을 빚고 있는 사법개혁법이 발효된 이후에도 이에 항의하는 시위가 지속적으로 이루어지고 있다(AP 2018. 07. 04; 연합뉴스 2018. 07. 05 재인용). 한편 안드레이 두다 대통령이 헌법 개정 국민투표를 추진하고 있는 가운데 여당은 국민투표가 당에 부정적인 영향을 미칠 것이라며 투표안에 거리를 두고 있다(Warsaw Voice 2018. 07. 20).

헝가리 정부는 국제연합(United Nations, UN)이 새로 마련한 글로벌 난민협약을 거부하겠다고 선언하는 등 반(反) 난민 기조를 이어가고 있다(연합뉴스 2018. 07. 18). 7월 20일 의회에서는 집회·시위에 대한 정의를 수정하며, 집회와 시위를 보다 긍정적으로 수용하는 내용을 담은 법안이 통과되었다(Hungary today 2018. 07. 23).

체코에서는 사회민주당과 긍정당이 연립정부 구성 협상안에 서명하였다(Radio Praha 2018. 07. 10). 하지만 공산당이 연립정부를 지원한다는 이유로 구성된 연립정부에 대해 야당들의 반발이 큰 상황이다(Radio Praha 2018. 07. 12).

폴란드

07월 04일
· 폴란드 '사법부 독립훼손' 사법개혁법 발효 속 시민 항의시위

(AP 07. 04; 연합뉴스 07. 05 재인용)

- 사법부 독립 훼손 논란을 빚고 있는 사법개혁법이 발효된 가운데 4일, 수백 명의 시민들이 이에 항의하는 시위를 벌였고 긴장이 고조되고 있다. AP통신에 따르면 이날 시위대는 대법원 앞에 모여 3일 발효된 법에 불복한 대법원장 등의 인사를 지지하고 정부를 비판했다. 여당인 법과정의당의 주도하에 의회에서 통과된 해당 법은 대법관의 퇴임 연령을 70세에서 65세로 낮췄으며, 임기 연장 시에는 대통령의 허가가 필요하다는 내용을 담고 있다. 법과정의당은 해당 법에 앞서 판사 선발권을 가진 국가사법위원회를 의회가 구성하도록 해 사실상 정부가 판사 임명권을 갖도록 하는 법

지역 다양성과 사회 통합 (V)

안을 처리한 바 있다. 통과된 법이 적용되어 퇴임을 하게 된 말고르자타 게르즈도르프 대법원장은 이날 헌법이 보장한 대로 2020년까지 임기를 마치겠다며 출근을 강행했다. 한편 시위대는 '판사는 제거될 수 없다' 등의 구호를 외치며 대통령궁으로 행진했다.

07월 20일
• 대통령의 국민투표 실시 움직임 (Warsaw Voice 07. 20)
– 여당인 법과정의당은 안드레이 두다 대통령의 헌법 개정 국민투표안에 대해 거리를 두고 있다. 이는 헌법 개정 국민투표가 두다 대통령의 재선 가능성을 약화시키고, 당에 간접적인 악영향을 미칠 것이라는 판단이 깔려 있는 것으로 해석된다. 상원은 국민투표에 대한 대통령의 동의를 7월 23일까지 받아야 한다. 한 여론조사 결과에 따르면 응답자의 35.5%는 헌법 개정에 반대하는 것으로 나타났으며 33.2%는 찬성, 31.2%는 '아직 결정하지 못했다'고 응답했다.

헝가리

07월 18일
• 헝가리, 유엔 난민협약 불참 선언···미국 이어 두 번째 (연합뉴스 07. 18)
– 헝가리가 정부가 국제연합(UN)이 새로 마련한 글로벌 난민협약을 거부하겠다고 선언했다. 국제연합은 이달 13일 글로벌 난민협약의 초안을 마련해 올해 12월 채택하기로 합의한 바 있다. 페테르 시야트로(Péter Szijjártó) 헝가리 외무장관은 기자회견에서 이 협약에 불참하겠다고 밝히면서 새 협약의 내용이 전 세계에 위협이 될 것이라고 주장했다. 그는 "유엔 협약은 헝가리 안보 이익에 전적으로 위배된다"며 "12월 채택 전 유엔총회에서 투표하게 된다면 헝가리는 반대표를 던지겠다"고 덧붙였다. 유럽에서 난민에 가장 강경한 정부가 들어선 헝가리는 유럽연합의 난민 분산 수용 정책 또한 거부하며 단 한 명의 난민도 수용하지 않았다. 또한 최근에는 난민을 도우면 최고 징역형으로 처벌할 수 있는 법을 만들어 국제 사회의 비난을 받기도 했다. 헝가리가 난민협약에 불참하기로 선언함에 따라 그동안 유럽연합의 난민정책에 반

기를 들었던 체코, 폴란드 등의 국가들이 잇따라 불참 선언을 할 가능성도 제기되고 있다.

07월 20일

• **집회·시위에 관한 새로운 법안, 의회에서 통과돼**   (Hungary today 07. 23)

− 헝가리 의회는 지난 20일, 1989년 통과된 법을 대체할 새로운 의회법을 채택했다. 새로운 법은 "누구나 평화적이고 비무장한 시위를 조직하거나 참가할 권리가 있다 (anyone will have the right to organise or participate in peaceful and unarmed demonstrations)" 는 내용을 포함하고 있으며, 131명이 찬성하고 56명이 반대하여 의회에서 통과되었다. 새로운 법의 정의에 따르면 "집회(meeting)"는 "공무에 대한 자신의 견해를 공개적으로 표현할 목적으로 적어도 두 사람이 참석하는 것"이다. 또한 집회가 이루어지기 최소 48시간 전까지 경찰에 통보되어야 한다. 이러한 내용을 담은 법은 10월 1일 효력이 발생한다.

체코

07월 10일

• **신임투표 앞두고 긍정당−사회민주당, 연합 협상안에 서명**   (Radio Praha 07. 10)

− 긍정당과 사회민주당 지도부는 하원에서의 신임투표가 실시되기 하루 전날인 오늘, 두 당 사이의 연합 협상안에 서명했다. 또한 긍정당과 공산당은 새로운 정부를 구성하기로 한 협상안에 서명을 마쳤다. 반면 야당들은 긍정당의 지도부, 특히 안드레이 바비스 총리를 비난하고 나섰다. 바비스 총리가 연정을 구성하는 과정에서 1989년 벨벳 혁명 이후 처음으로 공산주의자들이 권력을 획득하는 것을 수용하였기 때문이다. 야당 인사들은 또한, 형사 고발을 당한 바비스 총리의 수사 결과 유죄가 확정된다면 다른 정부가 구성될 가능성이 있다고 전망하였다. 한편 긍정당과 사회당, 공산당을 제외한 모든 야당들은 오는 11일 치러질 신임투표에서 새로운 연합에 대해 반대표를 던질 것이라고 밝힌 바 있다.

07월 12일

• 공산당의 권력 획득에 대한 야당들의 반대 (Radio Praha 07. 12)

– 야당들은 공산당의 지원을 받는 긍정당과 사회민주당 연대의 정권 획득은 체코 공화국 시대의 끝을 의미한다고 주장했다. 전통책임번영당의 카렐 슈바첸베르크(Karel Schwarzenberg) 의원은 1993년 시작된 체코의 민주주의가 현재 안드레이 바비스 총리에 의해 이상하고 독선적인 형태의 체제로 변형되었다고 비판했다. 시민민주당의 페트르 피알라(Petr Fiala) 또한 새로운 정부는 "반(牛) 공산주의적" 성향을 보인다며, 국가를 위해 할 수 있는 것은 아무것도 없다고 비난했다. 연합 정부에 대한 지원을 바탕으로 공산당은 1989년 이후 처음으로 권력을 획득한 것으로 평가된다.

14차(7월 말~8월 말)

홍예림

　안드레이 두다 폴란드 대통령이 7월 26일 집권당에게 대법원장과 대법원 판사 선임권을 부여하는 사법개혁법안 발의에 동의했다(Reuters 2018. 07. 26; 연합뉴스 2018. 07. 27 재인용). 한편 두다 대통령은 집권당인 법과정의당이 제안한 유럽의회(European Parliament, EP) 의원 선거 개정이 비례성의 원칙에 어긋난다며 개정안을 거부했다(Warsaw Voice 2018. 08. 17).

　헝가리에서는 빅토르 오르반 헝가리 총리가 국내 언론을 비민주적으로 통제하고 있다는 우려가 나오고 있다(The Guadian 2018. 08. 12; Dailynews Hungary 2018. 08. 16 재인용). 이에 대해 가디언은 현재 총리의 지속되는 언론 통제를 견제할 수 있는 역할이 부재하다고 분석했다(가디언 2018. 08. 12)

　체코에서는 체코슬로바키아 침공 50주년 기념일을 앞두고 러시아의 침공을 어떻게 바라볼 것인지를 둘러싼 여야 간 네거티브 공방이 이어졌다(Radio Praha 2018. 08. 16). 10월 지방선거를 앞두고 실시된 여론조사에서 프라하를 제외한 주요 5개 도시에서 긍정당이 우세한 결과를 보일 것으로 예측되었다(Radio Praha 2018. 08. 25).

폴란드

07월 27일
· 폴란드, '대법원장 교체 용이하게' 법 개정…대통령 서명

(Reuters 07. 26; 연합뉴스 07. 27 재인용)

- 폴란드 집권당이 악화된 여론과 여당의 목소리 속에서도 사법개혁을 빠르게 추진하고 있다. 로이터에 따르면 안드레이 두다 대통령은 7월 26일 집권당인 법과정의당이 대법원 판사들과 새로운 대법원장을 지정하는 것을 용이하게 하는 법안 발의에 동의했다. 상원은 전날인 7월 25일에 해당 법안을 찬성 60표, 반대 30표로 처리했으며, 이로 인해 새 법안이 곧 발효될 것으로 보인다. 이번 법안은 7월 초 대법원 판사

의 정년을 미루는 법안이 발효되고 말고르자타 게르즈도르프(Małgorzata Gersdorf) 대법원장이 퇴임을 거부하는 가운데 지속적으로 추진되었다. 한편 게르즈도르프 대법원장은 헌법에 명시된 대로 자신의 임기를 2020년까지 마치겠다고 주장해왔다. 이에 대해 시민들과 야당의원들은 사법개혁에 대한 비판적 목소리를 높여오며 대법원과 국회 등에서 시위를 벌여왔다.

08월 17일
· 두다 대통령, 비례성의 선거 원칙을 이유로 유럽의회 선거 개정안 거부

(Warsaw Voice 08. 17)

- 안드레이 두다 폴란드 대통령은 공정한 대표성과 출석률에 대한 우려를 이유로 집권당인 법과정의당이 제안한 유럽의회 의원 선거 제도 개정을 거부했다. 두다 대통령은 8월 16일 오후에 진행된 발표에서 "법과정의당이 제안한 선거법 개정안은 비례성의 선거 원칙에 벗어나며, 만약 법안을 개정하게 되면 선거 기준이 현행 5%대가 아닌 적어도 10% 이상이 될 것"이라고 주장했다. 이어 그는 "이는 실질적으로 폴란드에서 단 두 정당만이 유럽연합의회에서 중요한 의사표현을 확보할 수 있는 것을 의미한다"고 언급했다. 대통령의 의견으로 볼 때, 이번 개정안은 유권자들이 유럽의회 선거에 참여하는 것을 방해할 수 있으며, 출석률에도 부정적인 영향을 미칠 수 있을 것으로 보인다. 이번 선거법 개정안은 후보자의 결과에 따라 각 선거구 당 최소 의석수를 도입하고자 하였다.

헝가리

07월 27일
· 헝가리 총리 "임기 다 된 EU 집행위 실험실 개구리"

(Reuters 07. 27; 연합뉴스 07. 27 재인용)

- 유럽연합의 난민 정책에 대해 불만을 표출하고 있는 빅토르 오르반 헝가리 총리가 유럽연합의 핵심 기관인 집행위원회를 "실험실의 개구리"라며 비난했다. 로이터에 따르면 7월 27일 오르반 총리는 국영 라디오 방송 인터뷰에서 새 집행위원회는 난민

문제에 대해 새로운 관점을 제시할 필요가 있다고 언급했다. 한편 유럽연합 집행위원회는 헝가리가 유럽연합에서 제시한 난민 관련 법률을 준수하지 않았다는 이유로 이달 초 유럽연합 사법재판소에 제소했다. 이어 그들은 난민을 돕는 단체, 개인에게 최고 징역 1년 형을 선고할 수 있도록 하는 헝가리의 새로운 법안을 문제 삼고 있다. 오르반 총리는 "(임기를 앞두고 있는) 현 집행부의 결정이나 권고는 학교 생물 시간에 봤던 개구리 다리가 경련하는 것과 같은 것"이라며 "이는 아무 의미가 없는 것"이라고 거세게 비판했다. 그는 내년 유럽의회 선거로 선출되는 새로운 집행위원회는 헝가리와 같은 국가를 처벌하는 것이 아니라 유럽연합의 규범을 준수하지 않고 오히려 수많은 난민들이 유럽에 입국할 수 있도록 하는 나라를 처벌해야 한다고 주장했다.

08월 16일
• 정부의 지속되는 언론의 자유 침해와 야당의 역할 부재
(The Guardian 08. 12; Dailynews Hungary 08. 16 재인용)

- 가디언에 따르면 헝가리의 미디어 환경이 빅토르 오르반 헝가리 총리의 비자유적 체제에 의해 좌우되고 있다고 전했다. 언론 통제에 대한 권력을 가지고 있는 라조 스미스카의 몰락 이후, 누구도 오르반을 막을 수 없는 실정이다. 이들은 이전에 사업과 언론 분야에서 협력하던 관계였으나, 2015년 공개적인 분쟁을 벌이면서 사이가 악화되었다. 이후 오르반은 스미스카가 주도권을 잡고 있는 미디어 제국(media empire)에 소속된 언론사들을 붕괴시켰다. 첫 붕괴는 마자르 넴츠 신문의 몰락이었다. 두 번째로 체인브릿지 라디오 방송국이, 이어 주간 발라즈 지가 뒤를 이었다. 계속되는 헝가리 언론 붕괴에 유럽 안보 협력 기구 선거 감시단은 선거 이후 헝가리의 언론의 자유에 대해 우려하고 있다. 한편 이에 대해 요빅을 비롯한 야당은 이를 견제하기보다는 총리에 대적할 만한 인물인 라조 스미스카를 자신의 당으로 끌어들여 다음 선거의 유력한 후보자로 세우기 위해 움직이고 있다.

08월 16일

• 체코슬로바키아 침략 50주년 기념행사 앞두고 네거티브 공방 이어져

(Radio Praha 08.16)

− 소련 주도의 체코슬로바키아 침략 50주년 기념행사가 체코 정치권에 논란을 불러왔다. 야당은 기념일을 밀로스 제만 대통령의 친(親)러시아 지향적 태도와 공산당이 국가 정치에 영향력을 회복하고 있다는 점을 항의할 수 있는 기회로 보고 있다. 한편 기념일에 적대적으로 반응하고 있는 공산당은 침략에 대한 러시아의 책임을 폄하하고 나섰다..한편 기념일을 준비하는 과정에서 정치인들은 과거 사실과는 거의 관계 없는 말싸움에 가담하고 있다. 해적당 대표 이반 바르토쉬(Ivan Bartoš)는 "대통령이 아닌 다른 사람이 기념일 연설을 해야 한다"고 주장한 반면, 사회민주당은 "그 침략이 모든 정치 지도자들로부터 언급될 만한 가치가 있는 중요한 이정표"라고 지적했다.

08월 25일

• 여론조사 결과, 지방선거에서 긍정당 선두 달릴 것으로 나타나 (Radio Praha 08. 25)

− 현지 여론조사기관 SANEP에 따르면 이번 10월 지방 선거에서 다른 야당들도 선거 승리의 기회가 있으나, 안드레이 바비스 총리가 주도하고 있는 긍정당이 지방선거에서 지배적 위치를 차지할 것으로 보인다. 6개의 주요 도시에서 실시된 조사결과에 따르면 프라하에서만 긍정당이 1위를 차지하지 못하는 것으로 나타났다. 한편 프라하를 제외한 브르노, 플젠, 리베레츠, 오스트라바, 우스티나트라벰 지역에서는 긍정당이 승리할 것으로 예상되었다.

15차(8월 말~9월 말)

홍예림

폴란드는 최근 정부가 집권당 주도로 대법관의 임기를 연장할 수 있도록 사법 개혁법을 개정한 것과 관련하여 유럽사법위원회네트워크(European Networks of Councils for the Judiciary, ENCJ)로부터 투표권과 회원자격을 박탈당하게 되었다(AFP 2018. 09. 17; 연합뉴스 2018. 09. 18 재인용).

헝가리 빅토르 오르반 정부는 반(反)난민 정책, 사법부 독립 침해 등으로 인해 유럽의회의 실질적 제재를 받게 되었다(AP통신 2018. 09. 12; 경향신문 2018. 09. 13 재인용). 한편 여당인 헝가리사회당 의원들은 9월 22일 기자회견을 열고 오르반 정부가 빈곤 통계자료를 조작하여 지역 불평등 문제를 은폐하고 있다며 의혹을 제기했다(Dailynews Hungary 2018. 09. 23).

체코에서는 여당인 사회민주당이 토마스 페트리셱(Tomáš Petříček)을 새로운 외무부 장관 후보로 지명했다(Radio Praha 2018. 09. 03). 또한 9월 10일에는 노동 사회부 장관인 야나 밀라코바(Jana Maláčová)가 도시 빈민 문제에 대한 정부의 정책을 촉구하는 15개의 구체적 조항을 제시했다(Radio Praha 2018. 09. 11).

폴란드

09월 12일
• 법과정의당, 차기 총선 여론조사에서 선두 달리는 것으로 나타나

(Warsaw Voice 09. 12)

– 여론조사 기관인 IBRiS의 최근 설문조사에 따르면 폴란드의 법과정의당은 차기 총선에 대한 지지도가 8월 여론조사 대비 4% 상승한 반면, 주요 야당인 시민연단과 현대당(Nowoczesna)은 총 31%의 지지를 받는 것으로 나타났다. 해당 설문조사에서 여당은 38%, 주요 야당 연합은 29%, 국민당은 8%의 유권자를 확보할 것으로 나타났으며, 민주좌파동맹은 8%에 달하는 지지율을 얻는 것으로 나타났다.

09월 17일

· '사법부 독립훼손' 폴란드, EU 사법기구서 '퇴출'

(AFP 09. 17; 연합뉴스 09. 18 재인용)

- 폴란드가 사법부 독립 침해에 대한 비판을 받으며 EU 사법기구에서 제명되었다. AFP통신은 9월 17일 유럽사법위원회네트워크가 폴란드의 투표권과 회원자격을 박탈했다고 전했다. 상호 협력을 통해 독립적이고 책임성 있는 사법 구현을 모색하는 기구인 유럽사법위원회네트워크는 "행정부와 입법부로부터의 독립성은 회원자격 요건이며, 폴란드 국가사법위원회(National Judicial Council)가 더는 이를 충족하지 못하는 것을 우려하고 있다"고 밝혔다. 폴란드에서 통과된 사법개혁법은 집권여당이 사법부를 통제할 수 있는 실질적 제도며, 최근에는 이에 대한 시민들의 항의시위가 벌어지기도 했다. EU 집행위원회는 해당 법안이 오히려 법치를 위협하는 것으로 판단하고, 리스본 조약 7조를 근거로 하여 폴란드에 대한 제재를 검토하고 있다. 리스본 조약 7조는 EU가 추구하는 가치에 어긋나는 정책을 시행하는 회원국의 표결권을 제한하는 조항을 담고 있다. 폴란드는 유럽사법재판소 제소를 경고한 EU 집행위원회의 어떠한 제재나 비판을 수용할 수 없다고 주장하고 있다.

헝가리

09월 12일

· 유럽의회, 반EU 헝가리 제재 착수…속내는 극우 길들이기?

(AP 09. 12; 경향신문 09. 13 재인용)

- 유럽의회는 반(反)난민 정책을 중심으로 EU 통합 노선을 반대해 온 헝가리를 제재하기 위한 움직임을 보이고 있다. 유럽의회는 오르반 정부가 EU의 난민 분담 수용정책을 거부하고, 최근 난민 정착을 돕는 개인이나 단체를 징역형에 처하는 법안을 개정한 것에 대해 비판했다. 이어 그들은 헝가리 정부가 국내 언론과 사법부가 자유를 침해하고 있다고 비판했다. AP통신은 9월 12일 유럽의회에서 헝가리에 대한 리스본조약 7조 발동을 촉구하는 결의안에서 찬성 448표, 반대 197표, 기권 48표가 나왔다고 전했다. 리스본조약 7조가 채택될 경우 헝가리는 유럽집행위원회(European

Commission, EC) 내에서 주요 사안에 대한 의결권을 부여받지 못할 가능성이 있다. 이번 결정은 유럽의회가 EU 정책에 반대하는 각국 극우 민족주의 정부를 향해 경고를 보낸 것으로 해석된다. 또한 유럽의회에서 여당 블록을 형성하고 있는 중도우파 정당 의원들이 오르반 총리가 소속되어 있는 피데스(Magyar Polgári Szövetség, Fidesz) 정당을 길들이기 시작했다는 분석도 제기되고 있다.

09월 22일

· 야당, 정부의 빈곤 통계 조작 의혹 제기해　　　　　　(Dailynews Hungary 09. 23)

– 야당 일부에서는 정부가 통계를 위조하여 심각한 빈곤과 지역 불평등을 은폐하기 위해 노력하고 있다고 주장했다. 9월 22일 부다페스트에서 열린 기자회견에서 헝가리사회당의 일디코 보블리 방고(Ildikó Borbély Bangó)는 초기 정부가 2014년까지 매년 가을에 빈곤 지표를 발표했다고 전했다. 그러나 그녀는 2015년 이후 피데스 내각이 빈곤 상황에 관한 자료를 발표하지 않았으며, 그 다음 해에는 최저 생존 수준 데이터를 수집하지 않았다고 말했다. 그녀는 빈곤에 취약한 어린이, 청년, 편부모 가정, 실업자들이 큰 타격을 입고 있는 상황에서 총리가 아동 빈곤, 주택 위기, 의료 위기 등에 대해 이야기하지 않는다고 했다. 이어 그녀는 가장 빈곤한 지역의 1인당 월 소득은 47,000파운드(145유로)미만이며, 이는 북부 헝가리의 수도인 보르쇼드어버우이젬플렌(Borsod county) 주의 평균 임금과 110,000 포린트(한화 약 45만 원) 이상 차이를 보이는 것으로 분석했다.

체코

09월 03일

· 사회민주당, 새 외무부 장관 후보 지명　　　　　　　　(Radio Praha 09. 03)

– 밀로스 제만 대통령은 외무부장관의 공석을 메울 예정이었던 사회민주당 미로슬라프 포체가 난민에 대해 우호적인 입장을 가지고 있어 정부의 공식적인 외교정책 노선과 의견차이가 심할 것을 우려하여 그의 임명을 거절한 바가 있다. 이에 따라 사회민주당은 외무장관의 공석을 해결하기 위해 당내 새 후보 지명자인 토마스 페트리

섹 부총리를 지명했다. 이에 대해 안드레이 바비스 총리는 사회민주당이 마침내 이 공석을 메울 수 있어서 기쁘다고 전했다. 한편 야당은 페트리섹 후보가 아직 숙련되지 못한 정치인이라고 비판했다. 전통책임번영당의 당 지도자인 지리 포스피실(Jiří Pospíšil)은 "사회민주당이 정부의 압력을 받고 포체의 지명을 포기했다"고 전했으며, 이어 그는 "외무부 장관이 대사를 지명하는 것과 같은 몇 가지 중요한 권한을 가지고 있다는 점을 고려한다면, 외무부 장관은 야당의 목소리를 전달하는 중요한 역할을 할 것"이라고 말했다. 제만 대통령과 바비스 총리는 10월 2일 회동하여 지명을 구체적으로 논의할 예정이다.

09월 10일
• 노동사회부 장관, 지역 간 빈곤 격차 해소를 위한 정책 촉구   (Radio Praha 09. 11)
– 9월 10일 노동사회부 장관인 야나 밀라코바는 도시빈민들을 위협하는 불량배 소유주 문제를 해결하기 위해 정부가 광범위한 부문으로 노력할 것을 촉구했다. 이로 인한 관련 정책을 제안함에 있어서 15가지 구체적 조치 목록이 공통적으로 추진될 것으로 보인다. 체코 주요도시는 관대한 주택 혜택, 디지털 문맹자 거주 및 불량배 소유주 문제로 인해 많은 사회문제를 양산하고 있다. 밀라코바 장관은 "해당 문제를 해결하기 위해 시간과 두 가지 주제에 따라 우선순위를 결정할 것이며, 이는 사회적으로 배제된 지역의 주민들을 돕고 그들을 경제적으로 착취하는 불량배 소유주를 다룰 것이다"고 전했다. 이 회의에 참석한 바비스 총리는 시민단체가 추진하고 있는 독립적인 사회 주택 입법에 관해 회의적인 입장을 보이는 것으로 전해졌다. 이에 따라 도시 빈민 문제를 해결하기 위한 정책 입안을 두고 정부와 부처 그리고 시민단체 간 긴장감이 계속될 것으로 보인다.

16차(9월 말~10월 말)

홍예림

폴란드는 유럽사법재판소로부터 대법관 퇴직 연령을 낮추는 사법개혁안을 즉 각 중단하라는 판결을 받았다(AFP 2018. 10. 19; 뉴스1 2018. 10. 19 재인용). 10월 21일에 실시된 지방선거에서는 집권당인 법과정의당이 32.3%의 득표율을 기록하면서 승리하였다(AFP 2018. 10. 21; 세계일보 2018. 10. 22 재인용).

헝가리 정부는 지난 10월 15일 노숙을 범죄로 규정하는 새 헌법을 발효하였으 나, 이를 반대하는 시민들의 항의와 시위가 이어지고 있다(CNN 2018. 10. 15; 뉴스1 2018. 10. 16 재인용). 또한 헝가리 정부가 지난 10월 13일부터 발효된 교육법 시행령 을 통해 대학에서 젠더 연구를 금지하면서 헝가리 내 학문의 자유를 둘러싼 논 란이 일고 있다(AFP 2018. 10. 17; 연합뉴스 2018. 10. 17 재인용).

체코에서는 임시 거주 자격을 가진 EU 회원국 외국인들이 체코 공동선거에서 투표를 하는 것에 대한 논란이 지속적으로 제기되고 있다(Radio Praha 2018. 10. 04). 한편 안드레이 바비스 총리가 이끄는 긍정당이 체코 지방선거에서 프라하와 리 베레츠를 제외한 모든 지역에서 우승한 것으로 나타났다(Radio Praha 2018. 10. 07).

폴란드

10월 19일
• ECJ "폴란드, 대법관 퇴임연령 인하 법 적용 중단하라" 판결

(AFP 10. 19; 뉴스1 10. 19 재인용)

- AFP통신은 19일 유럽연합 최고 법원인 ECJ가 대법관의 퇴직 연령을 낮추는 폴란 드의 새 법안 적용을 즉시 중단하라는 판결을 내렸다고 전했다. ECJ는 "폴란드가 대 법원 판사의 퇴직 연령을 낮추는 것과 관련해 만든 자국내법 규정 적용을 당장 중단 해야 한다"고 말했다. 폴란드 집권당인 법과정의당이 지난해 통과시켰던 사법개혁 안은 기존에 70세였던 대법관 은퇴 연령을 65세로 낮추는 내용을 담고 있다. 이는 사 실상 집권당에 판사 선발권을 가진 국가사법위원회 구성권을 부여하는 법안까지 통

과되어 집권당의 뜻에 맞게 법원 구성원을 채우려는 꼼수라는 비판을 받아왔다. 유럽 위원회(European Commission, EC)는 폴란드 정부의 이러한 모습이 사법부 독립성을 침해하는 것이라며 제동을 걸었고, 리스본조약 7조를 발동해 지난 12월부터 폴란드의 EU 내 의결권 박탈을 위한 심사도 진행해왔다.

10월 21일

• 폴란드 지방선거, 우파 집권당 승리   (AFP 10. 21; 세계일보 10. 22 재인용)

– 폴란드에서 21일 지방선거가 실시된 결과 민족주의, 우파 성향의 집권당이 승리를 거둔 것으로 밝혀졌다. 여론조사기관인 Ipsos의 출구조사 결과를 인용한 AFP통신 등 외신은 지방의회 선거에서 폴란드 집권당인 법과정의당이 32.3%의 득표율을 기록했다고 전했다. 법과정의당에 이어 중도 성향의 야당인 시민연단은 24.7%의 득표율로 2위를 기록했다. 이번 지방선거는 지난 총선에서 승리한 법과정의당에 대한 심판의 성격을 지니고 있어 주목을 받았다. 법과정의당은 반(反)난민, 복지 개혁 등 극우 색채를 가진 정당으로 EU와 지속적으로 갈등을 빚었다. 그러나 이번 지방선거에서도 집권당이 크게 승리하면서 외신은 이번 선거 결과로 폴란드가 EU와의 갈등에서 더욱 담대하게 자신들의 주장을 고집할 수 있는 근거를 갖게 되었다고 전했다. 다만 법과정의당은 수도인 바르샤바를 비롯한 주요 대도시 시장선거에서는 시민연단에 패배하는 것으로 밝혀졌다.

헝가리

10월 15일

• 헝가리, 노숙행위 '범죄'로 규정…노숙자 철창행   (CNN 10. 15; 뉴스1 10. 16 재인용)

– CNN은 지난 15일 헝가리가 노숙을 범죄로 규정하는 새 헌법을 발효했다고 보도했다. 해당 개정헌법은 공공장소에서 일상적으로 거주하는 행위를 금지하고, 경찰들이 노숙인들의 침구류 및 소지품을 압수할 수 있는 권한을 부여한다. 개정헌법 22조에서는 쉼터 입소를 거부한 노숙자들이 공공 근로 프로그램에 참여해야 하며 이를 피하기 위해선 벌금을 내야 한다. 이에 대해 헝가리 사회문제담당 장관은 "사회 전체

의 이익을 위한 것이며, 노숙자들을 돌보는 기관이 충분히 존재한다"고 전했다. 그러
나 일부에서는 해당 조항이 사회에서 가장 취약한 약자들을 옥죄기 위한 단속 행위
에 지나지 않는다는 목소리를 내고 있다. 레일라니 파르하(Leilani Farha) 유엔인권이사
회(United Nations Human Rights Council, UNHRC) 적정주거특별보고관은 해당 법안이 통
과되었을 당시 "무주택자들을 비인도적이고 잔인하면서도 굴욕적으로 대우하면서
범죄자로 매도하고 있다"고 비난의 수위를 높였다. 한편 지난 15일 헝가리 코슈트 러
요시 광장(Kossuth Square)에서 몇 백 명의 시민들이 해당 법안에 항의하는 시위를 벌
였던 것으로 밝혀졌다.

10월 17일
· 헝가리, 대학 젠더 연구 금지…"과학 아닌 이념"
(AFP 10. 17; 연합뉴스 10. 17 재인용)

- AFP통신 등은 17일 헝가리 정부가 대학에서 젠더 연구를 금지하면서 학문의 자유
를 둘러싼 논란이 일고 있다고 보도했다. 이달 13일부터 효력을 가지게 된 교육법 시
행령은 대학 석사학위 과정과 연구비 지원 대상에서 젠더 연구 관련 과목을 배제하
는 내용을 담고 있다. 이에 대해 부다페스트에 위치한 중앙유럽대학(Central European
University, CEU)은 16일 성명을 내고 "학문의 자유와 대학의 자율성을 심각하게 침해
하고 있다"고 밝히며 "젠더 연구를 금지하는 것은 헝가리 학계와 민주적 공공 정책을
위해서도 손실이다"라고 전했다. 이번 조치를 두고 헝가리에서는 대학의 독립성을
제한하고 보수우파 정부 정책에 반대하는 정치 집단들을 견제하려는 목적을 띄는 것
아니냐는 비판이 나오고 있다. 이에 대해 졸트 셰미엔(Zsolt Semjén) 부총리는 "젠더 연
구는 대학에서 배워야 하는 과목과 전혀 상관이 없으며, 젠더 연구는 이념이지 과학
이 아니다"라고 비판하며 젠더 연구자를 채용하려는 수요도 없다고 말했다.

체코

10월 04일
· 체코 공동선거에서 외국인의 투표 권리 두고 공방
(Radio Praha 10. 04)

- 10월 5일과 6일에 열릴 예정인 체코 공동선거는 다른 EU 회원국이 투표할 수 있다는 점에서 대통령과 의회선거와는 다르다. 여기에는 체코에 일시적으로 거주하는 사람들도 포함될 수 있지만, 실제로 체코 내 외국인들 사이에서 정치 참여에 대한 관심은 매우 저조할 것으로 보이며, 몇 천 명 정도만 선거등록을 결정할 것으로 보인다. 영주권을 가진 EU 시민들은 체코가 2004년 EU에 가입한 이후 공동선거에서 투표할 수 있었지만, 체코 법령에 따라 임시 거주 자격을 가진 사람들이 그렇게 할 수 있는지 여부는 불투명했다. 2014년 법원 판결 이후, 내무부는 체코에 임시로 거하는 EU 거주자들이 투표권을 가질 수 있도록 수락할 것을 지방의회에 권고했다. 한편 2018년 8월에 발표된 최신 통계자료에 따르면 3000명 조금 넘는 EU 시민들이 유권자로 등록했다. 그러나 현재 선거를 앞두고 해당 주제에 대한 생각은 분열되어왔다. 일부 정당들은 EU 시민들이 투표할 수 있도록 권고하는 영상을 만드는 반면, 다른 정당들은 체코 국민이 아닌 시민에게 투표권을 부여하는 이러한 확장에 대해 경고한 바 있다.

10월 07일
• 지방선거에서 집권당인 ANO가 승리한 것으로 나타나 　　　　　(Radio Praha 10. 07)
- 안드레이 바비스 총리의 ANO 정당은 지방선거에서 시민민주당과 해적당이 각각 1, 2위를 차지한 프라하와 리베레츠를 제외한 모든 지역에서 승리했다. 바비스 총리는 체코 미디어 기관인 Seznam에서 "2014년 지역 대도시를 살펴보면 우리는 9번의 승리를 거두었고 이제는 11번의 승리가 될 것이다. 지자체 구역 단위로 보면 우리는 2014년에 13개의 승리를 거두었고 지금은 17개가 된다"고 전했으며, 이어 그는 "나는 우리 시민들이 ANO 운동이 우리나라를 진보시킨다는 것을 깨달았다고 생각한다"고 밝혔다. 한편 사회민주당과 좌파정당들은 1990년 이후 처음으로 의회에서 의석을 차지하는 것에 승리하지 못했으나, 중도우파인 시민민주당은 상원의원선거에서 우세한 것으로 나타났다.

17차(10월 말~11월 말)

홍예림

　폴란드에서는 11월 11일 독립 100주년 기념행사가 열렸다(Gazeta Wyborcza 2018. 11. 11; 경향신문 2018. 11. 13 재인용). 이날 정부가 진행한 행사와 극우단체가 진행한 행사가 일정 조정이 불가피하여 함께 행진함에 따라, 야당과 국민들은 중도파 표심을 잃은 정부가 극우세력과 함께하려는 것 아니냐는 의혹을 제기하고 있다(Gazeta Wyborcza 2018. 11. 11; 경향신문 2018. 11. 13 재인용).

　헝가리 정부는 11월 6일 행정법원 설치 법안을 의회에 제출하였다(Reuters 2018. 11. 07; 연합뉴스 2018. 11. 07 재인용). 해당 법안은 법무부 장관이 정부 관련 재판과 재판에 대한 예산을 감독하는 권한을 가진다는 내용을 담고 있다(Reuters 2018. 11. 07; 연합뉴스 2018. 11. 07 재인용).

　체코 시민들은 11월 17일 열린 벨벳혁명 29년 기념행사에서 일부 정치인들이 두고 간 꽃과 화환을 버리는 등 현 정권에 대한 불만을 직접적으로 표출했다(Radio Praha 2018. 11. 17). 한편 11월 23일 유럽연합 보조금 횡령 혐의에 대한 안드레이 바비스 총리의 스캔들을 계기로 진행된 불신임투표가 부결되었다(Radio Praha 2018. 11. 23).

폴란드

11월 11일

· 폴란드 독립 100주년, 우파 정부와 극우의 동행

(Gazeta Wyborcza 11. 11; 경향신문 11. 13 재인용)

－ 지난 11일 폴란드는 독립 100주년을 맞아 바르샤바 시내에서 길거리 행진을 진행했다. 현지 일간지 가제타 비보르차(Gazeta Wyborcza) 등은 이날 독립 기념 행진에 20만 명이 참여했으며, 안드레이 두다 대통령, 마테우시 모라비에츠키 총리, 야로슬라프 카친스키 법과정의당 대표 등 폴란드 정부 수뇌진들도 극우세력과 함께 같은 길을 행진했다고 보도했다. 두다 대통령 등은 행진하면서도 극우단체들로부터 거리를

두는 것처럼 보이려 했으나, 야권에서는 정부가 극우파와 함께 행진한 것을 문제 삼고 있다. 야당 의원 마르친 키에르빈츠키(Marcin Kierwiński)는 트위터(Twitter)에 "지난해 행진 때 나왔던 부끄러운 구호들을 기억하는가. 검찰 조사를 받아야 했을 극우파가 대통령, 총리와 함께 하고 있다"고 말했다. 또한 현지 일간 가제타 비보르차는 법과정의당이 지방선거의 실망스러운 결과를 회복하기 위해 극우파를 끌어들이는 전략을 택했다고 분석했다.

11월 09일
· 지방선거 결과 두고 법과정의당 내 책임론 대두   (The Warsaw Voice 11. 09)
– 폴란드의 집권당인 법과정의당은 지난 10월 21일 실시된 지방선거 결과 일부 대도시에서 패배했다. 현지 일간지인 가제타 프라나(Gazeta Prawna)는 법과정의당이 주요 도시 집권 실패에 책임이 있는 것으로 간주되는 정치인에게 사퇴를 요구할 수 있다고 전했다. 그중에서도 지비그뉴 지오브로(Zbigniew Ziobro) 법무장관은 가장 먼저 비난을 받을 가능성이 높은 것으로 알려졌다. 이는 사법개혁안을 추진했던 그의 움직임이 폴란드의 선거, 특히 바르샤바에서 법과정의당 성과에 부정적인 영향을 미쳤던 "Polexit(폴렉시트, 폴란드의 유럽연합 탈퇴)"에 대한 두려움을 주었기 때문인 것으로 분석된다. 또한 가제타 프라나는 오랫동안 법과정의당의 거점을 지닌 소도시의 당내 실패와 관련하여 법과정의당 내 권력 균형의 일부 변화가 있을 것이라고 전망했다.

헝가리

11월 07일
· 헝가리, 법무장관 감독받는 행정법원 설치 논란
                                        (Reuters 11. 07; 연합뉴스 11. 07 재인용)
– 로이터 등은 헝가리가 7일 법무부 장관의 감독을 받는 행정법원 설치를 결정해 논란이 되고 있다고 전했다. 해당 행정법원은 그동안 일반 법원에서 다뤄졌던 정부 관련 사건의 재판을 관할한다. 헝가리 정부는 6일 오후 의회에 행정법원 신설 및 감독권한 등에 관한 법안을 제출했다. 법안에는 법무부장관이 행정법원 법관에 지원하는

판사들의 지원서를 받은 후 국가 행정법관위원회의 추천에 따라 임명할 수 있으며, 위원회 추천에 거부권을 행사할 수 있다는 내용을 담고 있다. 더불어 법무부장관은 행정법원 예산을 감독하는 권한도 가질 수 있다. 이에 대해 헝가리 야당 민주연합은 "정부가 추진하는 행정법원 제도는 정부 관련 소송을 정부가 원하는 대로 결론을 내려는 시도이며, 이는 사법부의 독립을 훼손하는 것이다"라고 전했다. 이에 라슬로 트로차니(Trócsányi László) 법무부장관은 유럽의 다른 나라들도 이와 비슷한 제도를 시행하고 있다고 주장했다. 한편 지난해 폴란드는 법무부장관이 대법관 유임 여부를 결정하고 의회가 판사 임명권을 가지도록 하는 사법개혁안을 제정한 이후 비판을 받아왔다.

11월 29일
· 헝가리 친정부 매체 통합 '골리앗' 언론 출범 논란

(AP 11. 29; 연합뉴스 11. 29 재인용)

− AP는 헝가리에서 친정부 성향 언론 매체의 경영권을 통합한 재단이 출범한 것을 두고 논란이 벌어지고 있다고 전했다. 해당 매체 소유주들은 전날 회사의 경영권을 중유럽 언론 미디어재단(Central European Media and Press Foundation, CEMPF)에 기부하겠다는 뜻을 밝혔다. 최근 몇 년간 이 매체들은 빅토르 오르반 총리의 측근들이 차례로 소유권을 장악했다. 유럽연합과 미국 등은 우파 민족주의 성향인 오르반 정부는 반(反)난민, 반(反)자유주의를 기반으로 입법과 사법부, 나아가 재계, 언론, 시민단체를 장악한다고 비판해왔다. 올 4월 총선에서 3연임에 성공한 오르반 총리는 총선이 여당의 압승으로 끝나자, 여당을 비판해왔던 80년 역사의 일간지를 폐간한다고 발표했다. 이에 극소수만 남은 독립 언론들은 우파 친정부 매체에 대한 전면적 통제로 인해 거대한 경쟁자와 싸워야 하는 상황이 되었다.

체코

11월 17일
· 체코 시민들, 벨벳혁명 29주년 행사에서 현 정권에 대한 불만 드러내

(Radio Praha 11. 17)

– 체코에서는 지난 17일 벨벳혁명 29주년을 맞아 기념행사가 열렸다. 전통적으로 기념행사에서는 시민 집회, 콘서트, 행진 및 문화 행사 등이 주를 이루었지만, 이번 행사는 현 체코 정권에 대한 대중의 불만이 감돌았고, 행사는 긴장 속에서 진행되었다. 1989년부터 벨벳 혁명 기념행사는 과거가 아닌 현재의 정치적 분위기를 반영하는 행사로 인식되어왔다. 체코 시민들은 매년 프라하의 나로데니 거리(Národní St.)에서 공산주의의 붕괴를 촉발시킨 학생 시위를 기념하기 위해서 꽃과 양초로 거리를 꾸미는데, 이날 일부 정치인들이 두고 간 꽃과 화환들이 모두 근처 쓰레기통에 버려지는 등의 모습이 발견되었다. 일부는 야외 공연, 전시회, 풍자적인 카니발 등에 참여한 반면, 일부는 시위와 행진에 참여해 바비스 총리와 밀로스 제만 대통령에 대한 분노를 표했다. 야당 정치인들은 "이번 해에 벨벳혁명에서 달성한 민주적 성과를 잃는 것이 얼마나 쉬운지 알 수 있었다"며, 체코 사회가 너무 분열되어 유감스럽다는 입장을 밝혔다.

11월 23일

• 체코 정부, 불신임투표에서 살아남아 (Radio Praha 11. 23)

– 안드레이 바비스 총리 정부는 예상대로 의회에서 진행된 불신임투표에서 살아남았다. 이날 투표결과는 찬성 92표, 반대 90표, 기권 18표였으며, 통과하려면 101표가 필요한 상황이었다. 투표는 7시간이 넘는 열띤 감정적 토론이 진행된 후 실시되었으며, 바비스 총리의 아들이 바비스의 EU 보조금 관련사기 혐의로 검찰 수사관과 이야기를 하지 않도록 납치되었다고 주장한 인터뷰에서 촉발된 것으로 알려졌다. 바비스 총리는 투표에서 "나는 사임할 아무런 이유가 없다. 시민들의 의지에 근거한 것 이외에는 다른 어떤 방법으로도 나를 없앨 수 없을 것"이라고 말했다. 이어 그는 이 모든 것을 "거짓된 일"이라고 불렀고, 기자들이 자신의 아들의 심리적 상태를 악용해서 "거짓되고 비윤리적인 보도"를 하고 있다고 전했다. 한편 사회민주당의 얀 하마첵(Jan Hamáček) 당수는 "총리의 개인적인 문제는 정부에 부담이 되고 있다. 따라서 바비스 총리가 사임하는 것이 가장 좋을 것"이라고 언급했다.

18차(11월 말~12월 말)

폴란드 집권당 법과정의당은 지난 4월 사법개혁안을 통과시켰으나, 유럽연합이 2019년 3월에 해당 사법개혁안을 무효화할 것이라는 전망이 나오고 있다(The Warsaw Voice 2018. 12. 20). 이에 따라 법과정의당은 정부 주도의 해당 개혁안을 지속하기 위해 3월에 조기 총선을 계획하려는 움직임을 보이고 있다(The Warsaw Voice 2018. 12. 20). 한편 유럽연합 사법재판소(European Court of Justice, ECJ)는 12월 17일 폴란드의 사법개혁안을 "즉각 중단"해야 한다고 판결했다(CNN 2018. 12. 17).

헝가리 의회에서는 12월 12일 야당 의원들이 연간 연장근로 허용시간을 현행 250시간에서 400시간으로 확대하는 노동법 개정안에 반대하기 위한 필리버스터를 진행했다(AFP 2018. 12.12; 연합뉴스 2018. 12. 13 재인용). 한편 반(反)이주 정책을 지속해온 헝가리 정부는 12월 19일 뉴욕에서 열린 유엔이주협약에서도 반대표를 던졌다(Reuters 2018. 11. 07; 연합뉴스 2018. 11. 07 재인용).

체코에서는 정부 소유의 주류 언론들이 가짜뉴스를 제대로 된 검증 없이 보도해왔던 것이 밝혀지면서 정부가 언론을 장악하는 것에 대한 비판이 다시 제기되고 있다(Foreign Policy 2018. 12. 03; 연합뉴스 2018. 12. 04 재인용).

폴란드

12월 20일

• 법과정의당, 조기총선 계획 움직임 보여   (The Warsaw Voice 12. 20)

– 법과정의당 내 측근 인사는 집권당 법과정의당의 당대표인 야로슬라프 카친스키가 1월 16일에 나오는 자신의 여론조사 결과에 따라 3월에 조기 총선을 준비할 수 있을 것이라고 말했다고 폴란드 일간지인 가제타 비보르차에 전했다. 이 같은 움직임은 알려진 바에 따르면 법무부 장관인 즈비그뉴 지오브로(Zbigniew Ziobro)에 의해 추진되었으며, 내년 5월에 실시되는 유럽의회 선거에서 법과정의당의 빈약한 실적에 뒤따르는 문제를 최소화하고, 3월에 유럽사법재판소가 사법개혁안을 없애고

92   지역 다양성과 사회 통합 (Ⅴ)

자 할 것이라는 두려움으로 인해 진행되고 있는 것으로 분석된다. 한편 카친스키는 이 계획이 폴란드 안드레이 두다 대통령과 총리인 마테우스 모라브츠키(Mateusz Morawiecki)의 협조가 필요하지만, 이러한 과정이 쉽지 않을 것이라고 전망했다. 현재 총선은 2019년 11월 이내에 열릴 것으로 계획되어 있는 상황이다.

12월 17일
· 유럽연합 사법재판소, 폴란드 사법개혁안 중지 요구 판결　　　　　　(CNN 12. 17)
- 유럽연합 사법재판소는 폴란드가 65세 이상의 대법원 판사를 해직시키는 법을 "즉각 중단"해야 한다고 판결했다. 이에 총리 마테우스 모라브츠키가 이끄는 법과정의당은 이는 법이 사법부를 강력히 통제하려는 시도라고 반발했다. 지난 4월에 발표된 사법개혁안에서 대법원 판사의 은퇴 연령은 70세에서 65세로 낮아졌고, 이에 따라 72명의 재판관 중 27명은 자리에서 물러났다. 이 법안으로 인해 폴란드 전국에서는 항의시위가 있었으며, 유럽연합과 폴란드 정부 간의 긴장이 고조되었다. 유럽연합 사법재판소는 성명서를 통해 "폴란드는 대법원 판사의 퇴직 연령을 낮추는 것과 관련된 국내법 규정의 적용을 즉시 중단해야 한다"고 밝혔으며, 유럽연합 사법재판소 대변인은 유럽연합 집행위원회에서(European Commission, EC)는 내년에 최종 관결이 내려질 예정이지만, 조치가 너무 늦어질 가능성이 있어 임시 조치를 요청할 필요성을 느꼈다고 전했다.

헝가리

12월 12일
· 확성기·호루라기 등장한 헝가리 의회…노동법 개정 야당 반발
　　　　　　　　　　　　　　　　　　(AFP 12. 12; 연합뉴스 12. 13 재인용)
- AFP 등은 12월 12일 헝가리 의회에서 확성기, 호루라기가 등장하는 일이 벌어졌다고 전했다. 이날 헝가리 의회는 연간 연장근로 허용 시간은 현재 250시간에서 400시간으로 확대하면서 노동법 개정안을 추진했다. 이에 야당 의원들은 빅토르 오르반 총리가 의회에 앉아 있는 동안 호루라기를 불고 확성기로 사이렌 소리를 울리는 모

습 등을 보였다. 야당 의원들이 연단에 서는 것을 막자, 라슬로 퀘비르(László Kövér) 하원의장은 한쪽으로 물러서서 개회를 선언했다. 이어 야당 의원들은 개회 절차를 어긴 것이기 때문에 법적 효력이 발생하지 않는다고 반발했으나, 퀘비르 의장은 "28년 헝가리 민주주의 역사에서 단상을 막는 것은 전례 없는 일"이라며 야당을 비난했다. 한편 이날 의회에서는 행정법원에 대한 관리 감독의 권한은 법무부 장관에게 부여하는 내용을 담은 행정법원 설치 법안도 통과되었다. 유럽연합은 헝가리의 법치가 훼손되었다는 비판을 지속하고 있으며, 헝가리에 대한 제재방안을 검토 중인 것으로 알려졌다.

12월 19일
• 헝가리, 유엔이주협약에 반대표 던져   (Daily News Hungary 12. 19)

– 헝가리는 12월 19일 뉴욕에서 열린 이주민을 위한 유엔 글로벌 협약에서 반대표를 던진 5개국 중 하나였다. 유엔 총회에서는 152개국이 찬성표를 던졌으며, 5개국은 반대, 12개국은 기권을 던졌다. 유엔 총회 연설에 앞서 피터 지자르토(Péter Szijjrtó) 외무장관은 헝가리는 협상 목표의 대부분이 헝가리의 국가이익과 충돌했기 때문에 이 협약을 지지하지 않을 것이라고 말했으며, 이주를 근본적인 인권으로 묘사한 문서를 비판했다. 그는 또한 이 협약이 이주의 효과를 긍정적인 것으로서 바라보고 있지만, 실제로 이는 위험한 과정이며, 이주는 본국과 이주국 모두를 불안정하게 만들고 중요한 안보위험을 발생시킨다고 주장했다. 헝가리 정부는 또한 국가 안보 문제가 모든 나라의 의무라고 주장하면서 인권문제로 국경보호문제에 접근하는 것을 반대하고 있으며, 이주가 노동시장과 인구 통계학적 관점에서도 긍정적인 측면을 가지고 있다는 가정에 동의하지 않는다고 전했다.

체코

12월 04일
• 체코 친정부 언론, 가짜뉴스들 검증 없이 보도해 논란

                (Foreign Policy 12. 03; 연합뉴스 12. 04 재인용)

– 체코의 주류 언론들이 체코에서 국제분쟁 지역 구호 활동을 펼치며 노벨평화상 후보 추천을 3번이나 거절했다고 주장하는 가공의 인물에게 10여 년간 농락당한 것으로 전해졌다. 포린 폴리시는 지난 12월 3일 사진을 통해서라도 얼굴을 드러낸 적이 없는 이 여성의 활동이 모두 가짜이며, 이 여성의 실재조차 의심스럽다고 설명했다. 타티아나 호라코바(Tatjana Horáková)라는 이름으로 알려진 이 여성은 지난 9월에도 체코의 3대 신문사 중 하나인 리도베 노비니(Lidové noviny)에 기고문을 게재했었다. 해당 기고문은 당시 안드레이 바비스 총리가 시리아 고아 50명에 대한 난민 인정을 거부하면서 체코에도 돌봐야 할 고아가 있다고 언급했다가 여론의 거센 비판을 받는 상황에서 바비스 총리를 옹호하는 내용을 담고 있었다. 포린 폴리시는 이 신문사가 체코에서 두 번째로 부자인 바비스 총리가 소유한 많은 언론사 중 하나이며, 그렇기 때문에 그들이 의도하지 않았다고 하더라도 이 사건은 정치인이 언론사를 소유했을 때의 문제를 여실히 보여준 사건이라고 지적했다.

12월 13일
· 유럽의회, 체코의 유럽연합 기금 관련한 결의안 채택   (Politico 12. 13)

– 유럽의회는 12월 13일 체코의 유럽연합 자금 사용에 대한 우려를 제기하는 결의안을 채택했다. 유럽의회는 "오랫동안 위원회는 2014년 이후 안드레이 바비스 총리가 재무장관으로서의 역할과 총리로서의 이해관계가 충돌한다는 사실을 인지했음에도 위원회가 지금까지 수동적으로 행동했던 것에 깊은 유감을 표한다"고 전했으며, 결의안은 찬성 434명, 반대 64명, 기권 47명으로 승인되었다. 현재 바비스 총리의 사업 이익은 유럽연합의 사기 방지 기관과 유럽연합 집행위원회가 철저하게 조사하고 있다. 총리가 운영하는 회사인 애그로퍼트(Agrofert)는 유럽연합의 공동농업정책을 통해 유럽연합의 주요 재원을 받아왔으며, 유럽의회는 "불법적으로 혹은 불규칙적으로 지불된 모든 기금을 회수할 것"을 집행위원회에 촉구했다. 그들은 위원회가 미래의 유럽연합 예산과 다음 다년간 재정 체제 협상의 맥락에서 이해상충을 방지하기 위한 모든 필요하고 적절한 조치를 취할 것을 촉구했다.

19차(12월 말~2019년 1월 말)

홍예림

폴란드 그단스크(Gdańsk)의 파베우 아다모비치(Paweł Bogdan Adamowicz) 시장이 지난 1월 13일 자선행사 무대에서 한 남성이 휘두른 흉기에 찔려 사망했다(경향신문 2019. 01. 16). 동유럽 민주화의 상징적 도시에서 발생한 이 사건은 포용성을 상실하고 혐오와 증오가 팽배하고 있는 폴란드 사회의 단면을 보여주는 것이라는 평가가 나오고 있다(경향신문 2019. 01. 16).

헝가리 야권은 1월 3일 정부가 추진해온 행정법원 설치 법안과 노동개정법을 이유로 2019년을 빅토르 오르반 총리에 대한 '저항의 해'로 선언하고 대정부 투쟁을 시작했다고 전했다(AFP 2019. 01. 03; 연합뉴스 2019. 01. 03 재인용). 한편 반(反)난민 정서를 주도하고 있는 오르반 총리가 5월에 있을 유럽의회 선거를 겨냥해 다시한번 반(反)이민 정책을 내세우며 세력 결집에 나섰다(Reuters 2019. 01. 10; 연합뉴스 2019. 01. 11 재인용).

체코에서는 주요 정당과 NGO들이 지난해 정부가 추진했던 주요 법안 중 하나인 부패방지법이 실효성 없는 정책이라며 강도 높은 비판을 이어가고 있다(Radio Praha 2019. 01. 04). 또한 체코 주요 정당들은 무상급식 사안을 포함한 교육법 개정 추진을 두고 복지에 대한 시각 차이를 보이고 있다(Radio Praha 2019. 01. 10).

폴란드

01월 13일

• 폴란드 민주화의 상징도시 시장의 죽음…"폴란드 민주주의는 더 가난해질 것"

(경향신문 01. 16)

— 지난 1월 13일 밤 폴란드 그단스크의 파베우 아다모비치 시장은 자선행사 무대에서 한 남성이 휘두른 흉기에 찔려 세상을 떠났다. 동유럽 민주화의 상징적 도시에서 발생한 이 사건은 포용성을 상실하고 혐오와 증오가 팽배하고 있는 폴란드 사회의 단면을 보여주는 것이라는 평가가 나오고 있다. 아다모비치 시장은 반 이민정책을

주장하는 법과정의당의 움직임에 맞서 이민자의 권리를 주장하고 성소수자 축제에 참여하는 등 사회적 약자를 대변해왔다. 한편 폴란드 일간지인 가제타 비보르차의 아담 미치니크(Adam Michinik) 편집장은 "아다모비치 피살은 폴란드 민주주의에 대한 타격"이라며 "그가 없는 폴란드 민주주의는 더 가난하고 슬퍼질 것이다. 하지만 그가 잠깐이라도 폴란드 역사에 나타난 것은 얼마나 행운인가"라는 추모글을 실었다. 한편 아다모비치에게 칼을 휘두른 남성은 경찰 조사에서 "시장의 전 소속 정당인 시민연단이 집권하던 시절 억울한 옥살이를 했다"고 말한 것으로 밝혀졌다.

01월 23일

• **법과정의당, 조기총선 계획 연기**   (The Warsaw Voice 01. 23)

– 폴란드 집권당인 법과정의당은 당내 조기총선 움직임을 연기하고 당내 당원인 아다모비치 암살 사건을 계기로 당내 정치적 메시지를 전달하는 방식을 순화하고 있다며 당내 인사가 말했다고 폴란드 일간지인 드제니 가제타 프라나가 전했다. 이어 그들은 총리인 마테우스 모라브츠키가 이를 추진하는 중심인물이 될 것이라고 예상했다. 한편 법과정의당은 아다모비치가 법과정의당에 대표적인 반대파 인물이었으며, 해당 사건이 법과정의당의 통치하에 팽배한 혐오 분위기로 인해 발생했다는 비난을 받고 있어 사건을 수습하기 위해 총력을 다하고 있는 것으로 알려졌다.

헝가리

01월 03일

• **헝가리 야권 '저항의 해' 선언…주말 대규모 집회**

(AFP 01. 03; 연합뉴스 01. 03 재인용)

– AFP통신은 1월 3일 헝가리 야권이 2019년을 빅토르 오르반 총리에 대한 '저항의 해'로 선언하고 대정부 투쟁을 시작했다고 전했다. 이날 의회 앞에서 헝가리 사회당 등 주요 야당 인사들은 즉석으로 기자회견을 열어 "모든 야당이 협력해 서로 단합하면서 의회 안팎에서 올해를 저항의 한 해로 만들겠다"는 포부를 밝혔다. 야당을 포함한 다수의 시민단체, 노동계는 수만 명이 참가하는 대규모 집회를 계획하고 있다. '노

예법'이라고도 불린 노동개정법은 오르반 정부가 독일 자동차 업계의 로비를 받아 만든 법안이라는 비판을 받고 있으며, 헝가리 정부의 대응에도 불구하고 여론조사에서는 약 80%가 연장근로 허용에 반대하는 것으로 밝혀졌다. 한편 야당은 이전에 정부와 관련된 소송을 전담하는 행정법원을 설치하는 법안과 노동개정법을 연계하여 정부를 압박하고 있는 상황이다. 행정법원 설치 법안은 해당 관리 감독 권한이 법무부 장관에게 있어 삼권분립을 훼손한다는 비판을 받아왔다. 오르반 총리는 작년 4월 총선에서 반(反)난민 정서를 힘입어 의회의 3분의 2석을 차지하며 3연임에 성공했으나 언론통제, 법치 훼손 논란으로 유럽연합과도 불편한 관계에 있다.

01월 10일

- '반(反)난민' 헝가리 총리, "필요하면 마크롱과 싸우겠다"

(Reuters 01. 10; 연합뉴스 01. 11 재인용)

- 반(反)난민 정서를 주도하는 빅토르 오르반 총리가 1월 10일 유럽의회 선거를 겨냥해 다시 한번 반(反)이민 정책을 내세우며 세력 결집에 나섰다. 로이터 통신 등에 따르면 오르반 총리는 신년 기자회견에서 프랑스 에마뉘엘 마크롱(Emmanuel Macron) 대통령은 친(親)이민 정책을 주도하는 정치인이라고 비난했으며, 이어 "그가 원하는 게 유럽에서 이루어지면 헝가리에게는 해가 될 것이고, 나는 그와 싸워야 한다"고 전했다. 오르반 총리는 지난 2015년 EU가 난민 분산 수용 정책을 도입할 때에도 이를 거부하면서 공식적으로 단 한 명의 난민도 수용하지 않았다. 그는 오히려 헝가리 남쪽 국경에 레이저 철선이 설치된 장벽을 세우면서 유럽에서 반(反)난민 정책을 구체화한 첫 정상이었다. 이날 기자회견에서는 극우 성향의 정부가 들어선 폴란드와 이탈리아에 대해 "엄청난 발전을 이뤘다"며 극찬하였다.

체코

01월 04일

- 체코, 부패방지법 실효성 두고 갑론을박   (Radio Praha 01. 04)
- 지난해 안드레이 바비스 총리 정부는 역대 정부 중 처음으로 내부자 고발방지법

및 로비 규정을 포함한 부패 방지를 위한 새로운 방안을 제시하겠다고 서약했다. 그러나 최근 국내 부패 방지 NGO 중 일부는 긍정당이 주도하는 정부가 이러한 약속을 지키기는 늦었다고 전했다. 국제 투명성 기구의 체코 지부장인 데이빗 온드라카(David Ondráčka)는 "정부가 임기 초반에 개혁을 추진하지 않는다면, 결국 아무 일도 일어나지 않을 것이고 실망만 남게 될 것이다. 내 생각에는 이제 정부가 제안을 내놓고 정치적 합의를 도출해야 하는 시기이다"라며 비판했다. 이에 대해 법무부는 "법무부는 세 가지 구체적 법률을 마련했으며, 우리는 로비 활동에 관한 새로운 개정안을 포함하는 로비 법을 가지고 있다. 이 제안은 12월 27일 정부에 제출되었다"고 밝혔다. 그러나 해적당 대표인 야쿠브 미샤렉(Jakub Michálek)은 정부가 제출한 부패방지법 중 일부는 야당이 이미 제출한 것의 재활용된 형태일 뿐이라고 비판했으며, 이에 대해 법무부는 1월 말까지 내부고발 법안이 정부에 제출될 것이라고 밝혔다.

01월 10일
• 체코 주요 정당들, 무상급식 포함한 교육법 개정 추진 두고 의견 갈려
(Radio Praha 01. 10)

– 몇 달간의 논쟁 끝에 연립정부는 원칙적으로 보육원과 초등학교에 등록된 가장 가난한 가정의 아이들에게 무료 학교 급식을 제공하기로 동의했다. 그러나 긍정당과 사회민주당은 어느 가정이 자격조건을 충분히 갖출 만큼 가난한 것인지, 언제 변화를 구현할 지에 대해서는 아직 합의를 이뤄내지 못하고 있다. 사회민주당은 2020년 9월까지 현재 체코 학교가 3학년까지 모든 학생들에게 무료 점심 식사를 제공하도록 하는 교육법 개정을 추진하고 있다. 그러나 교육부 장관이자 긍정당의 고위급 정치인인 로버트 플라가(Robert Plaga)는 궁극적으로 도움이 필요한 사람들을 "선택적으로" 지원할 것을 주장했다. 이어 그는 생계비의 2.7배에 달하는 가계소득을 가진 자녀만이 자격이 있는 것이라고 주장하고 있다. 한편 긍정당의 야노슬라브 팔티뉴크(Jaroslav Faltýnek)는 체코 라디오 방송과의 인터뷰에서 "이번 회의에서 연립 협약 당사자들은 학교에 배고픈 어린이가 없어야 하며, 4월 이전에 타협안을 마련해야 한다는 데 동의한다"고 전했다.

20차(1월 말~2월 말)

홍예림

폴란드 집권당인 법과정의당이 새로운 좌파 정당인 비오스나(Wiosna)가 창설된 이후에도 안정적인 지지율을 보이는 것으로 나타났다(The Warsaw Voice 2019. 02. 12). 하지만 법과정의당의 당대표인 야로슬라브 카친스키(Jaroslaw Kaczynski)가 정치자금을 사적으로 부동산 투자에 사용했다는 의혹에 휘말리면서 정당 지지율에 변화가 있을지 주목된다(The Warsaw Voice 2019. 02. 18).

헝가리 야권은 빅토르 오르반 총리가 지난 2월 8일 국회 시정연설에서 4명 이상의 아이를 낳은 여성에게는 평생 소득세를 물리지 않겠다는 등의 내용을 담은 가족 복지 정책을 발표한 것이 다가올 유럽의회 선거에서 승리하기 위한 포퓰리즘 전략에 불과하다며 강도 높게 비판하고 있다(Dailynews Hungary 2019. 02. 11).

한편 체코 상원의원들은 최근 대통령이 사법부를 개입했다는 의혹과 관련해 헌법 위반 혐의를 근거로 밀로스 제만 대통령에 대한 공식적인 탄핵에 대해 심판요청 준비를 시작해 논란이 되고 있다(Radio Praha 2019. 02. 08).

폴란드

02월 12일

• 법과정의당, 새로운 야권 정당 창설에도 여론조사 우세   (The Warsaw Voice 02. 12)
- 폴란드 일간지인 제츠포스폴리타가 여론조사 기관인 IBRiS를 통해 보도한 최근 여론조사에 따르면, 폴란드 여당인 법과정의당은 좌파 진보정당인 비오스나가 출범한 이후에도 주요 야당인 시민연단과 15.3%p의 격차를 보이며 여전히 우세한 것으로 나타났다. 법과정의당에 대한 지지도는 새로운 야당 정당인 비오스나의 등장 이후에도 37.1%를 유지하며 크게 영향을 받지 않은 것으로 나타났다. 한편 시민연단은 21.8%, 비오스나는 16.2%의 지지를 받았으며, 새로운 정당 출현으로 인해 민주좌파동맹은 6.3%에서 5.2%로, 쿠키즈15(Kukiz' 15) 정당은 6.4%에서 4.7%로, 국민당은 6.8%에서 4.8%로 낮아진 것으로 나타났다.

02월 18일

· 폴란드 법과정의당 당대표, 정치자금 스캔들 휘말려   (The Warsaw Voice 02. 18)

– 폴란드 일간지인 가제타 비보르차는 법과정의당의 당 대표인 야로슬라브 카친스키가 오스트리아의 사업가인 제럴드 비르펠너(Gerald Birgfellner)로부터 받은 비공식 재정인 50,000PNL(한화 약 1,468만 원)을 법과정의당과 연관된 재단에서 일하고 있는 관계자에게 전달하여 부동산 투자를 조직하려는 시도가 있었다고 보도했다. 카친스키가 부동산 계획 협상에서 법을 위반했을 수 있다고 검찰에 통보한 비르펠너는 자금이 카친스키 재단과 관련된 회사의 부동산 프로젝트를 개발에 사용되기 위해서는 사전에 승인을 받았어야 한다고 주장했다. 한편 야로슬라브 카친스키는 권위 있는 기성 정치인으로서 집권당인 법과정의당을 이끌어온 정치인임에도, 최근 실시된 여론조사에 따르면 71%의 응답자들이 카친스키가 정치에서 은퇴해야 한다고 응답했으며, 폴란드에서 가장 신뢰받지 못하는 정치인 중 한 명으로 선정되었다. 또한 최근 폴란드 내에서 지지율이 높아지고 있는 로버트 비들런(Robert Biedron)이 지난 17일 새로운 정당인 비오스나를 창설하면서 폴란드 정당정치에 변화가 있을지 주목된다.

헝가리

02월 10일

· 헝가리 야권, 오르반 총리 국회 시정연설 두고 강하게 반발

(Dailynews Hungary 02. 11 재인용)

– 헝가리 야당 대변인들은 2월 11일에 열린 공동시위에서 빅토르 오르반 총리의 국가 연설을 비난하고 민주주의 국가의 역할에 대해 의문을 제기했다. 부다페스트에 위치한 대통령과 총리의 집무실 앞에서 열린 이번 시위에는 헝가리사회당, 민주연합, 요빅 등을 포함해 약 1,000명에서 1,500명이 집결했다. 시위는 기존에 헝가리 야권이 지난해부터 지속적으로 반대해오던 정부의 행정법원 설치 법안과 노동법 개정안 등을 반발하기 위한 목적으로 진행되었으나, 오르반 총리가 국회 시정연설에서 발표한 가족 복지 정책이 다가올 5월 유럽의회 선거에서 승리하기 위한 정부의 포퓰리즘 정책이라는 목소리가 커지면서 비판이 거세졌다. 대안정당의 의회 의장인 엘리

자베스 슈머크(Erzsébet Schmuck)는 "오르반 총리는 잘못된 노동법을 채택함으로서 엄청난 실수를 범했으며, 정부가 반(反)이민 정책으로는 다가올 유럽의회 선거에서 이길 수 없기 때문에 가족 복지 정책 수단을 활용하고 있다"고 비판했다.

02월 17일

• 헝가리 정부, 유럽연합 정책에 대해 지속적인 비판 기조 보여

(Dailynews Hungary 02. 17)

– 피데스 정당의 원내대표인 마테 코치시스(Máté Kocsis)가 2월 17일 공공 라디오 기관인 코소트(Kossuth)와의 인터뷰에서 "유럽연합이 지속적으로 추진하고 있는 이민 계획을 거부한다"며 반(反)이민 정책의 중요성을 강조했다. 코치시스는 인터뷰에서 "유럽연합 관료들이 가지고 있는 많은 정책들은 결국 미국의 억만장자인 조지 소로스의 계획에 따라 이민자 대륙을 만드는 데에 기여하는 것뿐"이라고 전했다. 또한 그는 유럽연합 회원국의 국경 보호 권리를 약화시키고, 이주 비자를 도입하고, 이민을 돕는 소로스 단체에 대한 지원을 늘리거나, 반(反)이주 국가를 경제적 혹은 행정적 수단으로 처벌하려는 등의 유럽연합의 움직임에 대해 강하게 비난했다. 한편 5월 중에 예정되어 있는 유럽의회 선거에 대해서는 "야당 정치인들은 유럽연합의 정책을 지지했으나, 헝가리 정부는 유럽이 잘못된 방향으로 인도되고 있다고 생각한다"며 다가올 선거를 통해 유럽연합이 변화할 것을 기대했다.

체코

02월 08일

• 체코 일부 상원의원들, 대통령 탄핵안 추진 (Radio Praha 02. 08)

– 최근 체코 상원의원인 바츨라프 라스카(Václav Láska)는 밀로스 제만 대통령에게 총체적인 헌법 위반을 이유로 이에 따른 공식적인 탄핵안 작성을 시작했다. 상원의원들은 제만 대통령과 국가 법원의 간섭을 이유로 탄핵안을 추진했다. NGO Rekon-strukce státu(Reconstruction of the State)가 집계한 법률적인 분석에 따르면, 대통령이 관저 혹은 자신의 기득권이 연관된 사건에 대한 판결을 내리는 주요 법원 판사들과

접촉해 어떤 결정을 내려야 하는지에 대해 조언하는 등 영향을 미친 것으로 추정된다. 한편 대통령에 대한 혐의를 헌법 재판소에 회부하기 위해서는 상원의원이 의회의 양원에서 투표권의 5분의 3을 차지해야 한다. 이에 대해 프라하 찰스 대학(Charles University)의 수석 헌법 전문가인 얀 키젤라(Jan Kysela) 교수는 "체코 헌법은 오스트리아-헝가리 군주국의 전통 속에서 계속되고 있어 공화국 대통령이 자신의 임무 수행에 대해 책임지지 않는다고 명시하고 있지만, 우리는 대통령이 특정 법적 의무를 위반하거나 방치하면 책임을 물을 수 있는 탄핵제도를 가지고 있다"고 전했다.

02월 13일

• 체코, 새로운 언론 자유 탄압 감시기관 설립 　　　　　　　　　(Radio Praha 02. 13)

– 다수의 주요 체코 언론인들이 국제 언론 연구소(International Press Institute, IPI) 체코 지사를 설립했다. 국제 언론 연구소는 1950년 16개국에서 34명의 저널리스트들이 설립했으며, 수많은 편집자, 미디어 임원 및 저널리스트가 참여고 있는 세계적인 네트워크로 언론의 자유를 보호하는 데에 목적을 두고 있다. IPI의 체코 지부 공동 설립자인 체코 라디오(Czech Radio)의 베로니카 세들라코바(Veronika Sedláčková)는 "우리는 오늘날 체코에서 안드레이 바비스 수상이 2013년 마프라(Mafra) 출판사를 인수했다는 사실에서 유래 없는 이해관계의 충돌을 목격하고 있다. 나는 언론의 자유를 훼손하는 과두정치에 대한 두려움이 체코에 존재한다고 생각한다"고 전했으며, 또한 "많은 체코 가짜뉴스와 믿을만한 정보를 구별하기가 점점 어려워지는 현실에서 이러한 움직임이 매우 중요하다고 본다"고 밝혔다. 한편 체코는 작년 국경 없는 기자 언론 자유지수(Reporters Without Borders press freedom index)에 대한 평가에서 전체 11개국 중 최하인 11위를 기록했다.

21차(2월 말~3월 말)

이예리

폴란드 의회 내에서 유대인 구분법이 실린 신문을 파는 것이 드러나 국회의원들이 반(反)유대주의를 용인했다는 논란이 일고 있다(Reuters 2019. 03. 15). 한편 폴란드 여당인 법과정의당의 야로슬라브 카친스키 대표는 성소수자 권리가 가정에 미치는 악영향을 언급하며 이를 선거이슈로 이용하려는 움직임을 보이고 있다(Financial Times 2019. 03. 15).

헝가리에서는 난민문제에 부정적인 입장을 고수해왔던 정부가 비밀리에 베네수엘라 난민을 허용한 것으로 밝혀졌다(BBC 2019. 03. 04). 또한 헝가리 여당이자 유럽국민당그룹(European People's Party, EPP)에 속해있는 피데스가 5월 23일부터 26일까지 있을 유럽의회 선거를 앞두고 반(反) 유럽연합 캠페인을 지속해 정당그룹 내 자격을 정지당하는 처분을 받았다(CNN 2019. 03. 20).

체코에서는 공산당이 소수내각의 신임투표를 지원하는 조건으로 내걸었던 교회에게 지급될 배상금에 세금을 부과하는 법안이 상원에서 부결되면서, 이 결과가 현재 소수 연립내각에 공산당이 협력하고 있는 상황에 어떠한 영향을 줄 것인지 주목된다(Radio Praha 2019. 02. 28).

폴란드

03월 15일

- 폴란드 의회 내에서 '유대인을 구분하는 법' 기사 실린 신문 팔아　　(Reuters 03. 15)
- 우익 주간지 틸코 폴스카(Tylko Polska)의 반(反)유대주의적 신문기사가 폴란드 의회 내에서 판매되고 있는 것으로 드러나 국회의원들이 반유대주의를 용인한 것이 아니냐는 비난이 일고 있다. 해당 기사는 성(姓), 성격 및 얼굴의 특징에 따라 유대인을 구분하는 방법을 설명했으며 유대인 여성은 섬세함과 겸손함, 수치심이 부족하다고 지적했다. 신문이 판매되고 있는 사진은 소셜미디어를 통해 널리 공유되었고 폴란드 의회는 출판물의 판매 철회를 요청할 것이라고 밝혔다. 그러나 유대인 단체는 "의회

대변인과 같은 핵심 폴란드 정치인의 비난이 없는 것은 충격적"이라며 더 강력한 조치를 요구했다. 여당인 법과정의당의 대변인은 즉각적으로 견해를 밝히지 못했고 중도우파 야당인 시민연단 소속 크르지스토프 브레자(Krzysztof Brejza) 의원은 이번 출판물이 보수정당인 법과정의당이 추진한 편협함의 결과라고 비판했다.

03월 16일

· 성소수자 권리, 폴란드에서 정쟁의 불씨가 될 것   (Financial Times 03. 16)
– 지난달 바르샤바의 중도주의 시장인 시민연단 소속 라파엘 트리사스코스키(Rafał Trzaskowski)가 수도권 학교에 성교육과 차별금지 교육을 실시하는 등 LGBT(Lesbian·Gay· Bisexual· Transgender)에 대한 지원을 할 것이라고 약속했다. 집권당 법과정의당의 대표 야로슬라브 카친스키는 트리사스코스키 시장의 선언을 본 정당의 가톨릭 성향, 보수주의 등을 강조하는 기회로 삼았다. 그는 이 문제에 대해 "우리는 엄청난 위협에 직면해 있다, 그 위협은 가족에 대한 공격이며 기본적으로 아이들에 대한 공격이다"라고 주장했다. 이는 법과정의당의 핵심 지지자들이 매우 보수적인 성격임을 고려한 것이다. 지난 2015년, 법과정의당은 폴란드 총선거를 앞두고 이주에 대한 두려움을 이용해 보수 기반을 동원함으로써 선거에서 승리를 거둔 바 있다. 카친스키 대표는 5월 23일부터 26일까지 개최될 유럽의회 선거와 2019년 하반기에 있을 폴란드 총선거를 준비하면서 법과정의당의 입지를 강화할 또 다른 이슈로 성소수자 문제를 선택한 것으로 보인다.

헝가리

03월 04일

· 반(反)난민주의 주장하는 헝가리, 비밀리에 베네수엘라 난민들 허용해   (BBC 03. 04)
– 난민유입과 망명을 적대시하는 것으로 널리 알려진 헝가리 정부가 베네수엘라에서 탈출한 난민들을 허용한 사실이 드러났다. 헝가리에서 자금을 지원한 비행기 표를 통해 이미 350명가량이 도착했으며 약 750명이 리스트에 오른 채 카라카스에서 입국을 대기하고 있다. 헝가리 당국은 이 프로그램에 연관된 사람들에게 언론과 접

촉하지 말 것을 요구했으나 독립 뉴스 웹사이트인 인덱스(Index)에 의해 베네수엘라인의 도착이 밝혀졌다. 이후 정부 대변인은 헝가리에서 태어나지도 않았고 헝가리어도 거의 하지 못하지만 헝가리인 조상이 있다는 사실을 증명한 베네수엘라 난민들의 입국이 진정한 헝가리인의 귀환이라고 주장해왔다. BBC는 "이 프로그램이 지난 4년 동안 난민을 극심하게 반대해왔던 집권당 피데스에 의해 진행되어졌다는 사실이 아이러니하다"고 전했다.

03월 20일
· 헝가리 여당 피데스, 유럽국민당그룹으로부터 자격정지 처분받아　　　(CNN 03. 20)
– 헝가리 여당이자 유럽국민당그룹의 일원인 피데스는 3월 20일에 열린 유럽국민당그룹 총회의 투표 결과 정당그룹 내 자격이 정지되는 처분을 받았다. 유럽국민당그룹의 조셉 다울(Joseph Daul) 대표는 피데스의 자격이 즉시 정지될 것이며 추후 통지가 있을 때까지 그 상태가 지속될 것이라고 밝혔다. 자격이 정지되면 피데스는 유럽국민당그룹 내 회의에 참석할 수 없고 투표권을 행사할 수 없으며, 그룹 내 직책에 후보를 추천할 권리 또한 잃게 된다. 이번 자격정지에 대한 투표는 강경한 난민정책을 고수하고 시민단체, 언론, 학회 등 민주기관을 단속해온 피데스의 빅토르 오르반 총리가 이끈 반(反) 유럽연합 캠페인으로 인해 실시되었다. 이 캠페인은 장 클로드 융커 (Jean Claude Juncker) 유럽의회 집행위원장과 미국인 부호 조지 소로스의 얼굴이 실린 포스터를 내걸고 유럽연합과 소로스가 난민을 끌어들이고 있다고 주장하는 내용을 담고 있다.

체코

02월 28일
· 교회 배상금에 세금부과 법안, 위헌이라며 상원에서 부결돼　　　(Radio Praha 02. 28)
– 교회에게 지급될 배상금에 세금을 부과하려는 공산당의 법안이 대부분의 상원의원들로부터 "위헌(unconstitutional)"이라며 거부당했다. 체코에서는 지난 공산정권에 의해 몰수된 교회의 땅과 재산에 대하여 국가가 교회에 배상금을 지불하도록 하는

양자 협정이 체결된 바 있다. 이에 공산당은 반발심을 표했고 지불할 보상금에 세금이라도 부과할 것을 제안했으나 이는 실패로 돌아갔다. 그러나 2018년에 공산당은 의석이 과반을 넘지 못하는 긍정당과 사회민주당 연립내각의 신임투표를 지원하는 조건중 하나로 이 법안을 내세우면서 해당 법안이 하원에 회부되었다. 하원을 통과한 법안은 상원에서 거부당했으며 하원을 통과하도록 도왔던 긍정당과 사회민주당 소속 의원 9명도 반대표를 던졌다. 공산당이 연립내각에 직접 참여하지는 않지만 연립내각의 의석수가 과반이 안 된다는 점을 고려해 내각과 협력하고 있는 상황에서, 이번 투표는 소수 연립내각에 대한 공산당의 지속적인 협력에 영향을 미칠 수도 있을 것으로 예상된다.

03월 04일
• 체코 사회민주당, 지도부로 새로운 인물들 선출돼   (Radio Praha 03. 04)
– 중도좌파 정당인 사회민주당은 최근 선거에서 연이은 손실을 입었다. 2017년에는 소속 후보 중 하원에 당선된 사람이 15명에 불과해 정당사상 최악의 결과를 낳았으며 2018년에는 공산주의가 몰락한 이래 처음으로 지방선거에서 프라하의 의석을 얻지 못했다. 국민여론연구센터(Centrum pro výzkum veřejného mínění, CVVM)의 2월 여론조사 결과에 따르면 사회민주당 지지율은 공산당과 극우정당인 자유와 직접민주주의당(Svoboda a přímá demokracie, SPD)에 간신히 앞서는 11%에 불과했다. 이후 3월 1일에 열린 사민당 지도부 선거의 결과 토마스 페트리첵(Tomáš Petříček) 외무부장관과 야나 말라코바(Jana Maláčová) 노동사회부 장관 등이 사회민주당의 새로운 지도부로 선출되었다. 당은 젊은 편에 속하는 이들이 새로운 유권자들을 끌어들일 것으로 기대하고 있으며, 로만 온데르카(Roman Onderka) 사회민주당 부의장은 당이 새로운 인물들과 함께 운영되어야 할 필요가 있다고 전했다.

22차(3월 말~4월 말)

이예리

 폴란드에서는 여당인 법과정의당이 5월 23일부터 시작될 유럽의회선거와 올해 치러질 총선을 앞두고 2월 23일에 열린 당대회에서 복지와 관련된 재정지원 정책 계획을 발표했다(The Washington Post 2019. 04. 23). 하지만 그 대상에 교사들이 포함되어 있지 않았고, 저임금에 시달려온 교사들이 정부에 30%의 임금 인상을 요구했지만 정부가 불가능하다는 입장을 보여 대대적인 교사 파업이 진행되고 있다(The Washington Post 2019. 04. 23).

 헝가리에서는 2018년 12월에 연간 초과근로 시간을 400시간으로 늘리는 노동법 개정안과 법무장관의 감독을 받는 새 행정법원 설치에 관한 입법안이 국회에서 통과된 바 있다(Hungary Today 2019. 04. 09). 이후 야당 의원들은 개정안과 입법안이 위헌이라며 헌법재판소에 항소했지만, 4월 9일 헌법재판소는 두 법안이 모두 합법이라고 선언했다(Hungary Today 2019. 04. 09).

 한편 체코 경찰은 안드레이 바비스 총리가 중소기업을 대상으로 하는 유럽연합의 보조금을 받기 위해 농장과 회의센터의 소유권을 숨겼다며 사기혐의에 대해 조사하고 있으며, 법원에 재판을 요구했다(Reuters 2019. 04. 17).

폴란드

04월 09일

• 폴란드 야당연합의 유럽의회선거 캠페인 시작   (The Warsaw Voice 04. 09)
− 유럽의회선거를 위한 폴란드 야당들의 대규모 연합인 KE(Koalicja Europejska)가 4월 9일 바르샤바에서 전당대회를 갖고 유럽의회선거 운동을 시작했다. KE에는 시민연단, 민주좌파동맹, 국민당, 현대당, 녹색당(Partia Zieloni) 등의 야당이 속해있다. 이번 전당대회 후 국민당의 지도자인 블라디슬라브 코시니낙 카미스(Wladyslaw Kosiniak-Kamysz)는 유럽의회선거에서 좋은 결과가 있다면 올해 하반기에 있을 총선에서 야당 간에 더 많은 협력이 가능할 것이라는 의견을 내놓았다. 한편 시민연단의 대표 그제

고즈 셰티나(Grzegorz Schetyna) 의원은 여당인 법과정의당이 다른 유럽 국가의 정당들 중 특히 유럽연합에 적대적인 정당들과의 협력을 추구한다고 비판했다.

04월 23일
• 폴란드 내 분열을 촉진시키고 있는 교사 파업　　　　(The Washington Post 04. 23)
– 4월 8일, 폴란드 교원노조 측의 30%의 임금 인상 요구가 정부에 의해 거부당하면서 폴란드 교사들의 무기한 파업이 시작되었다. 파업의 주원인은 폴란드 정부가 가족, 연금수급자, 농민 등 각종 집단에 대한 사회적 지출은 증가시키고 있지만 저임금에 시달려온 교사들의 임금 인상 요구는 수용할 수 없다는 입장을 고수하고 있기 때문이다. 상당수의 폴란드 국민들은 교사들의 파업에 대해 호의적이며, 집권당인 법과정의당이 중학교 폐지를 포함한 교육개혁을 통해 여전히 임금이 낮은 상태에서 교사들의 업무량만 증가시켰다고 비난하고 있다. 반면 정부 지지자들은 현재 파업 중인 약 50만 명의 교사들이 정치적인 활동을 하고 있고 시험기간 동안 학교를 폐쇄하면서 아이들을 정치적 도구로 이용한다며 비난하고 있다. 또한, 스타니슬라브 카르체프스키(Stanislaw Karczewski) 상원의장은 교사들은 돈이 아니라 이상을 위해 일해야 한다는 주장을 펼치며 교사 파업에 대해 부정적인 입장을 드러냈다.

헝가리

04월 09일
• 헝가리 헌법재판소, 노동법 개정과 행정법원 신설 제도에 적법 선언
(Hungary Today 04. 09)
– 헝가리 헌법재판소가 2018년 12월에 국회에서 채택되었던 노동법 개정안과 새 행정법원 제도에 관한 법률이 합법적이라고 4월 9일 선언했다. 2018년 12월 12일, 헝가리 의회는 연간 초과근로에 대한 상한선을 250시간에서 400시간으로 높이도록 노동법을 개정했으며, 법무장관의 감독을 받는 행정법원 설치를 추진한 바 있다. 야당 의원들은 국회의원의 4분의 1을 모아 노동법 개정안과 행정법원 신설 법안에 대해 항소했고, 노동법 개정의 내용이 노예법과 다름없어 헌법에 위배된다고 주장했다. 그

러나 헌법재판소는 이러한 모든 항소를 15명의 전원 일치로 기각했다. 헌법재판소의 판결에 대해 야당인 헝가리사회당과 연합 정당인 대화당(Együtt 2014-Párbeszéd Magyarországé, E14-PM)은 유럽인권재판소(European Court of Human Rights, ECtHR)에 항소할 것이라고 주장했으며, 일디코 방고 보르베리(Ildikó Bangó Borbély) 헝가리사회당 의원은 "여당인 피데스의 군인들로 채워진 헌법재판소가 헝가리 노동자들에는 불리하고 정부에게는 유리한 판결을 내렸다"며 비판의 목소리를 높였다.

04월 26일

• 유럽의회선거를 한 달 앞둔 헝가리의 여론조사 결과 (Hungary Today 04. 26)

- 5월 23일에서 26일까지 실시될 유럽의회선거가 약 한 달이 남은 가운데, 헝가리는 인구비율에 따라 지난 2014년 선거 때와 마찬가지로 유럽의회에 21개의 의원석을 배분받았다. 사저드빅(Századvég)의 4월 여론조사에 따르면, 현재 집권여당인 피데스와 기독민주국민당 연합이 54%의 유권자들의 지지를 받으며 주요 경쟁자 없이 선두를 달리고 있는 것으로 드러났다. 한편 야당인 요빅은 14%, 헝가리사회당과 대화당 연합은 10%, 민주연합은 9%의 지지를 받고 있다. 또한 대안정당과 모멘툼 운동(Momentum Mozgalom)은 각각 4%의 지지를 받고 있다는 여론조사 결과가 나왔다.

체코

04월 10일

• 새로운 정당의 창당 계획을 밝힌 클라우스 주니어 (Radio Praha 04. 10)

- 체코의 정치인 바츨라프 클라우스 주니어가 지난 3월 27일 시민민주당에서 제명된 후, 몇 주 만에 새로운 정당을 출범시킬 계획을 밝혔다. 오랜 기간 동안 시민민주당의 원칙과 가치, 정치적 의제를 존중하지 않는 행동을 해온 클라우스 주니어는 당을 떠날 것을 권고받았지만 자진 탈퇴를 거부했으며, 결국 당에 의해 추방당했다. 그는 꾸준히 민족 보수주의적인 견해를 공개적으로 표명해온 반(反)유럽연합 성향을 가진 정치인이다. 체코의 전 총리이자 클라우스 주니어의 아버지인 바츨라프 클라우스(Václav Klaus)는 새로운 정당에서 명예직을 맡을 예정인데, 그는 현역에서 물러

난 후에도 여전히 영향력 있는 정치인 중 한 명이다. 클라우스 부자(父子)는 유럽연합에서 탈퇴하고 유럽연합 정책에 관련된 모든 것을 거부하는 '유럽회의주의(Euroscepticism)'적 입장을 가지고 있다. 한편 새로 창당될 클라우스 주니어의 정당이 어떤 유권자 집단을 목표로 할지는 아직 알 수 없지만, 기존의 정당들에게 위협이 될 수도 있다는 예측이 나오고 있다.

04월 17일
• 체코 경찰, 바비스 총리가 사기 사건으로 재판받아야 한다고 주장해   (Reuters 04. 17)
– 4월 17일 체코 경찰 측이 안드레이 바비스 총리가 200만 유로의 유럽연합 보조금의 처리와 관련된 사기 혐의로 재판을 받아야 한다고 주장했다. 경찰은 바비스 총리가 중소기업을 위한 유럽연합의 보조금을 받기 위해 '황새의 둥지[Capi hnizdo(Stork Nest)]'라고 불리는 농장과 회의센터의 소유권을 숨겼다는 혐의를 조사하고 있다고 밝혔다. 이에 바비스 총리는 보조금이 지급되었을 당시 농장과 센터는 그의 가족의 소유였고 후에 그의 회사에 합병됐다고 주장했다. 또한 바비스 총리는 체코슬로바키아 통신(Czechoslovak News Agency, CTK)과의 인터뷰에서 이 같은 혐의를 반복적으로 부인했으며 이는 그에 대한 정치적인 음모라고 주장했다. 이러한 혐의에도 불구하고 이 사건은 5월 유럽의회선거를 앞둔 바비스 총리의 전반적인 인기를 약화시키지는 않았으며, 유럽의회에서 유럽 자유주의자와 민주당의 연합(Alliance of Liberals and Democrats for Europe, ALDE)에 속해있는 바비스 총리의 긍정당은 두 배의 격차로 여론조사에서 앞서고 있는 상황이다.

23차(4월 말~5월 말)

이예리

폴란드에서는 5월 11일 가톨릭 신부들의 아동 성 학대를 폭로하는 다큐멘터리 영화가 개봉한 이후, 가톨릭을 주요 지지기반으로 하는 여당 법과정의당이 야권의 비판을 받고 있다(Politico 2019. 05. 13).

헝가리에서는 극우정당인 우리 국토 운동당(Mi Hazánk Mozgalom, MHM)이 10년 전 집시(Gypsy, 소수민족)에 대한 반대 집회를 열었다는 이유로 인해 해체된 '헝가리 경비대(Magyar Gárda)'와 유사한 국수주의 성향의 군사조직 설립을 발표했다(The Independent 2019. 05. 15). 한편 2018년 4월 실시되었던 헝가리 총선에서 부정행위가 있었다는 의혹이 비정부기구인 언핵데모크라시유럽(Unhack Democracy Europe)에 의해 제기되었다(AFP 2019. 05. 19; 연합뉴스 2019. 05. 20 재인용).

체코에서는 안드레이 바비스 총리의 유럽연합 보조금에 관련된 사기 혐의 재판 논란 이후, 2주 만에 친(親) 바비스 총리 의원인 마리 베네소바(Marie Benešová)가 법무부 장관에 임명되었다(Bloomberg 2019. 05. 22). 이에 체코 시민들은 베네소바가 사기 혐의에 대한 수사에 영향을 미칠 수 있다는 우려를 표출하면서 장관 해임을 요구하는 시위를 벌이고 있다(Bloomberg 2019. 05. 22).

폴란드

05월 08일

• 야당 연합 대표, 유로화 도입 전 폴란드 내에서 논의가 필요하다고 주장

(Reuters 05. 08)

- 폴란드의 유럽의회 선거 캠페인에서 유로화 채택에 대한 이슈가 논란이 되고 있다. '유럽회의주의(Euroscepticism)'적인 입장을 가지고 있는 집권여당 법과정의당은 유로화를 사용하는 것이 물가상승을 부추겨 폴란드를 더 가난하게 만들 것이라며 유로의 도입에 반대하는 입장이다. 반면 야권은 유로화 채택이 중요하다고 인식하고 있으며 이에 긍정적인 입장인데, 그전에 우선적으로 유권자들에게 유로의 이점을 납

득시켜야 한다고 주장했다. 유럽연합 법에 따르면 폴란드는 유로를 자국의 통화로 채택해야 하지만, 그 시기는 정부가 자유롭게 결정할 수 있다. 한편 2018년에 폴란드의 경제학자들은 유로화가 경제성장을 촉진할 것이라는 예측을 내놓으며, 2019년부터 유로화 채택을 위한 준비를 시작할 것을 강력히 권고하기도 했다.

05월 13일
- 폴란드 교회의 아동 성 학대 스캔들 정치적 문제로 이어져   (Politico 05. 13)
- 5월 11일 폴란드에서 '아무에게도 말하지 말라(Tell no one)'라는 제목의 로마 가톨릭 교회의 아동 성 학대를 폭로하는 다큐멘터리 영화가 개봉되었다. 폴란드에서는 교회가 순수한 종교적 기능만 하는 것이 아니라 교육, 문화, 법, 정치 등에 엄청난 영향력을 행사하고 있기 때문에, 다큐멘터리가 공개된 후 이 스캔들은 빠르게 정치적인 영역에 영향을 미치고 있다. 집권여당인 법과정의당은 주교들과 긴밀한 관계를 맺어 왔으며, 많은 사제들은 공개적으로 법과정의당을 지지해 왔다. 또한 법과정의당의 야로슬라프 카친스키 대표는 5월 초 선거 유세에서 "교회를 파괴하고자 하는 자는 폴란드에 반하는 것이며, 교회가 없는 폴란드는 없다"고 연설한 바 있다. 다큐멘터리가 공개된 이후 제1야당인 시민연단의 대표 그제고즈 셰티나는 "폴란드 어린이를 공격하는 것이 폴란드를 공격하는 것"이라고 주장하며 교회를 지지하는 카친스키의 앞선 발언을 비판했다. 한편 셰티나와 더불어 다른 야당 정치인들은 정부 위원회가 교회와 학대 사건에 대해 조사할 것을 요구하고 있는 상황이다.

헝가리

05월 15일
- 헝가리 극우정당, 불법 자경단 정신에 기초한 '자위대' 세력 형성

(The Independent 05. 15)
- 헝가리의 극우정당인 우리 국토 운동당의 대표 라즐로 토로츠카이(László Toroczkai)가 10년 전에 금지된 '헝가리 경비대'와 유사한 군사조직의 설립을 발표했다. 헝가리 경비대는 2007년 결성되어 소수민족인 집시들이 많이 거주하는 지역에서 반(反)집시

집회를 열다가, 2009년에 법원에 의해 금지되어 해체되었다. 토로츠카이는 새로운 군사조직이 헝가리의 전통을 지키고 기본적인 군사기술을 익히는 데 중점을 둘 것이며, 과거 헝가리 경비대의 이상을 잇기를 바란다고 밝혔다. 이에 헝가리 소수민족 이익보호 협회장이자 집시인 빈스 스자바(Vince Szava)는 새로운 군사조직의 형성을 비판하며 정부당국에 의해 해체되기를 바란다는 입장을 보였고, 이러한 신나치 사상(Neo-Nazi Ideas)을 가진 정당과 조직의 성장을 막아야 한다고 주장하기도 했다. 한편, 이 군사조직의 공식 창설식은 6월 1일 헝가리 남부 도시인 세게드(Szeged)에서 열릴 예정이다.

05월 19일

• 작년 여당 압승한 헝가리 총선서 부정 의혹 제기

(AFP 05. 19; 연합뉴스 05. 20 재인용)

- 5월 18일에 비정부기구인 언핵데모크라시유럽이 2018년 4월 치러졌던 헝가리 총선에 대해 부정행위가 있었다는 의혹을 제기했다. 2018년 총선에서는 헝가리의 여당인 피데스가 개헌 가능 최소 의석인 133석을 확보하며 압승을 거뒀고, 빅토르 오르반 총리는 3연임에 성공하는 결과를 얻었다. 하지만 언핵데모크라시유럽은 2018년 헝가리 총선 당시 투표권 매매, 유권자들에 대한 뇌물과 협박, 부재자 투표 조작, 투표용지 분실, 선거 소프트웨어 오작동 등의 부정행위가 있었다고 전했다. 또한 이 단체는 작년 헝가리 총선을 관리했던 감독 기관이 5월 23일부터 시작되는 유럽의회 선거의 선거 결과를 기록한다고 주장하며, 헝가리에서는 5월 26일에 치러질 예정인 유럽의회 선거에서도 작년 총선 때 있었던 일이 반복될 수 있다는 우려를 내놓았다. 그러나 헝가리 정부는 이러한 의혹에 대해서 공식적인 언급을 하지 않고 있는 상황이다.

체코

05월 14일

• 체코 정부의 술, 담배, 도박 등에 대한 세금 인상 계획　　　　　(Expats.cz 05. 14)

- 2017년 10월에 치러졌던 총선 당시 세금을 인상하지 않겠다는 공약을 내세웠음에

도 불구하고, 집권당인 긍정당이 2020년부터 술과 담배 등과 같은 행위에 대한 세금을 대폭 인상할 계획이라고 밝혔다. 긍정당에 소속되어 있는 엘레나 쉴러(Alena Schiller) 재무장관은 지난 10년 동안 체코 시민들의 평균 임금과 구매력이 상승했기 때문에 세금 인상이 정당화될 수 있다고 주장했다. 실제 체코의 평균 임금은 2009년에서 2018년까지 45%가 증가한 반면, 주류에 대한 소비세는 2010년 이후 인상되지 않았다. 마찬가지로 긍정당 소속인 아담 보이테흐(Adam Vojtech) 보건부장관 또한 술과 담배 소비에 대해 조치를 취할 것을 권고하는 세계보건기구(World Health Organization, WHO)와 OECD(Organization for Economic Cooperation and Development)의 입장을 언급하며, 세금 인상 제안에 대한 지지를 표명했다. 한편 증세가 이루어진다면 체코 정부는 2020년부터 100억 코루나(한화 약 5,154억 원)의 추가 수익을 얻을 것으로 추산하고 있다.

05월 22일

• 사법 침해에 대한 우려로 프라하에 모인 수만 명의 시위자들　　　(Bloomberg 05. 22)
– 4월 17일 체코 경찰 측은 안드레이 바비스 총리가 200만 유로의 유럽연합 보조금 처리와 관련된 사기 혐의로 재판을 받아야 한다고 주장했는데, 이러한 경찰의 권고 후 2주 만에 새로운 법무부 장관으로 마리 베네소바가 임명되었다. 이에 수만 명의 체코인들이 새로 임명된 법무부 장관이 바비스 총리의 재판을 막기 위해 사기 혐의에 대한 수사와 검사들에게 영향력을 행사할 수 있다는 우려를 표출하면서 베네소바의 해임을 요구하는 시위를 벌이고 있다. 현재 진행되고 있는 이 시위는 2017년 바비스 총리가 집권한 이래 최대 규모의 정부에 대항하는 시위이다. 한편 바비스 총리는 사기 혐의가 그의 정치 경력을 파괴하기 위해 조작된 음모라고 주장하면서 혐의를 부인하고 있으며, 유럽의회 선거를 앞두고 열리는 시위가 그의 경쟁자들에 의한 정치적인 캠페인이라고 비판했다. 또한 이 사건으로 인해 법정 재판을 받게 되더라도 사임하지는 않을 것이라고 밝혔다.

24차(5월 말~6월 말)

폴란드에서는 2019년 하반기에 치러질 총선을 앞두고 보수정당들이 LGBT (Les- bian·Gay·Bisexual·Transgender)의 권리 확보에 대해 부정적인 입장을 보이고 있는 반면, 바르샤바에서는 많은 국민의 지지를 받는 프라이드 퍼레이드(Pride Parade)가 진행되었다(The Sydney Morning Herald 2019. 06. 08). 한편 여당인 법과정의당은 자신들이 재선할 경우 타 국가 언론기관에게 영향을 받아왔던 기존 언론계를 개편하겠다는 의사를 밝혔다(Reuters 2019. 06. 21).

헝가리에서는 유럽국민당그룹 내에서 자격정지 처분을 받았던 여당 피데스가 계속해서 유럽국민당그룹의 정책 방향이 자신들과 일치하지 않는다면 그룹 내에 잔류하지 않겠다고 주장했다(Hungary Today 2019. 06. 11).

체코에서는 유럽연합 보조금 사기혐의로 인해 안드레이 바비스 총리의 퇴진 요구 시위가 연일 계속되고 있으며, 6월 27일 바비스 정부에 대한 불신임투표가 진행되었으나 하원 200석 중 찬성이 85표에 그쳐 부결되었다(AP 2019. 06. 27; 연합뉴스 2019. 06. 28 재인용).

폴란드

06월 08일

· 반(反)LGBT 캠페인에 맞서 진행된 대규모의 프라이드 퍼레이드

(The Sydney Morning Herald 06. 08)

– 폴란드 정부에 의해 성소수자 권리 운동이 위협으로 묘사되고 있는 가운데, 6월 8일 토요일 바르샤바에서는 약 5만 명이 참가한 것으로 추정되는 대규모의 프라이드 퍼레이드가 열렸다. 여기에는 바르샤바의 시장인 라팔 트리사스코스키도 참여해 프라이드 퍼레이드를 지지하는 것은 유럽 전역의 도시들에서 일반적인 일이며, 모두가 소수자의 권리를 존중해야 한다고 역설했다. 이렇게 바르샤바와 다른 도시들에서 성소수자 권리를 지지하는 목소리가 점점 커지고 있지만, 동시에 이에 대한 반발도 진

행 중이다. 여당인 법과정의당은 선거 캠페인의 일환으로 성소수자 권리 운동을 사회에 대한 위협으로 묘사해왔으며, 보수적인 몇몇 지역에서는 '성소수자 없는 사회(LGBT Free)'를 주장해왔다. 더불어 퍼레이드 행사 전날 한 극우 언론인은 트위터를 통해 '성소수자를 향해 총을 쏴야 한다'고 언급하여 논란을 빚기도 했다.

06월 21일

• 법과정의당, 재선에 성공할 경우 언론을 재편할 것이라고 밝혀　　　(Reuters 06. 21)

– 야로슬라브 고윈(Jaroslaw Gowin) 부총리에 따르면, 집권당인 법과정의당이 올해 하반기에 치러질 총선에서 승리할 경우, 폴란드의 민간 언론들을 '재편'할 목표를 가지고 있다고 전했다. 여당은 오래 전부터 독일과 미국 같은 외부 국가에서 폴란드의 언론에 큰 영향력을 행사해왔으며, 때문에 폴란드의 언론계에 개혁이 필요하다고 주장했다. 법과정의당은 미국의 디스커버리가 소유한 폴란드의 주요 독립 방송사인 TVN과 독일의 악셀 스프링거(Axel Springer)가 소유한 잡지 뉴스위크 등 외국계 언론 단체와 지속적으로 충돌해온 바 있다. 그러나 야당 정치인들과 언론인들은 언론에 개입하려는 법과정의당의 움직임이 정부에 대한 언론의 비판적 목소리를 잠재우려는 시도일 것이라며 우려하고 있는 중이다. 중도 성향의 일간지 드제닉 가제타 프라우나(Dziennik Gazeta Prawna)의 부편집장인 마렉 테흐만(Marek Tejchman)은 정부가 기본적으로 독립 언론을 적으로 인식하고 있다며 언론의 자유에 대한 걱정을 토로하기도 했다.

헝가리

06월 09일

• 헝가리 여당 피데스, 유럽국민당그룹 잔류에 대한 결정권 가지고 있어
(Hungary Today 06. 11)

– 유럽의회선거 당선 의원이자 헝가리 여당 피데스의 대변인 발라스 히드베기(Balázs Hidvéghi)가 6월 9일 공중파 라디오에서 피데스의 유럽국민당그룹 내 잔류 문제는 유럽국민당그룹이 우선순위를 두는 정책들에 달렸다고 전했다. 만약 난민을 반대하고,

주권국가를 강화하고자 하는 헝가리의 입장이 유럽국민당그룹 내에 반영된다면 떠나지 않을 것이지만, 그렇지 않다면 다른 정당그룹으로 이전해 피데스의 입장을 고수하겠다는 것이다. 더불어 미온적인 좌파 경향의 정책들은 아무런 성과를 내지 못했다며 정당그룹의 정책이 우파적인 방향으로 움직여야 한다고 주장했다. 또한 그는 유럽국민당그룹을 떠난다고 해도 유럽의회 내에서 헝가리의 지위가 약화되지는 않을 것이며, 이번 유럽의회 선거에서 약 52%의 지지를 얻은 피데스의 결과로 인해 피데스-기독민주국민당 연합이 유럽국민당그룹에 남아 있기를 바라는 사람들이 많다고 이야기하는 자신감을 보이기도 했다.

06월 11일

· "다뉴브강에 선박 너무 많다"···헝가리 정부, 2013년 경고 무시

(New York Times 06. 11; 뉴시스 06. 12 재인용)

- 5월 29일 헝가리 부다페스트 다뉴브강에서 유람선 '허블레아니(Hableány)'가 침몰하는 사고가 발생했는데, 해당 사고가 발생하기 전 헝가리 정부가 다뉴브강의 선박교통량이 많아 위험하다는 경고를 지속적으로 무시해왔던 사실이 드러났다. 강을 오가는 선박의 수가 많아 사고 위험이 높다는 보고서까지 작성되었는데도 불구하고, 관광산업으로 큰 수입을 얻고 있었던 헝가리 당국은 적절한 조치를 취하지 않았던 것이다. 부다페스트의 전 시장인 가보르 뎀스키(Gabor Demszky)는 다뉴브강의 사고 위험성에 대한 경고를 받기는 했지만 높은 사업적 수익성으로 인해 대응하지 못했다고 설명했다. 이에 New York Times는 국가가 안전 문제보다 정치적 계산과 이윤을 더 추구했던 게 아닌지 우려된다고 비판했으며, 국제투명성기구 헝가리 지부의 관계자는 위험성에 대한 전문가의 경고가 무시된 것은 아닌지 조사할 필요가 있다고 주장했다.

06월 06일

· 교회 배상금에 세금을 부과하는 법안에 대한 위헌 소송 제기 예정

(Radio Praha 06. 06)

– 체코 야당 의원들은 긍정당과 사회민주당 그리고 공산당이 통과시킨 교회에게 돌아갈 보상금에 세금을 부과하는 법안에 대해 공동으로 헌법재판소에 소송을 제기할 예정이다. 이 법안은 2월 28일 '위헌(unconstitutional)'이라는 이유로 상원에서 거부당했으나, 하원에서 해당 법안을 다시 한번 통과시키면서 거부권을 무효화시켰고, 5월 2일에 밀로스 제만 대통령이 승인하며 법안이 공식적으로 통과되었다. 이 법안은 2020년 1월 1일부터 효력이 발생할 예정이나, 야당 의원들을 포함한 비평가들은 공산주의자들에 의해 추진된 이 법안이 비윤리적이고 위헌이라고 강력하게 비판하고 있는 상황이다.

06월 27일

· 대규모 퇴진시위에 몰린 체코 총리, 불신임투표 부결로 한숨돌려

(AP 06. 27; 연합뉴스 06. 28 재인용)

– 유럽연합 자금과 관련된 안드레이 바비스 총리의 의혹으로 인해 6월 27일 체코 하원에서는 바비스 정부에 대한 불신임투표를 추진했다. 투표 전 17시간의 열띤 토론을 벌인 후 하원의원들은 새벽 4시쯤에 투표를 시작했는데, 투표 결과는 정당 노선에 따라 나뉘었다. 바비스 총리가 대표직을 맡고 있는 여당 긍정당과 긍정당의 연립정부에 참여한 사회민주당은 불신임에 반대했고, 바비스 정부와 협력관계인 공산당 또한 반대표를 던졌다. 불신임투표를 통과시키기 위해서는 200석의 의석 중 과반인 101표 이상을 확보해야 했는데, 투표결과 찬성표는 85표에 그쳤고, 반대표가 85표, 기권이 30표가 나와 결국 바비스 정부의 불신임투표는 부결되었다. 한편 6월 23일에는 약 25만 명 이상의 체코 시민들이 바비스 총리의 사퇴를 요구하는 시위를 벌이기 위해 프라하의 바츨라프 광장에 집결했는데, 이는 1989년 공산정권을 무너뜨렸던 '벨벳 혁명(Sametová revoluce)' 이후 최대 규모의 시위였다.

25차(6월 말~7월 말)

이예리

폴란드에서는 2019년 하반기에 치러질 총선을 앞두고 여당의 지지를 약화시
키고 좌파와 중도파의 지지를 결집시키기 위해 야당인 시민연단과 봄당(Wiosna)
이 각각 연합을 결성할 계획을 발표했다(Reuters 2019. 07. 19).

헝가리에서는 헝가리 과학원(Magyar Tudományos Akadémia, MTA)이 운영하고 있
는 연구기관들에 대한 국가의 통제를 강화하는 법안이 7월 2일 통과되었다(Re-
uters 2019. 07. 02). 해당 법안은 200년의 역사를 가진 연구기관들의 네트워크를 삭
제하고 정부 구성원들이 임명한 인물이 위원장을 맡은 위원회가 연구기관을 운
영하게 된다는 것을 내용으로 하고 있으며, 앞으로 연구소들은 민간이 아닌 정
부가 별도로 관리하게 된다(Reuters 2019. 07. 02).

체코에서는 여당인 긍정당과 함께 연립내각에 참여하고 있는 사회민주당이
당에서 선호하는 인물인 미칼 스마르다(Michal Šmarda)를 문화부 장관으로 임명
할 것을 강력히 요구하면서, 이를 이행하지 않을 경우 연립내각 참여를 그만둘
수도 있다며 정부에 압력을 가하고 있다(Euronews 2019. 07. 16).

폴란드

07월 18일

• 폴란드 여당, 총선 가까워질수록 지지기반 넓히려 해   (Reuters 07. 18)
– 폴란드의 집권당인 법과정의당은 2019년 하반기에 치러질 총선에서 헌법 개정에
필요한 307석 이상을 확보하는 것을 목표로 하고 있다. 이에 기존 지지기반이었던
보수적인 농촌지역뿐만 아니라 교육수준이 더 높은 도시 유권자들의 지지까지 얻기
위해 저임금 문제의 해결과 투자의 활성화, 그리고 대기오염과 같은 환경문제에 초
점을 맞출 예정이다. 그러나 분석가들은 법과정의당이 2018년 지방선거 당시 수도
바르샤바를 포함한 도시들에서 기반을 잃었다는 점을 언급하며 어려운 과제에 직면
해 있다는 분석을 내놓았다. 한편 칸타르(Kantar)의 여론조사에 따르면 법과정의당은

42%의 지지를 얻어 27%의 지지를 받은 제1야당 시민연단을 크게 앞섰으나 헌법 개정에 필요한 의석을 확보하기 위해서는 더 많은 지지가 필요할 것으로 예상된다.

07월 19일
· 분열상태였던 야권, 총선을 앞두고 좌파와 중도파 연합으로 결집하다

(Reuters 07. 19)

– 총선을 앞두고 폴란드 야권이 여당 법과정의당의 지지를 약화시키고 좌파와 중도의 표를 결집시키기 위해 좌파와 중도파가 각각 두 개의 연합을 형성했다. 이러한 야권의 연대는 5월 유럽의회선거에서 법과정의당에게 패배한 직후 해체되어 폴란드 야당들이 정치적으로 분열되었던 바 있다. 그러나 7월 18일 시민연단의 대표 그레고즈 셰티나(Grzegorz Schetyna)는 기자들에게 총선에서 자유민주주의를 추구하는 정당들과 힘을 합칠 것이며, 이는 법과정의당에 맞설 수 있는 유일한 방법이라고 말했다. 또한 폴란드 최초의 성소수자 의원인 봄당의 대표 로베르트 비에드론(Robert Biedron)도 총선을 앞두고 별도의 연합을 결성할 계획을 발표했다. 현재 여론조사 결과 법과정의당의 지지가 가장 높은 가운데 야당 정치인들은 낙태와 동성애자 권리 같은 분열된 이슈에 대한 경쟁력을 얻기 위해 고군분투하고 있는 상태이다.

헝가리

07월 02일
· 과학계에 대한 국가의 통제 강화 법안을 통과시킨 헝가리 의회　　　(Reuters 07. 02)
– 6월 초 학문의 자유를 통제하려는 정부의 최근 행보에 반대하는 시위가 진행되었지만, 국회의원들은 이를 무시하면서 7월 2일에 헝가리 과학원이 운영하는 연구기관에 대한 국가의 통제를 강화하는 법안을 통과시켰다. 법안은 200년 된 연구기관들의 네트워크를 삭제하고 오르반 총리와 정부 구성원들이 임명한 위원장이 운영하는 위원회에 연구기관을 넘겨주는 내용을 담고 있다. 법안의 발의자인 라슬로 폴코빅스(Laszlo Palkovics) 혁신기술부 장관은 해당 법안이 헝가리의 장기적인 경쟁력을 지속하고 자원의 효율적인 사용을 위한 목적이라고 주장했다. 해당 법안의 통과로 앞으로

정부는 연구소를 별도로 관리하게 되며, 새로운 연구소를 추가하거나 기존 연구소를 폐쇄할 수도 있게 된다. 이에 유럽위원회(European Commission, EC)는 헝가리의 공공 연구 시스템을 감시할 것이라 밝히고 당국에 "과학적, 학문적 자유를 제한하는 어떠한 결정도 자제할 것"을 촉구했으며, 야권은 오르반이 점점 더 권위주의적인 일당 지배를 강화하려 한다고 비난했다.

08월 02일
• 유럽 반(反)부패기구, 부패 근절 위한 헝가리 정부의 조치 불만족스러워
(Hungary Today 08. 02)

— 8월 1일 유럽 지역의 반(反)부패 이행 및 점검 기구인 GRECO(Group of States Against Corruption)가 부패를 근절하기 위한 헝가리 정부의 노력이 부족하며, 전체적으로 18개의 권고사항 중 5개 권고사항만이 준수되었다는 내용을 담은 보고서를 발표했다. 해당 보고서는 특히 국회의원들의 자산 신고 의무가 더욱 엄격해져야 하며, 그들의 광범위한 면책특권이 검토되어야 한다고 주장하고 있다. 또한 헝가리 당국이 사법부의 독립을 보장하기 위해 더 많은 조치를 취할 것을 촉구하며, 정당 자금 사용에 있어 더 투명하게 운영할 것을 요구했다. 한편 GRECO의 보고서 발행은 조사 대상인 국가의 정부 승인이 있어야만 가능한 시스템으로, 헝가리 정부는 2017년, 2018년에 준비되었던 보고서의 발표를 차단했던 바 있다. 이에 국제투명성기구의 법률 책임자는 "헝가리 정부가 여전히 GRECO의 권고에 의미 있는 방식으로 대응하기를 거부하고 있으며, 이 보고서를 수년간 차단함으로써 부패에 대처하는 데 있어 수치스러울 정도로 취약한 실적을 은폐해왔다"고 비판하기도 했다.

체코

07월 16일
• 문화부 문제로 인해 연립내각 파트너로부터 위협받는 체코 정부 (Euronews 07. 16)
— 긍정당과 함께 연립내각을 구성하고 있는 사회민주당이 자신들이 선호하는 문화부 장관 후보의 임명을 요구함으로써 안드레이 바비스 총리가 이끄는 정부에 압박을

가하고 있다. 사회민주당은 5월부터 문화부 장관인 안토닌 스타넥(Antonin Stanek)을 해임할 것을 요구해 왔다. 스타넥이 지난 4월 프라하 국립 미술관과 올로무크 미술관의 수장들을 해고한 것이 정치적인 동기로 인한 것이었다는 비난을 받았기 때문이다. 사회민주당은 후임으로 미칼 스마르다가 문화부 장관 자리에 임명되기를 원하지만, 밀로스 제만 대통령은 장관 임명을 거부하면서 대치 상황을 조성하고 있는 중이다. 사회민주당은 7월 15일 당 지도부 회의에서 스마르다의 임명을 촉구하며, 긍정당이 다른 연립내각 파트너를 확보하지 않는 한 정부를 무너뜨릴 수도 있다고 위협하기도 했다. 체코 헌법에 따르면 대통령은 총리가 지시하면 장관을 해임할 의무가 있다. 그러나 이에 불구하고 제만 대통령은 지금까지 이를 거부해 왔다. 또한 그는 스타넥을 7월 말까지 해임하겠다고 밝혔으나 스마르다의 임명에 대해서는 확정짓지는 않았다.

07월 24일
- 체코 상원, 대통령이 8번에 걸쳐 헌법을 위반했다고 주장해   (AP 07. 25)
– 체코 상원이 헌법을 위반했다는 혐의를 주장하며 7월 24일 밀로스 제만 대통령을 기소하는 것에 대한 표결을 진행했으며, 야당이 장악하고 있는 상원에서는 찬성 48표, 반대 20표로 나타났다. 법원이 이 사건을 다루기 위해서는 하원에서도 60% 이상의 찬성표를 확보해야 하지만 하원의 다수는 제만 대통령의 측근인 바비스 총리가 이끄는 긍정당으로 구성되어 있어 표결이 상원의 의도대로 흘러가지 않을 확률이 높을 것으로 예상된다. 상원의원들은 대통령이 정부가 지목한 후보를 장관으로 임명하는 것을 반복적으로 거부한 것을 포함해 8건의 사건에 걸쳐 헌법을 위반했다고 주장하면서 이를 비난했다. 한편 현재 제만 대통령은 이러한 혐의를 전적으로 부인하고 있는 상황이다.

26차(7월 말~8월 말)

폴란드에서는 8월 19일 인터넷 뉴스인 오넷(onet.pl)에서 우카시 피비악(Łukasz Piebiak) 법무부 차관이 정부의 사법개혁에 반대하는 판사들에 대한 날조된 인신 공격성 정보를 퍼트려 판사들의 명예를 훼손시키는 데 직접 관여했다는 내용을 보도해 논란이 일고 있다(Emerging Europe 2019. 08. 20).

헝가리에서는 올해 초 의료개혁이 제안되었음에도 불구하고 보건 기금 인상의 기미는 보이지 않는 상황에서, 일디코 방고 보르벨리(Ildikó Bangó Borbély) 의원이 국가 의료 시스템의 자금 부족으로 매년 약 24,000명이 사망하고 있다고 비난하며 헝가리 정부에 과실치사 혐의를 제기했다(Hungary Today 2019. 08. 15).

체코에서는 연립내각에 참여하고 있는 사회민주당이 밀로스 제만 대통령이 문화부 장관 임명을 거부한 미칼 스마르다에 이어 루보미르 자오라렉(Lubomir Zaoralek)을 문화부 장관 후보로 추천했다(Reuters 2019. 08. 21). 스마르다의 임명이 거부되면서 사회민주당은 연정을 그만두겠다는 강경한 반응을 보이기도 했으나, 자오라렉의 임명에 대해서는 대통령이 동의하여 비로소 체코의 정치적 위기는 완화되었다(Reuters 2019. 08. 21).

폴란드

08월 07일

• 폴란드 총선, 10월 13일에 치러질 것   (Euronews 08. 07)

- 8월 6일 안드레이 두다 대통령이 10월 13일에 총선거를 실시할 것이라는 행정명령을 발표했다. 폴란드의 경우 4년마다 총선이 치러지며 선거일은 일요일, 국경일과 같은 휴일 중 대통령이 지정한다. 대부분의 여론조사기관들은 여당인 법과정의당이 사회복지정책과 경제성장 부분에서 성과를 보였기 때문에 이번 총선에서 또다시 승리할 것이라는 예상을 내놓았다. 또한 이바에르이에스가 지난주 실시한 여론조사에서 법과정의당은 41.7%의 지지를 얻었고, 야권의 연합인 Civic Coalition(Koalicja Oby-

watelska, KO)은 25%, 좌파 정당은 10.2%의 지지를 얻은 것으로 나타났다. 한편 2015
년부터 집권해온 법과정의당은 유럽연합과 사법부 개혁, 난민, 환경정책 등을 놓고
갈등을 빚어온 바 있어, 이번 총선에서 다시 승리할 경우 이러한 갈등이 심화될 수도
있을 것이라는 지적이 나오고 있는 상황이다.

08월 19일

• 반(反) 사법 스캔들에 휘말린 폴란드 법무부 차관　　　　(Emerging Europe 08. 20)

– 8월 19일 폴란드 뉴스 사이트인 오넷에서 우카시 피비악 법무부 차관이 정부의 사
법개혁에 반대하는 판사들에 대한 인신공격에 직접 관여했다고 보도했다. 오넷의 조
사결과에 따르면 피비악은 친(親)정부 운동가인 에밀리아와 함께 몇몇 판사에 대한
증오 캠페인을 진행했는데, 이 캠페인은 친정부 NGO와 트위터 계정을 통해 날조된
정보를 퍼트려 판사들의 명예를 훼손하려는 의도를 담고 있었다. 특히 사법부에 권
력을 행사하는 정부를 비판했던 폴란드 판사 협회의 대표 크리스티안 마르 키에비츠
(Krystian Markiewicz)에 대해서는, 그가 불륜을 저지르고 임신한 연인에게 낙태를 하라
고 압박을 가했다는 내용의 거짓 정보를 만들어 약 2500명의 기자들에게 메일로 전
송했다. 이 사건에 대해 바르샤바 대학교의 정치학자인 안나 마테스카 소스노스카
(Anna Materska-Sosnowska)는 법무부가 사법부에 가한 폭력이므로 그 어떤 사건보다
문제가 된다고 비난했다.

헝가리

08월 09일

• 성소수자 권리를 표현한 코카콜라 광고에 맞선 헝가리 보수당

(The New York Times 08. 09)

– 코카콜라가 헝가리 부다페스트에 8월 7일부터 일주일간 열리는 시게트 음악 축제
를 앞두고 버스정류장 등의 광고판에 동성애에 우호적인 이미지와 메시지를 표현한
광고를 게시했다. 그러나 이러한 광고는 LGBT(Les- bian·Gay·Bisexual·Transgender)에
우호적이지 않은 헝가리를 포함한 동유럽 국가들에서는 공공의 적 또는 위협으로 간

주되고 있다. 코카콜라 광고가 나온 직후, 한 친(親)정부 인터넷 뉴스 사이트는 "동성애자들의 로비가 부다페스트를 포위했고, 우리는 이것들을 피할 수 없게 되었다"라는 배너 헤드라인을 게재했다. 한편 집권당인 피데스의 이슈드반 볼도그 부대변인은 페이스북(Facebook)을 통해 코카콜라가 헝가리에서 도발적인 포스터를 철거할 때까지 대중들은 불매운동을 할 것을 촉구했다. 또한 다른 우파 정치인들은 헝가리의 전통적인 문화들이 반(反)종교적인 서방의 타락하고 위험한 수입품들로 인해 훼손되고 있다며 불만을 표출하기도 했다.

08월 15일

• 야당 의원, 매년 약 24,000명 사망하게 하는 국가 의료 시스템 미비 지적하며 정부에 과실치사 혐의 제기해 (Hungary Today 08. 15)

– 헝가리사회당 소속 일디코 방고 보르벨리 의원이 국가 의료 시스템의 자금 부족으로 매년 약 24,000명이 사망하고 있다고 비난하며 부장검사를 만나 헝가리 정부의 혐의를 제기했다. 앞서 미클로스 카슬러(Mikl earlys Kásler) 인사부 장관은 올해 초 정부에 1500억 포린트(한화 약 6,195억 원)가 추가로 필요한 의료개혁안을 제안했다. 그러나 개혁안이 제출된 지 반년이 지났음에도 불구하고, 아직도 국가 보건 기금의 대폭 인상이나 의료 개혁의 기미는 보이지 않고 있다. 이에 보르벨리는 의료 부문의 자금 부족이 수천 명의 사망을 초래했으며, 충분한 자금을 제공하지 않고 이러한 죽음이 일어나지 않기만을 바라는 것은 부주의로 인한 과실치사라고 주장했다. 한편 이에 대해 부장검사는 부다페스트 경찰에게 관련 서류를 보내고 추가 조사에 나섰다.

체코

08월 13일

• 사이버 공격 받은 체코 외무부, 배후에는 해외 세력 있어 (데니크 N 08. 13; Reuters 08. 13 재인용)

– 8월 13일 상원의 안보위원회가 한 외국 국가가 체코 외무부를 겨냥한 사이버 공격이 감행했다고 밝혔다. 그러나 이 사건에 관련된 국가의 정체나 자세한 내용을 제공

하지는 않았다. 체코 일간지 데니크 N(Pracovní název Nový deník, Deník N)은 외무부에 대한 사이버 공격이 있었지만 기밀 자료의 훼손은 없었다고 보도했다. 또한 세 가지 자료를 인용하면서 이번 공격은 러시아의 소행이라고 전했다. 이에 상원의 외교국방 안보위원회(Committee on Foreign Affairs, Defence and Security)는 체코 국립사이버정보 보안국(National Cyber and Information Security Agency, NUKIB)의 자료를 언급하면서 정부가 사이버 보안을 심각하게 받아들이고 강화할 것을 촉구했다. 한편 2018년 12월 체코의 대(對)첩보부(Counter-Intelligence Service, BIS)는 연례 보고서에서 2017년에 있었던 외교부를 겨냥한 사이버 공격의 배후가 러시아 정보국이라고 밝힌 바 있다.

08월 21일
- 체코 대통령 새 문화부 장관 후보에 한발 양보, 정부 위기 해소하다 (Reuters 08. 21)
– 8월 21일 밀로스 제만 대통령이 새로운 문화부 장관 후보를 승인함에 따라 체코 정부의 정치적 위기가 완화되었다. 지난 7월 집권당인 긍정당과 함께 연립내각에 참여하고 있는 사회민주당은 문화부 장관 후보로 미칼 스마르다를 추천했으나, 제만 대통령이 스마르다가 문화적 영역에서 자질이 부족하다고 주장하며 그의 임명을 거부했다. 2017년 총선에서 제만 대통령은 안드레이 바비스 총리를 지지하는 입장이었고, 바비스 총리는 의회에서 과반수를 차지하기 위해 제만 대통령 지지자들의 도움을 받았던 바 있다. 결국, 바비스 총리는 장관 지명 문제를 두고 대통령과 맞서는 것을 거부했다. 이에 사회민주당은 문화부 장관 문제를 해결하지 않는다면 연정을 그만둘 수도 있다는 강경한 반응을 보였고 체코 정부는 와해될 위기에 처했다. 그러나 8월 21일 사회민주당이 문화부 장관 후보로 새로 추천한 루보미르 자오라렉에 대해서는 대통령이 동의했으며, 제만 대통령 측은 공식 임명 날짜를 정하기 전에 자오라렉을 만날 것이라고 전했다.

제2장
동유럽의 쟁점

폴란드 야당의 역할과 창당 움직임

김소정

현재 폴란드 정치권의 이슈는 집권당의 사법부 구성권을 갖는 것을 골자로 하는 법안 추진이다. 법안의 내용을 보면 의회가 판사 임용권을 갖고 있는 국가법원평의회 위원들을 사퇴시키고 새로운 위원을 임명할 수 있도록 하는 것이 핵심이다(Financial Times 2017. 07. 17; 연합뉴스 2017. 07. 17 재인용). 의회에서 여당인 법과정의당이 의석의 과반을 차지하고 있는 상황에서 법안이 통과된다면 향후 사실상 정부가 판사 임용에 관한 결정적 권한을 갖게 된다고 현지 언론들은 평가하고 있다(Süddeutsche Zeitung 2017. 06. 21; 연합뉴스 2017. 06. 21 재인용). 이러한 법안 추진에 대해 여당은 법원 시스템을 보다 공정하고 효율적으로 바꾼다는 것을 명분으로 들고 있으나, 이에 대한 야당과 시민들의 시각은 다르다(Financial Times 2017. 07. 17; 연합뉴스 2017. 07. 17 재인용). 야당 지도부는 여당의 법안 추진을 '쿠데타 선언'으로 규정하고 있으며, 시민들 또한 법안의 내용에 반발하며 대규모 시위를 이어가고 있다(Financial Times 2017. 07. 17; 연합뉴스 2017. 07. 17 재인용). 2015년 총선에서 과반의석을 차지하며 집권을 시작한 법과정의당은 헌법재판소의 기능을 무력화하고 방송매체들을 정부의 선전도구화하는 시도를 하는 등 지속적인 권위주의적 행보를 이어가고 있다(Financial Times 2017. 07. 17; 연합뉴스 2017. 07. 17 재인용). 이러한 정부의 행보에 대해 법과정의당 소속인 안드레이 두다 대통령이 제동을 걸 정도로 현재 폴란드 민주주의의 수준은 심각하다고 볼 수 있다. 하지만 이러한 상황에서 야당은 정부를 견제할만한 뚜렷한 활동을 하고 있지 못하다. 물론 하원 460석의 의석 중 과반(234석)을 법과정의당이 차지하고 있고 야당을 비롯해 무소속 의원까지 합하여도 법과정의당의 의석에 미치지 못하는 상황에서 야당의 목소리는 작아질 수밖에 없다.

이에 도널드 투스크 유럽연합 정상회의 상임의장은 시민연단을 비롯한 야당이 역할을 제대로 수행하지 못한다며 창당의 가능성을 내비쳤다(Rzeczpospolita 2017. 07. 11; Warsaw Voice 2017. 07. 11 재인용). 창당 소식에 대해 여러 야당들은 투스크가 대통령선거에 출마하는 것은 납득 가능하나, 새로운 정당을 구성하는 방향에 대해서는 회의적이라는 입장을 밝혔다(Warsaw Voice 2017. 07. 12). 물론 창당이 위기 상황을 타개하기 위한 완벽한 해결책은 아니다. 하지만 야당들이 제 기능을 하고 있지 못한 상황에서 투스크의 이러한 움직임은 폴란드 정치권을 환기할 수 있는 기회가 될 수 있다. 야당들은 신생 정당을 견제할 것이 아니라 여당을 견제하는 본연의 기능에 충실해야 할 것이다.

참고문헌

고형규. 2017. "폴란드 정부 입맛대로 판사 임용 길 터… 사법권 흔들." 『연합뉴스』(06월 21일).
이광빈. 2017. "폴란드 대정부시위 가열.. '집권당 사법부 장악'에 반발." 『연합뉴스』(07월 17일).
Warsaw Voice. 2017. "Tusk to form a new party?"(July 11).
＿＿＿＿＿. 2017. "No chances for Tusk"(July 12).

폴란드 정부의 정책과 인종차별주의

김소정

독일 국영방송인 도이체벨레의 보도에 따르면 최근 폴란드에서 인종차별주의에 의해 발생한 범죄 건수가 2010년에 비해 6배나 증가했다고 한다(Deutsche Welle 2017. 08. 02; 중앙일보 2017. 08. 03 재인용). 2016년을 기준으로 하였을 때 인종차별주의에서 비롯된 범죄 건수는 700여 건 이상인 것으로 나타났는데 이러한 추이는 현 법과정의당 정부의 정책에 기인한 것으로 평가된다(Deutsche Welle 2017. 08. 02; 중앙일보 2017. 08. 03 재인용).

법과정의당 정부는 총선 이전부터 반(反)이민 기조를 뚜렷하게 내세운 바 있다. 대표적인 예로, 지난 6월 베아타 슈드워 총리는 아우슈비츠 강제수용소에 방문하여 집권 여당의 반 이민정책을 옹호하는 취지의 발언을 하여 논란이 되었다(AFP 2017. 06. 14; 뉴스1 2017. 06. 15 재인용). 이처럼 법과정의당 정권은 출범 이전부터 유럽연합의 전반적인 난민 정책 기조에 반발하며, 각 회원국의 주권 강화를 주장한 바 있다(Deutsche Welle 2017. 02. 07; 연합뉴스 2017. 02. 07 재인용).

그럼에도 불구하고 법과정의당에 대한 유권자의 지지는 일정한 수준 이상을 유지하고 있는 상황이다. 정부 정책에 올바른 길이 존재한다는 가치 판단은 어렵겠지만, 반 인류적이라고 할 수 있는 인종차별주의적 범죄가 빈번히 일어난다는 사실은 국제 사회에서 폴란드 정부에 대한 평가를 결정하는 데 있어 주요한 요인이 될 것이다. 폴란드 정치권은 이 같은 사실을 인지하고 향후 정책을 설정하는 데 있어 신중해야 할 것으로 생각된다.

참고문헌

연합뉴스. 2017. "폴란드 최고실권자 'EU 리스본조약, 난민정책 최대 오류'"(02월 07일).

이현미. 2017. "폴란드, 제노포비아 범죄 2010년 이후 6배 증가." 『중앙일보』(08월 03일).

정이나. 2017. "폴란드 총리, 아우슈비츠서 반이민 옹호 '뭇매'." 『뉴스1』(06월 15일).

유권자의 지지와 면책특권 박탈

김소정

체코 하원은 안드레이 바비스 긍정당 대표와 그의 대리인인 야로슬라프 팔티넥(Jaroslav Faltynek)의 면책특권을 박탈하는 결정을 내렸다(AP 2017. 09. 07; 뉴시스 2017. 09. 07 재인용). 이 같은 결정의 배경에는 바비스 대표가 유럽연합의 기금을 자신이 소유한 기업의 계열사 운영에 이용했다는 의혹이 존재한다(Bloomberg 2017. 09. 07). 한편 바비스 대표는 이 같은 혐의가 정치적 이유에서 비롯된 허위이며 본인은 어떠한 잘못도 저지르지 않았다고 반박했다(AP 2017. 09. 07; 뉴시스 2017. 09. 07 재인용).

그가 이끄는 긍정당은 지난 2013년 총선에서 신생정당임에도 불구하고 18.6%를 득표해 제2당이 되었다(서울신문 2013. 10. 28). 바비스 대표는 당시 부패 정치에 반대하며 의원의 면책특권을 폐지하겠다는 공약을 펼쳤으며 이러한 공약은 유권자들을 사로잡았다(연합뉴스 2013. 10. 27). 긍정당은 제2당이 된 이후로 유권자들의 꾸준한 지지를 받았으며 현재도 34%에 이르는 지지를 받고 있어 오는 10월 치러질 총선에서 제1당이 될 것으로 예측되고 있다(Bloomberg 2017. 09. 07). 긍정당에 대한 유권자의 상당한 지지가 존재하는 상황에서 바비스 대표에 대한 조사는 면밀히 이루어져 혐의의 유무를 명확히 밝혀야 할 것이다.

참고문헌

연합뉴스. 2013. "체코 정국 돌풍 일으킨 신생정당 '긍정당'"(10월 27일).
유세진. 2017. "체코 하원, 유력 총리 후보 사기 혐의 관련 면책특권 박탈."『뉴시스』(9월 7일).
최훈진. 2013. "체코 '긍정당' 창당 2년 만에 제2정당."『서울신문』(10월 28일).
Ladka Mortkowitz Bauerova and Krystof Chamonikolas. 2017. "Czech Billionaire Leader Faces Criminal Probe Before Ballot." *Bloomberg*(September 7).

체코의 총선 결과와 전망

김소정

체코에서는 지난 10월 20일부터 21일까지 이틀에 걸쳐 총선이 치러졌다. 의석수로 보았을 때 총선 결과 기존 제2당이었던 긍정당이 승리하였으며 시민민주당, 해적당, 자유와 직접 민주주의가 긍정당의 뒤를 이었다(Radio Praha 2017. 10. 21). 총선에서 승리한 긍정당은 중도우파 실용주의를 표방하는 정당으로서 지난 2014년 총선에서 부패척결을 주장하며 등장해 제2당이 되었으며, 이번 총선을 통해 제1당으로 부상하였다(AP 2017. 10. 21; 세계일보 2017. 10. 22 재인용).

긍정당은 200석의 의석 중 78석을 확보해 총선에서 압승하여 안드레이 바비스 대표가 총리에 오를 것으로 예상되지만, 의석수가 과반에 미치지 못하였기 때문에 연정이 불가피할 것으로 전망된다(AP 2017. 10. 21; 세계일보 2017. 10. 22 재인용). 그러나 긍정당대표의 사기 혐의를 원인으로 하여 대다수의 정당들이 긍정당과의 연정 협상에 대해 부정적인 시각을 가진 상황이기에 향후 체코 정치권은 연정 과정에서 진통을 겪을 것으로 예상된다(연합뉴스 2017. 10. 20). 여당이 된 긍정당은 안정적인 정국 운영을 위해 야당들 각각의 입장에 귀 기울이는 방향으로 연정 구성에 임해야 할 것으로 생각된다.

참고문헌

남혜정. 2017. "체코도 우향우… '트럼프 닮은 꼴' 바비스 총리 예약." 『세계일보』(10월 22일).

이광빈. 2017. "체코 총선 투표… '억만장자 대표' 포퓰리즘 정당 승리할 듯." 『연합뉴스』(10월 20일).

Ian Willoughby. 2017. "Babiš's ANO score resounding success in Czech general elections." *Radio Praha*(October 21).

폴란드의 대규모 극우 시위와 정치권의 역할

지난 11월 11일 독립기념일을 맞은 폴란드에서는 현지 경찰 추산 약 6만 명이 참여한 대규모 극우 집회가 열렸다(AP 2017. 11. 11; 연합뉴스 2017. 11. 12 재인용). 이날 집회에서 시위 참가자들은 "유럽은 백인의 것", "조국의 적들에겐 죽음을"이라는 과격한 구호를 외치며 극우 민족주의적 성향을 나타냈다(가디언 2017. 11. 11; 중앙일보 2017. 11. 13 재인용). 하지만 이러한 전례 없는 대규모 극우 집회가 열렸음에도 불구하고 마리우스 블라지자크(Mariusz Błaszczak) 내무장관을 비롯한 정치권 인사들은 "아름다운 광경"이라는 등 시위대를 옹호하는 발언을 하였다(가디언 2017. 11. 11; 중앙일보 2017. 11. 13 재인용). 2015년 현 법과정의당 정부가 집권한 이래로 폴란드에서는 민족주의적 색채가 강화되고 있는 상황이며, 이를 배경으로 극우파가 주최하는 행진이 독립기념일의 최대 행사로 자리 잡았다(AP 2017. 11. 11; 뉴시스 2017. 11. 12 재인용). 극단적인 이념적 색채를 보인다고 해서 시민들의 자유로운 의사 표현을 비난해서는 안 될 것이다. 그러나 이념적으로 다원화된 사회를 위해서는 정치권의 적절한 중재가 필요할 것으로 보인다. 정부는 극단적인 표현들을 옹호하기보다는 보다 성숙한 민주주의를 위한 방향이 무엇인지 고려해야 할 것이다.

참고문헌

노재현. 2017. "독립기념일에 좌우로 나뉜 폴란드…극우주의자 6만 명 행진." 『연합뉴스』(11월 12일).
차미례. 2017. "폴란드 독립기념일 맞아 극우단체 6만 명 거리행진." 『뉴시스』(11월 12일).
홍주희. 2017. "유럽은 백인의 것 폴란드 독립기념일에 6만 명 극우 시위." 『중앙일보』(11월 13일).

신임 총리 지명과 향후 폴란드 민주주의의 전망

김소정

지난 12월 8일, 폴란드에서는 총리에 대한 불신임투표가 실시되었으나(Warsaw Voice 2017. 12. 08), 투표 결과 재석의원 424명 중 찬성 239명, 반대 168명(기권 17명)으로 불신임안은 기각되었다(Warsaw Voice 2017. 12. 08). 불신임안이 기각되었음에도 불구하고 집권 법과정의당은 마테우시 모라비에츠키 재무장관을 새로운 총리로 지명하였는데(Warsaw Voice 2017. 12. 08), 그 원인은 최근 폴란드 정부가 비민주적인 행보로 인해 유럽연합의 경고를 받은 바 있어 유럽연합과의 마찰을 해소하기 위한 것으로 해석된다(가디언 2017. 12. 07; 뉴시스 2017. 12. 08 재인용). 하지만 모라비에츠키 총리가 임기를 시작한 이후 유럽연합 집행위원회는 사상 처음으로 유럽연합에서의 폴란드의 의결권을 중단하는 징계절차에 착수했다(AFP 2017. 12. 20; 뉴스1 2017. 12. 20 재인용). 이는 유럽연합 회원국에 대한 제재를 규정하고 있는 리스본 조약 7조가 최초로 발동된 것으로 국제 사회에서 폴란드의 위기를 뜻하는 것이다(AFP 2017. 12. 20; 뉴스1 2017. 12. 20 재인용). 신임 총리는 국내적으로는 집권당의 비민주주의적 행보를 돌아보고 이를 바탕으로 국제 사회에서 폴란드에 대한 신뢰를 회복하기 위해 노력해야 할 것으로 생각된다.

참고문헌

김혜지. 2017. "EU, 폴란드 상대로 '사상 최초' 회원국 징계절차 착수." 『뉴스1』(12월 20일).

조인우. 2017. "폴란드 재무장관, 신임 총리로 지명…변화 이끌까." 『뉴시스』(12월 08일).

Warsaw Voice. 2017. "No confidence motion rejected"(December 8).

_____. 2017. "Morawiecki the new Prime Minister"(December 8).

체코 내각 총사퇴와 향후 정국 운영

　체코에서는 1월 16일, 재석의원 195명 중 117명이 내각을 신임하지 않는다고 표결해 내각에 대한 신임투표가 부결되면서 안드레이 바비스 내각이 총사퇴하게 되었다(AFP 2018. 01. 16). 신임투표가 진행된 배경에는 바비스 총리가 소유했던 기업이 유럽연합의 보조금을 편취한 혐의로 수사를 받고 있어 기소될 수 있다는 야권의 우려가 존재했다(Bloomberg·AFP 2018. 01. 16; 연합뉴스 2018. 01. 17 재인용). 결과적으로 바비스 총리가 이끄는 긍정당 내각은 취임한 지 한 달 만에 총사퇴하였으며 내각이 재구성될 때까지만 임시적으로 국정을 운영할 전망이다(Bloomberg 2018. 01. 17). 한편 1월 27일에는 대통령 결선투표가 치러졌으며 그 결과 현 제만 대통령의 연임이 결정되었다(Prague Monitor 2018. 01. 27). 제만 대통령은 바비스 총리와 유사한 정책적 입장을 보이고 있어 바비스 총리가 사퇴한다고 하더라도 그를 다시 총리로 지명하겠다는 뜻을 밝힌 바 있다(AP 2018. 01. 27; 서울신문 2018. 01. 28 재인용). 제만 대통령의 연임이 결정된 상황에서 바비스 총리는 다시 정국을 운영할 수 있는 기회를 잡을 것으로 추측된다. 그 과정에서 바비스 총리는 야권 및 국민의 신뢰를 회복하고 안정적인 내각 구성을 위해 힘써야 할 것이다.

참고문헌

강신. 2018. "친러 제만 체코 대통령 결선투표서 연임 성공." 『서울신문』(01월 28일).
박인영. 2018. "체코 내각, 신임투표 부결로 한달만에 총사퇴 위기." 『연합뉴스』(01월 17일).
AFP. 2018. "Tycoon-led Czech cabinet loses confidence vote"(January 16).
Bloomberg. 2018. "Czech Cabinet Quits as Tycoon Premier Heads for More Talks"(January 17).
Prague Monitor. 2018. "Miloš Zeman: the return of an 'active' president and political player"(January 27).

제1부.. 동유럽의 동향 및 쟁점　**135**

폴란드 민족주의 강화와 홀로코스트 연관부정법 통과 논란

김소정

최근 폴란드에서는 이른바 '홀로코스트 연관부정법'을 둘러싼 논란이 가속화되고 있다. 법의 핵심내용은 홀로코스트와 폴란드의 연관성을 부정하는 것으로, 아우슈비츠 등의 강제수용소 앞에 '폴란드의'라는 표현이 들어갈 경우 국적에 상관없이 벌금 혹은 최대 징역 3년에 처하도록 하는 것이다(AFP 2018. 02. 07; 연합뉴스 2018. 02. 07 재인용). 해당 법안은 1월 말 하원에서 가결된 것에 이어 여당인 법과정의당의 주도하에 2월 초 상원에서 찬성 57표, 반대 23표로 통과되었다(Politico 2018. 02. 21; 뉴시스 2018. 02. 21 재인용).

여당의 이와 같은 행보는 핵심 지지층인 우파 유권자들의 구미를 맞추기 위한 것으로 해석된다(AFP 2018. 02. 07; 연합뉴스 2018. 02. 07 재인용). 해당 법안에 대해 이스라엘 총리가 "폴란드의 홀로코스트 부인을 용납할 수 없다"며 "과거의 역사를 왜곡하는 일을 결코 방치하지 않을 것"이라고 비난하는 등 국제적 반발이 거세지고 있는 상황이다(AFP 2018. 02. 19; 뉴시스 2018. 02. 19 재인용). 하지만 국내적으로는 이러한 논란에도 불구하고 여론조사 결과 대통령과 총리에 대한 지지율이 상승하는 모습이 나타났다(Politico 2018. 02. 21; 뉴시스 2018. 02. 21 재인용). 폴란드 유권자들은 여당의 이러한 행보에 주의를 기울여야 할 것으로 생각된다.

참고문헌

권성근. 2018. "네타냐후, 폴란드 총리에 '홀로코스트 부정' 항의." 『뉴시스』(02월 19일).
_____. 2018. "폴란드 대통령·총리, '홀로코스트 법' 논란에도 지지율 상승." 『뉴시스』(02월 21일).
이광빈. 2018. "민족주의 득세 폴란드, '홀로코스트 연관부정법' 발효 눈앞에." 『연합뉴스』(02월 07일).

체코의 내각 구성 협상 과정과 전망

김소정

체코 정치권은 긍정당을 중심으로 한 내각 구성을 둘러싸고 진통을 겪고 있다. 2017년 9월 실시된 총선 결과 200석의 의석 중 78석을 차지한 긍정당은 제1당이 되었으나 과반 의석을 획득하지 못해 소수정부를 구성했다(연합뉴스 2017. 11. 01). 하지만 바비스 총리의 부패 혐의를 원인으로 실시된 신임투표가 부결되며(AFP 2018. 01. 16), 긍정당 내각은 총사퇴했고 관련법에 따라 내각 재구성 완료 시점까지 임시적으로 국정을 운영하기로 하였다(Bloomberg 2018. 01. 17).

긍정당 내각이 불신임 받은 지 약 2개월이 지난 현재에도 내각 구성에 대한 논의는 여전히 진행되고 있다. 3월 중순, 총리는 연정을 구성하기 위해 사회민주당, 공산당과 논의 중임을 밝히며 4월 10일까지는 협상을 완료할 것이라고 약속했다(Reuters 2018. 03. 16). 그러나 당대표의 사임을 시작으로 사회민주당은 연정을 두고 내홍을 겪고 있어 협상은 쉽지 않을 것으로 예측된다(Radio Praha 2018. 03. 23). 이와 더불어 사회민주당이 연정 구성 조건으로 다섯 명의 장관을 임명할 수 있는 권한을 요구해 협상은 더욱 난항을 겪을 예정이다(Radio Praha 2018. 03. 17). 체코 정치권은 효율적인 논의를 통해 신속히 내각을 구성해 국정 공백을 최소화해야 할 것으로 생각된다.

참고문헌

이광빈. 2017. "체코 총선 승리 바비스, 연정 구성 어렵자 소수정부로 선회." 『연합뉴스』(11월 01일).
AFP. 2018. "Tycoon-led Czech cabinet loses confidence vote"(January 16).
Bloomberg. 2018. "Czech Cabinet Quits as Tycoon Premier Heads for More Talks"(January 17).
Radio Praha. 2018. "Social democrats target five ministries in ANO coalition"(March 17).
_____. 2018. "Former Czech PM steps down from parliament and top politics"(March 23).

Reuters. 2018. "Czech PM will talk exclusively to social democrats on new government"(March 16).

|||||||||||||||||||||||||||||||||||||||||||||||||||||||||||||||||||||||||||||||||||||||||||||||||||||||||||||||

헝가리 총선 결과, 오르반 총리의 연임과 과제

김소정

헝가리에서는 지난 4월 8일 총선이 치러졌다. 선거 결과 여당인 청년민주동맹과 위성정당인 기독민주국민당이 199석 중 133석을 차지해 승리하면서 빅토르 오르반 총리는 3연임에 성공했다(연합뉴스 2018. 04. 15). 여당은 개헌이 가능한 의석의 3분의 2를 확보하면서 압도적 승리를 거둔 반면 야당인 요빅은 26석, 사회당은 20석을 차지하는데 그쳤다(AP 2018. 04. 09; 한겨레 2018. 04. 09 재인용).

오르반 총리는 총선 이전부터 극우적인 기조를 유지해왔기 때문에 이번 총선을 기점으로 본격적인 반 난민 정책 등을 내세우는 등 정부의 극우적 성향은 더욱 강경해질 것으로 전망된다(AP 2018. 04. 09; 문화일보 2018. 04. 09 재인용). 하지만 여당에 대해 비판적인 시각을 가진 국민들의 반발은 거센 상황이다. 총선 이후 시민들은 오르반 총리의 비민주주의적 행보를 비판하며 총선 재실시를 요구하는 대규모 시위를 개최하였다(AP 2018. 04. 14; 연합뉴스 2018. 04. 15 재인용). 이러한 상황에서 친정부적 성향의 매체에서 총리의 정적과 관계가 있는 인사 200여 명의 명단을 공개하면서 총리를 둘러싼 논란이 확산되고 있다(AP 2018. 04. 13; 연합뉴스 2018. 04. 13 재인용). 오르반 총리는 새로운 임기를 시작하기에 앞서 시민들과 보다 폭넓게 소통하면서 비판을 수용하고 이를 해결해나가야 할 것으로 생각된다.

참고문헌

권영석. 2018. "헝가리 국민 10만명 대규모 반정부 시위…총선 재실시 요구." 『연합뉴스』(04월 15일).
박세희. 2018. "'反난민' 헝가리 여당, 총선 압승… 오르반 총리 4選." 『문화일보』(04월

09일).

이광철. 2018. "헝가리 총선 결과 확정…여당 개헌 의석 확보." 『연합뉴스』(04월 15일).

_____. 2018. "학계·NGO·언론 겨냥 '블랙리스트' 등장 헝가리 논란." 『연합뉴스』 (04월 13일).

전정윤. 2018. ""난민은 독" 헝가리 총리 4선 성공…여당 개헌 의석 확보." 『한겨레』 (04월 09일).

체코 사회민주당의 연정 협상과 당내민주주의

김소정

체코 정치권에서는 연립정부 구성을 위한 논의가 진행 중이다. 긍정당은 17년 10월 총선 이후 소수정부를 구성하였으나, 바비스 총리의 유럽연합 보조금 유용 혐의로 인해 신임투표가 부결되어 정부를 재구성해야 하는 상황에 처했다 (AFP 2018. 01. 16). 이에 긍정당은 사회민주당과 연정 논의를 지속해왔으나, 사민당 내 연정 반대 세력이 존재해 협상은 난항을 겪었다(연합뉴스 2018. 04. 07). 지속적인 협상 끝에 긍정당과 사민당 지도부는 만약 경찰조사 끝에 총리의 유죄가 확정될 경우 현 정부 구성원이 총사퇴한다는 조건에 합의했다(Radio Praha 2018. 05. 08). 하지만 당 지도부 간 합의가 이루어진 이후에도 사민당 내 반대 목소리는 유지되었고, 그 결과 연정 여부를 정하는 당내 투표 실시가 결정되었다(Radio Praha 2018. 05. 12). 해당 투표는 5월 21일부터 6월 14일까지 진행되며, 당원의 4분의 1 이상이 참여해야 유효한 것으로 인정된다(Radio Praha 2018. 05. 12). 이와 같은 투표 실시는 정당의 결정에 보다 많은 정당 구성원들이 참여할 수 있도록 하는 당내 민주주의를 위한 하나의 사례로 볼 수 있다(강원택 2003). 투표 과정에서 사민당원들은 적극적 참여를 바탕으로 진정한 의미의 당내 민주주의 실현을 위해 노력해야 할 것이라 생각된다.

강원택. 2003. "영국의 정당 민주주의: 형성과 변화." 『사회과학연구』11권, 7~37.
이광빈. 2018. "체코, 연정협상 실패로 다수정부 구성 지연…조기총선 가능성도."
　　『연합뉴스』(04월 07일).
AFP. 2018. "Tycoon-led Czech cabinet loses confidence vote"(January 16).
Radio Praha. 2018. "ANO and Social Democrats reach agreement on coalition
　　text"(May 08).
_____. 2018. "Social Democrats poll on coalition with ANO to run till
　　mid-June"(May 12).

스톱 소로스 법을 둘러싼 여야의 공방

김소정

　　현재 헝가리에서는 반이민법 패키지인 '스톱 소로스 법'을 둘러싼 여야의 공방
이 치열하다(AP 2018. 06. 20; 경향신문 2018. 06. 21 재인용). 6월 20일 하원에서 통과된
스톱 소로스 법은 이민자 지원활동에 대한 정의를 명확히 규정하지 않아 이민
자들을 대상으로 한 비정부기구들의 법률 지원 서비스가 위축되는 등의 부작용
을 야기할 수 있다는 비판을 받고 있다(AP 2018. 06. 20; 경향신문 2018. 06. 21 재인용). 이
에 자유당은 통과된 법으로부터 시민단체를 보호하기 위한 위원회 설립을 제안
하였으며(Dailynews Hungary 2018. 06. 18), 상대적으로 친정부적 성향을 보였던 대
안정당 또한 법안이 헝가리의 안보를 강화하는 데 도움이 되지 않으며 부작용
을 낳을 수 있기 때문에 수용할 수 없다는 입장을 밝혔다(Dailynews Hungary 2018.
06. 01). 이러한 반발에 대해 여당인 청년민주동맹은 야당들이 헝가리 국민보다
다른 것들을 우선시한다며 법안에 문제가 없다는 입장을 분명히 했다(Dailynews
Hungary 2018. 06. 18). 야권의 반발이 지속되고 있는 상황에서 헝가리 정부는 논란
이 되는 법안의 내용을 명확히 해야 할 것으로 생각된다.

참고문헌

박효재. 2018. "헝가리, 불법이민엔 '철벽' NGO 비판엔 '재갈'." 『경향신문』(06월 21일).
Dailynews Hungary. 2018. "LMP calls 'Stop Soros' draft unacceptable"(June 01).
_____. "Liberal propose opposition shadow committee to shield
　　NGOs"(June 18).

폴란드 사법개혁을 둘러싼 행정부와 사법부의 충돌

김소정

　폴란드에서는 7월 3일, 사법부 개혁법이 발효되면서 행정부와 사법부가 정면
충돌하는 양상이 빚어지고 있다(연합뉴스 2018. 07. 04). 해당 법은 사법부의 개혁을
목표로 하며, 판사 선발권을 가진 국가사법위원회의 구성권을 의회에 부여하고
대법관의 은퇴 연령을 70세에서 65세로 낮추는 내용을 담고 있다(경향신문 2018.
07. 04). 한편 올해 65세로 퇴임 연령을 넘어선 말고르자타 게르즈도르프 대법원
장은 개혁법이 발효된 이후에도 2020년까지 임기를 마치겠다며 출근을 강행하
였다(AP 2018. 07. 04; 연합뉴스 2018. 07. 05).

　개혁법에 따르면 대법관의 임기 연장 요청을 수락, 거부할 수 있는 권한을 대
통령이 가지기 때문에 집권당이 사법부를 조정할 수 있다는 비난이 제기되고 있
다(경향신문 2018. 07. 04). 이에 시민들은 발효된 법에 불복한 대법원장 등 법관들을
지지, 정부를 비판하는 시위를 개최했다(AP 2018. 07. 04; 연합뉴스 2018. 07. 05 재인용).
또한 유럽연합 집행위원회(European Commission, EC)는 폴란드를 유럽사법재판소
에 제소할 것이라고 밝혔다(AFP 2018. 07. 25; 뉴시스 2018. 07. 25 재인용). 국내외적 비
판이 고조되고 있는 상황에서 폴란드 정부는 삼권분립의 원칙에 대해 재고해야
할 시기라고 생각된다.

이광빈. 2018. "폴란드 대통령 "대법원장 내일 퇴임" vs 대법원장 "출근할 것"." 『연합
　뉴스』(07월 04일).
_____. 2018. "폴란드 '사법부 독립훼손' 사법개혁법 발효 속 시민 항의시위." 『연합
　뉴스』(07월 05일).
조인우. 2018. "'사법독립 침해' 폴란드 사법개혁안, 상원 통과…국내외 반발↑." 『뉴
　시스』(07월 25일).
최민지. 2018. "폴란드 사법개혁 첫 날…대법원장 "안 나간다" 충돌." 『경향신문』(07월
　04일).

헝가리 정부의 지속되는 언론의 자유 침해와
야당의 역할 부재

홍예림

　가디언은 빅토르 오르반 총리가 헝가리 내 언론의 자유를 보장하지 못하고 있
다고 지적했다(가디언 2018. 08. 12; Dailynews Hungary 2018. 08. 16 재인용). 헝가리 내 언
론의 편향에 대한 우려는 지난 4월 9일 유럽 안보 협력 기구(Organization for Secu-
rity and Co-operation in Europe, OSCE) 선거 감시단에 의해 제기된 이후 지속적으로
제기되는 상황이다(가디언 2018. 08. 12; Dailynews Hungary 2018. 08. 16 재인용).

　현재까지 3개의 언론사가 문을 닫았으며, 해당 언론사들은 라조 스미스카(La-
jos Simicska)가 운영하던 미디어 제국(media empire)의 소속 언론사들이었다. 이에
따라 오르반 총리와 라조 스미스카가 논쟁을 벌인 것에 대한 여파로 총리가 언
론을 탄압하고 있는 것 아니냐는 목소리가 나오고 있다(가디언 2018. 08. 12).

　한편 이에 대해 요빅을 비롯한 야당은 총리의 언론 탄압을 비판하기 보다는
라조 스미스카를 다음 선거에서 총리에 대적하는 후보자로 등단시키기 위한 움
직임을 보이고 있다. 언론은 국민들이 정치적 결정을 내리는 데에 핵심적인 역
할을 한다. 따라서 야당은 정치적 이익을 위해 행동하는 것이 아니라 정부의 편

향을 비판하는 역할을 다해야 할 것이다.

참고문헌

권혁남. 1997. "한국언론과 선거보도: 정치커뮤니케이션의 현실논리." 서울: 나남, 21~25.

이광철. 2018. "OSCE '헝가리 총선, 외국인 혐오 조장 미디어 편향'." 『연합뉴스』(04월 10일).

Eszter Szedlacsek. 2018. "Guardian: Breach in Hungarian media & press freedom due to government take-over." *Dailynews Hungary*(08월 16일).

Shaun Walker. 2018. "Emboldened Viktor Orban cracks down on friend turned foe." *The Guardian*(08월 12일).

헝가리 정부, 난민 정책과 관련하여 유럽의회와 여론에 포용적 자세 보여야

홍예림

헝가리 정부는 지난 7월부터 불법이민자의 난민 등록을 돕는 개인 혹은 단체를 최대 1년의 징역형에 처하게 하는 법안을 추진해왔다(AP 2018. 09. 12; 경향신문 2018. 09. 13 재인용). 이에 대해 한 여론조사에 따르면 헝가리 유권자의 3분의 2가 정부의 난민 정책을 지지하는 것으로 밝혀졌다(Dailynews hungary 2018. 09. 15).

그러나 유럽의회는 헝가리와는 다른 입장을 나타내고 있다. 9월 12일 유럽의회는 유럽연합이 공통으로 추구하는 가치에 어긋나는 정책을 시행하는 회원국에 표결권 등을 제한하는 내용을 담은 '리스본조약 7조' 발동을 촉구하는 결의안을 채택하였다(AP 2018. 09. 12; 경향신문 2018. 09. 13 재인용). 또한 해외 주요 언론사들도 헝가리 정부의 반(反)난민 정책 추진을 강도 높게 비판하고 있는 상황이다(The Guardian 2018. 09. 11; CNN 2018. 09. 12). 이처럼 헝가리 정부의 반(反)난민정책을 두고 헝가리 국내 여론과 대외 여론이 상반되고 있다. 따라서 헝가리 정부는 국내 여론과 대외적 비판을 포용적으로 수용하는 동시에 현재 추진하는 정책이 장기적 관점에서 민주주의와 사회 통합에 기여하고 있는지 비판적으로 검토해보아야 할 것이다.

참고문헌

박효재. 2018. "유럽의회, '반EU' 헝가리 제재 착수…속내는 극우 길들이기."『경향신문』(09월 13일).
임주리. 2018. "유럽의회, '난민 혐오' 헝가리 제재 수순."『중앙일보』(09월 13일).
Ádám Fischer. 2018. "My country is being poisoned by populism. The EU must stand with Hungary." *The Guardian*(September 11).
Daily News. 2018. "Two-Thirds of Hungarians support ORBÁN cabinet migration policy." *Dailynews Hungary*(September 15).
Guy Verhofstadt. 2018. "Hungary is a threat to international order. The US must act − now." *CNN*(September 12).

<hr>

체코 정부, 단기체류자 투표권 부여에 대한 논란

홍예림

10월 5일과 6일에 실시된 체코 기초의원선거는 단기체류자도 투표권을 가진 다는 점에서 대통령선거, 의회선거와는 다른 성격을 가진다(Radio Praha 2018. 10. 04). 단기체류자 투표권은 2014년 체코에 거주하던 슬로바키아 시민이 영주권을 가지지 않았음에도 법원 위임장을 통해 유권자 등록을 요청하면서 도입이 추진되었고(Expats.cz 2016. 08. 23), 2016년 8월, 단기체류자에게 지방선거 투표권을 부여하는 선거법 개정안이 체코 의회에서 통과되었다(Prague TV 2016. 08. 23).

그러나 단기체류자에게 투표권을 부여하는 것에 대한 정당들과 여론의 입장이 긍정적인 것만은 아니다. 해적당은 단기체류자의 투표를 장려하는 영상을 만드는 등 긍정적인 태도를 보였으나, 반(反)난민정책을 주도하고 있는 긍정당은 체코 시민이 아닌 사람들에게 투표권을 주는 것에 대해 부정적이다(Radio Praha 2018. 10. 04). 또한 일부 체코 시민들은 투표권이 국민성과 연관되어 있고 임시체류자의 투표권을 통해 국내의 권력흐름이 방해를 받아서는 안 된다고 보고 있기 때문에(Kees Groenendijk 2008), 단기체류자의 투표권을 반대하고 있다(Radio Praha 2018. 10. 04). 따라서 체코 정부는 사회통합을 위해 채택한 선거법 개정안이 국내 시민들에 대한 우려를 증가시키는 일은 아닌지 점검해 보아야 할 것이다.

참고문헌

Dave Park. 2016. "Foreigners to gain voting rights in the Czech Republic." *Expats.cz*(August 23).

Jack Stephens. 2018. "Foreign Ambassadors: Meet the Ex-pats getting involved in Czech politics(municipal eletions in Brno)." *Brno Daily*(October 1).

Tom McEnchroe. 2018. "Foreigners can vote in Czech local elections, but show little interest." *Radio Praha*(October 04).

Kees Groenendijk. 2008. "Local voting rights for non-nationals in Europe: what we know and what we need to learn." *A project of the migration policy institute*, 3~7.

정부와 극우세력의 폴란드 독립 100주년 공동행진에 대한 야당과 국민들의 비판

홍예림

폴란드 정부가 11월 11일 독립 100주년을 맞아 바르샤바 시내에서 기념 행진을 주최했다(Guardian 2018. 11. 11; 연합뉴스 2018. 11. 12 재인용). 행사를 앞둔 지난 7일 바르샤바 시장인 한나 그론키에비치 발츠(Hanna Gronkiewicz-Waltz)가 안전을 내세워 극우단체의 행진을 금지했으나, 법원이 집회의 자유를 이유로 하루 만에 결정을 뒤집어 정부와 극우단체가 함께 행진하는 데 합의했다(Guardian 2018. 11.

11; 연합뉴스 2018. 11. 12 재인용).

　야당과 시민들은 이를 두고 정부가 극우단체를 비판하면서도 극우 성향 유권자들의 표심을 잃지 않기 위해 애매한 태도를 보이고 있다고 주장했으며(Gazeta Wyborcza 2018. 11. 11; 경향신문 2018. 11. 13 재인용), 일부 언론들은 이에 대한 이유로 집권당이 지난달 지방선거에서 주요 도시에서 패배하면서 중도파 표심을 잃은 정부가 극우세력 회복을 위해 움직이고 있다고 분석했다(The New York Times 2018. 11. 11).

　한편 폴란드 국민들은 공동행진에 대해 부정적인 여론을 보이는 것으로 나타났다(Gazeta Wyborcza 2018. 11. 11; 경향신문 2018. 11. 13 재인용, The Warsaw Voice 2018. 11. 09). 따라서 폴란드 정부는 어느 한쪽에 치우치지 않고 국민들의 목소리를 반영하여 진정한 사회통합의 길이 무엇인지 숙고해보아야 할 것이다.

참고문헌

김기성. 2018. "폴란드 독립 100주년 행진 20만 명 참가…극우+우파정부 합작." 『연합뉴스』(11월 12일).

심진용. 2018. "폴란드 독립 100주년, 우파 정부와 극우의 동행." 『경향신문』(11월 13일).

Harriet Agerholm. 2018. "Poland independence day: Far-right march banned over fears of violence." *The Independent*(November 08).

Jan Cienski. 2018. "Hundreds of thousands march to celebrate Polish independence." *Politico*(November 11).

Joanna Berendt. 2018. "Poland's Leaders March With Far-Right Groups on Independence Day." *The New York Times*(November 11).

Rick Noack. 2017. "How Poland became a breeding ground for Europe's far right." *The Washington Post*(November 14).

헝가리 정부의 노동법 개정안 추진에 대한
여론과 야당의 비판

홍예림

헝가리 정부는 최근 연장근로 허용시간을 연 250시간에서 400시간으로 확대하고, 연장근로 수당 지급을 최대 3년간 유예할 수 있도록 하는 노동법을 개정했다(AFP 2018. 12. 10; 연합뉴스 2018. 12. 10 재인용). 그러나 헝가리의 최저임금은 유럽에서 가장 낮은 수준에 속하며, 최근 열악한 노동환경을 떠나 이주하는 청년층이 늘고 있는 것으로 알려졌다(AFP 2018. 12. 10; 연합뉴스 2018. 12. 10 재인용).

이러한 상황에서 해당 개정안이 독일 자동차 업계의 로비로 인해 추진되었다는 의혹이 제기되면서 법 개정을 둘러싼 헝가리 국민들의 반대가 심해지고 있는 상황이다(AFP 2018. 12. 10; 연합뉴스 2018. 12. 10 재인용). 최근 여론조사에서는 헝가리 국민의 80%가 노동법 개정에 반대하는 것으로 밝혀졌으며, 법 개정 후에도 노동처우 개선에 대한 목소리가 지속적으로 나타나고 있다(연합뉴스 2018. 12. 25).

야당 의원들도 의회에서 필리버스터를 통해 법안처리를 막고자 했으나, 여당 피데스가 3분의 2 의석을 차지하고 있어 노동법 개정안은 12월 12일 예정대로 처리되었다(AFP 2018. 12. 12; 연합뉴스 2018. 12. 13 재인용). 따라서 헝가리 정부는 다수의 국민들이 원하는 것이 무엇인지 되돌아보아야 할 것이다.

참고문헌

이광철. 2018. "헝가리, 연장근로 확대 논란…노동계 '노예법 반대'." 『연합뉴스』(12월 10일).

_____. 2018. "연일 시위 연장근로확대 후폭풍…헝가리 총리 '야당이 거짓말'." 『연합뉴스』(12월 25일).

Alpár Kató. 2018. "No hesitation! President Áder signs the amendment of the labor law." *DailyNews Hungary*(December 20).

Krisztina Than. 2018. "'All I want for Christmas is democracy,' say Hungary protesters." *Reuters*(December 17).

Sheena McKenzie. 2018. "Hungary's 'slave law' passes, sparking protestsin parliament and on the streets." *CNN*(December 13).

폴란드 그단스크 시장의 죽음을 통해 본 정치적 포용성

홍예림

1월 13일 폴란드 파베우 아다모비치 시장이 자선행사 무대에서 한 남성이 휘두른 흉기에 찔려 피습 사망했다(경향신문 2019. 01. 16). 칼을 휘두른 27세 남성의 범행 동기는 폴란드 야당인 시민연단이 여당이던 시기에 부당하게 형무소에 수감되어 이를 보복하기 위한 것으로 밝혀졌다(The New York Times 2019. 01. 15).

이에 대해 동유럽 민주화의 상징적 도시에서 발생한 이 사건이 포용성을 상실하고 혐오와 증오가 팽배하고 있는 폴란드 사회의 단면을 보여주는 것이라는 평가가 나오고 있으며(경향신문 2019. 01. 16), 수만 명의 시민들도 1월 19일에 열린 그의 장례식에서 국가를 양분하고 있는 "증오를 멈추자"며 그를 애도했다(AP 2019. 01. 15; 한겨레 2019. 01. 15 재인용).

파베우 아다모비치는 다양한 소수자에 대한 관용을 주장해온 정치인이었으며(AP 2019. 01. 15; 한겨레 2019. 01. 15 재인용), 폴란드의 사회통합과 민주주의 발전에 상당한 기여를 한 인물로 평가된다(The Guardian 2019. 01. 17). 이러한 점에서 정부는 현재 폴란드의 정치가 다양성을 수용하지 못하고 혐오정치에 대한 분위기를 확산시키고 있는 것은 아닌지 되돌아보아야 할 것이다.

참고문헌

길윤형. 2019. "'자유주의자' 그단스크 시장 사망…폴란드 시민들 '증오를 멈추자'." 『한겨레』(01월 15일).

Olga Tokarczuk. 2019. "A mayor is murdered, a country hums with violence." *The New York Times*(January 21).

Piotr Buras. 2019. "'The killing of Gdańsk's mayor is the tragic result of hate speech." *The Guardians*(January 17).

||||||||||||||||||||||||||||||||||||||||||||||||||||||||||||||||||||||||||||||||||||||||||||||||||

체코 정부의 사법부 개입 의혹과 상원의원들의 탄핵안 추진

홍예림

체코 상원 21(Senátor 21) 소속 상원의원 바츨라프 라스카는 지난 1월 말 제만 대통령에 대한 탄핵안을 발의했다(Radio Praha 2019. 01. 30). 이번 탄핵안은 제만 대통령과 대변인인 브라티슬라브 마이너(Vratislav Mynar)가 사법부에 개입했다는 의혹이 커지면서 추진되었다(Kafkadesk 2019. 02. 15).

NGO Rekonstrukce státu(Reconstruction of the State)는 법률적 분석을 통해 제만 대통령이 자신이 연루된 사건을 담당한 판사들과의 접촉에서 판결에 영향을 미칠만한 조언 등을 한 것으로 보인다고 밝혔다(Radio Praha 2019. 02. 08). 체코 사법부 장관인 얀 쿠네지넥(Jan Kněžínek)도 "만약 대통령이 특정한 사법 결정을 내리는 대가로 헌법재판소 판사를 지명하도록 제안했다면 그는 범죄를 계획하거나 저지른 것"이라며 강도 높게 비판했다(Radio Praha 2019. 01. 25).

이에 따라 체코 야권에서도 대통령이 특정 법적 의무를 위반하거나 방치하면 이에 대한 정치적 책임을 명확히 물어야 한다는 목소리가 커지고 있는 상황이다(Radio Praha 2019. 02. 08). 따라서 체코 정부는 현재 제기되고 있는 사법부 개입 의혹에 대해 책임 있는 태도를 보여주는 동시에 민주주의의 주요한 가치를 담고 있는 헌법을 준수하며 국정을 운영하고 있는지 숙고해보아야 할 것이다.

참고문헌

Brian Kenety. 2019. "'Justice minister: President Zeman may have' 'committed' a crime relating to judicial independence." *Radio Praha*(January 25).
Kafakadesk. 2019. "Czech President Milos Zeman faces threat of impeachment."

Kafkadesk(February 15).

_____. 2019. "Senators filing suit against president Zeman for gross viola-
tions of the constitution'." *Radio Praha*(January 30).

ııı

헝가리 여당 피데스의 유럽국민당그룹 내 자격정지의 의미

이예리

3월 20일에 열린 유럽국민당그룹 총회 결과 헝가리 여당이자 유럽국민당그룹
의 일원인 피데스의 정당그룹 내 자격이 정지되었다(Politico 2019. 03. 20). 향후 피
데스는 모든 유럽국민당그룹 내 회의에 참석할 수 없고 투표권을 행사할 수 없
으며, 그룹 내 직책에 후보를 추천할 권리 또한 잃게 된다(Dailynews Hungary 2019.
03. 22).

자격정지 처분의 주된 이유는 헝가리 정부와 피데스가 5월 23일부터 26일까
지 있을 유럽의회선거를 겨냥해 유럽연합이 유럽 내에 난민 유입을 부추긴다고
선전하면서 반(反) 유럽연합 캠페인을 지속했기 때문이다(Reuters 2019. 03. 24; 연합
뉴스 2019. 03. 24 재인용). 헝가리 야권은 자격정지 처분에 대하여 피데스가 더 이상
유럽의회에서 헝가리인의 의견을 대변하지 못하며, 유럽 내에서 헝가리를 더욱
약한 국가로 만들었다고 비난했다(Dailynews Hungary 2019. 03. 21).

피데스는 헝가리에 할당된 21개의 유럽의회 의석 중 가장 많은 11석을 가지고
있다(European Parliament 2018). 따라서 유럽의회 내 헝가리를 대표하는 가장 큰 정
당인만큼, 피데스는 헝가리인의 입장을 제대로 대변하기 위해 유럽국민당그룹,
그리고 유럽연합과의 관계를 개선하려는 노력이 필요할 것이다.

참고문헌

이광철. 2019. "유럽의회 '외톨이' 된 헝가리, '반EU 캠페인' 재개 검토." 『연합뉴스』(3
월 24일).

Alexandra Béni. 2019. "Hungary parties divided on outcome of EPP meeting."
    Dailynews Hungary(March 21).

Anna Wynn. 2019. "How did the world react to Fidesz's suspension from the
    EPP?" *Dailynews Hungary*(March 22).

European Parliament. 2018. *REVIEW OF EUROPEAN AND NATIONAL ELEC-
    TION RESULTS*.

Maïa de La Baume and Lili Bayer. 2019. "EPP plans to strip Hungary's Fidesz of
    membership rights: document." *Politico*(March 20).

교사 파업에 대한 폴란드 정부의 포용적 태도의 필요성

이예리

집권여당인 법과정의당이 유럽의회선거와 총선을 앞두고 당대회에서 다양한 사회 집단을 대상으로 하는 복지재정정책을 발표했으나, 폴란드 평균임금인 5,000즈워티의 60%에도 미치지 못하는 1,800~3,000즈워티를 임금으로 받고 있는 교사들을 위한 계획은 부재했다(AP 2019. 04. 08; 연합뉴스 2019. 04. 09 재인용).

폴란드에서는 2017년 중학교과정 폐지와 관련한 교육개혁으로 인해 수천 명의 교사들이 일자리를 잃었고, 남은 교사들은 임금 인상 없이 이들의 업무량까지 충족하고 있는 상황이다(The Washington Post 2019. 04. 23). 이에 폴란드 교원노조는 정부에 30% 임금인상을 요구했으나, 불가하다는 답변을 받으면서 임금협상이 결렬되었고 4월 8일 교사들의 파업이 시작되었다(Politico 2019. 04. 05).

이로 인해 학부모들은 자녀를 직장에 데려가는 등 불편을 겪고 있지만, 여론은 교사들에게 매우 호의적이다. 이에 교사들을 지지하고 정부를 비판하는 대규모 집회가 열리기도 했다(The Washington Post 2019. 04. 15). 야권 또한 교사 파업이 여당의 지지율에 영향을 줄 것이라 보고 교사들을 지지하고 있다(Politico 2019. 04. 08). 교육이 시민사회의 성원을 양성하고 국가 기반을 다지는 역할을 하는 만큼, 폴란드 정부는 포용적 태도를 통해 교사들의 권익을 보호해야 할 것이다.

임은진. 2019. "폴란드 교사들, 임금인상 요구하며 무기한 파업." 『연합뉴스』(4월 9일).

Annabelle Chapman. 2019. "Polish teachers threaten national walkout." *Politico*(April 5).

Monika Scislowska. 2019. "Polish govt says it can't meet pay demand of teacher strike." *The Washington Post*(April 15).

Wojciech Kość. 2019. "Teachers' strike causes problems for Poland's Solidarity labor union." Politico(April 8).

체코 바비스 총리의 사기 혐의와 새로운 법무부 장관 임명에 대한 의혹

이예리

4월 17일 체코 경찰은 안드레이 바비스 총리가 2007년에 유럽연합의 보조금을 받기 위해 농장과 회의센터의 소유권을 숨겼다고 주장하며, 이에 대한 재판을 요구했다(Reuters 2019. 04. 17). 이후 그러한 혐의가 불거진 지 2주 만에, 바비스 총리와 긴밀한 관계인 밀로스 제만 대통령의 변호사이자(Fox News 2019. 05. 13), 2017년 총리의 면책 특권 철폐에 반대했던 마리 베네소바가 새로운 법무부 장관으로 임명되었다(Reuters 2019. 05. 14).

이에 체코 시민들은 베네소바가 법무부 장관으로서 바비스 총리의 사건에 개입할 수 있다는 우려를 표명하며 "물러나라", "수치스럽다" 등의 구호를 외치면서 그녀의 해임을 요구하는 시위를 벌이고 있다(France 24 2019. 05. 13). 4월 29일에 시작돼 4주째 계속되고 있는 이번 시위는 바비스 총리가 집권한 이래 최대 규모의 반(反)정부 시위이다(Bloomberg 2019. 05. 22).

행정부와 사법부의 유착이 우려되는 체코의 현 상황은 체코 국민으로부터 정부에 대한 불신을 키우는 것이다. 따라서 체코 정부는 사법부의 독립을 보장하고 국민의 정부에 대한 신뢰를 회복하기 위해 바비스 총리의 혐의를 투명하게 수사해야 할 것이다.

참고문헌

Fox News. 2019. "Thousands of Czechs demand justice minister's resignation."
  Fox News(May 13).
France 24. 2019. "Fresh rally against Czech government draws thousands."
  France 24(May 13).
Robert Muller. 2019. "Czech police say PM Babis should stand trial in fraud
  case." *Reuters*(April 17).
_____. 2019. "Czech protests over new justice minister enter third
  week." *Reuters*(May 14).

성소수자에 대한 포용력이 결여된 폴란드 정치권

이예리

폴란드의 사회통합지수는 0.34로 OECD(Organization for Economic Coopera- tion and Development) 소속 35개국 중 30개국 평균인 0.50에 미치지 못하는 수준이다(정해식 2016). 그러나 2019년 2월 라팔 트리사스코스키(Rafal Trzaskowski) 바르샤바 시장이 12개 조항의 LGBT 권리선언에 서명하면서 이러한 상황이 나아지는 듯 보였다(Politico 2019. 03. 10).

하지만 이후 집권당인 법과정의당이 성소수자 권리 자체가 국가에 대한 위협이라고 주장하며 보수 세력의 지지를 규합하는 데 성소수자 이슈를 이용하기 시작했다(France 24 2019. 04. 25). 스위드닉(Świdnik) 등의 지역에서는 LGBT와 관련된 것들을 금지하는 법안을 통과시켰고(Reuters 2019. 05. 21), 총선을 앞두고 여당뿐만 아니라 야권도 성소수자에 대한 지지를 접고 해당 이슈에 대해 입장을 표현하지 않으면서 폴란드 정치 내 성소수자를 위한 대표성과 포용은 매우 부족한 상황이다(Bloomberg 2019. 06. 08).

민주주의는 포용적 지배형태로 정치적 의사결정과정과 심의과정에서 그 결과에 영향을 받을 수 있는 모든 사람의 입장을 고려하고 참여를 보장해야 한다(김범수 2008). 이러한 관점에서 정치인들은 사회통합을 증진시키고 민주주의를 발전시키기 위해 성소수자에 대해 포용적인 태도를 보여야 할 것이다.

참고문헌

김범수. 2008. "민주주의에 있어 포용과 배제."『국제정치논총』43집 3호, 176~177.
정해식. 2016. "사회통합지수 개발 연구." 122~125.
France 24. 2019. "Kaczynski Calls LGBT Rights a 'Threat' to Poland." *France 24*(April 25).
Jan Cienski. 2019. "Poland's Ruling Party Plays the LGBTQ Card." *Politico*(April 19).
Marcin Goclowski, Anna Wlodarczak-Semczuk. 2019. "Polish Towns Go 'LGBT Free' Ahead of Bitter European Election Campaign." *Reuters*(May 21).
Vanessa Gera. 2019. "Mayor Joins Pride Parade Amid Poland's Anti-LGBT Campaign." *Bloomberg*(June 8).

헝가리 정부의 과학계 통제와 시민의 자유 침해

이예리

과학계에 대한 정부의 통제를 강화하려는 법안의 초안이 5월 28일 발표된 이후(Reuters 2019. 05. 28), 6월 2일 수천 명의 헝가리인들이 학문적 자유를 억압하려는 정부에 항의하기 위해 부다페스트에서 시위를 진행했다(Reuters 2019. 06. 03). 하지만 헝가리 의회는 이를 무시하고 7월 2일 헝가리 과학원 소속 40여 개 기관에 정부의 통제권을 부여하는 법안을 통과시켰다(Nature 2019. 07. 08).

해당 법안으로 인해 향후 정부는 연구기관을 별도로 관리하고 연구소를 추가하거나 폐쇄할 수 있게 됐으며, 빅토르 오르반 총리가 연구기관의 대표를 임명하게 된다(Reuters 2019. 07. 02). 2010년 오르반 총리가 집권한 이후 정부는 사법, 언론, 대학을 정치적으로 장악해왔다(Independent 2019. 07. 03). 2018년에는 성(性)과 관련된 부분의 과목 수업을 중단시켰고, 난민 문제로 오르반 총리와 마찰이 있었던 조지 소로스가 설립한 중앙유럽대학을 비엔나로 이전시키는 등 학문에 있어 통제를 확대하기도 했다(Aljazeera 2019. 07. 03).

오르반 총리가 이끄는 정부는 야권과 주변국으로부터 권위주의적이라는 비판을 지속적으로 받아온 바 있다. 또한 정부의 과도한 사회 통제는 민주주의의 중요한 가치인 시민의 자유를 침해하는 것이다. 이러한 상황에서 헝가리 정부는 민주주의와 시민의 자유를 보장하기 위해 더 이상 지나친 통제를 해서는 안 될 것이다.

참고문헌

Alison Abbott. 2019. "Hungarian Government Takes Control of Research Institutes Despite Outcry." *Nature*(July 08).

Gergely Szakacs. 2019. "Defying Scientists, Hungary Will Overhaul Academic Network, Website Reports." *Reuters*(May 28).

Marton Dunai. 2019. "Hungarians Protest Over Government Overhaul of Academic Bodies." *Reuters*(June 03).

Samuel Osborne. 2019. "Hungary's Far-Right Government Passes Law That Lets It Take Over Scientific Research Bodies." *Independent*(July 03).

Tim Gosling. 2019. "Hungary Passes Disputed Reform Bill To Tighten Grip On Scientists." *Aljazeera*(July 03).

폴란드 사법개혁을 둘러싼 법무부 차관 스캔들

이예리

10월 13일에 치러질 총선이 2달도 남지 않은 시점에, 8월 19일 우카시 피비악 법무부 차관이 친(親)정부 운동가인 에밀리아(Emilia)와 함께 사법개혁에 반대하는 판사들에 대한 인신공격성 거짓정보를 유포하는 온라인 캠페인을 운영해왔던 사실이 드러났다(Politico 2019. 08. 20).

2018년 7월 발효된 사법개혁 법안은 판사 선발권을 가진 국가사법위원회(KRS)의 구성권을 의회가 보유하게 하고 대법관의 정년을 70세에서 65세로 낮추는 것을 주 내용으로 하고 있다(AFP 2018. 09. 17; 연합뉴스 2018. 09. 18 재인용). 판사들과 유럽연합은 이러한 사법개혁에 대해 사법 독립 원칙을 침해할 것을 우려하며 이의를 제기했지만, 정부는 사법개혁에 반대하는 인물들을 암암리에 공격하기 시작했고 이번 스캔들도 이러한 공격의 일환이라는 비판이 나오고 있다(Bne Intel-linews 2019. 08. 25). 또한 이번 스캔들이 드러나면서 집권당인 법과정의당의 지지율은 5%p 하락했다(Reuters 2019. 08. 23).

행정기관인 법무부에서 사법부 소속인 판사들을 공격한 이번 사건은 국가 권력기관들이 충돌하고 있음을 나타낸다. 폴란드 정부는 사법개혁을 둘러싼 공방을 하루빨리 해결해 사법부와의 대치 국면을 끝내야 할 것이다.

참고문헌

김문성. 2018. "'사법부 독립훼손' 폴란드, EU 사법기구서 '퇴출'." 『연합뉴스』(09월 18일).

Pawel Florkiewicz, Marcin Goclowski. 2019. "Poland's Ruling Party Hit by Scandals, Poll Shows." *Reuters*(August 23).

Wojciech Kosc. 2019. "Popularity of Poland's PiS Hit after Media Reveal Deputy Justice Minister Orchestrated Smear Campaign Against Judges." *Bne Intellinews*(August 25).

Zosia Wanat. 2019. "Senior Polish Official Quits in the Wake of Internet Trolling Allegations." *Politico*(August 20).

유럽의회의 동향 및 쟁점

분열하는 유럽연합과 극우 정당의 약진

제1장
유럽의회의 동향

1차(2017년 6월 말~7월 말)

이순영

　이번 7월 유럽의회 본회의는 7월 3일부터 6일까지 스트라스부르에서 진행되었다. 2017년 전반기 동안 유럽연합의 순회의장국을 맡았던 몰타의 임기를 평가를 위해 열렸던 유럽의회 본회의에 751명의 의원 중 30명만이 참석하자, 장 클라우드 융커(Jean-Claude Juncker) 집행위원장이 유럽의회의 저조한 출석률이 어처구니가 없다고 비난하며 유럽의회와 유럽연합집행위원회 간의 힘겨루기가 표면화되었다(KBS 2017. 07. 05). 이번 본회의 동안에 유럽의회는 터키의 민주주의가 최근 후퇴하는 추세를 근거로 유럽연합집행위원회와 유럽연합 회원국들에게 터키와의 유럽연합 가입협상을 중단할 것을 주장했다(European Parliament Press Releases 2017. 07. 06). 마지막으로 지난 6월부터 유럽국민당그룹(European People's Party, EPP)과 유럽사회당그룹(Socialists & Democrats, S&D)이 테러 특별위원회의 설치를 두고 논쟁을 벌였지만, 결국 의원들은 12개월 임기의 테러 특별위원회를 설치하여 운영하기로 결정했다(European Parliament Press Releases 2017. 07. 06).

　유럽국민당그룹은 테러 특별위원회의 설치 결정을 환영한다는 의견을 내놓았다(EPP Group Press Releases 2017. 07. 06). 하지만 의회가 2018년 예산안에서 경제성장과 일자리 창출에 도움이 될 수 있는 연구 분야나 인프라 구축 분야의 예산이 감축한 것에 대해서, 이러한 결정은 의회의 신뢰도를 떨어뜨리는 행위라며 비난의 목소리를 높였다(EPP Group Press Releases 2017. 07. 12). 유럽사회당그룹은 이번 달에 더 효율적이고 저렴한 국경 간 택배배송을 장려하는 법안을 제안했으나 유럽국민당그룹이 이러한 제안을 부결시켰다는 점에 대해서 유감을 표했다(S&D Press Releases 2017. 07. 11).

7월 13일, 영국의 조이스 애너레이(Joyce Anelay) 브렉시트(Brexit·영국의 유럽연합 탈퇴) 부서의 부장관이 최근 의회에 보낸 서면진술서에서 영국이 유럽연합이 요구한 이혼합의금을 부담할 의무가 있다는 점을 처음으로 시인했다(Financial Times 2017. 07. 13; 연합뉴스 2017. 07. 14 재인용). 이러한 영국의 노력에도 불구하고 유럽연합 측은 영국의 제안이 애초에 자신들이 주장했던 내용에는 훨씬 못 미친다며 영국의 제안을 비난했다(The Guardian 2017. 07. 09). 최근 런던정경대학교(London School of Economics and political science, LSE)의 여론조사에 따르면 10명 중 6명의 영국인이 브렉시트 이후에도 유럽연합 내에서 머무르면서 일하고 공부하는 등의 유럽연합 시민권을 유지하기를 원한다는 여론조사 결과가 발표되었다(The Guardian, 2017. 07. 01).

다음 유럽의회 본회의는 스트라스부르에서 9월 11일에 개최될 예정이다.

유럽의회 정당

07월 06일

• 유럽의회 전체가 압도적으로 지지한 테러 특별위원회의 설립

(EPP Group Press Releases 07. 06)

– 지난 6월, 유럽국민당그룹과 자유민주당그룹(Alliance of Liberals and Democrats for Europe, ALDE), 유럽보수개혁(European Conservatives and Reformists Group, ECR)이 유럽의회 내에 테러 특별위원회를 세울 것을 발의했고 이 제안은 의원들의 압도적인 지지를 받아 통과되었다. 테러 특별위원회는 테러와의 싸움을 목적으로 하는 특별위원회로서 유럽의회 역사상 처음으로 세워진 특별위원회이다. 테러 특별위원회는 회원국

사이에서의 정보 교환, 유럽연합의 정보시스템의 상호 운용성 증대를 위한 방안들을 검토하여 유럽연합의 테러와의 전쟁을 강화함으로써 시민들의 안전을 보호 하는 역할을 맡을 것이다. 유럽국민당그룹과 자유민주당그룹, 유럽보수개혁의 수장들은 "유럽연합 시민의 80%가 유럽연합이 테러와의 전쟁을 위해서 일정한 역할을 수행해야 한다고 생각한다. 특별위원회 설치 결정을 두고 다른 그룹이 망설였지만, 이번 결정은 시민들에게 우리가 시민의 안전을 위해서 노력하고 있다는 사인을 보낸 것이다"라며 의견을 내놓았다.

07월 11일

• 유럽국민당그룹, 국경 간 택배배달을 보다 효율적이고 저렴하게 할 유럽사회당그룹의 제안에 제동 (S&D Press Releases 07. 11)

– 유럽국민당그룹은 국경 간 택배배달에 대한 장애물을 제거하기 위해서 유럽사회당그룹이 제시한 법안을 부결시켰다. 매년 약 40억 개의 택배가 유럽연합 전역에서 주문되고 배달된다는 점을 고려했을 때 택배 분야에서 엄청난 성장 가능성이 있지만, 온라인 구매자와 소상공업자들이 부담해야 하는 비교적 높은 배송비용이 이 분야의 성장을 저해하고 있다. 유럽사회당그룹은 이러한 장애물을 제거하고자 택배사들이 불리한 가격을 청구하지 않도록 국경 간 택배배달 서비스의 비용을 보고하는 내용을 골자로 하는 법안을 제안했다. 하지만 이번 법률 제안이 유럽국민당그룹의 반대에 의해서 본회의를 통과하지 못하자, 이번 법률을 맡은 루시 앤더슨(Lucy Anderson)은 "유럽국민당그룹이 국경 간 소포배달의 효율성을 높이는 동시에 투명한 관세를 확보하고 적절한 가격을 보장할 수 있는 법안을 부결시켰다는 사실은 매우 유감스럽다. 특히 이번 법안이 유럽연합집행위원회의 디지털 단일시장 전략 프레임 중 하나임에도 이번 제안을 부결시킨 것은 더욱 더 실망스럽다"고 말했다.

07월 12일

• 유럽연합 2018 예산: 의회가 스스로 신뢰 잃어 (EPP Group Press Releases 07. 12)

– 유럽국민당그룹의 시그프리드 무레산(Sigfried Mureşan) 의원은 "2018년 유럽연합 예산안에 대한 의회의 입장은 의회 자신이 내세운 정치적 약속과는 거리가 있다. 그

일례로 의회는 경제성장과 일자리 창출에 영향을 줄 수 있는 연구 분야나 인프라 구축을 위한 투자 분야에서 7억 5천만 유로를 감소시켰다"고 말했다. 여기에 더해서 무레산 의원은 "현재로서 많은 연구 프로젝트들이 유럽연합의 기금 부족으로 인해서 재정적인 지원을 받지 못하고 있다. 연구 분야의 재정지원을 줄이는 것은 장기적인 관점에서 유럽연합에 해가 될 수 있다. 또한 의회의 이러한 태도는 2018년에 일자리 창출과 경제성장을 이루는 동시에 시민들의 안전을 확보하고자 하는 유럽연합의 목표와는 어긋나는 것이다"라며 끝을 맺었다.

유럽의회 선거·의회

07월 04일

• 유럽의회 저조한 출석률에 유럽연합 집행위원장 "어처구니 없다"   (KBS 07. 05)

– 장 클라우드 융커 유럽연합 집행위원장은 7월 4일 프랑스 스트라스부르에서 열린 유럽의회 본회의에 의원들이 대거 불참해 좌석이 텅텅 비자 "어처구니가 없다"라며 신랄한 비판을 쏟아냈다. 특히 의회 정원 751명 중 30명만이 본회의에 참석했다는 점에 매우 화를 내며 만약 앙겔라 메르켈(Angela Merkel) 총리나 에마뉘엘 마크롱(Emmanuel Macron) 대통령이 왔다면 의회는 꽉 찼을 것이라며 일침을 가했다. 융커의 비난에 안토니오 타자니(Antonio Tajani) 의장은 "집행위원장이 의회를 비난할 수는 있지만 집행위원회가 의회를 통제하는 것이 아니라 의회가 집행위원회를 통제하는 것"이라고 반박했다. 이에 융커 집행위원장은 "다음 회의에서는 더 많은 의원이 자신을 맞아주기를 바라며 다시는 이런 회의에 참석하지 않을 것이다"라며 응수했다. 융커 집행위원장은 회의가 끝난 후 타자니 의장에게 "아침 논쟁 중 했던 말들에 대해 유감스럽게 생각한다"라며 타자니 의장에게 개인적으로 사과의 뜻을 밝히며 유럽의회와 유럽연합집행위원회 간의 힘겨루기는 끝이 났다.

07월 04일

• 다국적 기업들은 자신들이 운영하는 국가 내에서 세금 정보를 공개해야

(European Parliament Press Releases 07. 04)

– 앞으로 대기업들은 각 국가에서 납부하고 있는 세금과 관련된 정보를 세계 각국에서 확인할 수 있도록 공개해야 한다. 이번 조치는 다국적 기업이 어디에서 얼마큼의 세금을 부과하고 있는지에 대해서 공개함으로써 세금 투명성을 높이는 것을 목표로 하고 있다. 하지만 회원국이 허용하는 범위 내에서 다국적 기업은 상업적으로 예민한 정보에 대해서는 공개를 거부할 수 있으며 공개하지 않은 정보에 대해서는 유럽연합집행위원회에 알려야 한다. 또한, 기업들이 의도적으로 세금 정보를 공개하지 않는 것을 막기 위해서 세금 정보를 공개하지 않고자 하는 기업들은 매년 정보 공개 면제 신청을 하도록 조항을 추가하였다.

07월 06일

• 유럽연합(EU) 의회 의원들, 터키의 유럽연합 가입협상에 대한 경고 촉구

(European Parliament Press Releases 07. 06)

– 의원들은 유럽연합집행위원회나 회원국들에게 터키의 헌법 개정이 계속된다면 터키와의 유럽연합 가입협상을 중단해야 한다고 경고했다. 특히 의원들은 터키의 인권과 민주주의, 언론의 자유, 법치가 퇴행하는 상황에 대한 우려의 목소리를 높였다. 하지만 이번 목요일에 채택한 결의안에서 드러나듯이 의원들은 여전히 유럽연합과 터키의 관계는 중요하며 난민문제나 테러문제 등을 다루기 위해 필요한 건설적이고도 공개적인 대화를 유지해야 한다는 사실에 또한 강조되었다.

07월 06일

• 테러와의 전쟁에서의 법적 결점을 다루기 위한 특별위원회

(European Parliament Press Releases 07. 06)

– 의원들은 유럽 전역에서 일어나고 있는 테러와의 전쟁에서 필요한 실질적인, 법적인 결함을 12개월 동안 다룰 특별위원회 설치를 승인했다. 테러특별위원회는 유럽 내에서의 테러 위협이 어느 지역까지 퍼져나가고 있는지, 만약 테러가 일어난다면 어느 수준의 위협을 줄 것인지에 대해서 조사하고 평가하는 동시에 최근의 테러 공격을 가능하게 했을 만한 잠재적인 결함에 대해서 평가하는 역할을 맡게 될 것이다. 30명의 의원들로 구성된 테러 특별위원회는 12개월 임기의 위원회이며, 임기는 테

러 특별위원회의 구성회의가 시작되는 날부터 시작된다. 이 특별위원회는 테러와 관련된 조직들, 회원국과 비회원국의 의회와 정부, 정보국 등에서 방문하고 청문회를 열 예정이며 테러 특별위원회가 민감한 정보들을 다루고 있는 만큼 특별위원회의 몇몇 회의는 비밀리에 진행될 가능성이 높다.

07월 09일

• 기 베르호프스타트(Guy Verhofstadt), 유럽연합 시민들에게 제공하는 브렉시트 제안을 개선시키지 않는다면 우리는 거래를 거부할 것 　　　　　　　　　(The Guardian 07. 09)

– 기 베르호프스타트는 "유럽의회 내에서 브렉시트 결정이 민주적으로 이루어졌다는 것에 대해서는 인정하지만 브렉시트가 경제적으로 긍정적인 발전을 이루어낼 것이라고 확신하지 않고 있다"고 말했다. 또한 그는 "영국은 영국 내에 거주하고 있는 유럽연합 시민들에게 영국 시민들이 유럽연합을 통해서 제공받고 있는 권리에 훨씬 못 미치는 제3국의 지위를 부여할 것이라는 실행 불가능한 제안을 했다"며 비판의 목소리를 높였다. 영국의 제안에 따르자면 유럽연합 시민들은 영국의 지방선거에서의 투표권을 잃을 뿐만 아니라 가족 구성원 또한 최소한의 소득 요건을 충족해야하고 브렉시트 이후에 태어나는 아기의 지위는 불명확한 상태가 된다. 하지만 실질적인 문제는 이러한 불명확한 상태가 계속될 것이라는 점이다. 브렉시트 이후에 유럽연합에서 온 학생들은 학비를 더 내야 할 것인지, 의사들이 과연 영국 내에서 의사 지위를 계속해서 인정받을 수 있을 것인지 등의 문제가 계속될 수밖에 없다. 이에 기 베르호프스타트는 "의원들은 2019년 초에 브렉시트 협상에 대한 마지막 결과물을 내놓기 위해서 유럽연합의 협상가들과 27개 회원국은 힘을 합칠 것이다. 그리고 결과적으로 야심차고도 진보한 유럽연합 탈퇴 협상이 이루어지기를 바란다"고 언급했다.

유럽의회 여론

07월 01일

• 여론조사, 60%의 영국인 유럽연합 시민권 유지 원해 　　　　　　　(The Guardian 07. 01)

– 최근의 런던 정경대학교의 여론조사는 10명 중 6명의 영국인이 브렉시트 이후에

도 유럽연합 내에서 머무르고 일하며 공부하는 등의 유럽연합 시민권을 유지하기를 원한다는 결과를 발표하였다. 특히 18~24세 응답자의 85%, 그리고 런던에 사는 영국인 중 80%가 이러한 의견을 피력했다. 런던 정경대학교의 정치학과와 유럽정치학과의 교수인 마이클 브루터(Micheal Bruter) 교수는 이번 연구 결과는 특히 젊은 세대들이 미래를 위해서 기초적이고도 중요하다고 생각되던 권리를 잃음으로써 브렉시트 결정에 대한 불만을 가지고 있다고 해석했다. 이뿐만 아니라 응답자의 73%는 다른 유럽연합 국가의 시민들에게 주어지는 영국에서 투표권을 유지하거나 확대해야 한다고 답했다. 응답자의 48%는 지방선거뿐만 아니라 총선거에서도 투표권을 주어야 한다는 의견을 내놓았고 응답자 중 10%만이 다른 유럽연합 국가의 시민들에게 지방선거에 참여할 수 있는 투표권을 없애야 한다고 응답했다.

07월 13일
- 영국 '브렉시트 이혼합의금' 책임 첫 공식 시인

(Financial Times 07. 13; 연합뉴스 07. 14 재인용)

– 최근 조이스 애너레이 브렉시트 부서의 부장관이 최근 의회에 보낸 서면진술서에서 영국은 유럽연합이 요구한 이혼합의금을 부담할 의무가 있다는 점을 처음으로 시인했다. 이혼합의금이란 영국의 유럽연합 탈퇴가 이루어진 이후 영국이 정산해야 하는 돈으로, 유럽연합 회원국이 내야 하는 분담금 등을 포함하며 이는 최대 1천억 유로가 될 것으로 알려졌다. 이에 영국은 유럽연합이 요구하는 천문학적인 이혼합의금은 영국의 유럽연합 탈퇴에 대한 보복이라며 지급을 강력하게 거부해왔다. 하지만 영국은 최근 조이스 애너레이가 의회에 보낸 서면진술서를 통해서 이혼합의금에 대한 책임을 공식적으로 인정했다. 이는 다음 주 초 유럽연합과 두 번째 브렉시트 협상을 앞두고 다른 주요 이슈들이 논의되지 않은 채 협상이 결렬되는 것을 막기 위한 행보로 풀이된다. 그러나 영국 측 브렉시트 협상대표인 데이비드 데이비스(David Davis) 브렉시트 부서의 장관은 이 문제에 대한 언급을 피했다.

2차(7월 말~8월 말)

이순영

8월 유럽의회는 휴가기간으로 본회의가 열리지 않았다. 따라서 본회의에서 논의된 내용은 없었으나 유럽연합의 건강보험 프로그램에 대한 홍보기사와 유럽의회의 2017년 하반기 주요의제가 보도되었다. 유럽의회는 시민들이 유럽연합 회원국을 여행을 할 때 건강보험카드만 가지고 있다면 여행하고 있는 국가에서 제공하는 의료서비스를 받을 수 있다는 점을 홍보하였다(European Parliament Press Releases 2017. 08. 09). 또한 유럽의회는 하반기 주요 의제로 기후문제, 이주문제, 디지털 시장 등을 다룰 예정이라고 전했다(European Parliament Press Releases 2017. 08. 23).

유럽국민당그룹은 유럽사법재판소(European Court of Justice, ECJ)가 캐나다와의 통합 승객예약정보(The Passenger Name Records, PNR) 교환 협정이 원칙적으로 유럽연합의 법과 모순되지 않는다는 판결을 내린 사실을 보도하며 유럽사법재판소의 판결을 환영했다(EPP Group Press Releases 2017. 07. 26). 유럽사회당그룹은 브렉시트 협상에서 영국이 관세 협상보다 시민들의 권리와 아일랜드 문제 등의 협상이 우선시 해야 함을 강조하였고, 바르셀로나 테러 이후 유럽연합의 강력한 반테러 의지를 내비추었다(S&D Press Releases 2017. 08. 01; 2016. 08. 22).

8월 17일, 스페인 바르셀로나의 중심가에서 차량 돌진 테러가 발생하여 13명이 숨지고 80여 명이 다쳤다(Agencia EFE 2017. 08. 17; 연합뉴스 2017. 08. 18 재인용). 이뿐만 아니라, 바르셀로나 테러 일주일 후인 8월 25일, 런던과 브뤼셀에서 다시 테러가 발생하며 유럽 내에서 이슬람국가(Islamic State, IS)의 공격에 대한 공포가 점차 커지고 있다(조선일보 2017. 08. 28).

최근 유고브(YouGov) 여론조사기관에서 시행한 마크롱 프랑스 대통령에 대한 국정지지율 조사에서 마크롱의 지지율이 7%p 하락하며 36%를 기록했고, 계속되는 마크롱의 지지율 하락세에 대해서 IFOP(Institut francais d'opinion publique·프랑스 여론 연구소)의 정치 분야 조사담당자인 제롬 프케(Jerome Fourquet)는 이 결과는 마크롱의 의사소통 방식에 피로감을 느낀 시민들의 표현이라며 평가했다

(Fracne 24 2017. 08. 04).다음 달 본회의는 9월 11일에 개최될 예정이다.

07월 26일

• 유럽연합 법원의 판결, 캐나다와의 승객예약정보(PNR) 합의 확인

(EPP Group Press Releases 07. 26)

− 유럽의회는 2014년에 캐나다와의 승객예약정보(PNR) 협정을 승인했으나 이 협정이 인권헌장 위배 여부를 가려줄 것을 유럽사법재판소에 요청했었다. 이 요청에 대해서 유럽사법재판소는 캐나다와 승객예약정보(PNR)을 교환하는 것을 원론적으로 승인한다는 판결을 내렸다. 이에 악셀 보스(Axel Voss) 의원은 "캐나다와의 승객예약정보(PNR) 데이터 이전과 저장 협정이 유럽연합법과 원칙적으로 모순되지 않는다는 법원의 판결을 환영한다. 이번 캐나다와의 협정은 테러와의 전쟁과 국경 간 범죄와의 싸움에 큰 도움이 될 것으로 예상되지만 유럽사법재판소가 민감한 정보에 대해서 좀 더 규제를 보완할 것을 요구한 만큼 캐나다와의 협정은 발효 전에 다시 다듬어질 것이다"라며 말했다.

08월 16일

• 피텔라, 관세협정을 논하기 이전에, 영국은 시민의 권리, 재정 합의 및 아일랜드 문제를 다루어야 (S&D Press Releases 08. 16)

− 16일, 유럽사회당그룹의 수장인 지아니 피텔라(Gianni Pittella)는 유럽연합 회원국과의 유동적인 거래를 보장하며 관세동맹에서 떠나겠다는 영국의 제안에 대해 "유럽연합에서 떠나겠다는 영국의 의지에 대해서는 항상 인정하는 바이지만 테레사 메이(Theresa May) 총리와 데이비드 데이비스가 협상을 계속해서 이어가기 위해서는 시민들의 권리, 재정 합의, 아일랜드 문제에 대한 실질적이고 충분한 협상과 진전을 이루어내는 것이 먼저라고 생각한다"라고 평가했다. 또한 로베르토 구알리테리(Roberto Gualtieri) 의원 또한 "영국이 순탄하고 질서 있는 브렉시트 전환기를 겪어야 한다는 점에 대해 인지하고 있다는 사실은 매우 기쁘지만, 영국은 브렉시트가 기업들과 개

인들에게 미치는 영향을 최소화할 수 있도록 현재의 협상에 더 집중해야 한다고 생각한다"라고 전했다.

08월 17일

• 유럽사회당그룹의 수장, 테러에 맞서기 위한 통합과 유럽연합의 FBI가 필요하다고 주장
(S&D Press Releases 08. 18)

- 유럽사회당그룹의 수장인 피텔라는 17일에 일어난 바르셀로나와 캄브릴스에서 일어난 테러 공격에 대해서 비난의 목소리를 높이면서, 테러와의 싸움을 위해서 미국의 FBI(Federal Bureau of Investigation·미 연방수사국)와 같이 유럽연합 회원국들 간의 협력과 정보기관 간의 정보 공유를 강화해야 한다고 주장했다. 여기에 더해, 유럽사회당그룹은 유럽 내에서 일어나고 있는 테러공격과 급진화에 맞서 계속해서 싸울 것이며 유럽연합의 가치를 포기하지 않을 것임을 강조했다.

유럽의회 선거·의회

08월 09일

• 유럽건강보험카드: 외국에서도 당신을 안전하게
(European Parliament Press Releases 08. 09)

- 유럽건강보험카드를 가지고 있는 유럽연합의 시민은 유럽연합 회원국과 아이슬란드, 리히텐슈타인, 노르웨이, 스위스에서 잠시 머무는 동안 필요한 의료 서비스를 제공받을 수 있다. 의료서비스는 현재 거류하고 있는 국가의 시민이 제공받는 것과 동일한 조건, 비용으로 제공되지만 의료서비스가 꼭 필요한 경우에만 제공된다. 하지만, 유럽건강보험카드 사용자는 이 카드가 여행자보험을 대신하지 않는다는 점과 다른 유럽연합 회원국에서 치료를 받기 위한 목적으로는 사용할 수 없다는 점에 유념해야 한다.

08월 18일

• 유럽의회 의장 안토니오 타자니, 스페인에서의 테러리스트 공격을 비난

(European Parliament Press Releases 08. 18)

− 유럽의회 의장, 안토니오 타자니가 유럽의회를 대표해서 스페인 바르셀로나와 캄 브릴스에서 잇따라 일어난 테러 공격에 대해 비난의 목소리를 높였다. 18일, 스페인 테러 희생자를 추모하는 행사에서 타자니 의장은 "나의 마음은 끔찍한 테러를 겪은 피해자들의 마음과 동일하다. 유럽연합의 반테러 전략은 변함이 없을 것이며 폭력을 행하는 사람들에게 협박당하지 않을 것이다. 또한 유럽연합은 우리의 자유, 단합, 그리고 법의 지배라는 가치에 힘입어 그들을 맞설 것이다"라며 강조했다.

08월 23일

• 다가오는 하반기: 의원들은 2017년 하반기에 어떤 일을 할 것인가

(European Parliament Press Releases 08. 23)

− 의원들은 휴가가 끝나가며 하반기에 기후, 이주문제, 디지털 시장 등에 대한 중요한 문제들에 대해서 정치적인 토론을 하고 투표를 할 준비를 점차 마쳐가고 있다. 2017년 하반기 동안 유럽의회는 △이주와 국경 △기후와 환경 △경제 △사회적 권리 △디지털 단일시장 △과세 △인권 등의 문제를 다룰 예정이다. 특히 최근 몇 년간 이탈리아나 그리스와 같은 국가들이 난민들의 유입으로 인해 많은 어려움을 겪어온 만큼 시민자유위원회(The civil liberties committee)는 더블린 난민조약을 수정할 예정이다. 이 뿐만 아니라 사회적 권리 분야에서 맞벌이 부모들의 직장과 삶의 적절한 균형을 보장하는 문제, 노동자의 국가 이동이 야기하는 노동시장의 평등성 왜곡 문제 등이 야기되고 있는바, 의회는 하반기 동안 유럽연합 정상회의와의 회담을 통해서 이러한 문제의 해결을 위해서 노력할 준비를 하고 있다. 또한 유럽의회는 자금 세탁과 탈세에 대응하는 유럽연합의 규칙을 제대로 시행하기 위한 노력을 기울일 예정이다.

08월 04일

• **여론조사 결과, 마크롱의 인기 최저치를 갱신**   (France 24 08. 04)

– 여론조사 회사인 유고브가 최근 발표한 자료에 따르면, 2017년 5월 7일에 선출된
마크롱의 국정지지율이 7%p 하락하며 응답자의 36%만이 마크롱의 국정수행에 대
해서 긍정적인 평가를 내렸다. 이에 반해 부정적인 평가는 지난 여론조사보다 13%p
상승하여 49%에 도달하였다. 이번 여론조사의 결과는 최근 마크롱 대통령의 국정지
지율이 계속해서 하락하는 추세를 보여주는 것인데 이러한 추세에 대해서 IFOP(프랑
스 여론 연구소)의 정치 분야 조사담당자인 제롬 프케는 대중들이 공공지출을 줄이면서
구색만 갖춘 말들만을 내놓는 마크롱의 의사소통 스타일에 지치기 시작한 것이라고
평가했다.

08월 17일

• **바르셀로나 차량테러 용의자 2명 체포, 사망자 13명으로 늘어**

(Agencia EFE 08. 17; 연합뉴스 08. 18 재인용)

– 현지시간 8월 17일 오후 5시에 바르셀로나의 중심가에서 차량 돌진 테러가 발생
하여 13명이 숨지고 100여 명이 다쳤다. 스페인 경찰은 용의자 2명을 잇따라 체포해
서 조사 중이며 이슬람국가(IS)는 이번 테러가 자신들의 소행이라고 밝혔다. 현지 언
론들의 보도에 따르면, 흰색 밴 차량이 바르셀로나 구시가지 람블라스 거리와 카탈
루냐 광장을 잇는 지점에서 갑자기 군중을 향해 돌진했다고 전해진다. 또한 스페인
EFE 통신은 체포된 용의자가 북아프리카 출신 남성이며 범행에 사용된 밴 차량은
렌터카 업체에서 대여되었다는 조사 결과를 보도했다.

08월 25일

• **유럽 심장부 겨누는 IS, 영국 왕궁, 브뤼셀서 칼부림 테러**   (조선일보 08. 28)

– 현지시간 8월 25일, 영국 런던 버킹엄 궁 인근과 벨기에 브뤼셀에서 이슬람 극단주
의자들의 흉기 테러가 잇달았다. BBC(The British Broadcasting Corporation)에 따르면 버

킹엄 궁 인근에서 대형 칼을 소지한 26세의 남성이 경찰과의 격투 끝에 검거되었는데 이 용의자는 여러 차례 아랍어로 "알라후 아크바르(Allāhu Akbar·알라신은 위대하다)"를 외친 것으로 전해졌다. 또한, 브뤼셀의 관광 명소인 그랑플라스 인근에서도 소말리아 출신의 한 남성이 "알리후 아크바르"를 외치며 당시 경계 근무 중이던 군인들을 향해 흉기를 휘둘렀고 범인은 군인의 총에 맞아 사망했다. 유럽 내에서 극단주의자들의 테러가 계속되자 이슬람국가(IS)가 유럽 주요 도시의 중심부까지 겨냥하는 것이 아니냐는 우려가 제기되고 있다.

3차(8월 말~9월 말)

이연경

유럽연합집행위원회 위원장 장클로드 융커는 9월 13일 유럽의회 시정 연설에서 유럽연합의 통합과 발전을 위해서 유로존을 확대해야 한다고 말했다(연합뉴스 2017. 09. 13).

한편 9월 12일 영국 하원 전체 회의에서는 '유럽연합 탈퇴법'에 대한 1차 표결이 통과되었는데 이는 입법 차원에서 브렉시트 절차가 본격화됨을 뜻한다(조선일보 2017. 09. 13).

독일에서는 9월 24일 앙겔라 메르켈이 총선에서 4연임이 확실시 되었음에도 불구하고 극우정당인 독일을 위한 대안(Alternative für Deutschland, AfD)이 의회에 진출하게 되어 메르켈의 연정 구성이 복잡해질 전망이다. 출구조사 결과, 메르켈의 기독교민주(Christlich-Demokratische Union, CDU, 기민당)-기독교사회(Christlich-Soziale Union, CSU, 기사당) 연합은 32.7~33.3%의 득표율이 예상되었고, 독일을 위한 대안은 13.2~13.4%, 메르켈의 연정 파트너로 거론된 자유민주당(Freie Demokratische Partei, FDP)과 녹색당(Die Grünen)의 득표율은 각각 10.5%, 9.5%로 예상되었다(연합뉴스 2017. 09. 25).

유럽의회 정당

09월 05일

• 유럽국민당그룹, 정치 회담에서 이민과 농업의 미래를 얘기해

(EPP Group Press Releases 09. 05)

– 코펜하겐에서 열린 회의에서 유럽국민당그룹의 수장 조셉 다울(Joseph Daul)은 유럽 시민들은 유럽연합의 국경 보호를 강화하여 안전을 보장하기 위한 유럽 중심의 장기적인 해결책을 기대한다고 언급하며 이를 위해 유럽 망명 정책의 개편안을 제안했다. 또한 공통 농업 정책(Common Agricultural Policy, CAP)의 미래에 관한 유럽국민당그룹의 비전을 다울 대통령은 "유럽의 농업은 세계화, 기후 변화 및 식량 안보 문제

를 해결하기 위해 지속 가능하며 혁신적이어야 한다. 공통 농업 정책(CAP)은 유럽 통합의 핵심에 있어 왔고 앞으로 더욱 진화해야 하며 보다 효율적이고 공정하게 되어야 한다. 유럽 농업에 대한 유럽국민당그룹의 비전은 항상 농부들의 안위와 환경 보존에 의해 인도된다"라고 말했다.

09월 12일
・유럽사회당그룹, 터키총리 에르 도안(Erdoğan)의 반민주 행동을 비난하고, 터키 국민들에게 유럽연합과 가까워지는 것을 독려 (S&D Press Releases 09. 12)
– 2017년 7월 유럽 의회의 대다수가 터키와의 임시 협상 중단을 촉구했다. 이에 유럽사회당그룹 부회장 빅터 보스티나우(Victor Bo tinaru)는 유럽사회당은 더 이상 어떠한 결과 없이 기본적인 권리를 침해하는 것을 용인할 수 없다며 터키의 정부에서는 기본적인 인간의 권리가 지켜지지 않는 것은 사실이지만 유럽연합은 터키 사람들에게 미래에 유럽연합의 국민이 되는 가능성까지 가져가서는 안 되고 터키와 대화하지 않는 것은 더 이상 나빠질 수 없는 상황이라고 말했다. 덧붙여 그는 터키는 유럽연합의 가치들과 관련된 여러 사람들이 속한 다양한 사회로서 중요한 국가이기에 터키와 함께 가야만 하고 그들과 정기적인 대화를 해야 한다고 강조했다.

유럽의회 선거・의회

09월 12일
・영국의 유럽연합 탈퇴법, 하원 1차 표결 통과 (조선일보 09. 13)
– 영국 하원은 9월 12일 전체 회의에서 '유럽연합 탈퇴법'에 대한 1차 표결을 실시해 찬성 326, 반대 290으로 통과시켰다. 표결이 통과됨은 하원이 이 법의 입법화를 확정하고 본격적인 논의를 거쳐 최종안을 만들겠다고 결정한 것으로 이는 입법 차원에서 브렉시트 절차가 본격화됨을 뜻한다. 이 법이 확정되면 오는 2019년 3월 유럽연합 탈퇴와 함께 현재 영국에서 적용되고 있는 1만2000개의 유럽연합 법규는 중단된다. 테리사 메이 총리는 "이제 확고한 토대를 갖고 유럽연합과 브렉시트 협상에 들어갈 수 있게 됐다"고 말했다. 유럽연합 탈퇴법이 1차 투표가 통과됨에 따라, 앞으로 본회

의에서 영국 하원은 구체적인 항목을 논의 후 최종안을 놓고 2차 표결을 실시할 예정이다.

09월 13일
· 융커 "유럽연합, 순풍 만났다"…유로존 확대·외국투자 심사강화 제안

(연합뉴스 09. 13)

– 유럽연합집행위원회 위원장 장클로드 융커는 9월 13일 유럽의회 시정연설에서 유럽연합의 통합과 발전을 위해서 유로화를 사용하는 유로존을 확대하여야 한다고 말했다. 융커 위원장은 연설에서 유럽연합의 상황에 대해 "금융위기가 강타한 이후 10년 만에 유럽 경제가 마침내 반등하고 있다"면서 "유럽의 항해에 순풍이 불고 있다"며 긍정적으로 평가했다. 더불어 유럽연합의 확고한 단일시장을 위해 '유럽통화기금(European Monetary Fund, EMF)'이 필요하다고 하며 교역 확대를 위한 자유무역협정(Free Trade Agreement, FTA) 체결 확대를 강조하기도 했다.

09월 24일
· 4연임 성공 메르켈, 득표율은 저조…극우 독일을 위한 대안 3위로 환호성

(연합뉴스 09. 25)

– 앙겔라 메르켈이 독일 총선에서 승리를 이끌며 최장수 총리로 4연임이 확실시 되었다. 그러나 메르켈의 기민당–기사당 연합의 득표율이 높지 않은 데다 나치시대 이후 독일에 최초로 극우정당인 독일을 위한 대안이 의회에 제3당으로 진출하게 되어 메르켈 총리의 국정 운영이 복잡해질 예상이다. 이날 오후 6시 투표 종료 뒤 발표된 독일 공영방송 ARD와 ZDF의 출구조사 결과, 메르켈 총리가 이끄는 기민당–기사당 연합은 32.7~33.3%의 득표율을 기록할 것으로 예상돼 총선 승리가 확실시된다. 독일을 위한 대안은 13.2~13.4%의 예상 득표율을 기록하여 모두의 놀라움을 사며 의회의 제3정당 자리를 차지했다. 사회민주당(Sozialdemokratische Partei Deutschlands, SPD)은 득표율 전망이 20.2~20.9%에 그쳤고 연정 파트너로 거론된 자유민주당과 녹색당(Green Party of England and Wales, GPEW)의 득표율도 각각 10.5%, 9.5%로 예상되어 과반 의석을 위한 메르켈 정부의 대연정 구성이 불가피할 것으로 보인다.

09월 16일

· 우리는 너무 많은 이민자가 있다 　　　　(Le Figaro 09. 16; Politico 09. 16 재인용)

– 유럽의 이민자 수가 계속해서 증가하고 있다. 글로벌 서베이(global survey)에 의하면 터키와 이탈리아, 스웨덴, 독일 등 대부분의 유럽 나라 시민들이 증가하는 이민자들에 대해 걱정했다. 입소스(Ipsos Institute)가 시행한 설문조사 참여자의 3. 4은 지난 년 동안 자신들의 나라의 이민자 수가 너무 많이 늘어났다고 응답했다. 터키는 응답자의 78%가 이탈리아는 74%, 스웨덴이 66%, 독일이 65%, 프랑스는 58%로 그들은 이민이 크게 증가해 우려된다고 답했다. 르 피가로(Le Figaro)에 따르면, 대부분 국가의 사람들은 자신들의 나라에 난민 테러리스트가 있다는 것에 대해 "강력하게 동의"하거나 "다소 동의한다"고 말했다. 이번 조사는 25개국 18,000명의 사람들 사이에서 실시되었다.

4차(9월 말~10월 말)

이연경

프랑스의 에마뉘엘 마크롱 대통령은 현재 유럽연합은 비효율적이라며 '유럽연합의 담대한 전환'이라는 이름으로 군사, 경제 등의 분야를 포함한 연설을 하였다(동아일보 2017. 09. 28).

오스트리아에서는 10월 16일 국민당(Österreichische Volkspartei, ÖVP)의 세바스티안 쿠르츠(Sebastian Kurz)가 반난민 정책 등을 공약으로 내걸고 총선에서 승리하여 자유당(Freiheitliche Partei Österreichs, FPÖ)과 17년 만에 우파 보수의 연정을 꾸릴 전망이다(연합뉴스 2017. 10. 16).

한편, 스페인으로부터 분리 독립을 요구하는 카탈루냐 지역에서는 중앙정부의 강경 진압에 반발해 총파업과 대규모 집회가 열렸고, 카탈루냐 주민들은 스페인 정부가 경찰을 동원해 투표를 원하는 주민들을 폭력적으로 진압했다고 카탈루냐 자치정부의 깃발을 흔들면서 분리 독립을 요구했다(YTN뉴스 2017. 10. 04). 유럽연합집행위원회 위원장 장클로드 융커는 카탈루냐 사람들은 억압당하지 않고 모든 스페인 시민의 권리는 똑같이 존중되어야 한다고 말했다(EPP Group Press Releases 2017. 10. 19).

유럽의회 정당

10월 19일

• 카탈루냐, 영국의 유럽연합 탈퇴법, 키프러스, 유럽국민당 그룹의 정상회담 의제로 논의돼 (EPP Group Press Releases 10. 19)

– 유럽연합집행위원회 위원장 장클로드 융커는 카탈루냐 사람들은 억압당하지 않고 모든 스페인 시민의 권리는 똑같이 존중되어야 한다고 말하며 스페인 총리 마리아노 라호이(Mariano Rajoy)가 법치주의의 틀 안에서 정치적 해결책을 찾을 것이라 믿는다고 말했다. 장클로드 융커는 2019년 3월 29일에 영국은 더 이상 유럽연합의 회원국이 아니게 되며 협상의 다음 단계로 나아갈 구체적인 제안은 영국에 달려있다고

말하였다. 그는 그리스 키프러스에 터키군이 계속해서 주둔하는 것이 문제가 되고 있기 때문에 터키가 유럽연합의 접근 방식을 즉시 준수할 것을 촉구한다고도 강조하였다.

10월 05일

· 유럽연합 공공 검찰청은 사기와의 싸움에서 큰 진전   (S&D Press Releases 10. 05)

– 현재 2020년에 공식적으로 유럽의 검찰청(European Prosecutor's Office, EPPO)에 참여하기로 결정된 회원국은 20개이다. 폴란드, 헝가리, 스웨덴, 네덜란드, 말타는 참여하지 않고 있으며 덴마크, 영국 및 아일랜드는 조약에서 탈퇴하며 유럽 검찰청에 관여하지 않았다. 유럽 검찰청의 새 사무소는 유럽연합의 재정적 이익과 관련된 형사범죄의 수사권과 기소권을 가져올 수 있는 권한을 갖는다. 유럽사회당그룹은 새 사무소의 설립을 환영하며 가능한 빠른 운영을 원한다고 밝혔다. 유럽사회당그룹 대변인 실비아 보네 카프만(Sylvia-Yvonne Kaufmann) 유럽연합 납세자들의 돈을 효율적으로 소비하는 것은 중요한데 유럽연합 기금의 부패와 오용은 유럽연합의 신뢰를 심각하게 손상시키며 사기로 인해 매년 5억 유로의 손해가 발생하므로 신 유럽 검찰청의 역할이 매우 중요하다고 강조했다.

유럽의회 선거 · 의회

09월 28일

· 마크롱의 유럽연합 통합 '담대한 구상'… 메르켈도 깜짝   (동아일보 09. 28)

– 프랑스 에마뉘엘 마크롱 대통령은 9월 26일 유럽연합은 너무 느리고 비효율적이라며 100분 동안 '유럽연합의 담대한 전환'이라는 이름으로 여러 분야를 포함한 연설을 하였다. 그는 유럽연합 통합을 위해 국방 분야를 통합 대상으로 거론하며 2020년까지 유럽 신속 대응군을 만들자고 말했다. 유럽의 난민문제와 관련해서 위험에 처한 난민은 신속하게 구제하되 무분별한 유럽 내 유입을 막기 위한 시스템 또한 제안했다. 유럽난민청과 유럽연합 차원의 대테러 전담 조직과 정보요원을 양성하는 아카데미 신설도 제안했다. 유럽연합집행위원회 위원장 장클로드 융커는 마크롱이 유럽

인으로서 의미 있는 연설을 했다고 극찬하였다. 마크롱 대통령은 안건의 실행을 위해 독일의 협조를 요청했지만 앙겔라 메르켈 총리에게는 지금 현재 버거운 제안이라는 게 대체적인 의견이다. 9월 24일 총선에서 힘겹게 승리한 메르켈 총리는 당장 자유민주당과 연정 협상에 착수해야 하는데, 마크롱 대통령이 주장하는 안 가운데 유럽연합 공동예산과 재무장관 신설은 자민당이 반대하고 있는 것이기 때문이다.

10월 16일

• **오스트리아 총선 우파 국민당 1위…극우와 연정·31세 총리 예상** (연합뉴스 10. 16)

– 10월 16일 오스트리아 내무부는 국민당이 31.4%로 1위를 차지하고 자유당이 27.4%로 2위, 사회민주당(Sozialdemokratische Partei Österreichs, SPÖ)이 26.7%로 3위를 하였다고 총선의 결과를 밝혔다. 세바스티안 쿠르츠는 반난민 정책을 공약으로 걸고 지중해 난민 루트 폐쇄와 난민 복지 축소를 공약으로 내걸어 유권자들의 마음을 잡았다. 한편, 자유당이 2위로 확정되면서 2000년 총선 이후 17년 만에 우파와 보수의 연정이 꾸려질 전망이다. 하지만 자유당은 브렉시트 이후 오엑시트(Oexit·오스트리아의 유럽연합 탈퇴)를 주장하고 유럽연합 개혁을 요구하고 나서는 등 유럽연합에 반대하는 주장을 해온 당으로 자유당의 연정 참여가 유럽연합에 더욱 부담될 전망이다.

10월 24일

• **도널드 투스크와 장클로드 융커, 유럽의회의원들과 견고한 연합을 만드는 것을 논의**

(European Parliament News 10. 24)

– 유럽의회 의장 안토니오 타자니는 근본적인 가치를 지지할 의사가 없다면 유럽연합의 미래, 통화 연합, 정책 등에 관해서 이야기하는 것은 불가능하다고 하며 유럽연합은 같은 가치를 공유하기 때문에 유럽연합에 함께 있을 수 있다고 강조했다. 유럽연합정상회의의 의장 도널드 투스크는 유럽연합 회원국들이 2018년 6월까지 이주 문제에 의견의 일치가 나타나기를 바란다고 하며 유럽연합의 영토, 문화 및 정치 공동체의 본질에 대해 유럽연합의 창립 가치를 존중하고 민주주의, 법치 및 존경의 가치를 존중해야 한다고 말했다. 유럽연합 집행위원회 위원장 장클로드 융커는 회원국들에게 망명 정책 등의 중요한 입법안의 통과를 가속화 해줄 것을 촉구했다.

10월 04일

· '독립투표' 카탈루냐, 총파업·대규모 집회…"중앙정부 경찰이 폭력진압"

(YTN 10. 04)

– 스페인으로부터 분리 독립을 요구하는 카탈루냐 지역에서 중앙정부의 강경 진압에 반발해 총파업과 대규모 집회가 열렸다. 카탈루냐 주민들은 스페인 정부가 경찰을 동원해 투표를 원하는 주민들을 폭력적으로 진압했다고 주장했다. 노동자들과 시민 수천 명이 카탈루냐 자치정부의 깃발을 흔들면서 분리 독립을 요구하는 구호를 외치고, 카탈루냐 노동조합은 총파업에 돌입했다. 주민들은 경찰의 진압과 폭력에 대해 우리의 단합을 보여주기 위해 집회에 나왔다고 말하며 대학생 수천 명도 거리에 나와 중앙정부 경찰의 진압을 비난하며 분리 독립을 요구했다. 카탈루냐 자치정부의 분리 독립 투표 결과 90% 찬성률로 투표가 가결됐고, 이에 대해 스페인 중앙정부는 투표 자체가 법적인 정당성이 전혀 없다면서 자치권 몰수까지 경고하였다.

5차(10월 말~11월 말)

이연경

　11월 유럽의회에서는 2018년 유럽연합 예산과 장애인에 대한 정책개선, 유럽 무역에 관한 법안 등이 논의되었다. 무역에 관한 법안으로 유럽의회는 덤핑(dumping·국내 구매자의 구매 가격보다 수출국이 더 낮은 가격으로 수출하는 것)과 보조 수입품에 대해 보다 엄격한 규정을 표결하였다(European Parliament News 2017. 11. 15).

　유럽연합은 20일 앙겔라 메르켈의 연정 실패에 대해 불안한 입장을 표현했다. 에마뉘엘 마크롱 대통령은 독일의 연정 협상 결렬은 프랑스 국익에도 바람직하지 않다고 말했으며, 할베 자힐스트라(Haleva Zahlstra) 네덜란드 외무장관 또한 독일은 유럽연합 내 매우 영향력 있는 나라로 독일의 권력 공백이 생기면 중요한 결정을 내리기 쉽지 않을 것이라고 말했다(Financial Times 2017. 11. 20; 뉴시스 2017. 11. 21 재인용).

　한편, 스페인 정부와 카탈루냐는 통치문제에 대해 지속적으로 대립하고 있다. 11월 25일, 벨기에로 피신한 카를레스 푸지데몬(Carles Puigdemont) 전 수반은 12월 21일 실시될 카탈루냐 지방선거운동을 시작하겠다고 밝히며, 중앙정부를 향해 분리주의자들이 선거에서 승리할 경우 직접 통치를 중단하라고 주장했다(SBS 뉴스 2017. 11. 26).

유럽의회 정당

11월 17일

· 유럽국민당그룹, 시민들을 위한 사회적 유럽 구상

(EPP Group Press Releases 11. 17)

－ 유럽국민당그룹은 공정한 일자리와 성장을 위한 사회적 정상회의에 유럽연합 국가주석들과 유럽연합 정부의 지지를 열렬히 환영했다. 유럽국민당그룹 수장 조셉 다울은 20년 만에 처음으로 유럽연합 정상들이 시민들을 돕고 보호하는 사회적인 유럽을 강화하기 위한 사회 정상회담에 모이는 것에 기쁨을 표현했다. 그는 사람들의 안

전은 항상 유럽국민당그룹 정책의 핵심이며 세계가 끊임없이 변화함에 따라 모든 어린이에게 평등한 교육 기회를 제공하는 정책을 추구하고 모든 연금 수령자의 재정 보장과 실직한 시민의 새로운 일자리를 위한 재교육 등이 있어야 한다고 강조하였다. 또한 유럽연합은 내일의 노동시장을 위해 현재를 준비하고 모든 가족이 양질의 생활수준을 유지할 수 있도록 보장해야 한다고 말하였다.

11월 14일

· **유럽사회당그룹, 유럽연합 지도자들이 사회 기둥의 일환으로 교육을 진지하게 받아들일 것을 권장** (S&D Press Releases 11. 14)

– 유럽사회당그룹은 유럽연합 집행위원회가 2025년까지 유럽연합 국가의 교육 분야 강화를 위한 계획을 환영했다. 유럽사회당그룹은 특히 교환학생들의 수를 두 배로 늘리고 불우한 사람들에 대한 관심을 높이기 위한 제안을 환영했고 이러한 목표가 적절한 예산에 부합되기를 희망한다고 밝혔다. 또한 문화 및 교육에 관해 유럽사회당그룹의 페트라 카 메레 버트(Petra Kammerevert)는 구체적인 제안을 넘어서서 자신들의 비전과 일치하는 새로운 접근 방식을 인식하고 있으며 교육과 문화를 통해 유럽의 정체성 형성에 보다 적극적이어야 한다고 말하였다. 또한 그는 유럽 공동체에 개인이 안전한 미래를 건설하고 유럽 사회에 적극적으로 참여하는 데 필요한 도구를 제공하는 것이 유럽사회당그룹의 목표임을 강조했다.

유럽의회 선거·의회

11월 15일

· **유럽의회, 유럽연합의 일자리와 산업을 보호하기 위해 새로운 반덤핑 규정을 통과시켜** (European Parliament News 11. 15)

– 11월 15일 덤핑(dumping)과 보조 수입품에 대해 유럽의회가 보다 엄격한 새로운 규정을 표결하였다. 이는 세계 최초로 무역 파트너의 투기 방지를 위해 국제 사회가 환경기준을 충족할 것을 요구하는 것으로 경제에 막대한 간섭을 하는 제3국으로 부터 유럽연합의 직무 및 기업 보호를 강화하는 것이다. 반덤핑 조치로 사회적, 환경적 덤

핑의 영향이 고려될 것이며, 유럽연합 집행위원회는 수출국의 상황을 감시하게 될 것이다. 관련된 모든 국가들과, 특히 노동조합은 무역 방어 조치에 대한 결정에 의견을 제시할 수 있다. 베른 레인지(Bernd Lange) 국제 무역위원회 위원장은 승인된 협약이 무역 방어를 강화하고 노동과 환경에 대해 처음으로 고려하는 협약이므로 불공정 행위로부터 효과적으로 유럽을 보호할 수 있는 미래 보장 시스템이라고 평가했다.

11월 20일
• '유럽의 기둥' 메르켈, 연임 빨간불에 유럽연합도 노심초사
(Financial Times 11. 20; 뉴시스 11. 21 재인용)

– 앙겔라 메르켈 독일 총리의 4연임이 위태로워지면서 유럽연합의 불안감이 커지고 있다. 메르켈의 기민당-기사당 연합은 9월 독일 총선 승리 이후 자유민주당, 녹색당과 연정 구성을 논의해왔지만 11월 20일 협상에 실패했다. 세 당이 난민, 세금, 환경 등에 대한 입장 차이를 좁히지 못한 것이다. 메르켈은 연정 구성 방향을 재검토할 계획이며 기존 연정에 함께한 사회민주당에 도움을 요청할 것으로 예상된다. 한편, 메르켈은 기민당-기사당 연합의 소수정부 출범에는 회의적이라며 연정 실패 시 재선거를 염두하고 있음도 암시했다. 에마뉘엘 마크롱 프랑스 대통령은 독일의 연정 협상 결렬은 프랑스 국익에도 바람직하지 않다고 말했다. 마크롱은 메르켈과의 긴밀한 협력을 통해 유로존 개혁과 유럽연합 개편을 추진하길 원하기 때문이다. 할베 자힐스트라 네덜란드 외무장관 또한 유럽에 좋지 못한 뉴스라며 독일은 유럽연합 내 매우 영향력 있는 나라기에 그들이 정부나 권한을 갖지 못하면 유럽의 중요한 결정을 내리기 쉽지 않을 것이라고 말했다.

11월 26일
• '피신' 푸지데몬, 벨기에에서 카탈루냐 지방선거 선거운동 시작   (SBS뉴스 11. 26)
– 스페인 중앙정부로부터 카탈루냐의 독립을 추진하다가 공직을 박탈당한 뒤 벨기에로 피신한 푸지데몬 전 카탈루냐 자치정부 수반이 11월 25일 벨기에에서 12월 21일 실시되는 카탈루냐 지방선거를 위한 선거운동을 시작했다. 푸지데몬 전 수반은 카탈루냐로부터 온 90명의 후보들과 함께 '투게더 포 카탈루냐'를 선거구호로 내세

우고 선거운동 발대식을 가졌다. 스페인 정부는 푸지데몬에 대해 반역과 선동 등의 혐의로 법원으로부터 체포영장을 발부 받아 송환을 요구하고 있으며, 벨기에 법원이 신병 인도 여부를 검토하고 있다. 이런 가운데 푸지데몬 전 수반은 선거운동 발대식에서 스페인 정부를 향해 선거에서 카탈루냐 분리주의자들이 승리하면 선거 결과를 존중해 카탈루냐에 대한 중앙정부의 직접 통치를 중단해야 한다고 주장했고 21일에 스페인 정부와 유럽연합, 카탈루냐 직접 통치 지지 세력에게 카탈루냐의 민주주의를 훼손해선 안 된다고 말해야 한다며 지지를 호소했다.

유럽의회 여론

11월 16일

• **오스트리아 최악의 정부에 대한 3,000개의 빛의 사슬(chain of light) (Reuters 11. 16)**
– 11월 15일 비엔나에서 극우정당인 자유당 정부의 형성에 항의하는 시위가 개최됐다. 양초, 횃불, 자전거 램프 등을 들고 시위자들은 수도의 정부기관을 둘러쌌다. 시위자 알렉산더 폴락(Alexander Pollak)은 공화국의 가장 강력한 정부는 우익 극단주의자들과 관련이 없는 신뢰할 수 있는 사람의 소유가 되어야 한다고 말하였다. 이 시위는 보수당인 국민당과 자유당 간의 연립 회담이 시작된 이래 가장 큰 저항 운동으로 주최 측은 8,000명에서 10,000명 정도로 시위자 수를 추정했으며, 경찰은 약 3천 명으로 추정했다. 시위자 브리짓 그리셔(Brigitte Griesser)는 "우리는 자유당이 사람들을 분열시켜 시위에 나오게 되었다"라고 말했다. 그러나 시위는 17년 전 자유당과 인민당이 함께 정부를 결성하여 10만 명 이상이 거리로 나왔을 때의 불안감보다 훨씬 작았다. 이에 시위자 주에르겐 푸처(Juergen Pucher)는 극우주의가 유럽의 추세가 되었고 이는 더 이상 오스트리아의 문제가 아니기 때문에 더 큰 반발이 없는 것이라고 말했다.

6차(11월 말~12월 말)

이연경

12월 14일 유럽연합의 지도자들은 유럽연합 정상회의를 앞두고 한 차례 회의를 가졌다. 이 회의에서 유럽국민당그룹 수장 조셉 다울은 영국이 유럽연합과 영국의 브렉시트 이혼합의서 조건을 존중하며 이것을 법적 효력이 있는 조항으로 변환해야 한다고 강조하였다(EPP Group Press Releases 2017. 12. 14).

독일에서는 앙겔라 메르켈 독일 총리와 마르틴 슐츠(Martin Schulz) 대표의 대연정 협상이 시작되었다. 이에 따라 지난 9월 총선에서 승리한 이후 3개월째 정부를 꾸리지 못했던 메르켈 총리가 큰 정치적 난관을 넘게 됐다(Reuters 2017. 12. 15; 조선일보 2017. 12. 16 재인용).

한편, 스페인에서는 카탈루냐 조기 지방선거가 21일 치러졌다. 개표 결과 스페인으로부터 분리 독립을 주장하는 정당들이 과반의석을 차지해 앞으로 분리 독립 찬성진영이 연정을 구성해 새 정부를 출범시킬 것으로 전망되고 있다(CNN 2017. 12. 21; 뉴시스 2017. 12. 22 재인용).

유럽의회 정당

12월 14일

• 영국은 선의로 행동해야 하며 약속을 이행해야만 한다

(EPP Group Press Releases 12. 14)

– 유럽연합의 지도자들은 12월 14일 유럽연합 정상회의를 앞두고 브뤼셀에서 만났다. 유럽국민당그룹 수장 조셉 다울은 유럽연합집행위원회 위원장 장클로드 융커와 테레사 메이 총리가 공동으로 발표한 이혼합의서가 협상의 두 번째 단계에 들어설 길을 열었다고 말하였다. 이혼합의서는 영국의 이혼합의금 지불과 아일랜드–북아일랜드의 국경문제에 등에 관한 내용을 다룬 것으로 조셉 다울은 영국이 성실히 행동하고 이혼합의서의 조건을 존중하며 가능한 한 빨리 이것을 법적 구속력 있는 조항으로 변환해야 한다고 강조하며 영국이 유럽연합과의 관계에 대한 비전을 제시하

기를 기다리고 있다고 말하였다. 같은 날 유럽국민당은 국방 및 안보를 위한 영구적인 구조화 협력에 지금까지 많은 노력을 해왔다고 말하며 유럽의 국방은 이제 새로운 시대로 접어들었고, 유럽인들은 유럽연합이 안전한 유럽을 제공할 것으로 기대하고 있기 때문에 유럽국민당그룹은 영구적 구조화 협력이 현실화되는 것에 우선순위를 두겠다고 발표하였다.

12월 13일

• 유럽사회당그룹, 즉각적인 유럽 사회기둥 이행요구   (S&D Press Releases 12. 13)
– 유럽사회당그룹은 오랜 세월 동안 사회기둥 운동을 위해 노력해 왔으며 유럽연합 집행위원회에 공정한 유럽을 건설하고 유럽연합의 사회적 차원을 강화해야 함을 알려왔다고 말하였다. 유럽사회당그룹은 사회행동 계획의 20가지 원칙에 대한 명확한 조치와 도구에 대해 설명했다. 사회행동 계획은 확실한 사회 법규의 개정안을 포함해야 하며 모든 근로자가 자신이 어떤 유형의 직업을 갖고 있든 분명한 노동 계약을 통한 사회적 보장을 받을 수 있어야 함을 포함한다고 발표했다. 또한 사회 기둥의 선포는 세금 감면과 근로자 보호를 줄임으로써 다국적 기업을 유치하려는 유럽 국가들 사이에서 고통받는 근로자를 위한 더 나은 보호의 시작일 것임에 틀림없으며 빈곤층에 살고 있는 수백만 명의 어린이와 유럽의 모든 어린이들이 양질의 교육, 보육 및 건강관리뿐만 아니라 훌륭한 식량 및 주거 시설을 보장받을 권리가 있음을 보장하기 위한 것이라고 강조하였다.

유럽의회 선거·의회

12월 15일

• 메르켈, 연정 길 열렸다   (Reuters 12. 15; 조선일보 12. 16 재인용)
– 앙겔라 메르켈 독일 총리와의 연립정부 구성을 거부해왔던 사회민주당의 마르틴 슐츠 대표가 대연정 협상에 나서기로 입장을 선회했다. 슐츠 대표가 대연정 협상에 나서겠다고 선언한 것은 처음으로, 이에 따라 지난 9월 총선에서 승리한 이후 3개월째 정부를 꾸리지 못했던 메르켈 총리가 큰 정치적 난관을 넘게 됐다. 슐츠 대표는

최근 당 지도부를 만나 메르켈 총리의 기민당-기사당 연합과 대연정 논의를 시작할 것을 제안하며 몇 가지 옵션이 있긴 하지만 탐색을 위한 대화를 시작하려고 한다고 밝혔다. 슐츠의 제안은 사민당 최고위원회의에서 만장일치로 가결됐고, 내년 1월 14일 당원 투표를 거쳐 최종 확정된다. 슐츠는 총선에 참패한 이후 줄곧 연정불가 라는 입장을 밝혀왔다. 메르켈 총리는 총선에 승리하고도 연립정부를 구성하지 못해 재선거라는 카드까지 고려하고 있었다. 연립정부가 구성되지 않을지도 모른다는 우려에 따라 여론이 악화되자 슈타인마이어(Frank-Walter Steinmeier) 대통령이 지난달 중재에 나섰고, 슐츠와 메르켈 총리가 11월 30일 연정 관련 회동을 가지면서 독일이 정치공백의 상태에서 벗어날 수 있는 길이 생긴 것으로 보인다.

12월 13일
• 전 세계 인권을 위하여 유럽연합은 박해를 중단하고 이민자를 보호해야 한다
(European Parliament News 12. 13)

- 유럽의회 의원들은 유럽 연합이 종교에 기반한 박해에 대응하기 위해 더 많은 노력을 기울여야 한다고 주장했다. 그들은 제3국과의 종교 대화를 증진하고 사상과 신념의 자유를 보호하기 위한 노력을 강화해야 한다고 말했다. 유럽의회는 유럽연합이 갈등과 빈곤 등 인신매매로 이어지는 모든 형태의 착취를 막을 것을 촉구했고 민간기업이 웹에서 어떤 콘텐츠를 생성해 나가는 것에 대해 민주적으로 승인된 법률보다는 서비스의 조건에 근거하여 판단되어야 한다고 주장했다. 또한 유럽연합의 무역 및 투자와 관련해 제3국과의 협정에서는 체계적인 인권 조항을 포함하여야 하고 파트너 국가의 인권 존중에 대해 정기적으로 보고해야 하며 제3국에서 운영되는 유럽연합 기업은 비즈니스 및 인권에 관한 국제 표준을 지켜나가는 데 선도적인 역할을 해야 한다고 강조하였다.

12월 21일
• 카탈루냐 시민들, 분리 독립 정당 택했다…푸지데몬 승리 선언
(CNN 12. 21; 뉴시스 12. 22 재인용)

- 12월 21일, 카탈루냐 조기 지방선거에서 스페인으로부터 분리 독립을 주장하는 정

당들이 과반의석을 차지했다. 개표 결과 분리 독립에 찬성하는 3개 정당이 카탈루냐 의회 135석 중 70석을 확보하는 데 성공했으며 이 중 카를레스 푸지데몬 전 카탈루냐 자치정부 수반이 이끄는 신생정당 '카탈루냐를 위해 다함께(JxCat)'가 득표율 1위로 34석을 확보했다. 반 분리 독립 정당은 37석을 확보하였다. 이에 앞으로 분리 독립 찬성진영이 연정을 구성해 새 정부를 출범시킬 것으로 전망되고 있다. 전 카탈루냐 자치정부를 강제 해산하고 각료들을 기소했던 마리아노 라호이 스페인 총리 정부로서는 이번 조기 선거 결과로 정치적 타격이 불가피할 것으로 보인다. 승리가 확정된 직후 푸지데몬 전 수반은 기자회견을 열어 스페인 헌법 155조(불복종하는 자치정부에 대해 중앙정부가 자치의회 해산, 정부 수반 등 각료 해임을 할 수 있도록 전권을 부여받는 것)에 카탈루냐 국민들은 얽매이지 않는다고 말하며 새 정부가 들어서면 155조는 중지돼야 하고 스페인이 가둔 전 자치정부 각료들은 석방돼야 한다고 강조하였다.

유럽의회 여론

12월 03일

· 英 브렉시트 번복?…영국인 50% "다시 투표하자"

(Daily Mail 12. 03; 중앙일보 12. 04 재인용)

- 지난 11월 30일부터 1일까지 영국 성인 1003명을 대상으로 진행한 설문조사 결과 영국 국민 절반 이상이 브렉시트 최종 합의 관련 2차 국민투표를 해야 한다고 응답했다. 반면 응답자의 34%는 국민투표를 원치 않는다에, 16%는 모른다고 답했다. 이러한 결과는 메이 총리가 브렉시트 협상을 타개하기 위해 양보하려 한 500억 유로에 대한 반발이 거세지고 있기 때문인 것으로 보인다. 같은 조사에서 영국이 브렉시트 '이혼합의금' 500억 유로 가량을 유럽연합에 지불하는 것에 대해 찬성한다는 의견은 응답자의 11%에 그쳤다. 덧붙여 브렉시트 이후의 영국 경제 전망에 대해 응답자의 35%가 영국의 재정 상황이 악화할 것이라 답했고, 14%만이 나아질 것이라 응답했다. 브렉시트에 반대 입장을 밝혀온 토니 블레어(Tony Blair) 전 영국 총리도 영국이 유럽연합 탈퇴에 대한 결정을 번복할 수 있는 기회가 있다며 재투표를 해야 한다고 주장하고 있다.

7차(12월 말~2018년 1월 말)

이연경

1월 12일, 앙겔라 메르켈 독일 총리와 마르틴 슐츠 대표의 예비협상이 이루어졌다. 이들은 이날 예비협상 합의문에 서명하고, 본 협상에 들어가기로 했다. 본 협상에서는 예비협상 합의문을 토대로 한 세부내용 합의와 내각 구성을 위한 논의가 이어질 것으로 보인다(Spiegel 2018. 01. 12; 경향신문 2018. 01. 12 재인용).

유럽사회당그룹의 수장 피텔라가 다가오는 이탈리아의 선거에 출마하기로 결정했다. 피텔라는 다음 이탈리아 총선은 이탈리아의 미래뿐만 아니라 유럽 전체의 전환점이 될 것이며, 자신들이 이탈리아가 우익 및 외국인 혐오 운동에 빠지지 않도록 막을 것이라고 하였다(S&D Press Releases 2018. 01. 27).

한편, 영국정부는 브렉시트는 내년으로 예정되어 있지만 이에 따른 제도 변경은 전환기간이 끝나는 2021년부터 본격적으로 이뤄질 것이라고 밝혔다. 이는 영국이 전환기간에도 유럽연합 규정들을 준수하는 것을 의미한다(BBC 2018. 01. 24; 뉴시스 2018. 01. 24 재인용).

유럽의회 정당

01월 25일

· 벨라루스(Belarus)는 자유롭고 공평하며 민주적인 지방선거를 해야 한다

(EPP Group Press Releases 01. 25)

– 유럽국민당그룹의 부수장인 파울랭겔(Paul Rangel)은 벨라루스 지원을 위한 방문을 마쳤다. 방문기간 동안 랭겔 부수장은 벨라루스의 인권 상황을 검토하고 시민 사회 대표자들과 만났으며 2월 지방선거를 앞두고 있는 벨라루스의 정치 상황을 평가하였다. 그는 앞으로 벨라루스는 유럽연합과의 보다 긴밀한 협력을 발전시킬 수 있는 잠재력을 가지고 있으며 특히 안보 분야에서 유럽연합과 많은 공통의 관심사를 가지고 있다고 말하였다. 그는 민주적인 벨라루스와 시민의 더 나은 삶을 위해 노력하는 그들의 열의에 깊은 인상을 받았으며 벨라루스와 유럽과의 대화가 계속 유지되는 것

이 필요하다고 강조하였다.

01월 27일

• **피텔라: 이탈리아의 투표, 유럽연합의 전환점이 되어야 (S&D Press Releases 01. 27)**
– 유럽사회당그룹의 수장 피텔라가 이탈리아의 다가오는 선거에 출마하기로 결정
했다. 피텔라는 다음 이탈리아 총선은 이탈리아의 미래뿐만 아니라 유럽 전체의 전
환점이 될 것이며 자신들이 이탈리아가 우익 및 외국인 혐오 운동에 빠지지 않도록
막을 수 있는 마지막 요새라고 강조하였다. 또한 피텔라는 이탈리아와 유럽을 향한
자신의 의무와 책임으로서 선거에 출마하였음을 밝히며 유럽사회당그룹 부회장 및
사무국과 긴밀히 협력하여 앞으로 보다 진보적인 유럽을 향한 노력을 계속할 것이라
고 말하였다.

유럽의회 선거 · 의회

01월 25일

• **유럽연합, 비회원국 국가와 범죄기록을 교환하는 시스템 계획**

(European Parliament News 01. 25)

– 유럽연합은 회원국이 아닌 국가들과도 과거 범죄 데이터를 빠르게 공유할 수 있는
새로운 시스템을 계획하고 있다고 발표하였다. 또한 이것이 검찰, 판사 및 경찰이 범
죄 및 테러를 해결할 때 도움이 될 것이라고 말하였다. 유럽연합 국가들이 비 유럽연
합 시민들의 범죄 기록을 보다 빨리 교환할 수 있도록 하는 데이터베이스를 만드는
계획은 시민 자유위원회(Civil Liberties Committee)에 의해 이루어졌다. 시민자유위원회
는 유럽연합 국가들이 시민들의 유죄 판결에 관한 정보를 교환하기 위해 현재 사용
하고 있는 ECRIS(European Criminal Records Information System)를 보완하기 위해 제3국
국민에 대한 새로운 중앙 집중식 데이터베이스를 만들 계획을 승인했다고 밝혔고 이
시스템이 현재 유럽의 검찰, 판사 및 경찰에 국경을 넘나드는 범죄를 해결하기 위한
중요한 도구가 될 것이라 생각한다고 말했다.

01월 24일

· 영국, 브렉시트 이후인 2020년까지 유럽연합 잔류

(BBC 01. 24; 뉴시스 01. 24 재인용)

– 영국의 브렉시트는 2019년 3월로 예정돼 있지만 브렉시트에 따른 제도 변경은 전환기간이 끝나는 2021년부터 본격적으로 이뤄질 것이라고 영국 정부가 밝혔다. 데이비드 데이비스(David Davis) 영국 브렉시트부 장관은 영국은 전환기간에도 유럽연합 규정들을 준수할 것이라고 밝혔다고 BBC가 보도했다. 브렉시트 공식 탈퇴 후 전환기간에 유럽연합에 잔류할 것임을 암시한 것이다. 이에 대해 제이콥 리스(Jacob Riis)보수당 의원은 브렉시트 이후에도 유럽연합 예산에 돈을 내고 유럽연합 법규들을 계속 따른다면 종속 관계가 되지 않느냐 라고 주장했다. 데이베스 장관은 전환기간에 유럽연합 규정을 따르더라도 유럽연합 회원국은 아니다 라며 그 기간에만 유럽연합 규정을 따르게 될 것이라고 설명했다. 데이비스 장관은 전환기간에 다른 국가들과 무역협정을 맺는 것은 가능할 것이라고 전하였으나 전환기간에 다른 국가와 무역협정을 추진하는 것에 대해 일부 유럽연합 국가들과 마찰이 빚어질 수 있음도 인정했다. 영국은 내년 3월 29일 유럽연합에서 탈퇴하지만 2년간의 전환기간 동안에 유럽연합 시민과 상품의 이동의 자유는 계속 보장된다.

01월 12일

· 독일 대연정 예비협상 타결, 한숨 돌린 메르켈

(Spiegel 01. 12; 경향신문 01. 12 재인용)

– 독일 현지 언론 슈피겔(Spiegel)은 기민당-기사당 연합과 사민당이 24시간 넘게 이어진 마라톤 회의 끝에 1월 12일 예비협상 합의에 성공했다고 이날 보도했다. 기민당-기사당 연합과 사민당은 이날 28쪽 분량 예비협상 합의문에 서명하고, 본 협상에 들어가기로 했다. 본 협상에서는 예비협상 합의문을 토대로 한 세부 내용 합의와 내각 구성을 위한 논의가 이어질 것으로 보인다. 이들은 난민 문제와 고소득층 증세 등을 두고 협상을 이어왔다. 사민당은 최고 과세 구간 세율을 42%에서 45%로 올려야 한다고 주장했지만, 기사당은 난색을 표했고 결국 세금 인상을 하지 않는 것으로 합의를 이뤘다고 발표했다. 이미 받아들인 난민들의 해외 가족을 수용하는 문제에서

도 각자 양보로 합의를 이뤘다. 슈피겔은 기민당–기사당 연합과 사민당이 난민 가족 재결합을 예정대로 2018년 3월부터 시작하되 매달 1000명 상한을 두기로 했다고 보도했다. 기민당–기사당 연합은 난민 유입이 폭증할 수 있다며 가족 수용을 연기하자고 주장했고 사민당은 연기 없이 진행해야 한다고 맞섰지만 결국 서로 한 발자국씩 양보해 예정대로 진행하는 대신 상한을 두기로 합의한 것으로 보인다. 양측은 유럽연합의 경제적 안정과 사회통합 등을 지원하기 위한 특별기금을 마련하기로 합의하고, 이를 위해 프랑스와 협력을 강화하기로 합의하였다.

01월 23일
· 마크롱 지지율 다시 추락…'약속 지킨다' 이미지 깨져

(Odoxa 01. 23; 연합뉴스 01. 23 재인용)

– 프랑스 대통령 에마뉘엘 마크롱 지지율 반등세가 꺾였다. 이는 프랑스 정부가 서부의 대규모 신(新)공항 건설 프로젝트를 중단한 것의 영향으로 보인다. 프랑스 여론조사기업 오독사(Odoxa)의 1월 조사 결과 '마크롱이 좋은 대통령이라고 생각한다'는 응답은 절반도 되지 않는 49%로 집계됐다. 한 달 전 같은 조사에서는 54%였다. 취임 후 지지율이 줄곧 하락해온 마크롱 대통령은 두 달 전부터 반등세를 타고 인기가 다시 올라오고 있었다. 지지율 재추락은 대규모 신공항을 건설하려던 계획을 환경단체와 주민들의 반대로 포기한 것이 큰 영향을 준 것으로 분석된다. 프랑스 정부는 신공항 건설 문제를 두고 주민들 간 갈등이 심각한 수준으로 치달았다고 판단하여 계획을 전격 철회했다. 이후 발표된 여론조사들에서는 정부의 결정을 존중한다는 의견이 더 많았지만, 마크롱은 신공항 포기로 정치적 후폭풍에 직면한 것으로 보인다. 오독사는 이러한 추이를 두고 마크롱 정부에 대한 지지율 상승세는 대선 공약을 잘 이행하는 것에서 기인한 부분이 컸는데, 그게 무너진 것으로 보인다고 분석했다.

8차(1월 말~2월 말)

이연경

2월 6일, 유럽국민당그룹은 유럽연합 집행위원회의 서부 발칸 전략을 환영하며 이 지역의 모든 국가를 유럽연합에 속하게 하는 확대 전망을 전적으로 지지한다고 밝혔다(EPP Group Press Releases 2018. 02. 06).

영국에서는 유럽연합 잔류를 주장하는 단체 '베스트 포 브리튼(Best for Britain)'이 앞으로 6주 동안 브렉시트 반대 캠페인을 벌인다. 이는 유럽연합 관세동맹 잔류 여부를 가리는 의회의 표결을 앞둔 가운데 펼치는 본격적인 움직임으로 그들은 유럽연합과의 긴밀한 관계가 국익에 도움이 된다는 메시지를 적극적으로 국민들에게 전달할 계획이라고 밝혔다(Financial Times 2018. 02. 20; 경향신문 2018. 02. 20 재인용).

한편, 오랜 경기 침체로 급증하고 있는 이탈리아의 빈곤층이 3월 4일 실시되는 이탈리아 총선의 결과를 결정지을 주요 변수로 떠오르고 있다. 낙후된 남부와 중부를 중심으로 분노한 빈민층이 기성 정당을 심판하는 양상으로 투표를 할 것으로 예상됨에 따라 반체제 정당과 극우정당이 약진할 것이라는 전망이다(Eurostar 2018. 02. 20; 연합뉴스 2018. 02. 20 재인용).

유럽의회 정당

02월 06일

• 서 발칸 제국, 개혁과 조화를 이뤄야만 유럽연합에 속할 수 있어

(EPP Group Press Releases 02. 06)

- 유럽국민당그룹은 유럽연합 집행위원회의 서부 발칸 전략을 환영하며 이 지역의 모든 국가를 유럽연합에 속하게 하는 확대 전망을 전적으로 지지한다고 밝혔다. 유럽국민당그룹의 수장 조셉 다울은 유럽연합의 확대는 자유와 민주주의, 평화 및 경제 발전을 가져오는 가장 성공적인 정책 중 하나라고 말하며 서부 발칸 지역은 우리의 가장 가까운 파트너이며 이미 지리적으로 유럽연합 국경 내에 위치하고 있기에

유럽국민당그룹은 이들과의 통합을 지원하고 그들의 개혁을 도울 준비를 하고 있다고 말하였다. 또한 그는 서부 발칸 국가가 부패와의 전쟁, 법치주의의 준수, 독립적인 사법 제도의 도입을 위해 계속해서 노력해야 하고 그래야만 경제가 안정화되고 새로운 투자가 유치되며 시민, 특히 청소년에게 새로운 일자리와 번영이 창출되어 통합에 가까워질 수 있다고 강조하였다.

02월 07일

· 유럽사회당그룹, 유럽의 불평등 해결을 위한 조치 취해야

(S&D Press Releases 02. 07)

- 유럽사회당그룹은 사회적 경제적 불평등에 관한 토론에서 유럽연합 집행위원회에 유럽연합의 불평등을 해결하기 위한 신속하고 결정적인 조치를 취할 것을 촉구했다. 유럽사회당그룹이 요구하는 구체적인 조치들로는 불평등 감소 전략을 도입하는 것, 빈곤 퇴치를 위한 로드맵으로 적절한 노동 조건에 대한 지침을 설립하는 것 그리고 생활임금 지수를 조정하는 것 등이 있다. 유럽사회당그룹은 유럽사회의 불평등은 충격적인 수준에 이르렀고 우리 사회는 위기에 처했다고 하며 유럽연합에서는 1억 2천만 명의 사람들이 빈곤하고 2800만 명의 어린이들이 식량, 건강관리, 교육 또는 주택 등 그들의 기본적인 필요를 충족시킬 수 없는 가구에 살고 있다고 밝혔다. 세계에서 가장 부유한 대륙이 자신의 자녀들을 합법적으로 돌보지 않는 것은 부끄러운 일이라고 말하며 신자유주의 경제가 상황을 해결하지 못하고 불충분한 정책적 노력으로 부자와 빈곤층 간의 격차가 커짐에 따라 우리 사회의 사회적, 민주적 구조가 훼손되고 있다고 하였다. 유럽사회당 그룹은 자신들은 여러 사회 파트너들과 함께 강력한 정책 대응을 위해 노력하고 있다고 말하며 유럽연합 집행위원회가 유럽의 불평등 감소를 위한 전략을 신속히 시행하고 도입하여 최저 40%의 소득 성장을 달성하고 2030년까지 빈곤층의 수를 절반으로 줄이는 등의 노력을 할 필요가 있다고 강조하였다.

02월 21일

· 유럽연합, 전 세계적 화장품 동물 실험 금지 요구

(European Parliament News 02. 21)

– 유럽연합은 2023년 이전에 화장품의 동물 실험에 대한 전 세계적인 금지 조치를 취하기 위해 외교적 노력을 시작해야 한다고 밝혔다. 유럽의회는 유럽연합 자체 내에서는 모든 동물 테스트 화장품 판매가 2013년 이후로 금지되었으나 전 세계 국가의 약 80%가 여전히 동물 실험을 허용하고 있어 유럽연합 밖의 화장품들이 유럽연합 시장에도 진입하는 것을 막지 못한다는 시스템의 단점을 지적했다. 그들은 대부분의 화장품 제품 성분이 의약품, 세제 또는 식품과 같은 다른 제품에도 사용되고 있기 때문에 다른 법적 틀 아래에서 동물에 대한 테스트는 여전히 이루어지고 있어 유럽연합에 보완법과 대체할 수 있는 실험개발이 필요하다고 하였다. 또한 그들은 화장품에 대한 동물 실험과 이것들의 세계적 무역 금지를 위해 유럽연합 지도자들에게 외교 네트워크를 사용하여 연합을 만들고 국제연합(United Nations, UN) 체제 내에서 국제 대회를 개최 할 것을 촉구하며 동물실험 금지령은 2023년 이전에 발효되어야만 한다고 강조하였다.

02월 03일

· 잇단 극우 집권, 난민에 총격까지 … 인종혐오 금기 깨진 유럽

(RAI 02. 03; 중앙일보 02. 06 재인용)

– 이탈리아 중부 도시 마체라타에서 극우 성향 백인 남성이 차를 몰고 다니며 흑인 난민을 향해 총격을 가하는 사건이 발생했다. 이마에 나치를 상징하는 문신을 한 이 남성은 체포 당시 이탈리아 국기를 어깨에 두르고 파시스트식 경례를 했다. 이 남성은 신(新)나치 추종자인 루카 트라이니(Ruca trany)로 도심을 2시간가량 곳곳을 돌며 아프리카계 이민자들에게 권총을 쏴 6명이 다쳤고 그중 한 명은 중상이다. 트라이니는 지난해 6월 시의원 선거에서 극우 동맹당 소속으로 출마해 낙선했고 그는 당시 유럽연합 출신이 아닌 시민들을 통제해야 한다고 주장했다. 3월 4일 총선을 앞두고 이

탈리아에서는 난민에 대한 반감은 높아지고 있다. 동맹당과 실비오 베를루스코니(Silvio Berlusconi) 전 총리가 이끄는 포르차 이탈리아(Forza Italia, FI), 국수주의 성향의 이탈리아 형제당(Fratelli d'Italia, FdI)으로 구성된 우파연합이 현재 지지율 37% 안팎을 기록 중으로 앞으로 이 연합이 다수당을 차지하면 인종 혐오 논란은 더 거세질 것으로 전망된다.

02월 20일

· 영국서 '반(反)브렉시트' 선전전 본격화…6주간 광고 공세

(Financial Times 02. 20; 뉴시스 02. 20 재인용)

- 영국의 유럽연합 잔류를 주장하는 단체 '베스트 포 브리튼'이 앞으로 6주 동안 브렉시트 반대 캠페인을 벌인다. 유럽연합 관세동맹 잔류 여부를 가르는 의회의 표결을 앞둔 가운데 펼치는 본격적인 움직임인 셈이다. 20일 파이낸셜타임스에 따르면 '베스트 포 브리튼'은 온라인, 전광판 등을 통해 '브렉시트를 멈출 수 있는 당신의 권리를 위해 싸우라'는 광고를 게시하며 유럽연합과의 긴밀한 관계가 국익에 도움이 된다는 메시지를 통해 적극적인 광고 전을 펼칠 계획이라고 밝혔다. 베스트 포 브리튼은 이번 캠페인을 위해 약 120만 파운드(약 17억 9815만 원)를 모금하는 데 성공했으며 특히 최근 미국의 억만장자 투자자 조지 소로스(Jorge Soros)가 40만 파운드(약 5억 9938만 원)와 10만 파운드(약 1억 4984만 원)를 연이어 기부해 화제가 되기도 했다. 2016년 브렉시트 투표 이후 '베스트 포 브리튼'과 '오픈 브리튼(Open Britain)' 등 친(親) 유럽연합·반(反) 브렉시트성향 단체들의 활동이 점차 활기를 띠고 있다. 특히 지난해 12월 영국 조기 총선에서 테리사 메이 총리가 이끄는 집권 보수당이 의석을 잃으면서 브렉시트 반대 운동은 더욱 힘을 받게 되었고 브렉시트 반대파들은 다음 달로 예정된 유럽연합 관세동맹 탈퇴 의회 표결에서 보수당이 과반을 획득하지 못할 것이라고 예상하고 있다고 밝혔다.

02월 20일

· 이탈리아 빈곤층 급증…총선서 반체제 정당 약진으로 이어지나

(Eurostart 02. 20; 연합뉴스 02. 20 재인용)

– 오랜 경기 침체로 급증하고 있는 이탈리아의 빈곤층이 3월 4일 실시되는 이탈리아 총선의 결과를 결정지을 주요 변수로 떠오르고 있다. 20일 유럽연합 통계 기구인 유로스타트(Eurostart)와 이탈리아 통계청(Istat)에 따르면 2008년 이래 이탈리아의 절대 빈곤층은 300만 명이 늘어나 가장 큰 폭의 증가세를 보였다. 이에 따라 절대 빈곤에 처한 이탈리아 인구는 2016년 기준으로 총 470만 명으로, 10년 만에 3배 가까이 확대된 것이다. 여기서 절대빈곤층은 생필품과 기초적인 서비스에 접근할 수 없는 계층을 의미한다. 이탈리아의 빈곤층이 이처럼 가파르게 상승한 것은 글로벌 금융위기 이후 경기 후퇴를 겪으면서 산업 생산이 4분의 1가량 감소하고, 실업률이 증가한 것을 원인으로 볼 수 있다. 2007년 5.7%이던 이탈리아의 실업률은 2014년 13%대로 올라서며 정점을 찍었고, 현재는 10.8% 정도이다. 산업 기반이 없는 남부의 경우 실업률이 전국 평균보다 훨씬 높은 18.3%, 청년 실업률은 46.6%에 이르고 있다. 남부 도시에 거주하는 53세의 무직 남성 로베르토 비온디(Roberto Biody)는 현재 정부는 나 같은 사람에게 전혀 도움을 주지 않고 있다며 기본소득을 도입하겠다고 약속한 오성운동(Movimento 5 stelle)에 투표할 것이라고 말했다.

9차(2월 말~3월 말)

탁희주

　　3월 20일 유럽사회당그룹의 새로운 대표로 우도 불만(Udo Bullmann)이 당선되었다. 우도 불만은 현 의회와 2019년 5월에 치러질 유럽 선거가 끝날 때까지 유럽사회당그룹을 이끌 것이다(S&D Press Releases 2018. 03. 20).

　　3월 4일 이탈리아 총선 결과에서 포르차 이탈리아, 북부동맹(Lega Nord) 등으로 구성된 우파연합이 37%를 얻으면서 최대 득표율을 가져갔고 단일 정당으로는 오성운동이 33%로 1위를 하였다(뉴시스 2018. 03. 10). 이 정당들은 극우, 포퓰리즘 정당으로 반 유럽연합과 반 이민 정책을 주장하고 있어 향후 유럽연합과의 관계에서 갈등이 일어날 것으로 보고 있다(뉴시스 2018. 03. 10).

　　슬로바키아에서 현 정부와 이탈리아 출신 마피아들 간의 부정부패 혐의를 조사하던 언론인 얀 쿠치아크(Jan Kuciak)가 그의 약혼녀와 자택에서 숨진 채 발견되었다(BBC 2018. 03. 16). 현 정부의 부정부패 혐의사실과 언론인 사살 등으로 국민들은 큰 충격을 받았고 이에 분노하여 전국에서 항의 시위가 이어졌으며 이로 인해 현 총리인 로베르트 피코(Robert Fico)가 사임하였다(BBC 2018. 03. 16).

유럽의회 정당

03월 19일

• 유럽의회 브렉시트 운영 그룹(European Parliament Brexit Steering Group)의 철수 협정 초안　　　　　　　　　　　　　　　　　(EPP Group Press Releases 03. 19)

– 유럽의회 브렉시트 운영 그룹은 영국과 북아일랜드의 철수에 관한 협정 초안의 성명서를 발표했다. 유럽의회의 입장을 표명한 결의안이 3월 22~23일 유럽연합정상회담을 앞두고 마지막 본 회의에서 채택되었다. 유럽의회 브렉시트 운영 그룹은 브렉시트에 관해서 정치적 합의를 환영한다고 말하였다. 영국에 오는 유럽연합국가들의 시민들은 브렉시트 이전과 똑같은 권리를 누릴 수 있을 것이며 브렉시트 이후에 영국에 방문하는 유럽연합국가들의 시민들 간의 차별은 없을 것이라고 밝혔다. 마찬

가지로 영국인이 유럽연합국가 내에서 자유롭게 이사할 수 있도록 하는 방안을 계속 추진할 것이라고 말했다. 마지막으로 특별 회의를 개최할 것이며 원활하고 투명하게 불필요한 행정적 부담을 피하도록 하겠다고 밝혔다.

03월 20일
· 유럽사회당그룹 신임 그룹 당선자 우도 불만: 사회민주주의를 새롭게 단장

(S&D Press Releases 03. 20)

– 유럽사회당그룹의 새로운 회장으로 우도 불만이 당선되었다. 이번 선거는 지아니 피텔라 전 회장이 2018년 2월 이탈리아 상원의원에 당선되어 사퇴 후 치러진 선거이다. 우도불만은 "유럽 선거를 앞두고 우리는 팀워크와 연대의 핵심 초점을 맞추어야 한다"라고 말했고 "유럽사회당그룹은 특별한 사람들로 이루어진 독특한 집단으로 다양한 세대와 국가적 배경을 지닌 다양하고 통합된 여성과 남성들이다. 우리는 우리 사회에 꼭 필요한 근본적 변화를 제공할 것이다"라고 말했다. 우도 불만은 현 의회와 2019년 5월에 치러질 유럽 선거가 끝날 때까지 유럽사회당그룹을 이끌 것이다.

유럽의회 선거·의회

03월 04일
· 독 사민당 66%로 대연정 찬성…메르켈 4번째 총리직 확보 (뉴시스 03. 04)

– 앙겔라 메르켈 총리와의 연합정부 구성에 독일의 중도 좌파인 사회민주당의 당원들이 투표를 통해 연정을 승인했다. 3월 4일 사회민주당은 46만 4000명의 권리 당원들 중 66.02%가 연정에 참여하는 것을 찬성했다고 밝혔다. 사회민주당의 연정 참여에 따라 총선 승리 5개월 만에 보수파인 기독민주당의 메르켈 총리는 정부 구성에 성공하여 총리직을 유지할 수 있게 되었다. 사회민주당은 1월에 대연정에 합의하였으나 대의원의 지지율이 과반수가 조금 넘는 수치여서 당원 투표를 하였을 때 찬성이 될 수 있을 지에 대한 장담할 수 없는 상황이었다. 그러나 당원투표 결과 3분의 2가 찬성하여 기독민주당과의 대연정에 합의할 수 있었다. 현재 연방 하원은 총 709석 중 기독교민주당 264석, 사회민주당 153석을 가지고 있다.

03월 05일

• 이탈리아 총선 '쇼크'…극우·포퓰리즘 정부 탄생할 듯   (뉴시스 03. 10)

– 지난 4일 실시된 이탈리아 총선에서 우파 연합이 약 37%의 최대 득표율을 가져갔다. 오성운동이 단일 정당으로는 득표율 33%로 1위를 하였다. 극우와 포퓰리즘 정당인 우파연합과 오성운동의 득세로 국제 사회에 충격을 주고 있다. 이탈리아가 유로존에 가입한 이후 성장률이 떨어지고 실업률이 상승한 것이 이탈리아에서 포퓰리즘이 떠오른 원인으로 보인다고 가디언은 분석했다. 유럽연합개혁이 최근 독일의 대연정의 성공으로 추진력을 얻는 가 했으나 이탈리아 총선으로 인해 주춤할 것으로 보인다. 전문가들도 향후 유럽연합개혁의 포퓰리스트 정부가 걸림돌이 될 것이라고 말했다. 특히 반 이민 정서를 주장한 정부가 총선에 승리하면서 이민자 문제에 관해 유럽연합과 갈등할 것으로 보인다. 유럽연합 탈퇴도 거론되었지만 가능성은 없어 보인다. 오성운동의 루이지 디 마이오대표는 "선거에 앞서 유럽연합탈퇴문제는 고려조차 하지 않고 있다"고 말했다.

유럽의회 여론

03월 10일

• 슬로바키아 시위: 65,000명이 브라티슬라바 반정부 시위에 참여   (BBC 03. 16)

– 언론인 얀 쿠치아크가 그의 약혼녀인 마르티나 쿠르니스로바(Martina Kusnirova)와 함께 자택에서 총에 맞아 숨진 채 발견되었다. 쿠치아크는 슬로바키아 정치권 인사들과 이탈리아 출신 마피아들 간의 결탁 등 정치적 부패 혐의를 조사하고 있었다. 특히 쿠치아크가 취재했던 대상에는 로베르트 피코 총리의 측근 등 여권 인사들이 다수 포함되어 있다는 것으로 인해 더 논란이 가중되었다. 이 사건으로 인해 로베르트 칼리낙(Robert Carlyak) 부총리 겸 내무장관과 피코 총리가 사임하였다. 쿠치아크가 죽은 뒤 그가 조사한 내용이 언론에 나왔고 이에 대해 대중들은 정부의 부패 사실에 분노하여 전국 35개 도시에서 항의 시위가 이어졌다. 이 시위는 공산주의가 몰락한 이래 가장 큰 시위로 여겨졌으며 지금까지 4만 명이 넘는 사람들이 시위에 참가하였다. 이 시위는 총리 사임을 위한 것뿐만 아니라 정부를 대량 교체하고 조기 총선에 찬성

하는 시위대들과 함께 커졌다. 쿠치아크의 살인 사건 이후, 7명의 사람들이 체포되었지만 바로 석방되었다.

10차(3월 말~4월 말)

유럽의회의 4월 둘째 주 본회의에서는 난민들의 망명신청 절차를 수정하는 내용과 헝가리 빅토르 오르반총리 재선, 비(非)신자들의 차별 문제에 대해 논의하였다(European Parliament News 2018. 04. 09). 한편 일부 동유럽 국가들은 유럽연합의 막대한 지원금을 받고 있지만 인권과 법치, 난민 문제 등 유럽연합의 기본적인 가치들은 지키지 않고 있는 것으로 나타났다(The Guardian 2018. 04. 08; 연합뉴스 2018. 04. 09 재인용). 심지어 헝가리는 국가 시설개발에 유럽연합의 기금을 사용하는 것으로 나타났다(The Guardian 2018. 04. 08; 연합뉴스 2018. 04. 09 재인용). 이에 일부 언론은 동유럽 국가에 대한 강력한 제재가 필요하다고 주장하면서도 동유럽 국가들이 유럽연합에 등 돌릴 것을 염려하고 있다(The Guardian 2018. 04. 08; 연합뉴스 2018. 04. 09 재인용).

유로바로미터(Eurobarometer)는 유럽인들을 대상으로 이민자에 대한 인식조사를 실시하였는데 조사 결과 대부분 유럽인들은 이민자에 대해서 긍정적으로 생각하는 것으로 나타났다. 구체적으로 스페인이 약 80%로 가장 높은 비율을 차지한 반면 헝가리, 불가리아 등 동유럽 국가들은 20%에도 미치지 못하였다(The Economist 2018. 04. 19).

유럽의회 정당

04월 09일

• **이번 주 회의: 망명, 종교적 대화, 헝가리**　　　(European Parliament News 04. 09)
– 이번 주 시민 자유위원회에서는 헝가리의 상황에 대해 논의할 것이다. 헝가리 오르반 총리의 재선 성공으로 인해 유럽연합의 가치가 침해받을 위험에 처해 있는지, 제7조 절차(유럽연합의 가치를 위반하는 위험이 발생했을 때 예방할 수 있는 조치와 위반이 발생한 경우 제재를 가할 수 있다)가 요청되어야 하는지를 고려할 것이다. 그리고 유럽연합위원회에서는 유럽연합회원국들을 대상으로 망명 신청의 공통 절차에 대해 투표하려고 했

200　지역 다양성과 사회 통합 (V)

으나 연기되었다. 또, 종교적으로 전 세계의 비신자들이 받고 있는 차별과 박해 문제에 대해 토론할 것이다.

04월 11일
· **유럽, 난민 아동에게 교육의 기회를 부여해야 한다는 연구 결과 도출돼**

(S&D Press Releases 04. 11)

− 유럽연합 법에 따르면 모든 유럽 국가는 망명 신청 접수 후 3개월 이내에 각 아동 난민에게 교육을 제공해야 한다. 하지만 2015년 초부터 유럽과 터키의 난민 캠프에 온 어린이는 150만 명으로 대부분 갈등과 폭력의 영향으로 고국에서 평균 2년 반 동안 교육을 받지 못했다. 유럽에 도착하면 피난민 센터 간 이동 및 망명 요청을 평가하는 데에 있어 여러 지연이 발생하고 이에 따라 교육을 받지 못하는 경우가 최대 3년 반 정도인 것으로 나타났다. 연구 결과, 보호자가 없는 미성년자의 경우 보호자를 찾아야 하기 때문에 더 오랜 기간이 소요되는 것으로 나타났다. 또한 유럽국가들 사이에서도 교육의 차이점과 격차가 발생하고 있으며 난민 학생과 가족에 대한 지원이 충분하지 않았고 유럽은 학교와 사회에서 난민 아동들을 지속적으로 모니터링하지 않고 있다는 연구결과 또한 도출되었다.

유럽의회 선거 · 의회

03월 29일
· **유럽 지도자들 "英−EU 이혼 큰 슬픔"…"벌써 그립다"**

(AP 03. 29; 뉴시스 03. 30 재인용)

− 영국 총리인 테레사 메이가 29일 유럽연합 주재 영국대사를 통해 영국의 유럽연합 탈퇴 의사를 공식적으로 통보하는 서한을 도날드 루스크(Donald Lusk) 유럽연합 정상회의 상임의장에게 전달했다. 이에 각국의 유럽 지도자들은 영국의 유럽연합 탈퇴에 대해 아쉬움을 토로하였다. 그리고 브렉시트 이후에도 유럽연합과 영국의 관계가 지속적으로 가까운 파트너로 이어졌으면 좋겠다면서 브렉시트 협상을 공정하고 차질 없게 진행되어야 한다고 말하였다. 루스크 의장은 브렉시트는 오히려 유럽연합 회원

국들을 더욱 단합시킬 수 있는 좋은 계기가 될 것이라고 말하였다. 유럽국민당의 만 프레드 베버(Manfred Weber) 대표는 "브렉시트는 역사적으로 엄청난 실수일 것이다. 이는 유럽연합과 영국 모두에게 손해를 끼칠 것이다. 하지만 의회는 영국 유권자들 의 선택을 존중한다"라고 말하였다.

04월 08일

• 돈만 빼가는데…동유럽 마이웨이에 속내 복잡한 유럽연합

(The Guardian 04. 08; 연합뉴스 04. 09 재인용)

– 더 가디언은 인권, 난민 문제 등 유럽연합의 기본적인 가치는 따르지 않으면서 유 럽연합 기금 혜택을 누리고 있는 동유럽 국가들을 제어할 방법이 없다고 말했다. 그 리고 헝가리 빈곤지역 개발, 시설 개선 등에 쓰이는 공공 투자의 약 80%가 유럽연합 의 결속기금에서 충당하고 있다고 말했다. 체코는 유럽연합 기금 부패 문제로 2013 년부터 2년 동안 기금 제공이 동결된 적도 있었다. 그리고 폴란드는 공공 투자의 50%, 루마니아는 60%를 유럽연합 기금에 의존하고 있다. 2004년 유럽연합 가입 이 후 이들 국가에게 막대한 지원금을 주었지만 유럽연합이 주장하는 사회, 정치 분야 의 틀을 지키지 않았다. 하지만 유럽연합이 강력한 기준을 요하면 동유럽 국가들이 중국으로 돌아설 수 있다는 주장이 나오고 있다.

유럽의회 여론

04월 19일

• 유럽인들은 이민자들을 환영한다 (The Economist 04. 19)

– 최근 유로바로미터의 조사에 따르면 실제로 유럽인들의 이주자에 대해서 상대적 으로 긍정적이라는 결과가 나왔다. 스페인의 83%, 스웨덴의 81%는 사회적인 관계로 이민을 편하게 느낄 것이라고 말했다. 이들은 이민자들을 이웃, 동료, 그리고 관리자 로 두는 것에 행복하다고 말했다. 스웨덴은 2015년 난민 위기 때 1인당 가장 많은 난 민을 받아들인 국가였다. 그 당시 반 이민 정당인 사회민주당이 선거에 압승하면서 난민 수용을 꺼릴 것이라고 예상했지만 그 반대의 결과를 가져왔다. 영국 또한 이민

자들에 대해 긍정적인 입장을 가지고 있다. 이 조사 결과는 젊은 사람들, 고학력자 그리고 도시에 삶고 있는 사람일수록 이주자들에게 더 긍정적인 감정을 가지고 있다는 것을 보여준다.

11차(4월 말~5월 말)

탁희주

유럽연합-서부발칸제국 정상회담에서 유럽국민당그룹은 서부발칸지역이 유럽연합에 가입할 수 있도록 노력해야 한다고 말했다(EPP Group Press Releases 2018. 05. 16). 그리고 유럽사회당그룹도 유럽연합이 안정되고 번영하는 데 서부발칸제국의 도움을 받을 것이라며 긍정적인 입장을 내보였다(S&D Press Releases 2018. 05. 16).

이탈리아에서 오성운동과 동맹당이 연정 구성에 합의하였으며 총리 후보로는 법학자인 주제페 콘테(Giuseppe Conte) 교수를 추천할 것이라고 밝혔다. 다수 언론들은 정치 신인인 콘테 교수가 총리로서 적절하지 못하다는 의견을 보였고 총리지명 최종권을 가진 세르지오 마타렐라(Sergio Mattarella) 대통령의 입장을 주목하고 있다(FT 2018. 05. 21; 뉴시스 2018. 05. 21 재인용).

한편 파리에서는 또 테러가 발생하였다. 그 결과 한 명의 사망자와 네 명의 부상자가 발생했고 테러범은 그 자리에서 경찰에게 사살되었다(BBC 2018. 05. 13). 언론은 테러범이 죽기 전 "알라후 아크바르(신은 위대하다)"라고 소리쳤으며 사건 이후 이슬람국가가 본인들이 한 일이라고 주장한 것으로 보아 이슬람국가의 소행으로 파악하고 있다고 밝혔다(BBC 2018. 05. 13).

유럽의회 정당

05월 16일

• 유럽국민당그룹은 서부 발칸 확장을 위한 확실한 지지 반복해

(EPP Group Press Releases 05. 16)

– 유럽국민당그룹와 서부발칸지도자들은 유럽연합-서부발칸 정상회의에 앞서 소피아에서 만났다. 유럽국민당그룹지도자들은 유럽연합-서부 발칸 정상회의 선언문을 채택했다. 유럽국민당그룹의 조셉 다울 대표는 "유럽의 서부 확대를 지지한다. 유럽연합의 확대 정책은 우리의 안정과 평화를 가져다줄 것이며 서부발칸지역이 유럽

연합에 가입할 수 있도록 노력해야 한다"고 말하였다.

05월 16일

• 유럽사회당그룹: 소피아에서 열린 유럽연합-서부 발칸 제국 정상회담은 이 지역에 대한 신뢰할만한 확대 전망 확인 필요　　　　　　　　(S&D Press Releases 05. 16)

– 유럽사회당그룹은 유럽연합정상들에게 소피아에서 열린 정상회담을 통해 서유럽 발칸 반도 국가들에게 신뢰할만한 유럽연합가입 전망을 확인해줄 것을 촉구하였다. 유럽사회당그룹은 이 지역의 자매 정당과 정치적 협력을 강화하기를 원한다고 하였다. 우도불만은 "유럽연합이 안정되고 번영하는 데 서부 발칸 제국의 도움을 받을 것이다. 그리고 발칸 제국의 긍정적인 개혁을 지지하는 것은 양측 모두에게 더 나은 미래를 보장하기 위한 합리적인 투자이다"라고 말하였다. 또 "유럽 집행위원회(European Commission)의 권고에 따라 6월에 알바니아와 마케도니아의 가입 협상을 개시함으로써 바뀌어야 한다"라고 말하였다.

유럽의회 선거·의회

05월 21일

• 극우·포퓰리즘 연정, 총리에 법학자 콘테 추천할 듯
　　　　　　　　　　　　　　(Financial Times 05. 21; 뉴시스 05. 21 재인용)

– 영국 파이낸셜타임스에 의하면 오성운동의 루이지 디 마이오 대표와 동맹당의 마테오 살비니(Matteo Salvini) 대표가 연정 구성에 합의하였으며 21일 세르지오 마타렐라 대통령을 만나 연정 구성 및 총리 승인을 받을 예정이라고 보도했다. 총리 후보로는 법학자인 주제페 콘테 교수를 추천할 것이라고 하였다. 콘테 교수는 공적인 활동이 많지 않은 정치 신인이다. 현재 피렌체와 볼로냐의 대학에서 사법 강의를 하고 있다. 현지 언론 코리에레 델라 세라(Corriere della Sera)는 "정치적인 경험이 없으며 단지 사업 및 행정, 재정 및 민법 등의 전문가일 뿐"이라고 평가했다. 살비니 대표는 "그 누구도 퇴짜를 놓지 않기를 바란다. 우리는 그걸 수용하지 않겠다"라고 말하였다. 마타렐라 대통령이 총리 지명의 최종권을 가진 만큼 이후 상황을 지켜봐야 할 것이다.

05월 22일

• 이번주 회의: 마크 주커버그(Mark Elliot Zuckerberg), GDPR, 유로바로미터 설문조사

(European Parliament News 05. 22)

− 페이스북 최고 경영자인 마크 주커버그는 안토니오 타자니 의회 의장과 정치 지도자들을 만나 유럽 페이스북 사용자들의 개인 정보 악용 의혹과 이것이 내년 유럽 선거에 영향을 미칠 것인가에 대해 논의할 것이다. 타자니 의회 의장은 2019년 5월 23일−26일에 실시하는 유럽 선거를 1년 카운트다운하는 것을 기념하고 유로바로미터 설문조사에 대해 논의할 것이다. 그리고 의회 교통 위원회(Parliament's transport committee)는 고속 수송에 대해 환경적인 문제를 개선하기 위해 도로세 규칙을 개정하기 위한 보고서 초안에 대해서 투표할 것이다.

유럽의회 여론

05월 03일

• 그리스 경찰, 이민정책 항의하는 난민시위대와 충돌

(AP 05. 03; 뉴시스 05. 04 재인용)

− 그리스에서 유럽연합의 이민정책에 항의하는 약 2500명의 난민 시위대와 경찰 간의 충돌이 발생했다. 경찰은 이 난민 시위대를 해산시키기 위해 최루가스를 쏘는 등 시위대에 대항하였다. 난민 시위대가 레스보스섬에서 회의를 위해 도착한 그리스 알렉시스 치프라스(Alexis Tsipras) 총리에게 접근을 시도하자 경찰이 이를 저지하였고 난민 시위대는 경찰 버스를 공격하기도 하였다. 경찰이 섬광탄을 발사하기도 하였으나 다치거나 체포된 사람은 없었다. 레스보스섬은 지난 2016년 유럽연합과 터키 간에 체결된 합의 때문에 항의가 시작되었다. 이 합의 내용은 터키로부터 그리스의 섬에 도착한 난민들은 그 섬에 억류되며 그리스로의 망명이 신청이 받아들여지지 않으면 다시 터키로 추방하도록 하는 것이었다.

05월 13일

• 파리: 이슬람국가 테러 발생

(BBC 05. 13)

– 파리 중심부에서 남성 한 명이 칼부림을 하는 테러가 발생하였다. 이로 인해 한 명이 사망하였으며 네 명이 부상당했다고 프랑스 당국은 말했다. 이 남성은 오페라 지역에서 경찰에 의해 사살되었다. 경찰은 신고를 받고 5분 후 현장에 도착했으며 이 남성은 9분 이내 사망했다고 전했다. 프랑스 언론에 의하면 이 가해자는 1997년 체첸 공화국 남부에서 태어난 29세 남성이라고 밝혔다. 목격자들은 그가 죽기 전 "알라후 아크바르"라고 소리치는 것을 들었다고 증언했다. 이슬람국가는 병사들 중 한 명이 토요일 저녁에 공격을 수행했다고 말했다. 프랑스는 지난 3년 동안 이슬람국가에 의해 230명 이상이 살해당했다.

12차(5월 말~6월 말)

탁희주

    유럽국민당그룹은 폴란드의 사법개혁에 대해 철회를 촉구하였다. 유럽국민당그룹은 폴란드 정부가 유럽연합의 가치를 훼손하고 있으며 사법 독립을 해치고 있다고 밝혔다(EPP Group Press Releases 2018. 06. 05).

    24일 벨기에 브뤼셀에서는 유럽연합 미니 정상회담이 개최되었다. 유럽 내 난민 정책에 대한 문제 해결을 위해 열렸으나 사실상 실패로 돌아갔다. 이탈리아 주제페 콘테 총리가 북아프리카 지역에 유럽으로 이주하는 사람들을 수용하는 난민 캠프를 건설하는 방안 등이 포함된 난민 대책 10개항을 내놓는 등 다양한 의견이 오고갔지만 구체적인 결론이나 결과를 도출하지 못했다(가디언 2018. 06. 24; 뉴시스 2018. 06. 25 재인용).

    한편 여론조사기관 엘라베(Elabe)와 BFM TV의 공동 조사에 따르면 프랑스 유권자의 61%는 난민 정책에 관련해서 지나치게 포용적이라는 조사결과가 나왔다. 그리고 정치적 박해 문제 때문에 들어오는 난민에 대해서는 62%가 수용에 찬성하는 등 비교적 관대하였지만 경제적인 목적으로 들어오는 이민자에 대해서는 70%가 반대하였다(연합뉴스 2018. 06. 21).

유럽의회 정당

06월 05일

• 유럽국민당그룹, 폴란드의 법치에 대해 논의　　(EPP Group Press Releases 06. 05)

– 유럽국민당그룹의 정치인들은 바르샤바 회의에서 폴란드의 법치와 정치 상황에 대해 논의하였다. 폴란드가 유럽연합에서 벗어나고 있다는 것에 주목하였으며 폴란드의 사법 개혁이 사법 독립을 해친 것에 대해 반대하고 있다. 법의 지배, 정의의 독립 및 모든 자유에 대한 존중은 건강한 민주주의의 토대이기 때문이다. 유럽국민당그룹은 유럽연합집행위원회와 유럽사법재판소를 포함한 모든 수단을 사용하여 폴란드 정부가 유럽의 법률과 표준을 준수하도록 요구할 것이다.

06월 13일

・위원회, 법의 지배에 대해 폴란드 정부를 압박해서는 안 된다

(S&D Press Releases 06. 13)

− 유럽사회당그룹은 유럽연합집행위원회가 폴란드의 사법개혁에 대해 폴란드 정부를 압박하지 말 것을 촉구하였다. 유럽사회당그룹 대표인 우도 불만은 "폴란드는 유럽연합에게 중요한 존재이다. 폴란드가 유럽연합 가입 이후 경제, 정치적으로 발전할 수 있었던 이유는 강력하고 독립적인 제도 토대 아래 이뤄질 수 있었다. 유럽연합이 이를 위협하는 것은 폴란드뿐만 아니라 유럽연합 전체에게 영향을 미친다"고 말했다.

유럽의회 선거 · 의회

06월 25일

・유럽연합 16개국 난민정책회담, 사실상 실패…"분열만 확인"

(The Guardian 06. 24; 뉴시스 06. 25 재인용)

− 24일 벨기에 브뤼셀에서 유럽연합 미니 정상회담이 열렸다. 이날 회담은 최근 발생한 이탈리아 난민 구조선박 입항 거부 문제를 시작으로 유럽에서의 유럽연합의 난민정책 관련 해법을 논의하기 위함이었다. 앙겔라 메르켈 독일 총리, 에마뉘엘 마크롱 프랑스 대통령, 마르크 뤼터(Mark Rutte) 네덜란드 총리, 샤를 미셸(Charles Michel) 벨기에 총리, 이탈리아의 주세페 콘테 총리 등이 참가하였다. 하지만 헝가리, 폴란드 등의 반(反) 난민 정책을 추진하는 지도자들은 불참하였다. 패드로 산체스(Pedro Sanchez) 스페인 총리는 "회담은 솔직하고 개방적이었지만 구체적인 결론이나 결과를 도출하지는 못했다"라고 말했으며 사실상 유럽연합 16개국 특별 정상회담은 실패로 돌아갔다.

06월 26일

• 이번주 회의: 페이스북, 헝가리 및 문화유산 회의

(European Parliament News 06. 26)

− MEP는 페이스북 창립자인 마크 주커버그를 월요일에 공청회에 불러 데이터 보호 및 데이터 불법 사용 방지 방법을 조사할 예정이다. 그리고 시민 자유위원회는 유럽 연합 장관들에게 헝가리에 대한 유럽연합 조약 제7조(투표권 상실을 포함한 제재)를 시행 할 것인가에 대한 투표를 진행할 것이다. '유럽의 문화유산: 과거와 미래 연결' 회의 에서 유럽 유산에 대해 논의할 것이다. 그리고 안토니오 타자니는 안보 및 국방, 브 렉시트, 경제 및 재정문제를 논의하는 유럽 이사회에서 연설할 예정이다.

유럽의회 여론

06월 21일

• 프랑스 유권자 절반 이상 "난민정책 너무 관대해"　　　(European Union 06. 21)

− 엘라베와 BFM TV의 공동조사 결과에 따르면 프랑스의 이민, 난민 관련 정책에 대 해 응답자 61%가 지나치게 포용적이라고 답했다. 난민정책이 너무 강경하다는 응답 은 13%, 적절한 수준이라는 응답은 26% 정도였다. 그리고 정치적 피해로 들어오는 난민에 대해서는 62%가 수용을 찬성한다고 했으나, 경제적인 목적으로 오는 이민자 수용에 대해서는 70%가 반대하였다. 정부의 난민정책이 지나치게 유화적이라고 답 한 65세 이상 유권자는 66%로 높았으나 18~24세의 청년들은 51%로 상대적으로 낮 은 비율을 차지하였다.

13차(6월 말~7월 말)

탁희주

유럽국민당그룹 지도자 회의에서 이주문제에 대해 유럽 국경 및 해안 경비대를 설치하여 국경에 도착하는 모든 사람들을 검사하여야 한다고 밝혔으며, 이주문제의 근본적인 해결을 위해 아프리카에 빈곤 퇴치, 안보, 무역 투자 계획을 지지한다고 말하였다(EPP Group Press Releases 2018. 06. 28).

한편 유럽의회(European Parliament)에서는 유럽연합 시민들의 선거 참여를 증진시키기 위한 선거법 개정에 대해 지지하였다. 선거법 개정 내용에는 투표용지에 유럽 정당의 이름과 로고가 표시되도록 허용하는 법안과 이중 투표 방지를 위해 처벌 수위를 높이는 법안, 비유럽연합 국가에 거주하고 있는 자국 시민들이 유럽연합 선거에 투표하는 것을 허용하는 법안 등이 포함되었다(European Parliament News 2018. 07. 04).

영국 스카이뉴스가 실시한 여론조사에 따르면 국민의 64%가 테리사 메이(Theresa May)총리의 브렉시트를 신뢰하지 못하고 있으며, 44%는 메이 총리 이외의 보수당 내 다른 인물이 브렉시트 협상을 주도해야 한다고 답하는 등 영국인들이 브렉시트에 대해 불안해하고 있다고 밝혔다(연합뉴스 2018. 07. 10).

유럽의회 정당

06월 28일

• 유럽국민당그룹(EPP) 제출: 이주 및 은행 연합의 즉각적인 조치를 요구한다

(EPP Group Press Releases 06. 28)

– 유럽 국민당 지도자들은 유럽 이사회를 앞두고 브뤼셀에서 만났다. 유럽국민당그룹 정상회의의 초점은 이주 문제였다. 유럽국민당그룹 대표인 조셉 달(Joseph Daul)은 "유럽국민당그룹은 이주 문제를 해결하기 위한 선두에 있다. 유럽 국경 및 해안 경비대를 설치하여 국경에 도착하는 모든 사람을 검사하고 메모리 간의 데이터 교환을 개선하기를 원한다. 하지만 바다에서 사람들이 죽는 것을 막고 유럽연합의 외부

경계를 강화하기 위해서는 더 많은 것이 필요하다. 즉, 이주의 근본 원인을 해결하는 것이라고 생각한다. 우리는 무역, 안보, 빈곤 퇴치에 이르는 통합적인 접근을 위해 아프리카에 투자하는 계획을 지지한다"고 말하였다. 그리고 유럽국민당그룹은 경제와 관련하여 은행 연합을 완성한 것을 지지한다고 밝혔다.

유럽의회 선거·의회

07월 04일

· 유럽 의회는 현대화된 유럽연합 선거법을 지지한다

(European Parliament News 07. 04)

– 이번 개정된 선거법의 목적은 유럽 연합 시민들의 선거 참여를 증진시키고 절차 개선을 촉구하기 위한 것이다. 새로운 조항들 중에서, 35개 이상의 의석을 가진 선거구에 의무적인 한계점을 도입하는 조항이 포함되었다. 그리고 이중 투표 방지 처벌에 관한 조항이 추가되었으며, 유럽연합 국가들은 자국의 법에 따라서 비유럽연합 국가에 거주하고 있는 자국 시민들이 유럽연합 선거에 투표하는 것을 허용하였다. 또 유럽연합은 유럽연합 국가들이 유럽 정당의 이름과 로고가 국민투표 용지에 표시되도록 허용하였다. 의회의 공동 조사 위원인 다누타 마리아 위너(Danuta Maria Hubner)는 유럽 선거법의 개혁은 큰 성공이며 유럽 의회의 성취라고 말했으며 이것은 수백만 명의 시민들이 선거에 좀 더 쉽게 접근할 수 있게 한다고 말했다.

07월 23일

· EU, 지중해 난민 구하는 회원국에 돈 준다··· 1인당 800만 원 계산

(FT 07. 23; 연합뉴스 07. 24 재인용)

– 영국 일간 파이낸셜타임스(FT)는 유럽연합 회원국이 지중해에서 표류하는 난민선을 구조해 자국으로 데려가면 난민 1인당 6천 유로(797만 원)로 계산하여 보상금을 지급할 계획이라고 보도했다. 유럽연합은 금전적으로 지원하여 반(反)난민에 대한 정서를 누그러뜨리고 난민선 난파로 인한 참사를 막기 위한 목적인 것으로 나타났다. 보상금은 난민 선박 1척당 500명분까지 주어지며 최대 40억 원까지 받을 수 있는 셈

이다. 지난주 스페인은 지중해에서 표류한 1천 200명 이상의 난민을 구조하였기 때문에 만약 이 방안이 시행되면 스페인이 가장 큰 혜택을 볼 것으로 보인다. 이와 같은 방안이 나온 배경에는 이탈리아의 포퓰리즘 정부가 최근 비정부기구가 운영하는 난민 구조선의 자국 입항을 거부한 이후 나타난 것으로 밝혀졌다.

08월 02일

• 유럽연합 정상회의 취재언론에 취재비 부과 논란

(FT 08. 02; 연합뉴스 08. 02 재인용)

– 벨기에가 자국 브뤼셀에 위치한 유럽연합 본부에 취재하러 오는 언론인에게 6개월마다 50유로, 약 6만 5천 원씩 취재 비용을 부과하였다. 이는 보안점검 명목인 것으로 나타났다. 6월부터 발효된 벨기에 정부 법령에 따른 것이다. 취재비 부과는 벨기에 주재 언론인에 해당되며 정상회의 취재를 위해 일시적으로 방문하는 외국인 언론인에게는 적용되지 않는다. 이에 대해 국제기자협회(API-IPA)는 취재비를 취재의 불필요한 장애로 규정하고 있으며, 특히 프리랜서 기자들에게 문제가 될 것이라고 말하였다. 그리고 유럽연합의 최고집행기구인 집행위원회는 반대성명을 내었다. 벨기에가 취재비를 요구하는 배경에는 유럽연합 정상회의가 3개월마다 열리고 있으며 이에 대한 회의 보안 비용을 벨기에 정부 측이 부담하고 있기 때문이라고 알려졌다.

유럽의회 여론

07월 10일

• 메이 영국 총리 '휘청'…국민 64% "브렉시트 못 맡겨" (연합뉴스 07. 10)

– 영국 뉴스채널 스카이뉴스가 7월 9일 실시한 여론조사결과에 따르면 시청자인 조사대상자 1천502명 가운데 브렉시트 협상에 관해 메이 총리를 신뢰하지 못한다는 응답이 64%로 높은 비율을 차지했다고 밝혔다. 이는 지난해 3월 조사 때보다 무려 31%나 급등한 것이다. 메이 총리가 믿음직스럽다고 응답한 비율은 22%이고 믿지도, 불신하지도 않는다는 비율은 14%였다. 이 여론조사는 유럽연합 탈퇴 업무를 담당하는 데이비드 데이비스 장관과 스티브 베이커 차관이 지난달 발표한 메이 총리의

브렉시트 계획안에 반발하여 전격 사임한 후 진행한 조사였다. 이번 조사에서는 브렉시트를 이끌 최고의 보수당 인물로 조사대상자 중 30%만이 메이 총리를 뽑았고, 44%는 메이 총리 이외의 보수당 내 다른 인물이 브렉시트 협상을 주도해야 한다고 답하였다. 영국인들은 브렉시트부에 속한 장관과 차관의 사임 등과 더불어 이후 발생할 일에 대해 불안해하고 있다고 밝혔다.

14차(7월 말~8월 말)

탁희주

유럽사회당그룹의 대표인 우도 불만은 난민 문제를 해결하기 위해서는 유럽연합의 회원국 및 아프리카 국가, 비정부기구(Non Govermmental Organization, NGO) 등 모든 관련 당사자들이 수용할 수 있는 협의안이 필요함을 강조하였다(S&D Press Releases 2018. 08. 09).

8월 14일 발생한 제노바 교량 붕괴 참사에 대해 이탈리아는 유럽연합의 사회기반시설에 대한 지출 제한의 문제로 교량을 보수할 수 없었다는 입장을 밝혔다(KBS NEWS 2018. 08. 17). 이에 대해 유럽연합은 이탈리아에게 사회기반시설 투자를 권장했으며, 유럽연합 예산의 25억 유로(약 3조2천100억 원)를 제공했다고 반박했다(KBS NEWS 2018. 08. 17).

그리스가 8년 만에 구제 금융 체제에서 해방되었다(중앙일보 2018. 08. 21). 하지만 교육을 잘 받은 젊은 층들이 일자리 부족으로 인해 이민을 가는 등 약 4% 이상의 국민 이탈이 이어지고 있는 것으로 나타났다(중앙일보 2018. 08. 21). 실업률이 점차 낮아지고 있지만 작년까지 젊은 층 10명 중 4명은 실업 상태로 이민의 숫자는 더 늘어날 것으로 예측되고 있다(중앙일보 2018. 08. 21).

유럽의회 정당

08월 09일

• **우도 불만: 이민에 대한 유럽연합 정책 솔루션**　　　　(S&D Press Releases 08. 09)

– 유럽연합 회원국들의 난민 밀수와 지중해에서의 인명 피해 방지를 위한 논의를 앞두고 우도 불만 회장이 "이탈리아의 항만 폐쇄는 유럽연합의 임무와 운영의 혼란을 초래했으며, 이번 여름은 지중해 중심 바다에서 난민들의 급격한 사망 증가의 날로 기억될 것이다"라고 말하였다. 이에 대한 해결방안으로 유럽연합의 회원국 및 아프리카 국가, 비정부기구 등 모든 관련 당사자들이 수용할 수 있고 예측 가능한 협의안이 필요함을 강조하였다. 그리고 그는 유럽연합이 동서, 북, 남을 갈라놓지 않는 내

적 연대를 통해 이민. 망명을 함께 관리해야 한다고 주장하였다.

유럽의회 선거·의회

08월 17일

• 다리 붕괴 참사에 이탈리아 정부 '유럽연합 탓'…유럽연합은 반박

(KBS NEWS 08. 17)

– 이탈리아 제노바의 교량 붕괴 참사가 발생하였다. 이에 대해 마테오 살비니 이탈리아 부총리 겸 내무장관은 유럽연합의 사회기반시설에 대한 지출 제한이 안전을 위협한다고 밝혔다. 하지만 이에 대해 유럽연합 집행위원회의 크리스티안 슈파흐(Christian Spah) 대변인은 "유럽연합은 이탈리아에 사회기반시설 투자를 권장했으며 지난 4월에는 이탈리아 고속도로에 대해 85억 유로(약 10조9천400억 원)의 정부 지원 계획을 승인했다"라고 말했다. 그리고 특히 이탈리아가 2014년부터 2020년까지 사회기반시설 투자를 위해 유럽연합의 예산 25억 유로(약 3조2천100억 원)를 받았다고 밝혔다. 그리고 이러한 사회기반시설에 대한 재정과 관련한 협약에서는 유연성이 있으며 이러한 수혜국 중 하나 이탈리아라고 말하면서 살비니 장관의 주장을 일축했다.

08월 19일

• 유럽연합, 온라인 테러 선동 게시물 '1시간 내 삭제' 의무화 추진

(FT 08. 19; 뉴시스 08. 20 재인용)

– 파이낸셜타임스에 따르면 유럽연합 집행위원회는 테러와 관련하여 인터넷 플랫폼들(페이스북, 유튜브, 트위터 등)에게 더 강력한 규제안을 발표할 예정이라고 밝혔다. 유럽연합의 고위관료에 따르면 사법 기관이 개입하기 전 테러 관련 게시물들을 인터넷 플랫폼들이 한 시간 내에 삭제해야 하는 방안이 검토되고 있으며, 규제에 관해서는 규모와 상관없이 모든 웹사이트에 적용될 예정이라고 밝혔다. 지금까지 유럽연합은 업계에서 자유롭게 게시물을 규제하도록 하였으나 이에 대한 진전이 없다고 판단되어 이러한 결정을 내린 것으로 나타났다. 독일 같은 경우는 헤이트스피치(Hate Speech·가짜뉴스와 인종차별 게시물 등을 규제하는 것)법을 도입하여 시행 중이다. 24시간 내

에 삭제하지 않을 경우 기업들은 최대 50만 유로(약 6억4000만 원)의 벌금을 내야 한다.

08월 27일

• 앞으로의 전망: 2018년 말까지 유럽의회의원들이 어떤 일을 할 것인가

(European Parliament News 08. 27)

– 유럽의회의원들은 유럽의 미래에 대한 토론을 진행할 것이다. 그리고 에너지, 통신 및 운송에 대한 새로운 규칙에 투표할 것이다. 11월에 유럽의회의원들은 녹색 에너지와 효율적인 소비를 증진하기 위해 유럽연합과 2건의 협약에 대해 투표할 예정이다. 수송에 관해서는 9월에 유럽연합이 이동성 미래에 대한 보고서에 투표할 예정이다.

유럽의회 여론

08월 18일

• 英, 2차 국민투표 기부금 14억 모금 … 브렉시트 재투표 여론

(가디언 08. 18; 뉴시스 08. 19 재인용)

– 영국 내에서 노 딜(No Deal) 브렉시트에 대한 우려가 높아지고 있는 가운데 2차 국민투표 캠페인에 100만 파운드(약 14억3059만 원)의 기부금이 모였다. 최근 옵서버(Observer)가 실시한 여론조사에 따르면 영국 국민의 40%은 브렉시트 협상이 유럽연합과의 전환 협정 없이 관계를 끝내는 '노 딜'로 결론이 날 것이라고 생각하는 것으로 나타났다. 그리고 유고브 여론조사에 따르면 브렉시트가 '노 딜'로 끝나지 않더라도 2차 국민투표를 통해 브렉시트에 대해 다시 한번 고찰할 필요가 있다고 생각하는 영국 국민이 45% 이상이 되는 것으로 밝혀졌다.

08월 21일

• 그리스 8년 만에 구제금융 졸업 … 청년 등 40만 명 이민 갔다 (중앙일보 08. 21)

– 그리스가 8년 만에 구제 금융 체제에서 해방되었지만 일자리 부족으로 인하여 일명 그리스 탈출이 이어지고 있다. 이는 교육을 잘 받은 젊은 층들이 그리스를 떠나는

것을 일컫는다. 그리스는 2008년부터 2016년까지 40만 명이 넘는 국민들이 이민을 가면서 약 4%의 국민을 잃은 것으로 나타났다. 최근 설문조사 결과에 따르면 응답자의 4분의 3 이상이 국가가 잘못된 길로 가고 있다고 답하면서 구제금융이 오히려 국가에 위협을 가했다고 생각하였다. 그리스가 구제금융을 받으면서 국민들의 월 소득과 연금 수령액이 평균 3분의 1가량이 줄어들면서 이민의 숫자가 늘어난 것으로 보고 있다. 실업률이 점차적으로 낮아지고 있는지만 지난해까지 젊은 층 10명 중 4명이 실업 상태로 심각한 상황에 마주하고 있다.

15차(8월 말~9월 말)

유예닮

　코소보(Kosovo)는 유럽연합 간 무비자 정책을 위한 모든 자격 요건을 충족했고, 유럽의회(European Parliament, EP)는 무비자 정책안을 최종 승인했다(European Parliament news 2018. 09. 13). 한편 유럽국민당그룹은 19일 잘츠부르크(Salzburg)에서 열린 회담에서 지속가능한 난민정책의 해법은 난민들의 출신국가에 대한 원조와 협력을 강화하여 그들이 난민발생국에서 안정적인 삶을 향유하는 데 있다는 의견을 밝혔다(EPP Press Releases 2018. 09. 19).

　9월 18일 유로바로미터에 따르면, 2016년도에 실시되었던 여론조사에 비해 올해는 EU의 시민들이 테러, 난민 문제, 실업률 등의 사회문제 해결에 유럽의회가 더 많은 역할을 할 것을 원하는 것으로 나타났다(European Parliament news 2018. 09. 18).

　이탈리아에서는 새 정부가 60%를 상회하는 지지율로 인기를 누리고 있으며, 이는 지중해의 난민들에게 항구를 폐쇄하는 정책을 실시한 마테오 살비니 부총리의 인기 때문으로 분석된다(연합뉴스 2018. 09. 09).

유럽의회 정당

09월 17일
• 그리스 경제위기의 원인은 유럽연합의 경협 부족

(S&D Group Press Releases 09. 17)

－ 유럽사회당그룹 대표인 우도 불만은 그리스를 방문하여 "그리스 국민들이 지난 8년의 시간 동안 경제 재건을 위해 얼마나 많은 노력을 해왔는지 깊이 이해하고 있다"고 말하며, "그리스의 경제위기는 EU 회원국들 간에 경제적 협력의 부족과 우파 정당들의 시민보다 시장을 우선시한 경제 정책에서 비롯되었다"고 말했다. 또한 "우리는 보다 공정하고, 지속 가능하며, 대다수의 시민들이 혜택을 볼 수 있는 유럽 사회를 제안하려 한다"고 말하며 "유럽사회당그룹이 그리스 경제 재건을 위한 프로그램

에 적극 동참할 것이다"고 밝혔다. 이와 함께 위와 같은 유럽사회를 만들기 위해선 EU 회원국들 간의 더욱 진보적인 협력이 필요하다는 것을 강조했다.

09월 19일

• 유럽국민당그룹, 난민을 위한 지속가능한 해법 필요성 강조

(EPP Press Releases 09. 19)

– 유럽국민당그룹의 대표 조세프 다울은 19일 잘츠부르크에서 열린 회담에서 "EU 전역의 시민들은 난민 수용 정책으로 상당한 압박과 스트레스를 받고 있으며, 이를 해결하기 위한 지속가능한 해결책을 요구하고 있다"고 말했다. 또한 "난민 문제를 인도적이면서 지속적으로 해결하는 가장 좋은 방법은 그들이 지중해를 가로지르지 않고, 출신국에서 안정적인 삶을 살도록 돕는 것이기 때문에, 난민이 많이 발생하는 아프리카 대륙의 국가들과 협력을 강화하고 이들 국가에 대한 투자를 늘려야 한다"고 밝혔다. 한편 유럽시민을 지키기 위한 EU의 해안경비대 증강 소식에는 이를 환영한다는 의사를 밝혔다.

유럽의회 선거 · 의회

09월 09일

• 스웨덴 반(反)난민 극우정당 열풍 낳은 '스웨덴 국민–이민자 주거분리'

(The Washington Post 09. 10; 한국일보 09. 11 재인용)

– 올해 스웨덴 총선에서 '네오나치'에 뿌리를 둔 극우정당인 스웨덴민주당(Sweden Democrats)이 4년 전 획득한 12.9%보다 4.7%p 상승한 17.6%의 득표율을 보이며 약진했다. 워싱턴포스트는 "스웨덴민주당이 약진할 수 있었던 배경은 난민에 대한 스웨덴 국민들의 '두려움'으로 해석할 수 있다"고 말하면서 "이러한 공포심은 스웨덴 정부의 '인종 간 분리' 정책으로 확산되었으며, 이는 난민들을 밀집된 구역으로 몰아넣어 스웨덴인과 이민자들 사이에 서로를 적대시하는 '우리 대 그들'이라는 인식을 심어줬기 때문이다"고 분석했다. 또한 이러한 정책의 대표적 예시로서 스웨덴의 허스비라는 지역을 들었는데, 이곳은 "인구 1만여 명 중 외국인과 난민이 90%를 차지하

고 있으며, 2013년 '차별반대'를 위한 폭동사태가 발생할 정도로 이주민과 스웨덴 국민들 사이의 마찰이 발생하고 있다"고 전했다.

09월 13일
· 유럽의회, 코소보(Kosovo)와의 무비자 정책 찬성

(European Parliament News 09. 13)

– 2012년부터 EU는 코소보에 무비자 정책을 위한 95가지의 요건들을 제시했고, 올해 유럽집행위원회는 코소보가 모든 자격 요건을 투명하고 조직적으로 이뤄냈으며, 이에 대한 유럽집행위원회의 검증이 끝나 유럽의회에 무비자 정책의 승인을 요청했다. 유럽의회는 유럽집행위원회의 요청을 받아들여 찬성 420, 반대 186, 기권 22로 승인했다. 이에 코소보는 2010년 무비자 입국 자격을 얻은 보스니아(Bosnia), 알바니아(Albania) 그리고 헤르체코비나(Herzegovina)에 이어 마지막으로 EU와 무비자 정책을 실행하는 발칸(Balkan) 국가가 되었다.

유럽의회 여론

09월 09일
· 이탈리아 새 정부 출범 100일… 극우 부총리 반(反)난민 정책 앞세워 독주

(연합뉴스 09. 09)

– 9월 이탈리아가 새 정부 출범 100일을 맞아 실시한 여론조사에서 현 정부의 국정 지지율이 60%를 상회하는 것으로 나타났다. 지지율의 상승은 총리인 실비오 베를루스코니의 부진 속에서 반(反)난민 정책으로 존재감을 드러낸 마테오 살비니 부총리의 인기 때문으로 분석된다. 그는 취임 직후 "이탈리아가 더 이상 유럽의 '난민캠프'가 될 수 없다"며 지중해의 난민들에게 이탈리아의 항구들을 걸어 잠가 난민문제를 다시 유럽 사회의 '뜨거운 감자'로 만들었다. 한편 이탈리아가 항구를 봉쇄하자 지중해에서 구조된 난민들이 스페인, 프랑스 등 주변국으로 분산 수용되었다. 이는 이탈리아와 다른 EU 국가들과의 난민 수용 문제에서 마찰 요인이 되었지만, 2014년부터 65만여 명의 난민이 유입된 것에 불만을 느낀 이탈리아의 국민들은 열광했다.

09월 18일

• 테러리즘, 이민자정책, 실업률 문제 해결 요구   (European Parliament News 09. 18)

– 유로바로미터는 9월 18일 유럽시민들을 대상으로 실시한 유럽연합의 주요 정책 15가지에 대한 설문조사의 결과를 발표하였다. 이 중 2016년 실시된 여론조사와 비교했을 때 눈에 띄는 것이 테러리즘, 이민자 문제 그리고 실업률에 대한 정책 평가이다. 테러문제에 대한 국정 불만족 비율은 2016년 57%였던 것에 비해 올해는 12%가 상승한 69%이고, 이민자 정책에 대한 불만족은 종전 58%에서 11% 상승한 69%로 나타났다. 마지막으로 실업률 문제에 대한 불만족은 앞선 59%보다 10% 상승한 69%로 나타났다. 반면 성평등, 산업, 에너지 수급 등의 정책에 대해서는 만족하는 시민들의 비율이 불만족보다 높았다. 한편 조사 결과는 국가별로 상이하게 나타났는데, 그 예로 체코에서는 실업률에 대해 불만족한다는 비율이 27%에 그친 데 반해, 그리스에서는 92%로 나타났다.

16차(9월 말~10월 말)

유예닮

10월 15일, 유럽사회당그룹은 2019년에 있을 유럽연합 집행위원회의 선거에 대비해 선거에 대한 사이버테러 방지를 촉구했다(S&D Press Releases 2018. 10. 15). 한편 유럽국민당그룹은 유럽연합 집행위원회 선거에 출마하기 원하는 유럽국민당그룹의 후보자들을 초대하여 지도부 회의를 개최했다(EPP Group Press Releases 2018. 10. 17).

10월 24일, 유럽연합 집행위원회는 이탈리아가 제출한 내년도 예산안이 채무 통제 방침에 어긋난다는 이유로 승인을 거부하여 이탈리아와 정부와 마찰을 빚고 있다(연합뉴스 2018. 10. 24). 유럽의회에서는 유럽사회에 퍼지고 있는 네오나치즘(Neo-Nazism)과 네오파시즘(Neo-Fascism), 그리고 그들에 의한 유럽사회 내 소수자들에 대한 범죄에 우려를 표하며, 유럽연합이 이를 제재할 것을 요구했다 (European Parliament News 2018. 10. 25).

마케도니아 의회는 유럽연합과 나토(North Atlantic Treaty Organization, NATO)에 가입하기 위해 국호를 '북 마케도니아'로 변경하자는 정부의 개헌 요구를 승인하였고, 개헌에 착수했다(Reuters 2018. 10. 19; 연합뉴스 2018. 10. 20 재인용).

유럽의회 정당

10월 15일

• 유럽사회당그룹, 선거에 대한 온라인 위협 해결 촉구　　(S&D Press Releases 10.15)

− 유럽사회당그룹의 대표인 우도 불만은 민주주의를 위태롭게 하지 않기 위해서는, 온라인 위협으로부터 선거의 무결성을 보호해야 한다고 밝혔다. 또한 시간이 흐르면서 말보다는 행동으로 문제의 핵심을 파고들어서 해결해야 한다고 보았다. 그런 행동의 연장선에서 우도 불만은 페이스북과 같은 소셜 네트워크 서비스를 제공하는 회사들이 다음 유럽 선거에서 온라인 테러를 막을 수 있는 대안을 제시해야 하며, 이를 위한 결의안을 유럽의회에 제출할 것을 밝혔다. 이와 관련해 우도 불만은 이번 스웨

덴 총선에 관한 옥스퍼드(Oxford)대학과 룬드(Lund)대학의 연구 결과를 말했는데, 이 연구에서 학자들은 스웨덴 소셜미디어가 제공하는 해시태그 링크의 3분의 1이 정크뉴스(Junk news)였으며, 이 정크뉴스의 20%는 해외에서 작성된 것으로 나타났다는 것을 인용하며, 소셜 네트워크 서비스를 제공하는 회사들의 대안을 촉구했다.

10월 17일

• 유럽국민당그룹, 유럽집행위원장 후보자 선출을 위한 회의 열어

(EPP Group Press Releases 10. 17)

– 이번 유럽국민당그룹의 지도부 회의는 국민당그룹의 내년 유럽연합 집행위원회 선거의 후보자 등록 마감일에 실시되었다. 이에 알렉스 스텁(Alex Stubb)과 만프레드 웨버(Manfred Weber)라는 두 명의 후보를 초청했다. 이 자리에서 유럽국민당그룹의 대표인 조셉 다울은 "이번에 후보자로 출마하는 두 사람은 유럽 대륙에 새로운 정치 세대를 대표하고, 유럽에 새로운 활기를 가져올 후보자"라고 말하며, "유럽국민당그룹은 후보자 선출을 위한 경합 과정을 구축했으며, 다가오는 11월 7일과 8일 헬싱키(Helsinki)에서 모든 유럽연합 회원국의 유럽국민당그룹 대표단 734명이 모인 자리에서, 투명한 투표로 당의 후보자를 선출할 것이다"고 밝혔다.

유럽의회 선거 · 의회

10월 23일

• 유럽연합 집행위원회, 이탈리아 내년 예산안 승인 거부 (연합뉴스 10. 24)

– 23일 유럽연합 집행위원회는 이탈리아가 제출한 내년 예산안을 거부하고, 3주 안으로 수정안을 제출할 것을 요구했다. 유럽연합에서 회원국의 예산안을 거부한 것은 이번이 사상 처음이다. 발디스 돔브로브스키(Valdis Dombrovskis) 유럽연합 집행위원회의 부위원장은 이날 기자회견에서 "이탈리아 정부에 수정 예산안 제출을 요구하는 것 외에는 다른 대안이 없었다"라고 강조했다. 한편 유럽연합의 이러한 조치는 회원국의 재정 안정성과 적정한 공공부채 유지를 위한 안정 · 성장 협약의 규정에 의한 것이라고 한다. 유럽연합은 특정 국가의 공공부채 상한선을 국내총생산의 60%로 설

정하고 있다. 그런데 이미 130%의 국가부채를 안고 있는 이탈리아가 부채규모를 관리하지 않은 채 재정 확장 정책을 쓰자, 유럽연합 집행위원회는 채무위기가 유로존 전체로 확산되는 것을 우려하여, 이탈리아의 내년도 예산안을 승인하지 않은 것이다. 한편 이탈리아의 마테오 살비니 부총리는 "이탈리아는 당초 예산안을 고수해야 한다"라고 주장해 예산안을 둘러싼 양측의 충돌이 쉽사리 해소되지 않을 것임을 시사했다.

10월 25일
• 유럽의회, 유럽연합에 네오나치와 네오파시즘 근절 요구
(European Parliament News 10. 25)

– 유럽의회는 네오나치와 네오파시즘에 대한 강력한 제지가 없기에 인종차별, 외국인 혐오 등의 현상이 증가하고 있다고 분석하고, 향후 위 그룹들을 제지할 것을 찬성 355, 반대 90, 기권 39로 결의했다. 유럽의회는 유럽연합 회원국들의 극우단체들이 아무런 제재를 받고 있지 않는 현 상황이 흑인, 유대인, 비유럽인, 장애인, 성소수자들에 대한 폭력적 현상을 증가시켰다고 지적했다. 이에 의회는 결의안에 반(反)증오 범죄를 위한 경찰 내부의 조직을 신설하고, 이들에게 수사권을 주어, 회원국들이 내부적으로 네오파시즘, 네오나치즘 등을 찬양하는 모든 기반들과 단체들을 효과적으로 제재할 것을 촉구했다. 또한 일부 회원국에서 정치 지도자와 정당들이 네오파시즘과 네오나치에 협력하는 것에 우려를 표하며, 해당 국가들의 공직자들이 직접 나서서 이러한 현상을 정상화시켜야 한다고 밝혔다.

유럽의회 여론

10월 19일
• 마케도니아에서 국호변경을 위한 국민 요구에 따른 개헌 착수
(Reuters 10. 19; 연합뉴스 10. 20 재인용)

– 마케도니아 의회가 19일 EU와 나토에 가입하기 위해 국호를 '북 마케도니아'로 변경하자는 정부안을 받아들이기로 했다. 애초에 통과가 불투명했으나, 재적인원 120

명 가운데 80명이 찬성해 의결정족수 3분의 2를 채웠다. 마케도니아는 나라 이름을 둘러싸고 그동안 그리스와 많은 갈등을 겪었는데, 이는 마케도니아라는 국명이 고대 마케도니아의 중심지인 현재 그리스 북부에 대한 영유권 주장으로 여겨졌기 때문이다. 해서 그리스는 마케도니아의 유럽연합과 나토 가입을 반대해 왔었다. 이에 마케도니아 정부는 국호 변경을 추진했고, 지난달 30일 있었던 국민투표에서 비록 50%의 투표율을 넘진 못했지만 압도적인 찬성표로 국민들의 지지를 확인했다. 이에 이러한 국민 여론을 의식하여 의회에서 국호변경을 찬성했으며 국호변경 개헌의 시작을 알렸다.

10월 20일

• **런던에서 브렉시트 재투표 위한 가두시위에 50만 명 참여**　　　　　(연합뉴스 10. 21)

– 영국의 유럽연합 탈퇴와 관련해 제2 국민투표를 요구하는 시위가 10월 20일 열렸다. 브렉시트 최종 합의를 위한 재투표를 요구하는 이번 시위는 '더 피플스 보트(The People's Vote)' 캠페인의 주도로 열렸으며, 주최 측 추산 약 50만 명이 참여했다. 이들은 2016년 브렉시트 투표 당시에 비해, 현재 브렉시트에 따르는 비용과 복잡성이 비교할 수 없을 정도로 달라졌으며, 이에 국민들은 브렉시트 합의안에 대한 재투표 권한을 가져야 한다고 밝혔다. 사디크 칸(Sadiq Khan) 런던 시장은 현재의 브렉시트 협상안은 2년 전과 엄청난 차이가 있다고 말하며 이 시위를 지지하였다. 그러나 영국의 테레사 메이 총리는 그동안 수차례 제2국민투표는 열리지 않을 것이라는 입장을 밝혀왔다.

17차(10월 말~11월 말)

유예닮

11월 8일 유럽국민당그룹은 2019년 유럽연합 집행위원회 위원장 후보자로 만프레드 베버를(Manfred Webwer) 경선을 통해 선출했다(EPP Group Press Releases 2018. 11. 08). 한편 유럽사회당그룹 대표 우도 불만은 유로존(Eurozone)의 개혁을 통한 유럽연합의 재정 안정성을 보장해야 한다고 밝혔다(S&D Press Releases 2018. 11. 16).

11월 20일 유럽의회의 사회문제 위원회(Employment and Social Affairs Committee)는 유럽 내의 이주노동자들의 권리를 위한 법안들을 개정했다(European Parliament News 2018. 11. 20). 11월 25일에는 유럽연합과 영국 간 브렉시트 합의가 있었는데, 영국의 하원에서 합의안에 반대하는 여론이 강해 비준이 어려울 수 있어 여전히 '노딜 브렉시트(No deal Brexit)' 가능성이 존재하는 것으로 나타났다(The Guardian 2018. 11. 25; 경향신문 2018. 11. 27 재인용).

프랑스에서는 에마뉘엘 마크롱 대통령의 국정 지지율이 25%까지 떨어지며 하락세를 이어가고 있는 상황에서, 정부가 유류세마저 인상하면서 프랑스 전역에서 24만여 명이 참가하는 시위가 발생했다(한국일보 2018. 11. 18).

유럽의회 정당

11월 08일
• 유럽국민당그룹, 유럽집행위원장 후보로 만프레드 베버 선출

(EPP Group Press Releases 11. 08)

– 유럽국민당그룹은 8일 헬싱키에서 열린 총회에서 선거에 대비해 유럽집행위원장 후보자 선정을 위한 투표를 진행했고, 총 619명의 표 중에 492표를 얻은 만프레드 베버가 알렉스 스텁을 제치고 선출됐다. 유럽국민당그룹의 대표인 조셉 다울은 "만프레드 베버는 유럽의 미래를 형성하는데 필요한 혁신적인 아이디어와 비전을 제공하는 성실하고 경험 있는 후보자"라고 말하며, "유럽국민당그룹은 선거 캠페인을 통해

모든 유럽 시민의 관심사를 다룰 것이며, 후보자는 유럽의 곳곳을 돌아다니며 시민들의 소리를 경청하고, 이를 반영하여 향후 5년간 유럽이 취해야 할 방향을 결정할 것이다"고 밝혔다. 또한 경선에서 패배한 알렉스 스텁에게는 경선에 참여하여 선출 과정을 투명하게 해준 것에 대한 고마움을 표했다.

11월 16일

• 우도 불만, 지금이 유로존 개혁의 때라고 밝혀 　　　　　(S&D Press Releases 11. 16)

– 유럽사회당그룹의 대표인 우도 불만은 유럽연합의 재무장관들에게 경제 및 화폐 개혁을 위해 필요한 조치들을 취할 것을 촉구했다. 우도 불만은 "수년 동안 유로존을 강화할 필요성을 논의하면서 경제통화동맹(Economic and Monetary Union)이 미래의 위기를 예방하고 위기 발생시 이를 해결할 장치를 갖추어야 한다는 것에 대한 광범위한 정치적 합의가 있었다"고 말했다. 더불어 유럽사회당그룹은 "유럽안정화기구(European Stability Mechanism)의 개혁을 통하여 이를 유럽안정기금(European Stability Fund)으로 전환할 것"을 유럽집행위원회에 요구하며, 이것이 "유럽 국가들 간의 경제적 통합을 촉진하고, 재정적 안정화를 가져올 것이다"고 덧붙였다. 또한 우도 불만은 은행동맹(Banking Union)을 언급하며 "이것은 건전하며 신뢰할 수 있는 유로존 유지에 필수적이 요소다"고 말하며 "상승하는 포퓰리즘 시대에 유로존의 회원국들은 개혁을 통해 사회 및 경제 정책의 역량을 갖추고, 행동하는 모습을 보여주어야 한다"고 요구했다.

유럽의회 선거 · 의회

11월 20일

• 유럽 내의 이주노동자에 대한 유연하고 확실한 보장 강화

(European Parliament News 11. 20)

– 20일 유럽의회의 고용 및 사회문제 위원회는 유럽 내 이주 노동자들의 권리에 대한 법안들을 개정했다. 이번 개정안은 노동 이동성을 촉진하는 데 중점을 두었으며, 국경을 넘나드는 상황에서 노동자인 피보험자가 어느 나라의 사회 보장 제도 시스템

에 속하는지를 결정하여 노동자의 권리를 보장한다. 또한 위원회는 피보험자가 소속 국가를 떠났을 때에도 6개월 동안은 실업 수당을 유지할 수 있게 하여 노동자들이 취업의 기회가 전망되는 곳으로의 이주를 자유롭게 하였다. 해외 파견 노동의 경우에는 최대 18개월 동안 고용주가 속한 국가에서 수혜를 받을 수 있는데, 이는 최소 3개월 이상을 고용주가 속한 국가의 보험 시스템에 가입한 적이 있어야 혜택을 받을 수 있다. 위원회의 대표인 기욤 발라스(Guillaume Balas)는 "유럽인의 사회적 권리를 보장하는 것은 진보한 유럽을 위한 필수불가결한 조건이며, 유럽 노동자들의 권리를 위한 제도들은 계속해서 개선되어질 것이다"고 밝혔다.

11월 25일

· 유럽연합·영국 브렉시트 합의…'노딜' 가능성 여전

(The Guardian 11. 25; 경향신문 11. 27 재인용)

– 지난 25일 유럽연합 정상회의에서 영국과 유럽연합이 브렉시트에 합의했다. 이 합의문에 따르면, 영국은 2019년 3월 29일 유럽연합을 탈퇴하지만, 2020년 말까지 21개월간 전환기간을 가질 수 있으며, 만약 영국이 원할 시 전환기간을 최대 2년까지 추가 연장할 수 있다. 영국 정부는 다가오는 12월 11일 하원에서 이 합의안에 대한 표결을 진행할 것 같다고 가디언은 이날 보도했다. 문제는 하원 내의 유럽연합 탈퇴 강경파와 잔류파 모두 합의안에 대해 반대하고 있어 통과를 낙관할 수 없다는 데 있다. 만약 의회에서 합의안이 통과하지 못하고, 새로운 진전이 없다면 영국은 내년 3월 29일 오후 11시 유럽연합을 완전 탈퇴하게 되는 '노딜 브렉시트'가 이뤄진다. 만일 '노딜 브렉시트'가 이뤄진다면 영국은 별다른 합의 없이 유럽연합을 곧바로 탈퇴하는 것으로, 적응기간이 없기 때문에 영국 사회의 혼란은 가중될 것으로 보인다.

11월 19일

· 유럽연합 국방장관, 유럽합동정보학교 설립 합의

(Politico 11. 19; 연합뉴스 11. 20 재인용)

– 덴마크와 몰타, 영국을 제외한 유럽연합 25개국의 국방장관들이 19일 회의를 통해 일련의 새로운 프로젝트에 합의했다. 프랑스와 독일을 중심으로 유럽 통합군 설

립 목소리가 높아지고 있는 가운데 국방장관들이 일련의 군사적 개선방안에 합의한 것이다. 유럽정치 전문매체 폴리티코(Politico)는 특히 이번 회의에서 유럽통합정보학교의 설립이 큰 진전이라고 평가했다. 회원국 간 정보협력을 강화하려는 노력은 그동안 독자적인 정보 시스템을 가지고 있는 영국의 반대에 부딪혀왔으나, 이번에 영국의 유럽연합 탈퇴가 임박하면서 걸림돌이 사라지게 되었다. 유럽합동정보학교의 설립은 그리스와 키프로스가 주도하게 될 것이라고 알려졌다. 한편 이번 회의에서는 정보학교의 설립 이외에도 독일 주도의 차세대 드론 개발사업, 프랑스·독일 합작의 헬리콥터 성능개선 사업, 체코의 전자전 능력 개선 사업 등 여러 군사적 현안들에 대한 합의가 있었다.

유럽의회 여론

11월 17일

• **프랑스에서의 대규모 시위와 하락하는 마크롱 지지율**　　　　　　(한국일보 11. 18)

－ 대외적으로는 유럽통합군의 창설을 주장하면서 국제 사회에 존재감을 알리는 것과는 달리, 프랑스의 에마뉘엘 마크롱 대통령의 국내 지지율을 하락세를 이어가고 있다. 17일 프랑스여론연구소(Institute Français d'opinion publique, ISOP)가 발표한 여론조사에 따르면, 마크롱 정부를 지지한다는 응답은 25%에 불과했다. 이는 지난해인 2017년 5월 취임 당시의 64%와 비교했을 때 절반도 되지 않는 수치이다. 이러한 지지율의 하락에는 석탄연료 의존도를 낮추기 위한 유류세의 인상이 영향을 미쳤다는 분석도 존재한다. 실제로 17일에는 유류세 인상에 반대하는 '노란 조끼(Gilets Jaunes)' 시위가 전국적으로 일어났다. 시위는 주요 도로들을 차량으로 서행하거나, 노란 조끼를 입고 행진하는 방식으로 진행되었다. 프랑스 경찰은 이날 전국의 2000여 개소에서 총 24만여 명의 인원이 시위에 참가했다고 밝혔다. 시위는 평화적인 방식으로 진행되었으나, 대규모 인원이 운집한 만큼 100여 명의 사상자가 발생했다고 한다.

18차(11월 말~12월 말)

유예닮

12월 12일 유럽공동외교안보정책(Common Foreign and Security Policy) 연례보고에서 유럽사회당그룹은 외교, 안보 부분에서는 정책결정 과정에서 한 국가의 거부권 남발을 예방하기 위해 현행 만장일치에서 다수결로 전환하여야 한다고 주장했다(S&D Press Releases 2018. 12. 12).

유럽의회 본회의에서는 재난 발생시 시민들을 보호하기 위한 소방헬기, 병원 등의 자원들을 회원국이 상호 공유하는 시스템을 구축하는 법안이 발의되었다(European Parliament News 2018. 12. 12).

영국에서는 그동안 진행된 영국과 유럽연합 간 브렉시트 협상안과 의회 운영을 둘러싼 불만으로 테레사 메이 총리에 대한 보수당(Conservative and Unionist Party, CON)의 불신임투표가 진행되었는데, 200대 117의 표 차이로 부결되어 계속해서 총리직을 수행하게 되었다(뉴시스 2018. 12. 13).

프랑스에서 정부의 유류세 인상에 반대하며 시작된 시위가 에마뉘엘 마크롱 대통령의 퇴진 요구로 확산되며 유류세 인상 철회, 최저임금 인상 등 정부의 노력에도 불구하고 12월 15일을 기준으로 5주째 이어지고 있다(뉴시스 2018. 12. 16).

유럽의회 정당

12월 12일

· 유럽사회당그룹, 외교 안보 분야에서의 만장일치제도 폐지 요구

(S&D Press Releases 12. 12)

– 유럽사회당그룹은 12일 유럽의회에서 진행된 공동외교안보정책(Common Foreign and Security Policy) 연례 보고에서 외교와 안보의 특정 분야에서는 정책 결정을 만장일치 제도가 아닌 다수결로 전환하여 의사 결정을 가속화하고, 한 국가가 거부권을 통해 합의를 막는 상황을 제거해야 한다는 의견을 제시했다. 유럽사회당그룹의 외교 대변인인 크누트 플레켄슈타인(Knut Fleckenstein)은 "유럽연합의 공동외교안보정

책의 이행에 관한 보고는, 유럽연합의 안보를 위협하는 주요한 도전에 대해서는 강력한 대응보다 신속한 대응이 필요하다는 메시지를 전한다. 해서 외교와 안보의 특정분야에서 만장일치제를 폐지하고, 다수결로 결정을 내려야 한다"라고 주장하면서 "복잡한 시기에 다자간 협력만이 전 지구적 도전에 대응할 수 있는 유일한 방법이다"고 전했다. 또한 "외교 정책의 핵심은 소프트파워와 하드파워의 조화에서 나오기 때문에 우리는 계속해서 민간 분야에서의 소프트파워와 군사 분야에서의 하드파워를 발전시켜 나갈 필요가 있다"고 밝혔다.

12월 13일

• 유럽국민당그룹, 오스트리아 총리 환영 및 브렉시트 투명성 강조

(EPP Group Press Releases 12. 13)

- 유럽국민당그룹은 13일 EU정상회의(European Council)를 앞두고 오스트리아 총리 제바스티안 쿠르츠(Sebastian Kurz)와 오스트리아 측 대표들에 대한 환영시간을 가졌다. 이때 유럽국민당 그룹의 대표 조셉 다울은 "오스트리아의 총리 제바스티안 쿠르츠와 오스트리아 대표단이 유럽연합에 기여한 공로를 축하하길 바란다"고 하면서 "특히 우리는 안정적인 유럽연합을 위해 그들이 2020년 이후의 경제 체제의 틀을 계획한 것을 환영한다"고 밝혔다. 또한 유럽국민당그룹의 리더들은 쿠르츠의 성공적인 총리직 수행을 축하하며, 유럽연합 아래에서 최근 6개월 동안 그가 달성한 업적들에 대해 감사를 표시했다. 한편 유럽국민당그룹의 리더들은 브렉시트에 대해서도 논의했는데, 향후 유럽연합과 영국 간의 관계에 대한 명확성을 요구했다. 이에 조셉 다울은 "18개월간의 긴 협상 끝에 유럽연합과 영국은 유럽연합의 법의 틀 안에서 상호간의 최선의 합의에 이르렀고, 공은 현재 영국으로 넘어간 상태이다. 이제는 우유부단함을 끊어내고 유럽연합과 영국 간의 명확한 미래에 초점을 맞춰야 한다"고 주장했다.

12월 12일

· 유럽 내의 재난에 대한 공동대응 강화 법안 발의

(European Parliament News 12. 12)

– 유럽의회에서 12일 발의된 새로운 법안은 시민들을 재난으로부터 보호할 수 있는 자산들을 각국이 공유하면서 유럽연합의 회원국들이 자연재해나 인적 재난에 보다 효율적으로 대응할 수 있도록 돕는 것에 그 목표가 있다. 이 법안에 따르면, 회원국들은 모든 종류의 비상사태에 대비하기 위해 소방헬기, 응급의료팀 등의 자원을 공유하게 된다. 또한 관련 예산을 편성하여, 회원국 중 재난대비 자원이 부족한 국가에게 지원을 할 수 있는 시스템을 구축하게 된다. 더불어 의회는 재난방지를 위해 전문가와 민간자원자들 간의 교류를 통해 유럽연합의 시민을 보고하기 위한 지적 네트워크를 강화했다. 한편 이 프로젝트를 위해 의회로부터 2019~2020년도 예산에서 2억5천만 유로를 추가로 확보했다.

12월 12일

· 메이총리, "신임투표에 감사, EU회의서 양보 얻어낼 것" (뉴시스 12. 13)

– 테레사 메이 영국 총리는 브렉시트 협상안과 의회 운영에 대한 의회의 비판으로 보수당에 의해 12일 실시된 불신임투표에서 200대 117로 신임이 결정되었다. 이에 대해서 총리는 의회 내의 각 당원들에게 감사하다며 향후 유럽연합 정상회의에서 유럽연합의 추가 양보를 이끌어낼 수 있도록 노력하겠다고 밝혔다. 메이 총리는 의회 내에서 자신에게 반대해 불신임투표를 한 수도 상당하다는 것을 인정하면서, 앞으로도 계속해서 브렉시트를 진행할 것을 약속했다. 이번 투표 결과로 메이 총리는 중도 퇴진하는 사태를 피했지만, 영국 내의 여론이 크게 나뉜 상태에서 향후 브렉시트에 대한 정국 운영이 어려울 것으로 예상된다. 한편 유럽연합에서는 현행 협의안이 유일한 합의로서 추가 개정에는 응하지 않겠다고 밝히면서, 의회에서 소수당인 여당을 이끌고 있는 메이 총리가 현행 협의안을 통과시키긴 어려워 보인다. 또한 유럽연합의 양보를 받아내는 것도 여전히 어려울 것이라는 관측이 많다.

12월 15일

• 유류세 인상 철회에도 노란 조끼 시위 계속돼 (뉴시스 12. 16)

– 에마뉘엘 마크롱 프랑스 대통령의 유류세 인상을 계기로 시작된 노란 조끼 시위가 유류세 인상 철회에도 5주째 시위를 이어가고 있다. 15일 5주차를 맞은 프랑스 노란 조끼 시위는 프랑스 내무부 추산 전국에서 약 6만6000여 명이 시위를 벌였다. 이는 8일 진행되었던 네 번째 시위 인원인 12만6000명에 비해 절반이다. 시위대 규모가 누그러진 데에는 마크롱 대통령이 10일 발표한 최저임금 인상, 유류세 인상 철회 등의 당근책의 영향으로 보인다. 한편 시위에 참가하는 인원들의 수는 줄어들었지만, 시위 참가자들의 의지는 아직 꺾이지 않은 것으로 보이기에 프랑스 당국은 15일 프랑스 파리에 8000명의 경찰 병력을 배치해 만일의 사태에 대비했고, 당일 오후 6시 기준 168명이 경찰에 붙잡혔다. 10일 마크롱 대통령이 시위대를 달래며 내놓은 대안에는 2019년 유류세 인상철회, 2019년 최저임금 100유로 인상, 연금 수령자에 대한 세금 인상 철회 등이 포함되어 있다. 경제학자들은 이와 같은 정책을 진행하는데 최대 150억 유로가 필요할 것으로 전망했다.

12월 17일

• "힘들어서 못하겠다"… 프랑스 경찰들까지 거리 시위 동참
(La Chaîne Info 12. 17, 중앙일보 12. 18 재인용)

– 최근 계속된 시위와 총격 테러 등에 프랑스 경찰관들이 총동원되고 있으나 적절한 보상이 주어지지 않자 경찰관들도 시위를 시작했다. 이들은 임금 인상, 근무 환경 개선, 추가근무 수당 지급 등 처우 개선을 요구하자며 현직 경찰관들의 동참을 호소했다. 또한 "올해 프랑스 경찰관 35명이 극단적 선택을 하고, 5명이 근무 중 순직했다"며 처우를 하루빨리 개선할 것을 요구했다. 이 단체의 부회장인 한 현직 경찰은 17일 프랑스의 LCI(La Chaîne Info) 방송과의 인터뷰에서 "경찰은 점점 더 많이 일하고 있는데 돌아오는 것은 아무것도 없다"며 "경찰은 시민 안전을 책임지는 만큼 정부가 열악한 환경에서 일하는 경찰을 위해 대책을 마련해야 한다"고 주장했다. 프랑스 경찰 노

조는 작년 10월에도 공무원 총파업에 동참하고 집회에 참여한 바 있다. 에마뉘엘 마크롱 대통령은 작년 취임 후 공무원 임금 동결, 공무원의 사회보장세 인상, 임기 내 공무원 총 12만 명 감축 등의 정책을 내놓았다. 비대한 프랑스의 공무원 조직을 줄여 정부의 경쟁력을 높이고 절감한 예산을 경제 활력 제고에 투입한다는 방침인데, 경찰을 포함한 공무원 노조들이 크게 반발하고 있다.

19차(12월 말~2019년 1월 말)

유예닮

1월 22일 유럽사회당그룹의 메르세데스 브레소(Mercedes Bresso) 대변인은 유럽의회사법부(European Parliament Constitutional Affair)에서 자신이 작성한 보고서의 발표를 통해 유럽집행위원회에 대한 더욱 강한 견제가 필요하다고 주장하면서 집행위원회가 잘못을 할 경우 의회에서 이를 견제할 수 있는 장치가 필요하다고 주장했다(S&D Press Releases 2019. 01. 22).

한편 루마니아는 국내정치의 불안과 부패 등으로 인한 자격논란과 비판 속에도 2019년 상반기 EU정상회의(European Council)의 순회의장국 업무를 수행하게 됐다(Emerging Europe 2018. 12. 31).

영국 하원에서는 1월 15일 있었던 브렉시트 합의안 찬반투표에서 영국 의정사상 최고 표차인 230표차로 합의안이 부결되었지만, 메이 총리의 재신임에는 성공했다(뉴시스 2019. 01. 19).

프랑스의 대통령 에마뉴엘 마크롱이 자신의 정책에 대한 국민들의 불만을 잠재우려고 실시한 사회적 대토론으로 프랑스 정권의 지지율 상승이 이어지고 있다(연합뉴스 2019. 01. 26).

유럽의회 정당

1월 22일

· 유럽사회당그룹, 유럽집행위원회 견제에 대한 필요성 강조

(S&D Press Releases 01. 22)

- 1월 22일 유럽의회사법부는 유럽집행위원회의 업무에 대한 더 많은 견제와 균형을 요구하는 보고서를 채택했다. 유럽사회당그룹의 대변인이자 보고서의 작성자인 메르세데스 브레소는 이날 성명에서 "유럽의회가 발의한 입법안을 유럽집행위원회가 보다 심각하게 받아들일 것을 촉구한다"고 말하며 유럽의회가 시민들과의 직접적인 연결고리임을 강조했다. 또한 "만일 집행위원회가 잘못했을 경우 이를 책임질

수 있도록 적절한 견제와 균형이 필요하다"고 말했다. 이를 위해선 "집행위원회의 잘못이 감지되었을 경우 최후의 수단으로서 의회가 이를 제지하는 움직임을 정당화하는 기준을 낮춰야 한다"고 말하며 "향후 신입 집행위원장이 선출이 되면, 이 보고서에 따른 공정하고 투명한 업무 수행 절차가 제도화되기를 바란다"고 밝히며 발언을 마쳤다. 이번에 채택된 보고서는 다음 달 유럽의회 본회의에서 정식적으로 논의될 예정이다.

1월 23일
• 라트비아에서 유럽국민당그룹의 회원당이 주도한 연합정부 구성

(EPP Group Press Releases 01. 23)

– 유럽국민당그룹의 대표 조셉 다울은 라트비아의 총리인 크리스자니스 카린스(Krisjanis Karins)를 초청한 자리에서 라트비아가 유럽국민당그룹의 회원당인 통일당의 주도하에 연합 정부를 구성한 것을 축하했다. 조셉 다울은 "2018년 10월에 있었던 선거 이후 4개월간의 노력 끝에 크리스자니스 카린스 총리와 통일당은 안정적인 정부 수립을 위한 협상을 성공적으로 끝마쳤으며, 통일당의 지도력하에 라트비아 행정부는 국민들의 목소리를 유럽연합에 전달하는 유럽연합의 확실한 파트너가 되었다"고 전했다. 또한 "카린스 총리는 라트비아의 민주주의를 지키고 사회를 약화시키는 부패를 청산하며 정부 계획에 포함된 의료 및 교육 개혁을 통해 라트비아 국민들의 기대를 충족시킬 것이다"라며 라트비아 행정부를 지지했다. 한편 조셉 다울은 다가올 3월에 있을 유럽국민당그룹 정상회의에 카린스 총리가 방문하여 보다 많은 분야에서 그와 협력하기를 고대한다고 밝혔다.

유럽의회 선거·의회

12월 31일
• 루마니아, 자격논란 속 2019년 상반기 EU순회의장직 업무 착수

(Welt am Sonntag 12. 29; Emerging Europe 12. 31 재인용)

– 루마니아가 2007년 유럽연합에 가입한 이후 최초로 1월 1일부터 6월 30일까지 상

반기 유럽연합의 순회의장국 업무를 수행하게 됐다. 순회의장국은 유럽연합의 회원 국들이 6개월씩 돌아가면서 맡으며, EU정상회의의 각종 회의를 주제하고 28개의 유럽연합 회원국들 간의 의사를 중재 및 조율하는 것이다. 한편 순회의장국으로서 루마니아의 자격에 대한 비판이 존재한다. 유럽집행위원장인 장클로드 융커는 독일의 일간지 벨트암존탁(Welt am Sonntag)과의 인터뷰에서 루마니아 정부는 의장국이 무엇을 의미하는 것인지 이해하지 못하고 있으며, 루마니아 국내의 깊은 정치적 분열을 지적하며 "단합된 전선"이 필요하다고 지적했다. 또한 2018년 12월 초 루마니아의 여당인 사회민주당의 리비우 드라그니아(Liviu Dragnea) 대표가 유럽연합이 루마니아의 국내문제를 간섭하고 있다는 발언을 겨냥하면서, 루마니아 여당의 반(反) 유럽연합적인 성향도 비판했다.

01월 15일
• 영국 하원, 최대 표차로 브렉시트 부결…메이 총리 재신임에는 성공　　(뉴시스 01. 19)
− 1월 15일 영국 하원이 브렉시트 합의안을 표결에 부쳐 찬성 202표 반대 432표로 부결시켰다. 부결이 예상되기는 했지만, 230표차로 패배한 것은 영국 의정 사상 최대 표차이다. 야당들은 물론이고, 집권당인 보수당 내에서도 120명가량이 반대표를 던진 것으로 보인다. 부결 발표 이후 야당인 노동당(Labour Party, LAB)의 제러미 코빈(Jeremy Corbyn)은 정부 불신임안을 제출했다. 16일 진행된 불신임 표결에 앞서 코빈은 '조기총선'을 주장하며 "메이 내각이 더 이상 국정을 운영할 수 없는 좀비 정부"가 됐다고 비판했다. 하지만 이러한 비판에도 하원에서 이뤄진 메이 총리 불신임안 투표 결과 찬성 306표, 반대 325표로 메이 총리를 재신임했다. 브렉시트 합의안에는 동의할 수 없지만 메이 총리의 집권은 지지한다는 것이다. 한편 메이 총리는 재신임 이후 브렉시트 '플랜 B'를 만들겠다고 밝혔다.

유럽의회 여론

01월 25일
• 폴리티코지, 유럽의회 선거 앞두고 여론조사 및 분석 실시　　　(Politico 01. 25)

– 폴리티코지에서 실시한 여론조사 결과, 올해 5월 실시될 선거에서 양대 정당인 유럽국민당그룹과 사회당그룹의 지지율 합계가 최초로 50% 미만으로 떨어질 것으로 예측했다. 이는 최대 정당인 유럽국민당그룹의 부진과도 연결 지을 수 있는데, 유럽연합의 인구가 가장 많은 10개 국가 중에서 유럽국민당그룹의 지지율이 가장 높은 국가가 2개밖에 되지 않는다. 2014년도 선거에서 기권표를 던진 사람들이 전부 새로운 정당을 지지한다면, 그 당이 27개 국가 중 24개 국가에서 최대정당으로 올라갈 수 있다는 결과가 나왔다. 한편 유럽연합 전역의 유권자들이 뽑은 가장 중요한 정치 현안으로는 이주민 정책이 있으며, 북유럽 주민들은 대체로 환경 문제를 중요 현안으로 선택했다. 반면 유권자들이 뽑은 유럽연합이 직면한 가장 큰 위협은 테러리즘이며, 테러리즘을 제외하고는 남부 국가들에서는 자연재해와 공해를 당면한 위협으로 보았다.

01월 26일
• 노란 조끼 시민과 한자리에서 토론회 가진 마크롱 대통령
(Brulé, Ville et Associés 01. 25; 연합뉴스 01. 26 재인용)

– 프랑스 남부 리옹 인근 부르그 드 페아주에서 열린 사회적 대토론 행사에 프랑스의 에마뉘엘 마크롱 대통령이 참석했다. 그는 이곳에 깜짝 방문해 시민들과 세 시간 넘게 토론을 진행했다. 마크롱 대통령은 이번 토론회에서 특히 그가 '부자들의 대통령'이 아니라는 것을 해명하는데 많은 시간을 할애했는데, 그는 자신이 '부자들의 대통령'이 아님을 밝혔다. 또한 이 자리에서 마크롱이 지방세의 한 부분인 거주세를 향후 3년 이내에 폐지하겠다고 약속하자 청중들은 박수를 치기도 했다. 한편 자신의 핵심 정책 중 하나인 부유세 폐지에 대해서는, 부유세가 부활했을 당시에도 국민들이 더 잘 살거나 노숙자가 줄어들지 않았다며 부유세 부활에 대해선 일축했다. 지난 15일부터 프랑스 전역에서 이뤄지고 있는 대토론회는 토론의 장에서 정부와 국민들이 합리적 타협점을 찾자는 취지에서 마크롱이 제안했으며, 이로 인해 여론조사기관 BVA(Brulé, Ville et Associés)가 25일 발표한 자료에 따르면, 마크롱의 지지율은 25기준 31%로, 지난달에 비해 4%p 상승하며 반등세를 타고 있다.

20차(1월 말~2월 말)

유예닮

2월 4일부터 5일까지 열린 유럽국민당그룹 총회에서 유럽선거와 브렉시트 관련 논의와 당 윤리위원장 선출이 이뤄졌다(EPP Group Press Releases 2019. 02. 05). 유럽사회당그룹은 2월 14일 유럽의회에서 유럽노동권위원회(European Labour Authority, ELA)의 설립 합의를 환영하며, 위원회 설립에 유럽사회당그룹이 기여했음을 강조했다(S&D Press Releases 2019. 02. 14).

2월 5일 유럽의회(European Parliament)와 유럽연합 회원국의 장관들은 국경 안정과 이주민들의 효율적인 관리를 위해 정보시스템상의 데이터를 공유하는 데 합의했다(European Parliament News 2019. 02. 05). 2월 13일 유럽의회는 온라인상에서 창작자의 권리를 강화하고 창작 콘텐츠의 무단 도용을 방지하기 위한 저작권법 개정안에 합의했다(The Reuters 2019. 02. 14).

유럽의회가 각 회원국의 국내 투표 결과를 토대로 분석한 여론조사에 따르면, 다가오는 5월 유럽의회 선거 이후 브렉시트로 인한 유럽의회의 의석수 감소로 인해 유럽의회의 구성이 그 어느 때보다 분열된 양상을 보일 것이라고 전망하는 응답이 많았다(European Parliament News 2019. 02. 18).

유럽의회 정당

02월 05일

• 유럽국민당그룹 총회 유럽선거, 브렉시트 등 논의

(EPP Group Press Releases 02. 05)

– 유럽국민당그룹은 2월 4일에서 5일까지 열린 당 총회에서 5월에 있을 유럽의회 선거와 브렉시트에 대한 당의 의견 등을 논의했으며, 당 윤리위원장을 선출했다. 먼저 유럽의회 선거에 대해서는 당 집행위원장 후보로 선출된 만프레드 베버가 유럽을 순회하며 시민의 의견을 청취한 결과를 발표했는데, 그는 시민들의 의견을 수렴하여 당의 정책 공약에 대한 우선순위를 설정하는 것이 중요하다고 밝혔다. 브렉시트와

관련해서는 유럽국민당그룹의 대표인 조셉 다울이 영국을 제외한 유럽연합의 27개 국은 브렉시트에 이후에도 단결된 채로 유지될 것이라고 말했다. 한편 유럽국민당그 룹은 이번 총회에서 당 윤리위원회의 위원장으로 당의 부대표인 파울로 란젤(Paulo Rangel)을 선출했다. 이번에 신설된 당 윤리위원회는 당규에 기초하여 의원들과 당원 들의 부정부패를 감시하며 윤리 강령 위배 여부를 판단하고, 위반한 경우 적절한 조 치를 취하는 임무를 가지게 된다. 윤리위원회의 다른 위원들은 향후 총회에서 선출 될 예정이다.

02월 14일

· 유럽사회당그룹, 유럽노동권위원회 설립 환영　　　　(S&D Press Releases 02. 14)

－ 2월 14일 유럽의회와 의회 내의 각종 협의회들은 유럽 내 노동자들의 권리를 보호 하고 노동자들에 대한 착취를 종식시키기 위해 유럽노동권위원회의 창설에 합의했 다. 수년에 걸쳐 위와 같은 기관의 필요성을 강조했던 유럽사회당그룹은 이를 환영 했다. 유럽노동권위원회의 협상을 담당했던 유럽사회당 그룹의 게오르기 피린스키 (Georgi Pirinski)는 "이번 노동권위원회의 설립에는 오랫동안 이러한 기관의 필요성을 강조했던 유럽사회당그룹의 공이 크며, 이 기관을 통해서 당국은 노동권을 엄격하게 준수하고 현대판 노예제와 같은 노동권의 착취를 막는 것에 힘써야 한다"고 전했다. 한편 유럽사회당그룹 소속의 아그네스 욘게리우스(Agnes Jongerius) 의원은 "악의적인 구조를 통해 적절한 임금을 지불하는 것을 막으려 하는 기업들은 이제 당국의 점검 과 벌금을 피할 수 없으며, 이로 인해 유럽의 모든 노동자들의 권리는 지금보다 한층 강화될 것이다"고 전했다.

유럽의회 선거·의회

02월 05일

· 유럽의회, 국경 안정을 위한 정보공유 합의　　　(European Parliament News 02. 05)

－ 2월 5일 유럽의회와 회원국들의 장관들은 국경 안정과 효율적인 이주자 관리를 위 한 정보 시스템 간의 데이터 공유에 합의했다. 현재 유럽연합의 국경과 이주자 관리

시스템은 시스템 간의 정보 교류가 없기 때문에 테러리스트나 범죄자들이 위조된 신분으로 유럽 내에 들어와 유럽의 안전을 위협하고 이주자 관리를 어렵게 하는 상황이다. 이에 이번 합의로 인해 시스템 간의 정보 교류가 원활히 이어진다면 국경 통제가 보다 체계적이고 신속하게 이뤄질 것으로 전망된다. 이번 합의에 포함된 정보 교류 시스템으로는 쉥겐정보시스템(Schengen), 유럽지문검사시스템(European Dactyloscopy, Eurodac), 비자정보시스템(Visa Information System, VIS)뿐만 아니라 제3국범죄기록시스템(European Criminal System for Third Countries, ECRIS-TCN), 출입국시스템(Entry-Exit Sysrem, EES) 등이 있으며, 공유되는 정보로는 출생일, 여권번호와 같은 기본적인 정보뿐만 아니라 지문 및 얼굴 인식 등의 생체 정보도 포함된다.

02월 13일

• 유럽의회, 온라인 저작권법 개정안에 합의 (The Reuters 02. 14)

- 2월 13일 유럽의회가 온라인상에서 작가와 예술가 그리고 언론인 등의 저작권 보호를 위한 저작권법 개정안에 합의했다. 개정안은 구글이나 페이스북 등이 이용자들에게 뉴스의 일부를 보여줄 때 해당 언론사에 저작권료를 내도록 하고, 대형 온라인 플랫폼 등은 저작권이 있는 콘텐츠를 업로드 하지 못하도록 하는 '업로드 필터'를 설치해야 한다는 등의 조항을 포함하고 있다. 다만 설립된 지 3년 미만이거나 매출이 1천만 유로 이하의 소규모 플랫폼들에는 이러한 의무가 적용되지 않는다. 또한 위키피디아 같은 비영리 백과사전이 교육 목적으로 정보를 사용할 경우 이 법의 적용을 받지 않는다. 이에 유럽집행위원회의 안드루스 안십(Andrus Ansip) 디지털 집행위원은 "개정된 저작권법은 사용자들의 권리를 보장하면서 제작자들에게 합당한 보상을 하고, 온라인 플랫폼들에게는 투명한 규칙으로 적용될 것"이라고 밝혔다.

02월 19일

• 유럽의회, 몰타와 슬로바키아의 법치주의 손상 우려
(European Parliament News 02. 19)

- 2월 19일 유럽의회의 시민자유위원회는 몰타와 슬로바키아에서 언론인인 카루아나 갈리지아(Caruana Galizia)와 얀 쿠시악(Ján Kuciak), 그리고 그의 아내 마르티나 쿠시

니로바(Martina Kušnírova)가 살해당한 사건들을 언급하면서, 두 국가의 법치주의에 대한 심각한 우려를 표했으며, 위 국가들을 모니터링하기 위한 결의안 초안을 채택했다. 위원회의 의원들은 두 국가에서 일어난 언론인 살해 사건이 유럽연합의 다른 많은 언론인들을 위축시켰다고 덧붙였다. 결의안에서 유럽의회는 먼저 몰타 정부에 고인인 카루아나 갈리지아의 살해에 대한 공정하고 완전하게 독립적인 수사가 이뤄질 것을 요구했으며, 유럽의회가 나서서 몰타 정부와 기업 간의 불투명한 유착 관계를 모두 조사할 것이라고 밝혔다. 다음으로 슬로바키아에 대해서 유럽의회는 쿠시악 씨 부부의 살인 사건 수사의 진전을 인정하긴 하지만 국내적 차원뿐만 아니라 국제적 차원에서 보다 심층적인 수사를 요구했다. 또한 슬로바키아 정부의 부패에 대한 우려를 표하며 경찰 수뇌부의 선출 과정이 보다 투명해야 한다고 경고했다.

유럽의회 여론

02월 18일

• 유럽의회, 여론 분석에 따른 차기 유럽의회 선거 예상안 발표

(European Parliament News 02. 18)

- 2월 유럽의회는 오는 5월 선거 이후 유럽의회 구성에 대한 여론 분석을 실시하였고, 18일 조사 결과를 발표하였다. 여론조사 자료는 각 회원국의 여론조사 기관을 통해 각 국의 선거 결과를 토대로 했으며, 여론조사 기관인 칸타(Kantar)에서 자료들을 종합하여 분석했다. 다음 유럽의회 선거는 브렉시트로 인해 영국을 제외한 27개국에서만 시행되면서 총 의석의 수가 현재의 751석보다 46석 줄어든 705석을 선출할 예정이다. 의석수가 줄어들면서 지금까지의 선거보다는 상당히 분열된 양상을 보일 것으로 예상된다. 여론 분석 결과로는 향후 구성될 705석 중 유럽국민당그룹이 183석으로 가장 많은 의석을 차지할 것으로 예측되었으며, 그 뒤를 이어 유럽사회당그룹이 135석으로 2위, 유럽자유민주연합(Alliance of Liberals and Democrats for Europe, ALDE)이 75석으로 3위를 차지할 것으로 전망됐다. 이러한 3대 정당의 뒤를 이어 기타 군소정당들도 고르게 의석을 얻을 것으로 예측된다.

21차(2월 말~3월 말)

임태훈

유럽의회 내 중도성향인 유럽자유민주연합이 대기업들에게서 정치자금을 받은 사실에 대해 소속정당이자 프랑스 여당인 전진하는 공화국(La Republique En Marche, LREM)이 이러한 문제가 해결되지 않는다면 유럽의회 선거에 참여하지 않겠다며 경고했다(연합뉴스 2019. 03. 13).

유럽의회 선거를 앞두고 실시한 여론조사에 결과 극우 정당인 국가와 자유의 유럽 그룹(Europe of Nations and Freedom, ENF)이 상승세를 띄고 있어 지난선거에 차지한 37석에 비해 30석 증가한 67석의 의석을 차지할 것으로 보인다(DW NEWS 2019. 03. 08). 유럽사회당그룹은 유럽 내 민족주의와 극우 정당에 대항하여 3월 20일 유럽 민주주의를 위한 주간을 개최한다고 발표했다(S&D Press Releases 2019. 03. 18).

한편 터키의 유럽연합 가입절차 중단촉구 결의안이 370명 찬성, 109명 반대, 143명 기권으로 유럽의회에서 가결되었다(연합뉴스 2019. 03. 14). 의회는 터키의 인권 탄압과 법치 훼손을 지적하였으며 이에 터키 외무부는 결의안 결과는 강제성이 없기에 무의미한 것이라며 반박했다(연합뉴스 2019. 03. 14).

유럽의회 정당

03월 13일

• 프랑스 집권당 경고에 유럽의회 중도연합, "기업 정치자금 받지 않겠다"

(연합뉴스 03. 13)

– 유럽의회 내 중도정파인 유럽자유민주연합이 대기업들로부터 정치자금을 모은 사실이 드러나자 프랑스 집권당인 전진하는 공화국이 유럽의회 선거에서 합류하지 않을 수 있다며 강한 경고를 보냈다. 전진하는 공화국의 유럽의회 선거 대책본부장 스테판 세주르네(stéphane séjourné) 의원은 "기업에서 돈을 받는 것이 용인되어서는 안 된다"면서 "유럽의회 내에서 관련 제도를 뜯어고치겠다"고 강조했다. 유럽연합 차원

에서는 정치자금을 민간 기업을 상대로 모으는 것이 불법은 아니지만 프랑스를 포함한 여러 서유럽 국가에서는 불법이다. 특히 정치권 청렴도와 정치자금 모금의 제고는 프랑스 에마뉘엘 마크롱 대통령 집권 이후 주요 과제로 떠올랐다. 유럽자유민주연합은 가장 긴밀한 파트너인 전진하는 공화국과 관계 단절의 위기에 놓이자 기업들로부터 정치자금을 받지 않겠다고 발표했다.

03월 24일

• 유럽사회당그룹, 유럽 민주주의를 위한 주간 시작　　　(S&D Press Releases 03. 18)

– 유럽사회당그룹은 유럽연합의 경제침체와 브렉시트(Brexit· 영국의 유럽연합 탈퇴) 문제를 비롯하여 빠른 속도로 성장하는 민족주의자와 우익 정당에 대항하겠다고 밝혔다. 유럽사회당그룹은 수요일인 3월 20일, 대학을 시작으로 유럽 전역의 지지자와 브뤼셀에 모여 대중과 비자유주의자에 맞서 싸울 것이라고 발표했다. 또한 3월 22일 금요일, 전 덴마크 총리 포울 뉘루프 라스무센(Poul Nyrup Rasmussen)이 참여하여 경제, 사회, 지역, 환경에 대하여 보다 나은 사회를 건설하는 방법에 대해 '우리의 사회: 미래를 위한 시간'이라는 토론회를 개최할 예정이다. 3월 24일 일요일에는 브뤼셀 등에서 유럽사회당 그룹과 같은 뜻을 가진 시민들과 유럽 민주주의를 위한 행진을 조직하여 룩셈부르크로 이동할 계획이다.

유럽의회 선거·의회

03월 02일

• 유럽의회 선거, 불확실성과 공포　　　　　　　　(The Brussels Times 03. 02)

– 5월 23일부터 26일까지 실시되는 유럽의회 선거는 올해 유럽연합의 가장 주목받는 행사다. 유럽 시민들의 미래를 결정하는 이번 선거는 영국의 브렉시트의 결과로 유럽의회의원(Member of the European Parliament, MEP) 수가 현재 751석에서 705석으로 줄어들 것으로 예상된다. 또한 이번 선거에서 극우 정당이 최근 상승세로 인하여 더욱 많은 의석을 차지할 것으로 예상됨에 따라 걱정의 목소리도 나오고 있다. 유럽국민당그룹의 다누타 휘브너(Danuta Huebner) 위원은 "유럽의 민주주의를 위하여 이번

선거는 포퓰리즘에 대항하는 장소가 되어야 한다"고 말했다. 이에 따라 유럽의회의 구성은 더욱 분열된 양상을 보일 것이라는 분석이 나오고 있다.

03월 13일

• 유럽의회, 터키 EU 가입절차 중단 촉구 (연합뉴스 03. 14)

– 유럽의회는 3월 13일 터키의 유럽연합 가입절차를 공식적으로 중단하라고 촉구하는 결의안을 가결했다. 의원 370명이 결의안에 찬성했고, 109명이 반대했다. 143명은 기권했다. 유럽의회는 터키의 인권 탄압과 법치 훼손을 지적하며 가입절차 중단을 주문했다. 터키의 유럽연합 가입절차는 2005년 공식적으로 시작됐으나 그 속도가 매우 더뎠다. 특히 2016년 터키의 쿠데타 진압 후 전반적인 민주주의, 법치, 인권 후퇴에 대한 비판이 고조되고 유럽 내 반(反)이민 정서가 확산하면서 가입절차를 공식적으로 중단해야 한다는 압박도 강해졌다. 터키는 유럽의회의 이날 결의를 비판하고, 평가 절하했다. 터키 외무부는 성명을 내어 유럽의회 표결 결과가 무의미하고 객관성이 결여돼 있다고 평가했으며, 터키 정부는 "5월 선거 후 새로 구성되는 새 유럽의회가 터키·유럽연합 관계에 대해 건설적으로 접근, 전문적이고 객관적인 결정을 내리고 가입절차를 촉진하기를 기대한다"고 밝혔다.

유럽의회 여론

03월 08일

• 극우 정당, 유럽의회 선거에서 돌풍 예상 (DW News 03. 08)

– 극우 정당들이 5월에 있을 유럽의회 선거에서 두 배의 의석을 차지할 것으로 예상된다. 2월 말과 3월 초에 6개국을 대상으로 독일 Bild 신문에서 실시한 여론조사에 따르면 현재 37석을 보유하고 있는 극우 성향의 정당인 국가와 자유의 유럽 그룹이 5월에 있을 유럽 의회 선거에서 67석을 차지할 가능성이 높다는 것을 보여주었다. 이에 반하여 보수, 좌파정당 그룹은 지지율이 떨어질 전망으로 보인다. 보수정당인 유럽국민당그룹이 43석이 감소하여 174석으로, 유럽사회당 그룹은 45석이 감소하여 141석으로 줄어들 것으로 예측되었다.

03월 13일

• 영국 여론, 50% "메이 총리 물러나야"…44% "브렉시트 연기 지지"   (뉴시스 03. 13)

‐ 영국 하원에서 브렉시트 합의안이 또 다시 부결된 가운데 영국 유권자의 절반은 테리사 메이 총리가 사퇴해야 한다고 생각하는 것으로 나타났다. 3월 13일 폴리티코가 실시한 여론조사 결과 응답자의 50%는 메이 총리가 사퇴해야 한다고 답했으며 메이 총리가 자리를 지켜야 한다고 답변한 응답자는 32%로 집계됐다. 앞서 영국 의회는 3월 12일 두 번째 브렉시트 합의안을 반대 391표 대 찬성 242표, 149표라는 큰 표 차로 부결시켰다. 브렉시트 발효일(3월 29일)을 연기하는 것에 대해서는 44%가 찬성했으며 39%는 반대했다. 브렉시트 시한을 1개월 연장하는 방안에 대해 52%가 찬성, 34%가 반대입장을 밝혔다. 브렉시트 시한을 3개월 연장하는 계획에 대해서는 44%가 찬성, 43%가 반대하는 것으로 나타났다. 한편 이번 조사에서는 영국이 유럽연합에 잔류해야 한다고 답한 응답자는 38%로, 지난 2월 조사(31.5%)와 비교해 6.5%p 높아진 것으로 나타났다.

22차(3월 말~4월 말)

임태훈

4월 4일 유럽의회는 향후 변경될 유럽연합 신분증과 관련하여 지문을 추가해 보안을 강화하는 규정에 대해 논의하였으나, 유럽사회당그룹은 보안은 중요하지만 지문을 추가하는 것은 개인의 자유를 침해할 수 있으므로 국가 차원에서 먼저 합의가 이루어져야 한다며 반대의사를 표명했다(S&D Press Releases 2019. 04. 04).

다가오는 5월 23일 실시되는 유럽의회 선거에 이탈리아 극우 정당 '이탈리아 형제들(Fratelli d'Italia, FdI)' 소속으로 파시즘(fascism) 독재자 베니토 무솔리니(Benito Mussolini)의 증손자 카이오 줄리오 체사레 무솔리니(Caio Giulio Cesare Mussolini)가 정치경험이 전무한 채 출마하려 한다는 사실이 알려지자 여론의 반발이 거세지고 있다(연합뉴스 2018. 04. 10).

유럽연합 지도부는 4월 16일 영국의 브렉시트(Brexit·영국의 유럽연합 탈퇴)와 관련한 사항은 전적으로 영국에게 달려 있다고 말하면서 오는 10월 31일까지 영국이 유럽연합을 탈퇴하지 않으면 브렉시트 시한을 다시 연기할 가능성도 있다고 밝혔다(연합뉴스 2019. 04. 16).

유럽의회 정당

04월 04일

• 유럽사회당그룹, 새로운 신분증에 지문 제공 반대　　　(S&D Press Releases 04. 04)
– 유럽사회당그룹은 신분증에 유럽 시민들의 지문을 추가하는 규정에 대하여 반대 투표를 했다. 4월 4일, 유럽의회는 신분증에 지문을 추가하여 보안을 강화하고 새로 발급하는 규정에 관하여 투표를 진행했다. 유럽사회당그룹 의원인 실비아 이본느 카우프만(Sylvia Yvonne Kaufman)은 "우리는 신분증에 대한 기준을 강화하는 것에 대하여 강력히 찬성하고 있다. 하지만, 우리는 신분증에 지문을 추가하는 것에는 찬성할 수 없다. 우리 그룹은 안보를 명분으로 개인의 자유를 심각하게 제한하는 주장을 제

시하지 않고, 사람들을 안전하게 하기 위한 진정한 해결책을 찾을 것이다"라고 말하였다. 유럽사회당 그룹은 이번 결정을 회원국들에 맡겨야 한다는 입장이며, 이 사항은 국가 차원에서 논의가 이루어져야 한다고 주장했다.

04월 23일
- 佛 집권당 유럽의회 선대본부장, 대학생 시절 극우 활동 논란

(mediapart 04. 23; 연합뉴스 04. 23 재인용)

– 5월 23일 유럽의회 선거를 앞두고 프랑스 집권당인 전진하는 공화국의 유럽의회 선거 총책임자 나탈리 루아조(Nathalie Loiseau)가 과거 대학생 시절 우파학생연합의 후보로 선거에 나갔다는 사실이 알려지면서 논란이 되고 있다. 전진하는 공화국은 5월에 실시되는 유럽의회 선거에서 합리적 중도주의를 표방하며 유럽연합 회원국의 결속력 제고 등을 내걸고 포퓰리즘과 극우 진영에 맞서 선거운동을 벌이고 있다. 선거에서 극우·포퓰리즘 세력과의 싸움의 선봉장에 서야 하는 선거 총책임자가 과거 대학생 시절 극우조직의 후보로 학생회 선거에 나선 사실에 비판이 일고 있다. 나탈리 루아조는 보도에 대하여 부인하지 않고, 어린 시절의 어리석은 실수였다고 해명했다.

유럽의회 선거·의회

04월 10일
- "무솔리니 증손자, 극우정당 소속으로 이탈리아 정계 진출"

(Ilmessaggero 04. 10; 연합뉴스 04. 10 재인용)

– 이탈리아의 파시즘 독재자인 베니토 무솔리니의 증손자가 다가오는 유럽의회 선거로 정계에 진출한다는 사실에 여론이 반발이 거세지고 있다. 일간 일메사제로(Ilmessaggero)는 카이오 줄리오 체사레 무솔리니가 이탈리아 극우 정당 '이탈리아형제들(Fratelli d'Italia, FdI)' 소속으로 5월 23일 실시되는 유럽의회 선거에 출마하려 한다고 보도했다. 그는 아르헨티나에서 태어나 이탈리아 해군의 잠수함 승조원과 이탈리아 군수 회사의 중동 대표로 일한 전력은 있으나 정치 분야에서는 아무런 경력이 없

다. 그는 내달 선거에서 당선되면 이탈리아형제들(FdI)의 원칙에 발맞춰 "모든 행동과 투표로 이탈리아의 이익을 옹호할 것"이라고 강조했다. 하지만, 그의 정계 진출 계획에 이탈리아에서는 항의가 잇따르자 한때 페이스북은 그의 프로필 페이지를 삭제하기도 했다.

04월 16일

• EU "브렉시트 운명, 영국에 달려 있어"…추가 연기도 시사　　　　　(연합뉴스 04. 16)

– 4월 16일, 유럽연합 지도부는 브렉시트에 관한 내용은 전적으로 영국의 선택에 달려 있다고 말했다. 그러면서 유럽연합 지도부는 영국이 오는 10월 31일까지 유럽연합을 탈퇴하지 않을 경우 브렉시트 시한을 또다시 연기할 가능성도 있다고 밝혔다. 도날트 투스크(Donald Tusk) 유럽 이사회(European Council) 의장과 장클로드 융커 유럽연합 집행위원회 위원장은 지난 4월 10일 열렸던 유럽 이사회 결과를 4월 16일 프랑스 스트라스부르의 유럽의회에서 열린 브렉시트 토론에 출석해 보고했다. 이 자리에서 투스크 의장은 영국과 유럽연합의 정치인들에게 브렉시트 문제를 현명하게 해결하기 위한 노력을 포기하지 말 것을 촉구했다. 장클로드 융커 유럽연합 집행위원회 위원장도 영국이 어떤 모습으로 언제 유럽연합를 떠날 것인지는 영국에게 달려있다고 말했다.

유럽의회 여론

04월 10일

• 유럽의회 선거, 양대 그룹에 커다란 타격 우려　　　　　(EuroNews 04. 10)

– 유럽의회 선거를 앞두고 여론조사에 따르면 지난 2개월 동안 유럽의회의 양대 그룹인 유럽국민당그룹 유럽사회당그룹은 완만한 회복세에도 불구하고 선거에서 여전히 큰 타격을 입을 것으로 예상되어진다. 분석에 따르면 이러한 회복세를 보이는 두 가지 주요 요인으로 브렉시트의 불확실성과 이민에 대한 관심 감소로 보인다. 브렉시트의 불확실성 때문에 많은 유권자들이 포퓰리즘 정당에서 이탈하고 있고 이민 역시 중요성이 낮아지고 있어 우파 정당들이 동원할 이슈도 적어지고 있다고 분석했

다. 최근 몇 달간 유럽국민당그룹과 유럽사회당그룹의 회복에도 불구하고 2014년 결과와 비교하면 5월 선거에서 모두 큰 타격을 입을 것으로 예상된다. 유럽국민당그룹은 37석을, 유럽사회당그룹은 56석을 잃을 것으로 예측되었다.

04월 18일

• 英 극우정치인 이끄는 브렉시트당, 유럽의회 선거 여론조사 선두

(The Times 04. 18; 연합뉴스 04. 18 재인용)

– 여론조사 업체인 유고브의 조사 결과, 유럽의회 선거 여론조사에서 신생 브렉시트당(The Brexit Party)이 인기를 끌며 선두를 차지했다. 브렉시트당은 영국의 대표적인 극우 정치인인 나이절 패라지(Nigel Farage)가 이끄는 신생 정당으로 영국의 자주권을 포기하는 어떤 국제기구 가입이나 조약 체결에도 반대하며 브렉시트를 적극 지지하는 입장을 내세우고 있다. 지난 4월 16~17일 실시한 정당 지지도 여론조사에서 브렉시트당이 23%로 1위를 차지했다. 영국의 기존 거대 양대 정당인 노동당은 22%로 2위, 보수통일당(Conservative and Unionist Party, CON)은 17%로 3위에 올랐다. 녹색당이 10%, 자유민주당(Liberal Democrats, LD)이 9%의 지지율을 나타냈고, 보수통일당과 노동당 탈당 의원들이 창당한 체인지 'UK-독립그룹(Change UK-The Independent Group)'은 8%의 지지율을 얻었다. 브렉시트 제2 국민투표를 요구하는 '더 피플스 보트(The People's Vote)' 진영에서는 노동당이 제2국민투표를 약속하지 않아 지지율이 떨어지고 있다고 해석했다.

23차(4월 말~5월 말)

임태훈

5월 23일에서 26일에 실시된 유럽의회 선거 결과 유럽 정치의 중심이었던 유럽국민당그룹과 유럽사회당그룹이 179석, 150석을 얻어 크게 세력을 잃을 것으로 예상된다(BBC 2019. 05. 27). 반면 3개의 극우 포퓰리스트 정당그룹은 17석이 증가한 171석, 유럽 녹색당–자유 동맹그룹(Greens–European Free Alliance, G. EFA)은 17석이 증가한 69석으로 약진할 것으로 보인다(BBC 2019. 05. 27).

반(反) 유럽연합을 내세우는 극우 포퓰리스트 정당그룹이 약진한 이유는 최근 유럽에서 심각해진 난민문제와 브렉시트의 영향으로 보인다(뉴시1 2019. 05. 27). 유럽 녹색당–자유 동맹그룹의 약진 이유는 기후변화에 대한 관심과 극우 포퓰리스트 정당그룹을 막기 위하여 친(親)유럽연합·친(親)환경 성향을 보이는 유권자들의 지지 때문이라고 예상된다(뉴시스 2019. 05. 27). 유럽의회 선거 투표율이 극우 포퓰리스트 정당들의 상승세로 위기의식을 느낀 친(親) 유럽연합 성향 유권자들의 투표 참여로 인하여 가장 높은 투표율을 기록한 1979년 첫 선거 이후 최근 20년 동안 가장 높은 수치인 약 51%를 기록하였다(AFP 2019. 05. 27; 연합뉴스 2019. 05. 27 재인용).

유럽의회 정당

05월 07일

• 유럽사회당그룹, 이스탄불 시장 재선거 비난　　　　　(S&D Press Releases 05. 07)

– 5월 6일 터키 최고선거관리위원회(Yüksek Seçim Kurulu, YSK)는 야당인 공화인민당(Cumhuriyet Halk Partisi, CHP) 후보 에크렘 이마모글루(Ekrem Imamoglu)가 승리한 이스탄불 시장선거의 재선거를 명령했다. 이번 결정은 집권당인 정의개발당(Adalet ve Kalkınma Partisi, AKP)이 선거 결과에 이의를 제기하여 발생했다. 유럽사회당그룹은 이번 결정이 선거에서의 패배를 받아들일 수 없는 정의개발당과 레제프 타이이프 에르도안(Recep Tayyip Erdogan) 대통령을 위한 일방적인 결정이라고 비난했다. 유럽사

지역 다양성과 사회 통합 (V)

회당그룹의 우도 불만 대표는 터키 최고선거관리위원회가 에르도안 대통령에 대한 참패를 일소하기로 한 것은 전적으로 정치적인 것이며, 분명히 터키 민주화의 후퇴를 증명하는 것이라고 말했다.

05월 27일

• 유럽의회 선거, 녹색당의 선전   (The Guardian 05. 27)

- 5월 23일에서 26일 실시한 유럽의회 선거에서 유럽 녹색당-자유 동맹그룹이 예상보다 많은 표를 받으며 선전했다. 기후 위기에 대한 유럽인들의 우려에 힘입어 유럽 녹색당-자유 동맹그룹은 독일과 핀란드, 프랑스 등에서 각각 2위를 차지하며 70석을 차지할 것으로 예상된다. 바스 이크호트(Bas Eickhout) 녹색당-자유 동맹그룹 의원은 유권자들이 보내준 신뢰에 큰 책임감을 느낀다고 말했다. 그는 많은 사람들이 기후 위기에 대해 깊은 우려를 표하고 있으며 기후문제에 대한 유럽의 방향성을 바꾸기를 원한다고 말했다. 이번 선거에서 기존 양대 정당그룹인 유럽국민당그룹과 유럽사회당그룹이 과반수를 획득하는 데 실패함에 따라 유럽 녹색당-자유 동맹그룹이 법안을 통과시키기 위해 중요한 역할을 할 것으로 예상된다. 이에 녹색당-자유 동맹그룹은 기후 행동, 사회 정의, 시민 자유에 관한 의제를 추진하기 위해 분열된 의회에서 자신들의 커진 영향력을 사용할 것이라고 말했다.

유럽의회 선거 · 의회

05월 27일

• 유럽의회 선거, 양대 정당의 지배체제 붕괴   (BBC 05. 27)

- 5월 23일부터 26일까지 실시된 유럽의회 선거 결과, 극우 포퓰리스트 정당과 녹색당-자유 동맹 그룹의 약진으로 유럽 정치의 중심세력이었던 유럽국민당그룹과 유럽사회당그룹이 크게 세력을 잃었다. 유럽국민당그룹은 216석에서 179석으로 감소할 것으로 예상되며 유럽사회당그룹은 191석에서 150석으로 감소할 것으로 보인다. 기존의 양대 정당그룹인 두 그룹은 여전히 다수당이 될 것으로 예상되지만 40년 만에 두 정당그룹이 과반에 미치지 못했기 때문에 새로운 연합을 모색해야 할 것으로

예상된다. 두 그룹은 자유민주당그룹이나 녹색당–자유 동맹(G. EFA) 그룹과 대연정을 할 가능성이 높다는 분석이 나오고 있다.

05월 27일

- 유럽의회선거, 20년 만에 가장 높은 투표율 기록…50% 넘어

(AFP 05. 27; 연합뉴스 05. 27 재인용)

– 5월 23일부터 26일까지 실시되는 유럽의회 선거 투표율이 사상 최저치를 기록한 2014년 이후 최근 20년 동안 가장 높은 수치를 찍을 것으로 예상된다. 자우메 두크 (Jaume Duch) 유럽의회 대변인은 5월 26일 유럽 27개국의 잠정 투표율이 51%에 근접한다고 밝혔다. 두크 대변인은 아직 투표율이 집계되지 않은 영국을 포함할 경우 최종 투표율이 52%까지 올라갈 수 있다고 추측했다. 그는 이번 결과가 1979년 첫 유럽의회 선거가 실시된 이후 굉장히 의미 있는 투표율 상승이라고 덧붙였다. 유럽의회 선거 투표율은 첫 선거인 1979년 61.8%를 기록한 뒤 계속해서 하락해 왔으며 지난 2014년엔 역대 최저치인 42.6%를 기록했다. 이번 유럽의회 선거 투표율이 상승한 것은 민족주의 성향의 극우 포퓰리스트들이 반(反) 유럽연합을 내세우며 적극적으로 선거 참여를 호소하자 유럽의 통합을 지지하는 친(親) 유럽연합 성향의 유권자들이 위기의식을 느끼며 투표에 나선 결과로 분석된다.

유럽의회 여론

05월 02일

- 브렉시트 혼란에 지친 英 민심, 군소정당으로 향했다　　　　　　　(연합뉴스 05. 03)

– 5월 2일 실시된 영국 지방선거에서 집권당인 보수당이 참패하는 결과가 나왔다. 제1야당인 노동당(Labour Party, LAB) 역시 많은 표를 잃는 결과가 나왔다. 양대 정당인 보수당과 노동당이 브렉시트와 관련된 혼란을 일으킨 이유로 유권자들이 마음이 돌아선 것이다. 이에 따른 결과로 5월 23일에서 26일에 실시하는 유럽의회 선거에서도 이들 양대 정당이 많은 표를 잃을 거라는 전망이 나오고 있다. 2015년에 실시한 선거와 대비하여 보수당은 475석을 잃었고, 노동당은 73석이 감소한 것으로 보인다. 이

에 반하여 자유민주당은 323석을 얻으면서 상승했고, 녹색당 역시 43석을 늘리며 약진했다.

05월 05일
· 佛서 여당 꺾고 1위…유럽의회 선거 앞 '극우정당' 인기몰이

(REUTERS 05. 05; 연합뉴스 05. 06 재인용)

- 에마뉘엘 마크롱 프랑스 대통령이 이끄는 중도성향 여당 전진하는 공화국이 마린 르 펜(Marine Le Pen)이 주도하는 프랑스 극우정당 국민전선(Rassemblement national, RN)에게 패배하여 유럽의회 선거에서 2위를 차지할 것이라는 여론조사가 나왔다. 지난 5월 2일에서 3일, 프랑스 국민 1500명을 대상으로 실시한 유럽의회 관련 여론조사 결과 국민전선에 표를 주겠다고 응답한 비율이 22%, 전진하는 공화국에 투표를 하겠다는 비율이 21.5%로 나왔다. 여론조사에서 국민전선이 전진하는 공화국을 이긴 것은 이번 경우가 처음이다.

24차(5월 말~6월 말)

6월 13일에 극우 포퓰리스트 정당인 프랑스의 국민전선, 독일의 독일을 위한 대안, 이탈리아의 북부동맹이 난민문제를 해결하고 유럽에서 이슬람의 확산을 막기 위해 정체성과 민주주의(Identity and Democracy, ID)라는 새 정당그룹을 형성하였고 중도성향인 자유민주당그룹은 이름을 리뉴유럽(Renew Europe)으로 변경한다고 발표했다(POLITICO 2019. 06. 12).

유럽연합 지도부와 28개 회원국 정상들은 6월 20일부터 21일까지 브뤼셀(Brussels)에서 정상회의를 열고 차기 유럽연합 집행위원장 후보 등 지도부 인선 등에 대해 논의했으나 견해차를 좁히지 못하고 합의에 실패하여 6월 30일 재논의할 방침이라고 밝혔다(연합뉴스 2019. 06. 21).

정상회의에서 도날드 투스크 유럽 이사회 의장은 차기 영국 총리가 바뀌어도 10월 30일로 연기된 브렉시트(Brexit· 영국의 유럽연합 탈퇴)와 관련한 사항은 번복할 수 없지만 질서 있는 브렉시트를 위하여 협력이 필수적이라고 말하였다(연합뉴스 2019. 06. 21).

유럽의회 정당

06월 12일

• 유럽 극우정당, 새로운 정치그룹 구성 (POLITICO 06. 12)

- 유럽의 극우성향 포퓰리스트 정당들이 유럽의회에 새 정치그룹을 구성한다고 밝혔다. 마테오 살비니가 있는 이탈리아의 북부동맹과 프랑스의 국민전선, 독일의 독일을 위한 대안 등이 정체성과 민주주의라는 이름의 새 정치그룹을 형성했다고 선언했다. 영국 유럽의회 선거에서 기존 보수당과 노동당의 아성을 깨고 전체 73석 가운데 29석을 차지하며 돌풍을 일으킨, 나이절 패라지가 이끄는 브렉시트당은 이 정치그룹에 합류하지 않았다. 새 정치그룹은 179석을 차지한 유럽국민당그룹(EPP), 153석을 차지한 유럽사회당그룹, 106석을 차지한 중도 성향인 리뉴유럽그룹, 75석을 차지

256   지역 다양성과 사회 통합 (V)

한 녹색당–자유 동맹그룹에 이어 유럽의회 내 제5당이 됐다. 또한 유럽의회 내 중도 성향 정치그룹인 자유민주당그룹은 이름을 리뉴 유럽(Renew Europe)으로 변경한다고 발표했다.

06월 18일

• 유럽사회당그룹, 새로운 대표 선출　　　　　　　　　　　(S&D Press Releases 06. 18)

– 유럽사회당그룹의 새로운 대표로 스페인의 이라트세 가르시아(Iratxe Garcia)의원이 선출되었다. 유럽사회당그룹은 2019년 5월에 실시한 유럽의회 선거에서 153석을 차지하며 유럽의회 내 제2당을 유지했다. 유럽사회당그룹에서 여성대표가 나온 것은 폴리 그린(Pauline Green)의원 이후 20년 만이다. 취임사에서 이라트세 가르시아 의원은 포퓰리즘과 난민혐오, 극우정당들의 상승으로 최악의 위협을 받고 있는 유럽연합에서 유럽인들에게 확고하고 혁신적인 답을 제공해야 한다고 말하였다. 또한 유럽의회에서 두 번째로 큰 그룹으로 유럽인들에게 계속 봉사하고, 공정한 사회 기준을 보장하며, 기후 변화에 대한 싸움을 주도하기 위하여 끊임없이 노력해야 한다고 주장했다.

> **유럽의회 선거·의회**

06월 20일

• EU, 집행위원장 등 차기 지도부 인선 결론 못내…"30일 재논의"　　　(연합뉴스 06. 21)

– 유럽연합 집행위원장을 비롯한 유럽연합 지도부 인선을 두고 유럽연합 지도부와 28개 회원국 정상들이 6월 20일 브뤼셀에서 정례 정상회의를 열었다. 하지만 차기 집행위원장 후보 추천문제를 놓고 견해차가 좁혀지지 않아 합의에 실패했다. 이에 따라 유럽연합 정상들은 오는 30일 임시 정상회의를 열고 다시 유럽연합 집행위원장을 비롯해 차기 지도부 인선문제를 재논의할 방침이라고 밝혔다. 유럽연합 회원국 정상들은 5월 23~26일 유럽의회 선거를 치른 뒤 차기 유럽연합 집행위원장과 지도부 인선 문제에 대하여 조율을 벌여왔으나 커다란 진전을 이루지 못하였다. 특히 유럽연합의 두 핵심국가인 독일의 앙겔라 메르켈 총리와 프랑스의 에마뉘엘 마크롱

대통령이 차기 집행위원장 선출 문제를 놓고 대립하고 있어 접점을 도출하지 못하고 있다.

06월 21일

• EU "英총리 바뀌어도 재협상 없다…미래관계 협상은 열려 있어" (연합뉴스 06. 21)

– 유럽연합은 6월 21일 영국의 브렉시트와 관련하여 차기 영국 총리가 바뀌어도 재협상은 없다고 단언하면서도 영국과 질서 있는 브렉시트를 위한 협력을 강조했다. 유럽연합 지도부와 회원국 정상들은 이날 브뤼셀에서 열린 정례 정상회의에서 당초 3월 말에서 오는 10월 31일로 연기된 브렉시트 문제 등 현안에 대해서 논의했다. 도날드 투스크 유럽 이사회 의장은 이날 회의를 마친 뒤 가진 기자회견에서 영국을 제외한 27개 유럽연합 회원국은 단일 대오를 형성해 영국의 유럽연합 탈퇴에 대응하기로 했다고 말했다. 이날 회의에서 다른 유럽연합 정상들도 브렉시트 합의문에 대한 재협상은 불가하다고 종전 입장을 재확인한 것으로 발표되었다.

유럽의회 여론

06월 08일

• 프랑스 30주 연속 '노란 조끼' 시위, 소규모 충돌 발생 (EURONEWS 06. 08)

– 프랑스 전역에서 30주 연속 노란 조끼 시위가 벌어졌다. 프랑스 운전자들이 사고에 대비해 의무적으로 차에 보관해야 하는 형광 노란 조끼에서 이름을 딴 '노란 조끼' 시위는 유류세 인상으로 국민의 분노가 높아지면서 2018년 11월 시작됐다. 이번 시위의 추정 인원은 약 1만 300여 명으로 약 30만 명으로 추산되는 2018년 11월과 12월 시위보다 인원이 훨씬 적지만 곳곳에서 무력 충돌이 발생했다. 일부 시위자들은 파리 북부의 교외 도시인 드랜시(Drancy)에서 경찰과 충돌했다. 경찰은 남부 몽펠리에(Montpellier)에서 시위대에 최루탄과 물대포를 사용했다. 프랑스 중부 디종(Dijon)시에서 격렬한 충돌이 목격되었다. 현지 경찰은 시내 중심가에 있는 일부 상점들이 유리창이 깨졌다며 그곳에 있는 전경도 포장용 돌조각에 의해 부상을 입었다.

06월 09일

・**獨 집권여당 기민·기사, 지지율 역대 최저…녹색당, 1위 유지**　　　（연합뉴스 06. 09）

– 독일 여론조사에서 앙겔라 메르켈 총리가 이끄는 기독교민주연합–바이에른 기독교사회연합(CDU–CSU)이 역대 최저수준의 지지율을 기록했다. 기독교민주연합–바이에른 기독교사회연합 이번 조사에서 24%의 지지를 받아 직전 조사보다 2%p 떨어지며 낮은 지지율을 기록했다. 요즘 인기를 얻고 있는 90. 녹색당은 9%p나 뛰어오르며 27%의 지지율로 1위를 차지했다. 극우성향의 독일을 위한 대안도 1%p 오른 12%의 지지율을 보이고 있다. 대연정의 파트너인 사회민주당은 5%p 하락한 12%의 지지율을 기록했다. 사회민주당에선 안드레아 날레스 대표가 사퇴한 데 이어 연정을 탈퇴해 야당으로 재출발해야 한다는 주장이 강해지고 있다. 기독교민주연합–바이에른 기독교사회연합이 역대 최저수준의 지지율을 기록하며, 사민당의 연정 탈퇴론이 흘러나오면서 메르켈 총리의 좌·우파 대연정이 오는 2021년 차기 총선까지 유지되기 어려워 보인다는 여론이 강해지고 있다.

25차(6월 말~7월 말)

임태훈

유럽사회당그룹 의원인 다비드 사솔리(David Sassoli)가 유럽의회 의장(President of the European Parliament)에 7월 3일 선출되었다(S&D Press Releases 2019. 07. 03).

이후 7월 16일 프랑스 스트라스부르에서 열린 본회의에서 재적의원 747명 중 383명의 찬성으로 유럽연합 집행위원장으로 최초의 여성 위원장인 독일의 우르줄라 폰 데어 라이엔(Ursula von der Leyen) 독일 전 국방장관이 공식 선출됐다(연합뉴스 2019. 07. 17).

7월 7일 실시한 그리스 총선에서 유럽국민당그룹(European people's Party, EPP) 소속 신민주주의당(Nea Dimokratia, ND)이 158석을 차지하며 86석을 획득한 집권당인 급진좌파연합(Synaspismós Rizospastikís Aristerás, SYRIZA)에게 승리하였다(EPP Group Press Releases 2019. 07. 08).

한편 유럽연합과의 합의가 없을시 노딜 브렉시트(No deal Brexit-합의를 도출하지 못하고 탈퇴)도 가능하다고 말한 영국 보수당의 보리스 존슨(Boris Johnson)이 새롭게 총리로 취임함에 따라 영국과 유럽연합 사이에 첨예한 갈등이 예상된다(연합뉴스 2019. 07. 25).

유럽의회 정당

07월 02일

• 유럽의회 의장, 유럽사회당그룹의 다비드 사솔리 선출 (S&D Press Releases 07. 03)
- 유럽의회 의장으로 이탈리아 출신의 유럽사회당그룹 의원인 다비드 사솔리가 과반이 넘는 345표를 얻어 선출되었다. 이에 유럽사회당그룹 대표인 이라트세 가르시아는 이번 기회로 유럽의회가 포퓰리즘에 맞설 수 있도록 유럽연합에 정치적 방향을 제시할 것이라고 말했다. 또한 다비드 사솔리는 오랜 경험을 바탕으로 유럽 시민들을 대표하는 중심적 역할을 훌륭히 수행할 수 있다고 하면서 유럽사회당그룹과의 긴밀한 협력을 기대할 수 있다고 말했다. 이라트세 가르시아 의원은 사솔리 의장이 경

제지배구조 개혁, 적절한 이주정책 등 유럽연합이 시급히 수행해야 할 중요한 개혁을 추진하는 역할도 맡게 될 것이라고 덧붙였다.

07월 07일

• 유럽국민당그룹 소속 신민주주의당, 그리스 총선 승리

(EPP Group Press Releases 07. 08)

– 7월 7일 실시된 그리스 총선에서 중도우파인 신민주주의당이 158석을 획득하며 86석을 획득한 집권당인 급진좌파연합을 압도하고 제1당에 올랐다. 신민주주의당이 총선에서 승리하면서 당대표인 키리아코스 미초타키스(Kyriakos Mitsotakis)가 총리에 선출되었다. 조셉 다울 유럽국민당(EPP) 대표는 그리스 총선에서 신민주주의당과 키리아코스 미초타키스의 승리를 축하하며 신민민주당의의 성공은 그리스 민주주의의 승리이며 포퓰리즘의 패배를 의미한다고 말했다. 또한 요셉 다울은 키리아코스 미초타키스는 차세대 유럽의 지도자고 그리스 국민들은 유럽에서 더욱 강한 목소리를 낼 것이라고 덧붙였다.

유럽의회 선거·의회

07월 16일

• 차기 EU 집행위원장에 獨 폰데어라이엔…첫 여성 집행위원장 (연합뉴스 07. 17)

– 우르줄라 폰 데어 라이엔 독일 국방장관이 7월 16일 프랑스 스트라스부르에서 열린 본회의에서 차기 유럽연합 집행위원회 위원장으로 공식 선출됐다. 다비드 사솔리 유럽의회 의장이 발표한 인준 투표결과에 따르면 재적의원인 747명의 절반이 넘는 383명이 찬성표를 던져 폰 데어 라이엔 후보가 차기 유럽연합 집행위원장으로 선출되었다. 이로써 폰 데어 라이엔은 유럽연합 최초의 여성 집행위원장에 당선됐다. 유럽의회 의원들은 당초 각 정치그룹에서 집행위원장 후보인 슈피첸칸디다트(Spitzen-kandidaten)로 선출한 사람을 차기 집행위원장으로 선출하기를 기대했으나 예상을 깨고 유럽연합 회원국 정상들은 차기 집행위원장 후보로 의외의 인물인 폰 데어 라이엔을 추천했다. 이로 인해 유럽의회 내에서는 폰 데어 라이엔에 대한 부정적인 견해

가 다수 제기돼 개표 결과가 발표될 때까지 인준 투표 가결 여부가 불투명했지만 절반이 넘는 찬성표를 받으며 공식적으로 차기 유럽연합 집행위원회 위원장에 올랐다.

07월 24일

• 유럽의회, 존슨 英 총리 취임에 "노딜 브렉시트 가능성 증가" (연합뉴스 07. 25)

- 유럽의회는 7월 24일 보리스 존슨 영국 신임 총리 취임과 관련하여 영국이 유럽연합을 혼란 속에 탈퇴할 가능성이 증가했다며 우려를 표했다. 유럽의회를 대표해 브렉시트 협상에 참여해온 기 베르호프스타트 의원이 이끄는 유럽의회 내 브렉시트 그룹은 이날 영국에서 존슨 총리가 취임한 직후 유럽연합 측 브렉시트 협상 대표를 만나 최근 영국의 움직임에 대해 의견을 주고받았다. 앞서 존슨 총리는 영국 보수당 당대표 경선 과정에 유럽연합과의 합의와 상관없이 영국은 오는 10월 31일 유럽연합을 탈퇴할 것이라고 말한 전적이 있다. 유럽의회의 브렉시트 그룹은 이날 발표한 성명에서 "영국 보수당의 당 대표 경선 과정을 비롯해 최근에 나온 발언들은 영국의 혼란스러운 유럽연합 탈퇴 위험을 증가시켰다"고 발표했다. 그러면서 "노딜 브렉시트가 양쪽 모두에 동등하게 영향을 미치지 않는다고 할지라도 경제적으로 매우 큰 타격이 될 것"이라고 덧붙였다.

유럽의회 여론

07월 03일

• 새로운 집행위원장에 회의적인 독일의 여론 (POLITICO 07. 05)

- 7월 3일 실시한 여론조사 결과 차기 유럽의회 집행위원장 후보로 추천받은 독일의 우르줄라 폰 데어 라이엔 전 독일 국방장관과 관련하여 대부분의 독일인들이 그녀에게 회의적이라는 결과가 나왔다. 여론조사결과 독일 국민의 3분의 1만이 그녀가 훌륭한 집행위원장이 될 것이라고 답했다. 여론조사 결과 응답자의 56%는 폰 데어 라이엔이 집행위원장에 적합하지 않다고 답했고 응답자의 33%만이 그녀가 집행위원장에 적합하다고 답했다. 이에 대하여 안네그레트 크람프 카렌바우어(Annegret Kramp Karrenbauer) 독일 기독교민주연합(Christlich Demokratische Union Deutschlands, CDU) 대

표는 유럽의회가 우르줄라 폰 데어 라이엔이 위원장 자리에 맞는지 면밀히 확인하지 않고 임명할 경우 유럽은 헌법상의 위기에 직면할 수 있다고 경고했다.

07월 22일

- 브렉시트를 둘러싼 영국의 정당 지지율 변화 (BBC 07. 22)

– 브렉시트에 관한 문제로 영국 정당들의 지지율 변화가 급격히 일어나고 있다. 보수당과 노동당은 영국에서 전통적으로 가장 많은 지지를 받는 정당들이다. 지난해 11월 15일 테레사 메이 총리가 유럽연합과 협상한 계약을 공개했을 때만 하더라도 두 정당은 여전히 높은 지지율을 보였다. 양당은 여론조사에서 각각 약 39%를 기록하면서 이들의 합산 득표율은 78%에 가까웠다. 하지만 브렉시트를 둘러싼 교착상태로 인하여 보수당과 노동당에 대한 지지도의 급격한 하락으로 이어졌다. 이에 따라 양당은 전례 없는 도전에 직면하고 있다. 7월 19일 실시한 여론조사에 따르면 노동당의 지지율은 약 25%, 보수당의 지지율은 약 24%로 예전에 비해 많이 하락한 것으로 보여진다. 한편 급격히 인기를 얻고 있는 신생 브렉시트당과 제3당인 자유민주당은 18%의 지지율을 기록했다.

26차(7월 말~8월 말)

임태훈

8월 6일 유럽사회당그룹 소속 스페인 외교장관 호세프 보렐(Josep Borrell)이 차기 외교·안보대표 후보로 공직 지명되면서 유럽연합의 대외정책을 총괄하게 되었다(연합뉴스 2019. 08. 07).

한편 이탈리아의 주세페 콘테(Giuseppe Conte) 총리는 극우 정당인 북부동맹의 마테오 살비니가 오성운동과의 연정을 파기한 것에 대하여 신의가 부족하고 이민 봉쇄에 대한 고집이 심하다며 비난했다(Euronews 2019. 08. 16).

8월 20일 유럽연합이 브렉시트 이후에도 영국을 당분간 유럽연합 관세동맹에 잔류시키는 조치인 백스톱(backstop)의 폐기를 놓고 재협상을 하자는 보리스 존슨 영국 총리의 제안에 대하여 현실적인 대안을 내놓지 못했다고 말하며 거절했다(연합뉴스 2019. 08. 20).

이에 영국은 유럽연합 탈퇴 시한이 다가오는 가운데 9월 1일부터 유럽연합과 관련한 회의 중 안보·국방·금융 분야 등 국익에 영향을 미치는 중요한 회의를 제외한 다른 회의에 대거 불참하는 '유럽연합 보이콧'에 돌입할 계획이라고 밝혔다(The Telegraph 2019. 08. 20; 연합뉴스 2019. 08. 21 재인용).

유럽의회 정당

08월 06일

• 유럽연합 정상회의, 보렐 차기 외교·안보 고위대표 후보 공식 지명   (연합뉴스 08. 07)
– 유럽사회당그룹 소속 호세프 보렐 스페인 외교장관이 유럽연합의 대외정책을 총괄하는 차기 외교·안보대표 후보로 8월 6일 공식 지명됐다. 올해 72세인 보렐 장관은 작년 6월부터 스페인의 페드로 산체스 총리 밑에서 외교장관을 맡아왔다. 보렐 차기 유럽연합 외교·안보 고위대표는 11월 1일부터 2024년까지 5년 동안 유럽연합의 외교·안보 정책을 총괄하게 된다. 차기 유럽연합 외교·안보 고위대표는 도널드 트럼프(Donald Trump) 미국 대통령 취임 이후 악화되고 있는 미국과의 관계개선을 비롯

해 영국의 유럽연합 탈퇴 이후 회원국 간 국방협력 강화, 러시아의 위협에 대비한 안보 강화, 이란 핵 문제 등 여러 문제들과 함께 임기를 시작한다.

08월 16일
• 콘테 총리, 연정 파기 선언한 마테오 살비니 비난   (Euronews 08. 16)

– 이탈리아의 주세페 콘테 총리가 연정 파기를 선언한 마테오 살비니 대표를 비난했다. 지난 8월 8일 마테오 살비니는 북부동맹이 더 이상 오성운동과의 연정을 하지 않을 것이라고 언급했고 이에 대하여 주세페 콘테 이탈리아 총리는 소셜네트워크서비스(SNS)에 게재된 공개 서한에서 마테오 살비니는 "신의가 없고 이민 봉쇄에 대한 고집이 강하다"라고 비난해 연립정부 내에서 갈등을 증폭시켰다. 마테오 살비니의 연정 파기에 대항하여 그동안 서로 앙숙처럼 행동하던 중도 좌파 성향의 민주당(Partito Democratico, PD)과 오성운동이 '반(反) 북부동맹'을 외치며 연정을 논의하고 있다. 일방적인 연정 파기에 대하여 주세페 콘테 총리는 살비니가 해결책을 찾기보다는 지지자들을 끌어들이기 위해 이민 문제를 이용하고 있다고 비난했다. 이에 살비니는 이탈리아 시민의 안전에 대한 강박관념과 인신매매범들의 공범인 비정부기구(Non Governmental Organization, NGO)와 싸워야 한다는 강박관념을 가지고 있다고 반박했다.

유럽의회 선거 · 의회

08월 20일
• 유럽연합, 英총리 '브렉시트 재협상' 제안 '거부'   (연합뉴스 08. 20)

– 유럽연합이 20일 브렉시트 합의안의 핵심 쟁점인 백스톱 폐기를 놓고 재협상을 하자는 보리스 존슨 영국 총리의 제안을 거절했다. 백스톱은 유럽연합 탈퇴 이후에도 영국을 당분간 유럽연합 관세동맹에 잔류시키는 조치로, 최근 물러난 테리사 메이 전 영국 총리가 합의한 안전장치이다. 도날드 투스크 유럽연합 정상회의 상임의장과 집행위원회는 존슨 총리가 어떠한 현실적인 대안도 내놓지 못했다면서 재협상은 없다고 말했다. 존슨 총리는 투스크 상임의장 앞으로 보낸 서한에서 브렉시트로 영국

령인 북아일랜드와 유럽연합 회원국인 아일랜드 국경에서 통행·통관 절차를 엄격하게 적용하는 하드보더(hard border)를 막기 위해 특정 협약을 맺을 수 있으며, 이 협약이 기존 '백스톱'을 대체할 수 있다고 주장했다. 존슨 총리는 영국이 관세동맹에 잔류하면 EU 탈퇴 효과가 반감된다면서 EU에 '백스톱' 규정 폐기와 재협상을 요구하고 '노딜 브렉시트'도 불사하겠다는 입장을 밝혀왔다. 존슨 총리의 이번 서한에 대해 집행위원회 대변인도 법적으로 적용이 가능한 해법을 제시하지 않았다면서 투스크 의장과 같은 입장이라고 말했다. 브렉시트 시한인 10월 31일을 앞두고 영국과 유럽연합이 입장차를 좁히지 못한 채 팽팽히 맞서면서 '노딜 브렉시트' 현실화에 대한 우려의 목소리도 점점 커지고 있다.

08월 20일
・英, 내달 'EU 보이콧' 개시…안보·국방·금융 이외 회의 불참
(The Telegraph 08. 20; 연합뉴스 08. 21 재인용)
– 영국의 유럽연합 탈퇴 시한이 다가오는 가운데 영국이 앞으로 '유럽연합 보이콧'에 돌입한다는 계획이라고 밝혔다. 9월 1일부터 영국 외교관들은 유럽연합과 관련한 회의 중 안보·국방·금융 분야 등 국익에 영향을 미치는 중요한 회의를 제외한 다른 회의에 대거 불참한다는 계획이다. 9~10월 예정된 800여 회의 유럽연합 관련 회의 가운데, 영국은 3분의 1 정도만 참석할 것으로 보인다. 스티븐 바클레이(Stephen Barclay) 브렉시트부 장관은 각부 장관과 공무원들은 회의에 참석하는 대신 10월 31일 유럽연합 탈퇴 준비 시간을 갖게 될 것이라고 이야기했다. 존슨 총리는 노딜 브렉시트가 이뤄진다면 국경에 세관을 설치하는 쪽은 영국이 아니라 유럽연합이 될 것이고 그런 조치는 북아일랜드의 평화를 위협할 수 있다며 유럽연합을 비판했다. 존슨 총리는 베를린과 파리를 각각 방문해 앙겔라 메르켈 독일 총리, 에마뉘엘 마크롱 프랑스 대통령과 만날 계획이다. 메르켈 총리와 마크롱 대통령은 영국에 더 이상 끌려다닐 수는 없다며 브렉시트 재협상에 부정적인 태도를 보이고 있다.

08월 21일

• 브렉시트를 둘러싼 변화하는 영국의 여론   (POLITICO 08. 21)

- 8월 15일부터 19일에 실시한 여론조사에 따르면 영국의 보수당이 보리슨 존슨 총리의 브렉시트에 대한 강경한 태도로 지지자들을 되찾으면서 야당인 노동당을 14%p 앞서는 것으로 나타났다. 전임자인 테레사 메이 전 총리가 협상을 성공시키지 못하고 브렉시트를 연기한 것과 달리 보리스 존슨 총리는 10월 31일까지 협상의 유무와 상관없이 유럽연합을 떠나겠다고 주장했다. 이러한 상황에서 여론조사에 따르면, 지난 5월의 여론조사에서 보수당 25%, 노동당 34%의 결과가 나온 것에 비해 유권자의 42%가 보수당에, 28%가 노동당에 투표할 것으로 나타났다. 이러한 결과의 원인으로는 보리스 존슨이 브렉시트 협상과 브렉시트 자체에 대해 매우 분명한 입장을 취했고 그의 메시지가 영국인들에게 잘 전달되었기 때문이라고 예측된다. 하지만 모든 상황이 존슨에게 유리한 것은 아니다. 여론조사에 따르면 총 응답자의 52%가 브렉시트 협상안에 대한 공개 투표를 지지했고 29%는 이런 공개투표에 반대했다. 응답자의 19%는 모른다고 답했다. 영국이 유럽연합을 어떤 방식으로 탈퇴할지를 묻는 질문에 응답자의 22%는 무엇을 선호할지 모른다고 말했고, 단지 23%의 영국인들이 협상을 하지 않고 떠나는 것 선호했다. 영국이 유럽연합 탈퇴를 결정한 지 3년이 지난 지금, 정치적 혼란 속에서 어떤 조건으로 유럽연합 떠날지는 여전히 불확실하다.

08월 23일

• 독일 동부지역 여론조사, 극우정당의 쇠퇴   (POLITICO 08. 23)

- 8월 23일 발표된 여론조사에 따르면 독일의 동부지역에서 극우정당인 독일을 위한 대안의 쇠퇴가 눈에 띈다. 작센(Saxony)주에서는 기독교민주연합(Christlich Demokratische Union Deutschlands, CDU)이 31%의 지지율을 얻으며 25%를 차지한 독일을 위한 대안보다 6%p 높은 지지율을 얻고 있다. 한편 베를린 주변의 브란덴부르크(Brandenburg)주에서는 사회민주당이 21%의 지지를 받으며 독일을 위한 대안보다

1%p 앞서고 있다. 5월에 실시된 여론조사에 따르면 독일을 위한 대안은 작센 주와 브란덴부르크 주에서 난민 정책에 대한 현지의 불만을 이용하여 각각 25.3%, 19.9%로 가장 많은 지지를 받았지만 최근 여론조사 결과 1위의 자리를 놓쳤다.

제2장
유럽의회의 쟁점

유럽연합 집행위원장의 유럽의회에 대한 비난과 시사점

이순영

7월 4일, 몰타의 유럽연합정상회의 의장 수행에 대한 평가를 위해서 스트라스부르에서 열린 유럽의회 본회의에 장 클로드 융커 유럽연합집행위원장이 참여했으나 그를 맞이한 것은 30명의 의원, 그리고 721개의 빈 좌석이었다(BBC 2017. 07. 04). 이에 융커는 유럽의회의 저조한 출석률이 어처구니없다며 만약 메르켈 총리나 마크롱 대통령이 왔더라면 이러지 않았을 것이라며 불편한 심기를 드러냈다(Politico 2017. 07. 04). 하지만 융커 집행위원장과 타자니 의장은 회의 이후 개인적으로 만나 융커 집행위원장이 타자니 의장에게 자신의 발언이 과했다며 사과하면서 사건은 일단락되었다(EU Observer 2017. 07. 04).

유럽연합은 당장 2년 안에 이루어질 브렉시트, 계속되는 러시아의 위협, 미국의 비협조라는 문제에 직면해있다(The New York Times 2017. 07. 04). 또한 계속되는 테러위협과 난민문제로 인해 유럽연합 시민들의 안전이 계속해서 위협받고 있기 때문에 유럽연합은 더욱 결속력을 다져야 하는 상황이다. 하지만 유럽의회가 몰타의 유럽연합정상회의 의장 수행 평가와 같이 비교적 덜 중요한 사안에 대해서 낮은 출석률로 대응함으로써 유럽연합 정상회의, 유럽연합집행위원회와 반목을 일으킨다면 국민을 대표하는 기구로서, 유럽연합의 한 기구로서 의회가 제대로 된 역할을 수행할 수 있는가에 대해서 의문부호를 던질 수밖에 없다.

물론 여러 국가에서 선출된 의원들이 한곳에 모인다는 유럽의회의 특성상 의원들이 모든 사안에 대해서 관심을 가지고 모든 회의에 참여할 수 없다는 유럽의회의 한계점에 대해서는 인정할 수밖에 없다. 게다가 만약 의원들이 자신이 대표하는 사람들이 특정 사안에 대해서 관심을 가지지 않는다고 생각한다면 본회의에 출석하지 않을 수도 있다. 하지만 그들은 선거를 통해 선출되어 시민을 대표하고, 시민을 대신하여 의사결정을 내리고, 다른 권력을 견제해야 하는 역할을 부여받은 사람들이다. 이러한 역할을 부여받은 의원들이 마땅히 있어야 할 의회에 있지 않고, 자신들의 역할을 제대로 수행하지 않는다면 유럽의회는 더 이상 유럽연합 시민들로부터 충분한 신뢰를 받지 못할 수 있다.

융커 집행위원장의 발언은 사소한 사안에 대해서는 관심을 가지지 않는 의원들의 태도에 대한 비판이자 앞으로 계속해서 시민들로부터 신뢰를 받아야 할 유럽의회에 대한 비판이라고 생각할 수 있다. 이에 유럽의회는 융커 집행위원장의 "어처구니가 없다"는 발언에 대해서 다시 한번 신중하게 생각해볼 필요가 있다.

참고문헌

Eric Maurice. 2017. "Juncker lashes out at 'ridiculous' EU parliament." *EU Observer*(July 4).

James Kanter. 2017. "'You are ridiculous,' E.U.'s Juncker tells European Parliament." *The New York Times*(July 4).

Jennifer Rankin. 2017. "Jean-Claude Juncker criticises 'ridiculous' European parliament." *BBC*(July 4).

Maia de La Baume and David M. Herszenhorn. 2017. "Jean-Claude Juncker: 'The Parliament is ridiculous'." *Politico*(July 7).

마크롱 대통령의 소통 부재에 하락하는 지지율

이순영

2017년 5월, 에마뉘엘 마크롱은 오랜 시간 프랑스 유권자로부터 지지를 받아온 사회당과 공화당을 이기고 당당히 프랑스 대통령 자리를 차지했다(중앙일보 2017. 05. 09). 그에 대한 국민들의 기대는 의회 선거 결과에서도 잘 드러났다. 마크롱의 정당, 전진하는 공화국은 이번 의회 선거에서 과반 이상의 의석을 차지했고, 이러한 선거 결과는 유권자들이 새로운 대통령에게 친(親)유럽연합, 기업 친화적인 개혁을 추구할 수 있는 권한을 준 것이라고 할 수 있다(BBC News 2017. 06. 19).

하지만 최근 마크롱 대통령은 유권자들의 기대에 부응하지 못하고 있는 모양새다. 최근 IFOP가 발표한 여론조사 결과에 따르면, 마크롱의 지지율은 한 달 만에 14%p 하락하며 응답자의 40%만이 마크롱의 국정수행에 대해서 만족한다고 답했고, 57%의 응답자는 마크롱의 국정수행에 대해서 만족하지 않는다는 의견을 표했다(The Telegraph 2017. 08. 27). 물론, 지지율 하락 현상을 선거연합 일부 세력의 지지 철회, 임기 초 대통령에 대한 비현실적인 기대의 와해, 허니문 효과의 소멸로 설명하여 임기 중에 흔히 일어나는 현상으로 생각할 수도 있다 (문우진 2012). 하지만 1995년 이래로 임기 초에 프랑스 대통령의 지지율이 이렇게 낮았던 적은 없었다(Independent 2017. 08. 27). 이러한 점을 고려한다면 마크롱의 지지율 하락 현상은 그저 일시적인 현상이라며 가볍게 넘길 일은 아니다.

마크롱의 당선 이후, 100일 동안 메이크업에만 26,000유로를 사용했다는 사실이나 그의 부인에게 영부인으로서의 유급 직위를 주려고 했던 시도 등이 마크롱의 지지율 하락 현상의 원인으로 지적되고 있다(The Guardian 2017. 08. 27). 하지만 가장 직접적인 원인은 국방예산 삭감 문제를 둘러싸고 마크롱과 피에르 드빌리에(Pierre de Villiers) 전(前) 합참의장이 충돌한 사태나 노조와의 협상이 결렬되더라도 친(親)기업적인 노동개혁을 밀어붙이겠다는 마크롱의 선언에서 드러나는 성급하고도 권위주의적인 국정 운영 방식이다(조선일보 2017. 07. 28).

민주주의는 국민들의 목소리를 의사 결정 과정에 반영하고, 이를 기반으로 국민들의 삶에 영향을 미칠 수 있는 정치적인 결정을 만들어내는 과정이다. 하지만 대통령 마크롱이 최근에 보여주고 있는 권위주의적이면서 성급하고 거만한 태도는 민주적인 정치과정과는 거리가 있어 보인다. 또한 이러한 대통령의 태도는 국민들로 하여금 대통령이 국민들과 소통하고 있다는 느낌이 아니라 반대파를 무시하고 있다는 느낌을 줄 수밖에 없다. 마크롱은 하락하고 있는 지지율을 일시적인 현상으로만 여길 것이 아니라 국민들이 지지 철회를 통해서 내고 있는 목소리가 무엇인지에 대해서 좀 더 귀를 기울여야 할 필요가 있다.

참고문헌

김선엽. 2017. "젊은 대통령이 꼰대같이…마크롱 지지 한 달 새 22%p 폭락." 『조선일보』(07월 28일).

문우진. 2012. "대통령 지지도의 필연적 하락의 법칙: 누가 왜 대통령에 대한 지지를 바꾸는가?" 『한국정치학회보』 46집 1호, 175~201.

중앙일보. 2017. "마크롱 대통령 당선…'의석 0' 택한 프랑스의 실험"(05월 09일).

BBC News. 2017. "France polls: Macron's party wins clear parliamentary majority"(June 19).

David Chazan. 2017. "Majority of people in France now dissatisfied with Macron." *The Telegraph*(August 27).

Kim Willsher. 2017. "Emmanuel Macron's popularity slumps again." *The Guardian*(August 27).

Lucy Pasha-Robinson. 2017. "Emmanuel Macron's approval rating hits record lows four months after election landslide." *Independent*(August 27).

유럽의 극우주의는 반등할 것인가?

이연경

반(反)이민과, 반(反)유럽연합 정서를 내세우며 기존 정치권 세력을 위협하던 유럽의 극우세력은 트럼프와 브렉시트로 인한 혼란으로 그 세력이 점차 줄어들었다(JTBC 2017. 09. 16). 유럽연합 탈퇴를 내건 영국독립당(UK Independence Party, UKIP)의 지지율은 일 년 새 절반 가까이 떨어졌다(JTBC 2017. 09. 16). 네덜란드 자유당(Partij Voor de Vrijheid, PVV)의 헤이르트 빌더스(Geert Wilders)는 3월 네덜란드 총선에서 제1당 집권에 실패하기도 하였다(중앙일보 2017. 03. 17).

그러나 전반적으로 위축되고 있던 극우열풍은 반등의 기미를 보이고 있다. 오스트리아 국민당의 세바스티안 쿠르츠 대표의 경우 반(反)이민 정서를 자극하면서 자유당 지지층을 흡수하고 있다(서울경제 2017. 09. 17). 또한 9월 24일 독일 총선에서는 독일을 위한 대안이 의회에 제3당으로 진출 하였다(헤럴드경제 2017. 09. 25).

따라서 극우세력 득세의 가능성은 언제나 배제할 수 없다. 전반적인 극우정당 지지율이 하락했지만 유권자들이 극우정당에 더 큰 힘을 실어 준다면 유럽연합 해체라는 결과를 불러올 수 있기 때문에 기존세력들이 이민정책과 전반적 문제 해결을 위해 유럽 국민들의 목소리에 더욱 귀 기울여야 할 것이다.

참고문헌

김성탁. 2017. "네덜란드서 막힌 포퓰리즘 광풍…극우정당 제1당 실패." 『중앙일보』 (3월 17일).
김창영. 2017. "31세 '젊은 극우' 바람에 유럽 긴장." 『서울경제』(9월 17일).
이한주. 2017. "유럽 극우 '날개 없는 추락'…반이민·탈EU 외치다 역풍." 『JTBC』(9월 16일).
헤럴드경제. 2017. "獨총선, 극우 정당 약진에 유럽 극우파 환호"(9월 25일).

카탈루냐 독립투표, 스페인 중앙정부의 무력대응은 올바른 것인가

이연경

카탈루냐는 9월 1일 스페인으로부터 분리 독립을 위한 주민투표를 실시하였고, 투표 결과 90%의 찬성으로 분리 독립이 가결되었다(SBS뉴스 2017. 10. 11). 하지만 중앙정부는 투표가 불법이라며 경찰력을 동원해 투표를 막았다(동아일보 2017. 10. 03). 스페인 정부는 카탈루냐 주요 도시에 설치된 총 2,315개 투표소 중 1,300 개를 봉쇄했고, 경찰이 주민들에게 폭력을 행사해 수백 명이 부상을 당하였다 (MBN뉴스 2017. 10. 02). 10월 27일 카탈루냐 지역 의회가 스페인으로부터 분리 독립 을 선포하는 안건을 통과시켰고, 같은 날 스페인 상원은 카탈루냐 자치권을 일 시 몰수하는 내용의 헌법 155조 발동을 통과시켰다(경향신문 2017. 10. 27). 한편, 카 탈루냐가 독립을 선포했지만 미국과 유럽 등은 스페인 중앙정부 측에 서서 카탈 루냐를 인정하지 않는다는 입장을 거듭해서 나타냈다(뉴시스 2017. 10. 28).

민주국가에서 투표의 합법성이나 분리 독립의 여부를 떠나 스페인 중앙정부 가 국민들의 목소리를 폭력과 통보식의 명령 전달로 막으려고 하는 것은 카탈루 냐뿐 아니라 바스크 정부 등의 다른 자치정부의 더 큰 반감을 살 수 있을 것이다. 문제가 더욱 극으로 치닫고 있는 스페인이 무력 충돌이 아닌 평화적인 대화로 사태 해결의 시작점을 찾아갔으면 하는 바람이다.

참고문헌

김지영. 2017. "카탈루냐 독립투표 강행…경찰 무력진압에 수백 명 부상." 『MBN뉴 스』(10월 02일).

박민우. 2017. "카탈루냐 독립투표, 찬성 92%… 스페인 정부 '불인정'." 『동아일보』(10 월 03일).

배재학. 2017. "카탈루냐 자치정부 독립 잠정중단…'대화 필요해'." 『SBS뉴스』(10월 11 일).

심진용. 2017. "카탈루냐 '독립 선포'에 스페인 상원 '자치권 박탈' 맞불… 폭발 직전의 스페인." 『경향신문』(10월 27일).

이지예. 2017. "美·EU 모두 카탈루냐 독립 반대 견지…'스페인은 단일 국가'." 『뉴시 스』(10월 28일).

메르켈의 연정 실패로 인한 유럽연합과 독일의 혼란

이연경

　메르켈 총리는 기민당–기사당 연합에 자유민주당, 녹색당을 아우르는 연정을 추진해왔으나 협상에 실패하여(중앙일보 2017. 11. 22), 결국 기존 연정파트너인 사회민주당과의 협상을 앞두고 있다(뉴시스 2017. 11. 27).

　현지 주요 언론의 여론조사에 따르면 여론의 대다수는 총선결과에 대해 재선거를 요구했으나, 지지하는 정당에 따라 국민의 시각이 다르고, 재선거를 하더라도 정당지지가 지난 총선과 유사할 것으로 전망됨에 따라 혼란이 가중되고 있다(연합뉴스 2017. 11. 27). 유럽연합 역시 유럽연합 정상회의에서 독일이 빠질 경우 주요 현안에 대한 논의 범위가 제한적일 수밖에 없기 때문에 염려를 표하고 있는 상황이다(Financial Times 2017. 11. 20; 뉴시스 2017. 11. 21 재인용).

　안정된 정부 없이는 국민들을 위한 정책도 이루어질 수 없으며, 권력의 공백으로 국내외의 혼란은 더욱 커져갈 수 있다. 따라서 메르켈과 독일의 정당들은 안정된 국정운영을 위해 국민들의 의견을 충분히 반영해 정부 구성에 서둘러야 할 것이다.

참고문헌

김성탁. 2017. "메르켈, 12년 재임 중 최대 위기…'차라리 재선거' 배수진." 『중앙일보』(11월 22일).
이광빈. 2017. "한숨 돌린 메르켈, 여론지지 속 대연정 '올인'…소수정부 가능성도." 『연합뉴스』(11월 27일).
이지예. 2017. "'유럽의 기둥' 메르켈, 연임 빨간불에 EU도 노심초사." 『뉴시스』(11월 21일).
이지예. 2017. "獨메르켈, 사민당과 '대연정' 다시 꾸릴까…30일 분수령." 『뉴시스』(11월 27일).

선거 후에도 여전히 진전 없는 카탈루냐 분리 독립

이연경

12월 21일 카탈루냐 지방선거에서 분리 독립을 주장하는 정당들이 의회 135석 중 70석을 확보하였다(CNN 2017. 12. 21; 뉴시스 2017. 12. 22 재인용). 하지만 독립진영 의석은 2015년 선거 때보다 2석이 줄었고, 제1당을 차지한 잔류진영의 시민당(citizens)은 12석이 늘어 37석을 차지했다. 독립진영의 완전한 승리가 아니라는 분석이 나오며 시민당은 선거의 승리자는 자신들이고 자신들이 주도해 정부를 구성하겠다고 밝혔다(문화일보 2017. 12. 22). 마리아노 라호이 총리 역시 전 카탈루냐 수반 푸지데몬의 대화 제의를 일축하며, 자신이 만나야 할 사람은 시민당의 대표라고 강조했다(KBS뉴스 2017. 12. 23). 한편, 독립진영의 당선인 중 7명은 현재 구치소에 있거나 브뤼셀로 도피한 상황으로 앞으로의 정부 구성 또한 쉽지 않을 것으로 보인다(연합뉴스 2017. 12. 22).

이에 현지 매체 엘파이스(elpais)는 결국 아무것도 바뀌지 않았고 분리 독립인지 잔류인지 국민들은 방향을 예상치도 못하는 상황이라고 밝혔다(elpais 2017. 12. 22; 뉴스1 2017. 12. 24 재인용). 끊임없는 대립으로 혼란이 가중되고 있는 상황에서 스페인 중앙정부와 분리 독립주의자들은 국가와 국민의 안위를 최우선으로 걱정하고 상호 호혜주의에 입각하여 문제해결의 진전을 위해 노력해야 한다고 생각된다.

참고문헌

김용래. 2017. "카탈루냐 독립파, 선거 이긴 기쁨도 잠시…정부구성 '첩첩산중'." 『연합뉴스』(12월 22일).

김진. 2017. "'변한 게 없다'…카탈루냐 선거後 독립갈등 '제자리'." 『뉴스1』(12월 24일).

박세희. 2017. "카탈루냐 독립파, 지방선거 과반…'불씨' 살아나." 『문화일보』(12월 22일).

박진현. 2017. "카탈루냐 선거 '독립파' 승리…스페인 총리 '헌법 위반'." 『KBS뉴스』(12월 23일).

오애리. 2017. "카탈루냐 시민들, 분리독립 정당 택했다…푸지데몬 승리 선언." 『뉴시스』(12월 22일).

커져가는 브렉시트 재투표 논쟁

이연경

영국 내에서 브렉시트와 관련해 다시 한번 국민투표를 실시해야 한다는 의견이 갈수록 커져가고 있다. 영국의 더 가디언(The Guardian)이 발표한 여론조사 결과에 따르면 5천 명 중 47%는 국민투표를 재실시해야 한다고 응답했고 34%는 이에 반대했다(The Guardian 2018. 01. 26; 연합뉴스 2018. 01. 28 재인용). 이에 토니 블레어 전 총리 또한 브렉시트를 둘러싼 교착상태를 해결하는 유일한 방법은 국민투표를 다시 실시하거나 총선을 실시하는 것 중 하나라고 주장하였다(머니투데이 2018. 01. 27).

한편, 영국 정부는 전환기간에 영국은 유럽연합의 규정들을 준수할 것이라고 밝히며 유럽연합 예산에 돈을 낼 것으로도 계획하고 있다고 밝혔다. 이에 보수당은 브렉시트 이후에 유럽연합 예산에 돈을 내고, 유럽연합 법규들에 종속된다면 유럽연합 속국이 아니냐며 반박하고 있다(연합뉴스 2018. 01. 24).

영국은 국민투표를 통해 유럽연합 탈퇴를 결정했지만 경제적인 이유로 국민여론과 브렉시트 찬성파마저도 재투표를 논하고 있다. 혼란 잠식을 위해 영국정부는 어느 때보다도 국민여론과 소수 입장에 귀 기울여야 한다고 생각된다.

참고문헌

박대한. 2018. "커지는 '브렉시트 재투표' 여론…찬성이 반대 앞질러." 『연합뉴스』(01월 28일).
유희석. 2018. "토니 블레어 '英, 브렉시트 철회 가능성 40%'." 『머니투데이』(01월 25일).
황정우. 2018. "영국, 2020년까지 '사실상' EU 잔류 공식 확인." 『연합뉴스』(01월 24일).

유럽에 찾아온 극우열풍과 인종갈등

이연경

최근 유럽에서는 기성 정치권에 대한 불신, 난민과 테러 문제가 선거의 핵심 이슈로 부상하면서 극우 정치세력이 제도권 정치 전면에 등장하였다. 프랑스에서는 극우주의자 마린 르펜이 대선에서 2위를 하였고, 독일의 극우정당 독일을 위한 대안은 극우 최초 의석 확보에 성공했으며, 오스트리아에서는 극우정당인 자유당이 연립정부를 구성하였다(연합뉴스TV 2018. 01. 05).

2월 3일 라이(RAI) 뉴스에 따르면 이탈리아 도심에서는 신(新)나치 추종자인 루카 트라이니가 아프리카계 이민자들에게 권총을 쏴 6명이 다쳤고 독일에서는 극우단체가 대규모 반 난민 시위를 벌여 이에 반대하는 시위가 동시에 열리면서 인종간의 대립이 격화되었다(중앙일보 2018. 02. 05).

이렇듯 유럽에서는 극우 단체들과 극단적인 민족주의자들의 인종 차별주의가 기승을 부리고 있다(연합뉴스 2018. 02. 20). 유럽이 다원주의와 통합의 정신을 지키기 위해 오랜 시간 노력해 온 만큼 전 국가적으로 개방과 관용의 정신을 함양하여 정치, 경제, 사회적 문제 해결을 위해 노력해야 할 것이라고 생각된다.

참고문헌

김성탁. 2018. "난민에 총격, 극우 집권 도미노⋯인종 혐오 금기 허물어진 유럽."『중앙일보』(02월 05일).
김용래. 2018. "극우세력 전면 등장에 유럽통합 흔들."『연합뉴스TV』(01월 05일).
박인영. 2018. "유럽 '흑역사' 되살아나나⋯역사수정주의⋅인종차별 기승."『연합뉴스』(02월 20일).

이탈리아 총선 결과와 향후 전망

탁희주

3월 4일 이탈리아에서 실시된 총선 결과 반체제, 반이민, 유럽통합 회의주의를 주장하는 오성운동과 포르차 이탈리아 등의 우파 정당들이 정국의 주도권을 가지게 되었다(The Guardian 2018. 03. 07). 우파 정당들이 선전할 수 있었던 배경에는 청년 실업에 불만을 가진 청년과 지역 불평등을 겪고 있는 이탈리아 남부 유권자, 그리고 소득 불평등에 분노한 블루칼라 계층의 지지가 있었다(동아일보 2018. 03. 06).

오성운동과 우파 연합은 반(反) 유럽연합, 반 난민, 친(親) 러시아라는 공통점을 지닌 정당들로 현재 연정을 추진 중이다(ANSA 2018. 03. 24; 연합뉴스 2018. 03. 24 재인용). 오성운동과 우파 연합이 연정을 한다면 유럽의 핵심국가 중에서 반 유럽연합을 주장하는 정부가 생기게 된다(뉴시스 2018. 03. 10). 실제로 총리 후보로 거론되고 있는 마테오 살비니는 불법적으로 이탈리아에 입국한 이민자들을 대량 추방하겠다고 공약한 바 있다(BBC 2018. 03. 05). 이탈리아 정치권은 우선 정당 간 원활한 의견 조율을 통해 내각을 구성하는 것에 집중하여야 하며, 유럽연합과의 관계에서 이탈리아가 취해야 할 자세에 대해 숙고해보아야 할 것으로 생각된다.

참고문헌

뉴시스. 2018. "이탈리아 총선 '쇼크'…극우·포퓰리즘 정부 탄생할 듯"(3월 10일).
동정민. 2018. "反난민-反EU-反기득권…이탈리아 총선 뒤덮은 포퓰리즘." 『동아일보』(3월 06일).
연합뉴스. 2018. "伊 반체제·극우정당 대표 입맞춤 벽화…'연정이냐 작별이냐'." 『연합뉴스』(3월 24일).
BBC. 2018. "Italy election: What does the result mean?"(March 5).
The Guardian. 2018. "The Fice Star Movement has earned the right to govern Italy"(March 7).

유럽인들의 이민자에 대한 생각과 유럽연합의 난민 정책

탁희주

4월 유로바로미터의 조사 결과에 따르면 유럽국가 국민들은 약 55% 정도 이민자를 이웃으로 느끼기 편안하다고 응답하였으며, 스페인의 경우 80%를 넘어섰다(The Economist 2018. 04. 19). 이와 같은 결과를 바탕으로 할 때 상당수의 유럽인들이 이민자에 대해서 긍정적인 생각을 가지고 있는 것으로 보인다. 하지만 일부 헝가리, 불가리아와 같은 동유럽 국가들의 국민들 경우 이민자에 대해서 혐오적인 감정을 가지고 있는 것으로 나타났다(The Economist 2018. 04. 19). 실제로 헝가리에서는 반 이민 성향의 오르반 총리가 재선에 성공하였다. 주요 유럽국가에서는 이민자에 대한 거부감이 덜한 것으로 나타났으나 동유럽 국가에 경우는 거부감이 심한 것으로 나타나면서 유럽 내에서도 이민자에 대한 시각의 차이를 보였다.

이렇게 반 이민 성향의 정당들이 유럽에 득세하면서 유럽연합의 난민정책 추진에 상당한 위기가 올 것이라고 전망되어왔다(뉴시스 2018. 04. 09). 그러나 유럽의회는 망명을 가속화하기 위한 새로운 규칙을 제시하는 등 이민자들에 대해 적극적인 자세를 취하고 있다(European Parliament News 2018. 04. 26).

일부 유럽국가에서 반 이민 정책을 옹호하는 정당이 득세하는 가운데 유럽연합은 회원국들과 적절한 협상을 통해 해결방안을 모색해나가야 할 것이다.

참고문헌

뉴시스. 2018. "오르반 헝가리 총선 압승으로 흔들리는 EU"(04월 09일).
The Economist. 2018. "Europeans remain welconimg to immigrants"(April 19).
European Parliament News. 2018. "MEPs support reforms to speed up assessment of asylum requests in the EU"(April 26).

실효성 있는 테러 방지 방안 필요

2015년 파리 총격 테러 사건 이후 유럽연합은 테러에 맞서기 위해 다양한 노력을 기울이고 있다. 유럽연합은 프랑스 입국시 여권을 확인하는 절차를 10월 말까지 연장하였고(연합뉴스 2018. 04. 04), 유럽연합 집행위원회는 가상화폐가 테러 자금조달에 사용되는 것을 막기 위해 블록체인관측소(Block chain)를 설치하였다(European Parliament News 2018. 03. 22).

하지만 이러한 노력에도 불구하고, 5월 13일 또 다시 파리에서 테러가 발생하였다. 흉기로 시민들을 공격한 테러범은 경찰에 사살되기 전 "알라후 아크바르"라고 소리친 것으로 알려졌으며, 사건 이후 이슬람국가는 이번 테러가 본인들의 소행이라고 밝혔다(BBC 2018. 05. 13). 이 사건을 포함하여 프랑스에서는 지난 3년간 테러로 인해 230명 이상이 사망하였다(BBC 2018. 05. 13).

테러를 막기 위해 유럽연합 차원에서 여러 가지 방안들이 추진되고 있지만 시민들의 안전은 여전히 위협받고 있다. 유럽연합은 유럽 시민들의 안전을 보장하기 위해 해당국가와 논의하여 더욱 실효성 있는 테러방지 방안을 모색해야 할 필요가 있을 것이다.

연합뉴스. 2018. "EU '프랑스, 테러 위협 대비 10월 말까지 국경통제 연장'"(4월 04일).
BBC. 2018. "Paris attack: Knifeman kills one before being shot by police"(May 13).
European Parliament News. 2018. "How to stop terrorism: EU measures explained(infographic)"(March 22).

프랑스 난민 수용 정책

탁희주

제2부.. 유럽의회의 동향 및 쟁점 **281**

에마뉘엘 마크롱 프랑스 대통령은 이탈리아가 난민 구조 선박인 '아쿠아리우스'의 입항을 거부하는 것에 대해 무책임하다고 비판하였으며(뉴시스 2018. 06. 13), 난민 수용을 거부하는 유럽 국가들에 대해 유럽연합이 재정 제재를 부과하는 방안에 찬성하다고 밝히는 등 난민 수용 정책에 대해 적극적인 입장을 보이고 있다(연합뉴스 2018. 06. 24).

현재 프랑스에서는 난민 신청과 수용 절차를 더 까다롭게 하는 내용을 담은 이민법 개정안이 지난 4월 하원을 통과하여 상원에 계류 중이다(연합뉴스 2018. 06. 21). 또한 여론조사기관 엘라베와 BFM TV에서 조사한 결과 프랑스 유권자 10명 중 6명은 마크롱 대통령의 난민정책이 너무 관대하다며, 이민·난민 관련 정책이 지나치게 포용적이라고 답한 것을 통해 프랑스 내 난민 수용 정책에 대한 거부감을 확인할 수 있다(연합뉴스 2018. 06. 21).

난민 수용에 적극성을 보이던 프랑스에서도 난민 수용 절차가 까다롭게 된다면 유럽연합의 난민 수용 정책은 더 힘들어질 것으로 보인다. 이에 대해 프랑스 정치권은 이후 발생할 난민 문제에 대해 심도 있는 고민을 할 필요가 있다고 생각된다.

참고문헌

뉴시스. 2018. "伊, '난민 거부 비난' 마크롱에 佛대사 초치…EU 분열 본격화."(6월 13일).
연합뉴스. 2018. "마크롱 'EU가 난민 거부하는 나라 제재하는 것 찬성'"(6월 24일).
_____. 2018. "프랑스 유권자 절반 이상 '난민정책 너무 관대해'"(6월 21일).

‖‖

메이 총리의 소프트 브렉시트에 관한 국민과 정치권의 반발

탁희주

메이 총리가 소프트 브렉시트(영국이 EU를 탈퇴하는 방식에서 일정한 분담금을 내면서 단일시장 접근권만은 유지하는 방식)전략을 발표하였다(가디언 07. 14, 뉴시스 2018. 07. 15 재인용).

이에 대해 스카이뉴스가 실시한 여론조사에 따르면 영국민 64%은 메이 총리의 브렉시트 협상을 신뢰하지 못하는 것으로 나타났으며, 지난 3월 설문조사에 비해 무려 31%p 급등한 결과였다(연합뉴스 2018. 07. 10). 심지어 파이널 세이(Final Say·영국과 유럽연합이 도출하는 브렉시트 최종 합의안을 국민투표로 하는 것) 국민청원에 영국민 35만 명이 동참하기도 하였다(뉴시스 2018. 07. 29). 그리고 정치권 내에서는 데이비드 데이비스 브렉시트부 장관과 보리스 존슨 외무장관이 사임하였으며, 보수당 의원들도 사퇴 의사를 밝히면서 거센 반발이 일어나고 있다. 이렇게 영국 내에서는 브렉시트 최종 합의를 앞두고 혼란스러운 상황이 지속되고 있는 것으로 나타났다(가디언 07.14, 뉴시스 2018. 07. 15 재인용).

메이 총리는 안정된 국정운영을 위해 국민들과 정치권의 의견을 충분히 반영하여 브렉시트 최종 합의안을 도출해야 할 것이다.

참고문헌

뉴시스. 2018. "英 여·야, '소프트 브렉시트' 비판에 '한 목소리'"(7월 15일).
연합뉴스. 2018. "메이 영국 총리 '휘청'…국민 64% '브렉시트 못 맡겨'"(7월 10일).
연합뉴스. 2018. "제2브렉시트 국민투표 실시" 청원에 영국인 35만 명 서명"(7월 29일).

유럽연합-회원국 간의 계속되는 갈등과 실질적 해결방안의 필요성

탁희주

8월 14일 이탈리아 북부 제노바에서 고속도를 잇는 교량이 붕괴되어 39명의 사망자가 발생하였다. 사건 수습을 위해 주제페 콘테 총리는 1년 동안 이 지역에 비상사태를 선포하였으며, 다리와 그 밑에 있던 주택·공장 등을 모두 새로 짓기로 결정했다고 밝혔다(SBS NEWS 2018. 08. 16). 마테오 살비니 부총리는 사고 원인 중 하나로 유럽연합의 사회기반시설 지출 제한을 하나로 뽑았다. 하지만 유럽연합은 이탈리아 정부의 85억 유로의 고속도로 보수 계획을 승인했으며, 이탈리아가 사회기반시설 투자를 위해 유럽연합 예산 25억 유로를 받았다고 반박하였다 (KBS NEWS 2018. 08. 16).

이처럼 최근 유럽연합과 회원국들 간의 첨예한 갈등이 지속되고 있다. 오스트리아에서는 망명 신청자의 견습근로 금지를 추진하면서 반(反)난민 정책을 가속화하고 있는 것으로 나타났고(APA통신 2018. 08. 27; 뉴시스 2018. 08. 27 재인용), 스웨덴에서도 이번 총선에서 반(反)난민의 극우정당이 약진할 것으로 예측되고 있다(매일경제 2018. 09. 05).

유럽연합은 각 국가들이 모인 협력체인 만큼 실효성이 있는 법안과 방안 등을 도출해 유럽연합을 공고히 해 나가야 할 필요가 있다.

참고문헌

김덕식. 2018. "유럽 휩쓰는 反 난민…스웨덴마저 덮치나." 『매일경제』(9월 05일).
배재학. 2018. "伊 제노바 다리 붕괴 39명 사망…'1년 비상사태 선포'." 『SBS NEWS』 (8월 16일).
이진연. 2018. "다리붕괴 참사에 이탈리아 정부 'EU 탓'…EU는 반박." 『KBS NEWS』 (8월 17일).
조인우. 2018. "오스트리아, 망명 신청자 견습근로 추진…反난민 정책 가속화." 『뉴시스』(8월 27일).

스웨덴 극우정당의 약진으로 북유럽으로 확산된 반(反)난민 기류

유예닮

스웨덴의 극우정당인 스웨덴민주당이 17.6%를 득표하며 선전했다(The Guardian 2018. 09. 10). 이는 이전 선거보다 4.7%p 상승한 결과인데, 정부의 스웨덴 국민과 이민자들 사이의 '주거분리정책'이 난민들에 대한 스웨덴 국민들의 반감을 산

결과라는 분석이다(The Washington Post 2018. 09. 10; 한국일보 2018. 09. 11 재인용).난민 주거분리 정책은 국민과 이주민들을 분리시키는 정책으로 이에 대한 반감을 보여주는 대표적인 사례는 허스비(Husby)이다(The Washington Post 2018. 09. 10; 한국일보 2018. 09. 11 재인용). 이곳에 많은 수의 난민들이 유입된 이후 범죄율이 증가하고 차별반대를 위한 폭동이 일어나자 국민들의 난민에 대한 두려움은 커지게 되었다(The Washington Post 2018. 09. 10; 한국일보 2018. 09. 11 재인용). 이에 극우정당은 총선에서 이러한 두려움을 활용하여 약진할 수 있었다(The Washington Post 2018. 09. 10; 한국일보 2018. 09. 11 재인용).

총선 결과, 스웨덴민주당이 62석을 확보해, 한 개의 의석밖에 차이가 나지 않는 집권연정과 중도우파연합 사이에서 캐스팅보트의 역할을 할 수 있게 되었다(연합뉴스 2018. 09. 10). 따라서 난민에 우호적이었던 북유럽에 반(反)난민 기류가 어떻게 전개될지 주목해야 할 것이다.

참고문헌

김정우. 2018. "스웨덴 반(反)난민·극우정당 열풍 낳은 '이민자 주거분리'." 『한국일보』(9월 11일).
연합뉴스. 2018. "스웨덴 총선, 연립여당·야권연맹 과반확보 실패…극우정당 약진" (9월 10일).
John Henley. 2018. "Sweden Election: far right makes gains as main blocks deadlocked." *The Guardian*(September 10).

EU의 이탈리아 내년 예산안 승인 거부와 주권 문제

유예닮

10월 23일 유럽연합 집행위원회는 이탈리아 정부가 제출한 내년 예산안이 채무통제 방침에 어긋난다며 거부하고, 3주 안에 수정안을 제출하도록 요구했다(연합뉴스 2018. 10. 24). 유럽연합이 특정 회원국의 예산안을 거부한 것은 이번이 사상 처음이다(연합뉴스 2018. 10. 24).

　이탈리아가 이번에 유럽연합에 제출한 예산안은, 내년도 재정적자 목표치를 국내총생산(GDP) 대비 2.4%로 정한 것으로, 이는 이전 민주당 정부가 약속한 0.8%의 3배나 되는 재정적자를 감수한 것이다(동아일보 2018. 10. 25). 또한 해당 예산안은 현 이탈리아 정부의 총선 공약인 기본소득 도입, 복지확대 등을 현실화하기 위한 선택이기 때문에, 이탈리아 정부는 예산안 '수정불가'를 외치고 있다(동아일보 2018. 10. 25).

　유럽연합은 회원국의 재정안정성과 적정한 공공부채 유지를 위해 회원국과의 안정·성장 협약을 맺고 있다(연합뉴스 2018. 10. 24). 하지만 유럽연합이라는 지역통합체가 주권국가의 내부 예산안을 반려해도 되는지, 이것이 대내적 최고성과 대외적 자주성을 가지고 있는 국가의 주권을 침해하는 것은 아닌지 생각해보아야 한다.

참고문헌

동정민. 2018. "伊 포퓰리즘에 제동 건 EU…예산안 사상 첫 승인 거부." 『동아일보』
　(10월 25일).
현윤경. 2018. "EU, 伊 내년예산안 '퇴짜'…3주 내로 수정안 제출 요구." 『연합뉴스』
　(10월 24일).

유럽의 국방협력 강화와 독일·프랑스 수장들의 유럽 통합군 창설 지지

유예닮

　11월 19일 유럽연합 25개국의 국방장관들 간 국방 협력 강화에 대한 회의가 있었고, 정보요원 양성을 위한 유럽합동정보학교의 설립, 독일 주도의 차세대 드론 개발사업, 프랑스와 독일의 합작 헬리콥터 성능 개선사업 등이 합의되었다(Politico 2018. 11. 19; 연합뉴스 2018. 11. 20 재인용).

또한 유럽연합은 2017년 55억 유로 규모의 공동 방위 기금을 출범시켰고, 2018년 6월에는 군사 기술 개발을 위해 130억 유로를 추가 지출하는 등 계속해서 국방 협력 예산을 확대하고 있다(뉴시스 2018. 11. 07). 한편 이러한 협력과 관련해서 11월 6일 프랑스의 마크롱 대통령은 유럽연합의 시민들을 보호하기 위해서는 진정한 유럽 군대가 필요하다고 주장했다(뉴시스 2018. 11. 07). 독일의 앙겔라 메르켈 총리도 11월 13일 유럽의회 연설에서 진정한 유럽 군대를 설립한다면, 유럽 국가 간 전쟁이 다시는 일어나지 않을 것임을 세계에 보여주는 것이라고 말했다 (European Parliament News 2018. 11. 13).

유럽연합의 이와 같은 군사적 협력을 위한 노력이 지역통합의 마지막 관문으로 여겨졌던 안보 분야의 협력을 가져올 수 있을지 주목해야 할 것이다.

참고문헌

양소리. 2018. "마크롱 '진정한 유럽군대 필요…미·중·러 방어해야'." 『뉴시스』(11월 07일).

유영준. 2018. "EU국방장관, 합동 '스파이' 양성학교 설립 합의." 『연합뉴스』(11월 20일).

Andreas Kleiner. 2018. "Merkel: Natioanlism and egoism must never have a chance again in Europe." *European Parliament News*(November 13).

프랑스 노란 조끼 시위, 저소득층에 대한 정부의 대책 필요성 대두

유예닮

11월 17일 프랑스 정부의 유류세 인상 등에 항의하며 시작된 노란 조끼(Gilets Jaunes) 시위가 12월 10일 유류세 인상 철회, 최저임금 인상 등의 내용을 담은 프랑스 정부의 발표에도 프랑스 전역에서 계속되고 있다(연합뉴스 2018. 12. 21).

프랑스 내무부는 12월 8일 진행된 4차 시위 당시 전국에서 12만6000명이 시위에 참여했으며, 정부는 안전을 위해 대규모의 경찰 병력을 투입하며 폭력시위 방지에 만전을 기했다고 한다(뉴시스 2018. 12. 16). 실제로 4차 시위는 양상이 격해져 경찰이 해산을 위해 장갑차를 투입하기도 했다(한국일보 2018. 12. 08). 한편 이번 시위는 청원 사이트에서 100만여 명의 서명을 받는 등 국민들로부터 큰 지지를 얻고 있다(Change.org 2018. 12. 20, 연합뉴스 2018. 12. 21 재인용).

이번 시위가 정부의 유류세 인상 철회에도 계속 되고 있는 이유를 '저소득층에게 부담스러운 현재의 높은 세율 때문'이라는 분석도 있다(The New York Times 2018. 12. 05, 헤럴드경제 2018. 12. 05 재인용). 노란 조끼 시위는 그동안 쌓였던 불만이 유류세 인상이라는 촉매제를 통해 터진 것이라고 보여지기 때문에, 시위를 잠재우기 위해서는 정부의 장기적인 저소득층에 대한 정책 구상이 필요해 보인다.

참고문헌

양영경. 2018. "'숫자로 보는' 프랑스 노란 조끼 시위…5가지 이유." 『헤럴드경제』(12월 05일).
안현우. 2018. "유류세 인상 철회에도 반마크롱 '노란 조끼' 시위 4주째 연속." 『한국일보』(12월 08일).
강민경. 2018. "마크롱 사과후 佛 노란 조끼 시위 진정…규모 '절반'." 『뉴시스』(12월 16일).
김정은. 2018. "'당신이 옳다' 고개 숙인 마크롱…시위 우려에 베르사유 궁 휴관." 『연합뉴스』(12월 21일).

유럽의회의 저작권법 개정안과 인터넷상에서 표현의 자유 침해

유예닮

2월 13일 유럽의회가 구글, 페이스북 등의 대형 온라인 플랫폼에서 작가, 언론인, 예술가들의 이익을 보장하기 위한 저작권법 개정안에 합의했으며(European

Parliament News 2019. 02. 13), 대형 온라인 플랫폼에 저작권이 있는 콘텐츠의 무단 도용을 방지하는 '업로드 필터' 설치를 의무화했다(연합뉴스 2019. 02. 14).

하지만 개정안에 명시된 '업로드 필터'가 온라인 게시물에 대한 저작권 검열 과정에서 일반 개인의 패러디 콘텐츠도 자동적으로 차단할 가능성이 있어 논란 이 되고 있다(한국경제 2019. 02. 14). 개정안에 대해 컴퓨터통신산업협회(Computer and Communication Industry Association)는 "사용자들의 인터넷 자유를 침해할 수 있는 법안"이라고 지적했으며(한국경제 2019. 02. 14), 유럽소비자협회(The European Consumer Organization)는 "소비자의 컨텐츠 사용을 제한하는 법안"이라고 비판했 다(The Reuters 2019. 02. 14).

이처럼 '업로드 필터'의 필터링 기능은 소비자의 컨텐츠 사용을 억제해 표현의 자유를 침해할 수 있다. 따라서 유럽의회는 법에 의한 강제보다는 인터넷 사용 자와 기업이 자발적으로 저작권 보호에 참여하도록 유도할 방안을 모색해야 할 것이다.

참고문헌

설지연. 2019. "EU, 구글·페이스북에 '링크세' 매긴다."『한국경제』(02월 14일).
정성호. 2019. "EU, 온라인 플랫폼서 작가·예술가·언론에 보상 강화 잠정 합의."『연 합뉴스』(02월 14일).
Foo Yun Chee. 2019. "EU clinches copyright overhaul deal, tech giants in fo-cus." *The Reuters*(February 14).
John Schranz. 2019. "Agreement reached on digital copyright rules." *European Parliament News*(February 13).

유럽의회, 상이한 선거법 규제로 인한 정치자금 논란

임태훈

5월 23일에 있을 유럽의회 선거를 앞두고 정치자금에 관하여 논란이 불거졌다. 구글 등 대기업들로부터 유럽의회의 중도정파인 유럽자유민주연합이 정치자금을 받았다는 사실이 드러나자 소속정당이자 프랑스 여당인 전진하는 공화국이 유럽의회 선거에서 기업들로부터 정치자금을 받는 정당그룹에는 합류하지 않을 것이라며 강력히 경고했다(연합뉴스 2019. 03. 13).

유럽의회 선거는 선거의 일반적인 원칙을 제외하고는 각 회원국의 선거법에 따라 시행된다(연합뉴스 2014. 05. 19). 유럽의회의 차원에서는 정당이 기업에 후원금을 받는 것이 허용되지만, 프랑스 등 서유럽 국가에서는 불법인 경우가 많다(연합뉴스 2019. 03. 13). 유럽자유민주연합은 전진하는 공화국이 긴밀한 관계를 유지하기 위해 기업으로부터 정치자금을 받지 않겠다고 발표했다(연합뉴스 2019. 03. 13).

초국가적 기구인 유럽연합에서 각 회원국들의 제도와 문화를 고려하는 것은 주권을 존중한다는 중요한 의미이다. 하지만 유럽의회 선거를 앞두고 정치자금과 관련해 논란이 일어난 만큼 유럽의회는 여러 국가의 선거법과 규제를 이해하고 보편적인 기준을 마련하기 위해 노력해야 할 것이다.

참고문헌

김용래. 2019. "佛 집권당 경고에 유럽의회 중도연합 '기업 정치자금 안 받겠다.'"『연합뉴스』(03월 13일).
송병승. 2014. "〈유럽의회선거〉② 어떻게 선출하나."『연합뉴스』(05월 19일).

선거를 앞둔 유럽의회의 가짜뉴스를 막기 위한 노력

임태훈

5월 23일 유럽의회 선거를 앞두고 유럽연합은 프랑스, 미국 등에 대하여 선거 때마다 국제적으로 가짜뉴스를 배포하고 있는 러시아에 대해 촉각을 곤두세우고 있다. 마이클 팰런(Michael Fallon) 영국 국방장관은 2017년 2월 2일 러시아의 이런 행위는 민주주의 시스템을 흔들고 북대서양조약기구의 동맹을 약화시키는 의도가 있는 것으로 보인다고 말했다(AFP 2017. 02. 02; NEWS1 2017. 02. 03).

이와 관련해서 유럽연합은 2018년 12월 5일 '가짜뉴스와의 전쟁'을 선포하고 이에 대응하기 위한 예산을 500억 유로(65조 원 상당)로 대폭 인상하기로 했다(연합뉴스 2018. 12. 05). 또한 유럽연합은 트위터, 페이스북 등의 소셜미디어 네트워크들이 가짜 온라인 계정 폐쇄와 로봇을 활용한 리플 달기 차단 등의 방지대책을 이행하도록 촉구하고 있다(연합뉴스 2019. 04. 14).

유럽연합은 규모가 상당한 초국가적인 기구인 만큼 인터넷의 정보에 유권자들이 의존할 수밖에 없다. 그런데 이러한 가짜뉴스가 만연하게 된다면 유권자들은 정확한 정보를 얻지 못할 가능성이 높아진다. 이러한 의미에서 유럽의회의 이번 조치는 적절한 것으로 생각되며, 유럽연합은 이 조치가 실효성 있는 방안이 될 수 있도록 노력을 기울여야 할 것이다.

참고문헌

김혜지. 2017. "'소련식 가짜뉴스' '허위정보 무기화' 주의보." 『NEWS1』(2월 3일).
김병수. 2018. "EU, 내년 유럽의회 선거 앞두고 '가짜뉴스와의 전쟁' 선포." 『연합뉴스』(12월 5일).
김병수. 2019. "EU, 러시아의 내달 유럽의회 선거개입 가능성 우려…차단 부심." 『연합뉴스』(4월 14일).

2019 유럽의회 선거 결과와 다양해진 이념 성향

임태훈

5월 23일에서 26일에 치러진 유럽의회 선거에서 기존 양대 정당그룹인 유럽국민당그룹과 유럽사회당그룹이 과반수 376석에 못 미치는 320석을 차지할 것으로 예상되면서, 새로운 연정의 구축이 필요해졌다(연합뉴스 2019. 05. 27).

이번 선거 결과 반(反) 유럽연합을 주장하는 3개의 극우 포퓰리스트 정당그룹이 이탈세력 없이 교섭단체를 구성할 경우 유럽사회당그룹보다 많은 의석수를 차지하면서 제2당이 된다(연합뉴스 2019. 05. 27). 유럽국민당그룹과 유럽사회당그룹은 안정적인 연정을 구축하기 위해 자유민주당그룹이나 유럽 녹색당-자유 동맹그룹과의 연정이 필요하다(연합뉴스 2019. 05. 27). 자유민주당그룹은 연정에 대하여 중심적인 역할을 하는 필수적인 파트너가 될 것이라며 긍정적인 입장을 보였다(REUTERS 2019. 05. 27). 유럽 녹색당-자유 동맹그룹은 기후변화에 대한 합의 없이는 쉽게 연합하지 않겠다는 입장을 표했다(뉴스1 2019. 05. 27).

참고문헌

강민경. 2019. "유럽 '녹색바람' 거세졌다…기후변화 의제 탄력 받나." 『뉴스1』(5월 27일).

김병수. 2019. '극우·녹색 바람'에 유럽정치권 중도 좌·우파 '과점체제' 붕괴 『연합뉴스』(5월 27일).

_____. 2019. 유럽 정치지형 대변화…"기성정당 몰락, 극우·녹색 대약진." 『연합뉴스』(5월 27일).

_____. 2019. "유럽의회 선거, 기성정당 몰락·극우 및 녹색당 약진 예상." 『연합뉴스』(5월 27일).

Michel Rose. 2019. "Despite bruised ego, Macron starts real campaign for Brussels influence." *The Reuters*(May 27).

유럽연합, 집행위원장 선출을 위한 합의 시급

임태훈

유럽연합의 집행위원장 및 차기 지도부의 선출에 있어 의견 차가 좁혀지지 않아 오는 11월 1일에 시작되는 새로운 유럽연합 집행위원회 출범에 차질이 일어날 수 있다는 의견이 나오고 있다(연합뉴스 2019. 06. 08).

유럽연합의 집행위원장의 선출방식은 유럽의회의 선거 결과를 반영하여 각 정치그룹의 대표인 슈피첸칸디단테(Spitzenkandidaten)중 제1당을 차지한 정치그룹의 대표가 후보로 선출되지만, 이번 선거 결과 제1당인 유럽국민당그룹과 제2당을 차지한 유럽사회당그룹이 과반 의석을 확보하지 못해 문제가 생겼다(뉴시스 2019. 06. 04). 집행위원장 후보가 되기 위해서는 유럽연합 전체 인구의 65% 이상에 해당하는 21개 회원국 정상의 지지를 받아야 하지만 프랑스와 독일이 자국의 후보만을 내세우며 합의점을 도출하지 못하고 있다(뉴시스 2019. 06. 24).

다양한 국가가 모여 있는 초국가적 기구인 유럽연합에서 각국의 정상들이 자국의 이익만 내세우며 타협을 하지 않는 모습은 바람직하지 않다. 각국의 정상들은 대화와 타협을 통해 집행위원장을 선출하여 새로운 유럽연합 집행위원회의 출범에 차질이 없게 해야 한다.

참고문헌

김병수. 2019. "EU, 차기 집행위원장 후보 인선 난항…후보 결정 늦어질 수도." 『연합뉴스』(6월 8일).
양소리. 2019. "獨 EU 집행위원장 선출방식 막후서 결정 안 돼." 『뉴시스』(6월 24일).
오애리. 2019. "'차기 EU집행위원장 감을 찾아라…유럽 6개국 정상, 7일 회동." 『뉴시스』(6월 4일).

유럽연합, 최초의 여성 집행위원장 선출

임태훈

차기 유럽연합 집행위원회 위원장으로 우르줄라 폰 데어 라이엔 독일 국방장관이 재적의원 747명 중 383명의 찬성을 받으며 선출됨에 따라 유럽연합 최초의 여성 집행위원장이 되었다(POLITICO 2019. 07. 16).

점점 변화하는 여성의 입지를 입증하는 듯 차기 의회 구성 역시 여성의원들의 선전이 눈에 띈다. 유럽의회의 여성의원 비율은 1979년 16%에 불과했지만 2019년 여성의원 비율은 40%로 역대 최고치를 갱신했다(연합뉴스 2019. 07. 03). 집행위원장뿐 아니라 유로존(Eurozone-유로화 사용 유럽연합 19개국)의 통화정책을 총괄하는 유럽중앙은행(European Central Bank, ECB) 총재 자리에도 여성인 크리스틴 라가르드(Christine Lagarde)가 선출됐다(뉴스1 2019. 07. 17). 이러한 결과에 도날드 투스크 유럽연합 정상회의 상임의장은 처음으로 유럽연합의 지도부에서 성평등을 이뤘다고 말했다(연합뉴스 2019. 07. 04).

민주주의가 확립되어가는 오랜 기간 동안 여성의 정치적 대표성은 충분히 반영되지 못하는 게 현실이었다. 이러한 상황에서 여성 지도부 선출과 여성의원 비율의 증가는 굉장히 긍정적으로 보여진다. 향후 이런 모습이 전 세계적으로 확산되어 점차 여성의 정치적 대표성이 높아지기를 기대해 본다.

참고문헌

강민경. 2019. "유럽 정치·경제 사령탑 '여성 듀오', 새 역사 쓴다." 『뉴스1』(7월 17일).
김병수. 2019. "9대 유럽의회 출범…의원 10명 중 4명은 여성, 초선이 58%" 『연합뉴스』(7월 3일).
_____. 2019. "EU 첫 여성 집행위원장 후보, 브뤼셀 방문…융커·투스크와 회동." 『연합뉴스』(7월 4일).
DAVID M. HERSZENHORN, MAÏA DE LA BAUME. 2019. "Ursula von der Leyen's narrowly won homecoming." *Politico*(July 19).

다가오는 브렉시트 예정일과 계속되는 대립

임태훈

영국의 유럽연합 탈퇴인 브렉시트는 지난 2016년 6월 23일 국민투표 결과 이행이 결정되었다(연합뉴스 2019. 06. 22). 하지만 브렉시트 합의안은 영국 하원의 승인투표(meaningful vote)에서 두 차례 부결되면서 제동이 걸려 브렉시트를 둘러싼 교착상태가 지속되자 유럽연합은 특별정상회의를 통해 브렉시트를 오는 10월 31일까지 추가 연기했다(연합뉴스 2019. 06. 22).

브렉시트로 혼란스러운 시국에 영국은 노딜 브렉시트를 감수하더라도 오는 10월 31일까지는 브렉시트를 반드시 하겠다고 주장하는 보리슨 존슨이 새로운 총리가 되었다(뉴시스 2019. 07. 28). 영국은 브렉시트 이후에도 잠시 동안 유럽연합과의 관세동맹에 잔류하는 제도인 백스톱의 폐지를 제안했고 이에 유럽연합은 현실적인 대안이 없으면 협상은 없다고 거절하면서 노딜 브렉시트의 가능성이 커지고 있다(연합뉴스 2019. 08. 20).

현재 영국은 내부에서뿐만 아니라 유럽연합과도 의견의 충돌로 적절한 타협점을 잡지 못하고 있다. 민주주의에서 국가가 국민의 투표로 결정된 사항을 이행하는 것은 당연하다. 하지만 브렉시트가 주변에 끼치는 파급력을 생각해서 다소 시간이 걸리더라도 모두에게 피해가 덜 가는 신중한 결정을 해야 한다.

참고문헌

권성근. 2019. "브렉시트 강경파 英 새 총리 존슨 등판…노딜 브렉시트 현실화?"『뉴시스』(7월 28일).
김정은. 2019. "EU, 英총리 '브렉시트 재협상' 제안 '거부'."『연합뉴스』(8월 20일).
박대한. 2019. "국민투표 후 3년 지났지만…브렉시트는 여전히 미완성."『연합뉴스』(6월 22일).

미국의 동향 및 쟁점

'위대한 미국'의 재건과 정치적 양극화

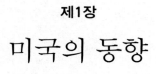

제1장

미국의 동향

1차(2017년 6월 말~7월 말)

정현영

상원 공화당 지도부가 오바마케어(Obamacare)를 대체할 건강보험법 개정안을 발표한 가운데, 상원 다수당 원내대표 미치 맥코넬(Mitch McConnell)은 법안 통과에 충분한 표를 얻는 데 어려움을 겪고 있다(The Hill 2017. 07. 13). 수잔 콜린스(Susan Collins)와 랜드 폴(Rand Paul)이 법안에 강력히 반대하고 있기 때문이다(The Hill 2017. 07. 13). 미국 하원은 7월 14일 '2018 회계연도' 국방수권법안을 처리하면서 '아시아·태평양 지역 동맹에 대한 미국의 확장억지 및 방위공약 역량 강화 계획'이라는 이름으로 리즈 체니(Liz Cheney) 하원의원이 제안한 조항을 반영하였다(한겨레 2017. 07. 16). 법안에는 △동맹국에 대한 무기 판매 증가 △핵과 재래식 무기를 모두 탑재할 수 있는 폭격기의 훈련 및 전개 계획 △핵탄두 장착 크루즈 미사일을 탑재한 잠수함의 재배치 등이 담겼다(한겨레 2017. 07. 16).

공화당은 트럼프 대통령에게 부여된 무력사용권(Authorization for Use of Military Force, AUMF)의 폐지를 목적으로 수정안을 승인하는 등 백악관의 권한, 특히 외교·안보 정책에 대한 견제에 나서고 있다(CNN 2017. 07. 01; 연합뉴스 2017. 07. 02 재인용). 그런가 하면 민주당에서는 브래드 셔먼(Brad Sherman) 의원이 트럼프 대통령을 상대로 한 탄핵안을 공식적으로 제출했다(The Hill 2017. 07. 12). 그는 탄핵안에서 트럼프가 마이클 플린(Michael Flynn)에 대한 조사를 멈추라고 압박했다는 제임스 코미(James Comey)의 증언을 인용했으며, 트럼프 대통령이 코미 전 미 연방수사 국(Federal Bureau of Investigation, FBI) 국장을 해임한 것은 사법방해에 해당하고 '중대범죄이자 경범죄'로 볼 수 있다고 주장했다(The Hill 2017. 07. 12). 이 가운데 미국인의 36%만이 트럼프 행정부의 국정 수행을 지지하는 것으로 드러났고, 이로써 트럼프 대통령의 국정 수행 지지도는 역대 대통령 취임 후 6개월 지지도에서 70년 만에 최저 수치를 기록하였다(CNN 2017. 07. 17).

한편 트럼프 대통령의 장남인 도널드 트럼프 주니어(Donald Trump Jr.)가 지난해 대선 기간, 힐러리 클린턴(Hillary Clinton) 당시 민주당 후보에게 타격을 가할 수 있는 정보를 건네받고자 러시아 측 인사와 이메일을 주고받은 데 이어 러시아 정부와 연계된 변호사를 직접 만났다는 사실이 확인되었다(연합뉴스 2017. 07. 12). 이에 대해 민주당은 사실상의 '반역행위'라고 주장하면서 대대적인 공세에 나섰으며(연합뉴스 2017. 07. 12), 워싱턴 포스트(The Washington Post)와 ABC News(American Broadcasting Company)가 실시한 여론조사 결과 응답자의 26%가 회동을 적절한 것으로, 63%가 부적절한 것으로 보고 있는 것으로 드러났다(CNN 2017. 07. 17).

미국 정당

07월 01일

• '트럼프에 불안감' 미국 공화당, 행정부 안보정책 사사건건 시비

(CNN 07. 01; 연합뉴스 07. 02 재인용)

— CNN(Cable News Network)에 따르면, 공화당이 백악관의 권한, 특히 외교·안보 정책에 대한 견제에 나서고 있다. 일례로 최근 하원 세출위원회는 대통령에게 부여된 무력사용권의 폐지를 목적으로 한 수정안을 승인했다. 또 트럼프 행정부는 미 국무부 예산을 32% 삭감한 예산안을 의회에 제출했지만, 의회는 이보다 300억 달러나 더 많은 예산을 지출하는 국방 관련 법안을 승인했다. 존 커비(John Kirby) 전 대변인

은 이러한 의회의 행보에 대해 "의회에서 그것도 공화당 의원들 내부에서 복잡한 주요 외교안보문제를 이해하는 트럼프 대통령의 능력 및 의지에 대한 의구심이 커지고 있는 것을 목도하고 있다"고 지적했다.

07월 05일
• 건강보험법? 세금? 예산? 공화당, 할 일은 많지만 시간은 한정적

(The New York Times 07. 05)

— 공화당 의원들이 처리해야 할 사안들에 비해 그들에게 주어진 시간은 그리 많지 않은 것으로 보인다. 공화당은 우선 오바마케어를 폐지하고 그것을 어떤 법안으로 대체할지에 대해 신속한 결정을 내려야 한다. 또 공화당 내 강경파 프리덤코커스(Freedom Caucus)와 예산 결의안에 대한 합의를 이끌어내야 한다. 의견 일치에 성공할 경우 민주당의 도움 없이도 세법 수정에 착수할 수 있게 되지만, 현재로서는 그러한 합의가 이루어지기 어려울 것으로 보인다. 한편 공화당 하원의원들은 관세 장벽 조정을 최종안에 포함시킬지의 여부에 대해서도 합의를 이끌어내지 못하고 있다. 척 슈머(Chuck Schumer)는 공화당의 당파적인 접근방식이 문제 해결을 어렵게 만들고 있으며 그러한 접근방식을 지양함으로써 몇 개의 사안들을 처리할 수 있을 것이라고 평가했다.

07월 11일
• 미국 민주, 트럼프 장남 '러 스캔들' 몸통 의혹 총공세…"반역행위" (연합뉴스 07. 12)

— 트럼프 대통령의 장남인 도널드 트럼프 주니어가 지난해 대선 기간 힐러리 클린턴 당시 민주당 후보에게 타격을 가할 수 있는 정보를 건네받고자 러시아 측 인사와 이메일을 주고받은 데 이어 러시아 정부와 연계된 변호사를 직접 만난 것으로 확인되었다. 이에 대해 민주당은 사실상의 '반역행위'라고 주장하며 대대적인 공세에 나섰다. 팀 케인(Tim Kaine) 상원의원은 7월 11일 기자들에게 "러시아 스캔들 관련 수사는 이제 단순한 사법 방해 차원을 넘어서서 위증과 허위 진술, 심지어 반역혐의로까지 흘러가고 있다"고 주장했다. 세스 몰턴(Seth Moulton) 하원의원도 트위터에서 "이런 게 반역행위가 아니라면 도대체 어떤 것이 반역행위에 해당하는 것이냐"고 반문했다.

또 하원 정부감독개혁위 민주당 간사인 엘리자 커밍스(Elijah Cummings) 의원은 성명에서 "그 이메일(트럼프 주니어 관련)들은 트럼프 대통령의 아들이 아버지의 당선을 도우려는 러시아 정부의 노력을 알고 있었고 그런 러시아 정부를 지지했다는 점을 확인해주는 것"이라고 지적했다.

미국 선거·의회

07월 11일

• 6명의 공화당 상원의원들: 8월 휴회기를 줄이거나 없애야 한다　　　(The Hill 07. 11)

– 6명의 공화당 상원의원 데이비드 퍼듀(David Perdue), 스티브 데인스(Steve Daines), 존 케네디(John Kennedy), 마이크 리(Mike Lee), 마이크 라운즈(Mike Rounds)와 루더 스트레인지(Luther Strange)가 8월 휴회기 기간을 단축할 것을 요구하고 나섰다. 그러면서 건강보험, 예산안 통과, 채무한계와 세금 개혁에 관한 논의를 둘러싸고 의미 있는 진척을 이루어내야 할 때라고 덧붙였다. 앞서 지난 6월에도 10명의 공화당 상원의원들이 미치 맥코넬에게 당 지도부들이 휴회를 거부하기를 촉구하는 편지를 보낸 바 있다. 그 편지에는 최근 의회 일정이 입법에 충분한 시간을 마련해주지 못하고 있다는 우려의 목소리가 담겨 있었으며 의원들은 맥코넬에게 휴회를 취소하거나, 혹은 최소한 줄여달라고 요청하였다.

07월 12일

• 민주당 하원의원, 트럼프 대통령을 상대로 탄핵안을 발의하다　　　(The Hill 07. 12)

– 민주당의 브래드 셔먼 의원이 트럼프 대통령을 상대로 한 탄핵안을 공식적으로 제출했다. 셔먼 의원은 탄핵안에서 트럼프가 마이클 플린에 대한 조사를 멈추라고 압박했다는 코미의 증언을 인용했다. 또 트럼프가 제임스 코미 전 FBI 국장을 해임한 것은 사법방해에 해당하고 '중대범죄이자 경범죄'로 볼 수 있다고 주장했다. 공화당이 다수를 차지하고 있는 하원에서 셔먼의 탄핵안이 가결될 가능성은 그리 크지 않아 보인다. 더군다나 현재 셔먼의 탄핵안에 공동발의자로서 지지를 표명한 의원은 알 그린(Al Green) 의원뿐이다. 민주당 지도부와 대부분의 민주당 의원들은 현시점에

서 탄핵을 밀어붙이는 것에 대해 시기상조로 평가하고 있다. 낸시 펠로시(Nancy Pelosi)를 비롯한 몇몇 의원은 "지금은 오바마케어를 폐지하려는 공화당을 막는 것에 집중해야 할 때"라고 주장했다.

07월 13일

• 상원 공화당, 개정된 건강보험법안을 발표하다 (The Hill 07. 13)

– 상원 공화당 지도부가 다음 주 절차표결을 앞두고 오바마케어를 대체할 건강보험법 개정안을 발표했다. 그러나 상원 다수당 원내대표 미치 맥코넬은 법안 통과에 충분한 표를 얻는 데 어려움을 겪고 있다. 수잔 콜린스와 랜드 폴이 법안에 강력히 반대하고 있고, 한 명이라도 더 반대할 경우 법안이 통과될 수 없기 때문이다. 이번 개정 법안에서는 메디케이드(Medicade)를 기존과 동일하게 유지하기로 하였는데, 이는 메디케이드 축소가 원래대로 2025년부터 시작됨을 의미한다. 미 의회 예산국(Congressional Budget Office, CBO)은 법안의 변화로 인해 향후 10년 동안 건강보험 등록 인원이 1,500만 명가량 감소하고 7,720억 달러에 달하는 지출 감소가 있을 것으로 내다보고 있으며 콜린스는 이 법안이 정상적인 위원회 절차를 거쳐야 한다고 주장하면서 지속적으로 법안 추진을 반대할 계획이라고 밝혔다. 이번에 공개된 법안에는 테드 크루즈(Ted Cruz)와 마이크 리의 수정안이 포함되어 있는데, 이는 보험회사가 오바마케어의 규정을 충족시키지 않더라도 보험안을 제공할 수 있도록 하고 있다. 크루즈는 이 조항이 개정안 투표에서 변경되지 않는 한 법안을 지지할 것이라고 밝혔으나, 중도파 및 많은 의료 전문가들은 이러한 수정안이 환자에게 보험료 급등을 초래할 것이라고 경고했다. 상원 공화당원들은 다음 주 초에 있을 CBO의 개정안에 대한 평가를 기다리고 있다.

07월 14일

• 미국 하원, '동맹과 연합훈련·미사일방어 강화' 법안 통과 (한겨레 07. 16)

– 미국 하원이 7월 14일 '2018 회계연도' 국방수권법안을 처리하면서 '아시아·태평양 지역 동맹에 대한 미국의 확장억지 및 방위공약 역량 강화 계획'이라는 이름으로 리즈 체니 하원의원이 제안한 조항을 반영했다. 이날 국방수권법안은 찬성 344명,

반대 81명으로 통과됐으며, 상원과의 조정 과정을 남겨두고 있다. 국방수권법은 "북한의 성공적인 첫 대륙 간 탄도 미사일(Intercontinental Ballistic Missile, ICBM) 시험은 미국의 안보 및 아태지역 동맹국과 파트너 국가의 안보에 대한 중대하고도 즉각적인 위협"이라고 밝히고 있다. 그러면서 "국방장관은 태평양사령관 및 전략사령관과 협의해 확장억지와 방위 공약 강화를 위한 계획을 법안 발효 뒤 30일 안에 의회 국방위원회에 제출하라"고 요구했다. 법안에는 △동맹국에 대한 무기 판매 증가 △핵과 재래식 무기를 모두 탑재할 수 있는 폭격기의 훈련 및 전개 계획 △핵탄두 장착 크루즈 미사일을 탑재한 잠수함의 재배치를 포함한 핵전력태세의 수정 등이 담겼다. 하원에서 통과된 국방수권법은 예산편성을 위한 일종의 정책지침으로, 이러한 요구들이 이행되려면 행정부의 구체적인 계획안이 필요하고 의회 세출위원회에서 예산을 실제로 배정·확정해야 한다.

미국 여론

07월 17일

• 여론: 트럼프 행정부의 국정 수행 지지도, 36%까지 하락　　　　　　　(CNN 07. 17)

– 워싱턴 포스트와 ABC News의 한 여론조사에 따르면, 미국인의 36%만이 트럼프 행정부의 국정 수행을 지지한다. 이로써 역대 대통령 취임 후 6개월 지지도에서 70년 만에 최저 수치를 기록했으며 동일 기관에서 지난 4월 실시한 여론조사에서 나타났던 국정 수행 지지도(42%)에서 6%p 하락했다. 반면 지지하지 않는다는 응답은 58%로, 지난 여론조사 때보다 5%p 상승했다. 한편 워싱턴 포스트와 ABC News는 트럼프의 장남인 도널드 트럼프 주니어와 트럼프의 사위 재러드 쿠슈너(Jared Kushner), 그리고 폴 매너포트가 힐러리 클린턴에게 불리한 정보를 얻는 것을 목적으로 러시아 변호사와 회동한 것에 대해 적절하다고 생각하는지를 물었다. 이에 대해 26%가 회동을 적절한 것으로, 63%가 부적절한 것으로 보고 있다고 응답했다. 그런가 하면 러시아가 2016년 미국 대선에 영향을 미쳤다고 여긴 응답자는 60%, 트럼프가 그를 통해 이익을 얻었다고 생각한 응답자는 44%를 기록했다.

07월 17일

• 여론: 미국인들, 건강보험을 가장 중요한 이슈로 여기다   (CNN 07. 17)

– 블룸버그(Bloomberg)의 여론조사에 따르면, 대부분의 미국인들이 건강보험을 가장 중요한 이슈로 여기는 것으로 드러났다. 블룸버그는 2010년 7월 가장 중요한 이슈가 무엇인지에 대한 질문에 '건강보험'을 보기로서 처음 제시하였는데, 이후의 설문조사에서 건강보험을 택한 응답자의 비율은 단 한 번도 20%를 넘지 않았다. 하지만 이례적으로 이번 설문조사에서는 동일한 질문에 대해 '건강보험'이라고 답한 응답자가 35%로 가장 높은 비율을 차지하였다. 한편 미국인들은 트럼프가 건강보험을 다루는 방식에 동의하지 않는 것으로 드러났다. 전체 미국인의 28%만이 그의 방식에 동의한다고 밝힌 것이다. 실업과 직업이 13%를 차지하며 두 번째로 중요한 이슈로 꼽혔고, 테러리즘과 이민이라고 답한 응답자의 비율은 각각 11%와 10%를 기록했다.

2차(7월 말~8월 말)

8월 12일 미국 버지니아주 샬러츠빌에서 열린 백인 우월주의자들의 집회가 폭력 사태로 번지면서 유혈 사태가 벌어졌고, 버지니아주 정부는 시위가 격화되자 이날 오전 11시 비상사태를 선포했다(동아일보 2017. 08. 14). 18일에는 트럼프 대통령의 '오른팔'로 불렸던 스티브 배넌(Steve Bannon) 백악관 수석전략가가 전격 경질됐다(연합뉴스 2017. 08. 19). 배넌이 이틀 전 인터뷰에서 "북핵 군사해법은 없다", "주한미군 철수협상을 고려할 수 있다"고 한 발언이 이번 경질의 결정적 배경이 된 것으로 알려졌다(연합뉴스 2017. 08. 19).

트럼프 대통령은 8월 21일 버지니아주 알링턴 포트마이어 군사기지에서 아프가니스탄 전쟁에 대한 미군의 지속적 개입을 천명했다(동아일보 2017. 08. 22). 이번에 발표된 대(對)아프간 정책은 그간 트럼프 대통령이 주창해온 '고립주의'에서 상당히 이탈한 것으로 평가받고 있다(동아일보 2017. 08. 22). 대통령은 25일 조 아파이오(Joe Arpaio) 전 경찰국장의 사면을 발표하기도 했다(경향신문 2017. 08. 27). 또 같은 날 트럼프 대통령은 트랜스젠더(성 전환자)의 군 복무 전면금지 지침에도 서명했다(The New York Times 2017. 08. 25; 중앙일보 2017. 08. 26 재인용).

한편 뉴욕 타임스(The New York Times)의 보도에 따르면, 트럼프 대통령과 미치 맥코넬 상원 원내대표 사이가 최악으로 치닫고 있는 것으로 알려졌다(The New York Times 2017. 08. 22; 연합뉴스 2017. 08. 23 재인용). 또 트럼프 대통령이 공개적으로 자신에 비판적인 의원들을 공박하고 해당 의원 지역구 예비선거에서 경쟁 후보를 지지하고 나서자, 다른 공화당 상원의원들의 트럼프 대통령에 대한 불만도 고조되고 있다(The New York Times 2017. 08. 22; 연합뉴스 2017. 08. 23 재인용).

8월 20일 NBC(National Broadcasting Company)의 보도에 따르면 지난해 미국 대선 당시 민주당이 승리할 것이란 예상을 깨고 공화당 트럼프가 이겼던 세 개 주(州)인 미시간주와 펜실베이니아주, 위스콘신주에서 트럼프 대통령에 대한 지지율이 30%대를 기록했다(NBC 2017. 08. 20; 조선일보 2017. 08. 21 재인용). 또 ABC News가 8월 21일 공개한 워싱턴 포스트와의 공동조사에서는 "샬러츠빌 사태에 대한 트럼프 대통령의 대응에 찬성하나 반대하나"란 질문에 성인 56%가 '반대'로 답했고 '찬성'이라고 답한 성인은 28%에 불과했다(ABC News 2017. 08. 21; 동아일보 2017. 08. 22 재인용).

미국 정당

08월 22일

• 트럼프 '셧다운' 협박 후폭풍…주가는 하락하고, 의회와는 더 멀어져

(The New York Times 08. 22; 경향신문 08. 22 재인용)

- 트럼프 대통령이 8월 22일 애리조나주 피닉스에서 열린 지지자 집회에서 "멕시코 장벽 건설을 위해서라면 연방정부를 폐쇄할 수도 있다"고 밝혔다. 9월 30일까지 처리해야 하는 정부 예산안에 멕시코 장벽 건설 예산이 포함되지 않으면 정부 폐쇄도 감수하겠다는 의미다. 트럼프 대통령의 협박성 발언에 의회는 강하게 반발했다. 척 슈머 민주당 상원 원내대표는 "대통령이 공화당과 민주당, 국민 대다수의 희망에 반해 그 길을 가길 원한다면, 대통령은 아무도 좋아하지 않고 아무것도 얻을 수 없는 정부 폐쇄의 길을 앞장서면 된다"고 비판했다. 인종주의 옹호 발언 등으로 그렇지 않아도 멀어진 공화당과의 거리도 더 멀어졌다. 공화당 1인자인 폴 라이언(Paul Ryan) 하원의장은 국경 보안과 정부 폐쇄가 둘 중 하나를 선택할 문제는 아니라며 "우리를 포함해 대부분의 사람들이 셧다운을 원치 않을 것"이라고 말했다. 뉴욕 타임스는 이날 트럼프 대통령의 발언에 대해 "대통령과 의회의 긴장이 높아졌고 연방정부 운영을 위한 다가오는 예산 협상이 어려워졌다"고 평가했다.

08월 22일

• 트럼프-맥코넬 불화…서로 대화도 안 나누고 사석에서 험담도

(The New York Times 08. 22; 연합뉴스 08. 23 재인용)

- 뉴욕 타임스의 보도에 따르면, 트럼프 대통령과 미치 맥코넬 상원 원내대표 사이가 최악으로 치닫고 있는 것으로 알려졌다. 트럼프 대통령은 최근 일련의 트위터를 통해 맥코넬 대표를 공개 비난했으며 전화로 그를 질책하다 고성과 험담을 주고받기

도 했다. 또 맥코넬은 트럼프 대통령이 평소 동료 의원들을 위협하고 상원의 운영 방식까지 싸잡아 비난하고 있는 데 불만을 나타냈고, 공개석상에서 트럼프의 직무 수행 능력에 의문을 나타내기도 했다. 비단 맥코넬 대표뿐 아니라 다른 공화당 상원의원들의 트럼프 대통령에 대한 불만도 고조되고 있다. 트럼프 대통령이 공개적으로 자신에 비판적인 의원들을 공박하고, 해당 의원 지역구 예비선거에서 경쟁 후보를 지지하고 나서자 당내에서도 비난 여론이 비등하고 있다.

08월 25일

• 트럼프, 불법체류자 단속 악명 전 경찰국장 사면 후 거센 후폭풍　　(경향신문 08. 27)

– 트럼프 대통령이 8월 25일 조 아파이오 전 경찰국장의 사면을 발표했다. 취임 후 첫 사면권 행사였다. 아파이오는 인종 프로파일링 기법을 동원해 히스패닉계 불법체류자들을 무차별 체포·구금해 인종 차별 논란에 휘말려온 인물이다. 그는 연방지방법원의 명령에 불응해 범죄 혐의가 없는 불법체류 이민자들을 구금하도록 관할 경찰에 지시한 혐의로 기소됐다. 정치권에서는 대통령이 법을 무시하고 정치적 목적으로 사회를 분열시켰다는 비난이 이어졌다. 척 슈머 민주당 상원 원내대표는 트위터에서 "텍사스와 로스앤젤레스에 거주하는 수백만의 국민이 허리케인에 대비하고 있을 사이 대통령은 아파이오 전 국장을 사면하고 트랜스젠더 군복무를 금지하기 위해 허리케인을 이용했다"고 비판했다. 공화당 내에서도 비판이 제기됐다. 특히 공화당 1인자인 폴 라이언 하원의장의 대변인은 "라이언 의장도 이번 결정에 동의하지 않는다"고 전했다.

미국 선거·의회

08월 12일

• 미국 '백인 우월주의 반대' 시위대에 차량 돌진… 20명 사상　　(동아일보 08. 14)

– 8월 12일 미국 버지니아주 샬러츠빌에서 열린 백인 우월주의자들의 집회가 폭력 사태로 번지면서 유혈 사태가 벌어졌다. 특히 백인 우월주의에 항의하는 맞불 시위대를 향해 승용차 1대가 돌진하면서 1명이 숨지고 19명이 부상했다. 또한 다른 충돌

과정에서 최소 15명이 다쳤다. 시위 안전을 지원하던 경찰 헬기가 추락하면서 경찰관 2명도 숨졌다. 이날 백인 우월주의 시위에는 6000여 명이 몰려 나왔다. 일부 참가자들은 나치 상징 깃발과 남부연합기를 흔들며 "미국을 다시 위대하게", "피와 영토" 등의 구호를 외쳤다. 극단적 백인 우월주의 단체 큐클럭스클랜(Ku Klux Klan, KKK)의 휘장을 들고 나온 이들도 있었다. 이에 흑인 민권단체 등이 맞불 시위를 벌이면서 곳곳에서 물리적 충돌이 빚어졌다. 시위가 격화되자 버지니아 주정부는 이날 오전 11시 비상사태를 선포했다. 이어 사태가 악화될 경우 주 방위군까지 투입할 수 있다고 경고했다. 이번 시위가 촉발된 것은 4월 샬러츠빌 시의회가 남북전쟁 당시 남부연합군을 이끌었던 로버트 리(Robert Lee) 장군의 동상을 철거하기로 결정하면서부터다. 리 장군 동상은 오래전 남부연합 기념물로 지정됐으나 반대 진영에선 백인 우월주의 상징물이라며 철거를 요구해 왔다.

08월 18일

- **트럼프, 주한미군 철수 발언한 '오른팔' 배넌 전격 경질**　　　　　　(연합뉴스 08. 19)

− 트럼프 대통령의 '오른팔'로 불렸던 스티브 배넌 백악관 수석전략가가 8월 18일 전격 경질됐다. 새라 허커비 샌더스(Sarah Huckabee Sanders) 백악관 대변인은 이날 성명을 통해 "오늘이 (백악관에서) 배넌의 마지막 날이 될 것이라는 것에 대해 존 켈리(John Kelly) 백악관 비서실장과 배넌 사이에 상호 합의가 있었다"고 밝혔다. 배넌이 이틀 전 인터뷰에서 "북핵 군사해법은 없다", "주한미군 철수협상을 고려할 수 있다"고 한 발언이 이번 경질의 결정적 배경이 된 것으로 알려졌다. 한편 극우적 성향으로 트럼프 정권의 설계사이자 대선 1등 공신이었던 배넌이 정권 출범 7개월 만에 전격 경질됨에 따라, '미국 우선주의'를 전면에 내세웠던 트럼프 정부의 향배에 변화가 생길지 주목된다.

08월 21일

- **미국 트럼프, '고립'서 '개입'으로…아프간 철군 없다**　　　　　　(동아일보 08. 22)

− 트럼프 대통령이 8월 21일 버지니아주 알링턴 포트마이어 군사기지에서 아프가니스탄 전쟁에 대한 미군의 지속적 개입을 천명했다. 이로써 트럼프 대통령은 조지 W.

부시(George W. Bush)와 버락 오바마(Barack Obama) 전 대통령에 이어 아프간 주둔 병력을 증강하기로 결정한 세 번째 미국 대통령이 됐다. 이번에 발표된 대(對)아프간 정책은 그간 트럼프 대통령이 주창해온 '고립주의'에서 상당히 이탈한 것이다. 부시, 오바마 전임 행정부들의 대외 개입주의 노선을 거세게 비판하고 미국 내정을 우선하는 '신(新) 고립주의'를 내세워 왔던 트럼프 대통령은 이날 연설에서 과거와 달라진 자신의 입장과 관련해 "백악관 집무실에 앉고 나서부터 직감을 따르는 것은 현실과 다르다는 걸 깨달았다"고 전했다. 다만 헌신이 무제한 이어지는 것은 아니라고 덧붙였다. 트럼프 대통령은 구체적인 향후 군사 계획이나 추가 파병 규모를 밝히진 않았다. 그러나 지난 6월 병력 수급에 대한 결정권을 대통령에게서 위임받은 제임스 매티스(James Mattis) 장관이 기존 아프간 주둔 병력 8400명에 4000명의 증강을 원하고 있어 이를 이행할 것이 유력하다.

08월 25일
• 트럼프, 트랜스젠더 軍 복무 전면금지 서명
(The New York Times 08. 25; 중앙일보 08. 26 재인용)

– 뉴욕 타임스의 보도에 따르면, 트럼프 대통령이 8월 25일 트랜스젠더의 군 복무 전면금지 지침에 서명했다. 2016년 10월 오바마 정부가 트랜스젠더 군 복무를 허용한 지 10개월여 만이다. 트럼프 대통령은 다만 현재 복무 중인 트랜스젠더 병력의 복무 유지 여부에 대해서는 제임스 매티스 국방부 장관의 재량에 맡겼다. 이 지침은 국토안보부 및 해안경비대에도 적용된다. 하지만 해안경비대장은 "트랜스젠더라고 커밍아웃한 해안경비대 내 13명 모두 뛰어난 업무 능력을 보여주고 있다"며 이 지침에 사실상 반대 입장을 밝혔다. 앞서 트럼프 대통령은 지난달 트위터 등을 통해 "군대 내 트랜스젠더가 야기할 엄청난 의학적 비용과 혼란의 짐을 떠안을 수 없다"며 트랜스젠더의 군 복무에 반대한 바 있다.

08월 20일

• 트럼프 승리했던 3개 주에서도 지지율 40%대 무너져

(NBC 08. 20; 조선일보 08. 21 재인용)

- 트럼프 대통령의 국내 지지 기반이 흔들리고 있다. 지난해 미국 대선 당시 민주당이 승리할 것이란 예상을 깨고 공화당 트럼프가 이겼던 세 개 주(州)에서 지지율 40%대가 무너졌다. NBC는 8월 20일 "미시간주와 펜실베이니아주, 위스콘신주에서 트럼프 대통령에 대한 지지율이 30%대를 기록했다"고 보도했다. 미시간주에서 트럼프의 국정 수행에 긍정적으로 대답한 이는 36%에 불과했지만 반대한 이는 55%에 달했다. 트럼프에 부정적인 응답은 펜실베이니아주와 위스콘신주에서도 각각 54%, 56%를 기록했다. 국제 문제에 대한 지지율 역시 낮았다. 3개 주에서 모두 10명 중 6명은 트럼프 대통령이 이끄는 미국이 세계무대에서 역할을 제대로 하지 못한다고 답했다. 다만 경제 문제에 대해서는 비교적 높은 점수를 받았다. 각 주에서 유권자의 40% 이상이 미국 경제가 트럼프 대통령 취임 후 강화됐다고 대답했다.

08월 21일

• 미국 성인 56%, 트럼프의 극우시위사태 대응 '부정적' 평가

(ABC News 08. 21; 동아일보 08. 22 재인용)

- 미국 성인의 절반 이상이 트럼프 대통령의 샬러츠빌 극우 백인우월주의 시위사태에 대한 대응에 부정적인 평가를 내렸다. ABC News가 8월 21일 공개한 워싱턴 포스트와의 공동조사에서 "샬러츠빌 사태에 대한 트럼프 대통령의 대응에 찬성하나 반대하나"란 질문에 성인 56%가 '반대'로 답했다. '찬성'이라고 답한 성인은 28%에 불과했다. 다만 당파색에 따라 트럼프 대통령의 대응에 대한 평가는 확연한 차이를 보였다. 민주당 지지자들은 무려 84%가 '반대'로 답한 반면, 공화당 지지자들은 62%가 '찬성'으로 답했다. 민주당 지지자들 중 '찬성'은 6%에 불과했고, 공화당 지지자들 중 '반대'는 19%로 나타났다.

3차(8월 말~9월 말)

　공화당 지도부는 도널드 트럼프 대통령이 세금 개혁안 통과를 촉구하고 있는 상황에서 개혁 세부안을 확정 짓지 못해 난항을 겪고 있다(Politico 2017. 09. 12). 특히 기업의 법인세율을 둘러싸고 행정부와 의견 차를 좁히지 못하고 있는 상황이다(Politico 2017. 09. 07). 한편 민주당은 불법체류 청년 추방 유예 프로그램 (Deferred Action for Childhood Arrivals, DACA) 수혜자들을 보호하기 위한 대체법안을 마련할 것에 트럼프 대통령과 합의했다(CNN 2017. 09. 14). 하지만 민주당 상원의원 딕 더빈(Dick Durbin)에 의하면 단일 법안이 아니라 국경안보 예산안과 연계되어 처리될 것으로 드러났다(Politico 2017. 09. 19).

　하원에서 허리케인 하비(Hurricane Harvey) 재난 구호 기금과 연방정부 부채 한도 연장 법안이 함께 통과됐다(CNN 2017. 09. 07). 표결 당시 공화당은 법안이 통과될 경우 정부에 자금을 지원하기 위해 민주당과 협상을 하게 될 가능성으로 인해 반대표를 던진 것으로 알려졌다(Politico 2017. 09. 08). 같은 회기에서 하원은 북한의 인권을 증진시키는 법안을 통과시켰는데, 수정되지 않은 정보를 북한인들에게 제공함으로써 김정은 정권의 지도력을 약화시키는 것을 목적으로 한다(The Hill 2017. 09. 25). 한편 8월 발생한 백인우월주의들의 폭력시위를 규탄하는 결의안이 의회에서 통과됐다(연합뉴스 2017. 09. 15).

미국 정당

09월 12일

• 공화당 주도 세금 개혁안 수정안 불투명　　　　　　　　　　　　(Politico 09. 12)
－ 세금 개혁에 대한 세부적인 계획안이 확정되지 않은 상황에서, 도널드 트럼프 대통령의 세금 개혁안을 통과시키라는 압박은 공화당 의원들을 좌절케 했다. 익명을 요구한 한 조세집행위원회 의원은 "세부안이 결정되지 않았다는 점은 굉장히 실망스럽지만, 투표를 하기까지 60일의 시간이 남았다"고 전했다. 그는 세부안이 결정되

지 않은 이유가 협상 당사자인 의회와 행정부의 지도자들이 정보유출을 피하려고 하기 때문에 혹은 이들 간의 좁혀지지 않은 입장 차이 때문이라고 말했다. 법인세율 인하, 세금개혁 수단인 2018년 예산 불투명, 기업의 장비비용 및 기타 투자비용 탕감 등과 같은 중요한 문제에 대해 협상가들 사이에선 여전히 의견 차이가 있는 것으로 알려졌다. 공화당 지도부는 9월 내에 더 자세한 내용을 공개하겠다는 목표를 세웠지만, 그것도 조세무역위원회의 검토를 받은 후에나 가능하다. 이 협상에 정통한 소식통에 따르면, 난제는 법인세율을 15%로 낮추라는 트럼프 대통령의 요구이다. 그러나 9월 12일 재무부 장관 스티븐 므누신(Steven Mnuchin)은 행정부의 입장이 완화될 것이라고 전했다. 그는 "예산 문제를 고려해 볼 때 이를 달성할 수 있을지는 모르겠지만, 우리는 아주 경쟁적인 수준으로 세율을 낮출 계획이다"라고 말했다.

09월 19일

• 민주당 주요 인사: 다카(DACA)가 국경안보 강화 법안 없이 통과될 것이라는 것은 '순진한' 생각 (The Hill 09. 19)

- 딕 더빈 상원의원은 민주당의 불만에도 불구하고 불법체류 청년 추방 유예 프로그램(DACA) 수정안이 국경 보안 강화에 추가되어야 한다고 말했다. "12명의 공화당원이 협상 시 무언가를 요구하지 않고도, 불법체류 청년 추방 유예 프로그램(DACA)나 드림 액트(Development, Relief, and Education for Alien Minors Act, DREAM Act)에 투표할 수 있다고 믿는 것은 순진하다"고 전했다. 민주당은 절차적 기준에 따라 입법안을 통과시키기 위해 최소 12명의 공화당원들 지지가 필요하다. 만약 불법체류 청년 추방 유예 프로그램(DACA)가 폐지됨으로써 피해를 받은 미등록 이민자들의 지지를 잃게 된다면, 민주당이 이들을 보호하기 위한 법안을 만드는 것은 좋은 결과를 낳을 수 있다고 말했다. 불법체류 청년 추방 유예 프로그램(DACA)와 유사한 드림 액트(DREAM Act)는 유년기에 이민 온 미등록 이민자들이 미국에서 자유롭게 거주하고 일할 수 있도록 허용한다. 민주당 상원의원 척 슈머와 하원의원 낸시 펠로시는 트럼프 대통령과 국경안보 강화 법안에 불법체류 청년 추방 유예 프로그램(DACA) 수정안을 추가하기로 합의했다고 전했다. 하지만 그들은 여전히 세부사항에 대해 논의를 해야 한다. 9월 19일 척 슈머는 민주당이 국경안보 강화 법안과 불법체류 청년 추방 유예 프로그

램(DACA) 수정안에 대해 여전히 "좋은 거래"가 성사될 수 있다고 "매우 낙관적"이라고 덧붙였다.

09월 09일

• 하원, '허리케인 하비 재난 구호 기금 & 연방정부 부채 상한' 패키지 통과

(Politico 09. 09)

– 하원에서 허리케인 하비 희생자를 지원하기 위해 150억 달러를 제공하고, 연방정부 부채 한도를 높여 2017년 12월까지 정부에 기금을 제공하는 패키지 법안이 통과됐다. 도널드 트럼프 대통령은 신속하게 전달 법안에 서명할 것으로 예상된다. 행정부 관리들에 의하면 트럼프 대통령은 입법부가 올 가을 세제 개혁만 집중하길 원하고 있다. 그러나 하원 공화당 의원들은 이러한 트럼프의 움직임을 비난했다. 이들은 12월 8일까지 부채 한도를 연장하는 것이 민주당에게 유리할 것이라고 주장했는데, 공화당이 정부에 자금을 지원하기 위해 소수당과 협상하게 될 가능성이 높아졌기 때문이다.

09월 15일

• 미국의회 '백인우월주의 규탄' 결의안 채택…트럼프 서명

(CNN 09. 15; 연합뉴스 09. 15 재인용)

– CNN에 따르면 트럼프 대통령은 "백인 국수주의자, 백인우월주의자, 극단적 백인우월주의 단체 '큐 클럭스 클랜', 신나치, 증오단체를 거부한다"는 내용을 골자로 하는 결의안에 서명했다. 이 결의안은 버지니아주 의원들이 발의한 것으로서, 최근 미국 의회에서 만장일치로 채택됐다. 트럼프 대통령은 성명을 통해 "미국인으로서, 우리는 샬러츠빌에서 일어난 폭력 행위를 규탄한다"며 "모든 형태의 증오와 편견, 인종주의에 반대한다"고 밝혔다. 하지만 앞서 샬러츠빌에서 발생한 백인우월주의자들 등 극우단체와 이에 반대하는 맞불 집회를 두고 "양측 모두에 책임이 있다"며 백인우월주의자들을 두둔하는 발언을 해 비난을 샀다.

09월 25일

• 하원, 북한 인권 증진 법안 통과 (The Hill 09. 25)

– 하원은 25일 북한의 인권과 정보의 자유 증진을 돕기 위해 북한 인권 증진 법안을 통과시켰다. 이 법안은 연방 보조금이 북한 내에서 인권을 보호하고 무수정 정보를 배포하는 프로그램을 지원할 수 있도록 하는 2004년 법을 갱신할 예정이다. 또한 탈북자 및 해외 이주자들에 대한 인도주의적 지원을 제공한다. 국회의원들은 북한 시민들에게 힘을 실어 주려는 노력이 김정은의 지도력을 약화시키는 데 특히 유력한 방법이 될 것이라고 말했다. 이 법안에는 원래의 법률을 업데이트하는 조항이 포함되어 있는데, USB 드라이브, 오디오 및 비디오 플레이어, 휴대폰, 인터넷 및 기타 전자 매체를 포함해, 북한인들이 여과되지 않은 정보들을 이용할 수 있게 한다.

미국 여론

09월 13일

• 대다수 시민들, 불법체류 청년추방유예 프로그램(DACA) 수혜자들이 시민권 얻기를 원해 (Politico 09. 13)

– 폴리티코(Politico), 모닝 컨설트(Morning Consult) 설문 조사 결과에 따르면, 조사에 참가한 사람들 중 대다수는 특정 요구사항을 충족하면 미등록 이민자들을 미국 시민권자로 허용하는 법안이 통과되기를 원한다. 여론조사에 의하면, 조사 대상자의 54%는 불법체류 청년추방유예 프로그램(DACA) 수혜자들이 시민권을 얻기를 원하고, 또 다른 19%는 불법체류 청년추방유예 프로그램(DACA) 수혜자들이 시민권을 얻지 않고도 계속 미국에 머무를 수 있기를 원한다. 모닝 컨설트의 공동 창립자이자 최고 연구 책임자인 카일 드롭프(Kyle Dropp)는 "조사 대상자의 73%는 이민자를 보호하는 법안을 원할 뿐 아니라, 그 법안이 의회의 우선순위에 있기를 원한다. 종합적으로 봤을 때, 조사 대상자의 65%는 이민자를 보호하는 것이 의회에서 중요하거나 최우선 순위에 있어야 한다고 생각한다"고 말했다. 불법체류 청년추방유예 프로그램(DACA)을 폐지하는 것이 옳은 일이라고 답한 사람은 35%에 불과했다. 10명 중 2명은 잘 모르겠다고 답했다.

4차(9월 말~10월 말)

권정현

10월 1일, 라스베이거스에서 총기난사 사건이 발생하여 59명의 사상자와 수백 명의 부상자가 속출했다. 여론조사 결과에 따르면 대다수의 시민들은 총기규제를 강화해야 한다는 입장이다(Politico 2017. 10. 11). 이에 민주당은 대용량 총기의 사용을 금지하는 법안을 발표했지만, 상하원을 잠식한 공화당의 반대로 인해 의회에서 진전을 보일 것 같지는 않다(The Hill 2017. 10. 13).

11월 1일 맨해튼에서 트럭 돌진 테러가 발생한 후, 도널드 트럼프 대통령은 테러범에 대한 강력한 규제를 표명했다(JTBC 2017. 11. 02). 이로 인해 반이민 정책도 강화될 전망인데, 트럼프 대통령은 기존의 비자추첨제 대신에 이민 신청자의 학력과 언어구사력까지 고려하여 평가하는 메리트 시스템의 필요성을 역설했다(연합뉴스TV 2017. 11. 02).

공화당은 7년 동안 지지자들에게 오바마 케어를 폐지할 것을 약속했지만, 결국 실패했음을 인정했다(Politico 2017. 10. 09). 하지만 공화당 의원들은 계속해서 오바마 케어를 폐지하기 위해 노력할 것임을 피력했다(Politico 2017. 10. 09).

한편 2018년 예산안이 상원과 하원에서 통과됐다(The Hill 2017. 10. 26). 본 예산안은 지난 20일 상원에서 일부 수정되었고, 26일 하원 본회의에서 가결된 것으로서, 공화당이 다수를 차지하고 있는 상원에서 과반수인 50석 이상만 확보하면 세제개혁안 통과가 가능하다(AFP통신 2017. 10. 26; 뉴시스 2017. 10. 27 재인용).

미국 정당

10월 09일

• **공화당, 오바마 케어 폐지에 대한 패배 인정**　　　　　　　　(Politico 10. 09)

– 공화당 의원들은 오바마 케어가 결코 폐지될 수 없음을 인정했다. 오바마 케어 폐지 시도에 여러 번 실패한 후, 백악관과 많은 공화당 국회의원들은 2018년 초에 다시 시도할 것을 공개적으로 약속하고 있다. 하지만 상하원 공화당원들은 7년간의 약

속을 실행할 수 없을 것임을 인정했다. 거의 모든 공화당원과 이 이야기에 대해 인터뷰한 결과, 그들은 여전히 오바마 케어에 반대하고 폐지하기 위해 계속 노력해야 한다고 주장했다. 그러나 민주당의 필리버스터 없이 법안을 통과시키기 위해 9월 30일 전에 50명의 상원의원을 모으는 것에 실패한 것은 새로운 차원의 사실주의와 정치적 취약성을 드러냈다. 미치 맥코넬 상원 다수당 원내 총무가 2014년 재선 캠페인을 통해 말했듯이, 오바마의 '뿌리와 가지'를 찢어 버리겠다는 약속은 한번 치열한 경쟁을 불러일으킬 것 같다.

10월 13일
• 민주당, 대용량 총기 사용 금지 법안 발의 (The Hill 10.13)

– 엘리자베스 에스티(Elizabeth Esty) 민주당 하원의원은 총기 발사 능력이 강화된 총기를 규제하는 법안을 발표했다. 지난 2013년 에스티 의원의 지역구인 뉴타운의 샌디 후크(Sandy Hook) 초등학교에서 총기 난사로 인해 총 20명의 어린이가 사망했다. 그로부터 4년 후, 에스티 의원은 10탄 이상의 탄약을 보유할 수 있는 총기 소유를 금지하려는 노력을 주도하고 있다. 그는 "샌디 후크 총기난사 사건의 범인이 대용량의 탄창을 소유할 수 있었다는 그 공포를 나는 아직도 잊을 수 없다"며, "모든 총기난사 사건이 일어난 후, 대용량 탄창은 다른 목적을 위해서가 아니라 인간 삶의 손실을 극대화하기 위한 것임을 더욱 확신하게 되었다"라고 성명서에서 밝혔다. 이 법안은 85명의 민주당 의원들이 공동으로 발의했다. 그러나 공화당이 주도하는 의회에서 진전을 보이기는 힘들 전망이다.

미국 선거·의회

10월 09일
• 민주당 의원들, 트럼프의 북한에 대한 전쟁 위협을 심각하게 받아들여야
(The Hill 10. 09)

– 상원의원 크리스 머피(Chris Murphy)는 북한을 향한 트럼프 대통령의 발언이 '심각'하게 받아들여져야 한다고 말하며, 밥 코커(Bob Corker) 상원의원이 트럼프의 예상 경

로는 '제3차 세계대전'을 향한다고 말한 것을 언급했다. 머피 전 상원 외교위원회 위원은 "트럼프 대통령이 북한과 전쟁을 치르길 원한다고 계속해서 말하는 것을 심각하게 생각해야 할 때"라며 "많은 의원들이 백악관 주변에서 더 심각한 전쟁 이야기를 하는 것을 듣기 시작했다"고 밝혔다. 머피는 코커가 제3차 세계대전 발언을 심각하게 의미했을지 모른다고 말했다. 코네티컷 의회 의원은 공화당과 민주당에 모두 의회의 승인 없이 '선제공격'을 하지 못하도록 신속한 조치를 취하고 안전장치를 마련할 것을 촉구했다. 머피 대변인은 또한 '군인들과의 만남'과 렉스 틸러슨(Rex Wayne Tillerson) 국무장관이 북한과의 외교적 대화를 포기하는 것을 포함해 그가 우려하는 행동에 대해 상세히 언급했다. 9월 국제연합(United Nations, UN) 총회 연설에서 트럼프는 "북한을 완전히 파멸시킬 것"이라고 경고했다.

10월 26일

· 2018년 예산안 상·하원 통과…세제개혁안 '탄력' (AFP 10. 26; 뉴시스 10. 27 재인용)
- 미국 의회는 약 4조 달러(4500억) 규모의 2018년 예산안을 통과시켰다. AFP에 따르면 본 예산안은 지난 20일 상원에서 일부 수정되었고, 26일 하원 본회의에서 찬성 216, 반대 212표로 가결됐다. 이번 예산안은 트럼프 행정부의 세제개혁안을 '예산안 조정 절차 방식'으로 처리하도록 요구조항이 담겼는데, 이에 따라 세제개혁안 통과에서 필리버스터(합법적 의사진행 방해)도 금지되고, 공화당이 다수를 차지하고 있는 상원에서 과반수인 50석 이상만 확보하면 통과될 수 있다. 하원은 12월 상원에서 세제개혁안을 통과시킬 계획이다. 9월 공개된 세제개혁안에 따르면 트럼프 행정부는 법인세와 소득세율을 큰 폭으로 낮출 것으로 보인다.

11월 02일

· 트럼프 "뉴욕테러범 관타나모 보내라"…반이민정책 가속   (연합뉴스TV 11. 02)
- 도널드 트럼프 대통령이 뉴욕 맨해튼 트럭 테러범을 미 해군 관타나모 수용소로 보내는 방안을 검토하겠다고 밝혔다. 관타나모 수용소는 인권유린으로 악명 높은 곳으로서 이를 계기로 이민 제한 정책도 한층 강화될 전망이다. 트럼프 대통령은 무작위 추첨으로 영주권을 허용하는 '비자추첨제' 대신에 신청자의 학력과 언어 구사력

등을 평가하는 '메리트 시스템'의 필요성을 강조했다. 특히나 맨해튼 트럭 테러 직후에는 "국토안보부에 심사 프로그램을 더 강화하라고 지시했다"며 불법 이민자 단속 강화 방침을 밝혔다.

미국 여론

10월 05일

• 여론조사, 유권자의 대다수가 엄격한 총기규제 법안 지지해   (Politico 10. 11)

– 폴리티코/모닝 컨설트의 여론조사에 따르면, 지난주 라스베이거스에서 총기 난사 사건이 발생한 후 유권자의 과반수가 총기 규제법을 지지하고 있다. 10월 5일 실시된 여론조사에 따르면, 미국인들이 총기를 휴대할 수 있는 곳을 제한하고, 라스베이거스 총기 난사 범인이 사용한 '범프 스톡(Bump Stock, 반자동 소총을 완전 자동소총과 같은 기능을 하도록 만드는 장비)'과 같은 총기 소유를 규제하자는 제안에 대다수가 지지를 표명했다. 엄격한 총기 규제 법안에 대해 유권자의 64%는 지지하는 반면 29%는 반대한다. 올해 6월, 유권자의 61%가 더 강력한 총기 규제 법안을 지지했고 33%가 반대한 것에 비교했을 때 엄격한 총기 규제 법안에 찬성하는 의견이 약간 증가했음을 알 수 있다.

5차(10월 말~11월 말)

최근 연이어 발생하는 총기 난사 사건에도 불구하고 의회는 총기 규제에 대해 합의점을 도출하지 못하고 있다(The Hill 2017. 11. 06). 11월 1일 발생한 뉴욕 트럭 테러 사건의 범인이 비자추첨제를 통해 미국에 입국했음이 밝혀지자 도널드 트럼프 대통령은 비자 추첨제를 중단할 것을 주장했고(연합뉴스TV 2017. 11. 02), 공화당 내 강경파 하원의원들의 모임 프리덤 코커스 역시 이 제도의 중단을 요구하는 법안을 지지했다(The Hill 2017. 11. 06).

한편 앨라배마주 상원의원 보궐선거에 출마한 공화당의 로이 무어(Roy Moore) 후보가 성추문 의혹에 휩싸였다(뉴시스 2017. 11. 16). 이후 민주당의 알 프랭큰(Al Franken) 상원의원 역시 성추행 사진이 공개되어 미국 정치권은 성추문 의혹으로 곤혹을 앓고 있다(뉴시스 2017. 11. 23).

또한 트럼프 대통령이 캠프 시절부터 러시아와 유착관계를 유지해왔다는 의혹이 특검으로까지 번져 전 선대위원장 폴 매너포트가 기소되었다(국민일보 2017. 10. 31). 더욱이 이와 관련해 제프 세션스(Jeff Sessions) 법무장관이 하원 법사위 공청회에 출석하여 증언했으나, 다소 모순적인 발언으로 논란이 가중되었다(연합뉴스 2017. 11. 15). 이와 맞물려 트럼프의 지지율이 역대 최하를 기록하고 있다(CNN 2017. 11. 07; 한겨레 2017. 11. 08 재인용).

```
미국 정당
```

11월 06일

• **공화당 하원 프리덤 코커스, 비자 추첨제 중단 법안 지지**   (The Hill 11. 06)
– 공화당 내 강경파 프리덤 코커스는 비자 추첨제의 중단을 요구하는 법안을 지지할 것을 발표했다. 비자 추첨제란 미국 내 이민자 수가 적은 국가의 국민을 대상으로 무작위로 미국 비자를 부여하는 제도이다. 보수주의자 그룹인 프리덤 코커스는 지난주 뉴욕에서 발생한 테러 공격으로 인해 이 제도를 끝내라는 트럼프 대통령의 요청에

합류했다. 그들은 "최근 뉴욕의 테러 공격으로 우리는 다양성 비자 추첨 프로그램을 끝내라는 트럼프 대통령의 요구를 따르도록 하원의 리더십을 촉구한다"는 성명서를 발표했으며, 일부 상원의원은 이를 지지한다는 신호를 보냈다.

11월 16일
· 공화당 로이 무어 '성추문'으로 지지율 '곤두박질'···상대 후보와 격차 벌어져

(뉴시스 11. 16)

– 앨라배마주 상원의원 보궐선거에 출마한 공화당의 로이 무어 후보는 과거 성추행 의혹에 휩싸여 지지율이 곤두박질치고 있다. 무어 후보는 1970년대 10대 소녀들을 성추행했다는 폭로로 인해 사퇴 압박에 시달리고 있다. 전국공화당상원위원회(National Republican Senatorial Committee, NRSC)가 발표한 여론조사에 의하면 무어 후보의 지지율은 30%로서 민주당 더그 존스(Doug Jones) 후보에 비해 12%p 뒤처진 것으로 나타났다. 앨라배마는 전통적인 공화당 강세지역으로서 다가올 보궐선거에서 존스 후보가 승리한다면 1992년 이후 처음으로 민주당 상원의원이 배출된다.

11월 23일
· 민주당도 성추문 폭로 파문에 '곤경'···프랭큰 의원도 피소   (뉴시스 11. 23)

– 성추행 폭로 파문이 공화당의 로이 무어 후보를 곤경에 빠뜨린 데 이어 민주당의 알 프랭큰 상원의원에게까지 번졌다. 방송인 겸 모델인 리언 트위든(Leeann Tweeden)은 최근 프랭큰 의원이 코미디언으로 활동하던 2006년 해외에 파견된 미군을 위한 위문공연 리허설에서 자신을 성추행한 적이 있다고 밝혔다. 이에 많은 민주당 당원들은 당 차원에서 윤리위원회를 개최해 징계에 착수해야 한다고 주장하는 가운데, 두 번째 여성이 주 박람회 행사장에서 프랭큰 의원에게 성추행을 당했다고 고발하여 논란이 일고 있다.

11월 06일

· 의회, 텍사스 총기 난사 사건 이후에도 총기 규제에 대한 의견 차 좁히지 못해

(The Hill 11. 06)

– 6일 텍사스에서 발생한 총기난사 사건 이후 의원들은 상반된 당의 입장을 채택함에 따라 총기 규제에 대한 의회의 반응은 변함이 없었다. 공화당은 "이것은 총기 상황이 아니다"라는 트럼프 대통령의 발언에 따라 총기에서 정신건강으로 논점을 옮겼다. 민주당은 총격 사건이 바로 총기가 폭력적인 의도를 지닌 사람들의 손에 너무 쉽게 들어간다는 증거라고 지적했다. 그들은 총기 난사 사건으로 인해 사망자 수가 증가할 때에도 공화당 의원들은 총기 로비에 대한 두려움 때문에 멍하니 앉아 있다고 비난했다.

11월 16일

· 제프 세션스 법무장관 청문회 출석, "대선 당시 '트럼프–푸틴 회동' 반대했다"

(연합뉴스 11. 16)

– 제프 세션스 미국 법무장관은 2016년 3월 조지 파파도풀러스 전 트럼프 대선 외교고문이 당시 트럼프 후보와 블라디미르 푸틴 러시아 대통령의 만남을 제안한 것에 자신이 강력히 반대했다고 주장했다. 파파도풀러스 전 고문은 2016년 3월 세션스 장관이 주재한 대선캠프 회의에서 트럼프 후보와 푸틴 대통령의 만남을 추진할 수 있다고 공언한 것으로 드러났지만, 세션스 장관은 "당시 회의 내용에 대한 구체적인 기억은 없다"면서도 트럼프–푸틴 회동 추진을 자신이 중단시켰다는 다소 모순적인 발언을 해 논란이 불거지고 있다.

11월 08일

· 당선 1주년 맞은 트럼프, 지지율은 36%로 최악 (CNN 11. 07; 한겨레 11. 08 재인용)

– CNN에 따르면 도널드 트럼프 대통령의 국정 수행 지지율이 한 달 전에 비해 1%p 떨어진 36%를 기록했다고 보도했다. 트럼프 대통령을 지지하지 않는다는 대답은 58%를 기록했다. 지난 2월 CNN에서 발표한 조사 결과와 비교해보면 지지율은 44%에서 8%p가량 떨어졌고, 지지하지 않는다는 응답은 53%에서 58%로 5%p 증가했다. CNN은 지지율이 하락한 것은 '러시아 스캔들'로 인해 폴 매너포트 전 대선 캠프 선대위원장 등 3명이 기소된 것에 영향을 받은 것이라고 분석했다.

6차(11월 말~12월 말)

권정현

12월 12일 치러진 앨라배마주 상원의원 보궐선거에서 민주당의 더그 존스 후보가 당선됐다(CNN 2017. 12. 12; 중앙일보 2017. 12. 13 재인용). 앨라배마주는 전통적으로 공화당이 우세한 지역이었지만, 지난 11월 공화당의 로이 무어 후보가 성 추문에 휘말리며 25년 만에 민주당 출신 상원의원이 선출되었다(CNN 2017. 12. 12; 중앙일보 2017. 12. 13 재인용).

한편 20일 의회에서는 31년 만에 가장 큰 규모의 세제개혁안이 통과되었다. 이번 세제개혁 법안 통과를 지난 1월 출범한 트럼프 행정부로서는 처음으로 중요 법안을 실현하는 정치적인 성과를 거뒀다(뉴시스 2017. 12. 23). 하지만 세제 개혁 법안에 대한 여론조사 결과에 따르면 국민들의 33%만 찬성하고 55%는 반대하는 것으로 나타났다(CNN 2017. 12. 20; 중앙일보 2017. 12. 21 재인용).

21일에는 의회가 연방정부의 일시 업무정지(셧다운)를 막기 위한 4주짜리 임시 예산안 편성 법안을 통과시켰다(The Hill 2017. 12. 21). 본 법안은 2018년 1월 19일까지만 유효한 '단기예산안'으로 그 전에 새로운 법안이 통과되어야만 한다(The Hill 2017. 12. 21).

미국 정당

12월 15일

• **공화당, 전면적인 세제개혁안 협상 타결**   (Politico 12. 15)

- 공화당은 기업 및 개별 금리의 대폭 인하를 포함해 전면적인 세금 개혁에 관한 협상을 타결했으며 다음 주까지 도널드 트럼프 대통령에게 입법안을 제출하기를 원한다. 상하원이 합의한 최종안은 2019년부터 법인세를 현행 35%에서 21%로 인하하고, 개인소득세 최고세율 37%를 적용하는 내용이 담겼다. 최종 합의된 법인세율 21%는 상하원이 이전에 요구한 20%보다 높아졌지만, 법인세 인하 시점은 상원안인 2019년 대신에 하원안인 2018년부터로 결정됐다. 하지만 민주당 의원들과 고위 당직자들은

제3부.. 미국의 동향 및 쟁점 **323**

앨라배마주 상원의원 보궐선거 당선자인 더그 존스의 의원 등록이 완료될 때까지 법안 처리를 늦춰야 한다고 전했다. 민주당의 페티 머레이(Patty Murray) 상원의원은 "공화당 지도자들이 앨라배마 주민들의 의지를 받아들이고 존스 상원의원이 자리를 잡을 때까지 부자들에 대한 대규모 감세 조치를 중단하기를 희망한다"고 말했다.

12월 20일
· 맥코널, "DACA, 내년까지 어떤 협상도 마무리되지 않을 것"

(USATODAY 12. 19; 뉴시스 12. 20 재인용)

– 민주당이 협상카드로 사용해 온 불법체류 청년 추방 유예 프로그램(DACA)의 운명이 2018년에 결정될 전망이다. 19일 미치 맥코널 상원 공화당 원내대표는 "의회는 약 70만 명의 불법 이민자들이 영향을 받는 오바마 정부의 이민 프로그램을 2018년까지 다루지 않을 것이다"라고 말했다. 불법체류 청년 추방 유예 프로그램(DACA)은 2012년 버락 오바마 전 대통령이 만든 행정명령으로서, 부모와 함께 미국에 불법 입국한 청년들의 추방을 유예하고 노동허가증을 발급해주는 것이다. 22일 연방정부가 셧다운 될 위기에 처하면서 일부 민주당 의원들은 예산안에 불법체류 청년 추방 유예 프로그램(DACA)을 위한 해결책이 포함돼야 한다고 주장했다. 하지만 매코널은 "내년까지 어떠한 협상도 마무리되지 않을 것"이라며 민주당의 주장을 반박했다.

미국 선거 · 의회

12월 13일
· '공화당 표밭' 앨라배마서 민주당의 더그 존스 후보 당선

(CNN 12. 12; 중앙일보 12. 13 재인용)

– 미국 앨라배마주의 상원의원 보궐선거에서 민주당 더그 존스 후보가 당선됐다. 앨라배마주는 미국 공화당의 이른바 '표밭' 역할을 하는 지역으로 알려진 곳이다. 12일 CNN에 따르면 92% 개표가 진행된 상황에서 민주당의 존스 후보가 49.5%의 득표율을 기록한 한편 공화당 후보로 나선 로이 무어 후보의 득표율은 48.8%를 기록했다. 앨라배마에서 민주당 출신 상원의원이 선출된 것은 25년 만의 일이다. 현지 언론은

이번 보선으로 상원의원 의석 100석 중 공화당과 민주당이 각각 51석, 49석을 나눠 가지며 트럼프 정부 정책 추진에 제동이 걸릴 것으로 예측했다.

12월 21일

• 상원, 연방정부 셧다운 피하기 위해 단기 예산안 통과시켜 (The Hill 12. 21)

– 상원은 임시 지출 법안인 단기 예산안을 승인함으로써 연방정부 셧다운 위기를 넘겼다. 셧다운이란 새 회계연도가 시작되기 전까지 예산안이 확정되지 못할 경우 핵심 서비스를 제외한 대다수의 공공 서비스가 중단되는 사태를 의미한다. 투표 결과 찬성 66표, 반대 32표로 약 4주간 적용되는 결의안을 승인하기로 결정됐다. 이 법안은 하원을 통과한 후 1월 19일까지 정부에 자금을 지원할 예정이다. 그런데 공화당은 1월 19일 이전에 정부를 다시 개방하는 법안에 동의해야 하며 불법체류 청년 추방 유예 프로그램(DACA)의 대체법안에 대해 민주당과 전쟁에 직면하게 될 것이다.

12월 23일

• 세제개편안 의회 통과…10년간 1600조 원 감세 (뉴시스 12. 23)

– 향후 10년간 1조 5000억 달러(약 1623조 원)의 세금을 감면하는 내용을 담은 세제개편안이 의회를 통과했다. 트럼프 행정부와 공화당은 출범 11개월 만에 처음으로 핵심 입법과제를 달성하게 됐다. 세제개편안의 핵심은 법인세율 인하다. 최고세율이 현행 35%에서 21%로 대폭 하향 조정된다. 이밖에도 기업들에게 우호적인 내용이 법안에 대거 포함되어 기업에 대한 세금 감면 규모는 10년간 6500억 달러에 이를 것으로 예상된다. 이로 인해 이번 세제 개편안의 혜택이 기업과 부유층에 집중될 것이라는 '부자 감세' 논란도 뜨겁다. 낸시 펠로시 민주당 원내대표는 지난 20일 기자회견에서 "감세법안은 사기"라며 "중산층을 약탈하고 부자에게 퍼주는 괴물"이라고 비판하였다.

12월 30일

• 트럼프 좌충우돌 1년, 그런데 지지율은 오바마 수준   (조선일보 12. 30)

– 트럼프 대통령에 대한 언론들의 혹평에도 불구하고 라스무센 여론조사(Rasmussen Reports)에서 트럼프 지지율은 처음으로 46%를 기록했다. 최고의 인기를 누렸던 버락 오바마 전 대통령의 임기 첫해 지지율 역시 47%였다. 그만큼 트럼프의 텃밭인 개신교 복음주의 세력과 골수 백인층의 지지율은 확고하다. 트럼프는 '46% 지지율'을 푸른색으로 돋보이게 하며 '함께 미국을 위대하게 만듭시다'라는 트윗을 올렸다.

7차(12월 말~2018년 1월 말)

권정현

1월 20일 미국 연방정부는 셧다운에 돌입했지만(국민일보 2018. 01. 21), 이틀 후 상·하원에서 3주짜리 임시 예산안이 통과됨으로써 사흘간의 셧다운은 종료됐다(경향신문 2018. 01. 24). 이에 대해 응답자의 48%는 도널드 트럼프 대통령과 공화당의 이민자·인종 차별이 이번 셧다운의 중대한 원인이라고 지적했다(국민일보 2018. 01. 21).

그럼에도 공화당과 민주당은 최종 예산안의 핵심 사안인 불법체류 청년 추방 유예 프로그램(DACA)의 대체안에 대해 합의를 이루지 못한 상황이다(경향신문 2018. 01. 24). 공화당의 데이비드 퍼듀 상원의원은 불법체류 청년 추방 유예 프로그램(DACA) 대체 법안은 국경장벽을 포함한 국경 안보와 함께 처리해야 한다고 말했지만, 민주당은 공화당에서 제시한 법안이 기존 불법체류 청년 추방 유예 프로그램(DACA) 수혜자를 보호하지 않는다는 이유로 정부 예산안에 반대했다 (The Hill 2018. 01. 24).

한편 공화당의 대럴 아이사(Darrell Issa) 의원이 11월 중간선거 불출마를 선언했다(중앙일보 2018. 01. 15). 민주당 하원의원 중 불출마를 선언한 의원은 15명인 반면, 공화당 하원 현역 의원 239명 중 32명이 불출마를 선언한 것으로 알려졌다(중앙일보 2018. 01. 15).

미국 정당

01월 20일

• 연방정부 셧다운…민주 '트럼프 셧다운' vs 백악관 '슈머 셧다운' 비난

(CNN 01. 20; 조선일보 01. 20 재인용)

– 상원에서 공화당과 민주당이 19일 자정까지 임시예산안 합의에 실패하면서 4년 4개월 만에 셧다운에 돌입했다. 상원 지도부는 연방정부의 문을 다시 열기 위해 협상을 계속할 예정이지만 백악관은 정부 예산이 복구될 때까지 양당이 대립하는 핵심

사안인 불법체류 청년 추방 유예 프로그램(DACA) 대체안에 대해 협상하지 않을 것이라고 밝혔다. 백악관은 성명에서 이번 셧다운을 '슈머 셧다운(Schumer Shutdown·척 슈머 민주당 상원 원내대표에게 셧다운의 책임을 묻는 표현)'이라고 부르며 민주당에 연방정부 폐쇄의 책임을 돌렸다. 한편 척 슈머 민주당 상원 원내대표는 이번 셧다운을 '트럼프 셧다운(Trump Shutdown)'이라고 부르며 트럼프 대통령이 책임져야 한다고 주장했다. 그는 "전적으로 트럼프 대통령의 책임"이라며 "트럼프 대통령 말고 책임질 사람이 누가 있냐"고 했다.

01월 24일

• 공화당 상원의원 "불법체류 청년 추방 유예 프로그램(DACA) 수정안은 국경 장벽 예산안과 함께 처리돼야" (The Hill 01. 24)

– 데이비드 퍼듀 상원의원은 불법체류 청년 추방 유예 프로그램(DACA) 프로그램 수혜자를 위한 해결책은 국경장벽을 포함한 국경 안보에 있어야 한다고 말했다. 퍼듀는 "모든 불법체류 청년 추방 유예 프로그램(DACA)의 해결책은 국경 간 이동을 중단시키기 위한 국경장벽 건설과 비자 추첨제를 끝내는 데 있다"고 주장했다. 이번 주초, 미치 맥코넬 공화당 상원의원은 연방정부 업무정지를 종식시키기 위한 민주당과의 협상의 일환으로 2월에 이민 법안을 제출하겠다고 약속했다. 하지만 민주당은 이 법안에 불법체류 청년 추방 유예 프로그램(DACA) 수혜자 보호가 포함되지 않았다는 이유로 공화당이 제출한 정부 예산안에 반대했다.

미국 선거·의회

01월 10일

• 공화당 의원 32명 불출마 러시, 민주당 12년 만에 의회 권력 쥐나 (중앙일보 01. 15)

– 에드 로이스(Ed Royce) 하원 외교위원장에 이어 대럴 아이사 의원이 올해 11월 중간선거 불출마를 선언했다. 두 사람은 공화당 현역 239명(하원 전체 435석) 의원 가운데 각각 31번째, 32번째 은퇴를 선언한 의원이 됐다. 주지사나 상원의원에 도전하거나 건강 등을 이유로 출마를 포기하는 일은 종종 있지만, 현재 공화당 불출마 행렬은 이례

적 규모다. 민주당 하원의원 중 불출마를 선언한 의원은 절반에 못 미치는 15명뿐이다. 공화당은 현재 의석 중 22석만 잃어도 과반이 붕괴하는 상황이다. 역대 대통령의 첫 번째 중간선거에서 여당은 평균 32석을 잃었다. 악시오스(Axioss)는 이번 중간선거는 공화당이 40석 이상을 잃을 가능성이 크다고 분석했다.

01월 22일

• 셧다운, 3일 만에 3주짜리 예산안으로 '임시 봉합'   (경향신문 01. 24)

– 민주당과 공화당이 22일 상·하원에서 3주짜리 임시 예산안을 통과시킴으로써 미국 연방정부 업무정지(셧다운)가 사흘 만에 종료됐다. 셧다운의 원인이었던 불법체류 청년 추방 유예 프로그램(DACA) 프로그램의 부활 여부는 여전히 불확실한 상황이다. 상원은 22일 본회의를 열어 임시 예산안을 표결에 부쳐 찬성 81표, 반대 18표로 가결 처리했다. 상원에서 통과된 임시 예산안은 하원에서 찬성 266표, 반대 150표로 통과되었다. 이번 예산안은 2월 8일이 기한인 초단기 임시 예산안이다.

01월 30일

• 빅터 차 주한 미 대사 내정자, 백악관 반대로 초유의 낙마

(The Washington Post 01. 30; 국민일보 01. 31 재인용)

– 빅터 차(Victor Cha) 전략국제문제연구소(CSIS) 한국석좌의 주한 미국대사 임명이 무산됐다는 관측이 나왔다. 30일 워싱턴 포스트는 차 석좌가 2017년 12월 말 트럼프 정부의 대북정책에 대해 개인적으로 이견을 나타낸 이후 주한 미국대사 후보로부터 배제됐다고 보도했다. 차 석좌는 최근 백악관 국가안보회의(National Security Council, NSC)관계자들에게 대규모 전쟁을 일으키지 않으면서 북한에 경고 메시지를 보내는 '제한적 타격' 전략에 대한 우려를 제기했던 것으로 알려졌다. 그는 트럼프 대통령이 한미 자유무역협정(FTA)을 파기할 수도 있다는 식으로 위협하는 것에 대해서도 반대 의사를 나타냈다.

01월 20일

• "트럼프 인종 차별이 정부 마비시켰다"…백악관 향하는 화살 　　　　　(국민일보 01. 21)

– 20일 발생한 연방정부 셧다운 사태의 장기화는 여론 악화로 직결될 가능성이 높다. 셧다운 직전 ABC방송과 워싱턴 포스트가 공동 실시한 긴급 여론조사에서 응답자의 48%는 '셧다운의 정치적 책임'을 묻는 질문에 트럼프 대통령과 공화당을 지목하며 "트럼프 대통령의 이민자·인종 차별이 이번 셧다운의 중대한 원인"이라고 지적했다.

8차(1월 말~2월 말)

권정현

2월 14일 플로리다주의 마조리 스톤맨 더글러스 고등학교에서 니콜라스 크루스(Nikolas Cruz)가 반자동 소총을 난사해 학생과 교직원 등 17명이 숨졌다(Politico 2018. 02. 16). 이후 공화당 내에서도 총기 규제를 지지하는 움직임이 부상하고 있다(연합뉴스 2018. 02. 20).

한편 민주당 소속 상원의원들은 도널드 트럼프 대통령이 의회 승인 없이 북한에 대해 '코피(bloody nose) 작전'을 명령하는 것은 헌법적 근거를 결여하는 행태라고 밝혔다(The Washington Post 2018. 02. 05; 한겨레 2018. 02. 05 재인용). 또한 상원은 이민법 개정안을 부결시켜 180만 불법체류 청년들이 추방 위기에 놓이게 됐다(The Washington Post 2018. 02. 15; YTN 2018. 02. 16 재인용).

수사 개시 9개월만인 2월 16일 로버트 뮬러(Robert Mueller) 특검은 대선개입과 관련해 러시아 인사 13명과 기관 3곳을 사기 공모 혐의로 기소했다(The Washington Post 2018. 02. 16; 한겨레 2018. 02. 17 재인용). 이들은 대선 2년 전부터 '트롤 팜(troll farm)' 역할을 하며 미 대선에 개입한 혐의를 받고 있다(The Washington Post 2018. 02. 16; 한겨레 2018. 02. 17 재인용).

미국 정당

02월 05일

• 민주 상원의원들 "트럼프, 북 선제타격 권한 없다"

(The Washington Post 02. 05; 한겨레 02. 05 재인용)

– 민주당 소속 상원의원 18명이, 도널드 트럼프 대통령은 북한에 대해 '코피 작전'을 명령할 권한이 없다는 내용의 서한을 백악관에 보냈다. '코피 작전'은 백악관이 북한의 핵개발을 단념시킬 방안들 중 하나로 고려 중인 것으로서 선별적 예방 타격을 뜻한다. 상원 군사위원회 소속 마틴 하인리히(Martin Heinrich) 의원 등은 5일 보낸 서한에서 "선제 타격의 잠재적 결과 및 북한의 오판과 보복의 위험에 대해 깊게 우려한

다"고 밝혔다. 이들은 "의회의 승인이 없는 예방적 또는 선제적 공격은 헌법적 근거나 법적 권한을 결여하는 것"이라고 밝혔다.

02월 20일

• 아이들 절규에 공화당도 '흔들'…총기규제법 통과되나 　　　　　　(연합뉴스 02. 20)

– 17명의 사망자를 낸 플로리다주 고교 총기 난사 사건 이후 총기 규제를 요구하는 여론이 증가함에 따라 공화당에서도 총기 규제를 지지하는 목소리가 부상하고 있다. 총기 소지 옹호론자인 도널드 트럼프 대통령 역시 총기구매자 신원조회 강화 방향에 지지를 보낸 것으로 발표됐다. 백악관은 2월 19일 대변인 성명을 통해 트럼프 대통령이 공화당의 존 코닌(John Cornyn) 상원의원과 만나 '닉스 수정법안'에 대해 논의했다면서 "논의가 진행되고 있고 수정도 고려되고 있지만, 대통령은 닉스 개선 노력을 지지한다"고 밝혔다. FBI의 전과조회시스템인 닉스는 총기 판매상이 총기를 구매하려는 사람의 신원을 조회할 때 이용한다. 범죄자나 정신 병력자 등 법률상 부적격자가 총을 살 수 없도록 하기 위해서이다.

미국 선거 · 의회

02월 09일

• 하원, 임시 예산안 가결 　　　　　　　　　　　　　　　　(The Hill 02. 09)

– 하원은 3월 23일까지 적용되는 예산안을 가결하였고, 트럼프 대통령의 서명 후 즉시 예산안이 발효된다. 올해 두 번째 셧다운에 돌입했지만 예산안이 발효되면 셧다운도 해제된다. 이 예산안은 2년간 국방 및 비국방 예산의 지출 상한선을 철폐해 정부 지출을 3000억 달러 가까이 늘리는 것을 골자로 한다. 지난달 셧다운을 끝내기 위한 일환으로서 공화당의 미치 맥코널 상원 의장은 이민법에 관한 본회의를 개최할 것을 약속했지만, 공화당의 폴 라이언 하원의장은 상원에서 통과된 초당적 법안에 대해 어떠한 확답도 줄 수 없다고 밝혔다.

02월 15일

· 180만 불법체류 청년 추방 위기···상원, 이민법 개정안 부결

(The Washington Post 02. 15; YTN 02. 16 재인용)

– 상원은 15일 트럼프 대통령의 이민 개혁 틀을 기초로 한 이민법 개정안을 찬성 39, 반대 60표로 부결시켰다. 척 그래슬리(Chuck Grassley) 의원의 주도로 제출된 이번 4차 이민법 개정안은 불법체류 청년 추방 유예 프로그램(DACA)에 등록한 69만여 명과 신청자격이 있는데도 등록하지 않은 불법체류 청년 110만여 명 등 모두 180여만 명에게 미국 시민이 되는 길을 열어주는 내용을 담고 있다. 또한 멕시코 장벽 건설을 위한 예산 250억 달러와 가족 초청 이민 대상을 배우자와 자녀로만 축소하는 내용을 포함한다. 그러나 민주당 내 반발 기류와 이민법을 더 강화해야 한다는 공화당 내 강경파들에 의해 찬성표는 의결정족수 60표에 크게 못 미치는 39표에 그친 것으로 나타났다.

02월 16일

· '대선 개입' 혐의 첫 기소···러시아인 13명·기관 3곳

(The Washington Post 02. 16; 한겨레 02. 17 재인용)

– '러시아 게이트'를 수사 중인 로버트 뮬러 특검은 16일 러시아 인사 13명과 기관 3곳을 사기 공모 혐의로 기소했다. 이들은 대선 2년 전부터 장기적인 전략 아래 온라인상에서 분쟁을 촉발하는 글이나 댓글을 올리는 활동을 하는 '트롤 팜' 역할을 하며 미 대선에 개입한 혐의를 받고 있다. 뮬러 특검의 기소장을 보면, 특검은 러시아 상트페테르부르크에 본거지를 둔 '인터넷 리서치 에이전시(Internet Research Agency, IRA)'를 미 대선 개입의 허브로 판단했다. IRA는 2016년 당시 공화당 대선후보인 트럼프에 유리하고 힐러리 클린턴 민주당 대선후보에 불리한 정치 선전물을 유권자들이 팔로우하게 만드는 방식으로 미국 선거를 조작한 것으로 나타났다.

02월 19일

• 총기 참사까지 정치도구화한 트럼프에 여론 분노   (연합뉴스 02. 19)

– 도널드 트럼프 미국 대통령이 17명의 목숨을 앗아간 플로리다 고교 총기 참사마저 '러시아 스캔들'의 돌파구로 활용하려는 모습을 보이자 여론이 크게 분노하고 있다. 트럼프 대통령은 FBI가 총격범에 관한 제보를 묵살했다는 의혹과 관련해 "FBI가 플로리다 고교 총격범이 보낸 그 많은 신호를 모두 놓치다니 애석하다"며 "그들은 내 대선캠프와 러시아의 내통 의혹을 입증하는 데 시간을 너무 많이 쓰고 있다"고 주장한 것이 들끓는 민심에 기름을 부었다. 이에 대해 이번 사건이 발생한 마조리 스톤맨 더글러스 고등학교 학생과 교사들은 일제히 분노를 쏟아냈으며 정치권도 비난 대열에 가세하고 있다.

9차(2월 말~3월 말)

한소정

  도널드 트럼프 대통령이 수입산 철강 및 알루미늄에 고율의 관세를 부과하겠다는 정책을 발표한 가운데 공화당과 민주당은 이에 대해 각각 반대와 찬성이라는 전혀 다른 입장을 보이고 있다(Bloomberg 2018. 03. 01). 보다 구체적으로, 공화당은 상대국의 보복 조치로 인해 자신들의 지지층이 피해를 입을까 우려하는 반면에 민주당은 관세 인상 정책이 지역 산업에 도움이 될 것이라는 전반적인 기대감을 보이고 있는 상황이다(Bloomberg 2018. 03. 01). 한편 3월 12일에는 트럼프 캠프와 러시아 내통 의혹을 별도로 조사해온 공화당 하원 정보위원회(House Intelligence Committee)가 2016년 대선 당시 어떠한 공모도 존재하지 않았다고 밝혔다(The Hill 2018. 03. 12). 또한 최근 트럼프 대통령은 대선기간 동안 페이스북 사용자들의 개인정보를 무단으로 선거에 사용했다는 새로운 의혹을 받고 있다(The New York Times 2018. 03. 18; 아시아 경제 2018. 03. 19 재인용).

  3월 13일 치러진 펜실베이니아주 보궐선거에서는 코너 램(Conor Lamb) 민주당 후보가 릭 서콘(Rick Saccone) 공화당 후보를 제치고 당선됐다(Politico 2018. 03. 13; 한국일보 2018. 03. 15 재인용). 비슷한 시기에 실시된 여론조사에서는 민주당을 지지하는 응답자가 공화당을 지지하는 응답자보다 더 많은 것으로 나타났다(The Wall Street Journal 2018. 03. 18; 연합뉴스 2018. 03. 19 재인용).

미국 정당

03월 01일

• 트럼프 관세 폭탄에 공화당은 "반대", 민주당은 "찬성"   (Bloomberg 03. 01)
- 수입산 철강 및 알루미늄에 각각 25%와 10%의 관세를 부과하겠다는 트럼프 대통령의 정책에 대해 공화당과 민주당이 상반된 입장을 보이고 있다. 공화당 출신의 오린 해치(Orin Hatch) 상원 재정위원장은 "고율의 관세 부과는 미국인들이 감당할 수 없는 부담이 될 것"이라며 우려를 나타냈다. 폴 라이언 공화당 하원의장 또한 강력

히 반발하며 대통령의 재고를 촉구했다. 반면 오하이오 주의 셰러드 브라운(Sherrod Brown) 민주당 상원의원은 "진즉에 나왔어야 하는 결정"이라며 "이는 어려움을 겪고 있는 철강 노동자들을 위한 정책"이라고 밝혔다. 오리건주의 론 와이든(Ron Wyden) 민주당 상원의원 역시 "환영할 만한 정책"이라며 지지를 표했다.

미국 선거·의회

03월 12일

• 공화당 하원 정보위원회, "트럼프 대선 캠프-러시아 공모 없었다" 결론

(The Hill 03. 12)

– 공화당 하원 정보위원회는 러시아의 2016년도 대선 개입 의혹과 관련해 당시 트럼프 캠프와 러시아 간의 아무런 공모도 존재하지 않는다고 밝혔다. 마이크 코너웨이(Mike Conaway) 공화당 의원은 "우리는 조사를 통해 결탁의 그 어떠한 증거도 발견하지 못했으나 그 과정에서 약간의 잘못된 판단과 부적절한 회동 및 결정이 드러났다"고 발표했다. 이는 앞서 러시아가 트럼프 캠프를 돕고자 했다고 말한 미국중앙정보부(Central Intelligence Agency, CIA)의 결론과 대비되는 내용이다. 이에 대해 애덤 시프(Adam Schiff) 민주당 의원은 공화당이 조사 단축 및 종결을 통해 트럼프 대통령을 보호하고자 한다면서 이를 거세게 비판하고 있다.

03월 15일

• 중간선거 풍향계 펜실베이니아…공화당, 텃밭에서 또 패배

(The New York Times 03. 14; 중앙일보 03. 15 재인용)

– 펜실베이니아주 연방하원 제18선거구에서 열린 연방하원의원 보궐선거에서 민주당의 코너 램 후보가 공화당의 릭 서콘 후보를 제치고 승리를 확정지었다. 이 지역은 지난 2016년도 대선 당시 트럼프 대통령이 민주당의 클린턴 후보를 상대로 20%p 차의 압도적인 승리를 거둔 공화당의 텃밭이다. 백악관은 트럼프 대통령의 지지기반이 응집한 이 지역의 표심을 잡기 위해 총력을 기울였지만, 결과는 실패로 돌아갔다. 언론은 이번 선거 결과가 공화당에게는 우세 지역에서도 안심할 수 없다는 경각심을,

민주당에게는 다가오는 중간선거에서 상원의석까지도 확보할 수 있다는 희망을 심어주었다고 전했다.

03월 19일

• 페이스북 개인 심리정보, 트럼프 대선에 무단활용

(The New York Times 03. 18; 아시아경제 03. 19 재인용)

– 2016년 대선 당시 페이스북이 트럼프 캠프 측에 약 5000만 명에 이르는 고객들의 개인정보를 유출한 사실이 드러났다. 데이터 분석업체 케임브리지 애널리티카(Cambridge Analytica, CA)는 페이스북 사용자들의 개인정보를 무단으로 수집하고 그 성향을 분석한 결과를 트럼프 캠프에 제공했으며, 이는 백악관의 수석전략가였던 스티브 배넌과 억만장자 로버트 머서(Robert Mercer)가 공동으로 설립한 곳으로 알려져 더욱 이슈가 되고 있다. 이에 대해 미네소타주의 에이미 클로부처(Amy Klobuchar) 민주당 의원은 "수천만 명의 개인정보가 특정 후보의 정치 선전이나 선거 조작에 악용되었는지 밝혀야 한다"고 비판했다.

미국 여론

03월 18일

• "중간선거 민주당 지지율 두 자릿수 우위"…NBC. WSJ 여론조사

(The Wal·Street Journal 03. 18; 연합뉴스 03. 19 재인용)

– 2018년 11월 치러질 중간선거를 앞두고 현재 의회 다수당인 공화당의 지지율이 야당 민주당의 지지율보다 10%p 낮은 것으로 집계됐다. NBC와 월스트리트 저널(The Wall Street Journal)이 공동으로 실시한 여론조사에서 공화당이 지배하는 의회를 원하는 응답자는 전체의 40%로, 민주당이 지배하는 의회를 원하는 50%의 응답자보다 10%p 낮은 수치를 기록했다. 이는 2018년 1월 동일한 조사를 실시했을 당시의 양당 지지율 격차였던 6%p보다 더 벌어진 결과다. 언론에서는 양당 지지율의 격차가 두 자릿수로 벌어진 것은 상당히 이례적인 현상이라고 평가하고 있다.

03월 24일

• '우리 생명을 위한 행진'…'총기 규제'를 위한 대규모 시위 벌여

(The Guardian 03. 24)

− 가디언(The Guardian)에 의하면 총기 규제를 외치는 학생들의 목소리가 그 어느 때보다 커지고 있다. 미국 전역에서 역대 최대 규모인 80만 명이 운집한 가운데 초등학생에서 대학생에 이르기까지, 2018년 2월 14일 플로리다에서 발생한 총기사고의 희생자들을 기리기 위해 거리로 나온 이들은 총기 규제를 요구하는 팻말을 들고 행진했다. 총기 구매자에 대한 신원조회 강화와 공격용 총기 판매 금지가 주된 요구사항이었다. 그러나 이에 대해 트럼프 대통령은 별다른 성명을 내놓지 않고 있는 상황이다. 더욱이 그는 총기 규제를 위한 대규모 시위가 벌어지고 있던 시각에 플로리다에 위치한 골프 클럽에서 휴식을 취하고 있었던 것으로 알려졌다.

10차(3월 말~4월 말)

2018년 4월 2일, 도널드 트럼프 대통령은 트위터를 통해 불법체류 청년 유예 프로그램(DACA)의 폐지를 주장하며 그 원인으로 민주당을 지목함과 더불어 그들이 이를 정치적으로 이용하고 있다고 비판했다(연합뉴스 2018. 04. 03).

11일에는 폴 라이언 공화당 하원의장이 정계 은퇴를 선언하며 그 원인 중 하나로 '정체성 정치(Identity Politics·자신이 속한 집단의 정체성을 기반으로 하는 정치를 일컫는 표현)'를 언급했다(Politico 2018. 04. 11; 뉴시스 2018. 04. 12 재인용). 한편, 13일에는 미국이 시리아에 군사조치를 가한 가운데 공화당과 민주당은 이에 대해 상반된 입장을 보이고 있으며 공화당은 이를 지지하는 반면, 민주당은 군사조치가 신중한 결정이었는지에 대해 의문을 표하고 있는 상황이다(The New York Times 2018. 04. 14).

아울러 11월에 치러질 중간선거를 앞두고 공화당 내부에서는 트럼프 행정부와의 관계 유지에 있어 연방 상원의원과 하원의원 선거에 출마하는 후보들 간에 상이한 입장 차이를 나타내고 있다(The Hill 2018. 04. 15). 연방 상원의원에 도전하는 후보들의 경우에는 백악관의 입장을 대체로 수용하고 있지만, 연방 하원의원에 도전하는 후보들은 백악관과 거리를 두는 행보를 보이고 있다(The Hill 2018. 04. 15).

미국 정당

04월 03일
· 트럼프, 나프타·불법체류 청년 추방 유예 프로그램(DACA) 연계해 의회 압박

(연합뉴스 04. 03)

– 트위터를 통해 불법체류 청년 추방 유예 프로그램(DACA)의 폐지를 주장한 트럼프 대통령이 미국과 멕시코 사이의 국경장벽 건설 예산 통과를 두고 민주당을 신랄히 비판했다. 그는 민주당 의원들이 중간선거에서의 승리를 위해 불법체류 청년 추방 유예 프로그램(DACA)을 이용하고 있다고 비난하면서 "필요하다면 핵 옵션을 사용

제3부.. 미국의 동향 및 쟁점 **339**

하라"는 당부와 함께 "국경장벽 예산을 조속히 통과시켜야 한다"고 주장했다. 핵 옵션이란 60명이 찬성해야 하는 상원의 필리버스터 종결 요건을 51표의 단순 과반 찬성으로 낮추는 것을 의미한다. 앞서 백악관은 불법체류 청년에게 미국 시민권을 부여하는 방안의 이민제도 수정안을 수용하는 대신 국경장벽 건설 예산을 포함한 국경안보 예산의 처리를 요구한 바 있다.

04월 14일

• 공화당·민주당, 시리아 타격에 상반된 반응 보여   (The New York Times 04. 14)

- 트럼프 대통령의 시리아 군사공격 단행 결정을 두고 공화당과 민주당이 상반된 반응을 보이고 있다. 공화당은 대체로 대통령의 결정을 지지하는 반면, 민주당은 군사조치 이후 벌어질 상황에 대해 신중한 계산이 전제되어있었는지에 대해 의문을 표하고 있다. 이에 대해 캘리포니아의 에드 로이스 공화당 의원은 "트럼프 행정부가 향후 시리아와 관련된 미국의 대외정책에 있어 더욱 명확한 비전을 제시하리라 기대한다"고 밝혔다. 그러나 버지니아의 팀 케인 민주당 상원의원은 "의회의 승인 없이 시리아 정부에 대한 공습을 개시한 트럼프 대통령의 결정은 불법이자 무모한 행위"라고 비판하면서 "포괄적인 전략이 결여되어 있다"고 지적했다.

04월 20일

• 민주당, 트럼프 대선캠프·러시아·위키리크스 고소

(AFP 04. 20; 뉴스1 04. 21 재인용)

- 민주당 전국 위원회(Democratic National Committee, DNC)가 트럼프 대선캠프와 러시아를 포함해 위키리크스(Wikileaks)를 고소했다. 이들은 러시아가 2016년 대선 당시 민주당을 겨냥해 사이버 공격을 가했으며 트럼프 캠프는 선거에서 유리한 입지를 차지하기 위해 이를 미리 알고도 적국과 연대를 감행했다며 소송을 제기했다. 또한 위키리크스가 이를 유권자들에게 배포한 것도 대선 개입의 증거라며 고소장을 제출하게 된 연유에 대해 덧붙였다. 이에 대해 로나 맥대니얼(Ronna McDaniel) 공화당 전국위원회(Republican National Committee, RNC) 위원장은 "당시 대선에서 패배했다는 사실에 아직도 승복하지 못하는 정당의 마지막 발악"이라고 일축했다.

04월 11일

• '은퇴선언' 라이언, "극단화되는 '정체성 정치' 걱정스러워"

(Politico 04. 11; 뉴시스 04. 12 재인용)

- 폴 라이언 공화당 하원의장이 정계 은퇴를 선언하며 그 주요한 원인 중 하나로 '정체성 정치'의 병폐를 지적했다. 그는 "정체성 정치가 극단화되는 상황 속에서 정치적 선의를 유지하는 것이 어려워지고 있다"고 밝히며 트럼프 대통령에 대해서는 "많은 이슈에 있어서 괄목할만한 진전을 이루어냈으며 사람들의 삶에 긍정적인 변화를 일으키고 있다"고 평가했다. 또한 정계를 은퇴하게 된 결정적인 이유 중 하나로 가족을 언급하며 "아이들에게 '주말 아빠'로만 기억되고 싶지 않다"고 그 이유를 덧붙였다. 그는 은퇴 후의 계획에 대해서는 밝히지 않았으며 정계 복귀 가능성에 대해서는 단호히 부인했다.

04월 15일

• 트럼프 효과로 분열되는 공화당…상·하원 반응 엇갈려   (The Hill 04. 15)

- 2018년 11월 치러질 중간선거를 앞둔 가운데 연방 상·하원의원에 도전하는 공화당 후보들이 트럼프 행정부와의 관계 유지에 대해 서로 다른 입장을 취하고 있다. 연방 상원의원에 도전하는 공화당 후보들의 경우에는 공화당의 핵심적인 지지층으로부터 두터운 신임을 받는 트럼프 대통령과 그의 정책을 포용하는 방향으로 나아가고 있다. 반면 연방 하원의원에 도전하는 공화당 후보들의 경우에는 그와 거리를 두고자 하는 행보를 취하고 있는 상황이다. 특히 2016년도 대선 당시 클린턴이 우세했던 지역에서는 대부분의 공화당 후보들이 백악관과 거리를 두고자 하는 것으로 드러났다. 다만 이와 관련해 각 후보들의 선거 출마 지역구가 시골인지, 도시 근교인지에 따라 조금씩 다르게 나타나는 것으로 전해졌다.

04월 09일

· 민주당, 교육수준 높은 백인 노년층 지지율에서 앞서 (The Hill 04. 09)

– 교육수준이 높은 백인 노년층의 지지율에 있어서 민주당이 공화당보다 2%p 정도의 차이를 보이며 앞서고 있는 것으로 나타났다. 로이터통신과 입소스가 공동으로 실시한 여론조사에 의하면 이들은 2016년도 대선 당선 당시에 트럼프 대통령을 지지했던 계층으로 드러났다. 버지니아 대학교의 정치학자 래리 사바토(Larry Sabato)는 이에 대해 "공화당 지지층의 핵심이 노년층의 백인이라는 점을 감안할 때 이러한 결과는 이후 중간선거에서 공화당에게 치명적인 결과를 야기할 수 있다"고 밝혔다. 특히 이들의 주된 관심사는 건강으로, 전체 응답자 중 21%가 건강 의료 서비스를 가장 중요한 이슈로 꼽았다고 전해졌다.

11차(4월 말~5월 말)

한소정

이란과의 핵 협상을 파기하겠다는 도널드 트럼프 대통령의 결정을 두고 공화당과 민주당이 서로 엇갈린 반응을 보이고 있다(AP 2018. 05. 08). 공화당은 대체로 재협상을 환영한다는 의사를 밝힌 반면, 민주당은 백악관이 실질적인 계획 없이 성급한 결정을 내렸다고 비판하고 있다(AP 2018. 05. 08).

5월 15일에는 펜실베이니아와 네브래스카, 아이다호와 오리건주에서 올해 11월 중간선거를 앞두고 예비선거(Primary)가 열렸다(CNBC 2018. 05. 15). 그 결과로서 연방 상·하원과 주지사 선거 등에 출마하게 될 각 정당의 후보들이 선출되었다(CNBC 2018. 05. 15).

북미정상회담과 관련해 트럼프 대통령은 샌더스 백악관 대변인을 통해 북미 간의 논의가 매우 잘 진행되고 있으며 북미정상회담이 예정대로 열릴 것이라고 생각한다는 의사를 밝혔다(세계일보 2018. 05. 30). 아울러 북미정상회담 개최에 대한 여론의 반응은 대체로 긍정적인 양상을 띠고 있다(한국일보 2018. 05. 16).

한편, 예루살렘으로 미국 대사관을 이전한 문제와 관해서는 국내 여론이 각각 찬성 41%와 반대 43%로 대립하는 것으로 나타났다(CBS News 2018. 05. 14).

미국 정당

05월 08일

· 공화당·민주당, 이란 핵 협상 폐기에 엇갈린 반응 보여 　　　　　　　(AP 05. 08)

— 트럼프 대통령의 이란 핵 협상 폐기 결정을 두고 공화당과 민주당이 첨예한 대립을 보이고 있다. 켄터키주의 미치 맥코넬 공화당 상원의장은 "이란 핵 협상은 시작부터 문제가 있었으며 대통령과 협조하여 이 문제를 해결해나가리라 기대한다"고 밝혔다. 반면 뉴욕주의 척 슈머 민주당 의원의 경우에는 "트럼프 행정부가 말만 늘어놓을 뿐, 실질적인 계획을 갖고 있지 않다"라며 비판의 목소리를 높였다. 테네시주의 밥 코커 공화당 의원 역시 "이란 핵과 관련된 재협상을 기대한다"고 밝혔지만, 일

리노이주의 딕 더빈 민주당 의원은 핵 협상 폐기를 "역사적 균형의 중대한 실수"라고 지적했다.

05월 11일

• 다수의 정치인을 비롯한 여론, 백악관 보좌관 향해 분노   (The Hill 05. 11)

– 존 맥케인(John McCain) 상원의원이 미국중앙정보부의 수장으로 지나 해스펠(Gina Haspel)을 지목한 트럼프 대통령의 결정에 대해 반대 의사를 밝혔다. 이와 관련해 백악관의 켈리 새들러(Kelly Sadler) 특별보좌관이 "그는 어차피 죽을 사람"이라는 발언을 한 것으로 밝혀져 여론의 뭇매를 맞고 있다. 논란이 지속되자 노스캐롤라이나주의 월터 존스(Walter Jones) 공화당 의원은 백악관으로부터의 공식 사과를 요구했으며 조 바이든 전(前) 부통령도 "새들러 보좌관의 발언은 곧 트럼프 대통령의 뜻이나 다름없다"면서 비판했다. 이후 새들러 보좌관은 맥케인 의원에게 전화를 걸어 직접 사과의 뜻을 전한 것으로 알려졌으나 논란은 좀처럼 사그라지지 않고 있다.

미국 선거·의회

05월 15일

• 트럼프, 예비선거에서 두 명의 연방 상원 공화당 후보 지지   (CNBC 05. 15)

– 펜실베이니아와 아이다호, 네브래스카, 그리고 오리건주에서 11월에 예정된 중간선거를 위한 각 당의 주요 후보들을 선출하는 예비선거가 열렸다. 연방 상·하원에서부터 주지사에 이르기까지 다양한 자리를 두고 열린 이번 선거에서 괄목할만한 점은 펜실베이니아와 네브래스카에서 트럼프 대통령이 지지를 표명했던 루 발레타(Lou Barletta)와 뎁 피셔(Deb Fischer) 연방 상원 공화당 후보가 승리를 거뒀다는 것이다. 한편, 10명의 후보가 경쟁한 펜실베이니아주 제5연방선거구 민주당 경선에서는 메리 게이 스캔론(Mary Gay Scanlon) 후보가 승리를 거뒀으며, 오리건주에서는 뉴트 뷸러(Knute Buehler)가 오리건 주지사 공화당 후보로 선출되었다.

05월 30일

• 백악관, "6·12 북미정상회담 개최를 전제로 준비, 무산 가능성도 대비"

(세계일보 05. 30)

– 트럼프 대통령은 새라 허커비 샌더스 백악관 대변인을 통해 무산 가능성이 있었던 북미정상회담 개최에 대해 "북미 간 논의가 매우 잘 진행되고 있다"고 전하며 "예정 대로 6월 12일에 열리는 것을 전제로 회담을 준비하고 있다"고 밝혔다. 아울러 샌더스 대변인은 "여러 요인들 가운데 비핵화가 회담의 중점이 되어야 한다"고 덧붙이며 북미정상회담 개최 여부를 묻는 질문에 "6월 12일에 예정대로 열리든 어떠한 이유로 인해 이후에 열리든 간에 북미정상회담은 열릴 것으로 생각한다"고 답했다. 다만 그녀는 "회담이 뒤로 미뤄질 가능성에도 대비하고 있다"며 무산 가능성에 대해서도 언급한 것으로 전해졌다.

미국 여론

05월 14일

• 트럼프 행정부와 이스라엘과의 관계와 관련해 분열된 여론 (CBS News 05. 14)

– 이스라엘의 미국 대사관을 텔아비브에서 예루살렘으로 옮긴 트럼프 대통령의 결정을 두고 국내적 여론이 분열되고 있는 것으로 드러났다. CBS(Columbia Broadcasting System)가 진행한 조사에 따르면 미국 국민의 41%는 트럼프 행정부와 이스라엘의 관계에 대해 긍정적인 답변을 내놓았고, 43%는 부정적인 답변을 내놓았다. 그중에서도 특히 긍정적인 응답을 보인 응답자의 대부분은 공화당 지지자로 알려졌으며 부정적인 응답을 보인 응답자의 대부분은 민주당 지지자인 것으로 알려졌다. 또한 복음주의교회의 백인 신도들과 굉장히 보수적인 정치 이념을 가진 유권자들의 경우 이스라엘 문제를 다루는 트럼프 대통령의 행보를 상당히 긍정적으로 평가하는 것으로 밝혔다.

05월 15일

‒ 6월 12일 개최 예정인 북미정상회담을 앞두고 미국인들의 대다수가 이를 지지하는 것으로 나타났다. 퓨리서치센터(Pew Research Center)가 실시한 조사에 따르면 응답자 중 71%가 이번 북미정상회담에 대해 지지한다는 의사를 표명했으며, 이를 반대한다는 응답은 21%에 그친 것으로 드러났다. 이는 2017년 4월 퓨 리서치센터가 실시한 여론조사에서 북한에 대해 '매우 부정적'이라고 답했던 61%의 응답자를 포함해 전체 응답자 중 78%가 북한을 '부정적'으로 바라보던 상황과는 확연히 다른 모습이다. 언론은 이와 같은 여론 변화의 이유를 두고 최근 몇 주 동안 이루어진 양국 간의 긴장 완화라는 분위기가 큰 기여 요인이라는 평가를 내놓고 있다.

12차(5월 말~6월 말)

한소정

도널드 트럼프 대통령의 불법 이민자 무관용 정책(부모가 아이와 불법 밀입국할 시에 그들을 분리시키겠다는 정책)을 두고 정치권의 반발이 드세다(뉴시스 2018. 06. 24). 비난이 거세지자 트럼프 대통령은 부모와 아이를 분리시키지 않도록 하는 행정명령에 서명했지만 이후 다시 무관용 정책을 고수하겠다고 밝혀 논란이 쉽게 사그라지지 않고 있다(뉴시스 2018. 06. 24).

한편, 6월 12일 싱가포르에서 열린 북미정상회담에 대해 상원 원내대표들은 다소 상이한 반응을 보이고 있다(Reuters 2018. 06. 12; 뉴스1 2018. 06. 13 재인용). 공화당은 회담 결과를 지지하면서도 북한의 공동성명 불이행 가능성에 대한 우려를 표한 반면, 민주당은 성명의 모호성에 대해 지적했다(Reuters 2018. 06. 12; 뉴스1 2018. 06. 13 재인용). 여론은 북미정상회담 공동성명 결과에 대해 대체적으로 호의적인 것으로 드러났다(AP 2018. 06. 21; 연합뉴스 2018. 06. 22 재인용).

샌프란시스코 시장 보궐선거에서는 런던 브리드(London Breed)가 샌프란시스코 역사상 최초로 흑인 여성 시장에 당선되었다(CNN 2018. 06. 14; 뉴스1 2018. 06. 15 재인용).

미국 정당

06월 03일

· **공화당 의원들, 동맹국에 대한 트럼프의 철강 관세 부과 비판**   (국제뉴스 06. 03)

– 유럽과 캐나다, 멕시코로부터 수입하는 철강에 관세 부과하겠다고 밝힌 도널드 트럼프 대통령의 계획에 대해 공화당 의원들이 비판에 나섰다. 케빈 브래디(Kevin Brady) 하원 세입위원회 위원장은 "관세 부과 조치가 잘못된 대상을 목표로 하고 있다"고 말하며 "철강과 알루미늄에 대한 불공정 무역이 생기는 이유는 유럽이나 캐나다, 멕시코 때문이 아닌 중국"이라고 덧붙였다. 공화당의 마르코 루비오(Marco Rubio) 상원의원 역시 "또 다른 무역 분쟁을 시작하는 것보다는 유럽과 함께 중국에 맞서야

한다"는 의사를 표명했다. 밴 쎄쓰(Ben Sasse) 공화당 상원의원 또한 관세 부과는 "멍청한 행동"이라며 "적을 대하는 방법으로 아군을 대해서는 안 된다"고 밝혔다.

06월 12일

• 상원 원내대표들, 북미정상회담 공동성명에 우려 표명

(Reuters 06. 12; 뉴스1 06. 13 재인용)

– 북미정상회담 공동성명과 관련해 상원 원내대표들이 일제히 우려를 표명했다. 공화당의 미치 맥코넬 상원 원내대표는 트럼프 대통령이 발표한 북미정상회담 공동성명에 대체적으로 지지를 표하면서도 북한이 이를 어길 경우를 대비해야 한다고 강조했다. 또한 그는 "북한이 합의한 내용을 충실히 이행하려 들지 않을 경우, 미국과 동맹국들은 대북 최대 압박 정책을 다시 사용할 준비를 해야 한다"고 밝혔다. 한편, 척 슈머 민주당 상원 원내대표는 "북미정상회담 공동성명의 내용이 지나치게 모호하다"며 "트럼프 대통령이 북한과 비핵화를 논의하는 과정에서 상당한 영향력을 포기했다"고 비판한 바 있다.

미국 선거 · 의회

06월 14일

• 샌프란시스코서 첫 '흑인 여성' 시장 탄생   (CNN 06. 14; 뉴스1 06. 15 재인용)

– 샌프란시스코 시장 보궐선거에서 런던 브리드가 샌프란시스코 역사상 첫 흑인 여성 시장으로 선출되었다. 샌프란시스코 시의회 의장 출신인 그녀는 불우했던 유년기를 지나 현재의 위치에 이르게 된 성장담을 앞세워 표심을 공략해왔다. 브리드는 기자회견 자리에서 "나는 상당히 힘든 환경에서 자라왔다"고 밝히며 "나의 당선이 샌프란시스코의 다음 세대 젊은이들에게 무엇이든 해낼 수 있다는 메시지를 줄 수 있다고 생각한다"고 덧붙였다. 지역신문 샌프란시스코 크로니클(San Francisco Chronicle) 역시 "생계비 증가로 고통 받고 있는 샌프란시스코의 흑인 중산층 다수에게 흑인 여성인 브리드의 당선은 큰 의미를 가진다"는 평가를 내놓았다.

06월 24일

• 트럼프 '무관용' 이민정책 논란 격화…부모자녀 강제격리는 일단 중단 (뉴시스 06. 24)

– 모든 성인 밀입국자를 기소할 것이며 부모와 아이가 함께 불법 밀입국할 경우 법률에 따라 그들을 분리시키겠다는 내용을 담은 트럼프 대통령의 불법이민자 무관용 정책을 두고 논란이 거세지고 있다. 부모와 떨어진 아이들이 열악한 환경 속에 방치된 모습이 공개되자, 멜라니아 트럼프(Melania Trump) 여사를 비롯한 역대 영부인들은 무관용 정책을 강하게 비판하고 나섰으며, 테드 크루즈 공화당 상원의원은 "무관용 정책을 멈춰야 한다"면서 밀입국 가족이 함께 지낼 수 있는 법안을 긴급 발의했다. 이에 트럼프 대통령은 부모와 자녀를 분리시키지 않도록 하는 행정명령에 서명했지만 무관용 정책은 계속될 것이라고 밝혀 논란은 사그라지지 않고 있다.

미국 여론

06월 21일

• '북미회담 결과' 여론은 호평…싸늘한 주류 언론과 대조

(AP 06. 21; 연합뉴스 06. 22 재인용)

– 6월 12일 싱가포르에서 열린 북미정상회담과 관련해 미국인들의 대다수가 호의적인 평가를 내놓고 있는 것으로 나타났다. AP와 여론조사기관 NORC(National Opinion Research Center) 공공문제연구센터가 실시한 조사에 의하면 전체 응답자의 55%가 트럼프 대통령의 대북정책을 긍정적으로 여긴다는 의사를 표명했으며 비슷한 시기에 실시된 다른 여론조사에서도 이와 유사한 결과를 보이는 것으로 드러났다. 이는 북미정상회담에 대해 비판적 논조를 내보인 미국 주류 언론들과는 사뭇 다른 반응이다. 다만 백악관이 밝힌 한미연합훈련 중단 방침과 맞물려 일각에서 제기된 주한미군 철수론에 대해서는 41%의 응답자가 반대 의사를 내비친 것으로 집계됐다.

06월 22일

• 미국인 대다수, '대통령의 자기 사면'에 반대 의사 밝혀 　　　　　　　(AP 06. 22)

– 과반이 넘는 미국인들이 대통령의 자기 사면(Self-Pardon)에 강한 반대 의사를 밝힌 것으로 드러났다. 최근 트럼프 대통령이 트위터를 통해 "나는 나 스스로를 사면할 수 있는 절대적인 권리를 가지고 있다"고 밝힌 가운데, AP와 NORC 공공문제연구센터가 실시한 조사에 의하면 85%의 응답자가 대통령이 기소당할 경우 자기 사면을 주장하는 것은 용납할 수 없다고 답했으며, 만일 대통령이 기소당한 상황에서 자기 사면의 의사를 내비친다면 의회가 나서서 탄핵을 주도해야 한다고 대답한 응답자는 75%에 이르렀다. 또한 어떤 정당을 지지하든 간에 사면에 대해서는 대다수의 응답자가 비슷한 반응을 보인 것으로 나타났다.

13차(6월 말~7월 말)

한소정

도널드 트럼프(Donald Trump) 대통령이 헬싱키에서 러시아의 푸틴 대통령과 정상회담을 가졌다(The New York Times 2018. 07. 16). 그 자리에서 그는 러시아가 지난 2016년 미국 대선에 개입했다는 미국 정보기관의 말을 신뢰하지 않고 그런 일은 없었다는 푸틴 대통령의 주장을 믿는다고 밝혀 정치권에서 비판의 목소리가 일고 있다(The New York Times 2018. 07. 16).

한편, 멕시코 국경장벽 설치와 이민법 개정안과 관련해 트럼프 대통령은 민주당이 이와 관련된 의회 예산안을 승인하지 않는다면 셧다운(Shutdown·연방정부 업무정지)을 감행하겠다고 위협했다(AP 2018. 07. 30; 연합뉴스 2018. 07. 31 재인용). 그러나 불법 이민자 부모와 자녀를 강제로 분리하는 내용의 이민법 개정안에 항의하는 대규모 시위가 미국 전역에서 일어나는 등, 여론의 비난은 여전히 거센 상황이다(CNN 2018. 06. 30; 뉴시스 2018. 07. 01 재인용).

캘리포니아주에서는 민주당 집행위원회(Executive Committee of the Democratic Party)가 투표를 통해 지난 6월 프라이머리에서 큰 격차를 두고 압승을 거두었던 다이앤 페인스타인(Dianne Feinstein) 의원 대신 케빈 드 레옹(Kevin De Leon) 후보를 지지하기로 밝혔다(The New York Times 2018. 07. 15).

미국 정당

07월 15일

· 프라이머리 압승한 페인스타인 대(對) 민주당 지지 얻은 드 레옹

(The New York Times 07. 15)

– 6월 프라이머리에서 다이앤 페인스타인 상원의원의 압승에도 불구하고 민주당 집행위원회는 투표를 통해 다가오는 11월 중간선거에서 캘리포니아주의 상원의장 대행을 맡고 있는 케빈 드 레옹을 공식적으로 지지할 것임을 밝혀 이목을 끌고 있다. 그러나 페인스타인 의원이 버락 오바마 전 대통령과 제리 브라운 주지사, 카말라 해

리스(Kamala Harris) 상원의원 등 영향력 있는 민주당 인사들의 지지를 받고 있으며 지난 프라이머리 선거에서도 지지율에서 큰 차이로 드 레옹 후보를 앞섰다는 점을 감안할 때, 그의 실질적인 승리 가능성은 희박하다는 평가가 지배적인 상황이다.

07월 16일

• **공화당, 푸틴 옹호한 트럼프 비난…민주당 역시 비판의 목소리 높여**

(The New York Times 07. 16)

– 헬싱키에서 이루어진 미러 정상회담 과정에서 트럼프 대통령이 러시아가 지난 2016년도 미국 대통령선거에 개입했다는 미국 정보기관들의 판단을 신뢰하는 대신, 그런 일은 없었다는 푸틴 대통령의 주장을 전적으로 믿는다는 발언을 남겨 민주당은 물론 공화당 내부적으로도 비판의 목소리가 일고 있다. 애리조나의 존 맥케인 공화당 상원의원은 "역대 그 어떤 대통령도 이보다 더 굴욕적으로 저자세이진 않았다"면서 실망감을 감추지 않았으며 뉴욕의 척 슈머 민주당 상원의원 역시 "미국 역사상 트럼프 대통령이 푸틴 대통령을 옹호한 것만큼 미국이 적국을 지지한 적은 없다"면서 비판의 목소리를 높인 것으로 알려졌다.

미국 선거 · 의회

07월 25일

• **공화당 의원 11명, 로젠스타인 법무副장관 탄핵안 발의**

(AP 07. 25; 뉴스1 07. 26 재인용)

– 강경 보수파 모임으로 알려진 '프리덤 코커스' 소속의 공화당 하원의원들이 로드 로젠스타인(Rod Rosenstein) 법무부 부장관에 대한 탄핵안을 발의했다. 오하이오의 짐 조던(Jim Jordan) 의원과 노스캐롤라이나의 마크 메도우즈(Mark Meadows) 의원 등 11명은 러시아의 지난 대선 개입 여부에 관한 특검 수사를 감독하고 있는 로드 부장관이 의회로부터 수사와 관련된 자료를 요청받고도 제대로 응하지 않았다며 탄핵안을 발의한 것으로 알려졌다. 그러나 폴 라이언 하원의장을 비롯한 공화당 지도부가 그간의 수사에 대해 만족한다는 반응을 보였음을 감안할 때 탄핵안이 표결에 부쳐지긴

어려울 것이란 전망이 나오고 있다.

07월 30일

· 트럼프, 국경장벽·이민법 거론하며 또 정부 '셧다운' 위협

(AP 07. 30; 연합뉴스 07. 31 재인용)

─ 도널드 트럼프 대통령이 트위터(Twitter)를 통해 민주당이 국경장벽 건설과 이민법 개정안에 관련된 의회 예산을 승인하지 않는다면 셧다운을 감행하겠다고 위협했다. 주세페 콘테(Giuseppe Conte) 이탈리아 총리와의 정상회담을 마치고 열린 기자회견에서 그는 "미국에게 국경안보가 필요한 시점"이라고 말하면서 "이민이나 국경과 관련된 법들이 미국 내에서 올바르게 작동하지 않고 있다"고 비판의 목소리를 높였다. 다만 그는 국경장벽 건설과 이민법 개정안에 대한 의회의 협조 및 셧다운 사항과 관련해서 "항상 그래왔듯이 협상의 여지를 남길 것"이라고 덧붙였다. 한편, 트럼프 행정부는 앞선 1월에도 예산안 처리 문제로 사흘간의 셧다운을 경험한 바 있다.

미국 여론

06월 30일

· "가족은 함께해야" 시위…트럼프 무관용 이민정책 비판

(CNN 06. 30; 뉴시스 07. 01 재인용)

─ 도널드 트럼프 대통령의 불법 이민자 무관용 정책에 항의하는 대규모 시위가 미국 전역에서 일어났다. 시카고와 댈러스, 뉴욕과 로스앤젤레스 등 50여 개 주에서는 불법 이민자 부모와 자녀를 분리시키는 백악관의 정책에 항의하기 위해 '가족은 함께 해야 한다(Families Belong Together)' 시위가 진행되었으며 백악관 인근의 라파예트 광장에서는 "투표로 보여주자", "수용소를 폐쇄하라" 등 정부의 정책을 비판하는 다양한 팻말들이 거리를 메웠다. 한편, 이날 시위대는 정부에 의해 강제로 분리된 불법 이민자 가족들의 즉각적인 재회를 요구함과 동시에 트럼프 대통령을 향해 불법 이민자 무관용 정책 중단을 촉구한 것으로 알려졌다.

07월 12일

• 견제 세력 없는 트럼프 질주…의회 '구속력 없는' 상징적 조치만   (한국일보 07. 12)

− 동맹국에 관세 폭탄 정책을 실시하고 미중 간의 무역 대립을 심화시키는 등 기존의 통상 질서를 휘젓고 있음에도 불구하고 미국 내에서 트럼프 대통령을 견제할만한 세력이 없다는 평가가 나오고 있다. 의회는 정부가 관세를 부과함에 있어 의회의 역할 확대 요구를 담은 법안을 통과시켰으나 구속력 없는 조치에 지나지 않는다는 비판을 받는 상황이다. 이는 트럼프 대통령을 지지하는 계층이 관세 논란에도 굳건하기 때문으로, 실제로 워싱턴포스트와 조지메이슨대 스카스쿨이 6월 27일부터 7월 2일까지 실시한 여론조사에 따르면 보복 관세로 가장 큰 영향을 받는 15개 주에서 트럼프 대통령의 지지율은 57%로, 지난 대선 때의 52%보다 높은 것으로 집계됐다.

14차(7월 말~8월 말)

한소정

도널드 트럼프 대통령에 대한 탄핵론이 정치권의 쟁점으로 재차 부상하고 있다(The Washington Post 2018. 08. 22; 국민일보 2018. 08. 23 재인용). 야당인 민주당은 섣불리 탄핵을 추진했다가 오는 중간선거에서 역풍을 맞을까 우려해 이를 주저하고 있는 반면, 오히려 여당인 공화당에서 선거를 앞두고 보수 유권자들의 결집을 위해 탄핵에 대한 논의를 의도적으로 이슈화시키고 있는 상황이다(The Washington Post 2018. 08. 22; 국민일보 2018. 08. 23 재인용).

한편, 다가오는 11월 중간선거에서는 소수자들의 약진이 두드러지고 있는데 특히 여성후보들의 총선거 진출이 역대 최고 기록을 경신했으며 이와 더불어 최초의 트랜스젠더 후보와 최초의 무슬림 여성 후보가 탄생했다(Constructors Association of Western PA 2018. 08. 15; 경향신문 2018. 08. 16 재인용).

트럼프 대통령과 오랜 마찰을 빚어온 흑인 사회에서는 그에 대한 지지율이 전년도에 비해 상승한 것으로 나타났다(USA Today 2018. 08. 17).

미국 정당

08월 12일

• 인종차별 문제로 트럼프 비판하고 나선 민주당   (Politico 08. 12)

— 2017년 버지니아주에서 벌어진 유혈집회의 1주년을 기념하여 백인 지상주의자들이 워싱턴 D.C. 주에서의 집회를 예고함에 따라, 민주당 의원들이 인종차별 문제와 관련해 트럼프 대통령을 비판하고 나섰다. 메릴랜드주의 엘라이자 커밍스 민주당 의원은 "트럼프 대통령이 단순히 인종차별에 반대한다고 말하는 것은 충분하지 않다"면서 "그는 그보다 더 강력하게 행동할 필요가 있다"고 덧붙였다. 이와 관련해 트럼프 대통령은 샬럿츠빌에서 일어난 폭력시위에 대해 "양측 모두가 일리가 있다"는 양비론적인 입장을 취하면서 백인 우월주의를 두둔하는 것 아니냐는 논란을 일으킨 바 있다.

08월 22일

• 다시 불붙은 트럼프 탄핵론…공수 뒤바뀐 여야

(The Washington Post 08. 22; 국민일보 08. 23 재인용)

– 도널드 트럼프 대통령에 대한 탄핵론이 다시금 정치적 쟁점으로 부상하고 있다. 몇몇 위법행위 의혹과 관련해 트럼프 대통령의 최측근이었던 마이클 코언과 폴 매너포트가 유죄 판결을 받자 이와 필연적으로 연계되어 있는 트럼프 대통령에 대한 탄핵 요구 역시 재차 부상한 것이다. 그러나 야당인 민주당은 오히려 탄핵 추진을 주저하고 있다. 아직 의회를 장악하지 못한 데다 11월 중간선거에서 자칫 역풍을 맞을 수도 있다는 우려에서다. 오히려 여당인 공화당이 탄핵 이슈에 대해 민주당을 더욱 몰아붙이고 있는데, 이는 지지층의 분노를 자극해 투표장으로 이끌려는 의도라는 평가가 나오고 있다.

미국 선거 · 의회

08월 15일

• 트랜스젠더 · 레즈비언 · 무슬림 등 여성 후보 '당당한 돌풍'

(Constructors Association of Western PA 08. 15; 경향신문 08. 16 재인용)

– 오는 11월 중간선거에 출마한 여성 후보의 수가 연방 상·하원과 주지사 선거 모두에서 역대 최대를 기록했다. 럿거스대학교 미국여성정치센터(Constructors Association of Western PA, CAWP)에 의하면 연방 하원의원의 경우 공화당과 민주당 후보로 입후보한 여성 476명 중 198명이 본선 진출을 확정했다. 상대적으로 여성의원들의 진출이 더디다고 여겨졌던 연방 상원과 주지사 선거에서도 연일 신기록이 나오고 있다. 상원의원 후보로 확정된 여성은 총 19명이며, 주지사 선거에서도 13명이 본선에 진출해 종전 최다의 기록을 넘어섰다. 아울러 최초의 트랜스젠더 여성과 최초의 무슬림 여성후보가 탄생하는 등 소수자들의 약진도 주목받고 있다.

08월 24일

• **조지아 선거관리위원회, 흑인이 다수인 지역의 투표소 폐쇄 안건 부결** (CNN 08. 24)

– 조지아주에서 흑인이 반수 이상을 이루고 있는 지역 내 9개의 투표소 중에서 7개의 투표소를 폐쇄하자는 안건이 조지아주 선거관리위원회의 투표를 통해 부결되었다. 투표는 1분도 채 되지 않아 종료되었으며 투표가 끝난 이후 선거관리위원회는 "미국 내에서 모든 시민의 투표권은 불가침하다"라는 성명을 발표했다. 한편 이번 투표를 통해 부결된 법안은 처음 발의되었던 당시, 오는 11월 주지사 선거에서 흑인 후보인 스테이시 에이브람스(Stacey Abrams)와 백인 후보인 브라이언 캠프(Brian Kemp)가 맞붙는 가운데 흑인 유권자들의 투표권을 억압하려 한다는 비판을 받았던 바 있다.

미국 여론

08월 17일

• **트럼프 대통령에 대한 흑인 사회의 지지율 36%로 상승** (USA Today 08. 17)

– 트럼프 대통령에 대한 흑인 사회의 지지율이 상승해 주목을 받고 있다. 라스무센(Rasmussen) 여론조사기관이 실시한 조사에 따르면 트럼프 대통령에 대한 흑인 사회의 지지율은 36%로, 지난해 같은 시기에 실시되었던 조사 결과에 비해 두 배가량 상승한 수치를 기록했다. 이를 두고 미국 내 극우단체인 터닝포인트(Turning Point)의 설립자 찰리 커크(Charlie Kirk)는 트위터를 통해 조사 결과를 인용하며 "모두의 예상처럼 트럼프 대통령이 민주당의 지지기반을 붕괴하고 있다"고 주장했다. 논평가 션 해니티(Sean Hannity) 또한 개인 블로그를 통해서 "이번 조사결과가 11월 중간선거를 앞둔 민주당에겐 재해"라며 의견을 밝혔다.

08월 25일

• **대다수 국민들, 트럼프 무역 정책에 "기대 안 해"** (AP 08. 25)

– 대다수의 미국인들은 트럼프 대통령의 무역 정책이 일자리를 창출하거나 기존의 임금을 인상함에 있어 그다지 큰 기대를 하지 않는 것으로 드러났다. AP통신과 여론조사기관 NORC 공공문제연구센터가 실시한 조사에 의하면 전체 응답자의 44%

는 현재 트럼프 행정부가 추구하는 무역 정책이 미국 경제를 악화시킬 것으로 평가했다. 또한 응답자의 72%는 관세를 지속적으로 인상한다면 일상생활에서의 물가가 치솟을 것을 우려하고 있는 것으로 집계됐다. 그러나 트럼프 대통령의 전반적인 경제관리 능력에 대해서는 51%의 응답자가 지지한다는 의사를 밝혀 앞선 내용과 다소 대비되는 결과가 도출되었다.

15차(8월 말~9월 말)

박예린

 연방대법원의 대법관 임명과 관련해서 미투운동(Me Too)으로 인해 후보 지명이 다소 불투명해진 공화당 출신 판사 브렛 카바노(Brett Kavanaugh)의 상원 청문회가 9월 27일에 열렸다. 청문회에서는 36년 전 카바노가 자신에게 성폭행을 시도했다고 주장한 크리스틴 포드(Christine Ford)가 증인으로 나섰다(중앙일보 2018. 09. 27). 이에 트럼프는 포드의 증언이 매우 설득력 있었고, 믿을 만한 증인이라고 했으며, 카바노의 증언도 놀라웠다고 밝혔다(CNN 2018. 09. 28; 연합뉴스 2018. 09. 29 재인용).

 대선 유력 주자인 민주당의 엘리자베스 워런(Elizabeth Warren) 의원이 계속되는 트럼프 행정부에 대한 비판적인 여론과 관련하여 상원의원들에게 수정헌법 25조 4항을 발동하라고 말했다(AFP 2018. 09. 07; 연합뉴스 2018. 09. 07 재인용). 수정헌법 25조 4항은 부통령과 각 행정부의 장관의 과반수가 대통령이 직무상 권한과 의무를 수행할 수 없다고 판단하여 서면 신청을 제출할 경우 부통령은 즉시 대통령 대신하여 대통령직의 권한과 의무를 수행해야 한다는 내용을 담고 있다(중앙일보 2018. 09. 08).

미국 정당

09월 06일
· 민주당 워런 의원, 트럼프 대통령 직무 박탈 헌법 발동 촉구
                              (CNN 09. 06; AFP 09. 07; 연합뉴스 09. 07 재인용)
– 트럼프 행정부의 난맥상을 폭로한 뉴욕타임스의 익명 칼럼과 관련하여 미국 민주당의 유력 대선 주자 엘리자베스 워런 의원이 트럼프 대통령의 직무를 중단시킬 수정헌법 25조 4항을 거론했다. 그녀는 9월 6일 CNN방송에서 "행정부 고위 관리들이 미국 대통령이 직무를 수행할 수 없다고 생각한다면 수정헌법 25조를 발동해야 한다"고 말했으며 이러한 주장은 트럼프 정부의 난맥에 대한 우려를 나타낸 익명의 기

고문이 뉴욕타임스에 실린 직후에 나왔다. 수정헌법 제25조 4항은 부통령과 내각 각료들이 대통령이 임무 수행을 할 수 없다고 판단한 경우 의회에 서한을 보내 대통령 직무에서 파면하는 것을 허용한다는 것이다. 그녀는 수정헌법 발동의 요건과 절차가 매우 까다롭지만 대통령의 직무를 비판만 하고 헌법에 규정된 규정을 따르기를 거부하는 것은 위험하다고 비판했다.

09월 17일

• 트럼프 지지율 40% 위태 ··· 8년 하원 다수당 뺏길 가능성　　　　(중앙일보 09. 17)

– 도널드 트럼프 미국 대통령이 11월 6일 중간선거를 앞두고 대통령 지지율 40%선이 붕괴될 위기를 맞고 있다. 트럼프 대통령의 지지율은 CNN(37%), 퀴니팩대학(38%), 공영라디오 NPR(38%) 조사에서 동시에 40% 아래로 추락했다. 갤럽조사에서는 겨우 40%였으며, 가장 보수적인 라스무센에서만 간신히 46%의 지지율을 확보했다. 트럼프 대통령의 지지율은 존 매케인 상원의원의 사망(8월 25일) 이후 '조문 결례' 논란과 함께, 밥 우드워드의 신간 『공포: 백악관의 트럼프』의 출간과 정권 내부자의 '레지스탕스(저항세력)' 뉴욕타임스 기고문 공개로 하락세가 이어져왔다. 이번 중간선거의 일반투표성향 조사에서도 민주당을 지지하겠다는 유권자가 공화당보다 평균 8%p 이상 많았다.

미국 선거·의회

09월 18일

• 여성들이 카바노와 의회 컨트롤의 열쇠를 쥐고 있다　　　　(CNN 09. 18)

– 현재, 연방대법원의 대법관 후보로 지명된 공화당 출신 판사 브렛 카바노는 성폭행 혐의가 불거짐에 따라 대법관 임명이 불투명해졌다. 이에 따라 공화당은 하원뿐만 아니라 상원 역시 장악하기 힘들 것으로 예측되고 있다. 카바노는 여성들이 자신에게 얼마나 중요한지 알았기에 여성들에게 계속해서 호의를 표했다. 성공한 엄마와 두 딸을 가진 남자로서 여성들에게 더욱 공평할 것이라는 점을 지속적으로 어필했다. 그러나 크리스틴 포드가 10대 시절에 카바노에게 성폭행을 당했다고 증언을 하

면서 논란에 휩싸였다. 미투운동이 여성 유권자에게 영향을 미칠 것으로 예상되며, 다가오는 중간선거에서 공화당이 다소 우호적이었던 상원에서도 다수당을 확보하지 못할 것이라는 예측이 나오고 있다.

09월 27일

• "진실 말하러 여기 섰다" 美대법관 청문회 뒤흔든 36년 만의 '미투' (중앙일보 09. 27)

– 도널드 트럼프 미국 대통령이 지명한 연방대법원 대법관 브렛 카바노의 상원 청문회가 미투운동과 관련하여 9월 27일에 열렸다. 카바노가 고교시절 자신을 성폭행하려다 실패했다고 주장한 바 있는 크리스틴 포드가 청문회에 증인으로 나섰다. 이날 공화당은 모두 남성으로 구성된 공화당 법사위원을 대신해 포드에게 질문할 애리조나주 마리코파 카운티(AZ, Maricopa County) 소속 여검사 레이철 미첼(Rachel Mitchell)을 원외 질문자로 초빙했다. 미첼 검사는 성범죄 전담 부서에서 약 20년간 활약한 것으로 알려졌다. 카바노는 자신은 결백하며, 청문회가 '국가적 수치'가 되었다고 발언했다. 이와 관련하여 도널드 트럼프 대통령은 지속적으로 트위터를 통해서도 카바노를 호의적으로 평가했으나, 9월 26일에는 설득력 있는 증거가 제시된다면 카바노에 대한 입장이 바뀔 수도 있다고 말했다.

미국 여론

08월 31일

• 미국 국민 약 3분의 2가 제프 세션스의 해고를 반대

(The Washington Post 08. 31; CNN 08. 31 재인용)

– 워싱턴포스트와 ABC가 진행한 여론조사에 의하면 미국 성인의 3분의 2가 도널드 트럼프 대통령이 제프 세션스 법무장관을 해고하는 것을 원치 않으며 2016년 선거에서 러시아의 개입에 대한 로버트 뮬러 특별검사의 조사를 지지한다는 결과가 나타났다. 응답자의 64%(47%의 공화당 지지자를 포함)는 트럼프가 세션스를 해고해야 한다고 생각하지 않는 반면에 응답자의 19%는 대통령이 법무장관을 해임해야 한다고 생각하고 있다. 트럼프는 특히 러시아 수사에서 물러난 뒤 세션스의 법무부 처리를 계속

비판해 왔다. 한편 트럼프가 '불법'이라고 말한 뮬러특검 조사에 대해서는 63%가 찬성하고 29%는 반대하는 것으로 나타났다.

09월 17일

• 미국 유권자의 약 40%가 미국 선거가 공정하지 않다고 생각　　　　　(The Hill 09. 17)

– 9월 17일 NPR/마리스트폴(NPR. Marist Poll)에 따르면 유권자의 거의 40%가 미국 선거가 공정하지 않다고 대답했다. 공화당 지지자 중 9%는 선거가 공정하지 않다고 대답한 반면에 민주당 지지자는 48%가 공정하지 않다고 답했다. 공화당 지지자와 민주당 지지자의 차이뿐만 아니라 인종과 성별에서도 큰 차이를 보였다. 다른 선거 이슈와 관련해서는 응답자의 3분의 2 이상이 러시아가 2018년 중간선거를 앞두고 허위사실을 유포하기 위해 소셜 미디어를 사용할 가능성이 높다고 생각하는 것으로 나타났다.

16차(9월 말~10월 말)

박예린

성폭행 혐의 논란이 있었던 브렛 캐버노(Brett Kauvaugh)의 인준안이 10월 06일 상원 본회의 표결에서 찬성 50표, 반대 48표로 통과되었다(중앙일보 2018. 10. 08).

민주당은 도널드 트럼프 대통령이 부친으로부터 유산을 물려받는 과정에서 상속세 및 증여세를 탈세했다는 의혹을 밝히겠다고 나섰다(The New York Times 2018. 10. 01; Washington Examiner 2018. 10. 03; 뉴시스 2018. 10. 04 재인용).

다가오는 11월 중간선거와 관련해 공개된 올해 3분기(7~9월) 정치자금 모금액 집계에서 민주당이 개인 소액기부를 많이 받아 공화당보다 선전하고 있는 것으로 나타났다(AP 2018. 10. 15; 연합뉴스 2018. 10. 16 재인용).

한편, 중미출신 이민자 캐러밴 행렬에 대해 트럼프 대통령이 "되돌아가라, 이민을 원한다면 시민권을 신청하라"라고 말하며 미국 국경을 불법적으로 넘으려 하는 사람을 허용하지 않을 것이라고 강력하게 말했다(CNN 2018. 10. 25; 뉴스1 2018. 10. 26 재인용).

> **미국 정당**

10월 02일

· 민주당, 트럼프 탈세 의혹 맹공…"납세 신고 내역 내라"

(The New York Times 10. 01; Washington Examiner 10. 03; 뉴시스 10. 04 재인용)

– 10월 2일 뉴욕타임스는 트럼프 대통령이 부친으로부터 최소 4억 1300만 달러(약 4663억 원) 상당의 유산을 물려받았는데, 이 과정에서 상속세 및 증여세를 탈세했으며 세금을 회피하기 위한 작전이나 노골적인 사기 행위가 있었다고 전했다. 이에 미국 민주당은 트럼프 대통령의 상속세 탈세와 관련하여 그 의혹을 밝히겠다며 공세를 펴고 나섰다. 10월 3일 워싱턴 이그재미너(Washington Examiner)는 민주당 상원의원 론 와이든이 이번 중간선거에서 민주당이 과반 의석을 확보할 경우 트럼프 대통령의 납세 신고 내역을 받아내겠다고 밝혔다고 전했다. 와이든 의원은 이미 1년 반 전 트럼

프 대통령의 세금 납부 내역을 검토하기 위해 상원 재정위원장인 오린 해치에게 납세 신고 내역을 요청한 바 있다.

10월 06일

· 트럼프 파워가 미투 운동 눌렀다 ··· 성폭행 의혹 캐버노 50대 48 인준

(중앙일보 10. 08)

— 고교시절 성폭행 혐의 논란이 있었던 연방대법원 대법관 판사 후보 브렛 카바노에 대한 인준안이 찬성 50표, 반대 48표로 상원 본회의 표결을 통과했다. 이는 스탠리 매튜스(Stanley Matthews) 판사가 24 대 23으로 인준된 1881년 이후 연방대법원 대법관 인선 중 가장 박빙의 인준인 것으로 나타났다. 아울러, 카바노의 인준과 관련하여 다가올 연방대법원의 판결 성향에 변화를 줄 것이라는 예측도 나오고 있다. 카바노 판사의 전임자인 앤서니 케네디 대법관은 중도보수의 성향으로 균형자 역할을 담당했으나 그가 은퇴한 후, 현재 카바노가 그 자리를 대신하면서 연방대법원은 보수 성향 판사가 5명 진보 성향 판사가 4명인 구도가 되었다. 대법관이 종신직인 만큼 당분간 보수 성향의 판결 결과가 나올 것이라는 예측이 나오고 있다. 더불어 카바노 임명은 11월에 있을 중간선거에 대한 민주당과 공화당의 견제라는 해석이 나오고 있으며, 언론들은 중간선거에 어떤 영향을 끼칠지 주목하고 있다.

미국 선거 · 의회

10월 14일

· 미국 11월 중간선거 역대 최고 투표율 예상···민주당 지지층 투표 의지 강하지만 트럼프 지지층도 결집 중

(The Washington Post-ABC News Poll 10. 14; 경향신문 10. 15 재인용)

— 워싱턴포스트와 ABC가 진행한 여론조사 결과에 따르면 중간선거에 등록한 유권자들 중 이번 선거에 꼭 투표하겠다는 응답은 76%였으며, 유권자들의 높은 투표 참여율을 전망하고 있다. 더불어, 민주당 지지자와 공화당 지지자 사이에서는 민주당 지지자가 4년 전에 비해 18%p 더 많은 참여 의사를 밝힌 것으로 나타났다. 백인 유

권자들과 비백인 유권자(Non-Whites Electorate)들 사이에서는 투표 참여 의사와 관련하여 백인 유권자가 79%p로 비백인 유권자보다 7%p 높았지만, 비백인 유권자는 4년 전에 비해 24%p 높은 참여 의사를 밝힌 것으로 나타났다. 한편 중간선거에서 어느 정당을 지지할 것이냐는 질문에 여성 응답자들의 59%p가 민주당을 지지하겠다고 응답했다.

10월 15일

• 중간선거 D-20…"'쩐의 전쟁'서 민주, 공화 앞질러…현금기부 쇄도"

(AP 10. 15; 연합뉴스 10. 16 재인용)

- 15일 AP 통신은 다가오는 11월 중간선거와 관련해 공개된 올해 3분기(7~9월) 정치자금 모금액 집계에서 민주당이 선전하고 있다고 전했다. 심지어 민주당의 약세로 알려진 일부 현역 의원 선거캠프에서도 지지자들의 현금 기부가 많은 것으로 조사됐다. 특히, 하원의원 선거를 치를 민주당 후보 중 최소 60명 이상이 이미 3분기 정치자금 모금액이 100만 달러를 넘어선 것으로 조사되었는데, 민주당 정치인은 개인 소액 기부를 많이 받은 것으로 나타났다. 미 연방선거관리위원회(Federal Election Commission, FEC)의 3분기 선거자금 보고에 따르면 미 텍사스주 상원의원 민주당 베토 오루어크(Beto O'Rourke) 후보는 트럼프 대통령이 3분기에 모은 재선 자금 1천 810만 달러를 훨씬 능가하는 규모인 무려 3천 810만 달러를 모은 것으로 나타났다.

10월 25일

• 트럼프 "캐러밴, 집으로 돌아가라" 경고 (CNN 10. 25 ;뉴스1 10. 26 재인용)

- 10월 25일 도널드 트럼프 대통령이 남부 멕시코 국경으로 향하고 있는 중미 출신 이민자 행렬 '캐러밴(Caravan)'에게 돌아가라고 경고했다. 또한 그는 트위터를 통해서 "캐러밴에게 말한다. 되돌아가라"며 미국 국경을 불법적으로 넘으려 하는 사람을 허용하지 않을 것이라고 밝혔다. 더불어 그는 국경을 넘고 싶다면 수백만 명의 다른 이민자들과 마찬가지로 시민권을 신청하라고 경고했다. CNN은 트럼프 행정부가 남부 국경에 군대를 배치하려는 것으로 보인다고 전했다. 미군의 국내 작전 수행은 연방의회의 승인을 받아야 하기 때문에 현재 미 국방부는 군 병력 800명을 남부 국경에

배치하기 위해 남부지역 주(州)방위군에 대한 보급 임무를 수행한다는 명분으로 진행하려는 것으로 전해졌다.

10월 22일

• 집회와 온라인상에서, 트랜스젠더들이 #지워지지않을 것(#WontBeErased)이라 외치다
(The New York Times 10. 22)

- L.G.B.T.(Lesbian. Gay. Bisexual. Transgender) 성소수자 운동가들은 10월 22일 백악관 밖에서 성전환자들을 사회로부터 없앨 수 없다며 출생 당시의 성별에 대한 엄격한 정의를 제안하는 공개되지 않은 트럼프 행정부의 메모에 대응하는 격렬한 캠페인을 벌였다. 메모 초안은 연방 민권법에 따라 트랜스젠더에 대한 인지와 보호를 철회하기 위한 행정부의 노력이 들어있다. 몇 시간 내로 "#지워지지않을 것(#WontBeErased)" 이라는 해시태그가 소셜미디어에 유포되었다. 10월 21일 저녁 뉴욕에서는 트랜스젠더의 권리를 위한 집회가 이어졌으며, 10월 22일 워싱턴에서도 집회가 진행되었다. 백악관을 배경으로는, 연사들이 계속해서 "우리는 지워지지 않을 것이다"를 반복하며 트럼프 행정부의 제안에 대해 반대를 울부짖는 집회가 진행되었다. 최소한 수백 명의 인원이 참석한 45분간의 집회는 지속해서 다가오는 중간선거를 언급했으며 사람들에게 투표하라고 격려했다.

17차(10월 말~11월 말)

11월 6일 중간선거 결과 상원은 공화당이 53석으로, 하원은 민주당이 234석으로 각각 과반수를 차지했다(TIME 2018. 11. 07). 더불어 중간선거 최대 격전지 중 하나로 뽑히는 플로리다 주 연방 상원의원 선거 재검표 결과 공화당 후보인 릭 스콧(Rick Scott)이 결국 승리를 차지했다(연합뉴스 2018. 11. 19). 또한 중간선거 직후 법무장관 제프 세션스가 사임하면서 민주당 하원의원 낸시 펠로시와 상원 원내대표 척 슈머는 세션스의 사임이 러시아 스캔들을 중단하기 위한 트럼프 대통령의 무서운 시도라며 비난했다(BBC 2018. 11. 08).

한편 트럼프 대통령은 11월 8일 캘리포니아주에서 발생한 산불에 대하여 자체의 산림 관리 부실을 질타했다가, 캘리포니아주 소방관 동맹 의장이 "화재 진압을 위해 힘쓰는 소방관들을 비난하는 것은 수치스럽고 위험한 잘못"이라고 반박하자 강제대피를 해야 했던 사람들과 유가족에게 위로를 표하며 축복이 있을 것이라고 화재에 대한 질타 어조를 번복했다(뉴시스 2018. 11. 11).

미국 정당

11월 08일

• '트럼프-러시아 스캔들'이 세션스 해고로 위협받고 있다   (BBC 11. 08)

– 중간선거 직후 트럼프 대통령이 제프 세션스 법무장관을 해임했다고 민주당 고위 간부가 말했다. 제프 세션스의 해고에 대하여 민주당 하원의원 낸시 펠로시는 트럼프의 결정이 러시아 스캔들 수사를 중단하거나 방해하기 위한 "무서운 시도"라고 말했다. 더불어 세션스 대행으로 범무장관을 맡게된 매슈 휘터커(Matthew Whitaker) 역시 비판받고 있다. 로버트 뮬러는 트럼프 캠페인과 러시아 사이의 공모 의혹을 수사 중이며, 이로 인해 여러 명의 트럼프 관계자에 대한 일련의 형사 소송이 빚어졌다. 트럼프 대통령은 러시아와의 유착을 강력히 부인하며 수사의 중단을 거듭 촉구했고 "역사상 최대의 정치적 마녀사냥"이라고 말했다. 세션스 해임 이유로는 세션스가 러

시아 조사로부터 손을 떼기로 한 것을 탐탁지 않아 하는 트럼프 대통령과, 민주당 의원들이 트럼프의 선거운동 고문으로 러시아 대사와의 접촉 사실을 밝히지 않았다고 비난한 것으로 추정된다. 세션스는 퇴임의사를 밝히며 트럼프 대통령에게 보낸 서한에서 "대통령님, 당신의 요청대로 사표를 제출합니다"라고 밝혔다.

11월 12일

· 美민주, 트럼프에 85개 항목 '소환장 폭탄'   (Axios 11. 12; 조선일보 11. 14 재인용)

– 하원선거에서 다수당이 된 민주당이 본격적으로 트럼프 대통령에 대한 공세를 펼치고 있다. 미국 매체 Axios는 민주당이 트럼프 대통령과 관련하여 이미 85가지 이상의 사건에 관하여 소환장을 준비하고 있다고 전했다. 이에 대하여 트럼프 대통령은 민주당이 본인에 대하여 조사를 할 경우 전투적인 태세로 맞설 것이라며 강경하게 대했다. 민주당이 조사하겠다는 트럼프 대통령 의혹은 러시아 스캔들뿐만 아니라, 개인 및 가족 사업, 해임권 남용, 우주군 창설 등이 포함되어 있다. 더불어 민주당은 해고된 전 법무장관 제프 세션스를 대신하는 매슈 휘터커를 통해 트럼프 대통령이 러시아 스캔들을 수사 중인 로버트 뮬러 특검을 방해하지 못하도록 하기 위해서 매슈 휘터커를 집중 공격하고 있는 것으로 나타났다.

미국 선거 · 의회

11월 07일

· 최근 중간선거 결과: 민주당 미국 하원에서 승리   (TIME 11. 07)

– 2018년 11월 6일 중간선거가 치러졌다. 하원 선거에서는 민주당이 234석, 공화당이 200석을 획득하면서 민주당이 다수를 차지했다. 상원 선거에서는 공화당이 53석, 민주당이 47석을 차지하면서 공화당이 다수를 차지했다. 민주당은 상원에서 승리하고 압도적인 "블루 웨이브(Blue Wave)"를 달성하길 희망했지만 이미 공화당에 유리한 선거지도 때문에 그 가능성은 낮아졌다. 민주당은 7개의 주지사를 선출했지만 플로리다에서는 앤드류 길럼(Andrew Gillum) 후보가 공화당 후보 론 드산티스(Ron DeSantis)에게 자리를 내주었다. 더불어 텍사스의 베토 오루크(Beto O'Rourke)를 포함한 적어

도 세 개의 주요 상원 선거전에서 패배함에 따라 공화당이 더 큰 다수로 상원을 장악할 것이라고 전망하고 있다. 한편 공화당은 론 디샌티스 (Ron DeSantis)가 앤드류 길룸 (Andrew Gillum)을 누르고 승리하면서 플로리다 주지사 관저를 장악했다. 열심히 선거운동을 한 트럼프 대통령은 비록 하원은 잃었지만 트위터를 통하여 '완벽한 승리'라며 모두에게 감사한다고 전했다.

11월 08일
• 트럼프, "신의 축복 기원" 캘리포니아산불 질타 어조 바꿔　　　　　(뉴시스 11. 11)
– 트럼프 대통령이 11월 8일 캘리포니아주에서 발생한 큰 산불과 관련하여 캘리포니아 주의 산림 관리 부실을 질타했다. 11월 10일 1차 세계대전 종전 100주년 행사를 방문 중이던 트럼프 대통령은 트위터를 통하여 캘리포니아주의 산림 관리가 너무나 잘못되었고, 큰 인명 및 재산 피해가 발생한 것은 관리 부실 이외에는 다른 이유가 있을 수 없다며 캘리포니아주에 대한 연방 자금 지원을 보류할 것이라고 위협했었다. 이에 대하여 브라이언 라이스(Brian Rice) 캘리포니아 주 소방관동맹 의장은 트럼프 대통령의 질타에 "화재 현장에서 화재 진압을 위해 사투를 벌이는 수천 명의 소방관들을 비난하는 것은 수치스럽고 위험한 잘못"이라고 반박했었다. 그리하여 오후가 되자 산불에 맞서 싸우는 사람과 강제 대피를 해야 했던 5만2000명의 사람들, 그리고 지금까지 숨진 11명의 유가족들과 함께할 것이라고 전하며 모두에게 신의 축복을 기원한다고 트위터를 통해 알렸다.

11월 19일
• 美 플로리다 재검표 끝에 공화당 잇단 승전보…연방 상원엔 스콧　　　(연합뉴스 11. 19)
– 미국 중간선거 최대 격전지로 뽑히는 플로리다주 연방 상원의원 선거에서 공화당 후보인 릭 스콧이 결국 승리했다. 플로리다주 선거법에 따르면 득표율 격차가 0.25% 이하일 경우 모두 수작업으로 재검표를 해야 한다. 따라서 릭 스콧 후보와 빌 넬슨 (Bill Nelson) 후보의 득표율 격차가 0.15%p(약 1만 2천 500표 차)에 불과하였기에 일주일간 재검표를 진행했다. 재검표 결과 최종득표율 50.05%를 얻은 스콧 후보는 3선의 현역 의원인 빌 넬슨 민주당 후보(49.93%)보다 0.12%p 앞서 연방 상원의원 선거에서

승리했다. 넬슨 후보는 2001년부터 18년간 상원의원직을 지켰으나 패배를 시인했다. 스콧은 페이스북을 통하여 넬슨 후보에게 오랜 기간 공직에 헌신한 것에 감사의 뜻을 전했다고 밝혔다. 더불어 8년간 플로리다주 주지사로 지낸 스콧에게 트럼프 대통령은 트위터를 통하여 스콧은 훌륭한 주지사였으며, 플로리다 주민을 대표하는 위대한 상원의원이 될 것이라고 축하했다.

미국 여론

11월 07일
· 민주당 의원, 이번 의회 마리화나 합법화하기 가장 좋은 의회 발언

(Washington Examiner 11. 07)

– 오리건주 민주당 의원 얼 블루머나워(Earl Blumenauer)는 유타, 미주리, 미시간 등 3개 주(州)가 마리화나의 사용을 합법화했을 뿐만 아니라 오리건주(州)에서 마약에 대한 연방 규제를 완화하는 한, 유권자들은 "최고의 의회"를 준 것이라고 기자에게 말했다. 더불어 블루머나워는 오랫동안 연방 마리화나 금지법을 완화하는 데 주요 걸림돌로 여겨졌던 텍사스 공화당 의원인 피트 세션스(Pete Sessions) 역시 재선 출마를 포기했다고 언급했다. 마리화나 합법화에 관하여 미국 진보센터(Center for American Progress, CAP)가 실시한 한 중간 여론조사에서 미국 국민의 68%가 합법화를 지지하고 있는 것으로 나타났는데 이는 2017년 10월 실시된 갤럽(Gallup)의 조사보다 약 4%p 더 높은 수치다. 갤럽은 1969년에 이 문제에 대한 대중의 의견을 처음으로 측정했는데, 이때 참가자의 12%만이 합법화를 지지한 것으로 나타났다.

18차(11월 말~12월 말)

박예린

국방부 장관 제임스 메티스(James Mattis)가 시리아 군 철수문제를 둘러싸고 트럼프 대통령과 견해 차이를 보이며 사퇴의사를 밝혔다(CNN2018. 12. 21). 또한 백악관 비서실장 존 켈리가 사임하면서 도널드 트럼프 대통령이 행정관리 예산국장인 믹 멀베이니(Mick Mulvaney)를 권한대행으로 임명했다(The New York Times 2018. 12. 14).한편 트럼프 대통령이 멕시코 국경장벽 예산과 관련하여 상원이 장벽 예산을 포함하지 않은 법안을 통과시키자 셧다운을 감행하겠다고 나섰다(The Washington Post; 연합뉴스 2018. 12. 21 재인용). 이에 하원은 정부 셧다운을 모면하기 위해 재빨리 장벽 예산이 포함된 단기 지출 법안을 위해 투표를 진행했다(USA TODAY 2018. 12. 20).

아울러 국경 장벽예산 확보를 위한 정부 셧다운에 대한 여론조사에서는 전체 응답자 중 31%p만 셧다운이 필요하다고 응답했다(CNBC 2018. 12. 20).

미국 정당

12월 14일
• **트럼프 대통령 믹 멀베이니 비서실장 대행 임명**　　　　　(The New York Times 12. 14)

– 12월 14일 트럼프 대통령은 예산국장인 믹 멀베이니를 백악관 비서실장 대행으로 임명했다. 이와 같은 선택은 공화당 행정부를 위한 안전한 선택이라고 할 수 있다. 멀베이니는 사우스 캐롤라이나 출신의 강경 보수주의자이자 전 하원의원으로서 의회가 어떻게 운영되는지 잘 알고 있으며, 대통령과의 개인적인 친밀감을 가지고 있다. 일부 백악관 고위 관리들 사이에서는 멀베이니가 이미 오랫동안 "오리지널 플랜 B"로 여겨져 왔다. 트럼프는 12월 15일 트위터를 통해 "나는 행정관리 예산국장인 믹 멀베이니가 우리나라를 빛내 준 존 켈리를 대신하여 백악관 비서실장 권한대행으로 임명하는 것에 매우 기쁘고, 믹은 재임기간 동안 뛰어난 일을 했다"라고 밝혔다. 현 비서실장 존 켈리는 올해 말까지 백악관을 떠날 예정이다.

12월 19일

· 트럼프 대통령, 2020년 선거에서 부통령 마이크 펜스와 함께하길 바래 (CNBC 12. 19)

– 도널드 트럼프 대통령은 최근 몇 주 동안 가까운 보좌관들에게 2020년 대선에서 마이크 펜스(Mike Pence) 부통령과 함께하기를 원한다고 말했다. 트럼프는 펜스 부통령이 차기 대선에서 러닝메이트가 되기를 바란다고 말했고 펜스 역시 민주당 대선 후보들의 전격적인 공격으로부터 정부를 방어할 준비가 되어 있다고 말했다. 트럼프 대통령에게 펜스는 보수와 복음주의 기독교인들(Evangelical)을 연결해주는 연결고리라고 할 수 있다. 펜스 부통령은 기독교 신자 출신으로 2016년 대선에서 트럼프 대통령이 백인 복음주의 기독교인에게 80%의 지지를 받는 것을 이끌어낸 바 있다. 하지만 비서실장의 경우와 마찬가지로, 트럼프 대통령은 예고 없이 자신의 선택을 바꾸는 경향이 있기에 러닝메이트가 되기를 희망한다고 밝혔다고 하더라도 펜스 부통령이 2020년 대선 러닝메이트로 확정된 것이라고 말할 수는 없다.

12월 20일

· 국방부 장관 제임스 매티스, 트럼프와 견해 맞지 않아 (CNN 12. 21)

– 국방부 장관 제임스 매티스가 12월 20일 사임했다. 매티스의 사퇴는 트럼프 대통령이 고위 관리와 의원들에게 시리아에 있는 미군을 완벽하고 빠르게 철수하라고 요청한 지 하루 만에 일어난 것으로 시리아 미군 철수 계획에 대한 정책적 차이로 인하여 사임하는 것으로 밝혀졌다. 매티스는 대통령에게 보내는 서한을 통해서 "대통령은 대통령과 같은 견해를 하는 사람을 국방부 장관으로 둘 권리가 있기에 내가 물러나는 것이 옳다고 생각한다"고 전했다. 매티스 장관은 동맹국과의 관계의 중요성을 말하며, 러시아와 중국과 같은 적대국과의 접근에 있어서 모호함을 거론하며 트럼프 대통령의 외교정책을 비판했다. 매티스 장관은 미국 동맹국의 허를 찔렀던 시리아 미군 철수에 대해 반대한다는 점을 분명히 밝히진 않았지만 은퇴한 4성 장군들은 개인적으로 트럼프 철수를 단호하게 반대했다. 아울러 현재 정부 셧다운이 거론되고 있으며, 트럼프 행정부가 곧 맞이하게 될 민주당의 조사뿐만 아니라 연이은 화재와

사퇴 등 트럼프는 매우 혼란스러운 시기를 직면하고 있다.

12월 20일
· 하원, 셧다운 피하기 위해 50억 달러 국경장벽 자금 승인으로 상원이 투표하도록 해

(USA TODAY 12. 20)

− 예산안 승인으로 첨예하게 분열된 하원이 12월 20일 단기 지출 법안과 관련하여 국경 장벽 자금을 위한 50억 달러를 편성할 것인가에 대해 투표를 진행했다. 하원이 217표 중 185의 표결로 통과시킨 이 법안은 이제 상원으로 되돌아간다. 상원은 이 법안을 승인하거나 승인하지 않을 경우 다가오는 12월 21일 자정 무렵 정부의 4분의 1을 폐쇄할 위험을 감수해야 한다. 상원의원 투표는 21일 오후에 있을 예정이다. 트럼프 대통령은 백악관에서 "정부 자금에는 국경경비까지 포함돼야 한다는 입장을 분명히 했다"고 밝혔다. 더불어 대통령 집무실에서 열린 공화당 하원 지도부와의 만남 몇 시간 전, 트럼프 대통령은 상원 본회의에 서명하지 않겠다고 말해 상원은 50억 달러를 포함한 새 법안을 서둘러 통과시켰다. 아울러 하원의장 폴 라이언은 "우리는 정부를 계속 개방하고 싶지만 국경을 지키는 협정도 보고 싶습니다. 그리고 국경을 지키는 것에 대해 매우 심각한 우려를 갖고 있습니다"라고 전했다.

미국 여론

12월 11일
· 트럼프의 지지율 하락과 로버트 뮬러 특검 조사의 지지율 하락

(SSRS 12. 11; CNN 12. 11 재인용)

− 로버트 뮬러의 2016년 러시아 대선 개입에 관한 수사가 트럼프 대통령에게 한층 다가오면서, 트럼프 대통령의 수사권 승인에 관한 지지율이 역대 최저치를 기록했다. SSRS가 실시한 새로운 여론조사는 도널드 트럼프, 로버트 뮬러가 2016년 대선 당시 러시아의 간섭에 대한 조사를 처리하는 것에 찬성하는지 반대하는지 묻는 질문에 응답한 것으로 트럼프 지지율이 29%p로 떨어졌다. 뮬러 특검에 관한 지지율은 43%p를 기록했다. 본 여론조사는 폴 마나포트(Paul Manafort) 전 변호사, 마이클 코헨

(Michael Cohen) 전 선거 운동 위원장이 공개적으로 또는 특별검사 수사관에게 진술한 거짓말이 법원에서 공개되는 가운데 실시됐다. 한편 트럼프 대통령은 범법행위를 저지르지 않았다고 주장하며 수사 중단을 요구했다. 그러나 코헨의 소송은 트럼프가 선거운동 기간 동안 혐의를 주장하는 여성들의 입을 다물게 하기 위해 돈을 지불한 비밀 자금 계획에 연류된 것을 보여주며, 마나포트의 소송은 전 선거 캠페인 의장이 올해까지도 백악관과의 접촉에 대해 거짓말을 계속했음을 암시한다고 할 수 있다.

12월 20일

• 트럼프 대통령, 국경장벽을 둘러싼 셧다운 의사를 두고 엇갈린 메시지 보내

(CNBC 12. 20 재인용)

– 트럼프 대통령은 12월 20일 멕시코 국경 장벽 건설을 주장하며 셧다운 의사를 표했다. 그는 당일 오전 트위터를 통해 장벽문제가 국경 순찰과 군대가 하는 일에 혼란은 준다고 했지만 몇 시간 뒤 그는 정부 지출 예산에 관하여 장벽 건설에 대한 요구를 번복했다. 한편 국경 장벽 문제에 대한 정부 셧다운에 관하여 국민들 사이에서 지지가 높아지고 있는 여론조사 결과가 나왔다. Morning Consult와 POLITICO가 함께 진행한 여론조사에 따르면, 60%p의 공화당 지지자들은 셧다운을 할 만큼 국경 장벽 예산이 중요하다고 응답했으며, 응답자는 전체 남성 공화당 지지자의 3분의 2를 포함한 것이었다. 이는 11월에 조사한 49%p보다 많이 증가한 수치이다. 장벽 건설 지지 여론은 트럼프 정부가 들어선 후 높아진 것으로 나타났다. 12월 18일 발표된 퀴니피악 대학교(Quinnipiac University)의 여론조사에 따르면 대다수의 유권자들이 장벽 건설을 반대했었지만 지난주 지지율이 사상 최고를 기록한 것을 알 수 있다.

19차(12월 말~2019년 1월 말)

성소수자이자 민주당 내에서 주목받고 있는 인디애나주 사우스벤드 시장 피트 부테제즈(Pete Buttigieg)가 다가오는 2020년 대선을 위해 민주당 경선에 출마한다고 밝혔다(연합뉴스 2019. 01. 24).

한편 도널드 트럼프 대통령의 전 변호사인 마이클 코헨은 2월 7일로 예정되어 있던 워터게이트 관련 증언을 트럼프 대통령과 그의 변호사 루디 줄리아니(Rudy Giuliani)의 '가족 위협'으로 연기하기로 했다(CNN 2019. 01. 24).아울러 셧다운 해결을 위한 예산안이 통과되지 못함에 따라 트럼프 대통령이 2월 15일까지인 3주 동안 연방정부를 재개하는 데 동의했다(The New York Times 2019. 01. 25). 여론조사 결과 유권자들은 셧다운 문제가 국경 문제보다 더 심각한 비상사태라고 여기는 것으로 나타났다(FOX NEWS POLL 2019. 01. 23).한편 백악관 감독위원회가 백악관 보안 허가에 대해 본격적인 조사를 실시하겠다고 발표했다. 엘리자 커밍스 위원회장은 백악관 고문에게 서한을 보내 백악관 국가안보보좌관을 포함한 트럼프 행정부의 최고위층들의 국가보안 위반에 대한 조사라고 밝혔다(CNN 2019. 01. 23).

미국 정당

01월 23일
• 매너포트의 서류, 뮬러 특검 조사에서의 거짓말 증명해줘

(The Washington Post 01. 23)

- 2016년 대선 당시 트럼프 공화당 후보의 정치 컨설턴트로 활동한 폴 마나포트의 변호인단은 트럼프 캠페인 의장이 지난 대선 러시아 개입 의혹에 대해 뮬러 특검에서한 허위진술은 의도하지 않은 것이라며 수사관들에게 거짓말을 한 혐의를 논박했다. 변호인단은 봉인된 10페이지 분량의 수정본 문서를 연방 판사에게 전하면서 "정부의 주장은 마나포트가 의도적으로 허위 진술을 한 것이라고 받아들일 수 없다"고 말했다. 한편 그는 지난 9월 워싱턴 연방법원에서 그가 우크라이나의 친러시아 정치

제3부.. 미국의 동향 및 쟁점 **375**

인을 위해 진행한 비공개적인 로비 활동과 관련하여 국세청을 속일 음모를 꾸미고 외국계 로비법을 위반하면서 목격자들을 부당하게 매수한 것에 대해 유죄를 인정했다. 또한 8월에 버지니아에서 있었던 별도의 연방 사건에서 은행 및 세금 사기 범죄로 유죄 판결을 받았다. 따라서 2월 8일 알렉산드리아에서 그리고 3월 5일로 예정된 두 사건 모두에서 선고를 기다리고 있다.

01월 24일

• 마이클 코헨, '가족에 대한 위협'을 사유로 들며 하원 증언을 연기하다   (CNN 01. 24)

– 도널드 트럼프 대통령의 전 변호사인 마이클 코헨은 2월 7일로 예정되어 있던 공개적인 의회 증언을 트럼프 대통령과 그의 변호사 루디 줄리아니의 '가족 위협'등의 사유로 연기한다고 밝혔다. 코헨의 아내와 장인은 트럼프 대통령과 줄리아니 변호사의 발언에 위협을 느낀다고 밝혔다. 더불어 코헨이 증언하려는 의도는 있었지만 트럼프와 줄리아니의 발언으로 인해 그의 가족에 대한 우려 때문에 코헨이 다소 유보적인 태도를 취하는 것으로 알려졌다. 민주당원들은 코헨이 다음 달에 수감되기 전에 증언을 하도록 소환할 지 여부를 고려하고 있으며 한 민주당원은 그가 메릴랜드주 엘리야 커밍스 회장이 소환장을 발표할 것으로 기대한다고 말했다.

코헨의 변호사인 레이니 데이비스(Lanny Davis) 변호사는 "트럼프 대통령과 줄리아니 부통령이 이번 주말까지 가족에 대한 위협이 계속되고 있고 코헨의 수사협력이 지속됨에 따라 코헨의 증언 출석은 추후로 연기될 것"이라고 말했다.

미국 선거 · 의회

01월 23일

• '동성애 커밍아웃' 美 민주당 피트 부테제즈 시장 대선 출사표   (연합뉴스 01. 24)

– 인디애나주 사우스벤드 시장 피트 부테제즈가 다가오는 2020년 대선을 위해 민주당 경선에 출마하겠다고 밝혔다. 부테제즈 시장은 만 29세의 나이로 2012년 인구 10만 이상 도시 역사상 최연소 시장이 되었다. 더불어 그는 2015년 자신이 동성애자임을 밝혔으며, 2018년에는 파트너 체이스튼 글레즈먼(Chasten Glezman)과 결혼식을 올

렸다. 부테제즈 시장은 1월 23일 소셜 미디어를 통해 미국에는 새로운 시작이 필요하다며, 과거 정치에서 벗어나 미래에 초점을 두고 나가야 한다고 말하면서 경선 출마를 위한 조직을 결성했다고 발표했다. 아울러 그는 자유(freedom)·민주(democracy)·안보(security)에 주안점을 두겠다고 밝혔다. 그 외에도 그는 평소 정부 주도의 단일 건강보험제도 '메디케어 포 올'(Medicareforall)과 '그린 뉴딜'(GreenNewDeal) 정책 등을 지지하는 것으로 알려졌다.

01월 23일
· 백악관 감독위원회가 백악관 보안 허가에 대한 조사 발표　　　　　(CNN 01. 23)

– 미 하원 감독위원회는 트럼프 행정부의 백악관 보안관리 절차에 대한 최초의 고위급 조사를 시작하며 "전폭적인" 조사에 착수했다고 발표했다. 엘리자 커밍스 위원회장이 팻 시프론 백악관 고문에게 보낸 서한에서 "마이클 플린 전 백악관 국가안보보좌관을 포함해 트럼프 행정부의 최고위층 등의 국가보안 위반"에 대한 조사라고 밝혔다. 더불어 조사의 목적은 "왜 백악관과 인수위원회가 기밀 정보를 보호하기 위한 절차 등을 무시했는지, 국가 기밀을 제공하지 말았어야 하는 관리들에게 얼마나 많이 제공할 수 있었는지에 대해서 평가하는 것"이라고 밝혔다. 또한 커밍스는 서한을 통해 이 조사가 "SECRET 법이 요구하는 보안 허가 절차에 대한 정보를 의회에 제공하지 않음으로써 현재 연방법을 위반하고 있는 이유를 조사할 것이다"라고 밝혔다. 이 서한과 함께 발표된 성명서에 따르면 위원회는 존 볼턴(John Bolton) 국가안보보좌관, 재러드 쿠슈너 대통령 수석보좌관, 롭 포터(Rob Porter) 전 백악관 보좌관등을 포함한 전·현직 정부 관계자들의 소송에 대한 정보를 찾고 있다.

01월 25일
· 트럼프 대통령 3주간의 정부 재가동안에 동의하다　　(The New York Times 01. 25)

– 트럼프 대통령은 3주 동안 연방정부를 재개하는 데 동의하면서 국경 안전문제에서 한발 물러섰다. 트럼프는 2월 15일까지 연방기관을 정상 운영하고 35일 동안 임금을 받지 않고 일하도록 강요당하거나 해고당한 80만 명의 연방 근로자들에게 급여를 지급하도록 했다. 이는 트럼프 대통령이 요구한 장벽에 관한 어떠한 돈도 포함되

어 있지 않으며 결국 셧다운을 통해 아무런 성과도 얻지 못했다는 것을 의미한다. 트럼프는 백악관 로즈가든 연설에서 휴전은 일시적인 것으로, 만약 2월까지 공화당과 민주당이 합의를 보지 못한다면 대립 재개나 국가 비상사태를 선포할 준비가 되어 있다고 말했다. 더불어 그는 장벽을 건설하는 것 외에는 선택의 여지가 없다고 말했으며, 2월 15일까지 합의를 못한다면 비상사태를 해결하기 위해 미국의 법과 헌법에 따라 자신에게 부여된 권력을 사용할 것이라고 밝혔다.

미국 여론

01월 23일

· **유권자들, 국경 장벽보다 셧다운 문제 더 심각하게 생각해** (FOX NEWS POLL 01. 23)
— 여론조사 결과 유권자들은 셧다운이 국경문제보다 오히려 더 심각한 비상사태라 생각하는 것으로 나타났다. 국경 장벽 예산으로 30일이 넘는 셧다운 기간 동안 국경 장벽을 선호하는 유권자는 39%p에서 43%p로 증가했다. 한편 75%의 응답자들이 셧다운을 비상사태나 심각한 문제라 생각한다고 응답했는데, 이는 국경문제가 심각한 문제라고 생각한다는 응답인 59%에 비해 훨씬 높은 수치이다. 더불어 공화당과 민주당 지지자 모두 셧다운이 심각한 문제라고 생각하는 것으로 나타났다. 응답자의 51%는 트럼프 대통령이 셧다운에 전적으로 책임이 있다고 응답했으며, 34%는 민주당 의회의원들에게 책임이 있다고 응답했다. 아울러, 10%의 응답자가 셧다운으로 인해 심각한 어려움을 겪고 있다고 응답했으며, 20%의 응답자는 일정정도의 어려움을 겪고 있다고 응답했다.

20차(1월 말~2월 말)

박예린

   2월 11일 민주당과 공화당이 멕시코 국경 장벽 건설에 대한 예산으로 도널드 트럼프 대통령이 처음 요구한 57억 달러보다 약 43억 적은 13억 7500만 달러를 배정하기로 합의했다(뉴시스 2019. 02. 16).

   한편 2월 15일 트럼프 대통령이 국경 장벽 건설을 위해 국가 비상사태를 선포하면서 16개 주 정부에서 트럼프를 상대로 샌프란시스코 연방지방법원에 소송을 제기했다(The New York Times 2019. 02. 18).

   아울러 2020년 대선을 앞두고 트럼프 저격수로도 잘 알려진 엘리자베스 워런 상원의원, 캘리포니아 상원의원 카말라 해리스(Kamala Harris), 키어스틴 질리브랜드(Kirsten Gillibrand) 상원의원들이 공식적으로 대선에 출마할 것을 밝혔다(CNN 2019. 02. 16). 더불어 전 뉴욕시장이자 억만장자로 알려진 마이클 블룸버그(Michael Bloomberg)가 트럼프 대통령의 재선을 막기 위하여 2020년 대선에서 약 5억 달러(한화 5600억 원)를 자신이 직접 후보로 출마하거나 다른 후보들을 지원하는 형태로 사용할 것이라고 밝혔다(JTBC 뉴스 2019. 02. 14).

미국 정당

02월 11일

• 트럼프, 국경 장벽 예산 관련 국가 비상사태 선포   **(뉴시스 02. 16)**

– 2월 11일 민주당과 공화당은 멕시코 국경 장벽 건설에 대한 예산 13억 7500만 달러를 배정하기로 합의했다. 이는 처음 트럼프가 요구한 57억 달러에 훨씬 못 미치는 액수다. 그럼에도 트럼프 대통령은 또 다른 셧다운이 일어나는 것을 막기 위해 의회가 합의한 국경 장벽 건설 예산안에 서명했다. 그러나 예산안을 서명했다고 해서 트럼프가 국경 장벽 건설을 포기한 것은 아니다. 트럼프 대통령은 2월 15일 국경 장벽 건설을 위한 국가 비상사태를 선포했다. 국가 비상사태는 대통령의 권한으로 전쟁 등 비상 상황이 발생했을 때 행정부가 이를 대처하기 위한 목적으로 선포할 수 있다.

제3부.. 미국의 동향 및 쟁점   **379**

한편 트럼프 대통령이 국가 비상사태를 선포하자마자 민주당은 즉각 반발했다. 더불어 공화당 일각에서도 국가 비상사태를 선포할 사항은 아니라며 우려가 제기된 바 있다.

02월 15일

• **민주당 대선 후보들, 일리노이주 총기사고 이후 총기규제 입법 촉구해**　　(CNN 02. 16)

– 2월 15일 일리노이주에서 발생한 직장 내 총기 난사로 인해 미국 사회는 또다시 비극과 충격을 맞고 있다. 여러 민주당 대선 예비 후보들은 의회가 총기 규제 법안을 통과시키지 못한 것을 비난하면서 미국인들을 안전하게 지키기 위한 즉각적인 조치를 요구했다. 캘리포니아 상원의원 카말라 해리스는 2015년 대량 총기사고가 있었던 이매뉴엘 아프리칸 감리교회(Emanuel AME Church)를 방문한 후 보편적인 신원조회 및 공격용 무기 금지를 다시금 촉구했다. 더불어 엘리자베스 워런 의원은 "어떤 아이도 학교에 가는 것을 두려워해서는 안 된다. 어떤 아이도 총에 맞을까봐 걱정할 필요는 없다. 우리는 총기 폭력을 공중보건 비상사태처럼 다루어야 하며, 이것을 더 낫고 안전하게 만들기 위해 어떤 일이 일어나고, 무엇을 할 수 있는지에 대해 실질적인 조사를 해야 한다"고 말했다.

미국 선거·의회

02월 09일

• **美 벌써 2020 대선 모드 워런 출사표 vs 트럼프 유세 돌입**　　(국민일보 02. 11)

– 2월 9일 트럼프 저격수로도 잘 알려진 엘리자베스 워런 상원의원이 다가오는 2020년 대선에 출마하겠다고 공식적으로 밝혔다. 워런 의원은 민주당 내에서도 대표적인 진보 성향으로 주로 경제적 불평등 문제를 언급했다. 그는 보스턴에서 모두를 위한 미국을 건설하겠다며 대선 캠페인을 시작했다. 평소 '트럼프 저격수'로 잘 알려졌지만 이날 트럼프 대통령에 대한 직접적 비판은 자제했다. 그러나 트럼프 대통령은 워런 의원의 출마 선언에 "오늘 내가 종종 '포카혼타스'라고 불렀던 워런이 대선 레이스에 합류했다"며 "그가 미국의 첫 아메리카 원주민으로 대선 후보에 출마할지

지켜보자"고 트위터를 통해 알렸다. 트럼프 대통령은 2월 11일부터 텍사스주를 시작으로 올해 첫 선거 유세를 벌이며 재선 캠페인에 돌입했다.

02월 14일

• 블룸버그 "대선에 5억 달러 쓸 것"…목표는 '트럼프 낙선'   (JTBC 뉴스 02. 14)

– 전 뉴욕시장이자 억만장자인 마이클 블룸버그가 다가오는 2020년 대선에서 약 5억 달러(한화 5600억 원)의 자금을 쓸 계획이라고 밝혔다. 이는 트럼프 대통령이 2016년 대선에 사용한 금액보다 약 1억 7500만 달러(한화 2000억 원) 더 많은 금액이다. 블룸버그는 트럼프의 재선을 막기 위해 자신이 직접 후보로 나서거나 민주당 후보를 재정적으로 지원하겠다고 밝혔다. 이미 그는 2018년 중간선거 당시 민주당 후보들에게 약 1억 1100만 달러를 후원하였고, 후원한 후보 24명 중 21명이 당선되면서 그의 입지를 다진 바 있다. 따라서 그는 2월 내로 자신이 직접 대선에 출마할지 결정하겠다고 밝혔다.

02월 15일

• 16개 주 정부, 국가 비상사태 선포한 트럼프 고소   (The New York Times 02. 18)

– 미국 캘리포니아, 뉴욕 등 16개 주 정부가 2월 18일 트럼프 대통령이 국경 장벽을 건설하고자 국가 비상사태를 선포한 것에 대해 샌프란시스코 연방지방법원에 소송을 제기했다. 이번 소송은 트럼프 대통령이 2월 15일 의회가 부여한 것보다 수십억 달러를 더 많이 국경 장벽에 쓰겠다고 선언하면서 촉발한 헌법적 대결의 일환이다. 이번 충돌은 국회의 지출 통제, 대통령에게 부여된 비상권력의 범위, 법원이 이 같은 분쟁을 어느 정도 해소할 의향이 있는지에 대한 의문을 불러일으킨다. 16개 주 정부는 멕시칸 국경을 따라 벽을 세우는 데 필요한 자금 지출 통제권은 의회에 있으며, 대통령이 불법 이민을 '위기'라는 명분으로 국가 비상사태를 선포하고 마약 남용, 군대 건설, 그리고 법 집행 시도에 배정된 연방 자금을 미국-멕시코 국경의 장벽 건설로 돌리려고 한 것은 대통령의 권력남용이라고 주장했다.

01월 29일

• 대다수 유권자들, 2020년 대선에서 트럼프 뽑지 않을 것   (The Independent 01. 29)

– 새로운 여론조사에 따르면, 대다수의 미국인들이 다가오는 2020년 대선에서 도널드 트럼프를 뽑을 의향이 있냐는 질문에 "절대 그렇지 않을 것"이라고 말한 것으로 나타났다. 워싱턴 포스트와 ABC 뉴스에서 조사한 여론조사 결과 응답자의 56%가 트럼프가 공화당 후보 지명을 확보하면 "절대 투표하지 않을 것"이라고 답했는데 이는 트럼프에게 반드시 투표하겠다는 응답(28%)의 두 배였다. 여성들 중 거의 3분의 1(64%)이 트럼프 대통령을 지지하지 않을 것이라고 답했다. 반면에 남성들은 절반 이하(48%)에 그쳤다. 이는 버락 오바마 전 대통령의 첫 임기 당시와 꽤나 비교되는 수치이다. 오바마 대통령 지지와 관련된 여섯 개의 여론조사에서는 오바마 대통령에게 투표를 하지 않을 것이라는 응답이 46%보다 높은 수치를 보인 적이 없기 때문이다.

21차(2월 말~3월 말)

황슬기

민주당 내에서 메디케어 문제를 두고 오바마 케어의 강화를 주장하는 중도적 민주당원들과 모든 미국인을 위한 단일정부의료보험을 주장하는 진보적 민주당원들 사이에 분열이 계속되고 있다(The New York Times 2019. 03. 18).

한편 도널드 트럼프 대통령은 국경 장벽 건설을 위한 국가비상사태 선포를 반대한 결의안이 상, 하원 모두에서 통과되자 3월 15일 재임 후 첫 거부권을 행사했다(The Wall Street Journal 2019. 03. 15). 의회의 결의안이 재의결되기 위해서는 의회 양원 재적의원 3분의 2의 지지가 있어야 하기 때문에 비상사태는 계속될 것이다 (The Wall Street Journal 2019. 03. 15).

아울러 중도주의의 조 바이든(Joe Biden) 전 부통령과 베토 오루케(Beto O'Rourke)의 경선 출마가 유력함에 따라 좌파 성향 민주당을 중도주의 성향으로 이끌 것이라 예상된다(The Washington Post 2019. 03. 13).

또한 2020년 민주당 경선을 앞두고 바이든이 39%의 지지율을 기록하여 버니 샌더스(Bernie Sanders) 상원의원보다 8%p 앞서고 있는 것으로 나타났다(The Hill 2019. 03. 19).

03월 18일

• 모두를 위한 메디케어, 민주당 내에서 분열 초래   (The New York Times 03. 18)

– 이르면 4월부터 메디케어 포 올(Medicare for all)에 대한 청문회가 시작할 것으로 예상됨에 따라 민주당 하원이 청문회 초안 만들기에 착수하였다. 하지만 민주당 의원들은 이 건강보험 문제에 대해 심각하게 분열된 모습을 보이고 있다. 암묵적으로 낸시 펠로시를 지지하는 부동층 선거구들(swing districts)의 중도주의자들은 오바마가 주장했던 건강보험개혁법(Affordable Care Act)의 강화와 의사의 처방전이 필요한 약과 의료의 현금지출원가(out-of-pocket costs)를 낮추자고 주장하고 있다. 소아과 의사이자 민주당 하원의원인 킴 슈라이어(Kim Schrier)은 "우리는 즉시 시행이 가능한 실용적인 해결책을 가지고 있다"고 말하며 "여유롭게 의료보험 전체의 점검을 할 시간이 없

다"고 주장했다. 반면 진보적인 민주당원들은 전체 시스템을 모든 미국인을 위한 단일 정부 의료보험(single government insurance plan for all Americans)으로 뒤바꾸기를 원하고 있다. 알렉산드리아 오카시오코르테스(Alexandria Ocasio-Cortez) 하원의원은 "단일 지급인이 불가능하다는 주장에 대해 반대한다"고 말했다.

03월 19일

• 마이클 코언에 대한 수색 영장이 주는 시사점 (CNN 03. 19)

– 로버트 뮬러 특별검사가 트럼프와의 불륜을 주장하는 여성들에게 마이클 코헨이 입막음용 돈을 지급한 것에 대한 조사한 이후, 수백 장에 달하는 수색 영장이 트럼프 대통령의 전 변호사이자 해결사였던 코언에게 3월 19일 발부되었다. 이 영장은 코언이 뮬러 특검의 트럼프 선거캠프와 러시아 간의 유착과 사법방해 가능성에 대한 조사의 초기 표적이었다는 것을 암시한다. 또한 영장에는 코언이 뉴욕 연방 검찰로부터 이메일 계정부터 통화기록, 휴대전화 자료까지 모든 것이 포함되어 있어 그가 강도 높은 조사를 받았다는 것을 보여주고 있다. 따라서 이 영장은 사실상 트럼프를 위협할만한 내용이 담겨 있다. 한편 공화당원들은 뮬러의 조사가 거의 2년 동안 지속되고 있다고 비난하며, 조사를 마무리 지으라고 촉구하고 있다. 그러나 화요일 공개된 압수수색 영장에 따르면 뮬러 특검팀은 실제 기소되기 몇 달 전부터 신속히 조사를 수행하고 있는 상황이다.

미국 선거·의회

03월 13일

• 대선 출마를 암시한 오루케와 바이든, 좌파 성향의 민주당에 중도주의를 불어넣을 것
(The Washington Post 03. 13)

– 베토 오루케는 젊고 정치 경험이 거의 없는 반면, 조 바이든은 나이가 더 많고 성공과 실수 모두를 경험했다. 또한 오루케는 그의 선거 캠페인을 중시하는 모습을 보이고 있고, 바이든은 여전히 소셜 미디어를 활용하는 방법을 연구하고 있다. 현재 두 사람 모두 곧 대선 레이스에 돌입할 것이라는 강력한 신호를 보내고 있으며 이는 민

주당 경선 토론회를 즉시 재편할 것으로 예상된다. 민주당 내에서는 지금까지 좌파 성향의 후보들이 많은 관심을 끌었지만, 인기 있는 전 부통령과 카리스마 있는 전 텍사스 의원은 '당 유권자의 미개척된 부분에 어필할 수 있는 보다 중도적인 정치 브랜드'라는 한 가지 중요한 특징을 공유함으로써 이목을 끌고 있다. 같은 유권자층의 많은 사람을 목표로 하기 때문에, 오루케와 바이든은 계속해서 대립할 가능성이 크다. 그러나 그들의 대립은 민주당이 흥미롭지만 검증되지 않은 얼굴을 원하는지, 아니면 좀 더 전통적이고 경험 많은 지도자로서 트럼프 대통령을 상대하기를 원하는지를 시험할 수 있는 계기가 될 것이다.

03월 15일
• 트럼프, 국가비상사태 선포에 관한 의회의 불승인에 거부권 행사
(The Wall Street Journal 03. 15)

- 2월 26일, 하원 공화당원들은 재정에 관한 의회의 지배권을 회피하는 대통령에 반대하며 민주당과 의견을 함께하였다. 3월 14일 상원에서는 트럼프의 비상사태 선포를 끝내기 위한 결의안을 12명의 공화당원들의 합류로 59대 41로 통과시켰다. 이에 대해 트럼프는 3월 15일 미-멕시코 국경에 세울 국가 장벽을 위한 자금을 이용할 수 있는 대통령의 권한을 주장하며 비상사태 선포를 반대하는 의회 결의안에 거부권을 행사했다. 그는 자신의 대통령 집무실에서 "의회는 이 결의안을 통과시킬 자유가 있고, 나는 그것을 거부할 의무가 있다"고 말했다. 이 거부권은 트럼프 대통령 임기 중 첫 번째로 행사된 것이며, 국회의원들은 이를 기각하기 위해 상원과 하원에서 각각 3분의 2 이상을 얻어야 한다. 하지만 실질적으로 투표에서 3분의 2 이상의 찬성을 얻는 데에는 어려움이 있을 것으로 보이며 법적인 측면에서도 여전히 다툼의 여지가 있을 것으로 보인다.

03월 18일

· 10명 중 7명, 미국 경제 호조 응답… 트럼프가 이득 볼 것   (CNN 03. 18)

– CNN 여론조사에 따르면 미국인들은 경제에 대체적으로 긍정적인 평가를 내리고 있으며, 이러한 경제 평가가 트럼프 대통령의 지지율 상승에도 긍정적인 영향을 미치는 것으로 보인다. 전체적으로 응답자 중 71%가 국가 경제가 현재 좋은 상태라고 답했고, 이는 지난 2001년 2월 이래 최고 수준이었으며 트럼프의 재임 기간 중에서도 최고 수준이다. 더불어, 트럼프의 경제 정책 수행에 대해서도 51%가 긍정적인 평가를 내렸으며 그의 전반적인 지지율은 42%까지 상승하는 모습을 보이고 있다. 그러나 이 지지율은 지지하지 않는다는 응답 51%에 비해 여전히 매우 낮은 수치이며 2017년 1월 대통령 취임 이후 CNN조사에서도 가장 낮은 수치다. 경제 이외의 정책에 대한 지지율은 지속되거나 악화되는 추세를 보였다. 외교정책 지지율은 40%로 2월 초와 같은 수준이었으며, 세제 정책도 지난해 중간선거 때와 비슷한 42%를 기록했다. 이민정책에 대해서는 반대여론이 58%, 지지가 39%로 더욱 악화되었다.

03월 19일

· 민주당 경선 유권자들 사이에서 바이든이 샌더스보다 8%p 앞서   (The Hill 03. 19)

– 조 바이든 전 부통령이 민주당 경선 유권자들 가운데서 2020년 민주당 대선 후보와 잠재적 후보군 중 선두에 있는 것으로 19일 밝혀졌다. 이번 여론조사 결과, 민주당 경선 유권자 가운데 35%가 바이든을 지지한다고 응답함에 따라 바이든이 버니 샌더스 상원의원을 8%p 앞서는 것으로 나타났다. 이 같은 수치는 지난주보다 4%p 상승한 것이며, 샌더스에 대한 지지는 전주와 변동이 없었다. 카말라 해리스 상원의원에 대한 지지도는 이번 주 2%p 떨어진 8%의 지지율을 기록했다. 그녀는 3월 3일 대선 출마를 선언한 베토 오루케 전 의원과 여론조사에서 공동 3위에 올라 있다. 한편 바이든은 아이오와주, 뉴햄프셔주, 사우스캐롤라이나주, 네바다주의 초기 경선의 응답자들 사이에서 샌더스보다 11%p 앞서 39%의 지지를 받았고, 훨씬 더 큰 지지를 받고 있다.

22차(3월 말~4월 말)

황슬기

   미국 재무부는 4월 23일까지 도널드 트럼프 대통령의 납세기록을 제출하라는 하원의 요청에도 불구하고 개인정보 유출을 이유로 기한을 넘겨 사실상 제출을 거부하였다(The Wall Street Journal 2019. 04. 23). 이에 리차드 닐(Richard Neal) 하원 조세무역위원장은 의회의 감독권을 지키기 위해 국세청(Internal Revenue Service, IRS)에 소환장을 발부하는 등 법적 다툼을 시작할 것으로 전망된다(The Wall Street Journal 2019. 04. 23).

   한편 법적·경제적 문제로 인해 연방준비제도이사회(Federal Reserve Board, FRB) 이사 지명에서 논란이 있었던 스티븐 무어(Stephen Moore)의 지지자들이 트럼프를 향해 무어를 계속 지지해달라며 성명을 발표했다(The Hill 2019. 04. 16).

   또한 빌 웰드(Bill Weld) 전 매사추세츠 주지사가 4월 15일 공화당 출신으로는 처음으로 대선 레이스에 공식 출마한다고 밝혔다(CNN 2019. 04. 16). 그러나 웰드 전 주지사가 트럼프 대통령을 이기기에는 역부족이라는 평가가 지배적이다(CNN 2019. 04. 16). 한편 민주당에서는 4월 25일 조 바이든 전 부통령이 대통령선거에 출마한다고 공식적으로 선언하였다(조선일보 2019. 04. 26).

미국 정당

04월 15일

• 무어의 지지자들, 트럼프에게 무어를 계속 지지할 것을 촉구　　　(The Hill 04. 16)

– 트럼프 대통령의 연방준비제도이사회 인선이 논란이 되고 있는 와중에 경제학자인 스티븐 무어의 지지자들이 결집하고 있다. 100명이 넘는 경제학자, 교수, 운동가들이 4월 15일 무어를 지지한다는 성명을 발표했으며, 주최 측은 다른 사람들 역시 이 명단에 합류할 것이라고 말했다. 무어와 가까운 저명한 보수주의 경제학자 아서 래퍼(Arthur Laffer)는 "무어의 세계관은 연방준비제도이사회의 새로운 관점이 될 것이며 그들은 이러한 관점을 새겨들을 필요가 있다"고 말했다. 반면 무어의 비평가들은

제3부.. 미국의 동향 및 쟁점　**387**

그의 수십 년 동안의 당파적이고 논란이 되는 논평을 확보했다고 밝혔다. 이들은 무어가 연준 관리들에 대한 과도한 공격, 트럼프와의 긴밀한 관계, 그리고 논쟁적인 경제 아이디어에 대한 지지 때문에 그가 중앙은행에 적합하지 않다고 말한다. 한편 아직 어떤 공화당 상원의원들도 무어의 인선을 반대한다고 표명하지 않았다. 그러나 많은 사람들이 보수적 경제 이상을 옹호한 그의 경력을 높이 평가함에도 불구하고 그를 직접적으로 지지하지도 않은 것으로 나타났다.

04월 23일

• 미 재무부, 트럼프 납세기록 제출기한 넘겨　　　　　(The Wall Street Journal 04. 23)
- 미국 재무부가 하원이 설정한 도널드 트럼프 대통령의 납세기록 제출 기한인 4월 23일을 넘겨 사실상 제출을 거부했다. 스티브 므누신 재무장관은 납세기록 공개가 개인정보 유출이 될 수 있다는 우려를 표명했고, 5월 6일까지 기록 제출 여부에 대한 최종 답을 줄 것이라고 말했다. 앞서 4월 3일 하원 조세무역위원장인 리차드 닐 의원은 재무부 소속 기관인 국세청에 트럼프 대통령의 2013년부터 2018년까지의 개인 및 사업에 대한 납세기록을 요구하는 서한을 보냈으나 트럼프 대통령은 국세청에게 감사를 받고 있는 중이라며 납세내역 공개를 원치 않는다는 의사를 강력하게 밝혀왔다. 이에 닐 의원은 국세청에게 4월 23일까지 기록을 제출하지 않으면 요청 거부로 해석하겠다고 전한 바 있다. 따라서 미 하원은 국세청에게 소환장을 발부하거나 의회의 감독권을 지키기 위한 법적 다툼을 시작할 것으로 전망된다. 하원이 국세청에 소송을 낸다면 '세법을 제정하는 하원 위원회의 장이 모든 납세자 기록을 받을 수 있다'는 내용의 법을 적용할 것으로 보인다.

미국 선거·의회

04월 11일

• 트럼프, 대북 제재는 '적정한 수준'이라고 강조　　　　　(CNN 04. 12)
- 도널드 트럼프 대통령은 4월 11일 백악관 집무실에서 열린 문재인 대통령과의 단독정상회담에서 대북 제재는 적정한 수준이라며 제재를 강화할 뜻이 없음을 시사했

다. 트럼프 대통령은 "제재 수위를 대폭 높일 수도 있었지만 김정은 북한 국무위원장과의 관계를 고려해 그렇게 하고 싶지는 않았다"며 "수위 강화가 필요하다고 생각하지도 않는다"고 덧붙였다. 또한 북미 정상회담 개최와 관련, 트럼프 대통령은 "단계별 조치를 밟을 수 있지만 현시점에서는 빅딜을 이야기하고 있다. 빅딜은 북한이 비핵화를 이루는 것"이라고 강조했다. 한편 트럼프 대통령은 3차 북미회담에 대해 있을지도 모르지만 서둘러 여는 게 아니므로 순서에 따라 진행할 것이라고 단호한 입장을 보였다. 이어 만약 서두르면 올바른 합의를 얻을 수 없게 되므로 신중함을 유지해야 한다고 설명했다.

04월 14일

• 펠로시 "무슬림의원 겨냥 동영상 내려라"…백악관 "악의 없었다" (연합뉴스 04. 15)

− 낸시 펠로시 하원의장은 4월 14일 오마르(Ilhan Omar) 초선 하원의원에 대한 트럼프 대통령의 공격이 거세지고 있는 가운데 오마르의 반유대주의 혐의를 단호히 부인했다. 또한 백악관은 트럼프 대통령이 해당 하원의원에 대해 '악감정'이 있어서 동영상을 올렸던 건 아니라고 진화에 나섰지만, 펠로시는 게시물을 당장 내리라며 트럼프 대통령을 비난했다. 펠로시는 "대통령의 말은 엄청난 무게를 지닌다. 혐오적이고 선동적인 수사는 큰 위험을 야기할 뿐"이라며 "트럼프 대통령은 무례하고 위험한 동영상을 즉각 내려라"고 촉구했다. 한편 오마르는 한 행사장에서 9·11 테러와 관련해 "일부 사람들이 뭔가를 저질렀다"고 별 거 아닌 듯이 언급하는 장면이 공개돼 논란이 되었다. 펠로시는 이날 성명을 통해 트럼프 대통령의 동영상이 게재된 이후 의회 경찰이 오마르 의원과 가족, 참모에 대한 신변 보호를 하도록 조처했다고 밝혔다. 그는 의회 경찰이 오마르 의원이 직면한 살해 위협에 대해 대처해 나갈 것이라고 말했다.

04월 15일

• 빌 웰드, 미 공화당 소속 최초로 2020년 대선서 트럼프에 도전장 (CNN 04. 16)

− 빌 웰드 전 매사추세츠 주지사가 4월 15일 공화당 출신으로는 처음으로 대선 레이스에 공식 출마한다고 밝혔다. 그는 "미국은 용기와 회복력, 그리고 독립심을 바탕으로 만들어진 나라"라며 "양대 정당 모두 어떤 대가를 치르더라도 승리해야 하는 상황

에서 미국 국민의 목소리는 무시되고 있고 미국은 고통을 받고 있다"고 말했다. 웰드는 자신을 "통로를 가로질러 일하고 일을 성사시키는 공화당원"이라고 표현하고 자신은 경제적 보수주의자이므로 미국이 "어느 정도 재정적인 제약을 하고 워싱턴 DC에서의 지출을 줄이기를 희망한다"고 덧붙였다. 그는 또한 트럼프가 법치주의를 망친다고 느낀다고 덧붙였다. 그러나 웰드 전 주지사가 트럼프 대통령을 이기기에는 역부족이라는 평가가 지배적이다. 갤럽의 최근 조사결과에 따르면 공화당원 중 89%가 트럼프 대통령을 지지한다고 응답했기 때문이다. 한편 민주당에서는 4월 25일 조 바이든 전 부통령이 대통령선거에 출마한다고 공식적으로 선언하며 트럼프 대통령의 강력한 경쟁자로 떠올랐다.

미국 여론

04월 10일

· **등록 유권자의 51%, 대통령의 납세 신고 지지** (CNBC 04. 10)

– 도널드 트럼프 대통령은 미국인들이 자신의 납세 신고에 신경 쓰지 않는다고 말했다. 2016년 트럼프 대통령은 백악관 잔디밭에서 기자들과 만나 "지난번에 내가 당선된 것을 기억하라. 정확히 똑같은 문제, 같은 강도를 가진 문제였으나 별로 대단한 것은 아니었다. 왜냐하면 솔직히 국민들이 신경 안 쓰기 때문이다"라고 말했다. 그러나 여론조사에 따르면 대부분의 유권자들은 대통령이 세금 정보를 공개하거나, 트럼프가 기록 공유를 거부할 경우 기록을 얻기 위한 민주당의 노력을 지지하고 있다. 이는 등록 유권자의 51%인 과반수가 대통령의 납세 신고에 대한 민주당의 노력에 찬성하고 있는 반면 36%는 반대한다는 4월 10일의 여론조사에서 뚜렷하게 나타났다. 또한 무소속 유권자 중 46%는 민주당 의원들의 노력을 지지하지만 34%는 지지하지 않는다고 밝혔다.

23차(4월 말~5월 말)

황슬기

공화당 상원의원들은 5월 14일 도널드 트럼프 대통령의 관세 인상 전략을 지지하며, 중국과의 무역전쟁의 격화가 자국의 농부들과 소비자들에게 타격을 줄 수 있어도 단기적인 "고통"은 중국을 협상 테이블로 다시 끌어들이기 위해 필요하다는 입장을 밝혔다(USA Today 2019. 05. 14).

공화당 의원이 대다수인 앨라배마(Alabama)주 의회가 거의 모든 낙태의 금지를 승인한 이후, 낙태권에 대한 논쟁이 2020년 대통령선거에서 주요 이슈로 부상하고 있다(The Wall Street Journal 2019. 05. 20). 특히 민주당의 주요 대선 후보인 버니 샌더스 상원의원은 최근 낙태권을 강력히 제한한 앨라배마 등 여러 지역에 방문해 이를 저지하는 "정의 중심 운동(justice-focused movement)"을 지속하고 있다(The Wall Street Journal 2019. 05. 20).

한편 유권자의 56%가 민주당 대통령 후보인 엘리자베스 워렌(Elizabeth Warren) 상원의원이 제안한 부자세를 통한 학자금대출 탕감 공약을 지지한다고 답했다(CNBC 2019. 05. 09). 이 공약은 수혜 대상인 20대뿐만 아니라 45세에서 54세 사이의 유권자의 60%도 찬성하는 것으로 나타났다(CNBC 2019. 05. 09).

미국 정당

05월 14일

· 공화당 상원의원: 중국과의 무역전쟁에서 트럼프 지지·협상 성사시 고통의 가치가 있을 것 (USA Today 05. 14)

- 공화당 상원의원들은 중국과의 무역전쟁의 격화가 자국의 농부들과 소비자들에게 타격을 줄 수 있다는 것을 인정하면서도 단기적인 "고통"은 중국을 협상 테이블로 다시 끌어들이기 위해 필요할 수 있다며 5월 14일 도널드 트럼프 대통령의 관세 인상 전략을 지지했다. 외교위원회 위원이자 상원의원인 린지 그레이엄(Lindsey Graham)은 "중국은 시장 점유율을 빼앗고 있고 나는 그들을 고통 없이 어떻게 변화시킬 수 있

제3부.. 미국의 동향 및 쟁점 **391**

는지 모르겠다. 그래서 지금 우리가 어떤 고통을 겪든 결국엔 그만한 가치가 있을 거라고 생각한다. 이런 관세들 중 일부는 국내 경제에 정말 피해를 주고 있지만, 그럼에도 중국이 너무 늦기 전에 더 잘하도록 만들려는 생각을 지지한다"고 말했다. 한편 양국 간 무역협상이 교착상태에 빠지자 5월 10일 트럼프 대통령은 2000억 달러의 중국산 제품에 대한 관세를 10%에서 25%로 인상하였고 끝내 무역협상은 타결되지 않고 끝났다. 이에 중국은 5천 개 이상의 미국 제품에 관세를 추가하여 보복하겠다고 5월 13일 선언했다. 이 관세는 6월 1일부터 발효될 예정이므로 양측이 회담을 재개할 수 있는 시간을 갖게 될 것으로 예상된다.

05월 14일

• 민주당, 드리머들(Dreamers) 보호를 위한 법안을 추진한다   (Politico 05. 14)

– 민주당 하원의원들이 범죄 경력이 있는 사람들의 시민권을 둘러싼 당내 분쟁을 대부분 해결한 후, 드리머를 보호하기 위한 핵심 법안을 추진하고 있다. 몇 주간의 연기 끝에, 하원 법사위원회가 '드림 법안'(DREAM Act)으로 알려진 당의 대표적인 이민 법안에 대해 다음 주에 청문회를 열 계획이다. 민주당 인사들에 따르면, 고위 민주당원들은 5월 14일 중도적 성향의 의원들과 회의를 한 후, 범죄를 저질렀지만 시민권을 얻고 싶어 하는 사람들에 대한 규제를 강화하는 내용의 제안을 대부분 지지하였고 이를 통해 법안을 통과시키기 위한 표를 확보했다. 민주당원들은 또한 불법 이민자들을 위한 연방정부의 재정지원과 관련된 말을 삭제하는 데 동의하여 정치적 공격에 노출될 가능성을 우려하는 중도주의자들 의견을 수용했다. 이 법안은 미국의 200만 명 이상의 불법체류자들에게 시민권 취득의 길을 열어줄 것으로 예상된다. 이는 트럼프 대통령의 이민 정책에 대한 균형추로서 2018년에 출마한 민주당원들의 우선순위 법안이다.

05월 20일

• 앨라배마주 의회의 낙태 금지가 대선 레이스에 반향을 불러일으켰다

(The Wall Street Journal 05. 20)

– 공화당 의원이 대다수인 앨라배마주 의회가 거의 모든 낙태의 금지를 승인한 이후, 낙태권에 대한 논쟁이 2020년 대통령선거에서 주요 이슈로 부상하고 있다. 앨라배마주의 법안은 1973년 여성의 낙태권을 인정한 '로 대 웨이드' 판결에 도전하기 위한 것이다. 케이 아이비 앨라배마 주지사는 이 법안에 서명하며 "대법원이 이 문제를 떠맡아야 할 때"라며 "모든 생명이 소중하고 모든 생명이 신의 신성한 선물이라는 앨라배마인들의 깊은 믿음을 보여주는 강력한 증거"라고 말했다. 한편 몇몇 민주당 대선 주자들은 지난주 선거 유세, 정책 플랫폼, 케이블 TV 인터뷰, 표적 디지털 광고, 기금 모금, 지지자들에 대한 홍보 등에서 낙태를 주요 이슈로 삼았다. 버니 샌더스 상원의원은 최근 낙태권을 강력히 제한한 여러 지역에 방문하는 "정의 중심 운동"을 지속하고 있다. 샌더스는 이 운동에서 낙태권을 제한하려는 움직임에 대해 "남자들이 결정할 수 없는 문제"라고 말하며 반대 의사를 밝혔고, 5월 19일 버밍엄(Birmingham)에서 열린 낙태 권리 운동가들과 함께 행진에 참석했다.

05월 22일

• 미 법무부, 하원 정보위에 뮬러 부속 '정보' 문건 내기로

(The New York Times 05. 22)

– 트럼프 대통령의 '러시아 스캔들' 의혹에 대한 특검 수사 결과를 놓고 정치권 공방이 이어지는 가운데, 법무부가 민주당이 이끄는 하원에 특검 관련 자료를 제공하기로 했다. 정보위원회의 애덤 시프 위원장은 법무부가 로버트 뮬러 특검 보고서에 딸린 광대한 증거 및 부속 문서들을 이번 주까지 위원회에 제출하기로 했다고 5월 22일 말했다. 뮬러 특검이 22개월 동안의 조사 결과를 담아 작성한 이 보고서는 3월 22일 윌리엄 바(William Barr) 장관에게 전달되었고 바 장관은 이 중 일부 를 검은 잉크로 가린 원본 변형판을 의회 및 일반에 4월 18일 공개했다. 이 원본 변형판은 488페이지

이지만 관련 부속 문건은 수십만 쪽에 이른다. 따라서 민주당은 한 단어도 은폐하지 않은 원본과 부속 문건 전량을 넘기라고 요구하고 있는 상황이다. 그러나 이번 합의가 민주당 하원과 트럼프 행정부 사이의 긴장이 더욱 풀리는 신호인지 아니면 제한적인 양보가 될지는 아직 불분명하다.

미국 여론

05월 09일

• **엘리자베스 워렌의 학자금 대출 탕감 계획, 유권자들에게 인기 있는 것으로 나타나**

(CNBC 05. 09)

– 대다수의 미국 유권자들은 민주당 대통령 후보인 엘리자베스 워렌의 학자금 대출 탕감 계획에 찬성하는 것으로 나타났다. 5월 3일부터 5월 6일 사이에 1990명의 등록 유권자에게 실시된 여론조사에서 유권자의 56%가 가장 부유한 미국인에게 세금을 인상해 미납 교육자금 6천400억 달러를 탕감하겠다는 워렌 매사추세츠 상원의원의 제안을 지지한다고 답했다. 반면에 단지 27%의 유권자들만이 그 계획에 반대한다고 말했다. 그 이유로는 워렌이 학자금 대출 탕감에 대한 구체적인 계획을 발표한 유일한 대통령 후보이기 때문인 것으로 보인다. 미국은 오늘날 거의 4,500만 명이 학자금 대출을 받고 있으며 교육 부채는 신용카드나 자동차 부채를 넘어설 만큼 심각하다. 하지만 워렌의 계획에 따르면, 가계소득이 10만 달러 미만인 대출자는 학생부채 5만 달러를 탕감받게 되고, 10만에서 25만 달러를 번 대출자는 차등제로 구제받을 수 있게 된다. 특히 이 계획은 45세에서 54세 사이의 사람들 중 60%도 지지하는 것으로 나타나 연령과 관계없이 인기가 많은 것으로 드러났다.

05월 17일

• **민주당 바이든, 샌더스 18%p 차로 따돌리며 선두** (Fox News 05. 17)

– 여론조사에 따르면 조 바이든 전 부통령이 2020년 민주당 대통령 후보 경선에서 가장 앞서고 있다. 민주당 경선 선거인단 가운데 바이든의 35% 지지율은 17%를 기록한 버니 샌더스를 멀찌감치 따돌리고 있다. 그 뒤로 엘리자베스 워렌이 9%, 피트

부티지지(Pete Buttigieg)가 6%, 카말라 해리스가 5%, 베토 오로크(Beto O'Rourke)가 4%, 코리 부커(Cory Booker)가 3%를 받았다. 바이든은 또한 가상 대결에서도 최고의 성적을 거두었다. 바이든이 트럼프에게 11%p 앞선 49%를 기록해 7%p 차이를 기록했던 3월보다 크게 앞섰기 때문이다. 바이든은 이번 조사에서 표본오차의 범위를 벗어난 유일한 선두주자이고, 트럼프의 지지율을 41% 이하로 밀어내는 유일한 민주당 후보이기도 하다. 한편 샌더스는 5%p으로 트럼프를 앞섰고 워렌은 2%p의 차이로 이겼으며 해리스와 버티그는 1%p 차이로 트럼프를 따돌리고 있다.

24차(5월 말~6월 말)

                                                                        황슬기

　　러시아 스캔들 수사 이후 민주당 간부 내부에서 도널드 트럼프 대통령에 대한 탄핵심판을 시작하라는 압력이 거세지고 있음에도 불구하고, 민주당 소속의 낸시 펠로시 하원의장은 "탄핵이 분열을 많이 일으킬 것"이라며 탄핵에 반대하는 입장을 표명했다(USA Today 2019. 06. 16).

　　한편 트럼프 대통령은 6월 18일 플로리다주(州)에서 2020년 대선 출마를 공식 선언하였다. 특히 트럼프 대통령은 자신의 1기 성과를 강조하며 이를 계속 이어가겠다는 의미의 '미국을 계속 위대하게'(Keep America Great)라는 슬로건을 내걸었다(연합뉴스 2019. 06. 19).

　　또한 6월 27일부터 28일까지 이틀에 걸쳐 진행된 민주당 대선후보들의 첫 TV 토론 후, 언론은 카말라 해리스·엘리자베스 워런 상원의원과 피트 부티지지 인디애나주 사우스밴드 시장 등을 우세했다고 평가했다. 반면 조 바이든 전 부통령과 베토 오루크 전 하원의원 등은 활약이 부진했거나 소극적인 답변을 보였다는 점에서 열세했다고 평가했다(연합뉴스 2019. 06. 29).

미국 정당

06월 16일

• 낸시 펠로시, 탄핵 압력에 대해 '분열'이라며 반대　　　　　(USA Today 06. 16)

－ 민주당 간부 내부에서 트럼프 대통령에 대한 탄핵심판을 시작하라는 압력이 거세지고 있음에도 불구하고, 민주당 소속의 낸시 펠로시 하원의장은 "탄핵이 분열을 많이 일으킬 것"이라며 "미국은 아직 탄핵심판을 할 준비가 안 됐다"는 입장을 고수했다. 펠로시 의장은 "미국 대통령을 탄핵하는 것보다 더 분열을 일으키는 일은 없을 것이므로 우리는 결정을 더욱 신중히 해야 한다"고 말했다. 또한 펠로시 의장은 "탄핵을 결코 정치적으로 해서는 안 되며, 우리는 항상 우리에게 온전한 책임이 있다는 것을 기억해야 한다"라고 덧붙였다. 한편 하원 민주당원들 사이에서 로버트 뮬러 특

별검사의 2016년 러시아의 선거 개입에 대한 조사가 다시 한번 탄핵 요구를 촉발시킨 것으로 나타났다. 더 최근에는 다른 민주당 의원들이 본격적인 탄핵은 아닐지라도 탄핵 절차를 시작하는 것이 트럼프 행정부의 의회 감시라는 벽을 뚫는 데 도움이 될 것이라고 주장해왔다.

06월 22일

• 민주당 대선주자들, 낙태 권리 지지를 위해 단결　　(The Wall Street Journal 06. 22)

– 낙태 문제에 대한 국민들의 의견이 엇갈리고 있음에도 불구하고, 사실상 모든 민주당 대통령 후보들이 연방정부의 낙태 자금 지원을 약속하며 포럼(We Decide·2020 Election Membership Forum)에서 낙태 찬성 연설을 하였다. 특히 민주당 대선 후보의 선두주자인 조 바이든은 낙태 자금에 대한 자신의 태도 변화를 명확히 하기 위해 이 행사를 활용하였다. 바이든은 최근 미국 전역에서 로 대 웨이드(Roe v. Wade) 결정을 뒤집기 위한 공화당의 움직임 때문에 낙태법 개헌에 대한 자신의 지지를 철회하기로 결정했다고 말했다. 그는 또한 선거 운동에서 연방 기금이 지원되는 여성 의료보험의 확대를 제안하고 있으며, 모든 여성들은 사보험을 이용하는 여성들과 똑같이 낙태에 대한 보험 혜택을 받을 수 있어야 한다고 설명했다. 한편 이달 초 발표된 여론조사에서 민주당원 중 81%가 낙태가 거의 합법적이어야 한다고 답했다. 이는 2008년 9월의 68%에서 증가한 것이다.

미국 선거·의회

06월 18일

• 트럼프 "미국을 계속 위대하게"…격전지 플로리다서 재선 출정식　　(연합뉴스 06. 19)

– 트럼프 대통령은 6월 18일 오후 8시에 역대 대선에서 '캐스팅보트(casting vote)' 역할을 했던 플로리다주의 암웨이센터(Amway Center)에서 출마를 공식 선언하였다. 그는 "우리는 미국을 계속 위대하게 지키려고 한다"며 전체 대통령선거인단(538명) 가운데 캘리포니아(55명), 텍사스(38명)에 이어 뉴욕과 함께 세 번째로 많은 29명의 선거인단이 걸려있는 플로리다에서 첫 깃발을 꽂았다. 특히 4년 전 첫 대선 도전 당시에

는 '미국을 다시 위대하게'(Make America Great Again)를 내걸던 트럼프 대통령은 이번에는 자신의 1기 성과를 강조하며 이를 계속 이어가겠다는 의미의 '미국을 계속 위대하게'(Keep America Great)를 담은 슬로건을 내걸었다. 한편 민주당도 플로리다 마이애미에서 지난 6월 26일부터 27일까지 이틀에 걸쳐 20명의 후보가 2개 조로 나뉘어 첫 TV토론을 갖고 경선 레이스에 돌입하였다. 이 플로리다 쟁탈전을 시작으로 '트럼프 대 반(反)트럼프' 전선의 사활을 건 일전이 예고된다.

06월 26일

• 美 민주 첫 토론 승자는 해리스·워렌·부티지지…바이든 패자 　　　(연합뉴스 06. 29)

– 6월 26일부터 27일까지 이틀에 걸쳐 진행된 민주당 대선후보들의 첫 TV토론이 끝난 뒤 카말라 해리스·엘리자베스 워렌 상원의원과 피트 부티지지 인디애나주 사우스밴드 시장 등이 승자라는 미 언론의 평가가 나왔다. 반면 각종 여론조사에서 선두를 달리는 조 바이든 전 부통령과 베토 오루크 전 하원의원 등은 활약이 부진했거나 소극적인 답변을 보였다는 점에서 패자로 분류되었다. 해리스 의원은 토론에서 바이든 전 부통령을 향해 과거 상원의원 시절 인종차별주의 성향의 공화당 의원들과 함께 일했다며 몰아붙였다. 특히 1970년대 교육부가 추진한 흑백 통합 교육에 바이든 당시 의원이 훼방을 놓았고 캘리포니아에서 학교에 다니던 자신이 이로 인한 피해를 겪었다며 강하게 비난했다. 부티지지 시장은 자신의 지역구인 사우스밴드에서 경찰이 흑인 청년을 사살한 사건과 관련해 인종 갈등을 해결하지 못한 데 대한 책임을 인정하였고 이는 좋은 평가로 이어졌다. 첫날 토론자였던 엘리자베스 워렌 상원의원도 부유층 세금 인상, 대학 학자금 무료, 대기업 해체 등 대담하고 진보적인 정책 아이디어를 제시하여 긍정적인 반응을 이끌어냈다.

미국 여론

06월 16일

• 트럼프, 바이든에 뒤진 여론조사 유출에 분노…조사요원들 해고

(The New York Times 06. 16)

– 트럼프 미국 대통령의 대선 캠프가 내부 여론조사 결과의 언론 유출을 이유로 5명의 여론조사 요원 중 3명을 해고하기로 했다. 여론조사원 몇 명을 제거함으로써, 트럼프 대선 캠프가 유출될 수 있는 정보에 접근할 수 있는 외부 요원의 범위를 축소하기를 바라고 있다고 전했다. 한편 ABC와 NBC 등 미국 방송에 보도된 트럼프 캠프의 여론조사 결과에는 트럼프 대통령이 2016년 대선 때 힐러리 클린턴 민주당 후보를 근소한 차이로 앞섰던 위스콘신, 펜실베이니아, 플로리다, 미시간에서 바이든 전부통령에 두 자릿수로 뒤진다는 내용이 포함됐다. 트럼프 대통령은 이런 여론조사결과의 유출에 격노했으며 "그런 조사결과의 존재보다는 그것이 유출된 것에 더 화를 냈다"고 한 고위 행정부 관리가 말했다. 트럼프 대통령은 당초 그런 여론조사 결과에 대해 언론에 의해 조작된 것이고 "존재하지도 않는다"는 반응을 보였지만, 트럼프 대선 캠프의 브래드 파스케일(Brad Parscale) 선대본부장은 3월에 실시한 여론조사라고 확인했다.

06월 16일

• 관세는 경제를 손상시켰고, 트럼프는 이민 정책에서 도를 넘었다　(Fox News 06. 16)

– 오늘날 민주당원보다 두 배 이상 많은 공화당원들이 경제에 대해 낙관하고 있으며 공화당원(65%)이 트럼프의 경제 정책하에서 '모두'가 이익을 봤다고 생각할 가능성이 민주당원(6%)보다 10배 이상 높은 것으로 나타났다. 또한 관세에 대해 유권자들은 미국 경제에 도움이 되기보다는(33%) 해친다(45%)고 말했으며, 10명 중 8명 가까이는 그들이 사는 물건을 더 비싸게 만들어서 관세가 국내 경제를 공격할 것이라는 우려를 갖고 있는 것으로 나타났다. 미국 이민을 줄이기 위해 멕시코를 압박하기 위한 방법으로 관세를 사용하자는 트럼프 정부의 제안에 반대하는 유권자가 절반 이상(43% 찬성 대 52% 반대)으로 나타났다. 유권자들은 미국–멕시코 국경에 장벽을 세우겠다는 트럼프의 대표적 공약(42% 찬성 대 55% 반대)도 반대하는 것으로 나타났다. 유권자의 절반인 50%는 정부가 이민법 집행을 너무 많이 했다고 응답했다. 이는 정부가 잘했다고 말하는 24%보다 두 배 이상 많은 수치이다.

25차(6월 말~7월 말)

하원은 기존의 법정 상한선보다 수천억 달러의 정부 지출을 늘리고 부채 확대를 용인하는 내용의 2개년 예산 합의안을 7월 23일 통과시켰으며, 이에 연방 정부의 재정 적자에 관한 보수주의자들의 불만이 높아지고 있다(The New York Times 2019. 07. 25).

한편 민주당의 낸시 펠로시 하원의장은 로버트 뮬러 전 특별검사의 하원 증언을 '승리'라고 평가하며, '도널드 트럼프 대통령을 범죄 활동에 연루시킬 수 있는 매우 불리한 증언'이라고 설명했다(The Hill 2019. 07. 24). 뮬러 전 특별검사는 7월 24일 하원 특별위원회에서 트럼프 대통령이 범죄행위에 연관되어 있음을 암시한 바 있다(The Hill 2019. 07. 24). 그러나 펠로시 의장은 트럼프 대통령에 대한 탄핵을 추진할 것인지에 대해서는 시기상조라는 기존의 입장을 고수했다(The Hill 2019. 07. 24).

트럼프 대통령이 7월 14일 트위터에서 4명의 민주당 소수 인종 여성 의원들을 상대로 한 인종차별적인 발언을 한 이후, 공화당 의원들 사이에서 트럼프 대통령의 순 지지도(찬성하는 비율에서 반대하는 비율을 뺀 수치)는 일주일 전과 비교해 5%p 상승한 72%를 기록한 것으로 나타났다(CNBC 2019. 07. 17).

미국 정당

07월 12일

· 9·11 피해자 보상 기금 재허가 하원 통과, 상원으로 넘어가　　　(USA Today 07. 12)

– 하원은 7월 12일 9·11 피해자와 가족들에게 금전적으로 보상해주는 기금의 재승인 투표를 했다. 이 법안은 찬성 402 대 반대 12의 큰 표 차로 통과되어 현재 상원으로 넘어갔다. 공화당원 11명과 하원의원인 저스틴 아마시(Justin Amash), 아이미치(I-Mich.) 의원만이 반대표를 던졌고, 다른 공화당원들은 이 법안이 요구하는 예산에 대해서는 회의적이었지만 결국 찬성표를 던졌다. 더그 콜린스(Doug Collins) 하원의

400　지역 다양성과 사회 통합 (V)

원은 이 법안이 자금 지원 장치 없이 고려되었다고 지적하면서도 "피해자들을 지원하기 위해" 어쨌든 이 법안에 투표할 것이라고 말했다. 9·11피해자보상기금(The 9·11 Victims Compensation Fund, VCF)은 9·11테러로 인한 의료와 경제적 손실 보전을 돕기 위해 조성됐지만 18년이 지난 현재는 자금이 바닥난 상태이며, 재허가가 되지 않는 한 지급액을 대폭 줄여야 했다. 미치 맥코넬 상원 원내대표는 이 법안에 대한 투표를 상원에서도 곧 실시할 것이라고 말했다.

07월 25일
• 분열된 하원, 지출 늘리는 2개년 예산안 통과   (The New York Times 07. 25)
– 연방정부의 재정 적자에 관해 보수주의자들의 불만이 높아지고 있는 가운데, 하원은 기존의 법정 상한선보다 수천억 달러의 정부 지출을 늘리고 부채 확대를 용인하는 내용의 2개년 예산 합의안을 7월 23일 통과시켰다. 찬성 284 대 반대 149의 표결에서 공화당은 65명만이 예산안에 찬성하였고, 트럼프 대통령의 정부 부채에 대한 채무 불이행 가능성을 피하기 위해 132명의 공화당원들은 이 법안에 반대했다. 민주당원들은 군비 증가에 대한 일부 진보주의자들의 우려에도 불구하고 16명만이 반대표를 던졌으며 이는 공화당 지지 없이도 예산안을 통과시키기에 충분한 숫자였다. 트럼프 대통령은 투표 전인 25일 오전 트위터에 "공화당원들은 우리 군과 참전용사들을 크게 돕는 2개년 예산안을 지지해야 한다"고 말했다. 상원은 다음 주에 이 법안을 승인할 것으로 예상되며 스티븐 므누신 재무장관은 그의 부서가 의회의 일정에 맞추기 위해 앞으로 2주 동안 돈을 확보하도록 하겠다고 말했다.

미국 선거 · 의회

07월 24일
• 펠로시, "뮬러의 증언은 성공적이었으나, 트럼프 탄핵은 아직 일러"   (The Hill 07. 24)
– 민주당의 낸시 펠로시 미 하원의장은 로버트 뮬러 전 특별검사의 하원 증언이 '트럼프 대통령을 범죄 활동에 연루시킬 수 있는 매우 불리한 증언'이라고 평가했다. 뮬러 전 특별검사는 7월 24일 하원에서 트럼프 대통령이 트럼프 대통령이 범죄행위에

연관되어 있음을 암시한 바 있다. 그러나 펠로시 의장은 이날 증언을 계기로 트럼프 대통령에 대한 탄핵을 추진할 것인지에 대해서는 시기상조라는 기존의 입장을 고수했다. 펠로시 의장은 "민주당이 자체 조사를 계속하고 있는 만큼 탄핵 절차는 시기상조"라며 민주당 의원들의 트럼프 대통령 탄핵 절차 개시 요청을 거부했다. 펠로시 의장은 또한 리처드 닉슨(Richard Nixon) 전 대통령의 사임을 끌어낸 1970년대의 워터게이트 사건(Watergate Affair)을 언급하며 "민주당은 단순히 여론을 바꾸는 것뿐만 아니라 가장 강력한 방안을 통해 탄핵을 추진해야 할 것"이라고 거듭 강조했다.

07월 25일
• 커스틴 질리브랜드, 기후변화와 싸우기 위한 계획 발표 　　　　　　(CNN 07. 25)

– 민주당 대선후보인 커스틴 질리브랜드 미 상원의원이 10년 동안 미국을 완전히 에너지 청정국으로 이끌 10조 달러 규모의 계획에 대한 세부 사항을 7월 25일 발표하였다. 질리브랜드가 "기후 변화 탐측선 발사(Climate Change Moonshot)"이라고 부르는 이 계획은 탄소에 세금을 부과하고, 화석 연료 산업에 대한 연방 보조금을 폐지하며, 기후 변화의 영향을 감당할 수 있는 나라로 준비되도록 돕기 위해 만들어졌다. 질리브랜드는 또한 변화하는 기후에 대처하기 위해 인프라를 개선하고 "바이오 기반" 연구와 시설에 투자해야 하는 지역에 돈을 분배하기 위한 연방 기금을 조성할 것이라고 말했다. 뿐만 아니라 질리브랜드는 "깨끗한" 에너지 그리드를 건설하기 위해 1,000억 달러를 사용할 것이라고 말했으며, "나는 '녹색 뉴딜(Green New Deal)'을 제정하고 깨끗한 공기와 깨끗한 물을 보호할 뿐만 아니라, 기후변화에 가장 큰 영향을 받은 지역사회에 재투자하고 그들이 미국 국민들에게 끼친 피해에 대해 오염자들에게 책임을 물을 것이다"라고 덧붙였다.

　　미국 여론

07월 17일
• 여성 의원 공격 트윗 후 공화당 내 트럼프에 대한 지지도 상승 　　　(CNBC 07. 17)

– 트럼프 미국 대통령에 대한 지지도가 지난 주말 트위터에서 4명의 소수 민주당 여

성 의원들을 상대로 한 인종적 공격을 감행한 이후 공화당 내에서 소폭 상승한 것으로 나타났다. 국회의원을 대상으로 한 이 여론조사는 트럼프가 국회의원들에게 "돌아가서 무능하고 범죄로 가득 찬 자신들의 고향을 개선하는 것을 도와야 한다"고 말한 후 7월 15일과 16일에 실시되었는데, 일주일 전 여론조사와 비교했을 때 공화당 의원들 사이에서 그의 순 지지도는 5%p 상승한 72%를 기록했다. 반면 민주당과 무소속 의원들을 중심으로는 트위터를 남긴 이후 지지도가 떨어졌다. 무소속 의원 중 10명 중 3명 정도가 트럼프의 국정 운영에 찬성한다고 답해 일주일 전 10명 중 4명보다 줄었고, 민주당 의원들 사이에서의 그의 순 지지도 역시 2%p 하락했기 때문이다. 한편 트럼프의 전반적인 지지율은 지난 일주일 동안 변함이 없었다. 여론조사에 따르면 미국 국민의 41%가 그의 국정 운영에 찬성한다고 답한 반면, 55%는 반대했다.

07월 25일

• **바이든, 민주당 후보 지명에서 지지율 우세** (Fox News 07. 25)

– 최근 폭스뉴스 여론조사에 따르면 민주당 대선 후보군에서 조 바이든이 단독 1위 후보로 나타났다. 바이든 전 부통령은 민주당 경선 선거인단 중 33%(6월 이후 1% 상승)의 지지를 받고 있다. 이는 15% 지지율의 버니 샌더스, 12% 지지율의 엘리자베스 워렌, 10% 지지율의 카말라 해리스가 포함된 2군 경쟁자의 2배가 넘는 수치다. 한편 피트 부티지지는 5%, 에이미 클로부처와 앤드류 양은 3%의 지지를 받고 있다. 한편 트럼프 대통령은 2020년 대선 가상대결에서 39%과 42% 사이의 지지율을 유지하고 있다. 이는 바이든보다 10%, 샌더스보다는 6% 적은 수치이다. 그러나 후보 중 누구도 50%의 지지를 얻지 못한 상황이다.

26차(7월 말~8월 말)

황슬기

론 존슨(Ron Johnson) 상원 국토안보위원장이 도널드 트럼프 대통령의 회의적인 태도를 이유로 위험인물의 총기를 일시적으로 압류·몰수할 수 있도록 한 '붉은 깃발 법(Red Flag Laws)'과 신원조회 법 둘 다 통과될 것 같지 않다고 전망하였다(Politico 2019. 08. 20). 트럼프 대통령은 8월 20일 기자들에게 "우리는 현재 매우, 매우 강력한 신원조회를 하고 있다"고 말하면서 기존의 신원조회 시스템만으로도 강력하다고 재차 강조했다(Politico 2019. 08. 20).

9월 휴스턴에서 열리는 3차 토론에 참가할 수 있는 마감일이 이번 주로 다가옴에 따라, 민주당 대선후보 지명을 위한 탐색전이 조 바이든 전 부통령, 엘리자베스 워런 상원의원, 버니 샌더스 상원의원과 카말라 해리스 등 4명의 경쟁으로 좁혀지고 있다(The Hill 2019. 08. 26).

또한 8월 10~14일 성인 1000명을 대상으로 실시한 여론조사에서 미국인들의 트럼프 대통령의 경제 운용 방식에 대한 불안감을 보여주는 결과가 나왔다(CNBC 2019. 08. 18). 조사에 따르면 미국인들은 트럼프의 경제 운용 능력에 여전히 49%의 지지율을 나타냈으나, 5월 초 51%의 지지율과 2018년 7월 50%의 지지율에 비해서는 소폭 하락한 것으로 나타났다(CNBC 2019. 08. 18).

미국 정당

08월 20일

• 총기 규제법에 회의적인 태도를 보이기 시작하는 공화당 의원들　　　(Politico 08. 20)

– 론 존슨 상원 국토안보위원장은 트럼프 대통령이 총기 규제에 부정적인 태도를 보이고 있기 때문에 새로운 신원조회 법안과 "붉은 깃발법" 둘 다 통과될 것 같지 않다고 말하였다. 이는 총기 규제 법안을 통과시키려는 노력이 주춤하기 시작했음을 보여주는 가장 최근의 신호이다. 트럼프 대통령은 8월 20일 기자들에게 "우리는 현재 매우, 매우 강력한 신원조회를 하고 있다"고 말하면서 기존의 신원조회 시스템이 강

력하다고 재차 강조한 바 있다. 그는 또한 하원을 통과한 새로운 신원조회 법안에 찬성하느냐는 질문에 "그런 일에 말려들지 않을 것"이라고 답했다. 이에 찰스 슈머 상원 소수당 원내총무와 낸시 펠로시 의장은 트럼프의 태도가 '가슴 아프다(heartbreaking)'고 비난하였다. 또한 그들은 미치 맥코넬 상원 다수당 대표에게도 보편적 신원조회 법안을 채택할 것을 요구하고 있다. 한편 강화된 신원조회 법안이 상원을 통과하기 위해서는 최소 13명의 공화당 표를 포함해 총 60표가 필요하다.

08월 24일

• 무역전쟁, 트럼프 대통령을 공격할 민주당의 전략　　　(The New York Times 08. 24)

– 트럼프 대통령이 8월 23일 자신의 연방준비제도이사회 의장을 공격하고 중국과 관세를 둘러싼 적대감을 고조시키자, 민주당 대선 후보들은 트럼프 대통령의 무역정책을 비난하며 그가 노동자와 농부들을 해치고 불경기 가능성을 부추기고 있다고 비판했다. 특히 민주당 의원들은 트럼프 대통령이 경제정책에 대한 통제력을 잃고 있다는 주장을 펼치기 위해 이날의 상황을 재빨리 인용했다. 엘리자베스 워런 매사추세츠주 상원의원은 8월 23일 밤 트위터에 "트럼프는 전략이나 계획이 없다. 그의 무모한 행동은 그의 회사들을 파산하게 만들었다. 이제 그들은 세계 경제를 위협하고 경기 침체의 위험을 증가시킨다"고 비난했다. 조 바이든 전 부통령 역시 8월 24일 뉴햄프셔에서 채권시장과 제조업의 경제 경고 신호를 지적하며 "진실은 트럼프 대통령이 현재 곤경에 처해 있고 그 자신도 이 사실을 알고 있다는 것"이라고 덧붙였다.

미국 선거·의회

08월 25일

• 조 월시, 2020년 공화당 경선서 트럼프에 도전　　　　　　(CNN 08. 25)

– 보수주의적 라디오 진행자이자 전 일리노이주 하원의원인 조 월시(Joe Walsh)가 공화당 대선 후보 지명에서 트럼프 대통령에게 도전할 것이라고 8월 25일 밝혔다. 월시는 ABC방송의 '디스 위크(This Week)'에 출연해 사회자인 조지 스테파노풀로스(George Stephanopoulos)에게 "나는 무엇이든 할 것이다. 나는 그 사람(트럼프)이 이기기

를 원하지 않는다"고 말했다. 또한 월시는 공화당 경선에 참여하는 것을 "강력하게, 강력하게 고려하고 있다"고 밝혔다. 그는 "전에도 말했듯이, 누군가 그 안에 들어가서 그를 쫓을 거라면 시간이 얼마 남지 않았다"고 덧붙였다. 이날 월시는 트럼프를 '미친', '변덕스러운', '잔인한', '무능한' 사람이라고 불렀다. 한편 티파티 운동(Tea Party movement)의 지지로 의회에 선출된 월시는 버락 오바마 전 대통령에 대한 일부 발언을 포함해 논란이 많은 발언을 한 전력이 있다.

08월 26일

• 민주당, 4명의 경쟁으로 좁혀지다 　　　　　　　　　　　　　　　(The Hill 08. 26)

– 민주당 대선후보 지명을 위한 탐색전이 조 바이든 전 부통령, 엘리자베스 워렌 상원의원, 버니 샌더스 상원의원과 카말라 해리스의 경쟁으로 좁혀지고 있다. 이미 지지율 하단에 있는 후보들이 탈락하기 시작했고 9월에 휴스턴에서 열리는 3차 토론에 참가할 수 있는 마감일도 이번 주로 다가옴에 따라, 다른 경쟁자들이 공천에서 진지하게 출마할 수는 없을 것이라 예상된다. 이 4명의 후보자들은 현재 여론조사를 주도하고 언론의 관심을 끌어모으고 있다. 또한 후보자들은 민주당 유권자들에게 좌파(워렌 또는 샌더스), 중도(바이든) 또는 그 중간(해리스)이라는 잠재적인 기준을 제공하기도 한다. 한편 사우스 벤드 시장인 피트 부티지지는 2. 4분기 동안 기금 모금에서 최대 모금액을 기록하였으나, 비교적 어린 나이와 상류층 백인들의 지지를 끌어모으지 못하는 단점 때문에 계속해서 유권자들의 우려를 불러일으키고 있다.

미국 여론

08월 18일

• 트럼프의 경제 운용 방식에 대한 우려 늘고 자유무역을 지지하는 비율 높아져

　　　　　　　　　　　　　　　　　　　　　　　　　　　　　(CNBC 08. 18)

– 8월 10~14일 미국 성인 1천 명을 대상으로 실시한 여론조사에서 미국인들의 트럼프 대통령의 경제 운용 방식에 대한 불안감을 보여주는 결과가 나왔다. 이러한 침체는 중국과의 관세 갈등으로 금융시장과 기업의 신뢰가 추락하고 자유무역에 대한 국

민의 지지가 높아진 것과 맞물린 것으로 보인다. 조사에 따르면 미국인들은 49%와 46%의 근소한 차이로 여전히 트럼프의 경제 운용 능력에 찬성하고 있는 것으로 나타났다. 그러나 이는 5월 초 51%의 지지율과 2018년 7월 50%의 지지율에 비해서 소폭 하락한 것이다. 동시에 64%의 미국인들이 현재 자유무역에 대해 찬성한다고 말하였다. 이는 트럼프 대통령 임기 초반의 57%, 오바마 대통령 임기 말의 51%보다 상승한 것이다. 특히 정치적 무당파들이 자유무역을 가장 열렬히 지지하고 있는데, 이들은 현재 77%-15%의 표차로 자유무역을 긍정적으로 평가하고 있다. 민주당원들 사이에서 그 차이는 73%-20%이고, 트럼프 대통령의 동료인 공화당원들조차 52%-39%의 차이로 자유무역에 긍정적으로 돌아섰다. 한편 트럼프의 전체 지지율은 7월 45%에서 43%로 소폭 하락했다.

08월 25일

• 미국을 대표하는 중요한 가치의 변화　　　　　　　　　(The Wall Street Journal 08. 25)

– 8월 10일부터 14일까지 1000명의 성인을 대상으로 실시한 여론조사에 따르면, 젊은 세대들이 애국심, 종교, 아이를 갖는 것이 20년 전에 비해 덜 중요하다고 평가함에 따라 미국을 대표하는 가치들이 점차 변하고 있는 것으로 나타났다. 이번 여론조사는 2020년 대선 후보들이 점점 더 다양한 가치가 대두되는 미국 사회에서 하나의 통일된 가치를 만드는 데에 어려움을 느낄 것으로 예상할 수 있는 신호이다. 가장 중요한 가치를 물어본 이번 조사에서 미국인의 61%가 애국심을 매우 중요하게 여겼는데 이는 1998년보다 9%p 하락한 수치이다. 또한 50%는 종교를 꼽았는데 이는 1998년보다 12%p 하락한 수치였으며, 약 43%는 아이를 갖는 것에 높은 가치를 두어 1998년보다 16%p 하락한 수치를 나타냈다. 특히 연령에 따라 극명하게 다른 견해가 나타났다. 예를 들어, 55세 이상의 사람들 중 거의 80%가 애국심이 매우 중요하다고 답했으나, 18세에서 38세 사이의 사람들은 42%만이 애국심을 중요한 가치로 꼽았다. 또한 나이가 많은 그룹의 3분의 2는 종교가 매우 중요하다고 언급했는데, 젊은 그룹에서는 3분의 1도 안 되는 사람들이 종교를 선택한 것으로 보아 큰 차이를 보이는 수치였다.

제2장
미국의 쟁점

미국 내 족벌주의의 대두

정현영

　트럼프 대통령의 가족들이 미국 사회에서 큰 논란을 불러일으키고 있다. 먼저 7월 8일에는 이방카 트럼프(Ivanka Trump)가 G20 정상회담에서 각국 수반들과 한자리에 앉았다는 사실이 알려졌다(CNN 2017. 07. 08). 트럼프 대통령이 회의 도중 다른 회의를 위해 회의장을 떠난 사이 그의 딸 이방카가 아버지를 대신하여 영국 총리 테레사 메이(Theresa May)와 중국 국가 주석 시진핑(習近平) 사이에 앉았던 것이다. 이 사건으로 인해 미국 내에서는 선거를 통해 선출되지 않은 이방카가 정책전문성을 가진 공직자의 위치에 설 자격이 있는가에 대한 회의적인 시선이 등장하였다(The Washington Post 2017. 07. 08).

　7월 11일에는 트럼프 주니어가 자신의 트위터 계정에 로브 골드스톤(Rob Goldstone)과 나눈 복수의 이메일 내용 전체를 공개했다. 골드스톤은 러시아 여성 변호사 나탈리야 베셀니츠카야(Natalia Veselnitskaya)와 트럼프 주니어의 회동을 주선한 이였다. 트럼프 주니어의 이러한 행보는 스스로 밝히길 '완벽하게 투명하게 하기 위한 것'이었지만(The New York Times 2017. 07. 11), CNN과 뉴욕 타임스, 워싱턴 포스트 등 주류 언론들과 야당인 민주당은 이메일이 러시아 스캔들의 실증적 증거라며 여론몰이에 나섰다(동아일보 2017. 07. 13).

공개된 이메일에서 또 한 가지 주목해야 할 부분은, 트럼프의 사위인 제러드 쿠슈너에 대한 여론이 이미 좋지 않은 상황에서 그의 동석이 함께 언급되었다는 점이다. 쿠슈너는 지난 6월 이스라엘과 팔레스타인 간 평화협상 재개를 모색하고자 이스라엘을 방문하기도 하는 등 백악관 선임 고문의 역할을 맡아 왔다(연합뉴스 2017. 06. 22). 그러나 여론은 이에 대해 탐탁지 않은 시선을 보여 왔다. 미국 퀴니피악(Quinnipiac) 대학에서의 여론조사 실시 결과, 제러드 쿠슈너가 미 정부 내에서 중요한 역할을 맡는 것이 적절하지 않다는 응답이 63%에 달했다(연합뉴스 2017. 06. 08).

트럼프 대통령은 가족들을 변호하기 바쁘다. 딸 이방카는 '지극히 일반적인 행동'을 했을 뿐이고(Politico 2017. 07. 10), 장남 트럼프 주니어는 옳은 일을 했음에도 불구하고 마녀사냥의 희생양이 되고 있다고 말이다(Politico 2017. 07. 12). 그러나 트럼프는 사적인 자리가 아니라 선거를 통해 선출된 대리인으로서 국민을 대표하는 위치에 있는 만큼, 자신의 가족들에게 정치적인 권위를 부여하거나 그들의 정치적인 행위를 평가하는 데 있어 신중을 기해야 할 필요가 있다.

참고문헌

박용기·구자룡. 2017. "트럼프 장남의 자충수…공개한 e메일이 '러 내통' 증거로." 『동아일보』(07월 13일).

이귀원. 2017. "트럼프 지지율 34%로 추락…40% '임기 못 채울 것' 전망." 『연합뉴스』(06월 08일).

연합뉴스. 2017. "트럼프 실세 사위 쿠슈너 이스라엘 방문…이-팔 협상 모색"(06월 22일).

Dan Merica. 2017. "Ivanka Trump briefly sits in for her father at G20 session." *CNN*(July 08).

John Wagner. 2017. "President says Donald Trump Jr. is 'open, transparent and innocent'." *The Washington Post*(July 12).

Kelsey Tamborrino. 2017. "Trump says Ivanka holding G-20 SEAT 'very standard'." *Politico*(July 10).

K.K.Rebecca Lai, Alicia Parlapiano. 2017. "What We know About Donald Trump Jr.'s Russia Meeting," *The New York Times*(July 18).

Kristine Phillips. 2017. "'Unelected, unqualified': The Internet's reaction to Ivanka Trump taking her dad's seat at G-20," *The Washington Post*(July 08).

||||||||||||||||||||||||||||||||||||||||||||||||||||||||||||||||||||||||||||||||||||||||||||||||||||||||||||||||||||||||||||||||

트럼프 대통령, 분열된 조각들을 맞춰나가야 할 때

정현영

8월 12일 미국 버지니아주 샬러츠빌에서 열린 백인 우월주의자들의 집회가 폭력 사태로 번지면서 유혈 사태가 벌어졌다(동아일보 2017. 08. 14). 일부 참가자들은 나치 상징 깃발이나 극단적 백인 우월주의 단체 큐클럭스클랜의 휘장을 흔들었고, 흑인 민권단체 등은 이에 대한 맞불 시위를 벌였다(동아일보 2017. 08. 14).

이날 백인 우월주의자들과 그에 대항한 쪽 모두에게 사태의 책임을 돌린 트럼프 대통령(CNN 2017. 08. 22)은 이틀 후 "인종주의는 악"이라고 공개 천명했음에도 불구하고 여전히 정치권과 언론사, 여론으로부터 뭇매를 맞고 있다. 일례로 조 바이든 전 미국 부통령은 트럼프 대통령의 발언에 대해 신나치주의자들과 큐클럭스클랜, 그리고 그들의 증오심에 대항하는 사람들을 도덕적으로 동등하게 취급한 것이라며 "헌법에 대한 멸시와 미국을 분열하려는 의지가 끝이 없다"고 비판했다(연합뉴스 2017. 08. 29). 또 스티브 코언(Steve Cohen) 민주당 하원의원은 트럼프 대통령이 백인우월주의자들을 비난하는 대신 양비론을 제기해 인종 갈등에 기름을 부었다며 대통령에 대한 탄핵소추안을 발의하겠다고 밝혔다(연합뉴스 2017. 08. 18).

한편 퀴니피악 대학의 한 설문조사에 따르면, 공화당을 지지하는 사람들 중 30%가 샬러츠빌 사태의 책임을 백인 우월주의자들이 아닌 그에 맞선 맞불 시위대에게로 돌리고 있는 것으로 나타났다(The Washington Post 2017. 08. 23). 모른다는 응답(32%)을 제외했을 때 백인 우월주의자들의 탓이라고 답한 사람들의 수에 거의 대응하는 수치다. 퀴니피악 대학의 또 다른 설문조사에 따르면, 트럼프 대통령의 발언이 백인 우월주의자들에게 별다른 영향력을 미치지 못했다는 응답이 35%, 오히려 그들에게 힘을 실어줬다는 응답이 59%로, 특히 트럼프 대통령이 그들에게 의도적으로 힘을 실어주고 있다는 평가가 많았다(CNN 2017. 08. 23).

이러한 조사 결과는 사회 분열을 방지하고 국민의 통합을 위해 힘써야 할 존재인 대통령이 제 역할을 하지 못하고 있다는 사실을 보여주고 있다. 트럼프 대통령에게는 국민들을 더 나아가 미국 사회를 올바른 길로 이끌 의무가 있고, 그러려면 사회 분열의 조각들을 맞춰나가야 한다. 특히 미국은 이주민들에 의해 국가의 틀을 갖춰 왔고 현재도 다양한 인종이 거주하고 있는 만큼 트럼프 대통령은 표현의 자유와 평화집회에 대한 권리를 보장하되, 이와 같은 권리가 인종차별주의적 증오와 범죄를 조장하는 데 남용되지 않도록 보장해야 할 것이다.

참고문헌

김수연. 2017. "美 '백인 우월주의 반대' 시위대에 차량 돌진… 20명 사상." 『동아일보』 (08월 14일).
연합뉴스. 2017. "美 민주의원 '좋은 나치는 없다…트럼프 탄핵안 발의'"(08월 18일).
연합뉴스. 2017. "바이든 前부통령 '트럼프 헌법 멸시 끝이 없다'"(08월 29일).
Aaron Blake. 2017. "30 percent of Republicans say white supremacists don't carry the most blame for Charlottesville." *The Washington Post*(August 23).
Eric Bradner. 2017. "Donald Trump defends Charlottesville responses, omits reference to 'many sides'." *CNN*(August 11).
Ryan Struyk. 2017. "Virtually no one thinks Trump has discouraged white supremacists." *CNN*(August 23).

다카 폐지, 시대에 역행하는 미국의 현주소

권정현

트럼프 대통령이 9월 초 6개월 유예기간을 둔 후, 2018년 3월부로 다카 프로그

램을 전격 폐지하겠다고 밝혔다(중앙일보 2017. 09. 06). 이에 민주당은 다카 수혜자
들을 보호할 대체 법안을 마련할 것에 트럼프 대통령과 합의했다(Politico 2017. 09.
15). 하지만 이 법안이 통과되기 위해서는 민주당이 국경안보 예산안 증액에 동
의해야 할 것임을 전제로 하여, 다카가 폐지되기 전까지 대체 법안이 마련될 수
있을지는 미지수이다(The Hill 2017. 09. 19).

만약 6개월의 유예기간 후에도 대체 법안이 통과되지 못한다면, 80만 명에 달
하는 이민자들은 아무런 대책 없이 쫓겨날 처지에 놓이게 된다. 80만 이민자들
의 운명을 국경장벽예산과 교환하려는 트럼프 대통령의 행위는 인권에 대한 최
소한의 존중마저 결여하고 있는 듯 보인다. 민주주의와 인권 수호를 최우선순위
에 놓아야 할 미국의 대통령이 그에 반하는 방향으로 가고 있는 현 상황에서, '미
국을 다시 위대하게(Make America Great Again)'(경향신문 2015. 08. 13) 만들기 위해 진
정으로 필요한 가치가 무엇인지 사회적 논의가 필요한 때이다.

참고문헌

남지원·손제민. 2015. "미 대선 '조기 열풍' 두 주역 샌더스·트럼프." 『경향신문』(8월
13일).
이민정. 2017. "美, DACA 폐지 공식 선언…80만 불법체류 청년 추방된다." 『중앙일
보』(9월 6일).
Jordain Carney. 2017. "Key Democrat: 'Naive' to think DACA will pass without
border security." *The Hill*(September 19).
Madeline Conway. 2017. "White House says it will lay out immigration priorities
in 7 to 10 days." *Politico*(September 15).

공화당, 총기 규제 원하는 국민의 뜻에 귀 기울여야

권정현

10월 1일 라스베이거스에서 발생한 역대 최악의 총기 난사로 인해 59명이 숨

지고 500여 명이 부상했다. 2016년 6월 올랜도 참사가 발생한 이후 477일 동안 총 521건의 총기 난사 사건이 발생한 것이며, 월평균 33건의 총기 난사 사건이 발생한 셈이다(경향신문 2017. 10. 04).

이에 대부분의 미국인이 더 강력한 총기규제를 지지하고 있음에도 불구하고 (Politico 2017. 10. 11) 상하원을 잠식하고 있는 공화당은 총기 규제에 난색을 보이고 있다. 이들은 미국총기협회(National Rifle Association, NRA)로부터 전폭적인 후원금을 받고 있기 때문이다(The New York Times 2017. 10. 04; 연합뉴스 2017. 10. 05 재인용). 미국에선 항상 총기 난사 사건이 발생해 왔지만 각각 주들이 가진 상이한 이해관계와 공화당 의원들의 반대로 인해 규제 법안은 좌절되었고, 국민들의 생명권은 끊임없이 위협받았다. 이제 의회와 공화당은 로비스트와의 강한 유착관계를 끊어내고 국민의 목소리에 귀를 기울여 일부 집단이 아닌, 전체 시민들의 목소리가 반영되는 입법안을 제정하고 실행해야 할 것이다.

참고문헌

박영환. 2017. "최악의 총기참사에도 무대책인 미국 의회와 정부." 『경향신문』(10월 04일).

이준서. 2017. "총기규제 반대하는 미 공화당…'역시나 총기협회 후원금 독식'." 『연합뉴스』(10월 05일).

Steven Shepard. 2017. "Poll: Majority backs stricter gun control laws after Vegas shooting." *Politico*(October 11).

정치권과 국민에게 외면받고 있는 트럼프 대통령

권정현

2017년 5월 미국 법무부는 러시아의 미국 대선개입 해킹 사건 및 트럼프 캠프와 러시아 정부 간의 내통 의혹에 대해 특검 수사를 실시하기로 결정했으며, 로버트 뮬러 특검은 대통령의 사법방해 여부에 대해 집중 추궁하고 있다(중앙일보

2017. 05. 18). 사법방해 여부는 대통령 탄핵의 주요 사유가 될 수 있는 것으로서(중앙일보 2017. 05. 18) 10월 31일 트럼프 선대본부장 등 3명이 기소되며 민주당 몇몇 의원들에 의해 한동안 잠잠했던 트럼프 대통령의 탄핵 가능성이 회자되고 있다(Politico 2017. 11. 15).

만약 탄핵안이 발의된다고 하더라도 공화당이 상·하원을 장악하고 있기 때문에 통과되기는 쉽지 않을 것이다. 그러나 연달아 발생한 총기 난사 사건과 인종차별 논란으로 미국사회는 분열되었고 그로 인해 트럼프 대통령의 지지율은 역대 최하를 기록하며(The Washington Post 2017. 11. 07; 경향신문 2017. 11. 08 재인용) 정치권뿐만 아니라 민심까지 돌아섰다. 따라서 트럼프 대통령은 유권자와 소통하며 미국을 분열시킨 이슈들을 통합의 방향으로 이끌어 대의민주주의하에서 대통령의 역할을 충실히 수행하는 모습을 보여야 할 것이다.

참고문헌

박영환. 2017. "트럼프 당선 1년, 증시 '활활' 여론 '싸늘'." 『경향신문』(11월 08일).
백민정. 2017. "트럼프 운명 쥔 '특검' 로버트 뮬러는 누구인가." 『중앙일보』(05월 18일).
Nolan Mccaskill. 2017. "Six Democrats demand Trump impeachment hearings." *Politico*(November 15).

트럼프 대통령, 다양성에 대한 이해와 존중 필요

권정현

트럼프 대통령은 12월 6일 예루살렘을 이스라엘의 수도로 공식 인정했다(USATODAY 2017. 12. 28; 세계일보 2017. 12. 29 재인용). 이는 1947년 이래로 예루살렘을 어느 국가에도 속하지 않는 지역으로 간주해 온 전통을 깨고 이스라엘의 손을 들어 준 것이다(AFP 2017. 12. 06; 조선일보 2017. 12. 27 재인용). 그런데 이러한 트럼프 대통령의 결정에 가장 환호하는 사람들은 기독복음주의 보수층이라는 점에서 결국은 트럼프의 콘크리트 지지층에 신뢰를 주기 위한 결정으로 볼 수 있다(CNN

2017. 12. 06; 문화일보 2017. 12. 07 재인용). 뿐만 아니라 트럼프 대통령은 지난 9월 다카 프로그램을 전격 폐지하였고(조선일보 2017. 09. 06), 11월엔 비자추첨제를 중단하며 (연합뉴스 2017. 11. 20) 미국 내 다양성의 가치를 훼손시켰다.

　대의민주주의하에서 대통령은 모든 국민을 포용할 수 있는 정책을 펼쳐야 하는데, 특정 집단만을 위한 정책을 펼친다면 미국 사회는 분열되어 혼란이 가중될 위험이 있다. 따라서 트럼프 대통령은 국민들의 다양한 목소리에 귀 기울임으로써 다양성을 존중하고 미국 사회에서 발생할 수 있는 갈등과 분열을 예방할 수 있도록 노력해야 할 것이다.

참고문헌

고상민. 2017. "트럼프 '다카' 폐지… 한인 1만여 명 추방 위기." 『조선일보』(09월 06일).
김다영. 2017. "'인기하락' 트럼프, '예루살렘 선언' 왜?" 『문화일보』(12월 07일).
박종현. 2017. "2017년 세계에 충격파를 던졌던 트럼프 정부." 『세계일보』(12월 29일).
신지홍, 송수경. 2017. "트럼프 '비자 추첨제 폐지하고 메리트 시스템으로 바꿔야.'"
　『연합뉴스』(11월 02일).
오현영. 2017. "피로 얼룩진 신성한 땅, 예루살렘." 『조선일보』(12월 27일).

4년 3개월 만의 셧다운, 책임 공방보다 행동이 필요한 때

권정현

　1월 20일 발생한 연방정부 셧다운은 트럼프 대통령의 불법이민자 추방 정책에서 비롯되었다(The Washington Post 2018. 01. 20; 국민일보 2018. 01. 21 재인용). 특히나 최대 쟁점인 이민법의 개정을 두고 다카 프로그램의 부활에 준하는 보완대책을 요구하는 민주당과, 불법 이민 방지를 위한 제도 개선에 방점을 둔 트럼프 대통령 및 공화당 간에 간극이 큰 상황이다(KBS NEWS 2018. 01. 23).

　백악관은 이번 셧다운을 '슈머 셧다운'이라 칭하며 민주당에 연방정부 폐쇄의 책임을 돌린 반면, 척 슈머 민주당 상원 원내대표는 '트럼프 셧다운'이라고 부르

며 트럼프 대통령에게 책임의 소재를 물었다(CNN 2018. 01. 20; 조선일보 2018. 01. 20
재인용).

민주당과 공화당은 네 번째 단기 예산안의 유효기간인 2월 8일까지 서로의 입
장 차를 좁히지 못하면 2017년 10월 이후 다섯 번째 단기 예산안으로 정국이 운
영될 수 있다(KBS NEWS 2018. 01. 23). 따라서 양당은 서로에게 셧다운의 책임을 돌
리기보다는 국민들의 목소리에 귀 기울여 서로의 입장 차를 줄여가며 최종 예산
안을 통과시킬 수 있도록 전력을 기울여야 할 것이다.

참고문헌

이재원. 2018. "셧다운 앞에서 한발씩 물러난 美 여야…뇌관 미뤄둔 '봉합'." 『KBS
    NEWS』(01월 23일).
정건희. 2018. "'트럼프 인종차별이 정부 마비시켰다'…백악관 향하는 화살." 『국민일
    보』(01월 20일).
정의길. 2018. "미 정부 셧다운 미봉…워싱턴 당파싸움 고질 재확인." 『한겨레』(01월
    23일).

또 다시 발생한 총기 난사 사건과 정치권 내 논의

권정현

2월 14일 플로리다주에서 발생한 총기 난사 사건으로 인해 10대들은 거리로
나서 총기 규제를 호소했으며(한겨레 2018. 02. 19), 정치권에서는 이 문제가 다시금
수면위로 떠올랐다. 후속 대응으로서 트럼프 대통령은 3대 총기 규제 강화책으
로 반자동 소총의 구매 가능연령을 올리고 범프 스탁 판매를 중단하며 닉스(National Instant Criminal Background Check System, NICS)를 강화하는 방안을 발표했다
(연합뉴스 2018. 02. 23).

이렇듯 여러 보안책에 대한 목소리가 나오고 있지만, 실질적 조치들이 이뤄질
수 있을 지에 대해선 회의적이다(경향신문 2018. 02. 20). 트럼프 대통령은 닉스(NICS)

를 강화하는 방안에 동의한다고 밝혔지만, 최근 제출한 예산안에서는 프로그램 유지를 위한 16%의 예산을 삭감했다(경향신문 2018. 02. 20). 또한 민주당은 2013년 총기 규제를 강화하는 법안을 추진했지만 공화당의 반대로 상원에서 부결된 바 있다(경향신문 2018. 02. 20). 이는 이익집단과 로비의 정치가 안고 있는 문제를 여실히 보여주는 것으로서 그동안 미국 정치의 가장 심각한 문제점으로 꼽혀왔다. 따라서 총기 규제를 강화하기 위해 공화당-전미총기협회-관료들 간의 공생적 관계를 끊어낼 수 있을지 귀추가 주목된다.

참고문헌

강영두·신지홍. 2018. "트럼프 '아이들 보호가 가장 중요'…3대 총기규제책 추진." 『연합뉴스』(02월 23일).
박영환. 2018. "10대들의 총기규제 요구에 미국 정치권은 반응할까…보완책 목소리 나오지만 전망은 회의적." 『연합뉴스』(02월 20일).
정의길. 2018. "미국 총기 규제, 총기 난사 생존 학생들이 직접 나선다." 『한겨레』(02월 19일).

중도 성향 강조한 코너 램의 승리와 민주당의 내부 분열

한소정

3월 13일 치러진 펜실베이니아 연방하원 보궐선거에서 민주당의 코너 램 후보가 공화당의 릭 서콘 후보를 제치고 당선의 기쁨을 누렸다(Politico 2018. 03. 13; 한국일보 2018. 03. 15 재인용). 이 지역은 트럼프 대통령의 정치적 기반인 러스트 벨트(Rust Belt·쇠락한 공업지대를 일컫는 표현)가 위치한 곳으로, 다가오는 11월 중간선거의 향방을 가늠해볼 수 있다는 점에서 주목받아 왔다(Reuters 2018. 03. 14; 연합뉴스 2018. 03. 15 재인용).

그러나 민주당은 마냥 환영할 수는 상황이다. 코너 램 당선인이 선거 기간 동안 민주당의 낸시 펠로시 하원 원내대표를 비판하며 민주당 지도부와 거리를 두는 행보를 보여 왔기 때문이다(Politico 2018. 03. 13; 한국일보 2018. 03. 15 재인용). 그의
당선 이후 펠로시 지도부를 비판하는 민주당 의원들이 증가함에 따라 민주당 내
부의 이념적 분열은 점차 심화될 조짐을 보이고 있다(Politico 2018. 03. 13; 한국일보
2018. 03. 15 재인용). 중간선거를 앞두고 당의 정체성이 흔들리는 가운데, 코너 램의
당선이 갖는 시사점에 대한 민주당의 신중한 고찰이 필요할 것으로 예상된다.

참고문헌

강건택·이준서. 2018. "'11월의 전주곡' 철강 러스트벨트 보선…민주당 초박빙 '승
기'." 『연합뉴스』(03월 15일).
나주석. 2018. "美 민주당, 펜실베이니아州 하원 승리…'이기는 방법 알았다'." 『아시
아경제』(03월 15일).
송용창. 2018. "'트럼프에 실망했지만 야당 지도부도 별로'… 민주당 씁쓸한 승리."
『한국일보』(03월 15일).

||||||||||||||||||||||||||||||||||||||||||||||||||||||||||||||||||||||||||||||||||||||||||||||||||||||||||||||||||||||||||||||||||||

미시시피주 첫 여성 상원의원의 탄생이 갖는 의미

한소정

미시시피주에서 공화당 소속의 신디 하이드-스미스(Cindy Hyde-Smith)가 연방
상원의원에 지명됨으로써 주 최초의 여성 상원의원이 탄생했다(CNN 2018. 04. 09).
그간 미시시피가 연방 상·하원을 통틀어 여성의원이 단 한 번도 없었다는 사실
을 감안할 때, 이번 지명을 계기로 향후 보다 많은 여성들이 적극적으로 정치에
참여할 수 있을 것이라는 전망이 나오고 있으며(USATODAY 2018. 03. 21), 그녀가 공
식적으로 취임함으로써 연방 상원 내 여성의원의 수는 역대 최다인 23명을 기록
했다(AFP 2018. 03. 21; 뉴스1 2018. 03. 22 재인용).

분명 오랜 기간에 걸쳐 미국 내에서 정치는 남성들의 배타적인 영역으로 여
겨져 왔다(Lawless and Fox 2012). 실제로 이코노미스트(Economist)에서 조사한
OECD(Organization for Economic Cooperation and Development, OECD) 유리천장 지

수(The Glass-Ceiling Index)에 의하면 최근 몇 년간 미국의 유리천장 지수는 갈수록 악화되고 있다(Economist 2015; 2016; 2017). 그러나 이런 상황 속에서도 전통적으로 농업에 치중해 온 미시시피주의 특성상, 하이드-스미스는 오랜 기간 농업위원으로 근무했던 전문성을 바탕으로 연방 상원의원에 지목될 수 있었다(FOX News 2018. 03. 22). 따라서 이번 지명을 계기로, 전문성을 가진 더욱 많은 여성 정치인들이 젠더 프레임의 한계를 넘어 그 능력을 오롯이 인정받을 수 있는 발판이 마련되리라 기대하는 바이다.

참고문헌

김 진. 2018. "美 미시시피 주 '여성' 상원의원 탄생…버몬트 주 '0'." 『뉴스 1』(03월 22일).

Ashley Killough. 2018. "Hyde-Smith becomes first woman to represent Mississippi in Congress." *CNN*(April 09).

Deborah Barfiled Berry. 2018. "Advocates hope Cindy Hyde-Smith's historic Senate appointment spurs other women to run." *USATODAY*(March 21)

Jennifer L. Lawless, Richard L. Fox. 2012. *It Still Takes A Candidate; Why Women Don't Run for Office*. New York: Cambridge University Express

Kaitlyn Schallhorn. 2018. "Who is Cindy Hyde-Smith? 5 hings to know about Cochran's Senate replacement." *FOX News*(March 22)

Economist. 2015. "2015 Glass-Ceiling Index." https://www.economist.com/business/2015/03/05/female-finns-are-faring-fine(검색일: 2019.02.20).

Economist. 2016. "2016 Glass-Ceiling Index." https://www.economist.com/graphic-detail/2016/03/03/the-best-and-worst-places-to-be-a-working-woman(검색일: 2019.02.20).

Economist. 2017. "2017 Glass-Ceiling Index." https://www.economist.com/graphic-detail/2017/03/08/the-best-and-worst-places-to-be-a-working-woman(검색일: 2019.02.20).

이스라엘 미 대사관 이전에 대한 엇갈린 여론

한소정

이스라엘 주재의 미국 대사관을 텔아비브에서 예루살렘으로 이전한 트럼프 대통령의 결정을 두고 여론의 대립이 거세다(뉴시스 2017. 12. 07). 정치권에서는 백악관의 대사관 이전 결정을 대체적으로 환영하고 있지만(프레시안 2018. 05. 14), 일반 유권자들 인식의 경우 이를 두고 찬반 대립이 각각 41%와 43%로 팽팽하게 유지되고 있는 상태다(CBS News 2018. 05. 14).

그럼에도 불구하고 트럼프 대통령이 대사관 이전을 강행한 이유는 중간선거를 앞두고 주요 지지층인 복음주의 신앙을 가진 시골 백인 남성들의 표심을 결집시키기 위해서였다는 평가가 나오고 있다(뉴스1 2018. 05. 15). 또한 트럼프 대통령이 줄곧 강조해오던, 오바마 전(前) 정권의 모든 정책에 반대하는 정치적 기조의 연장선으로서, 친(親)이스라엘·반(反)이란 정책의 일환으로도 해석 가능하다(주간조선 2018. 04. 27).

그러나 여전히 절반에 가까운 미국인들은 이스라엘 문제에 대한 백악관의 행보를 두고 부정적인 입장을 보이고 있는 상황이다. 특정 집단만을 위하는 정치는 결코 대의 민주주의의 표상이라고 할 수 없다. 따라서 트럼프 대통령은 정치적 이익을 떠나, 일국의 대통령으로서 보다 많은 국민들의 의견을 수렴할 필요가 있을 것이다.

참고문헌

김윤정. 2018. "'손해 안 보는' 트럼프, 중동화약고 건드려 얻은 건?" 『뉴스 1』(05월 15일).

김재명. 2018. "오늘 미국이 중동의 지옥문을 연다." 『프레시안』(05월 14일).

주간조선. 2018. "예루살렘 미대사관 이전 후폭풍"(04월 27일)

조인우. 2017. "트럼프, 예루살렘 선언 강행 왜? 4개의 가설" 『뉴시스』(12월 07일)

Jennifer De Pinto. 2018. "Americans Split on Trump's handling of relations with Israel – CBS News poll." *CBS News*(May 14).

누구를 위한 불법 이민자 무관용 정책인가

한소정

불법 이민자 무관용 정책 논란이 좀처럼 사라질 기미를 보이지 않고 있다(뉴시스 2018. 06. 24). 이는 불법 이민자들을 전원 기소하여 즉시 추방하고 불법 이민자 부모와 자녀를 격리시키자는 트럼프 대통령의 정책으로, 지나치게 강경한 내용을 담고 있어 야당인 민주당을 포함해 여당인 공화당의 일부 의원들마저 해당 정책을 비판하고 있는 상황이다(The Washington Post 2018. 06. 18; 서울신문 2018. 06. 19 재인용).

무관용 정책을 바라보는 여론도 긍정적이지 않다(연합뉴스 2018. 06. 20). 무관용 정책을 폐지하라는 항의시위가 열리는 가운데, 불법 이민자 가족을 위한 자발적인 모금 운동도 행해졌다(AP 2018. 06. 19; 경향신문 2018. 06. 20 재인용). 실제로 퀴니피악 대학이 실시한 여론조사에서 불법 이민자 가족의 분리를 반대한다고 답한 응답자는 전체의 66%를 기록한 바 있다(CNBC News 2018. 06. 18; 뉴스핌 2018. 06. 20 재인용).

이렇듯 정치권과 여론은 불법 이민자 무관용 정책을 강하게 비판하고 있지만, 트럼프 대통령은 뜻을 굽히지 않겠다는 의사를 확고히 밝히고 있다(뉴시스 2018. 06. 24). 그러나 이에 대한 대중의 시선도 부정적일뿐더러 공화당 내부에서조차 반대의 의견이 증가하고 있다. 따라서 트럼프 대통령은 다수가 우려하는 정책을 펼치기에 앞서, 정책에 대한 충분한 숙고가 필요할 것으로 보인다.

참고문헌

박용필. 2018. "부모·자녀 갈라놓는 트럼프 '무관용 정책' 미국 전역 '분노.'" 『경향신문』(06월 20일).
박종익. 2018. "'엄마 어딨어요?'…美 불법이민자 정책 비판하는 단 한 장의 사진." 『서울신문』(06월 19일).

제3부.. 미국의 동향 및 쟁점 **421**

이혜원. 2018. "트럼프 '무관용' 이민정책 논란 격화…부모자녀 강제격리는 일단 중
　단." 『뉴시스』(06월 24일).
최원진. 2018. "美공화당, 이민자 자녀 격리수용 막기…'반대 여론에 11월 중간선거
　의식'." 『뉴스핌』(06월 20일).

‖‖

러시아 게이트 논란의 중심에 선 트럼프

한소정

지난 2016년도 미국 대선에서 도널드 트럼프 당시 공화당 후보의 측근들과 러
시아 공작원들이 부적절한 밀담을 나누었다는 의혹을 담은 러시아 게이트 논란
이 정치권의 쟁점으로 지속되고 있다(Politico 2018. 07. 14; 연합뉴스 2018. 07. 15 재인용).
더불어 헬싱키에서 이루어진 미러 정상회담에서 트럼프 대통령이 러시아의 대
선 개입이 사실이라고 결론 내린 미국 정보기관들의 판단 대신 그런 일이 없었
다고 말한 푸틴 대통령의 주장을 믿는다는 발언을 남겨, 여당과 야당 모두 이를
비판하고 있는 상황이다(뉴시스 2018. 07. 22). 실제로 SSRS(SQL Server Reporting Ser-
vices)가 실시한 여론조사에 의하면 잇따른 러시아 게이트 논란에 대해 트럼프 대
통령이 탄핵되어야 한다고 주장한 응답자는 전체의 42%로, 과반에 가까운 수치
를 기록한 바 있다(CNN 2018. 06. 22; 경인일보 2018. 06. 23 재인용).

이처럼 러시아 게이트 논란이 가중되는 가운데, 백악관은 악화되는 여론을 달
래기 위해 미국 정보기관의 결론을 수용한다고 급히 밝혔지만 이를 바라보는 정
치권과 여론의 시선은 여전히 싸늘하다(뉴시스 2018. 07. 18). 일국의 대통령이 자국
의 정보기관을 믿지 못한다는 것은 논란의 여지가 있는 발언으로, 향후 트럼프
대통령에게 더욱 더 신중한 숙고가 필요하리라 생각된다.

참고문헌

경인일보. 2018. "CNN "트럼프, '러시아 스캔들' 탄핵 찬성 여론 42%"… 가능성은?"
　(06월 23일).

박상주. 2018. "트럼프, '美 정보기관 러 대선개입 조사결과' 수용." 『뉴시스』(07월 18
    일).
이현미. 2018. "문제아 트럼프?…진짜 문제는 공화당!" 『뉴시스』(07월 22일).
장재은. 2018. "美 정치 다시 들쑤시는 '러시아 게이트'…법무副장관 '탄핵' 논란."
    『연합뉴스』(07월 15일).

||||||||||||||||||||||||||||||||||||||||||||||||||||||||||||||||||||||||||||||||||||||||||||||

트럼프 탄핵론의 재부상과 주저하는 민주당

한소정

　도널드 트럼프 대통령에 대한 탄핵을 요구하는 트럼프 탄핵론이 정치권의 화
두로 다시금 떠오르고 있다(SBS News 2018. 08. 23). 선거자금법과 금융사기, 탈세
등의 위법 행위 의혹과 관련해 오랜 기간 트럼프 대통령의 측근이었던 마이클
코헨과 폴 매너포트가 유죄로 평결되자, 이들과 깊이 연루된 트럼프 대통령 또
한 유권자들로부터 정치인으로서의 자질을 의심 받고 있는 것이다(MSNBC 2018.
08. 22; 서울신문 2018. 08. 23 재인용).

　그러나 야당인 민주당은 무리한 탄핵 추진이 중간선거에서 역풍으로 작용
할까 우려하여 정당 차원에서의 탄핵 추진을 주저하고 있다(The Washington Post
2018. 08. 22; 국민일보 2018. 08. 23 재인용). 실제로 The Washington Post와 ABC 뉴스
가 공동으로 실시한 여론조사에 의하면 응답자의 49%가 트럼프 대통령에 대한
탄핵 절차가 시작되어야 한다고 답할 만큼 여론은 탄핵에 대한 강한 의지를 드러
내고 있으나(The Washington Post 2018. 08. 31), 정작 민주당은 오는 11월 중간선거에
출마하는 당내 후보들을 향해 가급적 탄핵을 언급하지 말 것을 권고하며 소극적
인 자세를 보이고 있는 상황이다(The New York Times 2018. 08. 24).

　분명 탄핵은 신중한 정치적 고려를 거쳐 결정되어야 하는 중차대한 문제다.
다만 탄핵에 대한 여론의 요구가 강력해지고 있는 만큼, 민주당은 유권자들의
의사 또한 충분히 수렴하여 탄핵 추진을 결정할 필요가 있으리라 생각된다.

참고문헌

정혜진. 2018. "[취재파일] 트럼프 호텔 입구 장식한 '유죄'…'탄핵 열차' 출발하나?"
　　『SBS News』(08월 23일).

하윤해. 2018. "다시 불붙은 트럼프 탄핵론…공수 뒤바뀐 여야."『국민일보』(08월 23
　　일).

하종훈. 2018. "코언 '트럼프, 러 해킹 알고 있었다'…열리는 탄핵 게이트."『서울신
　　문』(08월 23일).

Philip Rucker, Scott Clement. 2018. "Poll: 60 percent disapprove of Trump,
　　while clear majorities back Mueller and Sessions." *The Washington Post*(08월
　　31일).

Trip Gabriel. 2018. "Democratic Split on Impeachment Talk: Officials Avoid It,
　　but Voters Are Eager for It." *The New York Times*(08월 24일).

‖‖‖

소수자들의 중간선거 경선에서의 정치적 영향력 확대

박예린

　전통적인 스윙 스테이트(Swing State·미국 내 양 정당의 지지율이 비슷한 주)인 뉴 햄
프셔주에서 민주당에서는 자신을 게이라고 밝힌 크리스 패퍼스(Chris Pappas)가,
공화당에서는 흑인인 에디 에드워즈(Eddie Edwards)가 후보로 선출되었다(뉴시스
2018. 09. 12). 이는 최초의 게이 하원의원이나 흑인 하원의원의 탄생을 의미하는
것으로 소수자의 정치적 영향력의 확대를 보여준다.

　이러한 소수자들의 정치적 약진은 뉴 햄프셔주에만 해당되는 것은 아니다. 버
몬트 주지사 민주당 경선에서는 성전환 수술을 한 크리스틴 홀퀴스트(Christine
Hallquist)가, 텍사스 주지사 민주당 후보로는 히스패닉이자 레즈비언인 루페 발
데스(Lupe Valdez)가, 그리고 보수적이고 특히 백인 공화당 지지자들이 많아 인
종 차별이 심한 조지아주에서는 최초로 흑인 여성 스테이시 에이브럼스(Stacey
Abrams)가 주지사 후보에 올랐다(중앙일보 2018. 09. 25).

소수자 후보들의 약진은 소수자들의 정치적 지위 향상이라는 의미를 가지며, 특히 이는 다양한 사람들이 거주하는 미국 사회에서 사회통합의 좋은 발판이 될 수 있다. 따라서 사회 통합의 진전을 위해 다양한 방면에서 소수자들의 정치적 영향력이 확대될 수 있도록 정치권의 노력이 지속되어야 할 것이다.

참고문헌

연합뉴스. 2018. "美 중간선거, 초강력 '여풍'예고–"본선행"여성 후보 역대 최고"(08월 09일).

동아일보. 2018. "게이 대 흑인…美 뉴햄프셔, 역사적 하원의원 탄생 예고"(09월 12일).

황수연. 2018. "美 중간선거 흔드는 '핑크 웨이브'…3명 중 1명 女 주지사 시대 열릴까."『중앙일보』(09월 25일).

Denise Lu. 2018. "A record number of women have won house primaries." *The New York Times*(August 24).

David Ingold, Allison McCartney. 2018. "Here's How Women Did in Congressional Primaries." *Bloomberg*(September 13).

캐버노 대법관 임명과 공화당의 전망

박예린

성폭행 혐의 논란이 있었던 판사 캐버노의 인준안이 미 상원 본회의 표결에서 찬반 50 대 48표로 통과되었다(중앙일보 2018. 10. 08). 한편 캐버노는 조시 부시 행정부에서 백악관 고문을 담당하는 등 꽤나 당파적 모습을 보이고(USA TODAY 2018. 09. 03), 보수적인 판사로 잘 알려져 있어 앤서니 케네디(Anthony Kennedy) 대법관의 후임으로서 적절한지 논란이 있었다(뉴시스 2018. 07. 10).

그러나 트럼프 대통령은 캐버노 인준에 대해 강력한 의지를 표했다(CNN 2018. 10. 01). 더불어 청문회에서는 공화당 상원의원들이 캐버노를 옹호하였고, 그의 지명이 상원 원내 확인투표까지 이어질 것이라고 말했다(VOX 2018. 09. 28). 트럼프 대통령과 공화당의 강력한 의지에도 불구하고 여전히 여론은 캐버노 지명을 약 50%정도 반대하는 등 부정적으로 나타났다(CNN 2018. 09. 24). 또한 캐버노의 성폭행 혐의수사가 진행되는 가운데 피해자의 증언과 여론의 반대가 있었다(조선일보 2018. 10. 05).

캐버노 대법관 임명으로 보수적 입지를 늘리려고 하는 공화당은 이해관계만을 내세우지 말고 국민으로부터 충분히 신뢰받는 대표성이 확보되는 노력을 해야 할 것이다.

참고문헌

남민우. 2018. "美 공화당, 5일 캐버노 인준안 표결 강행 추진…수천 명 시위 '인준 반대'."『조선일보』(10월 05일).

뉴시스. 2018. "트럼프, 캐배너 연방대법관에 지명…백악관 인준 올인"(07월 10일)

CNN. 2018. "Trump: 'I don't want to talk about plan B' for Kavanaugh"(October 01).

Dylan Scott. 2018. "The very simple reason Republicans are fighting so hard for Brett Kavanaugh." *VOX*(September 28).

Grace Sparks. 2018. "Americans are split on whether they believe Christine Ford or Brett Kavanaugh." *CNN*(September 24).

Richard Wolf. 2018. "Five reasons Brett Kavanaugh's nomination to the Supreme Court is controversial." *USA TODAY*(September 03).

중간선거, 누구의 승리인가?

박예린

11월 6일 행해진 중간선거에서 상원은 공화당이 53석으로, 하원은 민주당이 234석으로 각각 과반수를 차지했다(TIME 2018. 11. 07). 역대 중간선거 결과 여당이 상원 혹은 하원에서 의석을 추가로 획득하면서 과반수를 차지한 경우는 매우 드

물었다. 1994년 이후, 공화당 대통령 조지 W. 부시가 역임한 지 불과 1년밖에 지나지 않은 2002년 중간선거를 제외하고는 이번 중간선거가 유일하게 여당이 의석을 추가로 획득하여 과반수를 차지했다(Federal Election Commission 2018. 11. 27).

이미 많은 전문가들은 상원선거에서 공화당이 이길 것이라 예상했고(The New York Times 2018. 10. 19), 선거 결과 역시 공화당이 53석을 획득하며 승리했다(TIME 2018. 11. 07). 민주당의 하원 선거 승리와 관련하여서는 60%를 웃도는 높은 여성 유권자의 지지(The Washington Post 2018. 11. 10), 비백인 유권자의 높은 투표열기(VOX 2018. 11. 07), 공화당의 주요 지지층인 백인 인구의 감소와 같은 인구통계학적 변화 등 다양한 분석이 있다(CNBC 2018. 11. 13).

8년 만에 민주당이 하원을 장악하면서 트럼프 대통령과 2020년 정부 예산에서 어려움이 있을 것으로 예상된다(The Hill 2018. 11. 18; 뉴시스 2018. 11. 19 재인용). 중간선거 직후 완벽한 승리라고 선언한 트럼프 대통령이 분점정부 상황에서 앞으로 어떻게 국정 운영을 할 지 주목해야 할 것이다.

참고문헌

권성근. 2018. "트럼프, 국방예산 놓고 하원 장악 민주당과 충돌할 듯." 『뉴시스』(11월 19일).

Brian F. Schaffner. 2018. "These 5 charts explain who voted how in the 2018 midterm election." *The Washington Post York*(November 10).

David Leonhardt. 2018. "What if the Republicans Win Everything Again?" *The New York Times*(October 19).

Federal Election Commission. "Election Results for the U.S. Senate and the U.S. House of Representatives." https://transition.fec.gov/pubrec/fe2014/federalelections2014.shtml.(검색일: 2018년 11월 27일).

John Harwood. 2018. "A week later it's clear the midterms did produce a blue wave— here are the three main factors that drove the Democrats' triumph." *CNBC*(November 13).

Tara Golshan. 2018. "Why wasn't the blue wave bigger?" *VOX*(November 7).

국경 장벽 예산과 정부 셧다운

박예린

상원에서 12월 20일 국경 장벽 건설 예산을 포함되지 않은 단기 지출 법안을 통과시키자 트럼프 대통령은 장벽 건설 예산이 포함되지 않는다면 셧다운을 감행하겠다고 나섰다(The Washington Post2018. 12. 21; 연합뉴스 2018. 12. 21 재인용). 이미 트럼프 정부는 2018년 1월에 불법체류 청년 추방유예 프로그램(DACA, Deferred Action for Childhood Arrivals program)으로 인하여 한번 셧다운을 진행한 바 있다(Times 2018. 01. 19).

셧다운제는 다가오는 회계 연도에 의회가 연방 예산을 동의할 때까지 국민의 생명등과 관계되는 필수적 기능을 제외한 모든 정부 업무가 일시 중단되는 것이다(Times 2018. 01. 19). 셧다운 진행 기간은 양당의 의회 지도자들이 정부 자금 조달 합의에 도달할 때까지로 그 기간은 정해져 있지 않다(FOX NEWS 2018. 12. 11). 2018년 1월에 진행된 셧다운 기간은 비록 이틀이었지만, 역대 최장기간은 21일 동안이었으며 셧다운이 언제까지 진행될지는 알 수 없다(Congressional Research Service 2018. 12. 21). 뒤늦게 하원에서 트럼프 대통령이 요구한 국경 장벽 예산인 57억 달러가 반영된 예산안을 처리했으나 민주당의 반대로 상원에서는 처리가 무산됐다. 국경장벽 건설예산을 둘러싼 도널드 트럼프 대통령과 공화당, 민주당의 대립이 타협의 '전기'를 마련하지 못함에 따라, 연방정부의 셧다운 사태는 장기화될 전망이다(Reuters 2018. 12. 25; 연합뉴스 2018. 12. 25 재인용).

참고문헌

연합뉴스. 2018. "美 하원, 장벽예산 반영한 긴급지출법안 통과…셧다운 불가피할 듯"(12월 21일).

연합뉴스. 2018. "美 셧다운 3일째 강대강 대치…민주 트럼프, 나라 혼돈 빠트려."(12월 25일).

Congressional Research Service. "Federal Funding Gaps: A Brief Overview." https://www.senate.gov/CRSpubs/6076a03b-98d7-46fb-ba33-329c6aaac118. pdf.(검색일 2018년 12월 21일)

Jennifer Earl. 2018. "What happens during a government shutdown? 7 things you should know." *FOX NEWS*(December 11).

Tessa Berenson. 2018. "What Is a Government Shutdown? Here's What Happens Now." *Times*(January 19).

셧다운 일시 해제

박예린

1월 25일 기준 35일 동안 진행되었던 셧다운이 일시적으로 해제되었다(The New York Times 2019. 01. 25). 이는 1월 24일 셧다운 해결을 위해 민주당과 트럼프 대통령이 각각 제시한 예산안이 상원에서 모두 부결된 후 일어난 것이다(The Hill 2019. 01. 24; 연합뉴스 2019. 01. 25 재인용).

공화당이 제시한 타협안은 장벽 예산 57억 달러와 불법체류 청년 추방 유예 프로그램 폐지를 유예하는 내용을 담고 있다(The Hill 2019. 01. 24; 연합뉴스 2019. 01. 25 재인용). 더불어, 민주당에서 제시한 예산안은 장벽 건설 예산을 전혀 반영하지 않았다(The Hill 2019. 01. 24; 연합뉴스 2019. 01. 25 재인용).

예산안이 부결됨에 따라 트럼프 대통령은 3주 동안 연방기관을 정상 운영하고, 임금을 못 받거나 해고당한 근로자에게 급여를 지급하기로 했으며 그는 3주 후까지 합의를 보지 못한다면 대립 재개나 국가 비상사태를 선포할 준비가 되어 있다고 전했다(The New York Times 2019. 01. 25). 이 같은 트럼프 대통령이 강력한 입장이 국민들의 입장을 잘 대변하고 신뢰를 얻는 지에 대해서는 의문이다. 재정적 손실 역시도 큰 셧다운이 합의를 보지 못해 남발되는 경우 이는 오히려 국민들에게 반감을 줄 수 있기 때문에 대통령의 셧다운 선포에 충분한 숙고가 필요해 보인다.

참고문헌

연합뉴스. 2019. "'셧다운 해결' 트럼프 타협안·민주당 예산안 모두 상원서 부결"(1월 25일).

Nicholas Fandos. 2019. "Trump Signs Bill Reopening Government for 3 Weeks in 9urprise Retreat From Wall." *The New York Times*(January 25).

‖‖

2020년 대선과 정당의 양극화

박예린

2020년 민주당 대선 후보들이 온실가스 배출을 줄이는 그린 뉴딜 정책(Green New Deal), 전 국민 건강보험인 메디 케어 포 올 그리고 부의 재분배 등과 같은 극진보적 정책을 강조하면서 대선 캠페인에 나섰다(The New York Times 2019. 01. 14). 이러한 원인으로는 지난 2016년 트럼프 대통령 당선 당시부터 공화당이 극보수를 겨냥한 정책을 추진하면서 민주당이 그 영향을 받은 것으로 보인다(Pew Research Center 2019. 02. 19).

양당제 대의민주주의하에서 정당은 자신의 정당 지지자들을 포섭하기 위해 이념적으로 한쪽으로 편향된 정책을 세우는 경향이 있다(이상학 외 2018). 이런 상황이 지속되면 정당에 대한 일체감이 없는 무당파가 늘어나게 된다(Dalton, Russell J. 2013).

공화당과 민주당이 계속해서 자신의 정당 이념에 극적으로 치우친 공약을 펼친다면 무당파 유권자들은 양 정당 모두에게 거리감을 느끼고, 정당 정책에 무관심해지며 정당에 대한 신뢰를 잃을 것이다(Dalton, Russell J. 2013).

따라서 정당들은 선거에서의 승리만을 위해 자신의 이념에 치우친 정책을 내세우기보다는 여러 유권자들의 의견을 수렴해 중도도 포함할 수 있는 정책 포용성을 보여야 할 것이다.

참고문헌

유윤정. 2016. "당선 유력?…트럼프 핵심 공약 7가지." 『조선일보』(11월 09일).

이상학, 이성규. 2018. "양당제하에서의 정치적 편향성과 정책 편향성: 중위 정책, 포 퓰리즘 정책, 보복 정책, 평균 정책의 비교." 『한국제도경제학회』 12권 3호 통권 30호, 60~61.

Dalton, Russell J. 2013. *The Apartisan American: dealignment and changing electoral politics*. CQ Press, 16~40

Jonathan Martin. 2019. "Democrats want to run on issues in 2020. but does beating trump matter most?" *The New York Times*(January 14).

Karen Tumulty. 2019. "Branding 2020 Democrats as socialist could be harder than Republicans think." *The Washington Post*(February 18).

Pew Research Center. "Political Polarization, 1994~2017."

http://www.people-press.org/interactives/political-polarization-1994-2017/ (검색일 2019년 2월 19일).

국가비상사태 선언에 대한 트럼프와 의회의 갈등

황슬기

2월 15일 미-멕시코 국경 장벽과 관련하여 트럼프가 국가비상사태를 선포하였다(뉴스1 2019. 02. 18). 하지만 이에 대한 트럼프와 의회의 갈등이 깊어지고 있으며 트럼프는 강경한 입장을 유지하고 있다(뉴스1 2019. 02. 18).

의회 하원과 상원은 각각 2월 26일과 3월 14일에 트럼프의 비상사태 무력화 결의안을 통과시켰다(The Wall Street Journal 2019. 03. 17). 공화당 의원 12명은 상원 결의안 투표에서 찬성표를 던졌으며 트럼프가 국가비상사태를 중대한 목표로 삼은 것은 입법부의 예산 심의 권한에 개입하는 행위라며 강력한 비난을 쏟아 냈다(CNN 2019. 03. 15). 또한 이들은 대통령의 국가 비상 권력을 축소하는 내용의 타협안을 제시하며 트럼프와 의회의 갈등을 해소하기 위해 노력하였으나(CNN

2019. 03. 15), 트럼프 대통령은 이 타협안을 거절하였다(CNN 2019. 03. 15). 이후 트럼프 대통령은 3월 14일 국가비상사태를 저지하려는 의회의 시도에 재임 후 첫 거부권을 행사했고, 이를 둘러싼 갈등은 계속되고 있다(The Hill 2019. 03. 18).2012년 대선 캠페인에서 공화당 미트 롬니(Willard Mitt Romney) 후보가 불법이민자의 자진추방을 주장하면서 떠오른(마상윤 2012) 중남미 이민자 문제는 최근 의회와 대통령 간의 갈등이 깊어지면서 2020년 차기 대선에서도 주요 이슈로 대두될 전망이다.

참고문헌

마상윤. 2012. "2012년 미국 대통령선거와 오바마 행정부의 외교안보정책 전망." 『국제정치논총』 52(4), 171~190.
한상희. 2019. "美 국가비상사태 트럼프 '법정서 보자'…승산 있나?" 『뉴스1』(2월 18일).
Elizabeth Goitein. 2019. "Congress Considers Taking Back Its Power." *The Wall Street Journal*(March 17).
Jeremy Diamond, Laura Jarrett and Kevin Liptak. 2019. "Trump issues first veto of his presidency, says resolution put countless Americans in danger." *CNN*(March 15).
Madison Gesiotto. 2019. "Republican senators who voted against Trump have no excuses." *The Hill*(March 18).

트럼프 대통령의 납세기록 공개 논란과 야당의 압박

황슬기

　민주당 소속 리처드 닐 하원 조세무역위원장은 국세청에 오는 4월 23일까지 대통령의 개인·법인 납세자료 6년치를 제출하라고 요구하였으나, 미 국세청은 개인정보 유출을 이유로 사실상 의회의 요구를 묵살했다(The Wall Street Journal

2019. 04. 23).

제38대 대통령 이후 미국의 모든 대통령은 의회에 소득신고서를 제출하여 검토를 받아왔다(The New York Times 2019. 04. 05). 그러나 트럼프 대통령은 2016년 대선 당시에도 납세기록 공개를 거부했으며(The Hill 2019. 04. 30), 이번 역시 국세청에게 감사를 받고 있다는 이유로 납세자료 제출을 거부하고 있다(연합뉴스 2019. 04. 15). 이러한 트럼프를 압박하기 위해 버니 샌더스를 비롯한 많은 민주당 후보자들은 선거 캠페인에 타격을 입을 수 있음에도 납세기록을 공개하고 있다(CNN 2019. 04. 15). 한편 미국 등록 유권자의 51% 역시 대통령의 납세자료 공개를 위한 민주당의 노력을 지지하고 있는 상황이다(CNBC 2019. 04. 10).

국민의 대다수와 야당이 제기하는 의문에 대통령이 2016년에 이어 또 한 번 회피하는 모습을 보이는 것은 대통령 및 행정부에 대한 국민의 신뢰도를 떨어뜨릴 수 있다. 따라서 트럼프 정부는 투명하게 납세내역을 공개함으로써 국민의 신뢰를 얻고 원활한 국정 운영을 위해 최선을 다해야 할 것이다.

참고문헌

고미혜. 2019. "백악관 '민주당, 대통령 납세자료 분석할 만큼 똑똑하지 않아'." 『연합뉴스』(4월 15일).

Gregory Krieg, Anna Bahney and Ryan Nobles. 2019. "Bernie Sanders releases 10 years of tax returns, showing how his 2016 presidential run vaulted him into wealth." *CNN*(April 15).

Jacob Pramuk. 2019. "Trump says 'people don't care' about his tax returns, but polls show otherwise." *CNBC*(April 10).

Nicholas Fandos and Maggie Haberman. 2019. "Trump Lawyer Asserts President's Right to Keep Tax Returns Private." *The New York Times*(April 5).

Owen Daugherty. 2019. "New York Senate committee advances measure to get Trump's state tax returns." *The Hill*(April 30).

Richard Rubin. 2019. "Treasury Department Misses Deadline for Trump Tax Returns." *The Wall Street Journal*(April 23).

시대를 역행하는 앨라배마주의 낙태법

황슬기

앨라배마주 의회가 낙태의 거의 모든 낙태를 금지한 법안을 통과시킨 이후, 여성의 낙태권에 대한 논쟁이 계속되고 있다(The Wall Street Journal 2019. 05. 20). 이 법안에 따르면 산모의 건강이 위험에 처하지 않는 한, 성폭행과 근친상간을 비롯한 모든 경우에 낙태가 금지된다(USA Today 2019. 05. 15).

5월 14일 앨라배마주 상원의원 35명 가운데 백인 남성 공화당원 25명은 이 법안에 찬성했다(USA Today 2019. 05. 15). 이에 공화당의 케이 아이비(Kay Ivey) 주지사는 5월 15일 이 법안에 서명하였고, 미국 내에서 가장 강력한 낙태법이 앨라배마주에서 제정되었다(USA Today 2019. 05. 15). 그러나 이 법안은 임신 후 6개월까지 임신중절을 선택할 헌법상의 권리를 인정하는 '로 대 웨이드' 관결과 모순된다(연합뉴스 2019. 05. 20). 또한 2018년의 여론조사에 따르면 미국인의 54%가 로 대 웨이드 관결을 바탕으로 한 현재의 낙태법에 만족하고 있고, 미국인의 14%만이 낙태가 모든 경우에 불법이어야 한다고 생각하는 것으로 나타났다(USA Today 2019. 05. 15).

현재 미국에서는 앨라배마의 낙태법이 위헌임을 주장하는 소송들이 연달아 제기되고 있으며 국민 여론 역시 부정적인 상황이다(CNN 2019. 05. 17). 따라서 이 낙태법은 연방대법원에서 위헌 소송으로 제동이 걸릴 가능성이 높은 것으로 전망된다.

참고문헌

송수경. 2019. "앨라배마州법이 불붙인 낙태 찬반논쟁, 美 대선 이슈 조기부상." 『연합뉴스』(5월 20일).

Alia E. Dastagir. 2019. "25 men voted to ban abortion in Alabama. Do they reflect the rest of America?" *USA Today*(May 17).

Holmes Lybrand. 2019. "Fact check: Is the Alabama anti-abortion law likely to go into effect?" *CNN*(May 17).

Tarini Parti. 2019. "State Abortion Curbs Reverberate in Presidential Race." *The Wall Street Journal*(May 20).

여론조사 결과 유출과 대통령으로서의 책무

황슬기

트럼프 대통령이 2020년 대선에서 민주당의 유력 대선 후보들에게 패배할 것이라고 예측하는 여론조사가 연일 나오고 있다(연합뉴스 2019. 06. 17). 폭스뉴스(Fox News)는 친(親)트럼프 성향의 미디어임에도 불구하고 5명의 민주당 유력한 대선 후보들이 모두 내년 대선에서 트럼프 대통령을 앞서고 있다고 6월 16일 보도했으며(연합뉴스 2019. 06. 17), 트럼프 선거캠프의 내부 여론조사에서도 트럼프 대통령이 패배했다는 결과가 나와 논란이 일고 있다(The New York Times 2019. 06. 16).

특히 트럼프 선거캠프에서는 트럼프 대통령이 공화당의 근거지인 텍사스(Texas)에서는 2점 차로 바이든 전 부통령에게 앞섰지만(ABC News 2019. 06. 14), 펜실베이니아와 위스콘신에서 뒤처진다는 3월 여론조사 결과가 언론에 유출됐다(The New York Times 2019. 06. 16). 이에 트럼프 대통령은 6월 12일 이 조사를 '가짜 여론조사'라며 비난했으며, 트럼프 선거캠프는 여론조사 전문가 3명을 해고하는 등 강력한 조취를 취했다(The New York Times 2019. 06. 16).

하지만 여론조사 결과가 마음에 들지 않는다는 이유만으로 여론조사 자체를 부인하는 것은 국민의 목소리에 귀를 기울여야 하는 대통령의 태도와는 거리가 멀다. 따라서 트럼프 대통령은 여론을 겸허히 받아들이고 이를 긍정적으로 변화시킬 수 있는 새로운 재선 전략 수립에 노력을 기울여야 할 것이다.

참고문헌

이준서. 2019. "폭스 조사도 美 민주 후보들 트럼프에 우세…'바이든, 10%p 격차'."
『연합뉴스』(6월 17일).

Katherine Faulders, John Santucci and Will Steakin. 2019. "President Trump's internal polling data from March showed him far behind Joe Biden in key battleground states." *ABC News*(June 14).

Peter Baker and Maggie Haberman. 2019. "Trump Campaign to Purge Pollsters After Leak of Dismal Results." *The New York Times*(June 16).

||||||||||||||||||||||||||||||||||||||||||||||||||||||||||||||||||||||||||||||||||||||||||||||||||||||||||||

트럼프의 인종차별 발언과 2020 대선 전략

황슬기

미국 민주당의 소수 인종 여성 하원의원 4인방을 겨냥한 트럼프 대통령의 인종차별적 발언을 둘러싼 공방이 치열해지고 있다(연합뉴스 2019. 07. 22). 트럼프 대통령은 7월 14일 트위터를 통해 이 여성 하원의원 4인방에 대해 "돌아가서 무능하고 범죄로 가득 찬 자신들의 고향을 개선하는 것을 도와야 한다"는 취지의 인종차별성 공격을 개시하여 논란을 불러일으켰다(CNBC 2019. 07. 17).

이에 민주당은 7월 21일 트럼프 대통령의 이러한 발언이 차기 대선 구도를 인종 대결 양상으로 끌고 가려는 의도가 깔린 것이라고 비판하며 그를 향해 '인종차별주의자'라고 비난했다(연합뉴스 2019. 07. 22). 또한 민주당 주도의 하원은 7월 16일 트럼프 대통령의 인종차별 발언을 규탄하는 결의안을 채택하기도 하였다(The New York Times 2019. 07. 16). 이에 맞서 트럼프 대통령의 참모들은 반대진영의 입을 닫게 만들려는 민주당의 수법에 불과하다고 역공을 폈다(연합뉴스 2019. 07. 22).

이민자들의 나라로 불리는 미국의 대통령이 재선을 앞두고 지지층을 결집하고자 계속해서 인종차별적 발언을 하는 것은 사회통합을 저해할 수 있다. 따라서 트럼프 대통령과 공화당은 미국 내 다양성을 존중하는 2020년 대선 캠페인을 펼치기 위해 노력해야 할 것이다.

강영두. 2019. "트럼프 인종차별 발언에 주말도 시끌…美 민주–백악관 여론전." 『연합뉴스』(07월 22일).

The New York Times. 2019. "Read the House Resolution Condemning 'Trump's Racist Comments Directed at Members of Congress'." *The New York Times*(July 16).

Reuters. 2019. "Republican Support for Trump Rises after Tweets Attacking Congresswomen: Reuters. Ipsos Poll." *CNBC*(July 17).

'붉은 깃발 법'을 둘러싼 트럼프 대통령과 민주당의 갈등

황슬기

지난 8월 3일 텍사스, 그리고 4일 오하이오 총기 난사 사건이 미국 사회 전역에 총기 규제법의 제정을 촉구하는 목소리를 불러일으켰다. 이에 마이크 드와인 (Mike DeWine) 미국 오하이오 주지사는 8월 6일 위험인물의 총기 소지를 막기 위해 해당 총기를 일시적으로 압류·몰수할 수 있도록 하는 '붉은 깃발 법'이라는 강력한 해결책을 내놨다(USA Today 2019. 08. 06).

그러나 트럼프 대통령은 "총이 아닌 정신질환과 증오가 방아쇠를 당긴다"고 말하며 정부의 대응이 총기규제보다는 정신건강과 문화문제에 더 초점을 맞출 것임을 시사했다(USA Today 2019. 08. 05). 이에 낸시 펠로시 하원의장과 찰스 슈머 (Charles Schumer) 상원 원내총무는 8월 19일 트럼프 대통령이 총기 규제 법안을 지지할 것을 촉구하였다(The Hill 2019. 08. 19).

계속되는 총기 난사 사건에도 불구하고 총기 제조업체의 막강한 로비는 입법부와 행정부 차원에서의 강력한 대응을 방해하고 있다. 따라서 트럼프 대통령과 공화당은 특정 집단의 이익만을 대변하기보다는 국민 다수의 이익을 위해 총기 규제법의 제정을 위해 노력해야 할 것이다.

참고문헌

Jessie Balmert. 2019. "Ohio Gov. DeWine Proposes 'Red Flag' Law, Expanding Background Checks for Gun Sales." *USA Today*(August 6).

Mike Lillis. 2019. "Pelosi, Schumer Press for Gun Screenings as Trump Inches Away." *The Hill*(August 19).

Rebecca Morin. 2019. "Red Flag Laws, Mental Health Concerns: How the GOP is Responding to the El Paso, Dayton Shootings." *USA Today*(August 5).

제4부

일본의 동향 및 쟁점

아베 총리의 개헌 추진과 여·야의 움직임

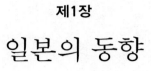

제1장
일본의 동향

1차(2017년 6월 말~7월 말)

정승희

지난 7월 2일 일본 도쿄도의회 선거가 실시되었다. 이번 선거에서는 '도민퍼스트회(都民ファーストの会)'가 49석을 차지하며 제1당이 되었고 도민퍼스트회와 연대한 공명당(公明党)이 23석, 무소속 후보가 6석, 도쿄생활자네트워크(東京生活者)가 1석 등을 차지하였다(NHK 2017. 07. 02; 한국일보 2017. 07. 02 재인용). 고이케 유리코(小池百合子) 도쿄도지사의 지지세력이 79석을 획득하며, 전체 의석 127석 중 과반인 64석을 넘어선 반면, 아베 신조(安倍晋三) 총리가 이끄는 집권 자민당(自由民主党)은 역대 최저인 23석을 차지하는 데 그쳤다(NHK 2017. 07. 02; 한국일보 2017. 07. 02 재인용). 일본 정치권에서는 고이케 도쿄도지사가 도의회 선거 승리를 바탕으로 지역을 뛰어넘는 신당 창당을 할 것인가에 주목하고 있다(読売新聞 2017. 07. 03; 연합뉴스 2017. 07. 03 재인용). 그러나 고이케 도쿄도지사는 7월 3일 기자회견 자리에서 총리직 도전 등 국정 진출을 위한 신당 창당 의향에 대한 질문에 "그런 상태는 아니다"라고 답하며 신당 창당에 대한 선을 그었다(読売新聞 2017. 07. 03; 연합뉴스 2017. 07. 03 재인용).

한편 이번 선거에서 자민당의 참패로 인해 아베 총리의 개헌 일정에 차질이 있을 것이라는 예측이 계속되자, 아베 총리와 측근들은 개헌일정에 대한 변함없는 방침을 강조했다(共同通信社 2017. 07. 05; 연합뉴스 2017. 07. 05 재인용). 그러나 자민당 내에서는 포스트 아베 주자들을 중심으로 도민퍼스트회가 전국 정당으로 확산되기 전에 개헌 추진 일정을 늦추고 중의원을 해산하여 총선을 실시하자는 주장이 나오고 있다(日本経済新聞 2017. 07. 06; 연합뉴스 2017. 07. 06 재인용).

또한 자민당의 도쿄도의회 선거 참패와 사학스캔들로 위기에 봉착한 아베 총리의 지지율이 하락하고 있는 것으로 나타났다(読売新聞 2017. 07. 10; 연합뉴스 2017. 07. 10 재인용). 요미우리신문(読売新聞)이 7월 10일 발표한 여론조사 결과에 따르면 아베 내각의 지지율은 36%로 지난 6월에 실시한 조사에서의 지지율인 49%에 비해 13%p 하락했다(연합뉴스 2017. 07. 10). 아베 총리는 정권 출범 이후 최악의 지지율을 보이고 있는 현 상황을 타개하고자 다음 달 초 개각을 단행할 계획이지만, 개각카드가 지지율을 향상시킬 가능성은 높지 않아 보인다(共同通信社 2017. 07. 16; 연합뉴스 2017. 07. 16 재인용). 교도통신(共同通信社)이 16일 발표한 여론조사 결과에 따르면 개각에 대한 설문 응답자의 57%가 개각을 "기대하지 않는다"고 답했으며, "기대한다"는 응답은 41%에 그쳤다(연합뉴스 2017. 07. 16).

일본 정당

07월 03일
• 일본 도쿄서 정치실험 성공한 고이케, 신당 창당엔 일단 선긋기   (연합뉴스 07. 03)

– 지난 2일 실시된 일본 도쿄도의회 선거의 주역인 고이케 도쿄도지사는 지난해 7월 말 도쿄지사 선거에 출마해 자민당 후보를 누르고 당선된 지 약 1년 만에 도쿄의회까지 장악하면서 향후 정국의 태풍의 눈으로 재차 부상했다. 고이케 지사는 지난해 9월 정치인양성소인 '희망의 주쿠(塾)'을 토대로 지역정당인 도민퍼스트(우선)회를 만들었고 지난달 1일 도민퍼스트회의 대표로 취임해 이번 선거에서 대승을 이끌어냈다. 정치권에서는 고이케 지사가 도의회선거 압승을 계기로 지역을 뛰어넘는 '고이케신당' 창당을 단행할 것이냐에 관심을 집중하고 있다. 그녀가 신당 창당 카드를 꺼내들 경우엔 정계개편으로 이어질 가능성도 배제할 수 없기 때문이다. 정치권 일각

에서는 고이케 지사가 자민당, 민진당(民進黨) 탈당파를 규합해 연내에 신당 창당에 나설 것이라는 이야기도 나오고 있다. 그러나 고이케 지사는 3일 기자들과 만난 자리에서 총리직 도전 등 국정 진출을 위한 신당 창당 의향이 있느냐는 질문에는 "그런 상태는 아니다"라고 선을 그었다.

07월 05일
• 일본 여당, 선거 참패에도 개헌은 'GO'…"예정대로 가을에 개헌안"

(每日新聞 07. 04; 共同通信社 07. 05; 연합뉴스 07. 05 재인용)

– 일본 여당 자민당이 도쿄도의회 선거 참패 이후 당 안팎에서 제기되고 있는 자성론에도 불구하고 예정대로 개헌을 추진하기로 했다. 5일 교도통신에 따르면 자민당은 이날 헌법개정추진본부의 전체 모임을 당본부에서 개최하고 계획대로 가을 임시국회에서 당 차원의 개헌안을 내기로 했다. 야스오카 오키하루(保岡興治) 추진본부장은 이 모임에서 참석자들에게 개헌 추진 일정에 변함이 없음을 강조했으며, 모임이 끝난 뒤 기자들에게 "(참패한) 도쿄도의회 선거의 결과와 (헌법개정은) 본질적으로 관계없다"고 설명했다. 아베 총리는 지난 4일자에 게재된 마이니치신문(每日新聞)과의 인터뷰에서 올해 가을 임시국회에 자민당이 헌법개정안을 제출하겠다는 방침에 "변함이 없다"고 강조하기도 했다. 그런 가운데 자민당 내에서는 아베 총리 주도의 '개헌 속도내기'에 대해 반발의 목소리가 나오고 있다.

07월 06일
• 일본 자민당, 조기개헌 고집하다 정권 잃을라…'조기총선론' 솔솔

(日本経済新聞 07. 06; 연합뉴스 07. 06 재인용)

– 일본 여당 내에서 개헌 추진 일정을 늦추고 총선을 일찍 실시하자는 목소리가 나오고 있다고 니혼게이자이신문(日本経済新聞)이 6일 보도했다. 니혼게이자이는 도쿄도의회 선거에서 압승한 고이케 지사의 도민퍼스트회나 야당의 상황을 고려해 조기에 중의원을 해산하고 총선을 실시하자는 주장이 자민당 내부에서 나오고 있다고 전했다. 도민퍼스트회가 전국 정당으로 변신하기 전에, 그리고 민진당 등 야당이 낮은 지지율에서 탈출하기 전에 중의원을 해산하면 의원 수는 지금보다 다소 줄어들 수 있지만,

최소한 총선에서 승리해 자민당 정권을 유지할 수 있다는 판단에서다. 하지만 조기 총선 구상에는 아베 총리가 강하게 드라이브를 걸고 있는 헌법개정 일정이 걸림돌이 된다. 따라서 아베 총리의 의도대로 조기 개헌을 추진하면 개헌안이 발의될 내년 정기국회가 끝난 뒤인 여름 이후에나 중의원 해산과 총선이 가능하게 된다. 아베 총리가 조기 개헌 계획을 고수하고 있지만, 도쿄도의회 선거 패배 이후 당내에서는 포스트 아베 주자들을 중심으로 이에 대한 반대의 목소리가 잇따라 나오고 있다.

07월 13일
• '포스트아베' 주자들 "지지율 추락비판 수용하라" 자민당 반성론

(NHK 07. 13; 연합뉴스 07. 13 재인용)

– 지난 2일 일본 도쿄도의회 선거에서 여당이 참패한 뒤 아베 내각 지지율이 30%대로 추락한 가운데 '포스트 아베' 주자들이 잇따라 자민당의 반성론을 제기하고 있다. NHK(Nippon Hōsō Kyōkai)에 따르면 기시다 후미오(岸田文雄) 외무상은 13일 자민당 내 파벌 모임에서 "내각 지지율이 좋지 않은 결과로 나온 만큼 비판을 엄숙하게 받아들여 냉정하게 분석해야 한다"고 강조했다. 기시다 외무상은 "우리는 정부여당의 일원으로서 정권을 지지하는 입장이니 비판 하나하나에 휘둘리는 것은 한심한 일"이라며 내부결속도 요구했다. 이시바 시게루(石破茂) 전 자민당 간사장은 이날 "도쿄도의회 선거 결과를 자민당이 어떻게 바라볼 것인가를 당 전체적으로 생각하지 않으면, 점점 이와 관련한 기억이 희석될 것"이라고 지적했다. 기시다 외무상과 이시바 전 간사장이 자민당 내 반성을 촉구하고 나선 것은 둘 모두 '포스트 아베'로서 입지 강화 의도로 해석됐다. 이런 가운데 아베 총리는 관저에서 니카이 도시히로(二階俊博) 간사장 등과 만나 "국민이 요구하는 것을 열심히 하는 길밖에 없다"고 정국 수습 의지를 밝혔다.

일본 선거·의회

07월 02일
• "도쿄도의회 선거 아베의 자민당 참패" 정국장악력 급속 위축

(NHK 07. 02; 한국일보 07. 02 재인용)

- 일본 아베 총리가 이끄는 집권 자민당이 도쿄도의회 선거에서 대참패해 일본 정국에 파란이 일고 있다. 사학스캔들을 비롯해 각종 비리 의혹과 불상사로 궁지에 몰린 아베 정권이 고이케 도쿄도지사의 지역정당에게 직격탄을 맞고 도쿄도의회 내 제1당 자리를 내줬다. NHK 등에 따르면 2일 실시된 선거에서 '도민퍼스트회'를 비롯해 고이케 지사의 지지세력은 전체 의석(127석) 중 과반(64석)을 넘어선 79석을 획득했다. 도민퍼스트회가 49석을 획득하며 제1당을 차지했고, 여기에 도민퍼스트회와 연대한 공명당이 23석, 무소속 후보가 6석, 도쿄생활자네트워크가 1석 등을 확보하면서 총 79석을 가져갔다. 반면 자민당은 23석을 얻는 데 그쳤다. 1965년과 2009년 나온 대패 기록인 38석보다도 저조하다. 공산당(日本共産党)은 19석, 제1야당 민진당은 5석을 얻었다.

07월 02일
• 고이케 도쿄도 지사 "도민 개혁 기대에 부응 좋은 도정 펼치겠다"

(日本経済新聞 07. 03; 産経新聞 07. 03; 뉴시스 07. 03 재인용)

- 일본 도쿄도 의회 선거에서 압승을 거둔 고이케 도쿄도 지사는 3일 도민의 개혁 기대에 부응해 좋은 도정을 펼쳐나가겠다고 밝혔다. 니혼게이자이신문과 산케이신문(産経新聞) 등에 따르면 고이케 지사는 전날 치른 도쿄도의회 선거에서 자신이 이끄는 지역정당 '도민 퍼스트(우선)의 회'가 공천한 후보 50명 가운데 49명이 당선하고 무소속 당선자 6명을 추가 공천하는 등 대승을 한 후 이날 오전 기자회견을 가졌다. 고이케 지사는 "이번에 도쿄도민 여러분 모두 '낡은 의회를 새롭게 한다'는 기대가 반영돼 우리가 제1당이 될 수 있었다. 도민의 대표로서 책임을 맡아 훌륭한 도정을 하도록 노력하겠다"고 언명했다. 향후 정치 행보와 관련, 국정진출에 관한 질문에 대해 고이케 지사는 "지금 당장은 그런 상황은 아니다"라면서도 "'도민 퍼스트' 바로 '국민 퍼스트'를 베이스로 생각할 필요가 있다. 그 같은 사람이 늘어나면 국민에는 좋은 일"이라고 말해 가능성을 배제하지 않다.

07월 04일

· 아베, 도쿄도의회 선거 참패에도 "개헌추진 변함없다"

(毎日新聞 07. 04; 연합뉴스 07. 04 재인용)

– 아베 일본 총리가 도쿄도의회 선거 참패에도 개헌을 계속 추진한다는 의지를 표명했다. 아베 총리는 4일자에 게재된 마이니치신문 인터뷰에서 올해 가을 임시국회에 자민당이 헌법개정안을 제출하겠다는 방침에는 "변함이 없다"고 강조했다. 아베 총리는 그러면서 "내 세대에서 자위대가 위헌인가 아닌가 하는 논의에 종지부를 찍어야 한다고 결심했다"고 덧붙였다. 이러한 발언은 자민당 내에서조차 지난 2일 열린 도쿄도의회 선거에서 대참패를 기록하자 아베 총리의 조기 개헌론을 겨냥해 회의론이 흘러나오는 상황에서 나온 것이어서 주목된다.

07월 14일

· 지지율 급락에 국회 출석 결심한 일본 아베…사학스캔들 다시 불붙나

(연합뉴스 07. 14)

– 아베 일본 총리가 자신의 사학스캔들 연루 의혹을 추궁하는 국회 심의에 참석하기로 입장을 바꿨다. 내각 지지율 하락의 충격에서 벗어나기 위해 직접 나서서 민심을 수습하겠다는 전략이지만, 한동안 잠잠했던 사학스캔들을 다시 불붙게 하는 악수라는 지적도 나오고 있다. 14일 일본 언론들에 따르면 아베 총리는 전날 사학스캔들을 둘러싼 중의원예산위원회의 '폐회중 심의'에 출석할 방침임을 다케시타 와타루(竹下亘) 자민당 국회대책위원장에게 전달했다. 일본 국회의 중의원은 야당의 요청으로 지난 10일부터 폐회 중 심의를 통해 사학스캔들을 다루고 있지만, 아베 총리는 그간 "국회의 일은 국회에서 정해야 한다"며 야당의 출석 요구를 거부했었다. 아베 총리가 심의에 출석하기로 결심한 것은 내각 지지율 하락과 함께 도쿄도의회 선거 참패에도 불구하고 아베 총리가 의혹에 대해 계속 피하기만 한다는 당내외의 비판에 따른 것이라고 일본 언론들은 설명했다. 다만 아베 총리의 의도대로 논란이 잠재워질지는 미지수다.

07월 09일

• '위기' 아베, 개각으로 수습시도…일본 도쿄 도심선 "퇴진하라" 시위

(共同通信社 07. 09; 연합뉴스 07. 09 재인용)

– 아베 일본 총리는 9일 자신을 둘러싼 잇따른 스캔들과 이로 인한 7·2 도쿄도의회
선거 참패를 수습하기 위해 내달 초 개각을 단행하는 등 수습에 총력을 기울이기로
했다. 반면 이날 도쿄 신주쿠에서는 아베 총리의 퇴진을 요구하는 가두시위가 벌어
졌다. 참가자들은 "정치의 사유화에 절대 반대한다", "공모죄법이 테러 대책이라는
거짓말을 하지 마라"는 구호를 외쳤다. 공모죄법은 중대범죄를 사전에 계획만 해도
처벌하도록 해 '마음을 처벌하는 죄'라는 비판을 받았던 '테러대책법(개정 조직범죄처벌
법)'이다. 여권에 의해 국회에서 강행 처리돼 오는 11일 시행된다. 시위 주최 측은 이
날 8천여 명의 시민이 참가해 아베 총리의 퇴진을 촉구했다고 밝혔다.

07월 10일

• "추락 또 추락"…아베, 2012년 취임 후 지지율 최저 기록

(読売新聞 07. 10; 연합뉴스 07. 10 재인용)

– 사학스캔들과 도쿄도의회 선거 참패로 위기에 처한 아베 일본 총리의 지지율이 더
하락한 것으로 나타났다. 10일 요미우리신문이 지난 7~9일 실시한 여론조사 결과 아
베 내각의 지지율은 36%로 전회(6월 17~18일) 조사 당시 49%에 비해 13%p나 더 하락
한 것으로 나타났다. 이런 지지율은 그가 2012년 12월 2차 아베 내각을 발족시킨 이
후 가장 낮은 수준이다. 또 2차 내각 발족 이후 요미우리신문 여론조사에서 지지율
이 30%대로 추락한 것은 이번이 처음이다. 반면 아베 내각을 지지하지 않는다는 응
답(비지지율)은 52%(전달 41%)로 최고치를 기록했다. 지지하지 않는 이유로는 '총리를
신뢰할 수 없어서'가 49%(전회 48%)로 나타났다. 집권 자민당의 정당 지지율도 31%로
한 달 전에 비해 10%p나 낮아졌다. 제1야당인 민진당의 지지율은 6%(한 달 전 7%)에
불과해 사학스캔들에도 불구하고 반사이익을 전혀 보지 못하는 것으로 나타났다.

07월 16일

• 일본 교직원조합 "아베의 개헌, 헌법 평화주의 깔아뭉개는 것"

(NHK 07. 16; 연합뉴스 07. 16 재인용)

– 일본의 교사 단체인 일본교직원조합(일교조)이 16일 아베 총리가 개헌을 통해 헌법의 평화주의를 훼손하려 한다며 개헌에 반대한다는 입장을 공식적으로 표명했다. NHK에 따르면 일교조는 이날 도쿄도내에서 개최한 정기 모임에서 아베 총리의 개헌 추진에 반대하는 특별결의를 채택하고 "평화와 인권, 민주주의를 업신여기려는 움직임을 단호하게 저지하겠다"며 "헌법의 이념을 실현하기 위한 활동을 강화하겠다"고 강조했다. 일교조는 이와 관련해 "어떠한 이유를 늘어놓더라도 헌법의 평화주의를 깔아뭉개려는 것과 다름없다"며 "헌법 9조를 개정할 필요는 없다"고 비판했다.

07월 16일

• 일본 아베 지지율 정권출범 이후 최악…"사학스캔들 납득 안 돼" 78%

(共同通信社 07. 16; 연합뉴스 07. 16 재인용)

– 6일 교도통신이 15~16일 실시해 발표한 전화 여론조사 결과에 따르면 아베 내각의 지지율은 6월 조사 때보다 9.1%p 떨어진 35.8%로, 2012년 제2차 아베 정권이 발족한 이후 가장 낮았다. '지지하지 않는다'고 답한 사람의 비율은 10%p 증가한 53.1%였다. 한편 이번 교도통신의 조사에서 응답자의 77.8%는 아베 총리가 친구가 이사장인 사학법인 가케학원의 수의학부 신설에 영향력을 미쳤다는 사학 스캔들(가케학원 스캔들)과 관련해 '문제가 없었다'는 정부의 설명이 "납득할 수 없다"고 답했다. "납득할 수 있다"는 응답은 15.4%뿐이었다. 아베 총리는 다음 달 초 개각을 통해 분위기 쇄신에 나설 계획이지만 개각 카드가 지지율을 다시 끌어올릴 가능성은 크지 않아 보인다. 설문 응답자의 57.0%는 개각에 대해 "기대하지 않는다"고 답해 "기대한다"는 응답(41.0%)을 압도했다. 정권이 존립위기에 처하면서 아베 총리의 헌법 개정 추진도 큰 타격을 입어 "아베 총리하에서의 개헌에 찬성한다"는 사람이 32.6%로 "반대한다"는 응답 54.8%에 크게 못 미쳤다.

2차(7월 말~8월 말)

정승희

　자민당의 지난 7월 도쿄도의회 선거 참패와 사학스캔들로 인한 아베 신조 총리의 지지율 하락으로 아베 내각의 위기가 계속되자, 8월 3일 아베 총리는 개각을 단행하였다. 8월 3일 공식 발표된 새로운 내각 진용에 따르면 각료 19명 중 5명이 유임되고 처음 입각된 자가 6명, 각료 경험자는 8명이었다(연합뉴스 2017. 08. 03). 이번 개각은 현재 아베 내각에게 닥친 위기를 모면하기 위해 기존 각료를 등용하되 자신에게 비판적인 인사 또한 기용하면서 국민들에게 달라진 모습을 보여주기 위한 카드였다(연합뉴스 2017. 08. 03). 그러나 이번 개각 단행을 통한 기대만큼의 지지율 상승이 나타나지 않아, 아베 총리가 중의원 해산 카드를 꺼낼지에 대한 관심이 증폭되고 있다(日本経済新聞 2017. 08. 17; 한국일보 2017. 08. 17 재인용).

　한편 자민당의 위기에도 불구하고 일본 제1야당은 무기력한 모습만을 보이고 있는 상황이다. 대중성을 지닌 스타 정치인 민진당의 렌호(蓮舫) 대표는 7월 27일 사퇴 의사를 밝혔고, 민진당의 간사장 노다 요시히코(野田佳彦) 역시 도쿄도의회 선거 패배의 책임을 지겠다며 간사장직 사의를 표했다(연합뉴스 2017. 07. 27). 또한 환경상 출신의 호소노 고시(細野豪志) 의원은 8월 4일 민진당을 탈당하여 새로운 정당을 창당할 것이라고 밝혔다(共同通信社 2017. 08. 04; 연합뉴스 2017. 08. 04 재인용). 반면 7월 2일 도쿄도의회 선거에서 압승을 거둔 고이케 유리코 도쿄도지사의 측근인 와카사 마사루(若狹勝) 의원은 자신을 대표로 하여 '일본 퍼스트회'를 설립했다고 밝혔으며, 정치학교 '기쇼주쿠(輝照塾)'을 개설할 것이라 말했다(朝日新聞 2017. 08. 07; 중앙일보 2017. 08. 07 재인용).

　8월 3일 개각 단행 이후 교도통신이 실시한 여론조사에 따르면 아베 내각 지지율은 44.4%로 나타났으며, 이는 지난 7월에 비해 8.6%p 상승된 결과라고 설명했다(연합뉴스 2017. 08. 04). 교도통신은 이번 지지율 상승에 대해 개각이 직접적인 영향을 미쳤다고 설명했으며, 응답자의 45.5%가 개각과 자민당 간부 인사에 대해 "긍정적으로 평가한다"고 답했다고 밝혔다(연합뉴스 2017. 08. 04). 8월 28일 니혼게이자이신문과 TV도쿄(TV TOKYO)가 공동으로 실시한 여론조사 결과에 따르면 아베 내각의 지지율이 개각을 단행한 3~4일에 비해 4%p 상승한 46%로 나타 났으며, 지지하지 않는다는 비율 또한 46%로 나타나 의견의 팽팽한 대립을 보 여주었다(연합뉴스 2017. 08. 28).

일본 정당

07월 27일

• 일본 야당 민진당 재건의 꿈 좌절…취임 열 달 만에 막 내린 렌호 대표

(연합뉴스 07. 27)

– 일본 제1야당인 민진당의 렌호 대표가 취임 10개월여 만에 스스로 물러났다. 27일 사퇴 의사를 밝힌 렌호 대표는 독특한 이력에 대중성을 지난 스타 정치인이었다. 지 난 2일 열린 도쿄도의회 선거에서 민진당 의석은 기존 7석에서 5석으로 오히려 줄어 드는 참패를 안았다. 이 때문에 렌호 대표가 당을 추스르는 데 실패한 것 아니냐는 평가가 나왔다. 이런 가운데 총리 출신인 노다 요시히코 민진당 간사장은 도쿄도의 회 선거 패배의 책임을 지겠다며 '뒤늦게' 간사장직 사의를 밝히는 등 지도부 간 불협 화음을 표출했다. 민진당 내에서 차기 중의원 선거는 도쿄도의회 선거 승리의 주역 인 고이케 유리코 도쿄도지사와 협력해야 한다는 주장까지 나온 탓에, 이를 계기로 일각에선 민진당이 분당 수순으로 가는 것 아니냐는 관측마저 일었다.

08월 04일

• 무기력한 일본 야당…유력 차세대 주자 탈당 '자중지란'

(共同通信社 08. 04; 연합뉴스 08. 04 재인용)

– 아베 신조 일본 총리와 여당인 자민당의 잇따른 실책에도 반사이익을 누리지 못하 는 제1야당 민진당의 유력 정치인이 탈당을 모색하는 등 자중지란을 거듭하고 있다. 4일 교도통신에 따르면 환경상 출신의 호소노 고시 의원은 이날 측근 인사들과 모임 을 가진 뒤 기자들과 만나 "민진당을 탈당해 새로운 정당을 창당해 정권을 창출하겠 다"고 밝혔다. 그는 자신 이외에도 여러 명의 의원이 뜻을 함께하기로 했다고 전했 다. 이에 따라 지난해 참의원 선거에서 자민당에 참패하고 지난 7·2 도쿄도의회 선

거에서도 고이케 유리코 도쿄도지사 측에 참패한 민진당은 체제 정비에 나서기도 전에 사분오열될 위기에 처했다.

08월 07일
• 이번엔 '일본 퍼스트회'…고이케 전국 신당 본격화

(朝日新聞 08. 07; 중앙일보 08. 07 재인용)

− 지난달 도쿄도의회 선거에서 압승한 고이케 유리코 도쿄도 지사 측의 전국 정당 창당 움직임이 본격화하고 있다. 고이케 지사의 측근인 와카사 마사루 중의원 의원은 7일 기자회견을 하고 지난달 자신을 대표로 하는 정치 단체 '일본 퍼스트회'를 설립했다고 밝혔다. 그러면서 전국의 인재를 모으기 위한 정치학교 '기쇼주쿠'도 개설할 예정이라고 밝혔다. 일본 퍼스트회나 기쇼주쿠는 내년 말까지 치러지는 차기 중의원 선거를 염두에 둔 것으로 사실상 고이케의 국정 진출 발판이 될 전망이다. 와카사는 고이케의 도민 퍼스트회와 연대해 전국 정당 창당도 검토하고 있어 향후 정계 개편이 일어날 가능성도 있다고 아사히신문(朝日新聞)은 분석했다. 고이케는 국정 진출에 대해 "노 터치(No touch)"라고 선을 그어왔지만 측근인 와카사와의 협력 관계는 지속하고 있다.

08월 26일
• "산 넘어 산"…일본 자민당 내에 '반아베' 의원 모임 출범

(共同通信社 08. 26; 연합뉴스 08. 26 재인용)

− 일본 집권 자민당 내에서 당 총재인 아베 신조 총리를 견제하는 의원 모임이 발족됐다. 아베 총리와 부인 아베 아키에(安倍昭惠) 여사가 연루된 '사학스캔들'로 아베 총리는 물론 자민당에 대한 여론이 악화된 데 따른 것과 무관치 않아 보인다. 26일 교도통신에 따르면 다케모토 나오카즈(竹本直一), 히라사와 가쓰에이(平澤勝榮) 중의원 의원은 지난 25일 당 소속 의원 20여 명이 참가한 가운데 '일본의 내일을 만드는 모임' 출범식을 가졌다. 모임은 앞으로 아베 내각에 비판적 의견을 가진 각 분야 전문가들을 초청한 가운데 토론회 등 공부 모임을 지속적으로 갖기로 했다. 정치권에서는 이 모임이 앞으로 자민당 내 '반(反) 아베'의 중심이 될 수 있다는 관측이 나오고 있다.

실제 모임에 참석한 의원은 아베 총리와 가까운 아소 다로(麻生太郎) 부총리 겸 재무상이나 니카이 도시히로 자민당 간사장 파벌 소속도 있으나 이시바 시게루 전 방위상이나 기시다 후미오 당 정조회장 등 포스트 아베를 노리는 인사들과 가까운 의원들이 많다.

일본 선거·의회

08월 03일

· '위기'의 아베 개각 단행…외무상에 고노·방위상에 오노데라 (연합뉴스 08. 03)

– 잇단 사학 스캔들로 지지율이 20%대까지 곤두박질치며 최대 위기에 몰린 아베 신조 일본 총리가 3일 오후 분위기 반전을 위한 개각을 단행했다. 이번 개각은 기존 각료를 등용하는 '회전문 인사'가 특징인 가운데 자신에게 비판적이었던 인물도 기용하여 달라진 모습을 보여주고 최악의 위기에서 탈출을 시도하기 위한 카드라는 점에서 향후 여론 추이가 주목된다. 각료 19명 가운데 5명은 유임되었고 처음 입각자는 6명, 각료 경험자는 8명이었다. 새 외무상에는 군 위안부 관련 고노 담화를 낸 고노 요헤이(河野洋平) 전 관방장관의 아들인 고노 다로(河野太郎) 전 행정개혁담당상이 기용됐다. 이나다 도모미(稲田朋美) 방위상의 후임에는 적 기지 공격력 강화를 주장해온 오노데라 이쓰노리(小野寺五典) 전 방위상이 임명됐다. 문부과학상에 내정된 하야시 요시마사(林芳正)는 농림수산상 재직 경험이 있다. 경제재생담당상에는 모테기 도시미쓰(茂木敏充) 자민당 정조회장이 기용됐다. 당의 마쓰야마 마사지(松山政司) 참의원 국회대책위원장이 1억총활약상을, 같은 당의 에사키 데쓰마(江崎鐵磨)는 오키나와·북방영토문제 담당상을 맡게 됐다. 이와 함께 법무상에는 가미카와 요코(上川陽子) 전 법무상, 후생노동상에는 가토 가쓰노부(加藤勝信) 1억총활약상이 각각 임명됐다. 당 인사에서는 니카이 도시히로 간사장이 자리를 지킨다. 정조회장은 '포스트 아베'로 거론되는 기시다 후미오 외무상이 맡기로 했다.

08월 17일

· 개각 효과 미미 일본 아베, 가을에 전격 중의원 해산?

(日本経済新聞 08. 17; 한국일보 08. 17 재인용)

– 아베 신조 일본 총리가 전격적인 중의원 해산 카드를 꺼내들 지 관심이 고조되고 있다. 사학스캔들과 잇단 악재로 지지율이 20%대까지 추락하자 지난 3일 개각을 단행했지만 기대만큼 지지율이 오르지 않았기 때문이다. 이런 상황이 계속되면 관료사회가 동요하는 등 총리의 정국장악력이 급속히 약화될 것으로 예상된다. 17일 니혼게이자이신문은 현재 거론되는 해산시기로 9월쯤 가을 임시국회 소집한 직후나, 10월 22일 아오모리현 4구, 에히메현 3구의 중의원 보궐선거에서 승리한 뒤 기세를 몰아 연말에 총선거를 실시하는 시나리오를 상정하고 있다. 그러나 해산 시기를 특정하기 어렵다는 반응도 많은 상황이다.

08월 27일

· 일본 자민, 개각 후 첫 선거서 머쓱한 '승리'…10월 보궐선거 주목

(NHK 08. 27; 共同通信社 08. 27; 연합뉴스 08. 27 재인용)

– 일본 자민당이 이달 초 '분위기 쇄신' 개각 후 처음 실시된 광역 지방자치단체 선거에서 아베 신조 정권 각료들과 당내 유력인사들을 총동원한 끝에 신승을 거뒀다. 27일 NHK에 따르면 이날 실시된 이바라키현 지사 선거에서 자민당과 연립여당 공명당이 지지한 오이가와 가즈히코(大井川和彦) 후보가 6기 24년간 현지사를 맡아온 하시모토 마사루(橋本昌) 후보를 제치고 당선됐다. 교도통신은 아베 정권이 좋은 분위기를 타긴 했지만 그렇다고 구심력을 회복했다거나 개각 후 정권 운영에서 신뢰를 받았다고 말하기는 어렵다고 설명했다. 특히 지지율 하락의 요인인 '가케(加計)학원 스캔들' 문제는 여전히 뜨거운 감자로 남아있는 상황이다. 아베 정권이 향후 안정적인 국정 운영을 할 수 있을지는 아오모리현, 니가타현, 에히메현 등 3곳에서 10월 22일 함께 열리는 보궐선거가 시금석이 될 것으로 보인다.

07월 25일

• 위기의 일본 아베, '총리 적합 인물' 설문서 이시바 전 간사장에 밀려 (연합뉴스 07. 25)

– 지지율 급락세인 아베 신조 일본 총리가 이번에는 '총리 적합도'를 묻는 설문조사에서 2위로 밀려났다. 25일 산케이신문이 22~23일 실시한 여론조사 결과에 따르면 '지금 총리에 적합한 인물'로 이시바 시게루 전 자민당 간사장이 1위에 올랐다. 아베 총리는 19.7%로 2위였다. 내각 지지율 고공행진이 이어지던 작년 12월 조사 때에는 같은 항목에 대해 아베 총리를 꼽은 응답자가 34.5%였지만 7개월 새 절반으로 줄었다. 보수 성향 산케이신문의 조사에서도 아베 내각의 지지율은 지난달보다 12.9% 급락했다는 결과가 나왔다. 아베 내각의 지지율은 34.7%였으며 지지하지 않는다는 응답자들은 56.1%로 절반을 훌쩍 넘었다. 이번 조사에서 응답자의 63.8%는 "아베 총리를 신뢰할 수 없다"고 말했고 아베 총리가 제안한 개헌 추진 일정에 대해서는 49%가 좋지 않다는 평가를 내렸다.

08월 04일

• 일본 아베, 개각으로 기사회생하나…내각지지율 8.6%p 상승   (연합뉴스 08. 04)

– 아베 신조 일본 내각의 지지율이 개각 후 8.6%p 오른 것으로 나타났다. 기대에 못 미치는 개각이었다는 비판에도 일정 정도 개각 효과를 본 것으로 보인다. 4일 교도통신이 전날부터 이틀간 실시한 전국 전화 여론조사에 따르면 아베 내각의 지지율은 44.4%로 나타났다. 이는 지난달 15~16일 조사의 내각 지지율은 35.8%보다 8.6%p 오른 결과이다. 응답자의 45.5%는 개각과 자민당 간부 인사에 대해 "(긍정적으로) 평가한다"고 답해 "평가하지 않는다"는 39.6%보다 많았다. 아베 총리가 3일 밤 사학스캔들에 대해 직접 사죄한 것이나, 전달 지지율 하락에 따른 기저효과도 지지율 상승에 영향을 미친 것으로 분석된다. 그럼에도 지지율 상승세가 계속될지는 좀 더 지켜봐야 할 것으로 보인다.

08월 11일

· 일본 국민 "아베 국정 운영, 10점 만점에 4.8점"···64% "3기 연임 반대"

(조선일보 08. 11)

— 일본 국민이 아베 신조 총리의 국정 운영에 초라한 점수를 매겼다. 요미우리신문과 와세다대 현대정치경제연구소는 지난 3일부터 7일까지 닷새간 성인 1,963명을 대상으로 '아베 정권에 대한 선호도'를 조사한 결과, 10점 만점에 평균 4.8점을 받았다고 11일 밝혔다. 한때 당연한 수순으로 여겨졌던 아베 총리의 '3기 9년'의 장기집권에도 64%가 부정적인 의견을 냈다. '아베 총리가 언제까지 총리를 맡아야 하는가'에 대한 질문에서 41%가 '현재의 자민당 총재 임기가 끝나는 내년 9월'을 꼽았고, 23%는 '지금 당장'이라고 답했다.

08월 28일

· 기로에 선 아베 내각 지지율···지지·반대 46% 동률 (연합뉴스 08. 28)

— 사학 스캔들로 추락했던 아베 신조 내각 지지율이 이달 초 개각 이후 소폭 상승세를 이어오다가 지지하지 않는다는 비율과 동률을 기록했다. 28일 니혼게이자이신문이 TV도쿄와 공동으로 지난 25~27일 전국 18세 이상 남녀 1,044명을 대상으로 실시한 전화 여론조사 결과에 따르면 내각 지지율은 아베 총리가 개각을 시행한 지난 3~4일 조사(42%)보다 4%p 상승한 46%로 나타났다. 지난달 하순 지지율 39%와 비교하면 한 달 새 7%p 상승했다. 이번 조사에선 지지하지 않는다는 비율이 3~4일 조사(49%)보다 3%p 하락한 46%로, 지지한다는 의견과 팽팽했다. 최근 발표된 극우 성향의 산케이신문 조사에선 이전 조사(7월 22~23일) 때의 34.7%에서 43.8%로 9.1%p 상승했다.

3차(8월 말~9월 말)

정승희

9월 25일 기자회견에서 아베 신조 총리는 9월 28일 중의원 해산 방침을 공식적으로 발표했다(동아일보 2017. 09. 26). 일본 정계에 따르면 중의원 해산 이후 치러질 총선은 10월 10일에 공시된 이후 10월 22일에 투표 및 개표가 실시될 것으로 보인다(동아일보 2017. 09. 26).

10월에 있을 중의원 선거로 인해 일본 정당들은 선거에 대한 계획을 세우고 있는데, 일본의 제1야당인 민진당과 자유당은 합당 등의 야권 재편을 추진하는 것으로 나타났다(日本経済新聞 2017. 09. 25; 뉴시스 2017. 09. 25 재인용). 또한 아베 총리의 대항마로 주목받고 있는 고이케 유리코 도지사의 신당은 10월 중의원 선거에서 60명 이상의 후보를 내보내겠다는 계획을 밝혔다(読売新聞 2017. 09. 21; 日本経済新聞 2017. 09. 21; 연합뉴스 2017. 09. 21 재인용).

한편 교도통신이 24일 발표한 여론조사 결과에 따르면 아베 총리의 중의원 해산에 대해 반대하는 응답이 64.3%로 찬성한다는 응답의 23.7%보다 많았다(연합뉴스 2017. 09. 24). 산케이신문과 후지뉴스네트워크(Fuji News Network)의 여론조사에 따르면 아베 내각의 9월 지지율은 북한의 핵실험 및 미사일 도발의 영향으로 지난 8월보다 6.5%p 상승한 50.3%로 나타났다(연합뉴스 2017. 09. 18).

일본 정당

09월 21일

• 일본 고이케 신당 총선서 돌풍 불까…전국 60명 이상 후보 내기로

(読売新聞 09. 21; 日本経済新聞 09. 21; 연합뉴스 09. 21 재인용)

– 21일 니혼게이자이신문은 아베 총리를 대적할 인물로 주목받고 있는 고이케 도쿄 도지사의 신당이 10월 총선에서 60명 이상의 후보를 전국적으로 내보내기로 했다고 보도했다. 고이케 지사의 측근인 와카사 마사루 의원은 10월 총선의 후보자 수를 60명 이상으로 계획하고 있다고 밝혔다. 고이케 지사가 실질적으로 이끌고 있는 지역

정당 '도민퍼스트회'는 지난 7월 도쿄도의회 선거에서 자민당에 승리를 거뒀고, 이후 전국정당화를 모색하였다. 아베 총리의 갑작스러운 중의원 해산과 조기 총선 계획으로 고이케 지사 측근 세력들은 신당 설립에 심혈을 기울이고 있지만, 고이케 지사 본인이 총선에 얼마만큼 관여할지는 아직 밝히지 않은 채 신중한 태도를 취하고 있다.

09월 25일

• 일본 민진·자유당 야권 재편 추진···내달 총선 전 자민당에 대항 '결집' 시도

(日本経済新聞 09. 25; 뉴시스 09. 25 재인용)

– 25일 니혼게이자이신문은 10월 22일 예정인 중의원 선거를 앞두고 일본의 제1야당 민진당과 자유당(自由党)이 합당 등 야권 재편을 추진하고 있다고 보도했다. 신문에 따르면 24일 민진당의 마에하라 세이지(前原誠司) 대표와 자유당의 오자와 이치로(小沢一郎) 공동대표가 여당에 대항하기 위해 민진당과 자유당을 축으로 하는 야당세력의 결집이 필요하다는 공통된 의견을 밝혔다. 신문은 민진당을 지지하고 있는 일본노동조합 총연합회 역시 야당 세력의 결속을 적극 후원하고 있다고 전했다. 또한 마에하라 대표와 오자와 공동대표는 고이케 도쿄도지사의 측근들이 창당하는 신당 등을 합류시키는 방안을 모색하고 있는 것으로 보인다.

일본 선거·의회

09월 25일

• "28일 중의원 해산" 승부수 던진 아베 (동아일보 09. 26)

– 25일 저녁 아베 총리는 총리관저에서 기자회견을 열어 28일 중의원 해산 방침을 공식적으로 발표했다. 아베 총리는 기자회견에서 '저출산 고령화'와 '북한의 위협'을 '국난'이라고 설명하며, "(이번 해산을) 국난 극복 해산이라고 부를 것"이라고 말했다. 일본 정계에 따르면 10월 치러질 선거는 10월 10일에 공시된 후 22일에 투표 및 개표가 실시될 예정이다. 야권은 아베 총리의 해산 이유가 납득가지 않는다고 비난하며, 북핵 국면에서의 지지율 상승세 유지와 임시국회에서 학원 스캔들 추궁을 피하기 위한 수단으로 해산권을 이용했다고 비판했다. 이날 아베 총리는 공명당과 함께 의석

의 과반수인 233석을 획득하는 것이 목표라고 밝혔다.

09월 26일

• "고이케도 개헌파"…중의원 해산 앞둔 일본 아베, 또 개헌 드라이브

(NHK 09. 26; 아사히신문 09. 26; 연합뉴스 09. 26 재인용)

– 지난 25일 아베 총리는 중의원 해산과 조기 총선 방침을 전한 뒤 자민당 총선 공약에 헌법 9조에 자위대 보유 근거를 명기할 것이라는 계획을 밝혔다. NHK와 아사히신문에 따르면 아베 총리는 전날 기자회견에서 개헌에 대한 언급을 하지 않았지만, 같은 날 밤 NHK '뉴스워치9' 프로그램에 출연하여 "자위대의 존재를 헌법에 명기하는 방향으로 논의가 진행될 것으로 생각한다"라는 의견을 밝혔다. 또한 아베 총리는 고이케 도쿄 도지사에 대해서 같은 개헌론자라고 말하며 "개헌안은 여당만으로 발의할 수 있다고 생각하지 않는다"며 많은 당의 찬성을 얻어 개헌을 추진하고자 하는 의지를 전했다.

일본 여론

09월 18일

• 아베 내각지지율, '북풍'에 50% 회복…자민당 지지율도 5%p 상승 　(연합뉴스 09. 18)

– 산케이신문과 후지뉴스네트워크가 9월 16일부터 이틀간 공동 여론조사를 실시한 결과에 따르면 아베 내각의 지지율은 지난 8월보다 6.5%p 상승한 50.3%로 나타났다. 지지하지 않는다는 비율은 40%로 지난 8월보다 9%p 감소했다. 정당 지지율의 경우 자민당은 5%p 상승한 38%이었고, 민진당은 0.5%p 감소한 6.4%로 나타났다. 아베 내각 지지율이 상승한 데에는 최근 북한의 잇따른 핵실험 및 미사일 도발로 인한 북풍효과가 나타난 것이라는 관측이 나오고 있다.

09월 24일

• 일본인 64.3%, 아베 총리 '중의원 해산' 반대 　　　　　　　(연합뉴스 09. 24)

– 24일 교도통신이 23일부터 이틀간 실시한 전국 여론조사 결과에 따르면 아베 총리

가 밝힌 중의원 해산에 반대한다는 응답이 64.3%, 찬성한다는 응답이 23.7%로 나타났다. 또한 모리토모학원, 가케학원의 사학 스캔들에 대한 정부의 설명을 납득할 수 없다는 응답이 78.8%로 납득할 수 있다는 응답 13.8%보다 많았다. 비례대표 투표 정당 지지에 대해서는 자민당 27%, 민진당 8%, 고이케 지사의 측근이 결성할 것으로 알려진 신당 6.2%, 공명당 4.6%로 나타났으며, 42.2%가 '아직 정하지 않았다'라고 응답했다.

4차(9월 말~10월 말)

　　10월 22일 일본의 중의원 선거가 치러졌다. NHK가 밝힌 선거 결과에 따르면 집권 자민당이 284석, 연립여당 공명당이 29석을 획득하였다(NHK 2017. 10. 23; 뉴스1 2017. 10. 23 재인용). 자민당과 공명당은 헌법 개정 발의 요건인 전체 의석 중 3분의 2를 넘겼다(NHK 2017. 10. 23; 뉴스1 2017. 10. 23 재인용). 또한 민진당의 희망의당(希望の党) 합류에 반대했던 민진당 진보계 인사들이 창당한 입헌민주당(立憲民主党)은 55석을 차지하며 제1야당이 되었다(NHK 2017. 10. 23; 뉴스1 2017. 10. 23 재인용). 반면 고이케 유리코 지사의 희망의당은 50석을 획득하며 제1야당을 탈환하지 못한 채 제2야당에 머물렀다(NHK 2017. 10. 23; 뉴스1 2017. 10. 23 재인용).

　　중의원 선거가 개헌 발의 요건을 충족한 자민당의 승리로 끝나자 아베 신조 총리는 23일 기자회견에서 개헌추진의사를 확고히 밝혔다(동아일보 2017. 10. 23). 이에 야권에서는 입헌민주당을 축으로 반(反)개헌세력을 결집하는 야권개편 움직임이 나타나고 있다(한국일보 2017. 10. 23). 고이케 도지사는 희망의당의 부진한 선거 결과에 대해 사죄를 표했으며, 일부 소속의원은 고이케 도지사의 사퇴를 요구했다(共同通信社 2017. 10. 25; NHK 2017. 10. 25; 연합뉴스 2017. 10. 25 재인용).

일본 정당

10월 22일

• 일본 제1야당으로 우뚝 선 입헌민주당 　　　　　　　　　　　　(한국일보 10. 23)

－ 일본 정치권 내 진보진영을 이어가기 위해 창당된 입헌민주당이 22일 실시된 중의원 총선에서 제1야당의 자리를 차지하며 야권의 대표주자로 부상하였다. 이에 입헌민주당을 중심으로 반(反)개헌세력이 모이는 야권 재편 움직임이 빠르게 나타나고 있다. 입헌민주당은 55석을 차지한 이번 선거 결과로 기존의 제1야당이던 민진당이 고이케 도지사 측 희망의 당에 합류하기로 한 결정이 잘못되었음을 입증하였다. 이번 선거의 주역인 에다노 유키오(枝野幸男) 대표는 22일 열린 기자회견에서 선거 결과

를 평가하고 "자위대 존재를 명기하는 헌법 개정에 반대하고 아베 정권의 폭주에 맞서는 세력이 될 것"이라 밝혔다.

10월 25일

• 일본 총선 참패 고이케 "상처 준 점 사죄"…사퇴 요구 잇따라

(共同通信社 10. 25; NHK 10. 25; 연합뉴스 10. 25 재인용)

− 25일 교도통신은 고이케 도쿄도지사가 이번 선거의 부진한 결과에 대해 사죄했다고 전했다. 보도에 따르면 희망의 당 소속의원 간담회에서 고이케 지사는 자신의 언행과 선거 부진 등에 대해 사죄의 뜻을 밝혔다. 간담회에선 고이케 지사가 민진당 출신 입당 희망자 일부를 배제하겠다고 언급한 점에 대한 비판과 대표직 사퇴 요구가 잇따랐다. 그러나 간담회 이후 고이케 지사는 기자들에게 "정당을 만든 사람으로서 책임이 있는 만큼 (당 대표직을) 계속하겠다"고 밝히며, 당내 국정을 담당하는 공동대표를 두겠다고 말했다. 이에 대해 교도통신은 내부에서 지사에 대한 불만이 계속되고 있어 향후 고이케 지사의 구심력이 저하될 것이라고 전망했다.

일본 선거 · 의회

10월 23일

• 일본 중의원 선거 최종 개표 결과…자민 · 공명 313석

(NHK 10. 23; 뉴스1 10. 23 재인용)

− NHK는 23일 오후 지역 선거구 후보 및 비례대표 투표함 개표가 모두 마무리되었다고 전했다. 이에 따르면 자민당의 의석은 284석으로 단독 과반을 차지했고 연립 여당인 공명당은 29석을 획득하였다. 비록 공명당이 지난 선거에 비해 5석이 줄었지만, 자민 · 공명 양당은 중의원 전체 의석수 465석 중 총 313석을 차지하며 헌법 개정 발의 요건인 3분의 2(310석)를 넘겼다. 제1야당은 55석을 차지한 입헌민주당이 되었고 희망의 당은 50석을 획득하며 제2야당이 되었다. 그 외 공산당 12석, 사민당(社会民主党) 2석, 일본유신회(日本維新の会) 11석, 무소속 당선인은 22명으로 집계되었다.

10월 23일

• 개헌 야망 일본 아베, 희망의당에 '추파'…전체의석 80% 결집 노려

(朝日新聞 10. 23; TBS 10. 23; NHK 10. 23; 연합뉴스 10. 23 재인용)

– 아베 신조 총리가 선거에서 승리하자마자 개헌에 우호적인 태도를 보인 '희망의당'에 추파를 보내는 등 본격적인 개헌드라이브를 가동시켰다. 23일 아사히신문은 아베 총리가 22일 여권의 압승이 예상된다는 출구조사 결과가 나온 직후 TBS(Tokyo Broadcasting System) 방송 프로그램에 출연해 희망의당과의 개헌연대를 시사했다. 또한 같은 날 NHK에 출연하여 개헌안을 염두하며 희망의당과의 개헌 공통분모라는 관점에서 논의를 진행하겠다는 의사를 표했다. 한편 이번 선거에서 제1야당이 된 입헌민주당을 중심으로 반(反)개헌세력이 모일 것이라는 야권 개편론이 제기되고 있다.

일본 여론

10월 25일

• 일본 중의원 당선자 82% "개헌 찬성"…자민당은 97% (동아일보 10. 25)

– 24일 아사히신문은 도쿄대와 함께 총선 후보자들을 대상으로 실시한 조사에서 이번 선거 당선자들의 응답을 분석한 결과 개헌에 찬성한다고 응답한 후보가 82%에 달했다고 전했다. 이번 조사는 당선된 465명의 의원 중 453명의 응답을 분석한 것으로 의원 5명 중 4명이 개헌에 찬성하는 꼴로 나타났다. 당선자 중 개헌에 찬성하는 응답자는 자민당 97%(261명), 공명당 86%(26명), 희망의당 88%(47명), 일본유신회 100%(11명)였으며 입헌민주당의 경우 반대 58%, 찬성 25%로 반대가 더 많았다. 공산당과 사민당은 응답자 전원이 개헌에 반대하였다. 또한 조사에서는 개헌에 찬성하더라도 개정 항목에 대해서는 정당 간에 차이가 있다고 나타났다.

10월 25일

• 일본 아베, 총선 압승 후 지지율 11%p나 올랐다…해산카드 적중 (연합뉴스 10. 25)

– 요미우리신문은 23~24일 실시한 유권자 대상 여론조사 결과, 아베 내각의 지지율

은 지난 7~8일 조사 때보다 11%p 상승한 52%로 나타났다고 25일 전했다. 자민당의 지지율도 지난 조사 때의 33%보다 10%p 올라 43%로 집계되었다. 이러한 아베 내각 지지율 상승은 이번 중의원 총선에서의 압승이 긍정적인 영향을 미친 것으로 보인다. 한편 아사히신문과 요미우리신문의 여론조사에서는 제2당으로 약진한 희망의당에 대한 실망이 두드러지게 나타났다. 입헌민주당의 경우 지지율이 이전 조사의 4%에서 10%p 상승하여 14%로 나타났으나, 희망의당의 지지율은 8%에서 5%로 하락하였다.

5차(10월 말~11월 말)

정승희

10월 22일 중의원 선거에서 압승한 자민당과 아베 신조 총리는 전쟁 가능 개헌안 추진을 가속화하기 시작했지만(読売新聞 2017. 11. 08; 연합뉴스 2017. 11. 08 재인용), '국유지 헐값거론'과 관련한 녹음내용이 공식 인정되고 사학스캔들이 재점화되면서 아베 총리는 또 한 번 곤욕을 치르고 있다(朝日新聞 2017. 11. 28; 每日新聞 2017. 11. 28; 연합뉴스 2017. 11. 28 재인용).

희망의당 대표 고이케 유리코는 총선 패배의 책임을 지고자 11월 14일 당 대표직 사임의사를 밝혔고, 다마키 유이치로(玉木雄一郎)에게 당의 향후 운영을 맡겼다(NHK 2017. 11. 14; 共同通信社 2017. 11. 14; 연합뉴스 2017. 11. 14 재인용). 한편 자민당은 총선 공약이던 교육무상화를 개헌안에 제외시키는 방안을 검토하고 있으나, 이에 대한 비판과 무상화 명기에 대한 당내 이견으로 무상화 문구가 포함될 가능성도 제기되고 있다(朝日新聞 2017. 11. 26; 연합뉴스 2017. 11. 26 재인용).

니혼게이자이신문과 TV도쿄가 27일 밝힌 여론조사 결과에 따르면 아베 내각 지지율은 52%로 50%대를 유지하고 있지만, 사학스캔들에 대한 정부 해명을 납득할 수 없다고 대답한 응답자가 여전히 70%를 넘는 것으로 나타났다(뉴시스 2017. 11. 27).

일본 정당

11월 14일
· 일본 고이케, 희망의당 대표 사임…창당 두 달 안 돼 '집권꿈' 물거품

(NHK 11. 14; 共同通信社 11. 14; 연합뉴스 11. 14 재인용)

– 14일 고이케 유리코 도쿄 도지사가 희망의당 대표직 사임 의사를 밝혔다. NHK와 교도통신 등에 따르면 고이케 대표는 14일 열린 중·참의원 총회에서 "대표의 자리에서 내려와 여러분을 지원하고 싶다"고 말하며 지난주 공동대표가 된 다마키 유이치로에게 향후 당의 운영을 맡겼다. 형식상 고이케 대표의 사임은 도쿄도정을 위한 것

으로 밝혀졌지만, 사실상 이는 10·22 총선 패배의 책임을 지고 퇴진한 것이다. 비록 고이케 지사가 도쿄도정에 전념할 것을 강조했지만, 도정에서 연대를 약속한 공명당과의 사이가 틀어진 만큼 도쿄도정도 순탄하지 않을 것으로 전망된다.

11월 26일

• 선거 압승한 일본 여당, 공약했던 '교육무상화' 개헌안에 명기 안 할 듯

(朝日新聞 11. 26; 연합뉴스 11. 26 재인용)

— 아사히신문은 자민당이 지난 10월 22일 총선에서 공약으로 내건 교육무상화를 개헌안에 명기하지 않는 방안을 모색 중이라고 밝혔다. 자민당 헌법개정추진본부는 개헌안에 교육무상화 조문과 관련하여 '무상'이란 문구 대신, 국가가 교육 부담 경감을 위해 이루어야 할 목표를 제시하는 방안을 마련하기로 했다. 그러나 자민당이 교육무상화를 개헌안에 명기하지 않을 시 선거 승리를 위한 공약 남발이라는 비판을 받을 것이라는 전망이 있고 당내 무상화 명기를 주장하는 의견이 여전히 있기 때문에, 아사히신문은 향후 개헌안 검토 과정에서 무상화 문구가 부활할 가능성이 있다고 밝혔다.

일본 선거·의회

11월 27일

• 아베 "개헌 논의 주도…역사적 사명 다하겠다"

(産経新聞 11. 27; 日本経済新聞 11. 27; 뉴스1 11. 27 재인용)

— 아베 신조 총리는 27일 도쿄도내에서 열린 극우단체 '일본회의' 및 '일본회의·국회의원 간담회' 창립 제20주년 기념대회에서 '자위대 합헌화'를 골자로 하는 헌법 개정 추진 의사를 다시 한번 밝혔다. 아베 총리는 기념대회에 보낸 영상메시지를 통해 "일본 헌법 시행 70년의 고비를 넘기면서 국민적 논의가 깊어지길 기대한다"고 말했다. 이어 그는 "자민당은 국민에게 책임을 지는 정당으로서 헌법심사회에서 구체적인 논의를 주도하고, 역사적 사명을 다할 것"이라고 밝혔다. 이와 관련하여 대회 참석자들은 개헌을 위한 국민운동을 추진하겠다는 내용이 담긴 선언문을 채택하였다.

11월 27일

• 아베 사학스캔들 재점화…'국유지 헐값 거론' 녹음내용 공식 인정

(朝日新聞 11. 28; 每日新聞 11. 28; 연합뉴스 11. 28 재인용)

– 재무성의 오타 미쓰루(太田充) 이재국장은 27일 중의원 예산위원회에서 모리토모 학원에 대한 국유지 매각과 관련하여 재무성 긴키 재무국 측이 지난해 5월 학원 측과의 면담에서 매각가격을 거론한 내용이 담긴 녹음을 공식 인정하였다. 당시 공개된 녹음 자료에는 가고이케 야스노리(籠池泰典) 학원 이사장이 제로와 가깝도록 인하해 달라고 요청한 내용이 담겨있었으며, 긴키 재무국 직원은 1억 3천만 엔을 밑도는 가격은 제시할 수 없으며, 제로에 가까운 액수까지 노력하고 있다고 답했다. 오타 이재국장은 녹음내용이 협상이 아니었다고 해명했지만 녹음 내용에 구체적 액수까지 담겨있던 것으로 나타나 정부 측의 설명이 설득력을 잃었다. 이에 야당 측은 녹음 내용을 근거로 비판했다.

일본 여론

11월 14일

• 일본 아베 지지율 상승에도 '전쟁가능국가' 개헌 반대여론 '여전'　　　(연합뉴스 11. 14)

– 14일 마이니치신문이 발표한 여론조사 결과에 따르면 아베 내각 지지율은 9월 조사 결과보다 10%p 상승한 46%였으며, '지지하지 않는다'는 응답은 6%p 낮아진 36%로 나타났다. 아사히신문의 여론조사 결과에서도 아베 내각 지지율은 지난 10월 조사보다 2%p 상승한 44%였으며, NHK의 여론조사 결과 역시 지지율은 한 달 전보다 7%p 상승한 46%였다. 이처럼 아베 내각 지지율은 상승 추세이나, 개헌에 대한 여론의 변화는 미미한 것으로 나타났다. 마이니치신문의 조사결과에 따르면 '국회가 개헌안을 조속히 발의해야 하느냐'는 질문에 66%의 응답자가 '서두를 필요가 없다'고 답했다. 교도통신의 지난 1~2일 조사에서도 자위대 존재 명기에 찬성응답은 38%였으나, 반대 응답은 52.6%로 더 많았다.

11월 27일

・아베 지지율 소폭 하락…71% "사학스캔들 납득 못해" (뉴시스 11. 27)

– 27일 니혼게이자이신문이 TV도쿄와 공동으로 실시한 여론조사 결과에 따르면 아베 내각 지지율은 52%로 지난 조사에 비해 2%p 하락한 것으로 나타났으나, 9월 조사 이후 3회 연속 50%대를 유지하고 있다는 점에서 큰 타격이 되지 않을 것으로 보인다. 그러나 사학스캔들과 관련한 국민적 반감은 여전히 높은 것으로 나타났다. 가케학원 수의학부 신설 절차에 대한 정부의 설명에 응답자의 71%가 "납득할 수 없다"고 답했으며, "납득할 수 있다"고 답한 응답자는 19%에 불과했다. 한편 3~5세를 대상으로 하는 교육무상화에 대해 응답자의 57%가 "고소득자는 일정 부분 본인이 부담해야 한다"고 답했으며, "소득에 관계없이 무상화해야 한다"고 답한 응답자는 26%로 나타났다.

6차(11월 말~12월 말)

정승희

　12월 6일 일본 정부가 전투기에 탑재할 순항미사일 도입 계획을 검토하고 있다는 사실이 밝혀졌다(時事通信 2017. 12. 06; 朝日新聞 2017. 12. 06; 연합뉴스 2017. 12. 06 재인용). 또한 정부는 미사일 독자개발을 병행하여 방위력을 증강시킬 필요가 있다고 판단하고 있다(産経新聞 2017. 12. 28; 중앙일보 2017. 12. 28 재인용).

　이에 야권은 미사일 도입이 국익에 반하는 일이자 일본의 안전보장 방침에 어긋나는 일이라고 비난하고 있지만(時事通信 2017. 12. 06; 朝日新聞 2017. 12. 06; 연합뉴스 2017. 12. 06 재인용), 집권 여당 자민당은 적 기지 공격 능력 확보 역시 자위 범주에 포함될 수 있다며 미사일 도입을 옹호하고 있다(産経新聞 2017. 12. 13; 연합뉴스 2017. 12. 13 재인용).

　한편 니혼게이자이신문과 TV도쿄가 실시한 여론조사 결과 아베 내각 지지율은 50%로 지난 11월에 비해 다소 하락한 것으로 나타났으며(연합뉴스 2017. 12. 18), 아사히신문의 여론조사 결과 응답자들은 아베 내각에 대해 10점 만점에 5.2점으로 평가했다(연합뉴스 2017. 12. 19).

일본 정당

12월 06일

• "국익에 반한다"…일본 야권, 적기지 공격용 미사일 도입 비판

(時事通信 12. 06; 朝日新聞 12. 06; 연합뉴스 12. 06 재인용)

– 일본 정부가 북한을 겨냥하여 장거리 순항미사일 도입을 검토하고 있다는 사실에 대해 야권이 이는 "국익에 반한다"며 강하게 비난하고 있다. 제1야당인 입헌민주당의 나가쓰마 아키라(長妻昭) 대표 대행은 6일 국회에서 "장거리 순항미사일 도입과 같은 일시적 방편으로 방위정책을 수립하는 것은 국익에 반한다"고 비판하며, 이러한 도입을 국민 앞에서 확실하게 논의할 필요가 있다고 주장했다. 희망의당 대표 다마키 유이치로 역시 미사일 도입이 일본의 안전보장 방침을 크게 변화시키는 것이라며

정부의 명확한 해명을 요구하였고, 고쿠타 게이지(穀田恵二) 공산당 국회대책위원장은 미사일 도입을 즉각 중지해야 한다고 말했다.

12월 12일

• 일본 여당 "북한 미사일 피격 예방 적기지 공격은 자위"···강경론 부상

(産経新聞 12. 13; 연합뉴스 12. 13 재인용)

─ 일본 자민당은 적기지 공격 능력 확보를 위해 '북한의 추가 피격을 방지하고자 적기지를 무력화시키는 것' 역시 자위 범주에 속한다는 강경한 입장을 고수하고 있다. 산케이신문의 13일 보도에 따르면, 12일에 열린 자민당 안보조사회와 국방부회 회의에서 적기지 공격능력이 필요하며 이를 위해 순항미사일의 국산화 등의 적극적 대책이 마련되어야 한다는 주장이 제기되었다. 그러나 적기지 공격 능력이란 북한 등 적국의 미사일 공격이 예측될 경우 해당 국가의 미사일 기지를 공격할 수 있는 것을 의미하기 때문에, 적기지 공격 능력 확보가 교전권이 없는 현행 헌법 9조에 위배된다는 지적 또한 제기되고 있다.

일본 선거 · 의회

12월 19일

• 아베 '개헌 드라이브'···"2020년, 일본 다시 태어나는 해로"

(共同通信社 12. 19; 연합뉴스 12. 19 재인용)

─ 아베 신조 일본 총리는 19일 도쿄도 내 강연에서 도쿄올림픽이 열리는 해인 2020년을 일본이 다시 태어나는 해가 되도록 만들고 싶다고 말하며 다시 한 번 개헌 추진 의사를 밝혔다. 교도통신에 따르면 아베 총리는 19일 강연에서 "새 시대 개막을 위한 기운이 높아지는 때인 만큼 헌법 논의를 심화하고 싶다"고 하였다. 또한 아베 총리는 여야가 각자의 구체적인 방안을 가지고 양원 헌법심사회의 논의를 심화하기 바란다고 말했다. 아베 총리는 지난 헌법기념일인 5월 3일 2020년에 자위대 존재 근거를 명기한 헌법을 시행하겠다는 의사를 밝혔으나, 강연에서의 발언이 이러한 일정을 전제로 한 것은 아니라고 답했다.

12월 28일

• 일본 '적 기지 공격' 장거리 순항미사일 독자개발 나선다

(産経新聞 12. 28; 중앙일보 12. 28 재인용)

– 산케이신문은 일본 정부가 장거리 순항미사일을 독자 개발하여 2022년 시제품 완성을 목표로 두고 있다고 밝혔다. 적 기지 공격 능력 보유 논의는 북한의 탄도미사일 도발과 중국의 해양진출에 대응한다는 목표하에 자민당이 내각에 제시하는 형태로 계속되어왔다. 이에 일본 정부는 전투기에 탑재할 순항미사일을 도입할 계획이며, 내년도 예산안 조달 비용까지 책정하였다. 또한 산케이신문에 따르면 일본 정부는 독자개발을 병행하여 방위력을 증강할 필요가 있다고 판단하고 있다. 그러나 미사일 도입에 반대하는 진영에선 미사일 도입이 평화 헌법 9조 2항에 위배되며, 헌법에 근거하여 일본이 고수해온 전수방위 원칙에도 맞지 않는다는 입장이다.

일본 여론

12월 18일

• 일본 아베 내각 지지율 소폭 하락…비지지자 43% "인품 신뢰 안 간다"

(연합뉴스 12. 18)

– 니혼게이자이신문이 TV도쿄와 함께 15~17일 실시한 여론조사에 따르면 아베 내각의 지지율이 지난달에 비해 소폭 감소한 것으로 나타났다. 여론조사 결과 아베 내각의 지지율은 50%로 지난 11월 하순과 초에 두 차례 실시된 조사 결과인 52%와 54%에 비해 지지율이 다소 하락하였다. 이러한 지지율 하락은 지난 총선 이후 증가했던 지지율이 조정 국면을 맞은 데다, 아베 총리의 사학스캔들이 재점화되었기 때문인 것으로 보인다. 한편 응답의 지지자들은 지지의 이유로 '안정감이 있다', '국제감각이 있다'를 많이 선택하였다. 반면 지지하지 않는 응답자 중 다수를 차지한 43%는 지지하지 않는 이유로 '인품이 신뢰가 가지 않는다'를 꼽았다.

12월 19일

• **일본 아베 정권 5년 평가, 10점 만점에 5.2점…개헌 찬성은 40%뿐**   (연합뉴스 12. 19)

‒ 아사히신문이 16~17일 실시한 여론조사 결과에 따르면, 응답자들은 아베 내각에 대해 10점 만점에 5.2점을 매기며 '보통'이라는 평가를 내렸다. 구체적으로 아사히신문은 분야를 나누어 내각에 대한 평가 점수를 응답하게 하였는데, 이는 경제 5.3점, 외교 및 안전보장 5.2점, 사회보장과 헌법개정 4.5점, 원전 및 에너지 정책 4.2점으로 나타났다. 이러한 평가 결과는 지난 2006년 4월 고이즈미 준이치로(小泉純一郎) 내각의 5년 평가 점수인 5.4점보다 다소 낮은 결과였다. 한편 이번 조사에서 아베 내각의 지지율은 41%로 지난 11월 조사 때보다 3%p 하락한 것으로 나타났으며, 적기지 공격 능력 논란을 불러일으키고 있는 순항미사일 도입에 대해 응답자의 68%가 긍정적으로 답했다.

7차(12월 말~2018년 1월 말)

정승희

　1월 14일 민진당과 희망의당은 여당인 자민당의 독주를 막기 위해 단일 원내
교섭단체 구성에 합의하였으나, 양당 간의 의견이 갈리면서 4일 만에 단일 원내
교섭단체 구성 합의를 파기하였다(日本経済新聞 2018. 01. 17; 時事通信 2018. 01. 17; 뉴시
스 2018. 01. 17 재인용). 반면 자민당 내부에서는 올해 9월에 있을 차기 총재 선거를
앞두고 당내 계파별 움직임이 계속되고 있다(NHK 2018. 01. 26; 세계일보 2018. 01. 26
재인용). 또한 아베 신조 총리와 자민당은 평화헌법 9조 1항과 2항을 유지한 채 '자
위대 근거 조항'을 명기하는 개헌안으로 개헌 방향을 정했다(東京新聞 2018. 01. 27;
국민일보 2018. 01. 28 재인용).

　아베 총리는 1월 25일 국회에서 적 기지 공격능력 보유와 전수방위(專守防衛)
방침 변경에 대한 계획이 없다고 밝히며, 정부가 전수방위 원칙을 수정하고 적
기지 공격능력을 보유하려는 것이 아니냐는 그간의 우려를 잠식시켰다(연합뉴스
2018. 01. 25). 한편 니혼게이자이신문이 진행한 1월 여론조사 결과에 따르면 아베
내각 지지율은 55%로 지난달보다 5%p 상승한 것으로 나타났다(연합뉴스 2018. 01.
29).

일본 정당

01월 17일

• 야당 민진·희망의당, 당일 원내교섭단체 결성 무산

(日本経済新聞 01. 17; 時事通信 01. 17; 뉴시스 01. 17 재인용)

－ 야당 민진당과 희망의당은 지난 1월 14일 여당인 자민당을 견제하기 위하여 단일
원내교섭단체를 구성하기로 합의했다. 그러나 17일 니혼게이자이신문과 지지통신
(時事通信)은 민진당과 희망의당이 단일 원내교섭단체 구성 합의를 파기했다고 보도
했다. 보도에 따르면 희망의당 대표 다마키 유이치로는 17일 오후 국회에서 진행된
양원 의원간담회에 참석하여, 정기국회를 앞두고 협의한 단일 원내교섭단체 구성 합

의를 끝내겠다고 밝혔다. 이러한 파기에 대해 다마키 대표는 민진당과 의견이 통일되지 못하였기 때문이라고 답했으며, 향후 민진당과의 단일 원내교섭단체 구성 제안에 응하지 않을 것이라고 말했다. 하지만 동시에 다마키 대표는 국회에서 민진당과의 공조를 계속할 것이라는 의사를 밝혔다.

01월 19일

• 여당 중진들, 연일 "아베 평창 가라"　　　　　(NHK 01. 19; 뉴시스 01. 19 재인용)

– 집권여당인 자민당 내부에서 아베 총리가 평창 동계올림픽 참석해야 한다는 목소리가 계속되고 있다. 니카이 도시히로 간사장과 모리야마 히로시(森山裕) 국회대책위원장은 아베 총리가 올림픽에 참석하도록 국회 일정을 조정하겠다고 나섰으며, 19일 NHK에 따르면 다케시타 와타루 총무회장도 기자들에게 아베 총리의 평창 올림픽행을 지지하고 있다는 의사를 밝혔다. 이렇듯 자민당 내 중진 의원들이 아베 총리의 올림픽 참석을 지지하자, 아베 총리가 올림픽에 참석하는 쪽으로 방향이 모아지고 있다는 분석이 나오고 있다.

01월 25일

• 여당, 총재 선거 앞두고 계파별 움직임 분주　　　(NHK 01. 26; 세계일보 01. 26 재인용)

– 올해 9월 자민당 총재 선거를 앞두고 당내에서는 연초부터 파벌의 움직임이 나타나고 있다. NHK 등은 자민당의 제3의 파벌인 '누카가파'에서 25일 누카가 후쿠시로(額賀福志郎) 회장의 퇴임을 요구하는 시위가 일어났다고 밝혔다. 이는 자민당 총재 선거에서 소속 정파가 후보를 내지 못하는 것에 대한 불만이 표출된 것으로 보인다. 그러나 누카가 회장은 정례회의에서 회장직 퇴임 의사가 없다고 밝혔다. 한편 '이시바파'의 이시바 시게루 전 자민당 간사장은 25일 이시바파의 정책집을 발간하며 포스트 아베 후보로서 자리매김에 나섰다. '기시다파'의 경우 기시다 후미오 자민당 정무조사회장이 아베 총리와 만나 당 총재 선거 정보를 교환한 것으로 밝혀졌다.

01월 25일

· 아베 "적 기지 공격능력 도입 계획 없다"···순항미사일 도입 추진　(연합뉴스 01. 25)

- 25일 아베 신조 총리는 국회에서 자위대가 적 기지 공격능력을 갖거나 공격을 받을 시에만 방위력을 행사한다는 전수방위 방침을 변경할 계획은 없다고 말했다. 또한 아베 총리는 장거리 순항미사일 도입에 대해 "전수방위는 헌법에 준한 것이다"라고 답하며, 아베 총리가 전수방위 원칙을 수정하고 적 기지 공격능력을 보유하려는 것이 아니냐는 그간의 우려를 잠재우면서 순항미사일 도입 계획 추진 의사를 강조하였다. 적 기지 공격능력 보유에 관해서도 미국의 타격 능력에 의존하는 미·일 간 역할 분담을 변경할 계획이 없다고 답했다. 이어 아베 총리는 순항미사일이 헌법에 어긋난다는 지적은 옳지 않다고 말하며 자국을 효과적으로 방위하기 위해 미사일을 도입하겠다고 밝혔다.

01월 27일

· 아베, 평화헌법 문구 안 고치고 자위대 근거 조항만 신설하기로

(東京新聞 01. 27; 국민일보 01. 28 재인용)

- 지난해 5월 아베 총리는 '전쟁의 포기'와 '전력 불보유'에 대한 내용을 포함하는 헌법 9조 1항과 2항은 고치지 않은 채 9조 3항을 신설하여 자위대 근거 조항을 명기하는 개헌안을 제안하였다. 이어 1월 27일 도쿄신문(東京新聞)의 보도에 따르면 자민당은 평화헌법의 기존 조항을 그대로 둔 채 자위대 근거 조항을 추가로 명기하는 개헌 추진 방향을 정했다. 이렇듯 최근 자민당이 자위대 근거 추가 명기 개헌 방안을 선택한 이유는 개헌에 부정적인 입장을 줄곧 비쳐왔던 연립여당 공명당의 지지를 이끌어 내기 위한 것으로 보인다. 또한 평화헌법 유지를 주장하는 야권을 개헌 논의에 끌어들이고 국민의 반감을 줄이기 위한 전략으로 예상된다.

01월 14일

· 일본인 54.8% "아베 정부 개헌에 반대"···전번보다 6.2%p 높아져 (뉴시스 01. 14)

– 교도통신이 13~14일 이틀 동안 실시한 여론조사 결과 아베 정부하에서의 개헌을 반대한다고 밝힌 일본인 응답자가 지난 12월 여론조사보다 6.2%p 상승한 54.8%로 나타났다. 반면 아베 정부 하에서의 개헌을 찬성한다고 응답한 일본인은 33.0%로 지난 조사보다 3.0%p 하락하였다. 한편 아베 내각의 지지율은 49.7%로 나타났으며, 지지하지 않는다는 비율은 36.6%였다. 응답자의 43%가 '장기집권의 안정감'을 지지 이유로 뽑았으며, 응답자의 43%가 '인품을 신뢰할 수 없다'를 지지하지 않는 이유로 답했다. 또한 헌법 9조에 자위대 근거 조항을 명기하자는 아베 총리의 개헌안 제시에 반대한다는 응답 비율은 52.7%로 찬성한다는 응답 35.3%보다 높게 나타났다.

8차(1월 말~2월 말)

2월 25일 마이니치신문에 따르면 여당인 자민당은 자위대의 최고지휘권을 총리가 갖도록 한다는 내용을 담은 개헌안을 검토하고 있으며, 내달 25일까지 개헌안을 구성할 예정이다(每日新聞 2018. 02. 25; 연합뉴스 2018. 02. 25 재인용). 한편 민진당 내부에서는 내년 참의원 선거와 통일지방선거를 앞두고 다른 당과 합쳐 신당을 창당하자는 합당론이 대두되고 있다(日本経済新聞 2018. 02. 14; 세계일보 2018. 02. 14 재인용).

자위대의 존재가 현행 헌법에 어긋난다는 비판 속에, 아베 신조 총리는 헌법에 자위대 설치 근거를 명기함으로써 '자위대 위헌론'을 종식시키겠다는 의견을 밝혔다(연합뉴스 2018. 02. 22). 반면 여론조사 응답자의 50%가 연내 개헌발의에 대해서 지지하지 않는다고 답했다(뉴시스 2018. 02. 26).

아울러 총리 부인의 사학스캔들 연루에 대한 새로운 증언이 나와 사학스캔들 논란이 다시 한번 불거졌다(每日新聞 2018. 02. 02; 연합뉴스 2018. 02. 02 재인용). 그러나 아베 내각의 지지율은 48.7%로 지난달보다 2.1%p 상승했다(연합뉴스 2018. 02. 17).

일본 정당

02월 14일

· 일본 야권 재편 움직임 꿈틀…민진·희망 합당론 솔솔

(日本経済新聞 02. 14; 세계일보 02. 14 재인용)

– 14일, 니혼게이자이신문은 민진당과 희망의당의 합류론이 최근 부상하고 있다고 밝혔다. 민진당 내부에서는 내년 참의원 선거와 통일지방선거를 앞두고 다른 당과 합쳐 신당을 창당하자는 의견이 커지고 있다. 민진당은 지난 4일 당대회에서 입헌민주당과 희망의당과의 연대를 강화하겠다는 방침을 밝혔다. 이러한 합당론의 배경에는 민진당만으로 내년 선거를 치르기 어렵다는 일본 노동조합의 중앙조직 렌고와 당의 지방조직의 불만에서 시작되었다. 그러나 합당에 대한 희망의당과 민진당의 내부

의견이 일치하고 있지 않아 그 추이를 지켜보아야 할 것으로 보인다.

02월 25일

· 일본 여당 "총리에 자위대 지휘권" 명기 개헌안 검토

(每日新聞 02. 25; 연합뉴스 02. 25 재인용)

― 25일, 마이니치신문은 여당인 자민당이 자위대의 최고지휘권을 총리가 갖도록 한다는 내용을 담은 개헌안을 검토하고 있다고 밝혔다. 구체적으로 자민당의 개헌추진본부는 개헌안에 총리의 자위대 지휘권을 밝히고 문민통제를 확실히 하기 위해 자위대를 국회 통제하에 둘 것이라는 내용을 담는 방안을 논의하기로 했다. 또한 9조 2항 규정을 두고 자민당 내부에서는 '필요 최소한의 실력조직으로서 자위대'를 두겠다는 내용을 명기하는 방안도 검토하고 있다. 자민당 개헌추진본부는 당 대회가 열리는 다음 달 25일까지 개헌안을 마련할 예정이다.

일본 선거 · 의회

02월 02일

· 끝나지 않은 일본 아베 사학스캔들…부인 연루 의혹 또 나와

(每日新聞 02. 02; 연합뉴스 02. 02 재인용)

― 아베 총리 부부의 사학스캔들이 1년 가까이 계속되고 있는 가운데, 아베 총리의 부인인 아키에 여사가 사학재단 특혜에 연루되었다는 새로운 증언이 나왔다. 다쓰미 고타로(辰巳孝太郎) 참의원 의원은 1일 국회에서 기자회견을 열어 사학재단인 모리토모학원의 가고이케 야스노리가 정부의 관계자들과 나눈 대화의 녹음 파일을 공개했다. 공개된 녹음 파일에는 가고이케 이사장이 부지의 가격을 할인해달라고 하면서 "어제 재무성을 나오자마자 아키에 여사로부터 전화가 있었다. '어떻게 됐느냐. 힘내주세요'라고 말했다"고 한 내용이 담겨있었다. 이러한 의혹 제기에 대해 재무성은 음성파일을 가지고 있지 않아 대답을 할 수 없다고 밝혔으며, 아베 총리 역시 답변을 거부하였다.

02월 22일

• 아베 "헌법에 자위대 근거 명시해 '위헌논란' 종지부 찍어야"   (연합뉴스 02. 22)

– 22일 아베 총리는 현행 헌법 9조의 전력 비보유 조항을 유지한 채로 자위대 설치 근거를 명기함으로써 '자위대 위헌론'에 종지부를 찍겠다고 말했다. 이는 아베 총리가 중의원 예산위원회의 자위대 위헌 지적을 의식한 것으로 보인다. 자위대가 9조 2항의 전력비보유 조항과 배치된다는 지적은 일본 학계와 자민당 내부의 일각에서도 계속되었지만, 일본 정부는 자위대가 외부 공격에 대비한 자위권 차원의 조직이기 때문에 위헌이 아니라는 입장을 주장하고 있다.

일본 여론

02월 17일

• 일본 아베 지지율 소폭 상승···응답자 69% "아베, 평창행 긍정평가" (연합뉴스 02. 17)

– 지지통신이 9일부터 12일까지 18세 이상 2천 명을 대상으로 면접조사를 실시한 결과 아베 내각의 지지율이 48.7%로 지난달보다 2.1%p 상승한 것으로 나타났다. 이러한 지지율 상승에 대해 지지통신은 아베 정권의 운영이 큰 실책이 없었고 아베 총리의 동계올림픽 참석이 긍정적으로 평가되었기 때문이라고 설명하였다. 반면 아베 내각을 지지하지 않는다는 응답자의 비율은 1.7%p 하락한 31.9%였다. 한편 정당별 지지율의 경우 자민당이 28.5%, 제1야당인 입헌민주당이 4.2%인 것으로 나타났으며, 응답자의 57.6%가 지지하는 정당이 없다고 밝혔다.

02월 26일

• 아베는 강한 개헌 드라이브···일본 국민 50% "연내 개헌 반대"

(每日新聞 02. 26; 뉴시스 02. 26)

– 마이니치신문이 24일부터 이틀간 실시한 여론조사 결과에 따르면 일본 국민들은 연내 개헌 발의에 대해 신중한 태도를 보이는 것으로 나타났다. 구체적으로 헌법개정안의 발의 시기와 관련하여 응답자의 50%가 연내 발의할 필요가 없다고 답했으며, 이는 연내 발의하는 것이 좋다는 34%의 응답보다 높았다. 또한 연내 발의할 필요

가 없다는 응답은 지난달 조사에 비해 4%p 증가하였다. 이러한 응답을 바탕으로 하였을 때 2020년 시행을 목표로 하고 있는 아베 총리의 개헌안 연내 국회 제출 계획은 생각만큼 쉽게 진행되지 않을 것으로 전망된다.

9차(2월 말~3월 말)

정승희

3월 12일, 재무성은 사학재단 모리토모학원의 국유지 헐값 매입 의혹과 관련한 문서조작 사실을 인정하였으며, 문서조작이 지난해 2월부터 4월까지 총 14차례 이루어졌다고 밝혔다(共同通信社 2018. 03. 12; 연합뉴스 2018. 03. 12 재인용). 문서조작 논란이 불거지자 야당은 국회 보이콧을 선언하며 스캔들에 대해 비난하였고, 여당인 자민당 또한 사학스캔들 비판 대열에 가세하였다(朝日新聞 2018. 03. 02; 연합뉴스 2018. 03. 08 재인용).

니혼게이자이신문과 TV도쿄가 실시한 여론조사 결과 아베 신조 내각 지지율은 42%로 지난 2월 조사보다 14%p 하락하였으며, 문서조작 논란이 지지율 하락에 큰 영향을 미친 것으로 해석되고 있다(뉴시스 2018. 03. 26). 이처럼 지지율이 하락하자 자민당의 지방당원들은 아베 총리의 사학스캔들을 비난하며 지지율 급락에 대한 우려를 표했다(朝日新聞 2018. 03. 25; 연합뉴스 2018. 03. 25 재인용). 한편 아베 총리와 자민당은 문서조작 논란에도 불구하고 개헌추진을 강행하며, 당 차원의 개헌안을 공표하였다(日本テレビ 2018. 03. 18; 朝日新聞 2018. 03. 18; 연합뉴스 2018. 03. 25 재인용).

일본 정당

03월 08일

· 사학스캔들에 휘청이는 일본 아베…야당 국회 보이콧, 여당서도 비판론

(朝日新聞 03. 02; 연합뉴스 03. 08 재인용)

- 정부가 사학스캔들을 감추기 위해서 문서를 조작했다는 의혹이 불거지면서 입헌민주당, 희망의당, 민진당, 공산당, 자유당, 사민당 등 6개 야당은 문서 조작 의혹에 대한 재무성의 대응이 성의가 없다고 국회 보이콧을 선언했고, 여당에서도 스캔들에 대한 비판이 계속되고 있다. 제1야당인 입헌민주당의 후쿠야마 데쓰로(福山哲郎) 간사장은 국회의 혼란이 모두 재무성의 대응 탓이며, 정부와 여당의 책임이라고 비판

했다. 또한 여권 내 포스트 아베 주자인 기시다 후미오 정조회장, 이시하라 노부테루 (石原伸晃) 전 경제재생상, 이시바 시게루 전 간사장, 니카이 도시히로 간사장 역시 사학스캔들에 대한 비판 대열에 가세했다.

03월 25일
• 일본 여당 지방당원들 비판 쏟아져…아베 "깊이 사죄"

(朝日新聞 03. 25; 연합뉴스 03. 25 재인용)

– 25일, 일본 언론은 아베 총리가 사학스캔들과 관련해 자민당의 지방당원들에게 집중 추궁을 당하고 있다고 밝혔다. 아베 총리가 24일 참석한 자민당의 지역 간부 모임인 전국간사장 회의에서는 사학스캔들로 인한 내각 지지율 급락에 대해 우려하는 목소리가 들려왔다. 하사쿠라 히데미(朝倉秀實) 오사카부 연맹 간사장은 사학스캔들 문제로 인해 자신들이 험한 꼴을 당하고 있다며, 국민의 입장에 서서 진상을 확실히 밝혀야 한다고 말했다. 야쓰다 유코(安田優子) 돗토리현 연맹 간사장, 하기와라 기요시(萩原淸) 나가노현 연맹 간사장 또한 스캔들로 인해 지방 의원들이 피해를 볼 수 있다는 우려를 표했다. 아사히신문은 이러한 행사 분위기에 대해 내년 지방선거와 참의원선거의 최전선에 있는 지방에서 표출된 불만이라고 전했다.

일본 선거·의회

03월 12일
• 일본 문서조작 일파만파…아베 총리 부부 이름 삭제돼

(共同通信社 03. 12; 연합뉴스 03. 12 재인용)

– 12일, 교도통신에 따르면 재무성이 사학재단 모리토모학원의 국유지 헐값 매입 의혹과 관련한 문서조작 사실을 인정하는 내부 조사 결과를 여당에 보고한 것으로 나타났다. 재무성은 80여 쪽의 보고서에서 지난해 2월부터 4월까지 총 14건의 문서조작이 이루어졌다고 밝혔다. 구체적으로 2015년 2월부터 2016년 6월까지 결재문서 5건, 2014년 6월부터 2016년 6월까지 9건이 조작되었다. 아소 다로 부총리 겸 재무상은 문서조작이 재무성 이재국 일부의 지시로 인한 것이라고 답하며, 지난 9일 사퇴한

사가와 노부히사(佐川宣壽) 국세청 전 장관에게 책임을 돌렸다. 교도통신은 재무성의 이러한 보고가 아베 총리의 정권 운영에 큰 타격을 줄 것이라고 전망했다.

03월 25일
• 아베, 스캔들에도 개헌 추진은 '강행'…"자위대 위헌논란 종지부"

(日本テレビ 03. 18; 朝日新聞 03. 18; 연합뉴스 03. 25 재인용)

– 25일, 사학스캔들로 아베 총리가 궁지에 몰린 상황임에도 자민당은 헌법에 자위대를 명기하는 개헌안을 공표하였다. 자민당의 헌법개정추진본부는 자민당의 당대회에서 헌법 9조의 1항과 2항을 수정하지 않고 자위대의 존재를 명기하는 방향의 당 차원의 개헌안을 공식 발표했다. 이외에도 64조 2와 73조 2를 바꾸어 대규모 재해 발생 시 내각에 법률과 같은 효력을 갖도록 하는 '긴급 정령'을 발표할 수 있다는 내용을 담았다. 또한 국회의원의 임기를 연장하는 내용도 개헌안에 포함시켰다. 아베 총리가 사학스캔들로 인해 궁지에 몰렸기 때문에 개헌안 발표가 연기될 것이라는 예상과는 달리 자민당은 25일 개헌안을 발표하였다. 그러나 사학스캔들이 점차 커지고 개헌에 대한 야권의 반발이 심해, 올해 안에 개헌안을 발의할 수 있을지는 미지수다.

일본 여론

03월 18일
• 주말 일본 곳곳에서 "아베 퇴진하라" 시위 이어져

(每日新聞 03. 18; 중앙일보 03. 19 재인용)

– 일본 곳곳에서 아베 총리의 모리토모학원 사학스캔들에 항의하는 시위가 계속해서 이어지고 있다. 18일에는 도쿄 신주쿠, 오사카, 가나자와, 나가노 등에서 아베 총리의 개입과 재무성의 문서조작에 대한 진상 규명을 요구하는 시위가 일어났다. 집회가 일어난 지역에서는 '아베 퇴진', '아베 내각 총사퇴', '진실을 밝혀라'라는 항의를 계속했으며, 신주쿠에 모인 야당의원들은 "어떤 정치적 압력이 있었는지 제대로 규명해야 한다"고 목소리를 높였다.

03월 26일

· 아베, 지지율 재점화된 사학스캔들로 14%p 급락…닛케이　　　　　(뉴시스 03. 26)

– 니혼게이자이신문과 TV도쿄가 실시한 여론조사 결과에 따르면 아베 내각 지지율은 42%인 것으로 나타났다. 이러한 결과는 지난 2월 말에 실시한 여론조사 결과 56%에 비해 14%p 하락한 것으로, 재점화된 모리토모 학원 스캔들이 지지율에 큰 영향을 준 것으로 보인다. 한편 아베 내각을 지지하지 않는다고 응답한 비율은 49%로 지난 조사에 비해 13%p 상승하였다. 또한 모리토모학원과 관련된 재무성 결재문서 조작에 대해 아베 총리의 책임이 있다는 응답은 70%에 달했다. 더 나아가 9월 자민당 총재에서 누가 총재로 적절하겠냐는 질문에 대해 '아베 총리'라고 응답한 비율은 지난 조사보다 11%p 떨어진 24%로 이시바 시게루 전 자민당 간사장의 25%보다 낮게 나타났다.

10차(3월 말~4월 말)

정승희

4월 24일, 오쓰카 고헤이(大塚耕平) 민진당 대표와 다마키 유이치로 희망의당 대표는 양당을 국민민주당(國民民主党)으로 통합하기로 합의했다(연합뉴스 2018. 04. 25). 한편 자민당 누카가파 총회에서 다케시타 와타루 총무회장이 새로운 파벌 회장으로 임명되며 26년 만에 다케시타파가 부활하였다(연합뉴스 2018. 04. 20).

아베 신조 총리는 사학스캔들 문서 관련 조작과 이라크파병 자위대 문서 은폐 의혹과 더불어 재무성 차관 성희롱 의혹으로 곤욕을 치르게 되었다(テレビ朝日 2018. 04. 19; 경향신문 2018. 04. 19 재인용). 또한 정부가 추진하던 방송법 4조 폐지가 야권, 방송사, 시민단체 등의 거센 반발로 인해 무산되었다(朝日新聞 2018. 04. 17; 연합뉴스 2018. 04. 17 재인용).

도쿄 지요다구 국회의사당 앞에서는 시민 3만여 명이 모여 아베 내각 사퇴를 요구하는 시위가 일어났다(共同通信社 2018. 04. 15; 每日新聞 2018. 04. 15; 한겨레 2018. 04. 15 재인용). 아울러 교도통신이 실시한 여론조사에 따르면 아베 내각 지지율은 37%로 4월 1일 조사 때보다 5.4%p 하락한 것으로 나타났다(한겨레 2018. 04. 15).

일본 정당

04월 19일

• 다케시타파 26년 만에 부활…9월 총리선거서 아베 버리나　　　　　　(연합뉴스 04. 20)
－ 19일, 자민당 누카가파는 총회를 열어 다케시타 와타루 총무회장을 새로운 파벌 회장으로 임명하였다. 이로 인해 다케시타 신임 회장의 형인 다케시타 노보루(竹下登) 전 총리가 이끌던 다케시타파의 명칭이 26년 만에 부활되었다. 자민당 내 제3의 파벌인 다케시타파는 사학스캔들 관련 문서 조작, 이라크 파병 자위대 문서 은폐 파문으로 아베 총리에 대한 비난이 커진 상황에서 등장하게 되었다. 집권당 총재가 총리가 되는 만큼 자민당 총재선거는 총리선거와 다름없기 때문에 당내 3대 파벌인 다케시타파가 올해 9월 예정된 총재선거에 어떤 영향을 줄지에 대한 관심은 계속 커질

것으로 보인다.

04월 24일

• 야권 '반쪽' 재편…민진·희망의당, '국민민주당'으로 새 출발 　　　(연합뉴스 04. 25)

– 24일, 오쓰카 고헤이 민진당 대표와 다마키 유이치로 희망의당 대표는 양당 인사들로 구성된 신당협의회에서 야당인 민진당과 희망의당이 국민민주당으로 통합할 것을 합의하였다. 또한 두 당은 당 강령안과 기본정책안을 확정하고 양당 내 절차를 걸쳐 이번 주 내로 공식 합의할 예정이며, 5월 7일 공식 출범하고자 한다. 하지만 입헌민주당은 신당 창당을 거부하였으며, 민진당과 희망의당 내부에서도 신당 합류에 불만을 보이는 의원이 있어 향후 정국에서 얼마만큼의 영향력을 보일 수 있는 지는 미지수이다.

일본 선거·의회

04월 16일

• 일본 아베, 방송 프로그램까지 간섭하려다 반발 커지자 포기

　　　　　　　　　　　　　　　(朝日新聞 04. 17; 연합뉴스 04. 17 재인용)

– 일본 정부가 폐지하려던 '방송의 공평성' 관련 방송법 조항은 방송에 간섭하려고 한다는 여론의 거센 반발로 폐지되지 못하였다. 당초 일본 정부는 방송 규제 철폐를 목표로 제재 완화를 통한 자유로운 방송을 가능하게 하고 사업자 간의 경쟁을 촉진하여 프로그램의 질을 향상시키고자 방송법 4조 폐지를 검토해왔다. 그러나 야권과 방송사, 시민단체 등에서는 정치적 중립 조항을 폐지하려는 정부의 행동이 아베 정권에 우호적인 프로그램을 만들도록 압력을 행사하기 위한 것이라고 비난하였다. 이러한 상황에서 사학스캔들 관련 문서조작, 이라크 파병 자위대의 활동문서 은폐 의혹이 불거져 여론이 악화되자 정부는 방송법 4조 폐지를 규제개혁추진회의 안건에 넣지 않은 것으로 보인다.

04월 19일

· 아베 정권, '미투' 덮으려다 역풍…재무성 차관이 기자 성희롱

(テレビ朝日 04. 19; 경향신문 04. 19 재인용)

– 후쿠다 준이치(福田淳一) 재무성 사무차관이 여기자 성희롱 의혹으로 경질되었지만, 이에 대한 책임이 아소 다로 부총리 겸 재무상으로 이어지고 있다. 여기에 TV아사히(テレビ朝日)가 긴급 기자회견에서 재무성 차관을 취재한 자사 여기자가 성희롱 피해를 받았다는 사실을 폭로하며 성희롱 의혹 파문이 커지고 있다. 후쿠다 차관이 성희롱을 부인하는 가운데 아소 부총리는 피해자가 신고를 하지 않으면 해결할 수 없다는 발언을 하여 야권과 여권으로부터 비난을 받자 후쿠타 차관을 사실상 경질시켰다. 이에 입헌민주당을 포함한 야 6당이 부총리 해임을 요구하는 등 아소 부총리에 대한 책임론은 계속 커지고 있다. 그러나 야당의 반대에도 불구하고 아소 부총리는 주요 20개국 재무장관, 중앙은행 총재 회의 참석을 위해 출국하였다.

일본 여론

04월 14일

· "아베는 물러나라" 일본 시민 3만 명 국회 앞 시위

(共同通信社 04. 15; 每日新聞 04. 15; 한겨레 04. 15 재인용)

– 14일, 도쿄 지요다구 국회의사당 앞에는 시민 3만여 명이 모여 아베 내각의 사퇴를 요구했다. 이는 사학스캔들 관련 문서조작 논란 이후 최대 인파가 모인 것이며 2015년 안보법제 반대 시위 이후 최대 규모이다. '미래를 위한 공공' 등 3개 시민단체가 연합해 진행한 '국회 앞 대행동' 시위에서 시민들은 아베 내각 총사퇴를 외치는 현수막을 들고 소리쳤다. 여론조사 결과에서도 아베 정부에 대한 국민들의 불만이 드러났다. 교도통신이 실시한 여론조사에서 아베 내각 지지율은 37%, 비지지율은 52.6%로 나타났으며, 사학스캔들에 대한 아베 총리의 해명을 납득하기 어렵다는 응답 비율은 79.4%이었다.

04월 30일

• 일본인들이 가장 호감 느끼는 '포스트 아베'는 37세 고이즈미　　　(연합뉴스 04. 30)

– 요미우리신문이 30일 발표한 여론조사 결과에 따르면 자민당 소속 정치인에 대한 응답자의 선호도의 평균치가 가장 높은 인물은 고이즈미 신지로(小泉進次郎) 수석 부간사장으로 나타났다. 해당 여론조사에 따르면 응답자의 감정을 가장 따듯하게 느끼는 경우 100도, 가장 차갑게 느끼는 경우 0도로 표현해달라는 질문에 고이즈미 수석 부간사장에 대한 평균치는 60.4도로 나타났으며, 이시바 시게루 전 간사장은 47.8도 고노 다로 외무상 44.1도, 기시다 후미오 정조회장 42.3도, 아베 총리 39.7도, 노다 세이코(野田聖子) 총무상이 38.8도로 뒤를 이었다.

11차(4월 말~5월 말)

정승희

5월 7일, 야당 민진당과 희망의당은 국민민주당 창당대회를 개최하였다(共同通信社 2018. 05. 07; 연합뉴스 2018. 05. 07 재인용). 창당대회에는 양당의 중의원 39명, 참의원 23명이 참석하였고, 국민민주당은 63명의 의원이 속해있는 입헌민주당에 이은 제2야당이 되었다(共同通信社 2018. 05. 07; 연합뉴스 2018. 05. 07 재인용).

한편 자민당의 가토 간지(加藤寬治) 중의원 의원은 자민당 파벌인 호소다파 모임에서 "젊은 여성이 적어도 세 명 이상 자녀를 낳아야 한다"고 발언하여 논란을 불러일으켰고(朝日新聞 2018. 05. 11), 도쿄도 고마에시의 다카하시 구니히코(高橋都彦) 시장은 여직원 성희롱 의혹으로 사의를 표명하였다(NHK 2018. 05. 22; 연합뉴스 2018. 05. 22 재인용).

아울러 아베 신조의 사학스캔들과 관련하여 그동안 정부가 부정했던 문서들이 대거 발견되어 논란이 증폭되었다(每日新聞 2018. 05. 23; NHK 2018. 05. 23; 연합뉴스 2018. 05. 23 재인용). 이와 관련한 설문 조사 결과, 응답자의 77%가 총리의 사학스캔들 의혹 부정에 대해 납득할 수 없다고 답했다(연합뉴스 2018. 05. 21).

일본 정당

05월 07일

· 일본 제2야당 '국민민주당' 창당…"희망·민진 의원 62명 참가"

(共同通信社 05. 07; 연합뉴스 05. 07 재인용)

- 7일, 일본의 야당 희망의당과 민진당은 국민민주당 창당대회를 개최했다. 교도통신에 따르면 창당대회에는 양당 내 중의원 39명, 참의원 23명 등 총 62명이 참석하였으며, 국민민주당은 63명의 의원이 속해 있는 입헌민주당에 이은 제2야당이 되었다. 그러나 민진당의 노다 요시히코 전 총리 등 27명은 탈당하였고, 이 중 10명은 입헌민주당에 입당 신청했다. 한편 국민민주당은 안보법의 일부 철회, 2030년대 원전 제로 등을 기본 정책으로 내세웠다.

05월 10일

• 자민당 의원, "젊은 여성, 적어도 세 명 이상 자녀 낳아라" 발언 논란 (朝日新聞 05. 11)

– 10일, 자민당의 가토 간지 중의원 의원이 자민당 파벌인 호소다파 모임에서 "젊은 여성이 적어도 세 명 이상 자녀를 낳아야 한다" 결혼하여 아이를 낳지 않으면 "남의 자녀들이 낸 세금으로 양로원에 가게 될 것이다"라고 발언하여 논란이 되고 있다. 당파 모임 이후 기자들은 가토 의원에게 이와 같은 발언을 수정하거나 철회할 생각이 있냐고 물었으나, 가토 의원은 그러한 의사가 없다고 밝혔다. 그러나 자민당 고위 관계자는 가토 의원의 사과를 요구했고 이날 저녁 가토 의원은 자신의 성명서에서 자신의 발언이 여성 차별을 의도한 것이 아니지만 오해 소지가 있다는 점에서 사과한다고 밝혔다.

일본 선거·의회

05월 22일

• 일본 지자체 시장, 여직원 성희롱 파문에 사의 표명

(NHK 05. 22; 연합뉴스 05. 22 재인용)

– 도쿄도 고마에시의 다카하시 구니히코 시장은 여직원 4명으로부터 성희롱 피해를 받았다는 항의문을 받았다. 이에 다카하시 시장은 성희롱 의혹을 부인하였으나, 22일 오후 자신의 태도를 바꾸어 여직원 성희롱 문제와 관련하여 사퇴 의사를 표명하였다. 구체적으로 다카하시 시장은 "조사에 이의가 있으나 피해 여직원이 성희롱과 유사한 행위가 있었다고 생각한다면 이에 대해 사과하고 사임할 의사가 있다"고 밝혔다. 이번 성희롱 문제는 지난달 여기자 성희롱 파문으로 인해 재무성 차관이 사임한 가운데 불거져 더욱 논란이 되고 있다.

05월 23일

• '사면초가', 일본 아베 총리…없다던 모리토모 스캔들 문서도 발견

(每日新聞 05. 23; NHK 05. 23; 연합뉴스 05. 23 재인용)

– 아베 신조 총리를 둘러싼 모리토모학원 사학스캔들과 관련하여 그동안 정부가 부정했던 문서들이 대거 발견되었다. 스캔들의 핵심 인물인 사가와 노부히사 전 국세

청 장관은 해당 문서들에 대해 수차례 폐기했다고 주장해왔지만, 이후 조사에서 재무성이 문서의 존재를 확인하였다. 재무성은 이 문서들을 국회에 제출할 계획이라고 밝혔다. 모리토모 스캔들 문서 발견과 더불어 가케학원 스캔들과 관련한 문서가 최근 공개되면서 아베 총리는 더욱 심각한 위기에 봉착하였다.

일본 여론

05월 21일

· 아베 지지율 소폭반등에도 일본 국민 83% "사학스캔들 해소 안 돼" (연합뉴스 05. 21)

– 요미우리신문이 18~20일 동안 1,120명을 대상으로 설문조사를 실시한 결과 아베 내각 지지율은 지난 4월 조사보다 3%p 상승한 42%였으며, 아베 내각을 지지하지 않는다고 응답한 비율은 47%로 나타났다. 이러한 아베 내각 지지율은 사학스캔들에 대한 새로운 의혹이 계속해서 등장한 것에 영향을 받은 것으로 보인다. 이와 관련하여 응답자의 77%가 아베 총리의 사학스캔들 의혹 부정에 대해 납득할 수 없다고 답했으며, 아사히신문의 설문조사에서도 응답자의 83%가 가케학원 스캔들 의혹이 해소되지 않았다고 밝혔다.

05월 22일

· 아베, 사학 스캔들 거짓말 들통? 여론조사 3위까지 밀려 (한겨레 05. 22)

– 아베 신조 총리의 사학스캔들 의혹이 더욱 강하게 제기되면서, 아베 총리는 자민당 총재 선호도 조사에서 3위로 밀려났다. 산케이신문이 19일부터 20일까지 성인 1,000명을 대상으로 실시한 설문조사에서, 자민당 차기 총재 적합도를 물어본 결과 이시바 시게루 전 간사장이 25.3%로 1위를 차지했으며, 고이즈미 신지로 의원이 23.3%로 2위를 차지했다. 반면 아베 총리는 22.4%로 3위에 그쳤다.

12차(5월 말~6월 말)

정승희

6월 13일, 참의원 본회의에서는 현재 20세인 성인 연령을 18세로 낮추는 민법 개정안이 의결되었고, 민법 개정안은 2022년 4월 1일부터 적용될 예정이다(연합뉴스 2018. 06. 13). 또한 야당의 거센 반대에도 불구하고 집권 자민당과 연립여당 공명당은 노동 개혁안 통과와 카지노 운영 허가를 위해 현재 의회의 회기를 7월 22일까지 연장하기로 결정하였다(朝日新聞 2018. 06. 20). 아울러 자민당은 당의 폐쇄적 이미지 쇄신을 위해 세습의원을 억제하는 방안을 추진하겠다고 밝혔다(共同通信社 2018. 06. 25; 東京新聞 2018. 0. 25; 연합뉴스 2018. 06. 25 재인용).

6월 10일, 니가타현 지사 선거에서 자민당과 공명당이 지원한 후보인 하나즈미 히데요(花角英世)가 5개 야당이 추천한 이케다 지카코(池田千賀子) 후보를 누르고 당선되었다(共同通信社 2018. 06. 11; NHK 2018. 06. 11; 연합뉴스 2018. 06. 11 재인용). 한편 니혼게이자이신문과 TV도쿄가 실시한 공동 여론조사에서 아베 신조 내각의 지지율은 52%로 지난달 조사결과 대비 10%p 상승한 것으로 나타났다(중앙일보 2018. 06. 25).

일본 정당

06월 25일

• 일본 여당 "폐쇄적 이미지 벗자"…세습의원 억제 추진

(共同通信社 06. 25; 東京新聞 06. 25; 연합뉴스 06. 25 재인용)

– 여당 자민당은 당의 폐쇄적 이미지를 쇄신하고자 세습의원을 억제하는 방안을 모색하고 있다. 교도통신과 도쿄신문에 따르면 자민당 정치제도개혁실행본부는 공평기회를 제공하고자 하는 가치를 내걸고 세습의원을 억제하는 방안을 마련하였다. 해당 방안에는 국정 선거에서 신인 후보 선택 시 엄격한 공모를 진행하고 세습 후보에게 중의원 소선거구와 비례대표의 중복 출마를 허용하지 않겠다는 내용이 포함되었다. 여기에서 세습의원은 부모나 조부모 등 3촌 이내 친족이 의원을 역임하여 선거

490   지역 다양성과 사회 통합 (V)

구에서 당선된 의원을 뜻하며, 지난해 중의원 소선거구에서 자민당 당선 세습의원은 72명이었다. 자민당은 해당 방안을 당내에서 상의한 뒤 최종안을 당 총재에게 제출할 계획이다.

06월 25일

· **일본 포스트 아베 주자들, 9월 자민당 총재선거 앞두고 '꿈틀'**

(朝日新聞 06. 25; 共同通信社 06. 25; 연합뉴스 06. 25 재인용)

– 여당 자민당 내에서 총재선거를 앞두고 '포스트 아베'로 불리는 후보들의 움직임이 활발해지고 있다. 자민당 집행부는 현재 당 총재 임기가 9월 30일에 만료됨에 따라 차기 총재선거 투표일을 9월 20일 전후로 조정 중이다. 이에 이시바 시게루 전 간사장은 이번 국회가 폐회하는 내달 22일 직후에 의사를 표명할 것으로 분석되고 있으며, 고이즈미 신지로는 선거 구도를 지켜본 뒤 의사를 표명하겠다고 밝혔다. 한편 기시다 후미오 정조회장과 노다 세이코 총무상 등도 포스트 아베 주자로 거론되고 있다. 현재 자민당 내 호소다, 아소, 니카이 등 3개 파가 아베 총리를 지원하겠다고 밝혀 아베 총리의 우세가 예상되고 있으나, 자민당 총재 선거에서는 소속 의원뿐 아니라 당원 등도 투표한다는 점에서 상황이 달라질 가능성도 제기되고 있다.

일본 선거·의회

06월 10일

· **아베 사학스캔들에도 여당 지원 후보 니가타현 지사 선거서 승리**

(共同通信社 06. 11; NHK 06. 11; 연합뉴스 06. 11 재인용)

– 아베 신조 총리의 사학스캔들 논란이 계속되는 가운데 여야대결로 주목받았던 니가타현 지사 선거에서 집권 자민당과 연립여당 공명당이 지원한 후보인 하나즈미 히데요가 5개 야당이 추천한 이케다 지카코 후보를 누르고 당선되었다. 구체적으로 하나즈미 후보는 54만 6천여 표를 얻으며 3만 7천여 표 차이로 이케다 후보와의 경선에서 승리하였다. 이번 선거는 여야 모두가 내년 여름에 있을 참의원 선거의 전초전 성격으로 규정지으며 주목받았다. 니카이 도시히로 자민당 간사장은 선거의 승리가

아베 총리의 3연임에 긍정적인 영향을 미칠 것이라고 예상했다.

06월 13일

• 일본, 성인연령 → 18세 법안 국회통과…술·담배는 20세 유지　　　　　(연합뉴스 06. 13)

– 13일, 일본 참의원 본회의에서는 현재 20세인 성인의 연령을 18세로 낮추는 민법 개정안이 의결되었다. 민법 개정안은 2022년 4월 1일부터 적용될 예정이며, 이는 국민 생활에 상당한 영향을 줄 것으로 전망되고 있다. 민법 개정안으로 인해 여성의 결혼 가능 연령은 16세에서 18세로 남성의 연령과 동일해지며, 18세와 19세도 부모 동의 없이 자동차 구입, 대출 등 각종 계약이 가능해진다. 선거권은 이미 18세로 낮춰져 적용되고 있어 변동이 없다. 그러나 음주, 흡연, 경마 등의 가능 연령은 젊은 층의 건강이나 도박 중독 등을 고려하여 현재와 같이 20세로 동일하다.

06월 20일

• 여당 자민당, 의회 회기 32일 연장　　　　　(朝日新聞 06. 20)

– 20일, 야당의 강한 반대에도 불구하고 여당 자민당은 현재 의회를 7월 22일까지 연장하기로 결정했다. 이는 논란이 되고 있는 노동 개혁에 관한 법안을 통과시키고 카지노의 운영을 허용하기 위한 것으로 알려졌다. 이와 같은 결정은 아베 신조 총리와 야마구치 나쓰오(山口那津男) 공명당 대표가 만나 이루어졌으며, 이들은 양의원 의장에게 요청서를 제출하였다. 한편 5개의 야당은 회기 연장에 대해 반대하였고, 후쿠야마 데쓰로 입헌민주당 총재는 회기 내 법안이 적절히 다루어지지 않은 것은 정부와 여당의 책임이라며 비난하였다.

일본 여론

06월 25일

• 일본 국민 66% "북일회담으로 납치문제 해결 기대 안 해"　　　　　(중앙일보 06. 25)

– 마이니치신문의 여론조사 결과에 따르면 응답자의 66%가 아베 신조 총리의 북일 정상회담이 일본인 납치문제 해결로 이어질 것으로 기대하지 않는다고 답했으며,

18%만이 기대한다고 답했다. 또한 응답자의 70%가 북미 정상회담이 북한의 핵미사일 문제를 해결하지 못할 것이라고 응답하였다. 한편 니혼게이자이신문과 TV도쿄가 실시한 공동 여론조사에서 아베 내각 지지율은 52%로 전달 조사결과 대비 10%p 상승한 것으로 나타났다. 또한 9월 자민당 총재선거에서 차기 총재로 누가 적합한가를 물어보는 질문에 대해서 아베 총리가 30%로 가장 높았다.

13차(6월 말~7월 말)

정승희

　7월 20일, 중의원에서는 여야 대립이 계속되던 '카지노 법안'이 통과되었다 (아사히신문 2018. 07. 21). 이로 인해 도쿄올림픽이 열리는 2020년 중반 이후부터 전 국 3개의 카지노를 동반한 리조트 건설이 가능해졌다(교도통신 2018. 07. 20; 연합뉴스 2018. 07. 20 재인용). 한편 5개의 야당과 '무소속 모임'의 국회 대책위원장이 제출한 내각불신임 결의안은 자민당, 공명당, 일본유신회의 반대로 부결되었다(교도통신 2018. 07. 20; 연합뉴스 2018. 07. 20 재인용).

　서(西)일본 지역의 기록적인 폭우로 인한 피해가 계속되는 가운데 아베 신조 총리가 자민당 의원들과 술자리를 벌여 폭우에 대해 제대로 대처하지 못하고 있 다는 비판을 받고 있다(교도통신 2018. 07. 09; NHK 2018. 07. 09; 한겨레 2018. 07. 10; 재인 용). 아울러 마이니치신문의 여론조사 결과에 따르면 아베 내각 지지율은 37%에 정체되어 있는 것으로 나타났으며, 이러한 결과에는 집중 호우에 대한 정부의 미흡한 대처가 영향을 미친 것으로 추정되고 있다(마이니치신문 2018. 07. 30; 연합뉴스 2018. 07. 30).

일본 정당

07월 19일
• 일본 야당, '사학 스캔들' 논란 아베 내각 불신임 추진

(교도통신 07.19; 조선일보 07.19 재인용)

– 아베 신조 총리는 재무성의 모리토모 학원 관련 문서 조작, 가케학원 수의학부 신 설 특혜 등의 문제로 사학 스캔들 논란을 겪고 있다. 이에 아베 총리의 사학 스캔들 진상 규명 및 아베 내각의 퇴진을 요구하는 집회가 계속되고 있다. 이와 관련하여 19 일, 교도통신은 입헌민주당을 포함한 5개 야당과 '무소속 모임'의 국회대책위원장은 아베 총리의 사학 스캔들에 대한 책임으로 내각 퇴진을 요구할 것이라고 밝혔다. 이 와 관련한 내각불신임 결의안에 대한 절차는 20일 당 대표 회담에서 정식으로 합의

될 것으로 예상된다. 그러나 집권 자민당과 연립여당 공명당은 야당의 내각불신임 결의안이 제출될 시 중의원 본회의에서 이를 부결시키겠다는 의사를 표했다.

07월 25일

• 대세론 아베 vs 추격 이시바…막 오르는 일본 차기 총리 선거전

(교도통신 07. 25; 아사히신문 07. 25; 연합뉴스 07. 25 재인용)

– 집권당의 총재가 총리가 되는 만큼 일본 정치권의 관심이 9월 20일 예정된 차기 자민당 총재 선거에 쏠리고 있다. 정치권 관계자들에 따르면 현재로선 자민당 최대 파벌인 호소다파, 아소파, 니카이파, 기시다파의 지지를 받고 있는 아베 총리가 유리한 위치에 있다. 한편 이시바 시게루 전 자민당 간사장이 아베 총리에 대한 견제 행보를 계속하며 차기 총재 자리를 겨냥하고 있다. 노다 세이코 총무상과 고노 다로 외무상의 출마 가능성도 제기되고 있지만 그 영향력이 미미하다는 사실을 고려하였을 때 향후 자민당 총재선거는 '1강 1중 다약' 구도로 전개될 것으로 전망된다.

일본 선거·의회

07월 05일

• 최악의 폭우 와중에 아베 총리는 술자리 참석

(교도통신 07. 09; NHK 07. 09; 한겨레 07. 10 재인용)

– 기록적인 폭우로 인한 피해가 계속되고 있는 와중에 아베 총리가 여당 의원들과 술자리를 벌여 논란이 되고 있다. 교도통신에 따르면 폭우 피해가 본격적으로 나타난 5일 밤 도쿄 중의원 숙사에서는 주요 각료와 젊은 의원들이 모여 '아카사카 자민정'이라는 술자리 겸 교류회를 벌였다. 교류회가 열렸던 5일 오후 2시에 일본 기상청은 긴급 기자회견을 소집하여 기록적인 폭우에 대한 우려를 표했으며, 이날 저녁 8시에는 오사카와 도쿄를 포함한 간사이 지방 8만 8000명에게 피난 지시가 이루어졌고 43만 5000명은 피난 권고를 받았다. 이러한 상황 속에 웃음을 띠고 술자리를 가지는 것은 옳지 않다는 비난이 일고 있다. 아울러 교류회에 참석한 의원들이 트위터에 술자리 사진을 게시하면서 논란이 더욱 커지고 있다.

07월 20일

- **일본 의회, 3개 리조트까지 허용하는 '카지노 법안' 통과** (아사히신문 07. 21)

- 20일 중의원은 최대 3개의 카지노 리조트를 허용하고 보다 많은 외국인 관광객을 유치할 수 있도록 하는 '카지노 법안'을 통과시켰다. 야당과 법안 반대자들은 해당 법안으로 인해 도박 관련 조직 범죄와 도박 중독이 초래되고 외국인 사업자들만이 돈을 벌도록 만들 것이라고 주장하며 반발해왔으나, 법안의 통과를 막지 못했다. '카지노 법안'은 도박 중독에 대한 우려를 해결하기 위해 지역 주민의 경우 카지노 방문을 주 3회, 월 10회로 제한하고 일본 거주자 입장료 정가제가 시행될 것이라는 내용을 포함하고 있다. 아울러 '카지노 법안'은 3개의 카지노 건설을 허용하되 2020년 도쿄 올림픽 이후인 2020년 중반까지는 열리지 못한다.

일본 여론

07월 30일

- **일본 아베 내각 지지율 37% '정체'…68% "집중호우 대처 불충분"**

(마이니치신문 07. 30; 연합뉴스 07. 30 재인용)

- 마이니치신문의 여론조사 결과에 따르면 아베 내각을 지지한다는 응답자의 비율은 37%인 것으로 나타났으며, 아베 내각을 지지하지 않는다는 응답자의 비율은 44%로 지지율에 비해 높았다. 아베 내각 지지율이 정체한 원인에는 7월 초 서(西)일본 지역의 집중 호우에 대한 정부의 미흡한 대처가 영향을 미친 것으로 예상된다. 또한 카지노 법안과 참의원 정원 확대 등 여당이 추진하는 정책에 대한 비난 여론도 영향을 미친 것으로 보인다. 집중호우와 관련한 정부 대응에 68%의 응답자가 충분하게 대처하지 못했다고 답했으며, 충분히 대처했다고 대답한 응답자는 20%에 그쳤다. 한편 '카지노 법안' 통과에 대해 응답자의 65%가 부정적으로 답했으며, 75%의 응답자가 사학스캔들에 대한 정부 해명이 납득 가지 않는다고 답했다.

14차(7월 말~8월 말)

정승희

8월 10일, 이시바 시게루 전 자민당 간사장은 국회에서 기자회견을 열어 9월 20일에 열릴 당 총재 선거에 출마할 의사를 표명하였다(연합뉴스 2018. 08. 10). 그러나 자민당 총재 선거 유권자인 중·참의원과 당원들의 많은 표가 아베 신조 총리를 지지하고 있어 아베 총리의 독주가 예상되고 있으며, 노다 세이코 총무상의 경우 추천인 모집의 어려움으로 입후보 여부가 불확실한 상태이다(연합뉴스 2018. 08. 10).

오키나와현의 오나가 다케시(翁長雄志) 지사가 지난 8월 8일 별세하였다(아사히신문 2018. 08. 09; NHK 2018. 08. 09; 연합뉴스 2018. 08. 09 재인용). 오나가 지사가 미군기지 이전 반대운동을 주도해온 상징적인 인물이었던 만큼 미군기지에 대한 입장 차이를 보이고 있는 여야는 9월 선거를 위해 후임 선정을 본격화하고 있다(아사히신문 2018. 08. 09; NHK 2018. 08. 09; 연합뉴스 2018. 08. 09 재인용).

니혼게이자이신문과 요미우리신문의 자민당 차기 총재 적합도 조사 결과에 따르면 아베 총리가 모두 1위를 차지한 것으로 나타났다(니혼게이자이신문 2018. 08. 27; 요미우리신문 2018. 08. 27; 중앙일보 2018. 08. 27 재인용).

일본 정당

08월 09일

• 일본 여야, 상징성 큰 오키나와 지사 선거 준비 본격화

(아사히신문 08. 09; NHK 08. 09; 연합뉴스 08. 09 재인용)

– 오키나와현의 오나가 다케시 지사가 지난 8일 별세함에 따라 여야는 후임 지사 선거 준비에 한창이다. 오나가 지사가 미군기지 반대운동을 주도해온 상징적인 인물이었던 만큼 여야는 후임 지사 선정에 만반을 기하고 있다. 야당인 사민당과 공산당 관계자는 회의를 열어 대응방안을 논의했고 오나가 지사와 대척점에 있었던 자민당 의원들 역시 총회를 열어 선거 준비에 착수하였다. 공직선거법에 따르면 현직 지사의

별세가 통보된 다음 날부터 50일 이내에 선거를 치러야 한다. 따라서 11월에 진행될 예정이었던 후임 지사 선거는 9월로 앞당겨질 것으로 보인다.

08월 10일

• 이시바, 자민 총재 출마 선언…일본 차기 총리 선거전 본격화　　　　　(연합뉴스 08. 10)

– 일본의 차기 총리를 선출하는 자민당의 총재 선거전이 본격화되면서, 10일 오후 이시바 시게루 전 자민당 간사장은 국회에서 기자회견을 열어 9월 20일에 열린 당 총재 선거 출마를 선언하였다. 이시바 전 간사장은 기자회견에서 아베 신조 총리의 사학스캔들을 겨냥하여 정직한 정치를 하겠다고 발언하였다. 그러나 자민당 총재 선거 유권자인 중·참의원과 당원들의 많은 표가 아베 총리를 지지하고 있어, 일본 정치권은 이번 총재 선거전이 아베 총리의 독주로 이어질 것이라고 전망했다. 한편 총재 선거 출마 의사를 보여 왔던 노다 세이코 총무상의 경우 20명의 추천인 모집이 쉽지 않아 입후보 여부가 불확실한 상태이다.

일본 선거·의회

08월 12일

• 아베 "다음 국회에 개헌안 제출"　　　　　(아사히신문 08. 05; 한겨레 08. 13 재인용)

– 12일 아베 신조 총리는 자신의 지역구인 야마구치현 시모노세키에서 개헌 논의만 계속될 수는 없다며, 개헌에 대한 책임을 져야 한다는 의사를 밝혔다. 일전에 아베 총리는 개헌안 제출 시기를 올해 가을 임시국회라고 분명히 밝힌 바 있다. 그러나 아사히신문의 여론조사결과에 따르면 일본 국민의 52%가 아베 정권의 개헌에 반대하고 있으며, 찬성하는 응답은 31%에 그쳤다. 아베 총리는 이러한 상황을 타파하기 위해 자민당 총재 선거에서 개헌을 주요 쟁점으로 삼아 승리한 뒤 본격적인 개헌 논의를 진행할 것으로 전망된다.

08월 22일

• "일본 정부, 장애인 고용실적 부풀렸다 들통"   (교도통신 08. 22; YTN 08. 22 재인용)

– 교도통신은 일본 정부 부처들이 장애인 고용률을 높이라는 정부의 지침을 위반한 사례가 수천 건 적발돼 비판을 받고 있다고 보도했다. 정부의 장애인 고용 지침에 따르면 지적장애 혹은 신체장애 등을 가지고 있는 사람을 취업시켜야 장애인 고용 실적으로 인정하고 있다. 그러나 정부 부처들은 장애인으로 간주되지 않는 청력 혹은 시력이 나쁜 사람을 장애인으로 간주하여 고용하면서 실적을 부풀렸다. 이러한 장애인 고용 실적 부풀리기는 재무성, 경제산업성, 법무성 등 대다수의 부처에서 이루어진 것으로 나타났으며, 이로 인해 장애인 단체들은 정부 부처의 장애인 고용 실적 부풀리기에 대해 반발하고 있다.

일본 여론

08월 27일

• 아베 '자민당 차기 총재 어울리는 인물' 1위⋯지지율도 상승

                (니혼게이자이신문 08. 27; 요미우리신문 08. 27; 중앙일보 08. 27 재인용)

– 니혼게이자이신문이 아베 총리, 이시바 시게루 전 간사장, 노다 세이코 총무상을 놓고 자민당 차기 총재 적합도를 설문조사한 결과 아베 총리가 39%로 가장 높은 지지율을 차지했고, 이시바 전 간사장은 31%, 노다 총무상은 4%를 차지한 것으로 나타났다. 요미우리신문 조사 결과에서도 아베 총리는 42%를 차지하며 1위에 머물렀으며, 이시바 전 간사장은 36%, 노다 총무상은 10%를 차지했다. 한편 니혼게이자이신문의 여론조사 결과 아베 내각의 지지율은 48%로 지난 7월 조사보다 3%p 상승한 것으로 나타났으며, 요미우리신문의 여론조사 결과에서는 50%로 지난 조사에 비해 5%p 상승하였다.

15차(8월 말~9월 말)

정승희

9월 20일에 열린 자민당 총재 선거에서 아베 신조 총리가 이시바 시게루 전 자민당 간사장을 누르고 3연임에 성공했다(NHK 2018. 09. 21; 중앙일보 2018. 09. 21 재인용). 자민당 총재 선거 승리로 아베 총리는 다음 달 초에 예상되고 있는 개각에서 경쟁자였던 이시바 전 간사장 지지자들을 경질하는 등 '배제의 정치'를 펼칠 것으로 보인다(교도통신 2018. 09. 21; 연합뉴스 2018. 09. 21 재인용).

한편 교도통신의 여론조사 결과, 응답자의 57%가 지나친 권력 집중은 문제가 있다고 응답하였고, 아베 내각 지지율은 47.4%로 나타났다(교도통신 2018. 09. 21; 연합뉴스 2018. 09. 21 재인용). 또한 오키나와 주지사 선거에 앞서 실시된 여론조사 결과, 응답자의 63%가 아베 내각의 미군 기지 정책에 반대했다(오키나와타임즈 2018. 09. 25; 류큐아사히방송 2018. 09. 25; 아사히신문 2018. 09. 25 재인용).

아울러 9월 4일에 열린 국민민주당 임시 당대회에서 다마키 유이치로가 스무라 게이스케(津村啓介) 전 내각부 정무관을 누르고 새 대표로 선출되었다(교도통신 2018. 09. 04; 연합뉴스 2018. 09. 04 재인용).

일본 정당

09월 04일

• 일본 제2야당 대표에 다마키 유이치로…'反아베 야권 결속' 과제

(교도통신 09. 04; 연합뉴스 09. 04 재인용)

- 9월 4일, 민진당의 인사 일부와 희망의당 인사들이 만든 정당인 국민민주당의 임시 당대회에서 다마키 유이치로 대표가 스무라 게이스케 전 내각부 정무관을 누르고 새 대표로 선출되었다. 다마키 대표는 당원과 지방 의원을 대상으로 실시한 우편 및 인터넷 투표에서 142포인트 중 106포인트를 얻었다. 또한 국회의원을 대상으로 실시한 투표에서도 스무라 전 내각부 정무관과 큰 차이로 앞섰다. 다마키 대표는 선출된 당일 기자들에게 당의 지지율을 회복하고 당의 세력을 확대하는 데 이바지하겠다

고 밝혔고, 도쿄신문은 새 대표가 내년 참의원 선거를 앞두고 야당이 결속하여 아베 총리에 대항할 수 있도록 만들어야 한다고 설명하였다.

09월 20일

· 아베 3연임 성공했지만 ··· 당원 투표 224 대 181

(NHK 09. 21; 중앙일보 09. 21 재인용)

– 9월 20일에 열린 자민당 총재 선거에서 아베 신조 일본 총리가 승리했다. 경선 결과는 553표 대 254표로 나타났으며, 구체적으로 국회의원 투표에서는 아베 총리가 1, 2, 4, 5위 파벌로부터 전폭적인 지지를 받으며 329표, 이시바 시게루 전 간사장 73표였다. 그러나 일반 당원 투표에서는 아베 총리 224표, 이시바 전 간사장 181표로 두 후보가 접전을 벌였다. 이로써 아베 총리가 2021년 9월까지 최장 3년 동안 자민당 총재 임기를 지낼 수 있게 되었으나, 이번 경선 결과에서 아베 총리와 이시바 전 간사장 간의 득표 차가 크지 않았다는 점에서 아베 총리의 향후 정국 운영에 대한 우려가 계속되고 있다.

09월 21일

· 선거 이기자 칼 휘두르는 일본 아베···경쟁 후보 지지 각료 경질 방침

(교도통신 09. 21; 연합뉴스 09. 21 재인용)

– 교도통신은 자민당 총재 선거에서 승리한 아베 신조 총리가 다음 달 초로 예상되고 있는 개각에서 경쟁자였던 이시바 시게루 전 간사장 측 지지자인 사이토 겐(齋藤健) 농림수산상을 경질할 것이라고 밝혔다. 교도통신은 이와 같은 아베 총리의 '배제의 정치'로 인해 자민당 내에 반발이 있을 것으로 예상하고 있다. 한편 아베 총리는 경쟁자를 지지했던 사람들을 배제하면서도 자신의 측근인 스가 요시히데(菅義偉) 관방장관과 자신을 지지해온 아소 다로 부총리 겸 재무상, 고노 다로 외무상, 세코 히로시게(世耕弘成) 경제산업상, 모테기 도시미쓰 경제재생 담당상 등은 유임시킬 것으로 예상되고 있다.

09월 21일

· 아베 3연임 성공했지만…일본 국민 57% "권력 집중 문제 있다"

(교도통신 09. 21; 연합뉴스 09. 21 재인용)

- 아베 신조 총리가 자민당 총재선거에서 승리했지만, 여론조사 결과 일본 국민의 다수가 아베 총리에 권력이 지나치게 집중되는 것에 대해 우려하고 있는 것으로 나타났다. 교도통신이 실시한 여론조사 결과에 따르면 응답자의 57%가 아베의 1강(强)에 대해 문제가 있다고 답했으며, 문제가 없다고 답한 응답자는 33.6%였다. 또한 아베 총리의 자민당 총재 3연임에 대해 긍정적으로 평가한다고 답한 응답자는 29.7%였으며, 긍정적으로 평가하지 않는다고 답한 응답자는 24.9%, 어느 쪽도 해당하지 않는다고 답한 응답자는 44.7%로 나타났다. 아울러 아베 총리가 올해 가을 임시국회에 개헌안을 제출하겠다고 밝힌 것에 대해 응답자의 51.0%가 부정적으로 답했으며, 아베 내각 지지율은 지난 조사보다 3.2%p 상승한 47.4%였다.

09월 25일

· 아사히 여론조사 결과, 오키나와 주민 63% "아베의 미국 군사 정책 반대"

(오키나와타임즈 09. 25; 류큐아사히방송 09. 25; 아사히신문 09. 25 재인용)

- 9월 30일 오키나와 주지사 선거에 앞서 오키나와타임즈, 류큐아사히방송, 아사히신문이 실시한 여론조사 결과에 따르면, 응답자의 63%가 아베 내각의 미군 기지 정책에 반대하고 있는 것으로 나타났으며, 14%만이 미군 기지 정책에 지지한다고 응답했다. 구체적으로 아베 총리의 미군 기지에 대해 반대하는 응답자는 기지 이전을 반대하는 다마키 데니(玉城 デニー)를 지지한다고 답했고, 찬성하는 응답자는 사키마 아쓰시(佐喜眞淳)를 지지하는 것으로 나타났다. 아울러 미군 기지 이전에 대해 지지한다고 답한 응답자는 25%였고, 지지하지 않는다고 답한 응답자는 50%였다.

16차(9월 말~10월 말)

정승희

　자민당 총재 선거에서 승리한 아베 신조 총리는 10월 2일 4차 내각 인선 명단을 발표하여 각료 19명 중 6명을 유임하고 13명을 교체시켰다(NHK 2018. 10. 02; 연합뉴스 2018. 10. 02 재인용). 이번 개각은 외교와 경제 부문 각료를 유임하는 친정 체제를 바탕으로 개헌을 적극 추진하려는 목적이 담겨있다고 분석되고 있다(NHK 2018. 10. 02; 연합뉴스 2018. 10. 02 재인용).

　9월 30일에 열린 오키나와현 지사 선거에서 입헌민주당, 국민민주당 등 야권의 지지를 받은 다마키 데니가 여권의 지지를 받은 사키마 아쓰시를 누르고 당선되었다(NHK 2018. 09. 30; 교도통신 2018. 09. 30; 경향신문 2018. 09. 30 재인용).

　아울러 10월 11일, 제1야당 입헌민주당과 제2야당 국민민주당이 내년 참의원 선거에서 후보 단일화를 공조하겠다는 의사를 밝혔다(교도통신 2018. 10. 12; 요미우리신문 2018. 10. 12; 연합뉴스 2018. 10. 12 재인용). 한편 자민당은 임시국회에서 자위대 지위를 새로 명기하는 헌법 개정 조문안을 제출할 방침이다(요미우리신문 2018. 10. 24; 뉴시스 2018. 10. 24 재인용).

일본 정당

10월 11일

• 일본 제1·제2야당, 내년 참의원 선거서 '반(反)아베' 연대키로

(교도통신 10. 12; 요미우리신문 10. 12; 연합뉴스 10. 12 재인용)

－ 10월 11일, 제1야당 입헌민주당과 제2야당 국민민주당이 내년 여름에 있을 참의원 선거에서의 선거구 후보자 사전 합의의 필요성을 확인했다. 이는 사실상 후보 단일화를 하겠다는 방침으로, 두 야당은 각서 교환을 통해 "여당에 유리하지 않도록" 후보자를 사전에 조정하겠다는 목적을 명확히 밝혔다. 해당 각서는 두 야당뿐만 아니라 일본 최대 노동자 단체인 '렌고(連合)'도 함께 작성하였으며, 후보자가 양당 중 1명으로 좁혀지는 경우 양당이 각각 추천하고 렌고의 조직력을 발휘할 수 있도록 한다

는 내용을 포함하고 있다. 그러나 작년 중의원 선거에서 입헌민주당과 국민민주당 양측 인사들의 갈등이 있었고 정책적으로 두 정당 간의 차이가 나타나고 있어 내년 참의원 선거에서의 공조가 제대로 이루어질지는 미지수이다.

10월 24일

• 일본, 오늘 임시국회 열려…집권 자민당, 개헌안 제출 방침

(요미우리신문 10. 24; 뉴시스 10. 24 재인용)

- 10월 24일 소집된 임시국회는 집권 자민당의 총재선거에서 3연임에 성공한 아베 총리가 새 내각을 출범시킨 이래 이뤄지는 첫 번째 국회 소집이다. 요미우리신문에 따르면 이번 임시국회에서 자민당은 헌법개정 조문안을 중의원, 참의원 헌법심사회에 제출할 예정이다. 이는 새 내각 출범 이후 열린 기자회견에서 다음 국회에서 개정안을 제출하겠다는 아베 총리의 의지가 반영된 것으로 보인다. 아베 총리는 헌법 9조 1항과 2항을 그대로 유지하면서 자위대의 지위를 새로 명기하는 내용의 개정안을 이번 국회에서 제출하고 내년 7월 참의원 선거 전에 개헌을 발의하겠다는 계획을 가지고 있다. 그러나 개헌에 대한 일본 국민들의 반대가 상당하고 개헌 절차를 정하는 국민투표법의 개정안의 심의가 다음 정기국회로 예정되어 있어 자민당의 조문안 제출조차 쉽지 않을 것으로 보인다.

일본 선거·의회

09월 30일

• 일본 오키나와 지사 선거, 야권 후보 승리

(NHK 09. 30; 교도통신 09. 30; 경향신문 09. 30 재인용)

- 9월 30일에 열린 오키나와현 지사 선거에서 입헌민주당, 국민민주당 등 야권이 지지를 받은 다마키 데니가 승리했다. 오키나와현 지사 선거는 아베 총리의 3연임 결정 이후 처음 열린 광역지방자치단체장 선거로, 스가 요시히데 관방장관 등 자민당 간부들이 대거 지원 유세를 펼쳤다. 여권 후보 사키마 아쓰시는 미국 기지 이전 관련 언급을 하지 않으면서 지역 발전을 강조했으나 선거에서 패배하였고, 다마키 후보는

지난 8월 사망한 오나가 다케시 전 지사의 뜻을 이어 미군기지 헤노코 이전 반대를 앞세워 선거에 승리하였다. 여권 후보가 선거에 패배하면서 향후 아베 총리의 국정 운영이 타격을 입을 것으로 예상되고 있다.

10월 02일

• 일본 아베 개각, '친정 체제' 강화…자위대 개헌 속도 낼 듯

(NHK 10. 02; 연합뉴스 10. 02 재인용)

– 10월 2일, 자민당 총재 선거에서 승리한 아베 신조 총리가 개각을 단행했다. 이날 아베 총리는 스가 요시히데 장관을 통해 4차 내각 인선 명단을 발표했으며, 각료 19명 중 6명이 유임되고 13명이 교체되었다. 구체적으로 스가 장관을 비롯해 아소 다로 부총리 겸 재무상, 고노 다로 외무상, 모테기 도시미쓰 경제재생담당상, 세코 히로시게 경제산업상, 이시이 게이이치(石井啓一) 국토교통상 등 6명이 유임되었으며, 극우 성향이 강한 인물들이 신임 각료로 선정되었다. 이번 개각은 아베 내각의 핵심이라고 볼 수 있는 외교와 경제 부문의 각료는 유임되는 친정 체제가 구축되고 개헌 등의 정책 추진력을 강화하겠다는 것으로 분석되고 있다. 즉 아베 총리는 친정 체제를 구축한 새 내각을 바탕으로 자위대 지위를 명기한 개헌을 적극 추진하겠다는 의지를 밝혔다.

10월 15일

• 일본 아베, "내년 10월 소비세율 10%로 인상 예정대로 단행"

(NHK 10. 15; 교도통신 10. 15; 연합뉴스 10. 15 재인용)

– 10월 15일에 총리 관저에서 열린 임시 각의에서 아베 총리는 내년 소비세율을 10%로 인상할 예정이라고 밝혔다. 일본 정부는 소비세율을 10%로 인상하더라도 중소 매장에서 현금을 사용하지 않는 결제에 대해 2%를 포인트로 환원해 그 비용을 지원해 주는 대책을 마련하고 있다. 그뿐만 아니라 술과 외식업을 제외한 음식료품의 세율은 8%로 유지하고 내구성 소비재 구입 시 소비자의 부담을 경감하는 방안을 강구하고 있다. 아울러 아베 총리는 각의에서 관계 각료들에게 소비세율 인상으로 인한 경제적 영향을 줄이도록 관련 예산을 내년과 내후년 예산안에 포함시키라고 답했

다. 과거 아베 총리가 경제상황을 고려해 소비세율 인상을 연기시킨 경험이 있어 이번에도 연기될 것이라는 관측도 있었으나, 교육무상화 등 사회보장 예산 확보를 위해 소비세율 인상이 불가피하다는 결정을 내린 것으로 보인다.

일본 여론

10월 09일

• **일본 국민 56% "아베 개각 긍정 평가 안 해"···내각지지율 42%로 정체**

(NHK 10. 09; 연합뉴스 10. 09 재인용)

– 10월 2일 아베 총리가 개각 및 자민당 집행부 개편을 단행했으나, 이에 대한 일본 국민들의 평가는 부정적인 것으로 나타났다. NHK가 실시한 여론조사 결과에 따르면 아베 총리의 개각 및 당직 개편을 긍정적으로 평가하지 않는다는 응답의 비율이 56%로 나타났으며 긍정적으로 평가한다는 응답은 33%였다. 아울러 아베 내각의 지지율은 42%로 지난달과 동일하였고 지지하지 않는다는 응답은 한 달 전보다 1%p 오른 40%로 나타났다. 한편 올 가을 아베 총리의 개헌안 제출 추진에 대해 제출할 필요가 없다는 응답이 36%, 제출해야 한다는 응답은 17%, 어느 쪽이라고 말하기 어렵다는 응답은 38%였다.

17차(10월 말~11월 말)

정승희

11월 27일, 자민당과 아베 신조 내각이 외국인 노동자 수용 확대를 위해 추진한 '출입국관리법 개정안'이 중의원에서 통과되었으며, 아베 내각은 개정안을 통해 5년간 최대 34만여 명의 외국인을 수용해 일손 부족 문제를 해결하겠다고 나섰다(니혼게이자이신문 2018. 11. 28; 뉴시스 2018. 11. 28 재인용).

지난 9월 30일, 오키나와현 지사 선거에서 승리한 다마키 데니 지사가 내년 2월 24일 미군기지 이전에 대한 국민투표를 실시할 예정이라고 밝혔다(아사히신문 2018. 11. 27). 한편 집권 자민당은 한국의 화해치유재단 해산 방침을 두고 일본 정부가 이를 엄중히 다뤄줄 것을 요청하는 결의안을 작성했다(NHK 2018. 11. 22; 뉴스1 2018. 11. 22 재인용).

아울러 니혼게이자이신문이 25일에 발표한 여론조사 결과에 따르면 아베 내각의 지지율은 51%로 지난 10월 조사보다 3%p 상승한 것으로 나타났으며, 요미우리신문의 여론조사 결과에서도 아베 내각 지지율은 지난 조사보다 4%p 상승한 53%였다(니혼게이자이신문 2018. 11. 25; 요미우리신문 2018. 11. 25; 중앙일보 2018. 11. 26 재인용).

일본 정당

11월 22일

• 일본 자민, 한국 화해치유재단 해산에 "엄중 대응해야"

(NHK 11. 22; 뉴스1 11. 22 재인용)

― 한국이 21일 화해치유재단 해산 방침을 밝혔고 일본 정부는 수용 불가의 입장을 내세웠다. 아울러 집권 자민당은 한국 정부의 화해치유재단 해산 방침에 대항해 정부가 이를 엄중히 다뤄줄 것을 요구했다. 구체적으로 22일에 자민당은 외교부회 등 합동회의를 개최해 한국의 화해치유재단 해산 방침 철회 등 한일 위안부 합의의 착실한 이행을 정부에 요구하는 결의안을 작성하였다. 자민당은 결의안을 통해 "재단

해산은 최종적이고 불가역적으로 해결한다는 위안부 합의의 약속을 버린 것"이라고 주장하며, 국가 간의 약속을 지키지 못할 경우 외교를 할 수 없고 한일관계에 대해 재검토해야 한다는 입장을 밝혔다. 또한 합동회의에서는 "국제법을 무시하는 행동을 한 한국에 강경 대응해야 한다" 등의 강경 발언도 잇따랐다.

일본 선거·의회

11월 27일
- **오키나와, 내년 2월 미군기지 이전에 대한 국민투표 실시 예정** (아사히신문 11. 27)
- 27일, 다마키 데니 오키나와현 지사가 내년 2월 24일에 미군기지 이전에 대한 국민투표를 실시할 예정이라고 밝혔으며, 국민투표와 관련된 조례는 10월 26일 오키나와 의회에서 제의된 것이다. 지난 9월 30일 여당 지지 후보를 누르고 당선된 다마키 데니 지사는 후텐마에 위치한 미군 시설을 폐쇄하고 오키나와의 주권을 회복시키길 바라고 있으며, 미군 기지의 헤노코 이전에 강력히 반대하고 있다. 비록 국민투표가 법적인 구속력을 가지는 것은 아니지만, 국민투표를 통해 정부의 미군기지 정책에 대한 지역 주민들의 반대 의사를 정부에 강력히 표출하고자 하는 의도로 예상되고 있다.

11월 27일
- **일본 외국인노동자 수용확대 법안 중의원 통과**

  (니혼게이자이신문 11. 28; 뉴시스 11. 28 재인용)
- 27일에 진행된 중의원 본회의에서 정부와 여당이 외국인 노동자 수용 확대를 위해 추진한 출입국관리법 개정안이 통과되었다. 니혼게이자이신문에 따르면 집권 자민당과 연립여당 공명당, 우익 성향의 일본유신회 등의 과반수 이상 찬성으로 출입국관리법 개정안이 통과되었으며, 자민당이 28일부터 참의원 심의에 들어가 이번 임시국회 회기 내 양원 모두 통과시키고자 한다고 밝혔다. 제1야당인 입헌민주당을 비롯한 야당들은 출입국관리법 개정안에 맞서 야마시타 다카시(山下貴司) 법무상의 불신임 결의안을 제출하였으나, 이는 여당의 반대로 무산되었다. 출입국관리법 개정안에는 외국인 노동자 수용 확대를 위한 2개의 새로운 체류자격이 신설되었고, 이를

통해 그동안 일본에서 받지 않았던 단순 노동 분야 기능 외국인이 체류자격을 얻게 되었다. 또한 숙련된 기능을 가진 외국인의 경우 체류 연장 횟수 제한이 사라지고 10년 체류시 영주권 획득이 가능해졌다. 정부는 이 제도를 통해 향후 5년간 최대 34만여 명을 수용하여 일손 부족 문제를 해결하겠다는 방침이다.

일본 여론

11월 25일
· 아베 지지율 상승 50% 돌파…"러일 정상회담 평가"

(니혼게이자이신문 11. 25; 요미우리신문 11. 25; 중앙일보 11. 26 재인용)

– 니혼게이자이신문이 25일 발표한 전국 여론조사 결과, 아베 내각 지지율은 51%로 지난 10월 조사보다 3%p 상승한 것으로 나타났다. 반면 아베 내각을 지지하지 않는다는 응답은 지난 조사보다 4%p 하락한 38%였다. 요미우리신문의 조사 결과에서도 아베 내각 지지율은 지난 조사보다 4%p 상승한 53%였으며, 지지하지 않는다는 응답은 36%였다. 이와 같은 지지율 상승세에 대해 언론들은 지난 14일 러·일 정상회담에서 소일공동선언에 기반하여 평화조약 체결을 가속화하는 것에 합의한 것이 긍정적인 영향을 준 것으로 보고 있다.

11월 26일
· 입관법 개정안 반대 시민 항의 집회…'외국인과 공생 염두에 없다' 비판

(교도통신 11. 28)

– 26일, 외국인 노동자 수용 확대를 위한 입관난민법 등의 개정안에 반대하는 시민들이 국회 앞에서 반대 집회를 열었다. 집회에 모인 시민들은 해당 법안에 외국인과 공생하려는 의도가 전혀 없다고 비판하며 이를 추진하는 아베 정권을 비난했다. 또한 집회에 참가한 100명 이상의 참가자들이 외국인 노동자의 인권을 지켜달라는 플래카드를 들고 나섰으며, 강행 표결을 멈추라고 소리치며 내각 퇴진을 주장했다. 한편 사이타마현 내 지자체에서 일하고 있는 집회 참가자는 해당 법안이 노동력을 싸게 사들이려는 발상이라며, 사회에서 공생하고자 하는 의도가 없다고 비판했다.

18차(11월 말~12월 말)

12월 6일, 중의원 본회의에서 여당인 자민당과 연립여당 공명당 등의 다수 표 결로 수도 사업의 운영을 민간 사업자가 맡을 수 있도록 하는 '수도 민영화 법안' 이 통과되었다(마이니치신문 2018. 12. 07; 아시아투데이 2018. 12. 09 재인용).

내각과 언론은 동해상에서 조난 당한 북한 어선을 구출하기 위해 한국 해군이 작동한 레이더에 대해 불만을 표하며, 이에 대한 사죄를 요청하고 있다(요미우리신문 2018. 12. 20; 아사히신문 2018. 12. 21; 연합뉴스 2018. 12. 23 재인용). 한편 아베 신조 내각이 오키나와현민들의 반대에도 불구하고 후텐마 미군 비행장을 헤노코로 이전하기 위한 공사를 강행 추진하면서 논란이 되고 있다(NHK 2018. 12. 14; 중앙일보 2018. 12. 14 재인용).

아울러 요미우리신문이 실시한 여론조사에 따르면 아베 내각 지지율은 지난달 조사에 비해 6%p 하락한 47%로 나타났으며, 이와 같은 지지율 하락은 정부와 여당의 출입국 관리 · 난민 인정법안 및 수돗물 민영화 법안 강행 추진에 대한 부정적인 시선 때문인 것으로 보인다(동아일보 2018. 12. 18).

일본 정당

12월 04일
• 일본 정부여당, '수돗물 민영화' 강행…야권 "수도세 폭등할 것" 반발

(MBC뉴스 12. 04)

− 일본 정부가 수돗물 민영화 법안을 강행 추진하면서 논란이 일고 있다. 여당과 정부는 참의원 후생노동위원회에서 지자체가 수도 사업 운영권을 민간 사업자에게 위탁할 수 있도록 하는 내용을 담은 수도법 개정안을 통과시킬 계획이다. 이에 대해 정부와 여당은 급격한 인구 감소로 인해 지자체가 사업 수익을 충분히 확보하지 못하고 시설 유지에 어려움을 겪고 있기 때문에 민간 사업체가 참여해 효율성을 높여야 한다고 주장했다. 그러나 야권에서는 수도 사업 민영화의 부작용과 정부의 해외 사

례 조사 부족을 비난하며 정부와 여당의 수도법 개정안 강행에 대해 반발하고 있다.

12월 21일

· 일본 자민당 내년 당 운영방침에 "개헌의 길을 낸다" 명시

(요미우리신문 12. 21; 한겨레 12. 21 재인용)

– 21일 요미우리신문은 자민당이 2019년 당 운영방침 원안에 "자민당은 헌법 개정을 당의 기본 방침으로 하고 있는 보수 정당"이라는 내용을 명기했다고 밝혔다. 또한 당 운영방침 원안에는 개헌의 길을 낸다는 각오로 임하자는 내용도 담겼다. 이러한 운영방침은 내년 2월 당 대회에서 정식 채택될 예정이다. 이처럼 자민당이 당 운영방침에 개헌에 대한 굳은 의지를 명기한 이유는 올해 자민당이 개헌을 일방적으로 추진하다가 야당의 반발로 논의가 흐려졌기 때문인 것으로 보인다. 아베 총리가 2020년 새 헌법을 시행하고 싶다는 의사를 밝혀왔던 만큼 이를 위해서는 내년 국회에서 개헌안을 발의할 필요가 있다. 이에 자민당은 당 운영방침 원안에 2019년이 정치 결전의 해라고 규정하기도 했다.

일본 선거 · 의회

12월 09일

· 일본, 수돗물 민영화 법안 통과…세계 흐름에 역행 비판 봇물

(마이니치신문 12. 07; 아시아투데이 12. 09 재인용)

– 6일, 중의원 본회의에서 야권의 반대에도 불구하고 여당인 자민당과 연립여당 공명당 등의 다수 표결로 수도 민영화 법안이 통과되었다. 일본 정부는 인구의 급격한 감소로 지자체 수도 사업이 경영난에 시달리고 있기 때문에 수도 파이프의 노후화 등의 개선으로 수돗물 질을 높이기 위해 수도 민영화를 추진했다. 그러나 민영화로 인한 수도세 상승과 경영 투명성에 대한 우려가 계속되자, 정부는 이번 개정안이 완전한 민영화를 위한 것이 아니라 지자체가 수도 사업의 운영을 민간 기업에 위탁하는 방식을 활용하기 위한 것이라고 답했다. 그럼에도 불구하고 수도법 개정안에 대한 민심은 부정적이다. 법안이 통과되는 날 국회 앞에선 500여 명의 시민들이 법안

강행 통과를 비판하는 시위를 열었으며, 일부 언론사들도 수도법 개정안에 대해 비난했다.

12월 23일

• 일본, 한국 해군의 '레이더 가동'에 "적대행동…사죄하라" 사흘째 공격

(요미우리신문 12. 20; 아사히신문 12. 21; 연합뉴스 12. 23 재인용)

− 일본 정부와 언론이 동해상에서 조난 당한 북한 어선을 구출하기 위해 한국 해군이 가동한 레이더에 대해 사흘 연속 불만을 표하고 있다. 한국 정부는 북한의 조난 어선을 수색하기 위해 수색 레이더와 관제 레이더를 작동한 것이라고 해명했지만, 일본 정부는 공격용 레이더를 몇 분 동안 여러 차례 발동했다며 사과를 요구했다. 일본의 이와 같은 반응은 지지율 추락, 위안부 화해·치유재단 해산 등의 아베 총리의 불만이 반영된 것으로 예상되고 있다. 아울러 일부 언론은 이번 레이더 사건이 한국에 대한 일본의 불신을 더욱 고조시키는 결과가 될 것이라고 전했으며, 일본의 네티즌들은 SNS 등을 통해 적대 행위를 한 한국을 용서할 수 없다며 단호한 조치를 취하라는 주장을 내기도 했다.

일본 여론

12월 14일

• 일본 정부, 오키나와 미군기지 이전공사 강행…현민 발발

(NHK 12. 14; 중앙일보 12. 14 재인용)

− 14일, 일본 정부가 오키나와현의 반대에도 불구하고 후텐마 미군 비행장을 헤노코로 이전하기 위한 공사를 강행 추진했다. NHK는 정부가 14일 오전 오키나와현 중심부 기노완시에 위치한 후텐마 미군 비행장을 나고시 헤노코로 이전하기 위한 매립 공사를 착수했다고 전했다. 이에 다마키 데니 오키나와현 지사는 긴급 기자회견을 열어 공사 강행이 현민의 의사를 무시하는 것이라고 강하게 반발했으며, 오키나와 주민 100여 명은 공사장 주변에서 항의 집회를 열었다. 또한 일부 주민들은 카누를 타고 매립 예정지인 바다에 나가 시위를 벌였다. 그러나 관방장관과 방위상은 공

사 강행의 뜻을 나타내며, 현민들의 이해를 요청했다.

12월 18일

• 아베 지지율 한 달 새 4~6%p 급락　　　　　　　　　　　　　**(동아일보 12. 18)**

− 요미우리신문이 실시한 여론조사에 따르면 아베 내각 지지율은 지난달 조사에 비해 6%p 하락한 47%로 나타났다. 니혼게이자이신문의 여론조사에서도 아베 내각 지지율은 47%로 나타났으며, 마이니치신문의 조사에서 내각 지지율은 37%로 지난 조사보다 4%p 하락했다. 한편 교도통신의 여론조사에서도 아베 내각 지지율은 42.4%였다. 이와 같은 지지율 추락은 임시국회에서 정부와 여당이 의석수 우위를 바탕으로 논란 중인 법안을 강행 통과시켰기 때문인 것으로 보인다. 아베 내각은 출입국 관리·난민 인정법 개정안, 수산개혁 관련 법안, 수돗물 민영화 법안 등을 강행 통과시켰다.

19차(12월 말~2019년 1월 말)

정승희

올해 4월의 지방선거와 7월의 참의원 선거를 앞두고 야당인 국민민주당과 자유당, 그리고 입헌민주당과 사민당의 연합 결성 움직임이 나타나고 있다(아사히신문 2019. 01. 25; 연합뉴스 2019. 01. 25 재인용). 또한 후생노동성이 발표하는 '매월근로통계' 부정 사건이 논란이 되면서, 야권은 이에 대해 비난하고 있다(요미우리신문 2019. 01. 25; 세계일보 2019. 01. 25 재인용).

한편 일본 방위상은 최근 한국과의 레이더 및 초계기 저공비행 갈등과 관련하여, 일본의 초계기가 근접 비행을 했다는 한국 정부의 발표에 대해 이는 사실과 다르다고 말하며 한국 정부와 의견 차이를 보이고 있다(TV아사히 2019. 01. 23; NHK 2019. 01. 23; 중앙일보 2019. 01. 23 재인용). 아울러 27일에 치러진 야마나시현 지사 선거에서 여당이 지지하는 후보가 선거에 승리하였다(NHK 2019. 01. 27; 교도통신 2019. 01. 27; 연합뉴스 2019. 01. 27 재인용).

아사히신문의 여론조사 결과에 따르면 아베 내각 지지율은 지난달 조사에 비해 3%p 상승한 43%로 나타났으며, 산케이신문이 실시한 여론조사 결과에서도 아베 내각 지지율은 지난 조사보다 4.2%p 상승한 47.9%였다(연합뉴스 2019. 01. 22).

일본 정당

01월 25일

• 일본 야권, 7월 참의원 선거 앞두고 '합종연횡' 시동

(아사히신문 01. 25; 연합뉴스 01. 25 재인용)

– 올해 4월의 지방선거와 7월의 참의원 선거를 앞두고 제1야당이 되기 위한 야권들의 움직임이 본격적으로 나타나고 있다. 자민당이 추진하고 있는 헌법 개정을 실현하기 위해서는 참의원 3분의 2 이상의 동의가 필요하기 때문에 참의원 선거는 여당과 야당 모두에게 중요한 선거이다. 야권의 대부분이 기존 헌법을 유지하고자 하기 때문에 자민당의 독주를 막기 위해서는 야당들 끼리 힘을 합쳐야 하는 상황이다. 국

민민주당은 자유당과 장래 합당을 목표로 연합을 결성하겠다고 밝혔고 이번 정기국회에서 합당하는 방안을 추진하겠다고 나섰다. 또한 입헌민주당은 사민당과 연합을 결성하겠다고 밝혔다. 그러나 일각에서는 야당 간의 과도한 주도권 경쟁으로 인해 야당 공동 전선이 제대로 형성되기 힘들 것이라는 전망도 제기되고 있다.

01월 24일

・일본 야당 "아베노믹스는 기만"…통계부정 사건 일파만파

(요미우리신문 01. 25; 세계일보 01. 25 재인용)

– 24일에 열린 중·참의원 양원 후생노동위원회에서 야권은 후생노동성이 발표하는 '매월근로통계' 부정 문제를 강력히 비난했다. 후생노동성이 매달 발표하는 '매월근로통계'의 산출 방식은 전수조사의 원칙을 가지고 있으나, 정부는 도쿄 지역에서 샘플링하여 조사를 진행하였다. 정부는 지난 6월 근로통계에서 임금상승률이 3.3%로 최고치에 달한다고 발표했지만, 야당은 부정 산출로 집계된 데이터를 보정할 경우 임금상승률이 2.8%로 하락한다고 주장하며 이러한 부정을 두고 아베노믹스는 기만이라고 비관하였다. 이번 부정 사건을 계기로 총무성이 56종의 국가 기간 통계 산출을 확인한 결과, 22종의 통계가 부적절하게 처리되어왔음이 밝혀졌다. 통계 부정 사건에 대한 논란이 붉어지자, 정부는 부정 문제와 관련하여 후생노동상의 4개월치 급여를 반납하도록 하고 전·현 직원 22명을 징계 처분하였다.

일본 선거 · 의회

01월 23일

・일본 방위상, "60~70m 비행 사실과 달라, 150m 이상 확보했다"

(TV아사히 01. 23; NHK 01. 23; 중앙일보 01. 23 재인용)

– 일본 정부가 "일본 초계기가 근접 비행을 했다"는 한국 측의 발표에 대해 반박하고 나섰다. 이와야 다케시(岩屋毅) 방위상은 23일 기자회견에서 일본의 초계기가 60~70m로 비행했다는 사실이 정확하지 않다며, 국제법규에 따라 150m 이상의 고도를 확보했다고 말했다. 또한 18일과 22일에도 근접비행이 있었다는 한국 정부의

주장에 대해서도 당시에도 국내법에 따라 적절히 비행했으며, 이와 같은 내용을 한국 측에 전달하고 있다고 설명했다. 아울러 TV아사히와 NHK 등의 일본 언론들도 자위대 초계기의 저공비행은 있을 수 없는 일이라고 보도하였다. 한편 일본 정부는 21일 레이더 문제와 관련하여 최종적인 견해를 발표하면서 한국과 더 이상 협의하지 않을 것이라는 의사를 밝혔다.

01월 24일

• **오키나와에서 합의된 선다형 국민투표, 모든 도시에서 투표 예정** (아사히신문 01. 25)

– 24일 오키나와 의회에서 미군 기지 이전에 대한 국민투표를 위해 선다형 투표가 채택되었다. 투표 용지의 선택문항은 "찬성", "반대", "어느 쪽이든 의견 없음"으로 구성될 것이며, 국민투표는 2월 24일에 시행될 예정이다. 국민투표는 모든 지역에서 동일하게 진행되지만, 5개의 지역에서는 투표 시기가 1~2주 연장되어 3월 3일 혹은 3월 10일에 진행될 예정이다. 또한 임시 총회가 열리는 1월 29일 수정된 조례가 통과될 것으로 예측되며 오키나와의 모든 지방자치단체는 미군 기지를 현 내의 나고야 헤노코 지역으로 이전하자는 국민투표에 참여할 것으로 보인다.

01월 27일

• **일본 야마나시현 새 지사에 여권 후보 당선**

(NHK 01. 27; 교도통신 01. 27; 연합뉴스 01. 27 재인용)

– 27일에 치러진 야마나시현 지사 선거에서 여당이 지지하는 후보가 당선되었다. 야마나시현 지사 선거는 임기 만료에 따른 단독 선거지만, 4월의 지방선거와 7월의 참의원 선거를 앞두고 벌어진 여야의 전초적 성격을 띤다는 점에서 많은 관심이 집중되어 왔다. 개표 결과에 따르면 자민당과 공명당이 추천한 나가사키 고타로(長崎幸太) 전 중의원 의원이 야당인 입헌민주당과 국민민주당의 지지를 받은 고토 히토시(後藤齋)를 누르고 선거에 승리하였다. 교도통신은 자민당 유력 인사들의 선거 유세 덕분에 자민당과 공명당의 지지층과 부동층 유권자의 표를 확보한 것이라고 분석했다.

01월 22일

· 아베 지지율 4.2%p 올라…'레이더 갈등' 일본 영상 공개지지 85%　　(연합뉴스 01. 22)

- 22일 산케이신문이 후지뉴스네트워크와 함께 실시한 여론조사 결과 발표에 따르면 아베 내각 지지율은 지난달 조사보다 4.2%p 상승한 47.9%로 나타났다. 한편 한국과 일본 간의 레이더 갈등 문제와 관련하여 당시 영상을 공개한 일본 정부의 대응에 대해 응답자의 85%가 이를 지지한다고 답했다. 또한 자위대 초계기의 저공비행에 대해 사과를 요구한 한국 정부의 대응에 대해 응답자의 90.8%가 납득할 수 없다고 응답했다. 아울러 아사히신문의 여론조사 결과에 따르면 아베 내각 지지율은 43%로 지난달 조사에 비해 3%p 상승했으며, 최근 후생노동성의 근로통계 조사 부정 사건과 관련하여 이를 큰 문제로 인식하고 있는 응답자가 82%에 달하는 것으로 나타났다. 7월에 있을 참의원 선거와 관련하여 투표하고 싶은 정당에 대해 질문한 결과 자민당이 41%, 입헌민주당이 15%로 조사되었다.

20차(1월 말~2월 말)

신건

아베 신조 총리가 오는 7월 참의원 선거시 중의원의 해산 가능성을 시사한 것에 대해, 에다노 유키오 일본 입헌민주당 대표가 2월 11일 입헌민주당의 지역 지도자와 선거 운동 책임자의 회합에서 "하원이 해산되면, 그 도전에 응할 각오가 되어 있다"라고 말했다(読売新聞 2019. 02. 12).

한편, 한국의 문희상 국회의장은 지난 2월 8일 미국의 한 매체와의 인터뷰에서 위안부에 대한 일왕의 진지한 사과를 요구하였고, 이에 대해 아베 총리가 국회 총재 연설에서 해당 발언을 철회하라며 강하게 비판해 논란이 가중되고 있다. (Bloomberg 2019. 02. 08; 연합뉴스 2019. 02. 11; 每日新聞 2019. 02. 12 재인용). 아베 총리는 20일 중의원 예산위원회에서 오키나와현의 자체적 주민투표결과와 관계없이 오키나와현 내 미 해병대 공군기지를 이전할 것이라고 밝혀 야당이 비판하고 나섰다(每日新聞 2019. 02. 21).

2월 초 아베 내각의 지지율 조사결과, 지지한다는 응답은 지난달보다 1%p 상승한 44%였고, 지지하지 않는다는 응답은 2%p 하락한 37%였다(NHK 2019. 02. 12; 연합뉴스 2019. 02. 12 재인용).

일본 정당

02월 09일

• 일본 여당, 지방조직에 '개헌 붐업' 주문…"선거에 불리" 당혹

(共同通信 02. 10; 연합뉴스 02. 10 재인용)

— 일본 자민당이 지역조직에 '개헌 띄우기'에 나설 것을 지시했다. 교도통신에 따르면 자민당 본부는 9일 지방 지부의 개헌 추진 담당자들이 참석한 가운데 '전국 헌법 개정 추진 본부장 회의'를 개최하고 통일지방선거와 참의원 선거에서 개헌 논의를 활성화하라고 지시했다. 이는 4월 통일지방선거와 7월 참의원 선거를 앞두고 개헌을 이슈화하겠다는 의도지만, 개헌에 대한 국민들의 관심이 적은 상황에서 선거에서 역

풍을 맞을 수 있다며 부담스러워하는 목소리가 당 내부에서도 나오고 있다. 자민당 지방 지부 담당자들은 자민당 본부의 성급한 개헌 추진 지시에 대해 선거에서 마이너스가 될 수 있다는 부정적인 반응을 보이고 있다. 회의의 한 참석자는 교도통신에 "지방선거에서 개헌을 어필하는 것은 무리다"고 말했고 또 다른 참석자는 "지방에서는 개헌에 대한 관심이 특히 낮다"며 당혹감을 감추지 못했다.

02월 11일

• 입헌민주당 대표, 당에 하원의원 선거에 대비할 것을 촉구 　　　　(読売新聞 02. 12)

– 에다노 유키오 일본 입헌민주당 대표는 11일 입헌민주당의 지역 지도자와 선거 운동 책임자의 회합에서 당 고위 간부들에게 "올해 중의원 선거의 후보 선정을 서두르라"고 촉구했다. 이어 그는 "하원이 해산되면, 그 도전에 응할 각오가 되어 있다"라고 말했다. 이 같은 발언은 최근 아베 신조 총리가 올 여름 참의원 선거를 할 때 중의원 해산 가능성을 시사한 데에서 비롯되었다. 뿐만 아니라 에다노는 회합에서 지방 공무원들에게 다가오는 4월 지방선거와 7월 참의원 선거 전략으로 기존 정치에 대한 불신을 느끼고 투표를 기피해 온 유권자들에게 접근하여 정치가 기존과 다른 새로운 모습으로 인식되도록 만들 것을 촉구했다.

일본 선거·의회

02월 08일

• 일본 정부, 일왕에 대한 한국 국회의장의 발언 철회 요구

　　　　　　　(Bloomberg 02. 08; 연합뉴스 02. 11; 毎日新聞 02. 12 재인용)

– 한국의 문희상 국회의장은 2월 8일 블룸버그통신과의 인터뷰 도중 아키히토 천황을 '전범 주범 아들'이라고 부르며, 위안부 피해자들에 대한 아키히토 일왕의 사과를 요구했다. 또한 11일 연합뉴스에 따르면, 문 의장은 워싱턴에서 한국 기자들과 만나 "일본은 위안부 피해자들에게 여러 차례 사과했지만 '진지하게' 하지는 않았다"면서, "양국 간에 불필요한 논란이 또 일어나는 것을 원치 않는다"고 말했다. 이 발언은 최근 '한일 레이더 갈등 사건'으로 양국 관계가 이미 악화된 상황에서 외교관계에 더욱

악영향을 끼칠 여지가 있다. 아베 신조 일본 총리는 12일 국회 총재 연설에서 위안부 피해자들에게 일왕의 사과를 요구하는 문 의장의 발언을 철회할 것을 요청했다. 또한 아베 총리는 "외교채널을 통해 문 의장의 발언이 매우 부적절하고 개탄스럽다는 내용을 전달했다"고 말했다.

02월 10일

• 아베 총리, 참의원 선거와 헌법 개정의 앞날이 불투명 　　　　　(每日新聞 02. 11)

– 2월 10일 도쿄에서 열린 집권 자민당의 연례 전당대회에서 아베 신조 총리는 향후 당면한 두 가지 큰 문제로 다가오는 4월 지방선거, 7월 참의원 선거의 승리와 헌법 개정안에 대해 언급했다. 아베 총리는 전당대회 연설에서 헌법 개정이라는 오랜 목표를 언급했지만, 이를 지지하는 정치인과 유권자는 많지 않다. 여당은 개헌 초안을 이번 국회 회기 중, 양원 본회의에 상정하기를 원하고 있지만, 입헌민주당을 포함한 많은 야당들은 그러한 움직임에 반대하고 있다. 여론도 개헌 발의를 서두르는 것에 대해 부정적이어서 아베 총리가 2020년에 헌법을 바꾸겠다는 목표를 유지하고 있더라도 개헌 찬성 세력이 상원에서 개헌안 가결에 필요한 3분의 2 이상의 의석을 얻지 못한다면 개헌이라는 목표에 이르는 것이 상당히 어려울 것으로 전망된다.

02월 20일

• 아베 총리, 다가올 오키나와 주민투표결과와 관계없이 비행장 이전 추진

(每日新聞 02. 21)

– 아베 신조 총리가 2월 20일 중의원 예산위원회에서 오키나와현 내 미 해병대 공군 기지를 이전해야 한다고 주장한 가운데 여야의 충돌이 발생했다. 아베 총리는 다가오는 24일에 오키나와현이 자체적으로 실시하는 '미군기지 이전에 대한 주민투표'의 결과와 관계없이 기지 이전을 추진하겠다고 밝혔다. 이를 두고 입헌민주당의 에다 겐지(江田憲司) 의원은 오키나와 주민들의 의견을 무시하는 아베 총리를 비판했다. 또한 "아베 총리와 현 오키나와 지사가 단 한 차례밖에 회담한 적이 없다"며 오키나와에 대한 중앙정부의 무관심을 비판했고, 향후 오키나와 사람들의 처우 개선을 정부에 요구했다. 아베 총리는 이에 대해 "오키나와에 대한 부담을 줄이기 위해 계속 모

든 노력을 기울이겠다"고 대답했다.

02월 12일

• 아베 내각 지지율, 통계부정 불구 소폭 올라 44%   (연합뉴스 02. 12)

– 아베 신조 일본 정권이 '통계부정'으로 비판을 받았음에도 지지율은 한 달 전보다 1%p 상승한 것으로 나타났다. 12일 NHK에 따르면 지난 9일부터 3일간 전국 18세 이상 남녀 1천236명을 대상으로 전화 여론조사를 한 결과 아베 내각을 지지한다는 비율은 44%로, 지난달 조사보다 1%p 상승했다. 그에 비해, 지지하지 않는다는 응답은 2%p 하락한 37%였다. 후생노동성이 근로통계 조사를 정해진 방법대로 실시하지 않아 통계부정 문제가 최근 논란이 된 가운데 정부가 발표한 통계를 신용할 수 있는 지를 물은 결과 '신용할 수 없다'는 응답은 52%였고, 신용할 수 있다는 비율은 5%에 불과했다. 그리고 '어느 쪽이라고 말할 수 없다'는 응답자는 37%였다. 앞서 마이니치 신문이 지난 3일 공개한 여론조사에서도 아베 내각의 지지율이 지난달보다 1%p 상승한 38%로 나타나 '레이더 공방'을 비롯한 한일 간 갈등이 유리하게 작용한 것 아니냐는 분석이 제기됐다.

21차(2월 말~3월 말)

신건

　3월 21일에 고지된 후쿠오카현 지사 선거에서 아소 다로 부총리가 추천한 후보와 자민당 일부 의원들이 지지한 후보자가 달랐던 것에 대해 3월 22일 기자회견에서 자민당에 분열이 일어난 것이 아니냐는 질문이 나오자 아소 부총리는 "당의 분열이 아니라 반역"이라고 주장했다(朝日新聞 2019. 03. 22).

　오사카 유신회(大阪維新會) 소속인 오사카부(府) 지사와 오사카 시장이 3월 8일에 동시 사퇴한 후 서로의 직책을 바꿔 3월 24일에 통일지방선거에 입후보했다. 자민당, 공명당 등 다른 정당들은 이를 정권연장을 위한 정치적 술수라고 비판하고 있다(朝日新聞 2019. 03. 22).

　지난 2월 24일 실시된 오키나와현 주민투표에서 71.7%가 미군기지 이전 공사에 반대표를 던진 것과 관련해 교도통신이 여론조사를 실시한 결과, 응답자의 68.7%는 "정부가 투표결과를 존중해야 한다"고 답했다(共同通信 2019. 03. 11; 연합뉴스 2019. 03. 11 재인용). 한편, 아베 신조 총리의 당 총재 4연임에 대한 국민들의 선호도를 조사한 결과, 연임에 대해 찬성하는 비율은 응답자의 9%로 매우 낮았다(時事通信 2019. 03. 16; 연합뉴스 2019. 03. 16 재인용).

일본 정당

03월 11일

• 입헌민주당, 무소속 중용에 대한 당내 불만　　　　　　　(読売新聞 03. 11)

－ 입헌민주당이 중의원 예산위원회 심의에서 입민회파(立民会派) 소속 무소속 의원에게 질문 기회를 많이 주거나 일부 당 간부가 여러 차례 질의에 나서 당내 소장파 의원들이 반발하고 있다. 이는 당 인재 부족이라는 문제가 바탕에 깔려있지만, 당내에는 불만이 팽배해 있다. 중의원 예산위에서는 무소속 의원인 오카다 가쓰야(岡田克也) 전 외무상, 오구시 히로시(大串博志) 전 총리 보좌관 등이 연일 입민회파를 대표해 아베 총리와 각료들에게 질의했다. 입헌민주당이 당 간부나 무소속 의원에게 의지하는

것은 젊은 층이 많은 반면 경험이 풍부한 중견 이상의 인력이 부족한 당내 사정이 있다. 이번 국회에서의 정권 추궁은 여름 참의원 선거에서 당의 승리와도 직결되기 때문에 츠지모토 기요미(辻元清美) 국회 대책 위원장은 2월 중순에 있었던 당 회동에서 "(질의자가) 조금 치우쳐 있지만, 이해해 주었으면 한다"라고 다른 의원들의 이해를 요구했다. 이런 상황에서 당 소속의 중진 소장파 의원들은 "당 밖 사람들에게 너무 맡기는 것 아니냐, 젊은 층의 기회를 빼앗는 것 아니냐"며 불만을 드러내고 있다.

03월 21일

• 아소 다로 재무장관, 후쿠오카지사 선거 "분열이 아니라 반역" (朝日新聞 03. 22)

– 3월 21일에 고지된 후쿠오카현 지사 선거에서 아소 다로 부총리 겸 재무장관은 자민당의 새 얼굴로 전직 후생 노동관료인 다케우치 가즈히사(武内和久)를 추천했지만, 자민당의 일부 의원들은 현 지사의 연임을 지지했다. 자민당 의원들이 부총리가 지지한 후보가 아니라 현 지사를 지지하는 상황에 대해 자민당의 분열이 생겨난 것이 아니냐는 기자의 질문에 아소 다로 부총리는 3월 22일 국무 회의 후 기자회견에서 "분열이 아니라 반역이라고 생각한다"고 말했다. 이어 아소 부총리는 다케우치 후보가 자민당 당수인 아베 총리도 추천한 후보라며 새로운 후보의 정통성을 강조했다. 이는 부총리가 현 지사를 지지하는 당내 의원들을 견제하는 모습으로 비추어진다.

일본 선거·의회

03월 08일

• 오사카 지방선거 입후보 등록, 유신과 반(反)유신의 대결 (朝日新聞 03. 24)

– 오사카부의 마쓰이 이치로 지사(오사카 유신회 대표)와 요시무라 히로후미 오사카 시장이 4월에 있을 통일지방선거에 출마하기 위해 3월 8일 동시 사퇴한 이후 24일에 입후보 등록을 했다. 이 둘은 서로의 위치를 바꾸어 마쓰이가 시장선거에, 요시무라가 지사선거에 출마했다. 자민당과 공명당은 코니시 사다카즈(小西禎一) 전 오사카부 부지사를 추천하여 입후보 등록을 했다. 이번 오사카 선거의 핵심 쟁점은 '오사카도 구상'이다. 오사카도 구상이란 오사카부와 오사카시의 관계를 도쿄도와 도쿄 23구처럼

만들어서 복지 등 주민 서비스를 구(区)들이 담당하고 대규모 도시 개발 등의 권한 부(府)에 일원화한다는 제도 개혁이다. 오사카 유신회는 공명당과 협력해 오사카도 구상을 실현하려고 했으나 합의가 이루어지지 못했고, 공명당 없이 단독으로 정책을 시행하려 하고 있다. 하지만 오사카 유신회를 제외한 다른 정당들은 오사카부 지사와 오사카 시장이 직위를 사퇴하고 재출마함으로써 2019년 연말까지인 둘의 임기를 연장하려 하는 정치적 술수라고 비판했다.

03월 13일

• 일본 지방의회 26% 무투표 당선…저출산에 지방자치제 붕괴 위험

(東京新聞 03. 13; 연합뉴스 03. 13 재인용)

– 일본에서 저출산으로 인한 인구 감소가 지방의회의 의원 부족 문제로 이어져 지방자치제도에 심각한 위협이 되고 있다. 13일 도쿄신문에 따르면 다음 달 실시되는 통일지방선거에서는 도쿄도를 제외한 수도권 간토 지역 5개 광역지자체 의회에서 392명의 의원이 선출된다. 하지만 선거에 입후보할 사람이 부족해 이 중 26.3%인 103명이 무투표로 당선될 것으로 예상된다. 이로 인해 투표할 권리를 잃게 되는 유권자는 579만2천628명이나 된다. 저출산 고령화로 일할 사람이 줄어든 상황이 광역지자체 의회로 퍼지면서 지방자치제도에 균열이 생긴 것이다. 상황은 기초자치단체 의회도 마찬가지였다. NHK가 지난 1~2월 지방의회 사무국에 설문조사를 한 결과 기초자치단체인 시구정촌 의회 1,788곳 중 228곳(13%)에서 무투표 당선자가 나왔다. 특히 야마가타현이나 홋카이도 등의 11곳 기초의회는 무투표 당선으로도 의회의 정원이 다 차지 못한 상태였다. 의회의 고령화도 심각해 의회 의원 중 최연소가 60세 이상인 경우가 91곳, 65세 이상인 경우가 11곳이나 됐다.

일본 여론

03월 11일

• '한국 때리기' 약발 다했나…日 아베 지지율, 2.3%p 하락 반전

(共同通信 03. 11; 연합뉴스 03. 11 재인용)

– 아베 내각의 지지율이 두 달 만에 하락세로 돌아섰다. 교도통신이 9~10일 양일간 전화 여론조사를 실시해 11일 발표한 결과에 따르면 아베 내각의 지지율은 43.3%로 지난달(2월 2~3일) 조사 때보다 2.3%p 떨어졌다. 아베 내각의 지지율은 1월과 2월 각각 전달 대비 1%p, 2.2%p 상승했지만, 이번 달 다시 하락세로 돌아선 것이다. 자민당의 지지율은 전월보다 2.3%p 줄어든 38.3%였다. 반면 제1야당인 입헌민주당의 지지율은 1.9%p 상승해 두 자릿수인 10.5%가 됐다. 그리고 오키나와현에서 지난달 실시된 주민투표에서 투표자(전체 유권자의 52.5% 투표)의 71.7%가 아베 내각에 반기를 들면서 헤노코 미군기지 이전 공사에 반대표를 던진 것과 관련해 이번 조사 응답자의 68.7%가 "정부가 투표결과를 존중해야 한다"고 답했다.

03월 12일

• 일본 아베 총리, 자민당 총재 4연임 지지여론 '9%'

(時事通信 03. 16; 연합뉴스 03. 16 재인용)

– 자민당의 2인자로 불리는 니카이 도시히로 간사장이 12일 아베 총리의 자민당 총재 4연임 가능성을 묻는 취재진에게 "지금의 활약으로 보면 충분히 가능성이 있다"고 언급했지만, 4연임을 지지하는 여론이 현재로선 약한 것으로 나타났다. 자민당 당칙은 총재 임기를 '3연임 9년'으로 규정하고 있다. 이에 따라 자민당이 여당 지위를 유지한다고 전제하고 당칙을 바꾸지 않는다면 작년 9월 당 총재 선거에서 3연임에 성공한 아베 총리는 최장 2021년 9월까지만 총리직을 수행할 수 있다. 의원 내각제인 일본에서는 집권당 총재가 행정 수반인 총리직을 맡는다. 3월 16일 지지통신이 지난 8~11일 전국의 18세 이상 2천 명을 대상으로 개별면접 방식으로 조사(응답률 61%)한 결과에 따르면 자민당 내에서 부상한 아베 총리의 당 총재 4연임 문제에 대해 '4연임(12년)까지 연장하는 게 좋다'는 비율은 응답자의 9%에 그쳤다. 그리고 '현행 3연임 9년까지가 좋다'고 한 비율이 63.5%로 가장 많았다. 임기 상한을 없애는 게 좋다는 의견은 15.2%로 집계됐다. 자민당 지지층 중에는 아베 총리가 당 총재 4연임을 할 수 있게 해 주자는 의견이 16.0%로 조금 높게 나왔다. 그러나 자민당 지지층에서도 61.9%는 '3연임'으로 제한해야 한다며 아베 총리의 장기 집권에 부정적인 의견을 내비쳤다.

22차(3월 말~4월 말)

여당인 자유민주당(自由民主黨)은 4월 7일에 실시된 통일지방선거 광역지방자치단체장 선거에서 총 17곳 중 10곳에서 승리했다(朝日新聞 2019. 04. 22). 하지만 자민당은 4월 21일 오키나와현과 오사카현에서 실시된 중의원 보궐선거에서 모두 패했다(朝日新聞 2019. 04. 22). 이번 보궐선거가 두 지역에서만 실시한 선거임에도 불구하고 일본 언론들이 자민당의 위기라고 표현하는 것은 이번 패배가 아베 신조 총리 정권 출범 이후 처음으로 발생한 보궐선거 패배이기 때문이다. 한편 이번에 실시된 통일지방선거에서 각 선거의 평균 투표율은 4월 7일 광역지방자치단체 선거에서 역대 선거 중 두 번째로 낮은 47.72%를 기록했고, 4월 21일 기초지방자치단체 선거에서 역대 최저치인 47.5%를 기록했다(每日新聞 2019. 04. 23).

아울러 일본 정치권에서는 정부가 중의원을 해산하고 재선거를 실시할 것이라는 예측이 나오고 있다(共同通信 2019. 04. 19; 연합뉴스 2019. 04. 19 재인용). 중의원 해산에 대한 예측이 나오자 야당인 국민민주당과 자유당은 선거에 대비하기 위해 4월 26일 양당 대표의 최종 합의를 거쳐 자유당이 국민민주당에 흡수되는 방식으로 합당했다(每日新聞 2019. 04. 26).

일본 정당

04월 26일

• 오자와 이치로, 국민민주당과 자유당의 합당 선언 　　　　　　　(每日新聞 04. 26)

– 제2야당인 국민민주당은 4월 26일에 자유당과의 합당 절차를 완료했다고 발표했다. 국민민주당의 다마키 유이치로 대표는 4월 3일 기자회견에서 자유당 오자와 이치로 대표와의 회담에서 양당의 합당에 대해 대략적 합의를 거쳤다. 그리고 26일 새벽 양당 대표는 최종 합의를 거쳐 합당 합의서에 서명한 뒤 곧이어 총무성에 신고하는 절차까지 마쳤다. 이번 합당은 자유당이 국민민주당에 흡수되는 방식으로 합당되었기 때문에 당명은 국민민주당으로 유지했고 기본 이념이나 정책도 기존 국민민

주당의 것을 계승했다. 의석수는 국민민주당 의석 58석(중의원 37+참의원 21)에서 기존 자유당 의석수 6석(중의원3 + 참의원3)을 합쳐 64석이 되었다. 제1야당인 입헌민주당의 78석(중의원 54+참의원 24)에 14석 차로 따라붙었다. 하지만 자유당 내에서 이번 합당에 반대하여 탈당자가 나올 가능성도 있다.

04월 11일

• 일본 아베 정권 관료 망언으로 줄줄이 사임…선거 앞두고 '위기론'　　(연합뉴스 04. 11)
— 아베 신조 일본 정권에서 고위 관료들의 망언이 쏟아지면서 7월 참의원 선거를 앞둔 가운데 관료들이 그릇된 언행으로 사임하는 사태가 잇따르자 여당 자민당 내에서는 위기론이 확산되고 있다. 4월 10일에 사쿠라다 요시타카(櫻田義孝) 올림픽 담당상은 같은 자민당 소속 다카하시 히나코(高橋比奈子) 의원의 후원모임에서 동일본 대지진 피해지역의 복구를 의미하는 "'부흥'보다 다카하시 의원이 더 중요하다"라는 발언을 했고, 이 발언으로 인해 4월 11일 경질됐다. 앞서 4월 5일 쓰카다 이치로(塚田—郎) 국토교통 부대신(副大臣)이 자민당 간부와의 면담에서 아베 총리의 선거구인 야마구치현 시모노세키시와 아소 부총리의 지지기반이었던 기타큐슈시를 연결하는 사업을 자신이 손타쿠(忖度·윗사람이 원하는 대로 알아서 행동함)했다고 자랑했다가 사임한 지 불과 6일 만에 벌어진 일이다. 고위 관료들의 망언을 호재로 삼아 야권은 공세를 강화하고 있다. 마시코 데루히코(増子輝彦) 국민민주당 간사장 대행은 절대로 용서할 수 없는 발언이라고 비판했고, 고이케 아키라 일본공산당 서기장은 고위 관료들의 이어지는 폭언에 대한 총리의 임명 책임을 추궁하겠다고 밝혔다.

일본 선거·의회

04월 18일

• 일본 아베 측근 증세연기 발언에 '중·참의원 동시선거설' 확산

(共同通信 04. 19; 연합뉴스 04. 19 재인용)
— 아베 총리 측근인 하기우다 고이치(萩生田光一) 자민당 간사장대행의 '(소비세) 증세연기' 발언으로 일본 정계에서는 중의원·참의원 동시 선거설이 확산되고 있다. 다가

오는 7월 참의원 선거의 주요 이슈인 증세 연기를 발표한 뒤 아베 총리가 조기에 중의원을 해산하고 참의원 선거와 중의원 선거를 동시에 실시해서 향후 정국의 주도권 유지를 도모하려는 것 아니냐는 관측이 나오고 있는 것이다. 4월 19일 교도통신에 따르면 아베 총리의 최측근 중 한 명인 하기우다 고이치 자민당 간사장대행은 4월 18일 한 인터넷 방송에서 "증세를 안 하는 것이 좋다는 의견이 있다"면서 "(증세로 인해) 경기가 안 좋아진다면 무엇을 위한 증세인가"라고 말했다. 이로 인해 논란이 발생하자 스가 요시히데 관방장관, 아소 다로 부총리 등은 곧바로 계획대로 증세하겠다고 강조하며 사태를 무마하려고 했지만, 교도통신은 하기우다 대행의 발언과 관련해 "관저와 얘기를 맞춘 뒤 나온 발언"이라는 각료 경험자의 이야기를 전하며 정치권에서 증세 연기론이 퍼지고 있다고 전했다. 자민당이 증세 연기로 국민적 지지를 확보함으로써 중의원을 해산하고 7월 선거에서 중의원, 참의원의 동시 선거를 실시할 것이라는 예측 또한 나오고 있다. 실제로 자민당의 한 중진 의원은 통신에 "증세 연기에 이은 중의원 해산으로 정권 운영의 '재량권'을 얻으려는 아베 총리의 노림수가 보인다"고 설명하기도 했다.

04월 21일

• **자민당, 오사카현 오키나와 보궐선거에서 모두 패배**   (朝日新聞 04. 22)

− 4월 21일 오키나와와 오사카현에서 실시된 중의원 보궐선거에서 연립여당(자민당과 공명당)의 지지를 받은 후보들이 패배했다. 아베 총리는 4월 22일 도쿄 총리실에서 기자들과 만나 "선거 결과가 매우 실망스럽다"며 "상원선거에 대비해야 한다"고 말했다. 이어서 그는 집권 자민당이 참의원 선거에 대비하기 위해 이번 보궐선거의 패배 원인을 분석할 것이라고 말했다. 4월 21일에는 중의원 보궐선거와 더불어 통일지방선거 기초지자체 선거가 있었는데, 총 86곳 시장선거에서 여당계 당선자는 43명이 당선되었으며 자민당의 후원을 받고 출마한 시의회 의원 당선자는 698명으로 4년 전 선거 때보다 64명 많았다. 앞서 4월 7일에는 통일지방선거 광역지자체 선거가 실시되었는데, 11개 광역지자체와 6개 정령시의 지자체장 선거에서 자민당은 여야가 정면으로 격돌한 홋카이도 지사 선거에서 압승을 거두는 등 6곳에서 당선자를 냈다. 그리고 친 자민당 후보까지 합하면 10곳 지자체의 단체장을 자민당 계열 인사가

차지했다. 하지만 오사카부와 오사카시 단체장 선거에서는 지역 정당 오사카 유신회
가 자민당을 꺾고 승리했고, '보수분열' 양상으로 치러진 후쿠오카현 지사 선거는 아
소 부총리가 전폭적으로 지원한 후보가 떨어지고 이전 지사가 연임에 성공했다.

일본 여론

04월 07일

• 통일지방선거 기초지방자치단체의 평균 투표율 역대 최저치 기록　（毎日新聞 04. 23）
－ 4월 21일에 실시된 기초지방자치단체에서 평균 투표율은 역대 최저치를 기록한
것으로 나타났다. 22일 총무성에서 발표한 통계에 따르면 59개 도시의 시장 선거 투
표율은 47.5%로 2015년 선거에 비해 3.03%p 하락했다. 기초지자체 선거에서 투표율
이 50% 아래로 떨어진 것은 이번이 최초이다. 평균 투표율은 4월 7일에 실시된 광역
지자체 선거에서도 낮게 나타났다. 4월 7일 11개 현에서 치러진 현 지사 선거 평균 투
표율은 47.72%로 역대 선거 중 두 번째로 낮았다. 평균 투표율 하락의 가장 큰 원인
은 무투표 당선자의 증가이다. 광역지자체의 경우 전체 당선자의 26.3%가, 기초지자
체는 31.4%가 경쟁 후보가 없어 선거를 치르지 않고 당선을 확정지었다. 이뿐만 아
니라 유권자들의 정치에 대한 무관심 또한 평균 투표율 하락의 요인으로 작용했다.
산케이신문이 투표에 참여하지 않은 유권자들을 대상으로 인터뷰한 결과 "투표는
귀찮은 일이고 투표로 인해 시간을 낭비하고 싶지 않아서", "투표를 해도 정치가 변
하지 않는다고 생각하기 때문에"라는 응답이 나왔다.

04월 16일

• 일본 국민 62% "망언 관료 사임 너무 늦었다"…아베 지지율은 상승

（朝日新聞 04. 16; 연합뉴스 04. 16 재인용）
－ 4월 16일 아사히신문에 따르면 지난 13~14일 여론조사에서 최근 몇 차례 실언으
로 경질된 사쿠라다 요시타카 전 올림픽 담당상에 대해 질문한 결과 연령이 높을수
록 이번 사안에 엄격한 자세를 보였다. 50대 이상 응답자에서 '그의 경질이 너무 늦
었다'는 응답은 70%를 넘었다. 앞서 아베 총리의 지역구 도로사업에 대해 자신이 '손

타쿠(忖度·윗사람이 원하는 대로 알아서 행동함)했다'는 쓰카다 이치로 전 국토교통 부대신(副大臣)의 발언에 대해선 전체 응답자의 56%가 '큰 문제'라고 답했다. 하지만 이에 대해서도 연령별로 차이를 보였다. 30대에선 '큰 문제'라는 응답이 30%였지만 '큰 문제라고 생각하지 않는다'는 비율이 51%를 차지했다. 그리고 50대 이상에선 70% 안팎이 '큰 문제'라는 데 동의했다. 이어 아사히신문은 "사쿠라다 전 올림픽 담당상, 쓰카다 전 부대신의 사임은 아베 내각의 이미지 저하로는 직결되지 않은 것 같다"고 분석했다. 고위 관료들의 실언으로 아베 내각의 이미지가 '나빠졌다'는 응답은 38%였지만 '바뀌지 않았다'가 56%로 가장 많았다. '좋아졌다'는 2%였다. 내각 지지율은 지난 3월보다 3%p 상승한 44%였다. 남녀를 비교해 보면 남성은 45%로 지지율에 변화가 없었고 여성은 7%p 상승한 44%로 나타났다.

신건

5월 21일 7월 참의원 선거를 앞두고 입헌민주당, 국민민주당, 공산당을 포함한 5개 야당이 총 32개의 1인 선거구 가운데 11개 선거구에서 후보 단일화에 합의했다(日本新經濟新聞 2019. 05. 21).

5월 3일 헌법기념일에 개헌을 둘러싼 집회가 열렸고 여야 간부들은 각각 개헌파와 호헌파 집회에 참석하여 7월 참의원 선거에서 헌법 개정을 쟁점화할 것인지에 대해 서로 다른 입장을 나타냈다(産経新聞 2019. 05. 03). 구체적으로 자민당의 시모무라 하쿠분(下村博文) 헌법개정추진본부장은 7월 참의원 선거를 국민들에게 헌법 개정 여부를 묻는 선거로 치르겠다는 의지를 나타냈고, 공산당의 시이 가즈오(志位和夫) 위원장은 아베 정권의 헌법 9조 개헌을 막기 위해 시민과 야당이 공동 투쟁하겠다고 주장했다(産経新聞 2019. 05. 03).

한편 일본유신회의 마루야마 호다카(丸山穂高) 의원이 5월 11일 '북방 4도 비자 없는 교류 방문단'의 일원으로 방문한 쿠나시르섬에서 "전쟁"을 통해서라도 쿠나시르섬을 되찾아와야 한다고 발언한 것에 대해 5월 17일 입헌민주당을 포함한 6개 야당은 마루야마 의원의 사직 권고 결의안을 중의원에 제출했다(読売新聞 2019. 05. 17).

일본 정당

05월 03일

• 개헌에 대한 논쟁, 여당 "참의원 선거 쟁점으로" 야당 "현 정권 이길 것"

(産経新聞 05. 03)

- 일본 헌법기념일인 5월 3일에 여야 당 간부는 각각 개헌파와 호헌파 집회에서 논쟁을 벌였다. 개헌파 집회에서는 자민당 간부가 참의원 선거에서 헌법 개정을 쟁점화해야 한다고 주장했고, 공명당이나 일본유신회 등도 중참 양원에서 헌법 심사회의 논의가 진행될 수 있도록 호소했다. 자민당의 시모무라 하쿠분 헌법개정추진본부장

은 개헌파가 주최한 집회에서 7월 참의원 선거에 대해 "올해 7월 참의원 선거는 헌법 개정 여부를 묻는 선거"라며 이 선거를 개헌 선거로 치르겠다는 의지를 나타냈다. 한편 호헌파 집회에서는 입헌민주당 등 주요 야당이 아베 신조 정권하에서의 개헌 저지를 촉구했다. 입헌민주당의 에다노 유키오 대표는 "권력을 헌법으로 구속하는 정당한 사회를 만들기 위해 각 당과 확실히 제휴하여 아베 정권을 넘어뜨리는 데 앞장서겠다"라고 강조했고 공산당의 시이 가즈오 위원장도 "아베 정권의 헌법 9조 개헌을 막기 위해 시민과 야당이 공동 투쟁할 것"이라고 말했다.

05월 11일

· 야당 6당이 마루야마 호다카 의원의 사직 권고 결의안을 중의원에 제출

(読売新聞 05. 17)

- 5월 17일에 입헌민주당 등 6개 야당은 북방 영토 반환을 둘러싼 "전쟁"에 대해 언급한 마루야마 호다카 중의원 의원의 사직 권고 결의안을 중의원에 공동 제출했다. 이전에 사직 권고는 체포된 의원을 대상으로 해 왔고 의원의 발언이 권고 사유가 된 것은 이번이 처음이다. 일본유신회 소속인 마루야마 의원은 5월 11일 '북방 4도 비자 없는 교류 방문단'의 일원으로 쿠릴열도 4개의 섬 중 한 곳인 '쿠나시르'를 방문했고 여기서 열린 간담회에서 마루야마는 쿠나시르섬 출신인 오쓰카 고야타(大塚小弥太) 단장에게 "전쟁으로 섬을 되찾는 것에 찬성합니까, 반대합니까"라고 큰 소리로 물었다. 이에 오쓰카 단장이 "전쟁을 해선 안 된다"고 하자 마루야마 의원은 "전쟁하지 않으면 어쩔 수 없지 않으냐"며 계속해서 '전쟁'을 운운했다. 이 발언에 대해 콘스탄틴 코사체프 러시아 상원 국제문제위원장은 5월 13일에 열린 러·일 지사 회의에서 "양국 관계의 흐름 속에서 가장 나쁜 일"이라며 마루야마 의원의 발언을 비판했다. 발언이 러일 양국의 영토협상에 있어 악재로 작용할 가능성이 커지자 스가 요시히데 관방장관은 14일 오전 정례브리핑에서 "정말로 유감스럽다"고 문제된 발언을 비판한 뒤 "외교협상으로 (영토) 문제를 해결하고 평화조약을 체결한다는 정부 방침에는 변함이 없다"고 말했다. 야당은 결의안을 여당과 공동으로 제출하고자 했으나 자민당의 모리야마 유타카(森山裕) 국회 대책위원장은 기자단에게 "국회의원의 신분은 매우 무겁고 사직 권고는 신중해야 한다"고 말하며 불응했다.

05월 10일

- 일본 국회, 보육 무상화 법안 가결…10월 시행

(共同通信 05. 10; 연합뉴스 05. 10 재인용)

– 아베 총리가 주요 정책으로 추진해 온 보육 무상화 법안이 5월 10일 참의원에서 가결됐다. 교도통신에 따르면 10일에 열린 참의원 본회의에서 오는 10월부터 유아 교육과 보육을 무상화하기 위한 '아동·육아 지원법' 개정안이 통과됐다. 무상화 대상은 3~5세의 모든 아동과 0~2세 중 주민세가 과세되지 않는 가구의 유아로, 그 숫자는 연간 총 300만 명으로 추산된다. 법이 시행되면 조건에 해당되는 아동들은 정부와 지자체로부터 인가된 보육원, 어린이집을 무상으로 다닐 수 있다. 10일 참의원 본회의에서는 보육 무상화 법안뿐만 아니라 저소득 가구를 대상으로 대학 교육을 무상화하는 '대학 수학 지원법'이 여당과 국민민주당 등의 다수 찬성으로 가결되었다. 이 법안은 2020년 4월부터 시행된다. 그리고 재원은 올해 10월에 예정되어 있는 소비세율 10% 인상 정책으로 충당할 방침이다.

05월 21일

- 11개 선거구에서 야권의 합의로 후보 단일화, 모든 소선거구에서의 단일화를 목표

(日本新經濟新聞 05. 21)

– 5월 21일에 입헌민주당, 국민민주당, 공산당, 사민당과 중의원 회파 "사회 보장을 살리기 국민 회의" 등 야당 5파는 7월 참의원 선거에서 32개의 소선거구 가운데 야마가타현과 니가타현 등 새롭게 9개 선거구에서 후보 단일화에 합의했다. 이번에 9개 선거구에서 추가적으로 후보 단일화가 성사됨에 따라 이전에 이미 단일화된 에히메현과 구마모토현을 포함한 총 11선거구에서 후보 단일화가 이루어졌다. 야당들은 5월 내에 당수 회담을 열고 나머지 21개 선거구에서의 단일화도 목표로 하고 있다. 일본 참의원 선거에서는 인구 분포에 따라 32개 지역에서 소선거구제를 실시하고 나머지 지역에서는 중대선거구제를 실시하는데, 야당이 소선거구 지역에서의 경합을 피하는 것은 야당들이 1개 의석을 놓고 다투다가 선거에서 야당에 대한 표가 갈리게 될

경우 여당의 당선자가 많아지기 때문이다. 과거에 치렀던 선거를 보면 2013년 참의원 선거에서는 야당의 후보 난립으로 인해 표가 나뉘어 야당들은 전체 소선거구 중 두 곳에서만 당선자를 냈다. 반대로 2016년 참의원 선거에서는 당시 네 개 야당이 후보를 단일화했고 야당은 11곳에서 승리했다.

일본 여론

05월 20일

• 일본 여론도 대북 대화 '급물살'…설문조사서 '대화'가 '압력' 앞서

(読売新聞 05. 20; 연합뉴스 05. 20 재인용)

– 아베 총리가 조건을 달지 않고 북일 정상회담에 나서겠다고 밝힌 가운데 북한과 대화를 하자는 여론이 일본 국민들 사이에서도 커지고 있다. 5월 20일 요미우리신문이 실시한 설문조사 결과에 따르면 '북한의 핵·미사일 문제 해결을 위해 국제 사회가 대화와 압력 중 어느 쪽을 중시해야 하는지'라는 질문에 대해 '대화'라는 응답이 47%를 차지해 '압력'이라는 응답 40%를 앞섰다. 지난 3월 여론조사에서는 '압력'이 45%, '대화'가 41%를 차지했지만 상황이 뒤바뀐 것이다. 한편 아베 정권이 '북한에 의한 일본인 납치문제의 진전'이라는 기존의 선결 조건을 달지 않고 김정은 북한 국무위원장과의 정상회담을 추진하겠다고 방침을 바꾼 것에 대해서도 응답자의 52%가 찬성해 반대한다는 응답 33%를 앞섰다.

05월 20일

• 양원 동일선거 47%가 긍정적, 소비 증세는 57%가 반대 **(東京新聞 05. 20)**

– 교도통신이 5월 18일과 19일에 실시한 전국 전화 여론조사에 따르면 정부가 10월에 소비세율을 10% 인상하기로 올리기로 한 것에 대해 "반대"는 57.6%, "찬성"은 37.6%로 나타났다. 이어 아베 내각에 대한 지지율 조사에서 "지지한다"는 응답은 50.5%로 5월 1, 2일 조사에 비해 1.4%p 줄었으며 "지지하지 않는다"는 응답은 36.2%로 4.9%p 늘었다. 한편 7월에 예정된 참의원 선거를 중의원 선거와 "동시에 실시하는 것이 좋다"는 응답은 47.8%, "동시에 실시하지 않는 게 좋다"는 응답은 37.2%

로 나타났다. 또한 현재 경기에 대한 견해를 조사한 결과 "유지되고 있다"가 55.2%로 가장 많았고 "나빠지고 있다"는 34.5%, "좋아지고 있다"는 8.5%에 그쳤다. 다음 총리에 어울리는 인물에 대해서는 아베 총리 20.1%, 고이즈미 신지로 중의원 의원 19.9%, 이시바 시게루 자민당 전 간사장 13.7%, 스가 요시히데 관방장관 6.9%, 에다노 유키오 입헌민주당 대표 3.6%, 키시다 후미오 자민당 정조 회장 2.7% 순으로 나타났다.

24차(5월 말~6월 말)

신건

6월 7일 자유민주당은 외교·국방을 주축으로 하여 7월 참의원 선거 공약을 확정해 발표했다(연합뉴스 2019. 06. 08). 한편 야당 진영에서는 6월 13일 국회 회담을 통해 7월 참의원 선거에서 1인 선거구의 모두 후보자를 단일화했으나 세부적인 정책에 있어 입장 차이를 보이고 있다(産経新聞 2019. 06. 14).

2018년 공직선거법 개정을 통해 2019년과 2022년에 시행되는 참의원 선거에서 각각 의석수를 3석씩 늘려 최종적으로 참의원 의석수는 현행 242석에서 248석으로 6석이 증가하게 된다(産経新聞 2019. 06. 02). 의석이 증가하는 이유는 유권자 수가 많은 사이타마현(埼玉県)에서 표의 등가성을 위해 2석을 늘리고, 2016년에 선거구가 합쳐진 지역들에서 지역구 공천을 받지 못하게 된 현직 의원들을 구제하기 위해 비례대표 의석을 4석 늘리기 때문이다(産経新聞 2019. 06. 02).

아울러 6월 27일 교도통신이 7월 참의원 선거를 앞두고 각 정당에 대한 지지율을 조사한 결과 자민당이 28.8%로 가장 높게 나타났고 입헌민주당이 9.0%로 뒤를 이었다(共同通信 2019. 06. 27; 毎日新聞 2019. 06. 27 재인용).

일본 정당

06월 07일

• 일본 자민당 '조기 개헌 추진' 참의원 선거 공약 발표　　　　　　　　(연합뉴스 06. 08)

- 6월 7일 자민당은 7월 21일에 실시되는 참의원 선거를 앞두고 외교·국방을 주축으로 한 6개 분야에 걸친 공약을 확정해 발표했다. 자민당은 자위대 근거조항 명기를 위한 조기 개헌을 목표로 삼는다는 내용을 이번 공약에도 넣어 올해 참의원 선거 후 개헌 활동에 적극적으로 나서겠다는 입장을 거듭 천명했다. 또 대북 정책 공약으로는 원안에서 뺐던 '최대한의 압력'이란 표현을 다시 추가했다. 자민당이 7일 공개한 전체 공약은 ▲외교·국방 ▲강한 경제 ▲안심 사회 ▲지역 창생 ▲부흥·방재 ▲헌법 개정 순으로 구성되었다. 또한 자민당은 이번 참의원 선거 공약집에서 '레이와

(令和) 신(新)시대의 전통과 도전'이라는 부제를 달아 2017년 중의원 선거 때에 이어 또다시 개헌을 중점 항목으로 내걸었다.

06월 14일
- **야권, 참의원 선거 앞두고 정책 차이로 인해 공동 투쟁에 불협화음**   (産経新聞 06. 14)
– 입헌민주당, 국민민주당, 공산당, 사민당, 중의원 회파 "사회보장을 살리기 국민 회의" 등 야권의 간부는 6월 13일 국회 회담을 통해 7월 참의원 선거에서 32개의 1인 선거구의 모두 후보자를 단일화했다. 그러나 이들 정당은 각각의 정책에 대해 서로 다른 의견을 보이고 있어 단일화 초기부터 불협화음이 일어나고 있다. 5월 29일 "안보법 폐지와 입헌주의의 회복을 요구하는 시민연합"은 자신들의 요구를 담은 정책 건의서를 통해 후보 단일화를 한 5개 야당과 결의를 했는데, 정책 건의서에서 좌파 색채가 짙은 13개 항목에 대해 야권의 해석 방법은 각 정당별로 차이를 보였다. 공산 당은 야권의 공통적인 정책추진을 중시하고 있다. 시이 카즈오(志位和夫) 위원장은 6월 13일 기자회견에서 "안전보장법 폐지와 헌법, 소비세, 원전, 오키나와 등 국정의 근간 부분에서 통일의 방향이 합의됐다. 이 내용으로 충분히 정권은 구성할 수 있다"며 연정 수립까지 언급했다. 사민당의 요시카와 하지메(吉川元) 전 간사장도 13일 기자회견에서 "(공산당의 의견을) 전면적으로 받아들인다"며 환영했다. 그러나 입헌민주당과 국민민주당의 입장은 다르다. 입헌민주당의 에다노 유키오 대표는 11일 기자회견에서 "정책 건의서 내용을 토대로 하여 정치를 추진하기로 약속하긴 하지만, 당의 정책집에 쓸 것인지 여부 또는 어떻게 쓸 지 여부는 다른 문제"라며 불명확한 반응을 나타냈다. 국민민주당의 다마키 유이치로 대표는 "(정책 건의서의 내용은 야권 모두의) 공통 정책은 아니다. 합의할 내용도 있고 합의하지 않을 내용도 있다"고 산케이신문에게 서면으로 답했다.

06월 02일

• 참의원 선거에서 이례적으로 의석수 3석 증가, 비례대표는 "특정 범위"도입

(産経新聞 06. 02)

– 2019년 7월 참의원 선거에서는 2018년 공직선거법 개정에 의해 의석수가 현행 242석에서 245석으로 3석이 증가한다. 참의원은 3년마다 총 정원의 절반을 선출하는데, 기존에는 각 선거마다 121명씩 선출하여 총 242명으로 의회를 구성했다. 그러나 선거법 개정으로 6명을 추가로 선출한다. 우선 이번 선거에서 기존 선거보다 3명이 많은 124명을 선출한 이후 2022년 선거를 통해 124명을 선출함으로써 의석수는 최종적으로 6석이 늘어나 248석이 된다. 의석수 증가는 오키나와현(沖繩縣)의 일본 본토 복귀를 위해서 오키나와 선거구를 마련한 1970년 선거법 개정 이후 처음 있는 일이다. 이번 선거법 개정을 통해 선거구 의석은 유권자 수가 가장 많은 사이타마 선거구에서 2석이 늘어나고 비례대표 의석은 특정 범위를 도입함에 따라 4석이 증가한다. 비례대표에 적용되는 특정 범위는 2016년 참의원 선거에서 선거구를 합친 이후, 합쳐진 선거구인 '돗토리현(鳥取縣)과 시마네현(島根縣)', '도쿠시마현(德島縣)과 고치현(高知縣)'에서 현직 의원들이 지역구 공천을 얻지 못하게 되자 이들을 구제하기 위해 자민당이 주도하여 시행했다.

06월 03일

• 일본 야권, 아베 내각 불신임안 제출…與, 의석우위 앞세워 부결(종합)

(연합뉴스 06. 25)

– 6월 25일 입헌민주당 등 5개 야당은 정부가 공적연금에 대해 무책임한 대응을 했다며 아베 내각에 대한 불신임안을 제출했지만, 의석수가 많은 여당이 불신임안을 부결시켰다. 내각 불신임안은 본회의 출석 의원 과반수의 찬성을 얻어야 가결되는데, 중의원은 연립여당인 자민당(283석)과 공명당(29석)이 전체 의석(465석)의 3분의 2가 넘는 312석을 차지하고 있기 때문에 부결되었다. 야권이 내각 불신임안을 제출한 이유는 지난 6월 3일 일본 금융청이 공표한 '100세 시대에 대비한 금융조언 보고서'

에 대한 정부의 대응 때문이다. 그동안 아베 정권은 공적연금의 보장성을 강조하면서 연금만으로 노후자금이 보장되도록 하겠다고 약속했었지만, 보고서에는 '일본 국민이 95세까지 생존할 경우 노후에 2천만 엔의 저축이 필요하다'는 내용이 담겨 있어 아베 총리가 그동안 해왔던 정책과 배치되었다. 아소 부총리는 "정부의 정책적 입장에 맞지 않는다"며 해당 보고서를 정식 보고서로 받아들이지 않겠다고 밝혔고 정권에 대한 여론의 비난이 쏟아졌다.

일본 여론

06월 24일
· 일본 국민 68%, 금융청 보고서 정부 대응 "납득 못 해"

(朝日新聞 06. 24; 연합뉴스 06. 24 재인용)

− 6월 24일 아사히신문이 발표한 여론조사 결과에 따르면 "공적연금만으로는 부족하니 노후를 위해 2천만 엔의 저축이 필요하다"며 공적연금의 보장성 문제를 드러낸 금융청 보고서에 대해 "정부의 정책적 입장에 맞지 않는다"며 채택을 거부한 정부의 대응에 "납득할 수 없다"는 응답이 68%로 나타났다. 이어 7월 참의원 선거에서 투표할 때 연금문제를 중시할 것이냐는 질문에 대해서는 "그럴 것"이라는 응답(51%)이 "중시하지 않을 것"이라는 응답(41%)보다 많았다.

06월 27일
· 자민당, 참의원 선거 앞두고 지지율 28.8%로 선두

(共同通信 06. 27; 每日新聞 06. 27 재인용)

− 6월 27일 교도통신이 실시한 전화 여론조사 결과에 따르면 자민당이 7월 21일에 실시되는 참의원 선거를 앞두고 다른 정당들에 비해 가장 높은 지지율을 보이고 있는 것으로 나타났다. 비례대표 투표에서 자민당에 투표하겠다는 응답이 28.8%로 가장 많았고 입헌민주당이 9.0%로 뒤를 이었다. 또한 이번 조사에서 아베 내각 지지율은 47.6%, 비(非)지지율은 44.1%를 기록했다. 아울러 7월 참의원 선거의 핵심 이슈 중 하나인 아베 정부의 헌법 개정안에 "반대한다"는 응답은 50.1%로, "찬성한다"는 응답 35.0%보다 높게 나타났다.

25차(6월 말~7월 말)

신건

7월 21일에 치러진 제25회 참의원 선거에서 집권당인 자유민주당과 연립여당인 공명당은 각각 57석, 14석으로 전체의 과반수 의석을 확보했으나, 두 여당을 포함한 개헌세력이 참의원 전체의 3분의 2 이상의 의석을 확보하는 데 실패하여 개헌 발의가 어려울 전망이다(朝日新聞 2019. 07. 22; 연합뉴스 2019. 07. 22 재인용). 한편 이번 선거에서 제1야당인 입헌민주당은 17석, 국민민주당은 6석을 얻었으며, 개헌세력인 일본 유신회는 10석을 얻었다(朝日新聞 2019. 07. 22; 연합뉴스 2019. 07. 22 재인용).

이번 참의원 선거의 투표율은 48.8%로, 역대 두 번째로 낮은 수치를 기록했다(每日新聞 2019. 07. 22). 정치 분석가들은 투표율 하락의 원인으로 정당 간 명확한 이슈의 차이가 없어 유권자들의 주목을 받지 못했기 때문이라고 말했다(每日新聞 2019. 07. 22).

아울러 선거 결과에 따라 의석수가 늘어난 입헌민주당의 에다노 유키오 대표는 소선거구 후보 단일화를 통한 야당들의 공동투쟁에 성과가 있었다고 주장했지만, 의석수가 줄어든 국민민주당의 다마키 유이치로 대표는 공동투쟁이 성공적으로 이루어지지 못했다며 불만을 드러냈다(日本經濟新聞 2019. 07. 22).

일본 정당

07월 03일

• 아베 신조 총리 "소비세 10% 이상 인상할 생각 없다", 야당은 증세 자체를 반대

(日本經濟新聞 07. 03)

− 아베 총리는 7월 3일에 열린 여야 대표 토론회에서 10월에 소비세율을 기존 8%에서 10%로 인상한 이후 자신의 정권에서는 더 이상 세율을 올리지 않을 것이라고 강조했다. 또한 연립여당인 공명당의 야마구치 나츠오(山口那津男) 대표는 10월 소비세 증세를 예정대로 실시하고 유아 교육이나 대학 교육비 부담을 줄이겠다고 밝혔다.

하지만 야당들은 현재 8%의 소비세율을 동결하고 더 올리지 말 것을 촉구하고 있다. 입헌민주당의 에다노 유키오 대표는 소비세율 10%로 인상하는 것에 대해서 "소비 불황이 이어지고 있는 동안은 증세해서는 안 된다", "소비세가 제대로 사회보장에 사용되고 있는가 하는 국민의 불신이 높아지고 있다"며 소비세의 동결을 주장했다. 국민민주당의 다마키 유이치로 대표도 "경제 상황을 생각하면 지금은 가계를 보존해야 할 때"라며 소비세 증세를 반대했다.

07월 21일

· 야당 공동투쟁에 있어 문제 부각, 국민민주당의 불만　　　(日本經濟新聞 07. 22)

– 참의원 선거 결과에 따라, 여당에 대한 야당들의 공동투쟁을 둘러싸고 입헌민주당과 국민민주당이 입장 차이를 보이고 있다. 참의원 선거 이후 의석이 늘어난 입헌민주당은 자신들이 주도한 공동투쟁의 효과를 찾아내고 있는 반면, 국민민주당 내에서는 불만의 목소리가 높아지고 있다. 7월 참의원 선거에서는 야당들이 공동투쟁을 위해 32개의 소선거구에서 후보 단일화를 했으나 야당은 10승 22패로 지난 2016년 참의원 선거(11승 21패)에 비해 의석률이 감소하는 결과를 얻었다. 입헌민주당의 에다노 유키오 대표는 7월 21일 기자회견에서 소선거구 후보 단일화에 대해 "3년 전(2016년)에 비해 크게 전진했다"며 "(차기 중의원 선거에서) 제1야당으로서 유권자로부터 선택받아 정권을 잡을 것"이라고 말했다. 반면 국민민주당의 다마키 유이치로 대표는 기자회견에서 소선거구에서의 공동투쟁이 성공적으로 이루어지지 못했다고 주장했다. 이렇듯 선거 이후 야당들이 서로 다른 견해를 보이고 있는 이유는 선거 결과 입헌민주당은 기존 9석에서 17석으로 의석수가 늘어난 반면 국민민주당은 8석에서 6석으로 의석수가 감소했기 때문이다.

일본 선거 · 의회

07월 21일

· 일본 여당 등 개헌세력, 참의원 선거 개헌 발의 의석수 확보 실패

(朝日新聞 07. 22; 연합뉴스 07. 22 재인용)

– 아베 총리가 이끄는 일본 집권당인 자민당과 연립여당인 공명당은 7월 21일에 치러진 제25회 참의원 선거에서 전체 의석의 과반을 확보했다. 그러나 두 여당과 일본 유신회 등 개헌세력은 참의원 전체의 3분의 2 이상 의석을 확보하지 못하면서 이번 선거의 최대 쟁점이었던 개헌 발의선을 유지하는 데 실패했다. 이에 따라 향후 3년간은 자위대를 헌법 9조에 명시하는 방향의 개헌 추진이 사실상 어려워지게 됐다. 아사히신문의 집계에 따르면 자민당은 개선(신규) 의석(124석) 가운데 57석, 공명당은 14석을 얻어 두 집권 정당은 이번 선거에서 총 71석을 얻었다. 이에 따라 선거를 치르지 않았던 의석을 합쳐 두 여당은 참의원 전체의 절반이 넘는 의석을 유지하게 됐다. 일본 참의원의 임기는 6년이지만 전체 의석의 절반을 3년에 한 번씩 선출하기 때문에 이번 선거에서도 절반만 선출 대상이었던 것이다. 아울러 이번 선거에서 제1야당인 입헌민주당은 17석, 국민민주당은 6석, 공산당은 7석, 사민당은 1석, NHK로부터 국민을 지키는 당은 1석, 신생 정당 레이와 신센구미(令和新選組)는 2석, 야당계 무소속은 9석을 얻었고, 개헌세력인 일본유신회는 10석을 얻었다.

07월 21일

• 아베, 선거 승리에 이어 개헌 추진 (読売新聞 07. 22)

– 아베 총리는 7월 21일 후지TV 프로그램에 출연해 개헌안 발의와 국민투표와 관련해 "특별한 시한은 없지만, 임기 중 어떻게든 실현하고 싶다"고 말했다. 이어 "(야당인) 국민민주당 중에도 (개헌) 논의를 해야 한다는 생각을 가진 이들도 있다"며 "(개헌에 대한 필요성을) 적극적으로 호소할 생각"이라고 밝혔다. 21일에 치러진 참의원 선거 결과에 따라 자민당과 공명당, 일본유신회 등 개헌세력은 개헌에 필요한 참의원 전체 의석의 3분의 2인 164석을 차지하는 데 실패했다. 그렇기 때문에 아베 총리는 개헌을 위해 야당의 협조를 얻어야만 하는 상황이다. 국민민주당이 여당과 더불어 헌법 논의 의사를 밝힘에 따라 자민당은 임시국회에서 위원회 논의를 통해 헌법 개정에 동의하는 다수의원들과 합의하여 개헌을 추진할 것으로 보인다.

07월 15일

• 일본 아베 지지율, 보복조치에도 7%p 하락…56% "한국 규제 찬성"

(日本經濟新聞 07. 15; 연합뉴스 07. 15 재인용)

— 아베 내각이 한국 강제징용 판결에 대한 '보복 조치'를 단행했지만, 아베 정권의 내각 지지율은 오히려 하락세를 보이고 있는 것으로 나타났다. 7월 15일 니혼게이자이 신문이 발표한 전화 여론조사 결과에 따르면 아베 내각의 지지율은 49%를 기록했다. 이는 56%를 기록했던 지난 6월 28~30일 조사보다 7%p가 낮은 수치이다. 아베 내각은 참의원 선거의 후보자 등록일인 지난 4일에 한국에 대한 보복 조치를 단행했다. 또한 자민당은 자신들의 참의원 선거 후보자에게 유권자들을 만날 때 한국에 대한 수출 규제 강화를 언급하라는 지침을 내놓으며 '한국 때리기'를 선거에 노골적으로 이용할 의향을 비쳤다. 그러나 이번 조사 결과에서 나타난 내각 지지율 하락은 아베 내각의 '한국 때리기'가 별다른 효과를 낳지 못했다는 점을 시사한다. 하지만 아사히신문이 13~14일 실시한 여론조사에 따르면 '아베 정권이 한국으로의 반도체 소재 수출규제를 강화한 것에 대해 어떻게 생각하는지'라는 질문에 56%가 '타당하다'고 응답하여 일본 국민의 절반 정도는 아베 정권이 한국에 대해 단행한 '수출규제 강화'에 대해 찬성하는 것으로 나타났다.

07월 22일

• 참의원 선거 투표율 48.8%로 역대 선거 중 두 번째로 낮은 수치를 기록 (每日新聞 07. 22)

— 2019년 참의원 선거의 투표율은 48.8%로, 역대 선거에서 두 번째로 낮은 수치를 기록했다. 이번 선거의 투표율은 지난 2016년 참의원 선거에서 54.7%를 기록했던 것에 비해 5.9%p 하락한 수치이다. 참의원 선거에서 50% 미만의 투표율이 나타난 것은 역대 최저 투표율인 44.52%를 기록했던 1995년 선거 이후 처음이다. 정치 분석가들은 투표율 하락의 원인에 대해 이번 참의원 선거가 이슈에 대한 명확한 견해차가 없어 많은 주목을 받지 못했다고 말했다. 또한 태풍으로 인한 폭우가 일본 남서부의 투표율 하락에 영향을 미쳤을 수 있다고 밝혔다.

26차(7월 말~8월 말)

신건

입헌민주당의 에다노 유키오 대표와 국민민주당의 다마키 유이치로 대표는 다가오는 가을 임시국회에서 여당에 공동으로 대항하기 위해 8월 20일 회담을 열어 양당의 중의원 회파를 통일하겠다고 밝혔고, 8월 22일 중의원 회파 "사회보장을 살리기 국민 회의"의 대표 노다 요시히코 전 총리 또한 입헌민주─국민민주 회파에 합류하겠다고 선언했다(読売新聞 2019. 08. 22).

8월 22일에 한국 정부가 일본과의 군사정보보호협정(GSOMIA·지소미아)을 종료키로 결정한 것에 대해 아베 신조 총리는 한국 정부에 대해 유감을 표명하며, "앞으로 미국과의 연대를 통해 동아시아 지역의 평화와 안정을 확보할 것"이라며 역내 안보문제에서 한국을 배제하겠다는 뜻을 내비쳤다(연합뉴스 2019. 08. 23). 한편 아베 총리는 8월 23일을 기점으로 종전 이후 일본에서 최장기간을 재임한 총리가 되었다(東京新聞 2019. 08. 23).

8월 18일에 발표된 교도통신의 여론조사 결과에서는 조사 대상자의 62.4%가 향후 한일관계에 대해 '우려한다'고 응답했고, 아베 내각의 지지율은 7월보다 1.7%p 증가한 50.3%로 나타났다(共同通信 2019. 08. 18; 연합뉴스 2019. 08. 18 재인용).

일본 정당

08월 11일

• 국회의원 세비 삭감에 대해 적극적인 공명당(公明党)과 소극적인 자민당(自由民主党)

(東京新聞 08. 11)

– 연립여당인 공명당이 7월 참의원 선거에서 공약으로 내세운 국회의원 세비 10% 감축에 대해 의욕을 보이고 있는 반면, 집권당인 자민당은 소극적인 모습을 보이고 있다. 공명당의 기타가와 가즈오(北側一雄) 부대표는 8월 8일 기자회견을 통해 다가오는 임시국회에서 "(세비 삭감 논의는) 당연히 해야 한다"고 말했지만, 자민당의 키시다 후미오 정조 회장은 아직 자민당 내에서는 "어떠한 논의도 하고 있지 않다"고 밝혔

다. 공명당이 이처럼 의원 세비 삭감에 적극적인 자세를 보이는 것은 일본유신회가 다수 의석을 차지하고 있는 오사카 지역의 표심을 자신들에게 돌리기 위한 목적이 있다. 2019년 4월 오사카부 지사·오사카 시장선거에서 공명당은 일본유신회에게 패했다. 이후 7월에 있었던 참의원 선거에서 일본유신회가 의원 세비 삭감을 공약으로 내걸자 유신회에 대항하기 위해 공명당도 같은 공약을 내걸었고 선거가 끝난 이후 공명당은 유신회를 견제하고 공약을 이행하기 위해 의원 세비 삭감에 적극적인 모습을 드러내고 있는 것이다.

08월 22일

• 중의원 회파(교섭단체) "사회 보장을 살리기 국민 회의", 입헌민주–국민민주 회파에 합류 선언 (読売新聞 08. 22)

– 무소속 의원 8명으로 구성된 중의원 회파 "사회 보장을 살리기 국민 회의"의 대표 노다 요시히코 전 총리는 8월 22일 총회를 열고 자신의 회파가 입헌민주당과 국민민주당이 결성한 통일 회파에 합류하겠다고 발표했다. 앞서 8월 20일에 입헌민주당의 에다노 유키오 대표와 국민민주당의 타마키 유이치로 대표는 다가오는 가을 임시국회에서 여당에 공동으로 대항하기 위해 회담을 열었고, 양당의 중의원 회파를 통일하겠다고 발표했다. 이어 노다 전 총리의 회파 "사회보장을 살리기 국민 회의"도 입헌민주–국민민주회파에 합류하겠다고 밝힌 것이다.

일본 선거 · 의회

08월 22일

• 일본 아베 "한국이 국가 간 약속 지키도록 요구해나갈 것" 주장 (연합뉴스 08. 23)

– 8월 23일 아베 총리는 전날 한국 정부가 일본과의 군사정보보호협정(GSOMIA· 지소미아)을 종료하기로 결정한 것에 대해 유감스럽다며 한국 정부를 비판했다. 이어 아베 총리는 "향후 미국과의 확실한 연대를 통해 동아시아 지역의 평화와 안정을 확보할 것"이라고 덧붙였다. 이는 한국과의 지소미아 종료 후 미국과 협력을 강화하여 기존에 한국에 의존했던 북한 관련 정보를 미국을 통해 얻겠다는 뜻으로 보인다. 지소

미아는 한일 간 안보 분야 협력과 연대를 강화하여 동아시아 지역의 평화, 안정에 기여한다는 목적으로 2016년 체결되었고, 이후 매년 자동 연장되어왔다. 그러나 한국인 강제 징용자 판결문제와 일본의 한국 수출 규제 등 최근 악화된 한일관계로 인해 양국 간 군사 협정인 지소미아는 파기되었다.

08월 23일

• 아베 총리 재직 기간 2798일로 종전 이후 최장기간 달성　　　　　(東京新聞 08. 23)

– 아베 신조 총리의 재직 일수는 8월 23일 기준 2798일로 종전 이후 최장기간을 재임한 사토 에이사쿠(佐藤榮作) 전 총리와 같은 일수를 달성했다. 그리고 2019년 11월 19일이 되면 역대 최장기간을 재임한 가쓰라 다로(桂太郎) 전 총리의 2886일을 넘어 최장 기록을 달성할 전망이다. 아베 총리의 최장기간 재임에 대해 스가 요시히데 관방장관은 22일 기자회견을 통해, "(총리는) 향후에도 국민의 소리에 겸허하게 귀을 기울일 것"이라고 말했다. 한편 재임 기간에 아베 총리의 지지율은 비밀 보호법, 안전보장 관련 법의 의결 등에서 내각 지지율이 급락했던 시기를 제외하면 대체로 50% 안팎을 유지하고 있다.

일본 여론

08월 15일

• 일본 시민들, 총리관저 앞 '아베 퇴진' 집회…"對韓 제재 멈춰라"　　　(연합뉴스 08. 15)

– 8월 15일 일본의 시민단체 '평화와 민주주의를 목표로 하는 전국 교환회'는 도쿄도(東京都)에 있는 총리관저 앞에서 집회를 열고 아베 정권이 한국을 상대로 경제 보복 조치를 단행한 것에 대해 비판했다. 구체적으로 이들은 '아베 사퇴하라', '아베 정권은 경제 제재를 그만둬라', '호르무즈 해협에 자위대를 파견하지 말라', 'NO 아베', '전후 보상을 실현하라' 등의 푯말을 들어 정부를 비판했다. 또한 "아베 정권이 한국에 대한 식민지배를 부정하고 전후 형성된 헌법 제9조를 무력화하여 일본을 '전쟁 가능한 국가'로 만들겠다고 선포하고 있다며 지적했고 식민지배에 대한 정부의 인정과 사죄를 촉구했다. 주최 측 관계자는 이번 집회에 대해 "한국에 대한 경제 제재에 반

대하고 아베 정권에 항의하기 위한 것"이라고 말했다.

08월 18일

• 일본 국민 62.4% '한일관계 우려'…아베 지지율 1.7%p 상승 〈교도 조사〉

(共同通信 08. 18; 연합뉴스 08. 18 재인용)

- 8월 18일 교도통신의 여론조사 결과에 따르면, 조사 대상자의 62.4%가 앞으로의 한일관계에 대해 '우려한다'는 응답을 나타냈다. 반면 '우려하지 않고 있다'고 답한 사람은 32.4%였다. 한편 이번 여론조사에서 아베 내각의 지지율은 50.3%로, 48.6%를 기록했던 7월 조사보다 1.7%p 증가했다. 반면 지지하지 않는다는 비율은 34.6%였다. 교도통신은 지지율 상승의 원인으로 7월 21일에 열린 참의원 선거에서 여권의 승리가 영향을 미쳤을 것으로 보인다고 분석했다.

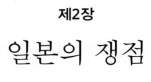

제2장

일본의 쟁점

자민당의 도쿄도의회 선거 참패

정승희

7월 2일 실시된 일본 도쿄도의회 선거의 주역은 고이케 도쿄도지사였다(読売新聞 2017. 07. 03; 연합뉴스 2017. 07. 03 재인용). 총 42개의 선거구에서 127명의 도의원이 선출되는 이번 선거에서(NHK 2017. 07. 02; 연합뉴스 2017. 07. 02 재인용), 고이케 도쿄도지사가 이끄는 도민퍼스트회가 49석을 차지하여 제1당이 되었고 도민퍼스트회와 연대한 공명당이 23석, 무소속 후보가 6석, 도쿄생활자네트워크가 1석 등을 획득했다(NHK 2017. 07. 02; 한국일보 2017. 07. 02 재인용). 고이케 도쿄도지사의 지지세력은 과반 의석인 79석을 획득하며 선거에서 승리하였지만, 아베 총리가 이끄는 집권 자민당은 23석을 차지하며 이번 선거에서 참패하였다(NHK 2017. 07. 02; 한국일보 2017. 07. 02 재인용).

이번 선거의 결과는 선거 이전부터 예측된 결과라고 볼 수 있다. 선거 전에 치러진 언론사 정당 투표 여론조사에서 도민퍼스트회가 근소한 차이로 자민당을 앞서왔으며, 고이케 신당의 추천을 받은 공명당은 종교단체를 지지기반으로 탄탄한 조직력을 유지해왔다(중앙일보 2017. 07. 03). 반면 자민당은 이니다 도모미 방위상의 후보 지원 연설 논란과 아베 총리의 사학스캔들로 비난을 면치 못한 상황 속에서 선거를 치르게 되었다(중앙일보 2017. 07. 03). 이러한 상황들은 결국 자민당의 도쿄도의회 선거 참패로 이어졌다.

자민당의 선거 참패로 인해 아베 정권의 정국운영은 곤욕을 치를 것으로 보인다. 선거 이후 아베 총리는 위기를 극복하기 위해 내달 초 개각을 단행할 것이라밝혔으며(연합뉴스 2017. 07. 16), 그동안 거부해왔던 '사학스캔들'에 대한 국회 심의에 출석하기로 입장을 바꾸었다(연합뉴스 2017. 07. 14). 그러나 고이케 도쿄도지사의 선거 승리가 가져올 여파를 고려하면 이러한 노력으로 아베 내각이 위기를 극복할 수 있을지는 미지수이다. 비록 선거 이후 치러진 7월 3일 기자회견에서 고이케 도쿄도지사는 국정 진출을 위한 신당 창당 여부 등에 대해 선을 그었지만, 기존 정당에서 이탈한 의원들을 영입해 전국 정당을 창당할 것이라는 의견이 적지않다(読売新聞 2017. 07. 03; 연합뉴스 2017. 07. 03 재인용).

도쿄도의회 선거는 과거부터 향후 정국의 풍향계 역할을 해왔다(NHK 2017. 07. 02; 한국일보 2017. 07. 02 재인용). 따라서 고이케 도쿄도지사의 선거 승리가 향후 아베 총리의 정국 운영에 미칠 영향력에 대한 지속적인 관심이 필요할 것으로 보인다. 또한 자민당과 아베 총리는 이번 선거 결과를 교훈 삼아 방위성 발언, 사학스캔들 등의 논란을 해소하여 국민들의 신뢰를 회복해야 할 것이다.

참고문헌

김병규. 2017. "지지율 급락에 국회 출석 결심한 日아베…사학스캔들 다시 불붙나." 『연합뉴스』(7월 14일).

김정선·김병규. 2017. "도쿄도의회 선거서 日자민당 대참패…아베 개헌동력 상실 예상." 『연합뉴스』(7월 2일).

김정선·김병규. 2017. "'돌풍' 고이케, 아베에 압승…도쿄도의회 선거서 자민당 참패." 『연합뉴스』(7월 3일).

김토일. 2017. "日 아베 지지율 정권 출범 이후 최악…'사학스캔들 납득 안 돼' 78%." 『연합뉴스』(7월 16일).

박석원. 2017. "'도쿄도의회 선거 아베의 자민당 참패' 정국장악력 급속 위축." 『한국일보』(7월 2일).

오영환. 2017. "도쿄도의회 선거 고이케 압승, 자민당 23석 최악 성적표." 『중앙일보』 (7월 3일).

아베 총리의 개각 단행과 민진당의 분열

정승희

8월 3일 아베 내각은 공식적으로 새로운 내각 진용을 발표하였다. 이번 개각은 아베 총리가 사학스캔들과 7월 도쿄도의회 선거 참패로 인한 위기를 모면하고자 단행하였다는 점에서 주목할 만하다. 발표된 내각 진용에 따르면 각료 19명 중 5명이 유입되고 새로 입각된 자가 6명, 각료에 경험이 있는 자는 8명이었으며, 자신에게 비판적인 인사를 기용하여 달라진 모습을 보여주고자 하였다(연합뉴스 2017. 08. 03). 실로 개각 단행 이후 실시된 교도통신의 여론조사에 따르면 아베 내각 지지율은 지난 7월에 비해 8.6%p 상승하여 44.4%로 나타났으며, 개각이 직접적인 영향을 주었다고 밝혔다(연합뉴스 2017. 08. 04).

그러나 여전히 아베 내각의 위기는 계속되고 있는 상황이다. 요미우리신문과 와세다대 현대정치경제연구소가 조사한 '아베 정권에 대한 선호도' 결과에 따르면 아베 정권은 10점 만점에 평균 4.8점이라는 초라한 점수를 받았다(조선일보 2017. 08. 11). 이뿐 아니라 자민당 내 아베 총리를 견제하는 의원 모임이 출범하여 이 모임이 '반(反) 아베'의 중심이 되지 않을까 하는 관측이 계속되고 있다(共同通信社 2017. 08. 26; 연합뉴스 2017. 08. 26 재인용).

아베 내각의 위기에 대응하여 정권 획득을 도모하고 자민당을 견제하여 사학스캔들의 진상 규명을 주도해야 할 주체는 단연 제1야당인 민진당이라고 할 수 있다. 허나 민진당은 렌호 대표를 비롯하여, 노다 요시히코 간사장이 사의를 표했으며(연합뉴스 2017. 07. 27), 야권 내 유력 차기 주자 중 한 명인 호소노 고시 의원 등의 탈당으로 분열의 위기를 맞고 있다(共同通信社 2017. 08. 04; 연합뉴스 2017. 08. 04 재인용). 즉 민진당은 지난 7월 2일 도쿄도의회 선거의 참패로 인한 체제정비에 나서기도 전에 지도부와 내부 분열의 위기에 처한 것이다(共同通信社 2017. 08. 04; 연합뉴스 2017. 08. 04 재인용). 아베 내각이 자민당의 도쿄도의회 참패와 각료들의 실언, 사학스캔들 등으로 인해 위기에 처해 있는 상황에서 이를 견제하고 바로잡아야 할 제1야당인 민진당이 제 역할을 해주지 못한다면 이는 자칫 국민들의 정치 불신으로 이어질 수 있다. 따라서 민진당은 분열의 위기를 극복하고 빠른 체제 정비를 통해 제1야당으로서의 역할을 수행하여야 할 것이다.

참고문헌

김병규. 2017. "日 아베, 개각으로 기사회생하나…내각지지율 8.6%p 상승." 『연합뉴스』(8월 4일).

김정선. 2017. "日 야당 민진당 재건의 꿈 좌절…취임 열 달 만에 막 내린 렌호號." 『연합뉴스』(7월 27일).

김정선·최이락. 2017. "'위기'의 아베 개각 단행…외무상에 고노·방위상에 오노데라." 『연합뉴스』(8월 3일).

박상현. 2017. "日국민 '아베 국정 운영, 10점 만점에 4.8점'…64% '3기 연임 반대'." 『조선일보』(8월 11일).

최이락. 2017. "무기력한 日 야당…유력 차세대 주자 탈당 '자중지란'." 『연합뉴스』(8월 4일).

최이락. 2017. "'산 넘어 산'…日 자민당 내에 '反아베' 의원 모임 출범." 『연합뉴스』(8월 26일).

아베 총리의 중의원 해산과 10월 총선

정승희

9월 일본 정치계에서 가장 뜨거운 이슈는 아베 총리의 중의원 해산과 조기 총선이다. 아베 총리는 9월 25일 기자회견에서 9월 28일 중의원 해산 방침을 공식적으로 발표하였다(동아일보 2017. 09. 26). 그러나 아베 총리의 중의원 해산 및 조기 총선에 대한 야당들의 비난과 여론의 부정적인 반응이 나오고 있다는 점은 주목할 필요가 있다. 야권은 사학 스캔들 추궁을 피하기 위한 수단으로 해산권을 이용했다며 비난하고 있으며(동아일보 2017. 09. 26), 교도통신의 여론조사에서 사학스캔들에 대한 정부의 설명을 납득할 수 없다는 응답이 78.8%, 중의원 해산에 반대하는 응답이 64.3%로 나타났다(연합뉴스 2017. 09. 24).

물론 조기 총선을 통해 의회에 대한 국민들의 평가가 이루어질 수 있다는 점은 대의민주주의 강화에 기여할 수 있다. 하지만 아베 총리가 사학 스캔들에 대해 명확한 해명 없이 중의원을 해산시켰다는 점은 자칫 국민들의 정치 불신으로 이어질 수 있으며, 정치 불신은 정치 참여에 부정적인 영향을 미칠 수 있다. 따라서 아베 총리는 중의원 해산과 조기 총선에 그치는 것이 아니라 사학 스캔들에 대해 명확한 해명을 해야 할 것이다.

참고문헌

김정선. 2017. "일본인 64.3%, 아베 총리 '중의원 해산' 반대." 『연합뉴스』(9월 24일).
장원재. 2017. "'28일 중의원 해산' 승부수 던진 아베." 『동아일보』(9월 26일).

야권의 분열과 자민당의 중의원 선거 승리

정승희

10월 22일 중의원 선거는 자민당과 공명당이 총 313석을 획득하며 자민당과 아베 총리의 승리로 끝났다(NHK 2017. 10. 23; 뉴스1 2017. 10. 23 재인용). 이러한 선거 결과의 원인을 살펴보기 위해서는 야권의 분열과 자민당의 전략에 주목할 필요가 있다. 9월 28일 중의원이 해산된 이후 제1야당이었던 민진당은 고이케 도지사의 희망의당에 합류하여 야권세력을 규합하기로 결정하였으나, 희망의당과의 상이한 정책이념으로 인해 일부 민진당 진보계 인사들은 희망의당 합류에 반대하며 입헌민주당을 창당하였다(NHK 2017. 10. 02; 共同通信社 2017. 10. 02; 연합뉴스 2017. 10. 02 재인용). 이러한 상황 속에서 희망의당은 고이케 도지사의 민진당 입당 희망자 배제 발언과 자민당과의 정책 유사성으로 유권자의 지지를 끌어내지 못했다(연합뉴스 2017. 10. 22). 반면 자민당은 야권의 분열이란 기회를 틈타 북풍몰이 전략을 펼쳤고 결국 선거에서 승리하였다(연합뉴스 2017. 10. 22).

　야권의 세력통합 노력이 물거품이 된 상황에서, 자민당과 아베 총리는 선거 승리를 기반으로 개헌 드라이브를 더욱 가속화 할 것으로 보인다. 따라서 야권은 자신의 정책적 이념을 가지고 유권자의 의견을 대변할 수 있도록 개편하여 여당과의 개헌논의 방향성을 만들어가야 할 것이다.

참고문헌

김병규. 2017. "日 민진당 진보계 '입헌민주당' 창당…보수 일색 선거에 도전장." 『연합뉴스』(10월 02일).
김병규. 2017. "日 아베, '북풍몰이' 전략 먹혔다…야권분열 틈타 총선 '압승'." 『연합뉴스』(10월 22일).
김정선. 2017. "고이케 '희망'이 물거품이 된 까닭…'차별성 부족·배제의 정치 탓'." 『연합뉴스』(10월 22일).
장용석. 2017. "日 중의원 선거 최종 개표 결과…자민·공명 313석." 『뉴스1』(10월 23일).

재점화되고 있는 아베 총리의 사학스캔들

정승희

　아베 총리가 모리토모학원 스캔들 문제로 또 한 번 어려움을 겪고 있다. 스캔들의 골자는 모리토모학원이 국유지를 헐값에 매입한 것에 대해 아베 총리나 총리 부인인 아키에의 입김이 작용했다는 것이다(朝日新聞 2017. 11. 23; 연합뉴스 2017. 11. 23 재인용). 이러한 스캔들에 대해 정부는 부지 내 쓰레기 처리 비용을 감안해 매입가를 할인했다고 설명하였으나, 회계감사원은 11월 23일 발표한 보고서에서 정부의 매입가 할인 근거가 불충분하다고 답했다(朝日新聞 2017. 11. 23; 연합뉴스 2017. 11. 23 재인용). 이어 11월 27일에 열린 중의원 예산위원회에서 재무성이 스캔들과 관련해 국유지 매입가 할인이 언급된 녹음 내용을 확인하면서 논란이 다시 불거지고 있다(朝日新聞 2017. 11. 28; 每日新聞 2017. 11. 28; 연합뉴스 2017. 11. 28 재인용).

아베 총리는 스캔들에 대해 사죄의 의사를 밝혔지만, 야당의 비판과 여론의 불신은 계속되고 있다. 그렇기 때문에 스캔들에 대한 불신을 해소하지 못한다면 아베 총리는 선거압승에도 불구하고, 향후 정국을 운영하는 데 어려움을 겪을 것이다. 따라서 아베 총리는 스캔들에 대한 명확한 해명을 통해 야당과 여론의 불신을 해소해야 할 것이다.

참고문헌

김병규. 2017. "日 감사원 사학스캔들 검증결과 머쓱한 아베…야당은 공세 '칼날'." 『연합뉴스』(11월 23일).
김정선. 2017. "아베 사학스캔들 재점화…'국유지 헐값 거론' 녹음내용 공식 인정." 『연합뉴스』(11월 28일).

일본 정부의 적 기지 공격 능력 보유 논란

정승희

적 기지 공격 능력 보유 논란은 2017년에 들어 자민당이 북한의 미사일 위협과 중국의 해양 진출에 대응한다는 명목으로 내각에 제언하기 시작하면서 붉어져왔고(産経新聞 2017. 12. 28; 중앙일보 2017. 12. 28 재인용), 12월 6일 일본 정부가 순항미사일 도입 계획을 검토하고 있다는 사실이 밝혀지자 논란이 증폭되었다(時事通信 2017. 12. 06; 朝日新聞 2017. 12. 06; 연합뉴스 2017. 12. 06 재인용).

평화헌법 개헌에 대한 찬반 논란이 계속 되고 있는 상황에서 적 기지 공격 능력 보유에 대한 논란이 정부의 명확한 해명과 타협 없이 진행되고 있다는 점은 주목할 필요가 있다. 비록 산케이신문 여론조사에서 응답자의 68%가 순항미사일 도입에 찬성하였고, 63%가 개헌에 긍정적으로 답했지만(연합뉴스 2017. 12. 19), 야당을 비롯한 반대 진영은 미사일 도입이 평화헌법 9조 2항에 위배되는 것이며, 일본의 안보방침에 어긋난다고 비판을 계속하고 있다(産経新聞 2017. 12. 28; 중앙일보 2017. 12. 28 재인용).

적 기지 공격 능력 보유에 대한 의견 합의가 이루어지지 않은 것은 야권의 지적처럼 정부의 명확한 설명과 타협 논의가 부족했기 때문이라고 볼 수 있다(時事通信 2017. 12. 06; 朝日新聞 2017. 12. 06; 연합뉴스 2017. 12. 06 재인용). 따라서 정부는 미사일 도입에 대한 자세한 설명과 논의를 통해 합의된 의견을 도출해내야 할 것이다.

참고문헌

김병규. 2017. "日 아베 정권 5년 평가, 10점 만점에 5.2점…개헌 찬성은 40%뿐." 『연합뉴스』(12월 19일).
김상진. 2017. "日 '적 기지 공격' 장거리 순항미사일 독자개발 나선다." 『중앙일보』(12월 28일).
최이락. 2017. "'국익에 반한다'…日 야권, 적기지 공격용 미사일 도입 비판." 『연합뉴스』(12월 06일).

가을 총재 선거를 앞둔 자민당

정승희

자민당 내부에서는 올해 총재 선거를 앞두고 연초부터 선거를 대비한 움직임이 나타나고 있다. '이시바파'의 이시바 시게루 전 간사장은 1월 25일 파벌의 정책집 내용을 발표하며, 헌법 9조 2항을 삭제해야 한다고 주장했다(日本経済新聞 2018. 01. 26; 연합뉴스 2018. 01. 26 재인용). 이는 아베 총리의 개헌안과 구별되는 것으로, 이시바 전 간사장이 총재 선거를 앞두고 대결 구도를 확실시하는 움직임으로 보인다(日本経済新聞 2018. 01. 26; 연합뉴스 2018. 01. 26 재인용).

또한 '누카가파'에서는 유력 총재 후보가 없는 파벌에 불만이 커져 회장의 퇴임 시위가 있었으며, '기시다파'의 기시다 후미오 정무조사회장은 총리와 만나 선거에 대한 정보를 교환하는 등 선거를 앞두고 당내 파벌의 움직임이 계속되고 있다(NHK 2018. 01. 26; 세계일보 2018. 01. 26 재인용).

그러나 여론조사 결과 아베 총리를 차기 총재로 지목한 응답자가 35%로 가장 많았기 때문에(연합뉴스 2018. 01. 29), 아베 총리의 3연임 가능성이 높아 보인다. 하지만 아베 총리의 중대 목표인 개헌에 대해 아베 정부 하에서의 개헌을 반대한다고 밝힌 응답자가 54.8%로 과반을 차지하는 만큼(뉴시스 2018. 01. 14), 자민당 총재 선거에 대한 향후 추이를 지속적으로 주목해야 할 것으로 보인다.

참고문헌

김병규. 2018. "日 국민 55% "아베 평창行 옳은 선택"…내각 지지율도 5%p 상승." 『연합뉴스』(01월 29일).
김정선. 2018. "日 여당, 총재선거 대비 꿈틀…이시바 정책집·파벌분열 징후." 『연합뉴스』(01월 26일).
우상규. 2018. "日 여당, 총재 선거 앞두고 계파별 움직임 분주." 『세계일보』(01월 26일).
이재준. 2018. "일본인 54.8% "아베 정부 개헌에 반대"…전번보다 6.2%p 높아져." 『뉴시스』(01월 14일).

자민당·아베 총리의 개헌 추진과 여론의 반응

정승희

자민당이 현행 헌법 9조 1항과 2항을 유지한 채 자위대 존재 근거를 명기하는 방안을 고려하고 있다고 밝힌 것에 이어, 2월 25일에는 자위대의 최고 지휘권을 총리가 갖도록 한다는 내용을 담은 개헌안을 검토하고 있는 것으로 나타났다(日新聞 2018. 02. 25; 연합뉴스 2018. 02. 25 재인용). 또한 아베 총리는 현행 헌법에 자위대 존재 근거를 명기함으로써 전력 비보유 내용을 담고 있는 현행 헌법 9조 2항에 배치된다는 '자위대 위헌 논란'을 종식시키겠다고 밝히며, 자위대 위헌론을 개헌의 명분으로 삼아 강한 개헌드라이브를 내세웠다(연합뉴스 2018. 02. 22).

이처럼 아베 총리와 자민당이 개헌 추진을 가속화하는 데에는 아베 총리의 개헌안 시행 목표인 2020년에 맞춘 헌법개정안의 연내 국회 제출 계획을 실현하기 위해서라고 할 수 있다(每日新聞 2018. 02. 26; 뉴시스 2018. 02. 26 재인용). 그러나 여론
조사 결과에 따르면 응답자의 50%가 '연내 발의될 필요가 없다'고 밝혔으며, '연
내 발의하는 것이 좋다'고 답한 응답은 34%로 나타났다(뉴시스 2018. 02. 26). 이는
자민당과 아베 총리가 단순히 개헌 추진 목표에 맞추기 위해 개헌드라이브를 가
속화해서는 안 된다는 것을 보여준다. 따라서 자민당과 아베 총리는 성급히 개
헌을 추진할 것이 아니라 시간을 두고 국민과 소통하며 개헌을 추진해야 할 것
이다.

참고문헌

김정선. 2018. "日 여당 '총리에 자위대 지휘권' 명기 개헌안 검토." 『연합뉴스』(02월 25
  일).
조윤영. 2018. "아베는 강한 개헌 드라이브…日 국민 50% '연내 개헌 반대." 『세계일
  보』(02월 26일).
최이락. 2018. "아베 헌법에 자위대 근거 명시해 '위헌논란' 종지부 찍어야." 『뉴시스』
  (02월 22일).

문서조작 논란으로 인한 아베 내각의 위기

정승희

사학스캔들 논란이 계속되면서 아베 총리는 정권 운영의 위기를 맞게 되었다.
재무성이 모리토모학원의 국유지 헐값 매입 의혹과 관련한 문서조작 사실을 인
정하는 등 사학스캔들과 관련된 추가 증언이 계속되면서, 아베 총리에 대한 야
당과 여당의 비난이 끊이지 않고 있다(共同通信社 2018. 03. 12; 연합뉴스 2018. 03. 12 재
인용). 또한 일본 곳곳에서는 아베 총리의 퇴진을 요구하는 시위가 계속되고 있으
며, 아베 내각 지지율은 최저 30%대까지 하락하기도 했다(每日新聞 2018. 03. 18; 중
앙일보 2018. 03. 19 재인용). 아울러 아베 총리는 스캔들의 여파로 9월에 있을 당 총
재 선거 후보 지지율에서도 이시바 시게루 전 간사장에게 뒤지며 당 총재 3연임

에 위기를 맞게 되었다(뉴시스 2018. 03. 26).

이처럼 사학스캔들에 대한 비난과 진상규명 요구가 계속되고 있음에도 불구하고, 아베 총리는 스캔들에 대한 명확한 규명을 하지 않은 채 자민당과 함께 당 차원의 개헌안을 공표하며 개헌 추진을 강행하고 있다(日本テレビ 2018. 03. 18; 朝日新聞 2018. 03. 18; 연합뉴스 2018. 03. 25 재인용). 아베 총리의 이러한 대응은 정치권에 대한 여론의 불신을 더욱 키울 수 있다. 따라서 아베 내각은 책임감을 가지고 사학스캔들에 대해 명확한 규명을 하여, 내각에 대한 국민의 불신을 해소해야 할 것이다.

참고문헌

김병규. 2018. "아베 스캔들에도 개헌추진은 '강행'…'자위대 위헌논란 종지부'." 『연합뉴스』(03월 25일).

김정선·김병규 2018. "日 사학스캔들, 문서조작 일파만파…아베 총리 부부 이름 삭제돼." 『연합뉴스』(03월 12일).

이영희. 2018. "주말 일본 곳곳에서 '아베 퇴진하라' 시위 이어져." 『중앙일보』(03월 19일).

조윤영. 2018. "아베 지지율, 재점화된 사학스캔들로 14% 급락…닛케이." 『뉴시스』(03월 26일).

아베 정권의 위기 속 여당의 분열과 야당의 결집

정승희

사학스캔들 관련 문서조작과 이라크 파병 자위대 활동 문서 은폐 의혹 논란이 계속되는 가운데, 재무성 차관이 자신을 취재한 TV아사히 여기자를 성희롱했다는 의혹이 불거지면서 아베 내각은 또 한 번 위기를 맞고 있다(テレビ朝日 2018. 04. 19; 경향신문 2018. 04. 19 재인용). 아울러 자민당 정치인들 중 아베 총리에 대한 국민들의 호감도가 두 번째로 낮은 것으로 나타나 올해 9월 당 총재선거를 통한 3연

임이 어려워질 것으로 보인다(연합뉴스 2018. 04. 30).

이렇듯 아베 총리의 위기가 계속되자, 여당 내부에서는 파벌의 움직임이 나타나고 있다. '포스트 아베'라고 불리는 당내 주자들은 사학스캔들과 관련하여 아베 총리를 비판하였고(日本経済新聞 2018. 04. 12; 朝日新聞 2018. 04. 12; 연합뉴스 2018. 04. 12 재인용), 3대 파벌인 다케시타파가 26년 만에 부활하였으며(연합뉴스 2018. 04. 20), 야당은 이러한 상황을 틈타 결집의 움직임을 보이고 있다. 민진당과 희망의당은 4월 25일 통합에 합의하며 국민민주당으로의 출범을 앞두고 있다(연합뉴스 2018. 04. 25). 이 같은 여야의 움직임은 정세의 변화를 가져올 것으로 예측된다. 따라서 여야의 향후 행보에 대해 지속적인 관심을 가져야 할 것이다.

참고문헌

김병규. 2018. "사면초가 몰린 日 아베…융단폭격하는 '포스트 아베' 주자들." 『연합뉴스』(04월 12일).
김정선. 2018. "일본인들이 가장 호감 느끼는 '포스트 아베'는 37세 고이즈미." 『연합뉴스』(04월 30일).
김진우 2018. "아베 정권, '미투' 덮으려다 역풍…재무성 차관이 기자 성희롱." 『경향신문』(04월 19일).
최이락. 2018. "日 다케시타파 26년만에 부활…9월 총리선거서 아베 버리나." 『연합뉴스』(04월 20일).
_____. 2018. "日 야권 '반쪽' 재편…민진·희망당, '국민민주당'으로 새 출발." 『연합뉴스』(04월 25일).

성 불평등을 둘러싼 일본 정치권의 대응

정승희

5월 16일 의회 본회의에서는 국회의원 및 지방의회 선거 후보자가 남녀 같은 수가 되어야 한다는 내용을 담은 '정치 분야 남녀공동참가 추진법안'이 만장일치로 통과되었다(朝日新聞 2018. 05. 16). 이로써 여성의 정치적 지위는 제도적으로 보장되게 되었다.

그러나 제도적 노력에도 불구하고 남녀평등에 대한 정치권의 인식은 긍정적이지 못하다. 자민당 가토 의원은 "젊은 여성이 적어도 세 명 이상 자녀를 낳아야 한다"고 발언하여 논란이 되고 있으며(한겨레 2018. 05. 11), 고위급 당원은 "육아는 여자의 일이며 남자들이 육아를 맡는 것은 달갑지 않다"고 말해 비난받고 있다(每日新聞 2018. 05. 28; 동아일보 2018. 05. 28 재인용). 아울러 지난 4월 재무차관의 성희롱 파문에 이어 고마에시 시장의 여직원 성희롱 의혹이 제기되는 등 정치권의 여성 성희롱 문제가 계속 폭로되고 있다(NHK 2018. 05. 22; 연합뉴스 2018. 05. 22 재인용).

이와 같은 상황은 성 불평등에 대한 제도적 요건뿐만 아니라 의식 개혁이 필요하다는 것을 보여준다. 따라서 성 불평등 해결을 위해서는 정치권의 인식 개선이 이루어져야 할 것이다.

참고문헌

김정선. 2018. "日 지자체 시장, 여직원 성희롱 파문에 사의 표명." 『연합뉴스』(05월 22일).

동아일보. 2018. "간 큰 日 자민당 당원들 '육아는 여성의 몫' 망언"(05월 28일).

조기원. 2018. "'여자는 세상 위해 아이 셋은 낳아야' 자민당 망언 메들리." 『한겨레』(05월 11일).

Sawa Okabayashi· Akira Minami. 2018. "Diet passes law to push for more female assembly members." *The Asahi Shimbun*(May 16).

여당의 니가타현 지사 선거 승리와 향후 전망

정승희

6월 10일, 니가타현 지사 선거에서 집권 자민당과 연립여당 공명당이 지원한 무소속 후보 하나즈미 히데요 후보가 5개 야당이 추천한 이케다 지카코 후보를

3만 7천여 표 차이로 누르고 선거에 승리하였다(共同通信社 2018. 06. 11; NHK 2018. 06. 11; 연합뉴스 2018. 06. 11 재인용). 니가타현 지사 선거는 사학스캔들로 인한 아베 내각의 지지율 하락이 계속되는 가운데 민심의 방향을 예측할 수 있다는 점에서 주목받아 왔다(共同通信社 2018. 06. 11; NHK 2018. 06. 11; 연합뉴스 2018. 06. 11 재인용).

그동안 여당이 선거 때마다 어려움을 겪었던 니가타현에서 야당 통일후보를 누르고 선거에 승리하면서 언론들은 자민당의 내년 참의원 선거와 9월 자민당 총재선거의 아베 총리 3연임을 긍정적으로 전망하고 있다(日本経済新聞 2018. 06. 11; NHK 2018. 06. 11; 중앙일보 2018. 06. 11 재인용). 그러나 사학스캔들로 아베 내각 퇴진을 요구하는 시위가 계속되고(NHK 2018. 06. 10; 共同通信社 2018. 06. 10; 연합뉴스 2018. 06. 10 재인용), 총재 선거에서 소속 의원뿐 아니라 당원 등도 투표한다는 점에서 상황이 달라질 가능성도 제기되고 있어 향후 추이를 주목해야 할 것이다(朝日新聞 2018. 06. 25; 共同通信社 2018. 06. 25; 연합뉴스 2018. 06. 25 재인용).

참고문헌

김병규. 2018. "'아베 내각 퇴진하라'…日 성난 민심 2만7천 명 빗속 시위." 『연합뉴스』(06월 10일).
김정선. 2018. "아베 사학스캔들에도 여당 지원 후보 니가타현 지사 선거서 승리." 『연합뉴스』(06월 11일).
_____. 2018. "日 포스트 아베 주자들, 9월 자민당 총재선거 앞두고 '꿈틀'." 『연합뉴스』(06월 25일).
이재준. 2018. "일본 니가타 지사선거서 여당 후보 당선…'아베에 안도감'." 『중앙일보』(06월 11일).

서(西)일본 폭우에 대한 정부의 대응 논란

정승희

서(西)일본 지역의 폭우로 인한 인명피해가 최소 123명 사망, 61명 실종에 이르렀다(교도통신 2018. 07. 09; NHK 2018. 07. 09; 한겨레 2018. 07. 10; 재인용). 폭우가 시작된 5일 오후 2시 기상청은 긴급 기자회견을 열어 폭우에 대해 경고하였고 오후 8시에는 간사이 지방 피난 지시가 내려졌다(교도통신 2018. 07. 09; NHK 2018. 07. 09; 한겨레 2018. 07. 10; 재인용). 그러나 그날 저녁 아베 총리는 여당의원들과 교류회를 열어 술자리를 벌였고, 일부 의원들은 SNS에 술자리 사진을 올리는 행동을 취하면서 여론으로부터 정부의 재해 대처에 대한 비난을 받게 되었다(교도통신 2018. 07. 09; NHK 2018. 07. 09; 한겨레 2018. 07. 10; 재인용).

술자리에 대한 비난이 계속되자 아베 총리는 정부가 재해 대응을 하지 않은 것은 아니라고 반론했지만(아사히신문 2018. 07. 17; 교도통신 2018. 07. 17; 연합뉴스 2018. 07. 17 재인용), 마이니치신문 여론조사 결과 응답자의 68%가 집중 호우에 대한 정부의 대응이 충분하지 않았다고 답하며 아베 총리의 반론을 인정하지 않았다(마이니치신문 2018. 07. 30; 연합뉴스 2018. 07. 30).

이와 같은 정부의 대처에 대한 여론의 불만은 자칫 신뢰 저하로 이어질 수 있다. 따라서 아베 내각은 술자리에 대한 반성의 뜻을 표하고 향후 재해 대처에 만전을 기함으로써 국민의 신뢰를 회복해야 할 것이다.

참고문헌

김병규. 2018. "日 아베 내각 지지율 37% '정체'…68% '집중호우 대처 불충분'." 『연합뉴스』(07월 30일).
김정선. 2018. "'폭우 술자리' 日 아베, '재해에 만전태세 취했다' 반론." 『연합뉴스』(07월 17일).
조기원. 2018. "최악의 폭우 와중에 아베 총리는 술자리 참석." 『한겨레』(07월 10일).

오키나와 지사의 별세와 향후 전망

정승희

지난 8일, 미군기지 이전 반대운동을 주도해온 상징적인 인물, 오나가 다케시

오키나와 지사의 갑작스러운 지사의 별세로 인해 미군기지의 헤노코 이전 문제가 새로운 국면을 맞이하게 되었다(경향신문 2018. 08. 09). 아울러 현직 지사의 별세로 11월 진행 예정이었던 후임 지사 선거가 9월로 앞당겨짐에 따라, 여야의 움직임이 바빠졌다(아사히신문 2018. 08. 09; NHK 2018. 08. 09; 연합뉴스 2018. 08. 09 재인용).

오나가 지사를 구심점으로 기지 이전을 반대해왔던 사민당과 공산당 등의 야당 관계자는 일제히 회의를 열고 대응 방안을 논의하였지만, 앞으로 오나가 지사 없이 폭넓은 지지 세력을 결집할 수 있을지는 미지수이다(경향신문 2018. 08. 09). 반면 오나가 지사와 대척점에 있었던 정부와 집권 자민당은 이번 기회를 통해 기지 이전 문제를 해결하고 지사직까지 탈환하겠다는 생각으로 사키마 아쓰시 기노완 시장을 지사 후보로 선정하고 선거대책본부 직원을 오키나와에 보내고 있다(경향신문 2018. 08. 09).

이처럼 선거를 둘러싼 자민당의 공세가 계속될 것으로 예상되나, 오키나와 지사 선거가 예정보다 앞당겨지면서 오나가 시장을 애도하는 의미의 '추도 선거'의 가능성도 제기되고 있어(경향신문 2018. 08. 09), 향후 추이를 주목해야 할 것이다.

참고문헌

김정선. 2018. "日 여야, 상징성 큰 오키나와 지사 선거 준비 본격화." 『연합뉴스』(08월 09일).
김진우. 2018. "구심점 잃은 오키나와, 미군기지 반대 운동 '기로에'." 『경향신문』(08월 09일).

아베 총리의 자민당 총재 선거 승리

정승희

9월 20일에 실시된 자민당 총재 선거는 아베 총리의 3연임이 달려있던 만큼 큰 주목을 받아왔다. 경선 결과 아베 총리가 553표로 이시바 전 간사장(254표)을 누르고 선거에 승리하였고, 이로써 아베 총리는 2021년 9월까지 최장수 자민당 총재 임기를 지낼 수 있게 되었다(NHK 2018. 09. 21; 중앙일보 2018. 09. 21 재인용).

그러나 일반 당원 투표에서 아베 총리(224표)와 이시바 전 간사장(181표)이 접전을 벌이는 등 아베 총리 진영이 예상했던 경선 결과가 나타나지 않으면서, 일각에서는 아베 총리의 향후 정국 운영에 대해 우려의 시선을 보내고 있다(NHK 2018. 09. 21; 중앙일보 2018. 09. 21 재인용). 또한 교도통신의 여론조사 결과에 따르면 응답자의 57%가 아베 총리에 대한 권력 집중이 문제가 있다고 답하였고 문제가 없다고 답한 응답자는 33.6%였으며, 응답자의 51%가 올 가을 아베 총리의 자위대 명기 개헌안 제출에 대해 부정적으로 응답하면서 아베 총리의 3연임에 대한 우려를 표했다(교도통신 2018. 09. 21; 연합뉴스 2018. 09. 21 재인용).

이와 같은 사회적 분위기는 아베 총리의 개각 단행과 헌법 개정 가속화에 대한 시사점을 제공한다. 즉 아베 총리는 자신의 지지자들을 중심으로만 정책을 펼칠 것이 아니라, 권력 집중에 대한 국민들의 우려와 자민당 당원들의 지지도를 고려하여 향후 정국을 운영해야 할 것이다.

참고문헌

김병규. 2018. "아베 3연임 성공했지만…日 국민 57% '권력집중 문제 있다'." 『연합뉴스』(09월 21일).
서승욱·윤설영. 2018. "아베 3연임 성공했지만…당원 투표 224대 181일." 『중앙일보』(09월 21일).

야권 후보들의 오키나와 선거 승리와 미군기지 이전 정책 추진 전망

정승희

9월 30일 오키나와현 지사 선거에서 미군기지 이전 반대를 주장하며 야권의 지지를 받아온 다마키 데니 후보가 승리하였다(NHK 2018. 09. 30; 교도통신 2018. 09. 30; 경향신문 2018. 09. 30 재인용). 이어 10월 21일 오키나와의 중심 도시 나하시 시장

선거에서도 다마키 데니 지사와 입헌민주당, 공산당 등 야권이 지원하는 시로마 미키코(城間幹子)가 당선되었다(NHK 2018. 10. 21; 경향신문 2018. 10. 21 재인용).

오키나와 지방 선거에서 야권 후보들의 승리는 정부의 후텐마 비행장 헤노코 이전에 대한 주민들의 반대 때문인 것으로 보인다(NHK 2018. 09. 30; 교도통신 2018. 09. 30; 경향신문 2018. 09. 30 재인용). 아사히신문의 여론조사 결과에서도 응답자의 63%가 아베 내각의 미군 기지 이전 정책에 반대하는 것으로 나타났으며, 14%만 이 미군기지 이전 정책에 찬성한다고 응답했다(오키나와타임즈 2018. 09. 25; 류큐아사 히방송 2018. 09. 25; 아사히신문 2018. 09. 25 재인용).

자민당의 후보들이 오키나와에서 치러진 두 번의 선거에서 모두 패배하면서 아베 총리의 미군기지 이전 정책 추진은 쉽지 않을 것으로 보인다. 아울러 이번 선거 결과를 바탕으로 아베 총리는 미군기지 이전 문제에 대한 오키나와 민심을 고려해 정책을 추진해 나가야 할 것이다.

참고문헌

박효재. 2018. "일 오키나와 지사 선거, 야권 후보 승리."『경향신문』(09월 30일).
_____. 2018. "오키나와 나하 시장 선거도 '미군기지 이전 반대파' 압승."『경향신문』
     (10월 21일).
The Asahi Shimbun. 2018. "Asahi poll: 63% of Okinawans oppose Abe's U.S.
     military policy"(September 25).

||||||||||||||||||||||||||||||||||||||||||||||||||||||||||||||||||||||||||||||||||||||||||||||

아베 총리와 자민당의 출입국관리법 개정안과 야당의 반발

정승희

11월 27일 중의원에서 외국인 노동자 수용 확대를 위한 출입국관리법 개정안 이 자민당, 공명당, 일본유신회 등의 과반수 이상 찬성으로 통과되었다(니혼게이 자이신문 2018. 11. 28; 뉴시스 2018. 11. 28 재인용). 해당 법안에 2개의 새로운 체류자격 이 신설되면서 그동안 개방되지 않았던 단순 노동 분야를 포함해 일정한 기능을 보유한 외국인이 최장 5년간 머물 수 있게 되었으며, 숙련된 기능을 가진 외국인의 경우 체류 연장 횟수에 제한을 두지 않고, 10년 체류시 영주권 획득이 가능해졌다(니혼게이자이신문 2018. 11. 02; NHK 2018. 11. 02; 한국경제 2018. 11. 02 재인용).

그러나 야당 측에서는 이번 개정안이 졸속으로 처리되었고, 이민정책으로 전환되기 위한 것이 아니냐며 의문을 제기하고 있다(니혼게이자이신문 2018. 11. 02; NHK 2018. 11. 02; 한국경제 2018. 11. 02 재인용). 또한 일부 시민들은 국회 앞에서 개정안에 대한 반대 집회를 열고 개정안이 외국인의 인권을 보장하고 있지 않고, 집권당이 강행 표결을 하고 있다며 비난했다(교도통신 2018. 11. 28). 이처럼 출입국관리법 개정안 졸속 처리에 대한 야당과 시민들의 반발이 계속되고 있는 만큼, 자민당과 아베 내각은 이들과의 소통을 통해 출입국관리법 개정안을 둘러싼 갈등을 해소하도록 노력해야 할 것이다.

참고문헌

교도통신. 2018. "입관법 개정안 반대 시민 항의 집회…'외국인과의 공생 염두에 없다' 비판"(11월 28일).
조윤영. 2018. "일본 외국인노동자 수용확대 법안 중의원 통과." 『뉴시스』(11월 28일).
한국경제. 2018. "일본, 단순노동 외국인에도 일자리 개방…숙련노동자에 영주권"(11월 02일).

아베 총리와 자민당의 정책 및 법안 강행 추진

정승희

12월 6일, 자민당과 아베 총리가 수돗물 질을 높이기 위해 추진한 수도 민영화 법안이 중의원에서 통과되었으며, 이로 인해 민간 사업자가 수도 사업을 운영할 수 있게 되었다(마이니치신문 2018. 12. 07; 아시아투데이 2018. 12. 09 재인용). 그러나 야권에서는 내각과 여당의 수도법 개정안이 충분한 해외사례 조사 없이 졸속으로 강행 추진되었을 뿐 아니라 수도세 상승 등 수도 사업 민영화의 부작용이 예상된다고 비난하고 있으며(MBC뉴스 2018. 12. 04), 일부 시민들은 국회 앞에서 법안 강행 통과를 비판하는 시위를 열었다(마이니치신문 2018. 12. 07; 아시아투데이 2018. 12. 09 재인용).

아울러 아베 내각은 후텐마 미군 비행장을 헤노코로 이전하기 위한 공사를 강행 추진하면서, 현지사를 비롯한 현민들의 거센 비난을 받고 있다(NHK 2018. 12. 14; 중앙일보 2018. 12. 14 재인용). 그럼에도 불구하고 관방장관과 방위상은 미군 비행장 이전 공사 강행의 뜻을 보이며 현민들의 이해를 요청하고 있다(NHK 2018. 12. 14; 중앙일보 2018. 12. 14 재인용).

이처럼 아베 총리와 자민당의 법안 및 정책 강행 추진에 대한 야권과 여론의 비난이 계속되고 지지율이 하락하는 만큼, 내각과 자민당은 합의를 통해 법안과 정책을 추진하고 충분한 소통을 통해 강행 추진에 대한 불만을 해소해야 할 것이다.

참고문헌

김혜경. 2018. "日 정부, 오키나와 미군기지 이전공사 강행…현민 반발." 『중앙일보』 (12월 14일).
서영아. 2018. "아베 지지율 한 달 새 4~6%p 급락." 『동아일보』(12월 18일).
엄수아. 2018. "일본, 수돗물 민영화 법안 통과…세계 흐름에 역행 비판 봇물." 『아시아투데이』(12월 09일).
이용주. 2018. "日 정부여당 '수돗물 민영화' 강행…야권 '수도세 폭등할 것' 반발." 『MBC뉴스』(12월 04일).

후생노동성의 '매월근로통계' 부정 사건 논란과 야당의 반발

정승희

후생노동성이 매달 발표하는 '매월근로통계'의 산출 방식이 원칙에 맞지 않게 진행되어왔다는 사실이 밝혀지면서 논란이 되고 있다. '매월근로통계'는 전수조사의 원칙을 가지고 있으나 도쿄 지역에서 이 원칙을 어기고 2004년부터 해당 사업장의 약 3분의 1만 임의로 추출하여 조사가 진행되었다는 사실이 밝혀졌으며, 총무성이 확인한 결과 56종의 국가 통계 산출 중 22종의 통계가 부적절하게 조사된 것으로 나타났다(요미우리신문 2019. 01. 25; 세계일보 2019. 01. 25 재인용).

이에 야당은 정부가 2018년 6월 근로통계에서 임금상승률이 3.3%로 최고치에 달한다고 발표한 것을 두고, 부정 산출로 집계된 데이터를 보정할 경우 임금상승률이 2.8%로 하락한다고 주장하며 통계 부정 사건에 대해 비난하고 있다(요미우리신문 2019. 01. 25; 세계일보 2019. 01. 25 재인용).

이처럼 통계 부정 사건에 대한 비난이 거세지자 아베 신조 총리는 28일 중의원 정책 연설에서 일련의 논란들에 대해 사과하고, 국가 통계자료의 신뢰 회복을 위해 철저한 평가를 진행할 것이라 밝혔다(아사히신문 2019. 01. 28). 그럼에도 불구하고 여전히 해당 사건에 대한 야당과 여론의 의심의 시선이 계속되고 있기 때문에, 아베 총리는 신뢰 회복을 위한 지속적인 노력을 기울여야 할 것이다.

참고문헌

김청중. 2019. "日 야당 '아베노믹스는 기만'…통계부정 사건 일파만파." 『세계일보』 (01월 25일).

Narumi Ota. 2019. "Abe apologizes for statistics scandal, vows quick payments." *Asahishimbun*(January 28).

자민당 지역 조직과 국민을 향한
아베 총리의 일방적인 개헌추진

신건

자민당 본부는 2월 9일에 개최된 '전국 헌법 개정 추진 본부장 회의'에서 지방 지부 개헌 추진 담당자들에게 이번 통일지방선거와 참의원 선거에서 개헌 논의를 활성화하라고 지시했다(共同通信 2019. 02. 10; 연합뉴스 2019. 02. 10 재인용).

하지만 자민당 지역 조직에서는 여론의 저조한 관심 속에서 성급한 개헌을 추진하는 당 중앙에 대해 우려의 목소리를 나타내고 있다(共同通信 2019. 02. 10; 연합뉴스 2019. 02. 10 재인용). 또한 여론 역시 작년 12월 마이니치신문이 실시한 조사에 따르면, '국회가 개헌안 발의를 서두를 필요가 있느냐'는 질문에 '그렇지 않다'라고 답한 응답자가 66%를 차지하는 것으로 나타났다(연합뉴스 2019. 02. 10). 아베 정부의 개헌안에는 '자위대의 존재 명기'와 '일본을 전쟁 가능한 국가로 바꾸겠다는 의지'가 포함되어 있기 때문에 여론이 쉽게 동의하지 못하고 있고, 자민당 지역 조직도 여론을 의식하고 있는 것이다(연합뉴스 2019. 02. 10).

아베 내각은 개헌안 발의에 중점을 두면서 참의원 선거를 준비하고 있지만, 여론의 관심이 높지 않고, 당내 지역 조직에서의 반응도 긍정적이지 않다(연합뉴스 2019. 02. 10). 아베 총리와 자민당 지도부가 진심으로 헌법 개정을 원한다면 개헌의 필요성과 정당성, 적실성에 대해 국민과 지역 조직에게 충분히 설명하고 설득하기 위해 노력해야 할 것이다.

참고문헌

김병규. 2019. "日 아베 '개헌, 창당 이후의 비원'…당 대회서 역설." 『연합뉴스』(02월 10일).

_____. 2019. "日 여당, 지방조직에 '개헌 붐업' 주문…'선거에 불리' 당혹." 『연합뉴스』(02월 10일).

지방선거를 앞둔 오사카 유신회의 명분과 당위성

신건

오사카 유신회 소속인 오사카부의 마쓰이 이치로(松井一郎) 지사와 요시무라 히로후미(吉村洋文) 오사카 시장이 3월 8일에 함께 자치단체장직을 사퇴했다(産經新聞 2019. 03. 08). 그리고 두 사람은 4년의 임기를 놓고 4월 7일(광역지자체)과 21일(기초지자체)에 실시될 통일지방선거에(연합뉴스 2019. 03. 21) 서로의 위치를 바꿔 교차 출마할 예정이라고 발표했다(産經新聞 2019. 03. 08).

오사카부 지사와 오사카 시장이 직위를 사퇴하고 재출마하는 이유는 '오사카도 구상'이라는 정책을 시행하기 위해서이다(産經新聞 2019. 03. 08). 오사카도 구상안은 도쿄도와 유사하게 10만 명 또는 그 이상의 인구를 가진 특별행정구들로 구성된 오사카 정부를 설립하여 행정 효율성을 강화하겠다는 내용을 담고 있다(한의석 2012). 이미 오사카시에서는 오사카도 구상에 대해 찬반을 묻는 주민투표가 2015년 5월에 실시되었으나, 이에 대한 반대표가 많아 구상안은 폐안되었다(강태웅 2015).

오사카 유신회의 두 후보는 '오사카도 구상'을 재추진하겠다는 명분으로 교차출마의 정당성을 부여하고 있으나 다른 정당들은 이 명분의 당위성이 없다고 비판하고 있다(每日新聞 2019. 03. 13). 따라서 오사카 유신회의 이러한 행보가 단지 정권연장의 수단으로 '오사카도 구상'을 활용하는 것은 아닌지 생각해 보아야 한다.

참고문헌

강태웅. 2015. "오사카, 도쿄에 반기를 들다—영화 '블랙 레인'과 '프린세스 도요토미.'" 『국토』 제406호, 78~83

김병규. 2019. "日, 통일지방선거 돌입…아베, 레임덕 뚫고 개헌야심 다가설까." 『연합뉴스』(03월 21일).

한의석. 2012. "오사카유신회와 하시모토 도오루—변화의 열망과 일본의 지역정당." 『21세기정치학회보』제22집 2호, 247~266

The Mainichi Shimbun. 2019. "吉村大阪市長の辞職 市議会が不同意 離反の公明「大義ない」"(March 13).

The Sankei Shimbun. 2019. "大阪知事·市長, 辞職願を提出へ 入れ替えダブル選に突入"(March 08).

일본 지방선거에서 대거 무투표 당선의 원인과 야권의 미흡한 공천

신건

4월 7일 실시된 광역지자체 선거에서 전체 선거구의 약 40%에 해당하는 371구 중 의석수의 27%인 612명이 경쟁 후보 없이 무투표로 당선되었다(朝日新聞 2019. 03. 30). 마찬가지로 4월 21일 실시된 기초지자체 시장 선거에서도 선거를 치르는 시(市) 중 31.3%에서 무투표로 시장이 당선되었다(共同通信 2019. 04. 15; 연합뉴스 2019. 04. 15 재인용).

무투표 당선자가 많이 나온 것에 대해 일본 내 저출산과 고령화가 심화되고 대도시 중심으로 인구가 몰리면서 지방의회의 후보로 나오고자 하는 사람이 줄어들고 있기 때문이라는 견해가 있다(연합뉴스 2019. 03. 30). 하지만 더욱 본질적인 이유는 '정치 엘리트 확충에 대한 야권의 노력 부족이 무투표 당선자 증가에 일조했다(朝日新聞 2019. 03. 30)'는 것이다. 제1, 2야당인 입헌민주당과 국민민주당에서 충분한 후보자를 공천하지 않았고, 그 밖의 다른 야당에서도 당선이 어려운 지역에 후보자를 공천하지 않았기 때문이다(朝日新聞 2019. 03. 30).

일본의 야당들은 자민당의 권력독점을 비판하면서도 선거에서는 후보자를 공천하지 않는 모순을 보이고 있다(東京新聞 2019. 04. 08). 대의민주주의하에서 야권이 후보자 공천을 하지 않으면 후보자들의 다양성이 줄어들고 유권자들의 선택의 폭이 좁아진다. 그러므로 야당들은 책임감을 가지고 선거에 최선을 다해야 할 것이다.

참고문헌

김정선. 2019. "日 지방의회 입후보자 부족…무투표 선거구 40% '역대 최고.'" 『연합뉴스』(03월 30일).
_____. 2019. "日 지방선거 무관심 심각…시장 31%가 무투표 당선." 『연합뉴스』(04월 15일).
The Asahi Shimbun. 2019. "(社説)「無投票」最多現状放置は許されない"(March 30).
The Tokyo Shimbun. 2019. "〈統一地方選〉「無関心」に変化を無投票が過去最多"(April 08).

마루야마 호다카 의원을 통해 바라본 국회의원의 진정한 역할

신건

일본유신회의 마루야마 호다카 중의원 의원은 5월 11일 '북방 4도 비자 없는 교류 방문단(北方四島ビザなし交流で訪)'의 일원으로 방문한 '쿠나시르섬'에서 "전쟁"을 통해서라도 러시아로부터 쿠나시르섬을 되찾아와야 한다고 발언했다(연합뉴스 2019. 05. 14).

일본 내에서 마루야마 의원의 "전쟁" 발언을 비판하는 여론은 거세졌고 과음을 통해 일어난 실수라고 본인이 해명했음에도(국민일보 2019. 05. 15) 여론조사 결과 마루야마 의원이 의원직을 "사직해야 한다"는 응답은 69%로, "사직할 필요는 없다"는 응답 19%보다 압도적으로 높게 나타났다(朝日新聞 2019. 05. 20). 이에 5월 17일 입헌민주당과 일본유신회를 포함한 6개 야당은 마루야마 의원의 발언이 "일본의 국익을 크게 해치고, 의회의 권위와 품위를 실추시켰다"며 마루야마 의원의 사직 권고 결의안을 중의원에 제출했다(産経新聞 2019. 05. 21). 구속되지 않은 의원을 대상으로 한 의원 사직 권고는 사상 처음이다(読売新聞 2019. 05. 17).

이례적으로 정당들이 의원의 발언에 대해 사직 권고 결의안을 제출한 것은 그 발언이 다수 국민의 의사와 반대되었기 때문이다. 국민의 의견을 대표하는 것이 국회의원의 역할인 만큼 국회의원들은 책임감을 갖고 언행을 신중히 해야 할 것이다.

참고문헌

강태현. 2019. "'러시아와 전쟁해서 쿠릴 4개 섬 찾자' 日 의원, 제명 처분." 『국민일보』(05월 15일).

박세진. 2019. "日 의원 '전쟁해서라도 북방영토 되찾아야' 망언…러시아 반발." 『연합뉴스』(05월 14일).

The Asahi Shimbun. 2019. "消費増税の影響「不安感じる」75% 朝日新聞世論調査"(May 20).

The Sankei Shimbun. 2019. "丸山氏問題, 与党が譴責決議案提出議運は結論見送り"(May 21).

The Yomiuri Shimbun. 2019. "丸山穂高議員の辞職勧告決議案, 野党6党派提出"(May 17).

<hr />

참의원 선거를 앞두고 내각 불신임안을 제출한 야권의 진정한 의도

신건

일본의 교수와 경제학자, 금융기관 관계자, 변호사 등으로 구성된 금융심의회는 6월 3일 아소 다로 부총리 겸 재무상의 자문을 거쳐 '100세 시대에 대비한 금융조언 보고서'를 공표했다(연합뉴스 2019. 06. 20).

아베 신조 정권은 공적연금만으로 노후자금이 보장되도록 하겠다는 약속을 꾸준히 해왔지만 이번 보고서의 내용은 국민 개개인이 공적연금 이외에 추가적인 노후 자금을 마련해야 한다는 내용을 담고 있어 그동안의 정부 입장과 다르기 때문에 국민들에게 비난을 받았다(연합뉴스 2019. 06. 20). 이어 정부가 보고서를 부정하며 채택하지 않자 야권은 정부의 책임을 물으며 6월 25일 내각 불신임안을 중의원에 제출했지만, 불신임안은 의석수의 우위를 차지하고 있는 여당의 반대로 부결되었다(연합뉴스 2019. 06. 25). 교도통신은 중의원 의석 분포를 봤을 때 야권의 의석수가 적기 때문에 가결 가능성이 작음에도 야권이 내각 불신임안을 제출한 배경에 대해 야당들이 7월 참의원 선거를 앞두고 야권과 현 정권의 대결 구도를 부각하기 위해서라고 전했다(共同通信 2019. 06. 25; 연합뉴스 2019. 06. 25 재인용).

7월 21일에 실시되는 참의원 선거를 앞두고 야권은 여당에 대한 공세를 강화하고 있다(朝日新聞 2019. 06. 22). 야당들이 단지 보고서로 인해 내각 불신임안을 제출한 것이 선거에서 표심을 확대하기 위한 수단은 아닌지 고려해봐야 한다.

김병규. 2019. "평정 잃은 日 아베, 선거 목전 '사라진 연금' 재현 공포에 '격노'(종합)."
　　『연합뉴스』(06월 20일).
박세진. 2019. "日야권, 아베 내각 불신임안 제출…與, 의석우위 앞세워 부결(종합)."
　　『연합뉴스』(06월 25일).
The Asahi Shimbun. 2019. "野党, 內閣不信任案提出へ参院選に向け攻防最終局
　　面"(June 22).

참의원 선거, 자민당의 개헌 이슈 쟁점화 실패

신건

　자민당은 7월 21일에 실시된 참의원 선거를 평화헌법 개정의 발판으로 삼기 위해 개헌을 선거의 주요 쟁점으로 내걸었으나(이면우 2019), 선거 결과 개헌세력의 의석수는 개헌 발의 의석수에 미치지 못했다(朝日新聞 2019. 07. 22).

　자민당의 개헌 이슈가 영향력이 적었던 원인은 공적 연금 보장, 소비세율 인상 등 다른 이슈에 묻혀 주요 쟁점으로 부각되지 못했기 때문으로 보인다(진창수 2019). 지난 6월 일본 금융심의회에서 공적연금만으로 국민들의 노후를 보장하기 어렵다는 보고서를 발표했고(연합뉴스 2019. 06. 20), 정부에서 다가오는 10월에 소비세를 10% 인상할 계획이라고 밝힘에 따라, 유권자들이 생계와 관련된 쟁점을 우선시한 것이다(産経新聞 2019. 05. 09). 실제로 여론조사에서 "참의원 선거에서 중요한 정책 이슈"에 대한 질문에 "개헌"이라고 응답한 비율은 전체의 7%밖에 안 되었다(産経新聞 2019. 07. 08).

　이번 선거에서는 개헌에 대한 유권자들의 관심이 높지 않았기 때문에 자민당은 이슈선정에 실패했고 개헌 발의가 가능한 의석수를 얻지 못했다(김숙현 2019). 그러므로 여당인 자민당은 이번 기회에 국민들이 원하는 것이 무엇인지 숙고해야 할 것이다.

김병규. 2019. "평정 잃은 日 아베, 선거 목전 '사라진 연금' 재현 공포에 '격노'(종합)."
『연합뉴스』(06월 20일).

김숙현. 2019. "7·21 일본 참의원 선거 결과와 향후 한일 관계전망."『이슈브리프』통
권 139호, 1~5.

이면우. 2019. "미래불안을 정치안정으로 이겨내려는 일본: 참의원 통상선거 결과의
의미 및 그 영향."『정세와 정책』2019년 제17호, 1~6.

진창수. 2019. "일본 참의원선거 결과: 개헌은 어렵지만 아베총리의 영향력은 유지."
『세종논평』2019-23, 1~2.

The Asahi Shimbun. 2019. "Parties Favoring Constitutional Revision Fail to
Reach Vital Mark"(July 22).

The Sankei Shimbun. 2019. "消費増税, 首相「リーマン級なければ方針変わりな
い」"(May 9).

_____. 2019. "産経FNN合同調査参院選有権者の関心は年金4割憲法改正は4
番目"(July 8).

한일관계 악화로 초래된 일본 내 경제난과 여론의 불안

신건

　일본의 시민단체 '평화와 민주주의를 목표로 하는 전국 교환회'는 2차 세계대
전 종전일인 8월 15일에 도쿄에 있는 총리관저 앞에서 아베 총리의 퇴진 시위를
벌였다(연합뉴스 2019. 08. 15). 이들은 한국에 대한 아베 정권의 경제 제재를 철회할
것, 한국에 대한 전후 보상을 실현할 것을 정부에 요구했다(연합뉴스 2019. 08. 15).

　한국 정부가 일제 징용 피해자 배상 관결에 대해 문제제기를 하자 일본 정부
는 지난 6월 30일 한국에 수출되는 일부 반도체 품목에 대해 수출 규제를 했고,
이어 한국을 '백색 국가'에서 제외해 일본 업체들이 해당 품목을 수출할 때 일일
이 정부의 허가를 받도록 했다(産経新聞 2019. 06. 30; 연합뉴스 2019. 06. 30 재인용). 악화
된 한일관계로 인해 일본에서는 한국인 관광객이 급감하여 관광 매출이 급락했

고(연합뉴스 2019. 07. 18), 여론조사 결과 응답자의 62.4%가 "한일관계에 대해 우려하고 있다"고 대답했다(共同通信 2019. 08. 18; 연합뉴스 2019. 08. 18 재인용).

이처럼 한일관계 악화로 만들어진 경제난 속에도 아베 총리는 양국 간 불신의 원인을 한국에 돌리는 등(연합뉴스 2019. 08. 23) 관계개선을 위한 노력을 하지 않고 있다. 정부의 정책이 국민들의 생계에 직접적인 타격을 주고 있는 만큼 아베 정부는 여론을 수렴해야 할 것이다.

참고문헌

김병규. 2019. "日 여행업계 '전전긍긍'…보복조치로 한국 관광객 급감 우려 확산." 『연합뉴스』(07월 18일).

김정선. 2019. "日국민 62.4% '한일관계 우려'…아베 지지율 1.7%p 상승 〈교도 조사〉." 『연합뉴스』(08월 18일).

_____. "日 시민들, 총리관저 앞 '아베 퇴진' 집회…'對韓 제재 멈춰라.'" 『연합뉴스』 (08월 15일).

박세진. 2019. "'日, 반도체·스마트폰 재료 등 3품목 한국 수출 규제키로' 〈산케이〉." 『연합뉴스』(06월 30일).

_____. "日 아베 '한국이 국가 간 약속 지키도록 요구해나갈 것' 주장(종합)." 『연합뉴스』(08월 23일).

동남·남부 아시아 I의
동향 및 쟁점

전통의 지속과 대외갈등 속 위기의 민주주의

제1장

동남·남부 아시아 I의 동향

1차(2017년 6월 말~7월 말)

최민지

　차이잉원(蔡英文) 총통 정부의 '탈(脫) 중국화' 역사 교과서가 거센 반발에 직면했다. 국민당(國民黨)은 "독립성향의 여당 민진당(民進黨)의 목적은 탈 중국화이며 중국 문화와의 연결고리를 끊어 자연적으로 독립을 만들어 나가려는 의도"라고 비판했다(自由時報 2017. 07. 06; 연합뉴스 2017. 07. 06 재인용). 한편 민진당은 중국 당국에 간암 말기에 걸린 중국 최초의 노벨평화상 수상자 류샤오보(劉曉波)의 석방을 촉구했다(自由時報 2017. 07. 10; 연합뉴스 2017. 07. 10 재인용). 민진당은 대만 역시 1986년 이전에 민주와 자유를 추구하는 인사들이 국민당 계엄체제에서 류샤오보와 유사한 박해를 받았기에 그가 받은 고통과 상처를 이해할 수 있다고 밝혔다(自由時報 2017. 07. 10; 연합뉴스 2017. 07. 10 재인용). 차이 총통이 의욕적으로 추진 중인 경전철 건설과 홍수 방지 대책 확충, 녹색 에너지 시설 설치 등을 핵심으로 하는 인프라 개발을 둘러싸고 여야 입법위원들이 충돌하며 대만 입법원이 아수라장이 됐다(AFP 2017. 07. 14; 뉴스1 2017. 07. 14 재인용). 국민당은 인프라 개발이 민진당의 기반 지역에 혜택이 많이 돌아가기 때문에 내년 지방 선거를 앞두고 여당이 '꼼수'를 부리고 있다며 반대 입장을 보이고 있다(AFP 2017. 07. 14; 뉴스1 2017. 07. 14 재인용).

양안관계에선 중국과 대만이 지방도시 간 정례교류를 통해 상호 접점을 모색했으나 별다른 성과를 거두지 못한 채 막을 내렸다. 포럼에서 대만 측이 주장한 '조건없는 양안 교류'에 대해 중국 측은 '하나의 중국' 원칙 인정이 우선이라고 응수하며, 이번 방문은 '하나의 중국'을 둘러싼 양안의 인식 차를 확인하는 계기가 됐다(自由時報 2017. 07. 04; 연합뉴스 2017. 07. 04 재인용). 대만 검찰은 고위관료에게 접근해 국가기밀 정보 제공의 대가로 뇌물을 주려 한 혐의로 중국인 저우훙쉬(周泓旭) 씨를 기소했다(自由時報 2017. 07. 07; 연합뉴스 2017. 07. 07 재인용). 이에 따라 행정원은 지난 6일 퇴역 장성 또는 정무관은 최소 3년 이상 중국행에 제한을 두며 부득이한 경우 정부의 승인을 받도록 하는 '양안인민관계조례' 개정안 초안을 통과시키면서 시급히 대책 마련에 나섰다(自由時報 2017. 07. 07; 연합뉴스 2017. 07. 07 재인용). 또한 중국의 압박으로 수교국이 20곳으로 줄어든 대만은 수교국 중 11개국에 무비자 체류 허용을 하면서 수교국 잡기에 안간힘을 쓰고 있다(自由時報 2017. 07. 13; 연합뉴스 2017. 07. 13 재인용).

여론조사 결과 차이 총통의 지지율은 역대 총통 중 최저치인 33.1%를 기록했다. 특히 파나마의 단교와 차이 총통의 양안 관계를 둘러싼 견해와 대응에 대해서는 각각 53%, 58%가 불만을 표출했다(中國台灣網 2017. 06. 27; 글로벌이코노믹 2017. 06. 28 재인용).

대만 정당

07월 06일
・대만 역사교과서 논쟁…탈 중국화에 국민당 반발 거세

(自由時報 07. 06; 연합뉴스 07. 06 재인용)

– 차이잉원 총통 정부의 '탈(脫) 중국화' 역사 교과서가 거센 반발에 직면했다. 대만 국가교육연구원이 대만 원주민의 문화와 민주화 과정을 강조하는 한편 중국의 전통 왕조사 부분을 삭제하고 동아시아 맥락으로 재해석하는 방향으로 편찬한 국민기본 교육과정 사회영역 과목 요강 초안을 공포한 데 대해 국민당 등이 반발하고 있다. 이에 왕중푸(王仲孚) 문화대 역사학과 교수는 역사교과서에서 '중화민국', '신해혁명', '8

년 항일전쟁'이 사라질 판이라며 이는 "탈중국화로의 정치사상 개조운동"이라고 강한 거부감을 표시했다. 탕더밍(唐德明) 국민당 중앙위원회 문화전파위원회 부주임도 "독립성향의 여당 민진당 목적은 탈중국화"라며 "중국 문화와의 연결고리를 끊어 자연적으로 독립을 만들어나가려는 의도"라고 비판했다. 탕 부주임은 이어 "중국사를 동아시아 맥락에서 해석하는 것은 자국 역사를 망각한 행위"라고 비난했다. 린중산(林忠山) 국민당 국가발전연구원장도 "민진당은 국민당이 (중국에서) 대만으로 패퇴해 온 1949년 이후의 역사만 인정한다"며 "역사교과서 개정 초안은 매우 심각한 가치 분열이자 나아가 사회와 역사의 분열을 초래한다"고 비판했다. 이에 대해 대만 급진 독립성향인 시대역량(時代力量)당 쉬융밍(徐永明) 시대역량당 입법위원은 "중국은 본래 동아시아의 한 부분이다. 대만도 동아시아 여러 나라 중 하나"라고 반응했다.

07월 10일

• 대만 민진당, 中 노벨평화상 수상자 류샤오보 석방 요구

(自由時報 07. 10; 연합뉴스 07. 10 재인용)

– 대만 여당 민진당이 중국 당국에 류샤오보의 석방을 촉구했다. 대만 민진당은 간암 말기에 걸린 중국 최초의 노벨평화상 수상자 류샤오보와 그의 아내 류샤(劉霞)에 대해 중국 당국에 조건 없는 석방을 요구하며 가장 우수한 치료를 받아 신체적 자유는 물론 정신적 자유를 최대한 빨리 회복해야 한다고 밝혔다. 민진당은 "류샤오보가 비폭력운동으로 중국 민주화에 30년간 종사하며, 중국의 민주, 자유 및 인권을 쟁취하고자 힘썼다"며 "중국 정부의 강력한 압력을 두려워하지 않는 의지를 보여 사람들을 감복시키고 존경심을 불러일으켰다"고 밝혔다. 민진당은 대만 역시 1986년 이전에는 민주와 자유를 추구하는 인사들 또한 국민당 계엄체제에서 류샤오보와 유사한 박해를 받았기에 류샤오보가 받은 고통과 상처를 이해할 수 있다고 밝혔다. 민진당은 이어 시민은 민주주의 보편적 가치를 추구하므로 국가로부터 무자비한 폭력을 당해선 안 된다며 성숙하고 진보한 문명국가는 이들을 정치사상범으로 전락시키지 말고 보편적 가치로서 중국 국민의 존엄성을 존중해야 한다고 밝혔다.

07월 14일

• 대만 국회 이틀째 '아수라장'…인프라 예산 놓고 충돌

(AFP 07. 14; 뉴스1 07. 14 재인용)

– 대만 입법원이 아수라장이 됐다. 인프라 개발을 둘러싼 갈등으로 여야 입법위원들이 충돌해서다. 일부 위원들은 상대를 향해 의자를 들어 위협하거나 물풍선을 던졌다. 경쟁 정당 위원들은 인프라스트럭처 개발 프로그램 예산 심사 과정에서 여성 의원들끼리 입을 막고 목을 조르는 등 볼썽사나운 장면을 연출했다. 논란을 빚고 있는 사업은 차이잉원 총통이 의욕적으로 추진중인 것으로 경전철 건설과 홍수 방지 대책 확충, 녹색 에너지 시설 설치 등을 핵심 내용으로 한다. 야당인 국민당은 반대입장을 보이고 있다. 여당인 민진당의 기반 지역에 혜택이 많이 돌아가기 때문에 내년 지방 선거를 앞두고 여당이 '꼼수'를 부리고 있다는 것이 국민당의 생각이다. 일각에서는 이번 사업 예산이 4200억 대만달러로 지나치게 많이 책정됐다는 비판도 나오고 있다. 린추안(林全) 행정원장은 예산에 대해 보고를 하려고 했지만 제지당했다. 린 원장이 입법원 건물을 떠나면서 의사 일정은 중단됐다. 이날에도 린 원장은 단상에 오를 수가 없었다. 일부 야당 의원들은 사무용 책상을 머리 위에 든 채 단상을 에워쌌고, 린 원장을 향해 물풍선을 던지기도 했다. 예산 심사 일정은 이날 오전에 중단됐다. 입법원 건물 밖에선 린정쩌(林政則) 국민당 주석 대행이 위원들과 지지자들을 불러 모아 집회를 열었다. 이들은 "예산을 돌려보내라, 대만을 지켜라"라고 외쳤다.

대만 선거·의회

07월 04일

• 중국·대만 지방교류 행사도 '하나의 중국' 평행선

(自由時報 07. 04; 연합뉴스 07. 04 재인용)

– 중국과 대만이 지방도시 간 정례교류를 통해 상호 접점을 모색했으나 별다른 성과를 거두지 못한 채 막을 내렸다. 포럼에서 대만 측이 주장한 '조건 없는 양안 교류'에 대해 중국 측은 '하나의 중국' 원칙 인정이 우선이라고 응수했다. 장즈쥔(張志軍) 중국 대만관공실 주임은 "중국은 시종일관 양안은 한가족, 운명 공동체의 태도를 고수하

고 있다"고 주장했다. 장 주임은 "대만에 어떤 정당이 집권하든 양안관계에 대한 정확한 인식이 우선돼야 한다"며 '하나의 중국' 원칙을 대만 정부가 수용해야 한다고 강조했다. 커 시장은 이에 대해 "양안은 같은 문자와 언어를 사용하기 때문에 소통에 장애가 없다"면서 "서로 교류를 통해 양안 인민의 복리를 증진시킬 수 있도록 노력해야 한다"고 말했다. 황중옌(黃重諺) 대만 총통부 대변인은 "양안교류는 어떠한 정치적 전제조건이 설정되어서는 안 되며, 부당한 정치적 간섭도 있어선 안 된다"고 주장하며 커 시장을 거들었다. 중국 측은 예정에 없이 30분 이상 진행된 비공개 회담에서 대만에 직설적인 표현으로 요구사항을 전달했다. 장 주임은 "중국은 대만의 생활 방식과 제도를 존중하지만 대만인도 중국의 입장을 존중해야 한다"고 말했다. 이어 "교류와 소통을 통해 문제와 모순을 천천히 해결해 마지막으로 통일을 추구해야 한다"고 말했다. 이번 포럼에서 양측은 상하이시 푸둥(浦東)과 타이베이 네이후(內湖) 간 교류, 소비자권익보호 협력, 농구 친선시합 확대, 대학학술교류 등 4가지 방안에 합의했다. 이번 상하이 방문은 '하나의 중국'을 둘러싼 양안의 인식 차를 확인하는 계기가 됐다는 전문가 진단이 나온다.

07월 06일

· 대만, 중국인 간첩 혐의 기소···퇴역장교 中 방문 규제도 강화

(自由時報 07. 07; 연합뉴스 07. 07 재인용)

− 대만 검찰이 고위관료를 대상으로 정보수집 활동을 벌인 한 중국인을 간첩 혐의로 기소했다. 대만 검찰은 고위관료에게 접근해 국가기밀 정보 제공의 대가로 뇌물을 주려 한 혐의로 중국인 저우훙쉬 씨를 기소했다. 저우 씨는 무역·도매업체인 '대만융밍(詠銘)국제공사'의 이사 신분으로 대만에 체류하면서 자신이 과거 대만 유학시절에 알게 된 외교부의 젊은 직원에게서 정보를 빼내려 한 혐의를 받고 있다. 검찰은 저우 씨가 2016년 8월부터 체포되기 직전인 2017년 3월까지 외교부 직원에게 접근해 일본으로 넘어가 중국 관료에게 기밀자료를 전달해주는 대가로 미화 1만 달러를 제의했다고 밝혔다. 법원은 저우 씨가 국가 안보에 중대한 위협을 가했고, 허위진술 및 중국으로의 도주 우려가 있다며 3개월간 구류 및 면회금지 처분을 내렸다. 이에 따라 행정원은 지난 6일 '양안인민관계조례' 개정안 초안을 통과시키면서 시급히 대책 마련

에 나섰다. 개정안에는 퇴역 장성 또는 정무관은 최소 3년 이상 중국행에 제한을 두며 부득이한 경우 정부의 승인을 받도록 했다. 이들이 국가의 존엄을 해치는 등의 간첩 행위를 할 경우 행위를 저지른 달부터 받은 모든 연금을 다 국가에 반납해야 하고 연금수령 자격은 박탈된다. 벌금도 최대 500만 대만달러(2억 원)으로 규정했다.

07월 12일
• 대만, 인프라 건설 등에 4조 원대 투자…0.1% 추가 성장 기대

(聯合報 07. 12; 연합뉴스 07. 12 재인용)

— 대만 정부가 인프라 건설, 저출산 극복 등을 위해 4조 원 규모의 첫 특별예산을 편성했다. 이를 통해 성장률을 연간 0.1% 끌어올린다는 전략이다. 주쩌민(朱澤民) 행정원 주계총처장은 이번 특별 예산안을 통해 앞으로 4년간 매년 0.1%의 경제성장을 이룰 수 있을 것이라고 말했다. 우선 철도건설에 170억 대만달러(6천421억 원), 상수도 환경 256억 대만달러(9천657억원), 녹색에너지 81억 대만달러(3천55억 원), 디지털 건설 161억 대만달러(6천831억 원), 지역개발에 354억 대만달러(1조3천321억 원)가 각각 투입된다. 이와 함께 저출산 극복에 19억6천만 대만달러(737억 원), 인재양성 42억 대만달러(1천580억 원), 식품안전 3억1천만 대만달러(116억 원)이 배정됐다. 특히 저출산 극복 예산은 공공탁아소, 가정복지서비스센터 건립 및 육아환경 개선 등에 집중 투입된다. 청년 일자리 해소를 위한 인재양성 예산은 청년 창업기지, 주요 산업의 고급인재 양성, 젊은 학자 양성 등에 쓰인다. 아울러 탈(脫) 원전 추진에 따라 녹색에너지 분야에도 예산이 집중된다. 수출 위주의 경제부양책을 펼쳐온 대만의 이러한 이례적인 움직임은 대(對) 중국 관계의 경색과 세계 경제의 불확실성을 재정 주도의 개발정책으로 돌파하겠다는 의도로 해석된다. 이에 대해 야당인 국민당의 우둔이(吳敦義) 주석 당선인은 "예산의 상당액이 철도건설에 편중돼 있는데 건설비용을 위한 국채 발행은 되레 후세대에 대한 부담으로 전가될 것"이라고 주장했다.

07월 13일
• 대만, 남은 수교국 잡기 안간힘…11개국에 무비자 체류 허용

(自由時報 07. 13; 연합뉴스 07. 13 재인용)

– 파나마와의 단교로 수교국이 20곳으로 줄어든 대만이 이들 수교국 중 11개국에 무비자 체류 허용을 하면서 수교국 잡기에 안간힘을 쓰고 있다. 대만 외교부는 중남미 지역의 우방 11개국에 대해 30~90일간 무비자 입국을 시행한다고 밝혔다. 대만 외교부는 이번 조치와 관련해 우방을 존중하는 한편 호혜평등 원칙에 기반해 결정을 내렸다고 배경을 설명했다. 이번 조치는 차이잉원 대만 총통이 수교 60주년을 맞는 파라과이의 오라시오 카르테스(Horacio Cartes) 대통령을 초청한 시기에 맞춰 발표됐다. 파라과이는 지난 1957년 7월 대만과 대사급 외교관계를 맺은 최장기 우방 중 하나다. 카르테스 대통령은 대만이 국제기구와 대외활동에 참여할 수 있도록 계속 돕겠다고 밝혔다. 차이 총통은 이에 대해 대만이 국제 사회에서 중국의 압박에 밀려 불공정한 처우를 받을 때마다 파라과이가 항상 대만을 강력하게 대변해줬다며 사의를 표했다.

대만 여론

06월 27일

• 대만 차이잉원 총통 지지율 33.1% 역대 최악…초라한 외교·리더십 부족

(中國台灣網 06. 27; 글로벌이코노믹 06. 28 재인용)

– 대만 차이잉원 총통의 지지율이 33.1%로 역대 최저치를 기록했다. 대만민의기금회(台灣民意基金会)의 여론조사 결과에 따르면 대만 리더로서의 차이잉원 총통에 대한 긍정적인 응답자는 49.6%에 불과했으며, 지지율은 역대 총통 중 최저치인 33.1%를 기록했다. 특히 파나마의 단교에 대해서 53%가 불만을 표출했다. 또한 "외교 부문의 역량을 신뢰할 수 없다"고 답한 비율이 무려 64%에 달했다. 차이잉원에 대한 지지에서는 "대만의 리더로서 지속한다"라는 의견에 찬성을 표명한 사람의 비율은 33.1%에 그쳤으며, 외교에 관한 대만 주민의 신뢰 문제에 대해서는 "외교 부문을 신뢰하고 있다"고 응답한 사람은 26%인 반면에, "신뢰하지 않는다"는 응답자는 64%에 달했다. 차이잉원의 양안 관계를 둘러싼 견해와 대응에 대해서는 35%가 만족, 58%가 불만을 표시했다. 이 수치도 차이잉원의 취임 이후 양안 관계에 대한 시민의 만족도로는 최저치를 기록한 것이다. 이 밖에 최근 여론이 고조되고 있는 인프라 건설 계획에

서 궤도교통 건설에 4200억 대만달러(약 15조7584억 원)를 투입한 것에 대해 "규모를 축소한다면 동의할 수 있으나 서둘러 건설할 필요는 없다"고 한 사람은 64%에 달했으며 '찬성'한 사람은 22%에 그쳤다. 동성 결혼을 인정하는 "민법 개정이 이뤄질 전망이라는 것"에 대해서는 찬성이 43%, 반대가 50%로 집계됐다. 이 외에 간통죄 폐지 문제에 대해서는 반대가 69%, 그 중 강하게 반대하는 사람이 44%를 기록했다.

2차(7월 말~8월 말)

최민지

　대만 야당 국민당은 2018년 11~12월 지방선거의 타이베이시장 후보로 장제스(蔣介石) 전 총통의 증손이자 장징궈(蔣經國) 전 총통의 손자인 장완안(蔣萬安) 국민당 입법위원을 공천하는 방안을 검토 중이다. 국민당은 당 안팎에서 인기가 높은 장 위원 공천을 통해 당내 세대교체와 재기의 발판을 모색하겠다는 심산이다(聯合報 2017. 08. 07; 연합뉴스 2017. 08. 07 재인용). 또한 우둔이 전 부총통이 20대 국민당 주석으로 공식 취임하면서 9·2공식 합의를 유지하되 이중 일중각표(一中各表·각자 명칭 사용)에 집중하면서 통일도, 독립도 하지 않고, 무력을 사용치 않는다는 '3불(三不) 원칙'하의 현상 유지를 이어가겠다는 내용의 양안 정책 정강을 발표했다(聯合報 2017. 08. 21; 연합뉴스 2017. 08. 21 재인용).

　한편 15일 대만에서는 18년래 최악의 대규모 정전 사태가 발생했다. LNG(액화천연가스) 공급업체 직원이 2분가량 LNG 밸브를 잠근 작은 실수로 대만 3분의 2에 달하는 지역이 마비되고 예비 전력이 부족한 현실이 여실히 드러나면서 차이잉원 정권의 '탈원전' 정책에 대한 반대 여론이 커졌다(中國時報 2017. 08. 16; 아주경제 2017. 08. 17 재인용). 리밍셴(李明賢) 국민당 대변인은 "전력난 없는 대만을 만든다던 민진당이 선거가 끝나니 오히려 발전량을 줄였다"면서 "자신 있게 내놓은 공약이 휴짓조각이 된 셈"이라고 비판했다(中國時報 2017. 08. 16; 아주경제 2017. 08. 17 재인용). 양안 관계에선 대만이 최근 중국 쓰촨(四川)성에서 발생한 강진 피해와 관련해 본토에 위로와 함께 피해복구 지원에 나설 의사를 타진하며 양안관계 개선을 시도하였지만 중국은 대만 정부의 제안을 '대만 각계'라고 표현하며 애써 무시하고 야당인 국민당의 위문만 언급함으로써 대화 가능성을 일축했다(聯合報 2017. 08. 10; 연합뉴스 2017. 08. 10 재인용). 또한 중국은 대만 타이베이에서 열린 '2017 유니버시아드 대회' 개막식에서 차이 총통을 '지도자(leader)'로 호칭해주기를 원했으나 이것이 받아들여지지 않자 개막식에 불참하였다(蘋果日報 2017. 08. 20; 중앙일보 2017. 08. 20 재인용). 대만관광협회와 중국 양안여행교류협회가 공동으로 주최해온 타이베이국제여행전에도 중국은 참여하지 않는다고 밝혔다(自由時報 2017. 08. 24;

연합뉴스 2017. 08. 24 재인용). 한편 대만의 친중국 인사가 난징(南京)대학살 당시 사용된 것으로 알려진 일본도를 들고 대만 총통부에 침입하여 헌병에게 흉기를 휘두르다가 체포되었다(自由時報 2017. 08. 19; 연합뉴스 2017. 08. 19 재인용). 최근 에너지정책 등의 실책으로 지지율이 급락하던 차이 총통이 대규모 정전사태로 또다시 궁지로 내몰리며 차이 총통 정부에 대한 만족도는 29.8%로 역대 최저치를 기록했다(聯合報 2017. 08. 17; 연합뉴스 2017. 08. 17 재인용).

대만 정당

08월 07일

· 장제스 증손 '국민당 구할 귀인'(?)···대만 정가 샛별로 급부상

(聯合報 08. 07; 연합뉴스 08. 07 재인용)

– 대만 정가에 장제스 전 총통의 증손이 침체 일로의 국민당을 구원할 샛별로 급부상했다. 대만 야당 국민당은 2018년 11~12월 지방선거의 타이베이시장 후보로 장완안 국민당 입법위원을 공천하는 방안을 검토 중이다. 장 위원은 장제스 전 총통의 증손이자 장징궈 전 총통의 손자다. 국민당은 당 안팎에서 인기가 높은 장 위원 공천을 통해 당내 세대교체와 재기의 발판을 모색하겠다는 심산이다. 우둔이 국민당 주석은 당내 입법위원회 설문조사에서 장 위원의 인기가 높게 나타났다며 그를 타이베이시장 선거에 출마시킬 의향을 내비쳤다. 장 위원은 이에 대해 아직 공식적인 출마 제안은 받지 않았다면서 2년밖에 안 된 정치신인으로 역량이 부족하고 다른 쟁쟁한 후보들이 많아 자신이 시장 후보로 지명되지는 못할 것이라고 말했다. 장 위원은 "누가 되든 국민당이 반드시 이겨 타이베이를 되찾아야 한다"고 강조했다. 타이베이시장 자리는 대만에서 대선으로 이어지는 길목이다. 더욱이 국민당은 지난해 총통 선거와 입법위원 선거에서 연패를 당했다. 이에 따라 내년 지방선거에서 타이베이를 되찾아 재기의 발판으로 삼아야 한다는 주장이 거세다. 정치평론가들도 내년 지방선거에 국민당의 사활이 걸린 것으로 보고 있다. 현재 국민당의 타이베이시장 후보로는 주리룬(朱立倫) 신베이(新北)시 시장, 뤄즈창(羅智强) 전 총통부 부비서장, 장선정(張善政) 전 행정원장 등이 거론되고 있다.

08월 15일

• 대만 최악의 정전…"무능한 정부" 탈원전 반대 목소리 커진다

(中國時報 08. 16; 아주경제 08. 17 재인용)

− 15일 대만에서는 18년래 최악의 대규모 정전 사태가 발생했다. LNG(액화천연가스) 공급업체 직원이 실수로 2분가량 LNG 밸브를 잠근 것이 문제였다. 작은 실수로 대만 3분의 2에 달하는 지역이 마비되고 예비 전력이 부족한 현실이 여실히 드러나면서 차이잉원 정권의 '탈원전' 정책에 대한 반대 여론이 커졌다. 이번 사태의 책임을 지고 리스광 경제부장은 사의를 표명했다. 하지만 차이 총통은 이번 정전에도 불구하고 "탈원전에 대한 의지는 오히려 확고해졌고 정책은 변하지 않는다"고 밝히면서 현지인들의 분노가 커지고 있다. 리밍셴 국민당 대변인은 "전력난 없는 대만을 만든다던 민진당이 선거가 끝나니 오히려 발전량을 줄였다"면서 "자신 있게 내놓은 공약이 휴짓조각이 된 셈"이라고 비판했다. 친민당(親民黨)은 "이번 정전 사태가 대만 송·배전 시스템은 물론이고 에너지 정책과 전력 관리에 심각한 문제가 있음을 보여줬다"면서 조속한 해결을 촉구했다. 친중 성향이 강한 대만신당(新黨)은 집회를 열고 "대규모 정전사태는 탈원전 정책에 따른 것으로 원전이 제대로 가동됐다면 충분히 피할 수 있었던 일"이라며 "원전을 재가동하라"고 목소리를 높였다. 대만 독립 성향의 차이 정부에 불만이 컸던 중국 언론도 "이번 상태는 현 정부의 무능함을 고스란히 보여주는 증거"라고 비판했다.

08월 21일

• 대만 국민당, 양안 각자 표기 강화…새 대중노선 제시

(聯合報 08. 21; 연합뉴스 08. 21 재인용)

− 대만 야당 국민당이 새 주석 취임과 함께 '9·2공식(1992년 '하나의 중국'을 인정하되 각자 독자 명칭을 사용하기로 한 합의)'을 강화한 양안정책 정강을 채택했다. 우둔이 전 부총통은 타이중(台中)에서 열린 전당대표대회에서 20대 국민당 주석으로 공식 취임하면서 이런 내용의 새 강령을 채택했다. 우 주석 체제의 국민당은 홍슈주(洪秀柱) 전 주석 시절에 강조된 9·2공식 심화, 양안 평화협정을 삭제하는 대신 '평화 비전' 노선을 추구하기로 했다. 평화비전은 9·2공식 합의를 유지하되 이중 일중각표에 집중하면서 통

일도, 독립도 하지 않고, 무력을 사용치 않는다는 '3불(三不) 원칙'하의 현상 유지를 이어가겠다는 내용이다. '하나의 중국' 원칙에 대한 거부감과 함께 대만의 독자적 정체성 강화를 바라는 대만인들의 여론을 반영한 정강 수정으로 풀이된다. 우 주석은 "'중화민국' 헌법을 견지하는 국민당은 1992년 11월 '하나의 중국' 원칙을 견지하되 그 함의에 대해서 각자 표기하기로 중국 측과 구두로 합의했다"고 말했다. 우 주석은 이어 "우리는 앞으로 9·2공식을 기초로 대만독립을 반대하고, 양안 간 상호 존중과 포용을 촉진하겠다"고 밝혔다. 작년 대선과 총선 패배로 빈사 상태에 빠져있는 국민당의 당내 통합 및 결속과 함께 일반 유권자들의 민심을 잡을 카드로 새로운 대중국 노선을 제시한 것이다. 국민당의 새 강령에 대해 안펑산(安峰山) 중국 대만판공실 대변인은 "당면한 양안관계 형세는 복잡하고 엄중하다"며 "국민당과 '9·2공식', '대만독립 반대'라는 정치적 공동인식하에 소통을 유지하고 대화를 늘리길 원한다"고 밝혔다.

대만 선거·의회

08월 08일

• 대만, 中 지진피해에 위로·협력 손길…양안 접점 모색

(聯合報 08. 10; 연합뉴스 08. 10 재인용)

– 대만이 최근 중국 쓰촨성에서 발생한 강진 피해와 관련해 본토에 위로와 함께 함께 피해복구 지원에 나설 의사를 타진하며 양안관계 개선을 시도해 눈길을 끌고 있다. 10일 대만 연합보(聯合報) 등에 따르면 대만 총통부는 8일 밤 중국 쓰촨성 주자이거우(九寨溝)에서 발생한 지진 피해자들에게 애도를 표하며 "필요하다면 기꺼이 다양한 협력을 아끼지 않겠다"고 밝혔다. 대만 총통부는 "재해지구가 속히 복구되기를 기원한다"며 "지진재해가 가져온 손실을 최소화할 수 있도록 이에 따른 필요한 협력을 제공할 용의가 있다"고 덧붙였다. 대만은 중국의 이번 재난에 인도주의적 구호협력을 제공함으로써 경색된 양안관계를 풀어가려고 시도하고 있는 것으로 보인다. 하지만 중국 당국은 대만 정부에 대한 직접적인 언급을 피한 채 감사의 뜻만 표했다. 마샤오광(馬曉光) 중국 대만판공실 대변인은 "쓰촨성 주자이거우에 지진이 발생한 후

'대만 각계'에서 관심과 위문의 뜻을 전해왔다"며 "국민당 중앙위원회가 피해자들이 난관을 극복할 수 있길 바란다며 위문했고, 일부 대만 기업이 재난지역에 식품과 물자를 제공해 구호활동을 지원한 것에 감사한다"고 말했다. 대만 정부의 제안을 '대만 각계'라고 표현하며 애써 무시하고 야당인 국민당의 위문만 언급한 것이다. 대만해협교류기금회가 보내온 서한도 읽기만 하고 답장을 보내지 않음으로써 대화 가능성을 일축했다.

08월 18일

• **대만 총통부에 친중국 괴한 일본도 휘두르며 "통일 완수"**

(自由時報 08. 19; 연합뉴스 08. 19 재인용)

– 대만의 친중국 인사가 난징대학살 당시 사용된 것으로 알려진 일본도를 들고 대만 총통부에 침입, 헌병에게 흉기를 휘두르다가 체포됐다. 체포된 남성은 무직의 뤼쥔이(呂軍億)로 자신이 미국 정찰기와 충돌후 추락사한 중국군 조종사 '왕웨이(王偉) 열사'를 추종한 것이라며 '중국통일 조기 완수'를 다짐하는 유서를 품고 있었다. 당시 뤼 씨는 정치입장을 전하러 왔다며 총통부에 들어서려던 중에 자신을 제지하는 헌병에게 "나를 막는 누구라도 베어버리겠다"며 목과 귀 등을 찔렀으며 곧 달려온 경비병들에 의해 제압당했다. 체포된 뤼 씨의 품 안에서는 중국 국기인 오성홍기가 발견됐다. 그는 총통부 옥상에 올라가 중국 국기를 내걸려고 했다고 진술했다. 그는 과거 소셜미디어에 극단적인 친중국 댓글을 올린 적이 많았다. 중국 항공모함의 대만섬 포위 항해에 "위대한 중국몽 힘내라"라는 반응을, 중국 인권운동가 류샤오보 사망에 대해선 "너무 늦게 죽었다. 양식만 낭비했다" 등의 댓글을 올렸다. 한편 그가 군사박물관에서 훔친 일본도는 일본군이 중국 침략 기간 사용했던 무기로 드러났다. 대만 국방부는 군사박물관을 잠정적으로 폐쇄하고 경찰과 합동으로 도난 경위 등을 조사하고 있는 중이다. 아울러 경비 중이던 헌병이 제때 총기 사용을 하지 못하고 부상했다는 지적에 대해 헌병의 총기 사용 매뉴얼을 재검토할 예정이다.

08월 19일

• 대만 유니버시아드 개막식 시위로 파행…중국 선수단 불참

(蘋果日報 08. 20; 중앙일보 08. 20 재인용)

– 대만 타이베이에서 19일 열린 '2017 유니버시아드 대회' 개막식이 각종 시위로 파행 사태를 겪었다. 타이베이 육상경기장에서 개막식이 열리기 전부터 경기장 주변에서는 각종 시위가 열려 혼란이 연출됐다. 경기장 주변에는 7000여 명의 경찰 병력이 배치돼 삼엄한 경비를 펼쳤지만, 퇴역군인권익보장협회와 퇴역경찰협회는 오후부터 경기장 주변 곳곳에서 연금 개혁에 반대하는 시위를 벌였다. 대만독립에 대한 찬반 시위도 동시에 열렸다. 저녁 7시부터 시작된 개막식은 순조롭게 진행되는 듯했다. 하지만 아르헨티나와 브라질 선수단이 국기를 앞세워 입장한 뒤 시위대가 바리케이드를 치고 통로를 막아섰다. 이 때문에 각국 선수단은 입장하지 못하고 깃발을 든 기수들만 먼저 스타디움으로 들어갔다. 대만 총통 차이잉원은 페이스북에 올린 글에서 "이러한 행동은 이번 대회를 망쳐 대만을 얕잡아 보게 되는 결과를 낳을 것"이라며 "대만의 가장 좋은 면을 세계에 보여주자"고 호소했다. 이번 대회에는 141개국, 7000여 명의 선수들이 참가했으나, 중국은 195명의 대표단만 파견했다. 전날 개막식에는 아예 참석하지 않았다. 중국 측은 개막식에서 독립 성향의 차이잉원 총통을 '지도자(leader)'로 호칭해주기를 원했으나, 이것이 받아들여지지 않자 불참한 것으로 전해졌다.

08월 24일

• 中 '집요한' 대만 경제 압박…12년 만에 타이베이여행전 불참

(自由時報 08. 24; 연합뉴스 08. 24 재인용)

– 중국이 대만 타이베이에서 개최돼온 여행전에 12년 만에 불참한다. 24일 대만 자유시보(自由時報) 등에 따르면 오는 10월 27~30일 열리는 타이베이국제여행전에 중국은 참여하지 않는다. 이로써 이 여행전의 중국 참여행사인 '해협양안 타이베이여행전'이 열리지 않는다. 해협양안 타이베이여행전은 대만관광협회와 중국 양안여행교류협회가 공동으로 주최해왔다. 우차오옌(吳朝彦) 대만관광협회 비서장은 중국과 최근까지 합의에 이르지 못하면서 전시장 부스를 다른 업자에게 내줘야 했다고 말했

다. 그는 이번 일로 중국과 대만 간 교류가 퇴보한 것은 아니라고 해명하면서, 내년에도 중국을 초청할 것이라고 강조했다. 이번 행사 불참과 관련해 중국 측은 구체적인 이유를 밝히지 않고 있으나, 2016년 5월 독립 성향의 차이잉원 대만 총통 취임 이후 중국의 압박 차원일 것이라는 관측이 나온다.

대만 여론

08월 16일

• 대만 차이잉원, 정전사태에 잇단 사과 '수모'…지지율 추락

(聯合報 08. 17; 연합뉴스 08. 17 재인용)

– 최근 에너지정책 등의 실책으로 지지율이 역대 최저로 급락하던 차이잉원 대만 총통이 대규모 정전사태로 또다시 궁지로 내몰리고 있다. 대만 야당이 일제히 차이잉원 정부에 대해 비난의 포문을 퍼붓자 차이 총통은 결국 재사과를 하는 수모를 당했다. 17일 대만 연합보 등에 따르면 차이 총통은 전날 오후 특별담화를 통해 무려 828만 가구에 전력공급이 끊긴 대규모 정전사태에 대해 거듭 사과하면서 문제의 핵심은 취약한 에너지 시스템이라고 강조했다. 차이 총통은 "전력공급은 민생 문제일 뿐만 아니라 국가안보의 문제이기도 하다"면서 "자연재해든 인재든 전력시스템이 쉽게 마비가 되는 것이 문제의 핵심"이라고 말했다. 그는 "시스템 관리가 제대로 이뤄지지 않은 채 수년째 방치돼 왔다"면서 대만의 인프라 안전을 제고하고 '탈원전'의 마지노선을 견지하면서 분산식 녹색에너지 발전을 계속 추진하겠다고 밝혔다. 이에 대해 시사평론가 황웨이한(黃暐瀚)은 "'정전이었을 뿐 전력이 부족하지는 않다'는 차이 총통의 주장을 근본적으로 이해할 수 없다"며 "현재 전기가 부족한 것은 분명한 사실"이라고 말했다. 차이 총통에 대한 여론 지지도는 빠르게 가라앉고 있다. 지난 7~8일 민진당 성향의 싱크탱크 대만민의기금회가 1천74명을 상대로 실시한 설문조사에서 차이 총통 정부에 대한 만족도는 29.8%로 역대 최저치를 기록했다.

3차(8월 말~9월 말)

9월 5일, 대만 차이잉원 총통은 노동규제 개혁과 정전 사태 등 시정 혼란의 책임을 지고 사퇴한 린취안(林全)전 행정원장의 후임으로 라이칭더(賴淸德)전 타이난 시장을 임명했다(CNA 2017. 09. 05; 뉴시스 2017. 09. 05 재인용). 하지만 야당인 국민당 측은, 린 원장의 사임은 차이 총통의 정책 실패를 인정하는 것이라며 비판했다(연합뉴스 2017. 09. 05).

한편, 2013년 있었던 마잉주(馬英九)전 총통의 도감청 의혹 사건은 1심에서 무죄 판결을 받았다(聯合報 2017. 08. 26; 연합뉴스 2017. 08. 26 재인용). 검찰은 마 전 총통의 행위는 인간의 기본 권리를 침해하는 행위로, 권력 분립의 원칙에 어긋난다며 항소를 제기했다(自由時報 2017. 09. 19).

양안관계 관련 여론 면에서는, 대만의 중국에 대한 경제적 중요성 증가 여부에 대한 증가 의견이 약 74%, 감소 의견이 약 17%로 집계됐다(中國時報 2017. 09. 11). 또한 제정 30주년을 맞이한 양안 간 친척방문 허용을 골자로 한 탄친(探親)법이 양안 간 상호이해에 도움을 준다는 의견이 약 82%로 나타났다(中國時報 2017. 09. 11).

대만 정당

09월 05일

• 차이잉원 총통의 라이칭더 신임 행정원장 임명에 야당 비판　　　　(연합뉴스 09. 05)

－ 9월 5일, 대만 차이잉원 총통은 시정 혼란의 책임을 지고 사퇴한 린취안 전 행정원장의 후임으로 라이칭더 시장을 임명했다. 라이 행정원장은 민진당 내 개혁파 인물로서, 독립성향이 강한 인물로 평가받는다. 한편 사임하는 린 전 원장에 대해 문책성 퇴임이 아니냐는 논란이 일자, 차이 총통은 1년 동안 행정원장직을 맡아온 그의 과로를 알기에 사의를 수리하였다고 설명했다. 또한 린 원장이 혁신산업, 에너지개혁, 역사 바로세우기, 연금개혁, 인프라건설 등의 주요 문제 해결을 위해 임기 직전까지 세

제5부.. 동남·남부 아시아 I의 동향 및 쟁점　**593**

제개혁 회의를 마쳤다고 전했다. 실제 린취안 내각은 노동법, 연금개혁, 사법개혁 등 추진하는 정책마다 국민당 지지층의 반발을 샀고, 800만 가구의 대정전 사태가 발생하면서 불만이 극도로 커졌다. 하지만 대만 야당인 국민당은 린 원장의 사임에 차이 총통의 정책 실패를 스스로 인정하는 꼴이라며, 행정원장 교체가 차이 정부의 지지율 문제를 해결하기 위한 근본적 해결방법이 아니라고 비판했다.

09월 13일

· 민진당, 중앙집행위원회 개최해 2018년 지방선거 특별조항 초안 마련

(自由時報 09. 14)

— 대만 민진당 제17회 8차 중앙집행위원회에서 "2018년 직할시 및 현·시장 공천특별조항" 초안이 통과되었으며 9월 24일 전국대표대회 안건으로 상정될 예정이다. 이 조항은 전국 직할시 및 현·시에 일괄적으로 적용되어 온 것으로, 현재 민진당이 아닌 타 정당 소속 지방자치단체는 '모집 공고'를 게재하여 후보를 선발할 예정이며, 도시의 특수한 선거 사정을 감안하여 중앙집행위원회가 방안을 마련해 대응할 수 있도록 규정했다. 이 조항은 2018년 지방선거에 무소속인 커원저(柯文哲) 타이베이지역 시장과의 후보단일화 가능성을 열어두기 위해 마련된 것으로 해석되고 있으며, 이른바 '커원저 조항'으로 불리고 있다. 민진당 측에서는 2014년 선거에서도 유사한 조항이 있었으며 특정 지역을 겨냥하거나 커 시장만을 염두에 둔 것은 아니라며 해명했다. 일각에서는 민진당과 커 시장과의 통합 여부가 확실시되려면 민진당 후보가 선출된 후 커 시장과의 여론조사를 거쳐야 하기 때문에 최소 2018년 5월까지 기다려야 할 것으로 전망했다. 국민당에서는 타이베이시장 후보로 거론되는 주리룬 신베이지역 시장의 후임으로 허우여우이(侯友宜) 신베이지역 부시장이 후보로 거론되고 있는데, 그의 두터운 지지기반을 감안하면 민진당에게 힘든 싸움이 될 것이라는 예측도 존재한다.

09월 18일

• 마잉주 의회도청 혐의 무죄판결에 검찰 항소 제기해　　　　　　　(自由時報 09. 19)

－ 마잉주 전 총통은 2013년 8월 커젠밍(柯建銘) 민진당 입법위원과 왕진핑(王金平) 전 입법원장 간 부정청탁 내용이 담긴 불법 도청 문서 누출을 보고하도록 하고 이를 유출한 혐의로 2017년 3월 검찰에 기소되었으나, 법원은 8월 25일 1심에서 무죄를 선고했다. 법원은 마 전 총통의 기밀 누설죄는 성립되나, 총통으로서 헌법에 부여된 '원제조해권(院際調解權·입법·행정·사법원 등에 대한 분쟁 조정권)'이 부여되기 때문에 위법행위가 아니라고 판시했다. 이에 검찰은 '원제조해권'을 행사한 것이 아닌, 사람 간 분쟁을 해결하기 위한 '인제조해권(人際調解權)'을 행사한 것이라며, 법원의 판결에 불복해 9월 18일 항소를 제기했다. 검찰의 입장은, '원제조해권' 및 '인제조해권'에 대한 기준이 모호하며, 마 전 총통의 행위는 개별 안건에 대한 수사 행위이자, 인간의 기본 권리를 침해하는 것으로서 권력 분립 원칙에 어긋난다고 주장했다. 또한, 마 전 총통이 2009년에 "총통은 입법·행정·사법원에 대한 분쟁을 조정하기에 적절하지 않다"라고 언급한 사실이 있다는 점을 강조했다.

09월 01일

• 中 전면전 어렵지만 국지적인 군사 도발 가능성 있어

　　　　　　　　　　　　　　　　(聯合報 09. 01; 연합뉴스 09. 01 재인용)

－ 대만 국방부의 분석에 의하면, 중국군이 대만을 상대로 전면적으로 상륙전을 펼치지는 않겠지만 상황이 악화되면 위협을 가할 가능성이 있다는 입장이다. 9월 1일 연합보에서는, 대만 국방부는 전날 행정원에 제출한 '중국 군사력 보고서'에서 중국군이 군사적 기술과 무기를 연구하고 있지만 대만에 직접적인 작전을 펼칠 준비는 되지 않았다고 분석했다. 보고서에서는 대만의 지형적 환경도 중국군이 전면전을 펼치기에는 제한적인 요소가 되지만, 대만 공격 가능성이 없다고 확신하지는 않았다. 대만의 독립 선언, 혹은 독립 노선이 확실해진 경우, 또는 대만의 내부 혼란이 심해지거나 대만이 핵무기를 보유하게 될 경우 군사행동에 나설 가능성이 높은 것으로

분석했다. 또 양안 간의 대화가 지연되거나 대만에 외세가 개입할 시, 외국군 병력이 대만에 주둔할 시에도 군사행동의 가능성이 높은 것으로 관측됐다. 보고서는 이에 따라 중국군이 대만에 대해 손해를 최소화하면서 효율적으로 공격해 신속히 상황을 끝내는 개념으로 위협을 가할 가능성이 있다고 분석했다. 대만 국방부는 최근 마련한 '5개년 병력정비 계획 보고서'에서도 중국이 미국과 일본의 안보이익에 도전하면서, 남중국해와 동중국해에서의 영유권 주장을 강화할 경우 공격 가능성을 배제할 수 없다고 예측했다.

09월 15일

• 중국 국가전복 혐의 시인 리밍저…가족과 정부의 반응은?   (自由時報 09. 15)

– 국가안보위해 혐의를 시인 후, 중국내 구금 중인 리밍저(李明哲) 관련하여, 자유시보는 당지 각계 반응을 보도했다. 리밍저의 대만 귀환을 목적으로, 민간단체들로 구성된 '리밍저구원대대(李明哲救援大隊)'가 9월 14일 스위스 제네바를 방문했다. 유엔 '강제적·비자발적 실종에 관한 실무그룹(WGEID, 이하 유엔실무그룹)'과 면담을 진행하기도 했다. 한편 대만의 최고 행정기관인 행정원의 대륙위원회는, 리밍저의 가족 및 각계각층과 긴밀히 협조하면서, 리밍저의 조기 귀환을 위해 힘을 다할 것이라는 입장을 발표했다. 그리고 대만의 '인권공약시행감독연맹'에서는, 구치소 정보의 비공개 처리 및 가족의 자유로운 면회 제한이라는 상황을 고려할 때, 유엔실무그룹은 이 사건을 단순한 강제적 실종이 아닌 인권 침해 사례로 규정하여 해당 연도 보고서에 포함할 계획이라고 밝혔다. 또한 '대만인권촉진회'에서는 리밍저의 혐의 시인에도 불구하고, 유엔실무그룹은 이 사건에 대한 지속적인 심사를 실시하고, 정치 요소를 배제한 공정한 처리를 약속했다고 표명했으며, 민간에서의 리밍저 구명활동이 지속될 것이라고 밝혔다.

09월 11일

• 대만 여론 74%, '대만 경제에 있어 중국의 중요성 증가'   (中國時報 09. 11)

– 양안 간 친척 방문을 허용하는 것을 골자로 한 탄친법 제정 30주년을 기념해, 양안관계 관련 여론조사가 시행되었다. 먼저, '대만 경제에 있어 중국의 중요성 증가했는지' 문항에 대한 응답은, '증가' 74%, '감소' 17.3%, '비슷 혹은 모름' 8.7%로 나타났다. 특히, 20~30대 층에서 83%가 '증가'로 응답하여, 젊은 연령층일수록 중국의 중요성이 크다고 인식했다. 또한 친민진당 성향의 응답자 중 60.5%, 중립성향 응답자 중 70.1%가 '증가'로 응답했다. '탄친법 실시가 양안 간 상호이해에 도움을 주었는가' 문항에서는, '그렇다' 82.1%, '아니다' 13%, '모름 및 무응답' 4.9%로 나타났다. 하지만 탄친법에 대한 전반적인 긍정적 응답에도 불구하고, '양안 상호간 선의(善意)가 증가했는가'에 대해서는 '증가' 42.9%, '감소' 47.2%로 다소 모순된 결과가 도출되었다. 또한 친민진당 성향의 28%가 '선의 증가'로 응답한 반면, 63.1%가 '선의 감소' 응답하였고, 중립성향은 양안 간 선의에 대한 증감 인식 비율이 각각 43%로 비슷했다. 반면 '양안 긴장국면 회귀에 대한 인식' 문항에 '우려함' 46%, '우려하지 않음' 50.8%로 나타났다. 마지막으로, '양안관계 개선을 위한 대만의 양안정책 변화'에 대한 문항에는 '찬성' 73.7%, '반대' 15.7%, '모름 및 무응답' 10.6%로 나타났다. 이는 고학력일수록 '찬성' 비율이 높은 경향이 있었다. 중립성향 '찬성' 69.1%, '반대' 15.2% 결과 외에도, 친민진당 성향 응답자의 63.6%가 '찬성', 29.7%가 '반대'함으로써 당파와 무관하게 양안정책 조정 여론에 힘이 실렸다.

4차(9월 말~10월 말)

새로 취임한 대만의 라이칭더 행정원장은 자신을 "대만 독립을 주장하는 정치인"이라고 의원들에게 소개하면서, 중국과 예속되지 않은 상태의 '친구' 관계를 추구할 것이라고 밝혔다(聯合報 2017. 09. 27; 연합뉴스 2017. 09. 27 재인용). 또한 차이잉원 총통의 헌정체제 개혁론에 맞춰, 집권 민진당은 중국과의 '통일' 문구를 삭제한 대만 독립 기조의 헌법개정안을 발의했다(聯合報 2017. 09. 28; 연합뉴스 2017. 09. 28 재인용).

한편, 전임 국민당 정부의 공약이었던 완전 모병제를 현 정부에서는 예정대로 시행할 수 있을지에 대해 국민들의 관심이 모아지고 있다(한겨레 2017. 10. 09). 또한 현재 대만 정치권에서는 영어 공용화 문제로 여야 간 뜨거운 논쟁을 펼치고 있는데(매일경제 2017. 10. 16), 찬성 입장인 민진당과 달리 국민당과 친중 매체들은 '대륙으로부터의 문화 독립', '탈중국화'라며 반발하고 있다(매일경제 2017. 10. 16).

이렇게 양안관계가 나날이 경색되는 중에도 라이칭더 행정원장의 지지율은 70%로 높게 나타났다(CNA 2017. 10. 16). 특히 독립 기조의 헌법 개정 실시와 관련하여 응답자의 약 56%가 정부의 계획에 대해 찬성 의견을 밝힌 것으로 나타났다(CNA 2017. 10. 16).

대만 정당

09월 27일

• 대만 집권 민진당, '통일' 삭제 개헌안 발의…中 반발할 듯

(聯合報 09. 28; 연합뉴스 09. 28 재인용)

– 차이잉원 총통의 헌정체제 개혁론에 맞춰, 민진당이 중국과의 '통일'을 삭제한 대만 독립 기조의 헌법개정안을 발의했다. 9월 27일, 민진당 의원 41명이 참여한 '중화민국 헌법 증수조문(增修條文)' 개정 초안이 공식 발의됐다. 증수조문은 1991년 '중화민국'이 중국 대륙을 통일하기 전까지 대만 내 정치정세에 대응하기 위해 제정한 헌

법 부칙조항이다. 이번 증수조문 개정초안은 중국과의 '통일전' 문구를 삭제하는 한편 기존 '자유지구와 대륙지구'로 표현한 대만과 중국을 '우리나라와 중화인민공화국'으로 변경했다. 중국과 대만을 명확히 분리하겠다는 것이다. 이를 두고 중국과 별개의 국가를 추구하는 '양국론(兩國論)'이 반영된 개정안이라는 지적이 나왔다. 민진당 대표 위원은 "이미 대만은 '중화민국'이라는 국호로 사실상의 독립 국가이기 때문에 별도의 독립 절차는 필요치 않다"고 말했다. 그러면서 최근 라이칭더 행정원장이 밝힌 "대만은 주권독립국가"라는 입장에 동의한다고 말했다. 이 헌법 개정 시행 계획에 중국의 거센 반발이 예상된다.

10월 16일

· 대만, 영어 공용화 추진…中과 거리두기   (매일경제 10. 16)

– 대만 정치권이 현재 영어 공용화 문제로 뜨거운 논쟁을 벌이고 있다. 형식적으로는 영어 교육 강화를 통해 국제경쟁력을 높이자는 취지지만, 중국대륙으로부터의 정치적 독립 추구 의도가 바닥에 깔렸다는 게 반대 진영의 주장이다. 특히 10월 18일 개막하는 중국 공산당 제19차 당대회를 앞두고 중국이 대만의 계속되는 독립 움직임에 경고를 보내고 있어 영어 공용화 이슈가 차이잉원 정부와 친중 야당 간 핵심적인 쟁점이 될 전망이다. 집권 민진당 소속 일부 의원들은 최근 국제경쟁력 강화를 내세워 영어의 제2공용화 방안을 추진하고 나섰고, 라이칭더 행정원장은 교육부 산하에 영어 공용화를 위한 위원회를 설립하도록 했다. 야당인 국민당과 친중 매체들은 '대륙으로부터의 문화 독립' '탈중국화'라며 반발하고 있다. 이에 대해 집권 민진당 측은 대만의 영어 교육수준이 다른 나라에 비해 뒤처진다며 정치적 해석을 반박했다.

대만 선거·의회

09월 24일

· 대만서도 개헌 발의…차이잉원 총통 "현실의 중국 직시하자"
                                         (聯合報 09. 25; 연합뉴스 09. 25 재인용)

– 차이잉원 총통은 9월 24일 민진당 전국당원대표회의에서 과거 권위주의 시대와

선을 긋고 민주 체제에 걸맞게 헌정체계를 개혁해야 한다고 주장했다. 차이 총통은 외교 및 국제참여, 지역안전 및 양안, 국방, 자유인권, 정치체제, 재정과 경제, 사회복지, 노동 등 12개의 주요 개헌 쟁점에 대해 싱크탱크에 검토를 지시했다고 덧붙였다. 그는 "과거 대만에는 권위주의적 정치체제만 있었으나 정권교체를 거치면서 더는 권위주의가 대만의 정치적 문제가 아니다"라고 말했다. 차이 총통은 투표 가능 연령을 20세에서 18세로 낮추는 한편 인권보호 조항을 신설하고 113석의 입법원 의석수를 늘리는 개헌안을 마련할 것으로 관측된다.

09월 26일
• 대만 새 행정원장 "독립 지지" 주장…발끈한 中 "단호히 반대"
(聯合報 09. 27; 연합뉴스 09. 27 재인용)

– 9월 26일, 대만의 라이칭더 행정원장이 자신을 직접 독립 주장자로 소개하며, 중국과 예속되지 않은 상태의 '친구'관계를 추구할 것이라고 밝혔다. 라이 원장은 취임 후 첫 입법원 시정보고 및 질의에서 자신을 "대만 독립을 주장하는 정치인"이라고 말했다. 그는 이어 "대만은 '중화민국'으로 불리는 주권독립국가"라며 "중국과 대만은 예속된 관계가 아니다"라고 강조했다. 그는 "이런 관계에 기반해 친구로서 중국과 교류해야 한다"고 말했다. 그는 "양안 모두 공동의 목표와 적이 있기에 서로 협력해야 한다"면서 그는 "대만을 중심으로 중국에 우호적인 태도로 우의의 손길을 뻗쳐 교류를 통해 이해·화해·협력을 하면 대만 독립과 충돌하지 않는다"고 했다. 중국은 라이 원장의 이런 입장 발표에 발끈하고 나섰다. 마샤오광 중국 대만판공실 대변인은 "대만은 중국영토의 한 부분으로 분리될 수 없고 원래부터 국가도 아니었다"며 아울러 양안관계는 국가와 국가의 관계가 아니고, '하나의 중국'과 '하나의 대만'도 아니라고 재차 강조했다. 마 대변인은 "어떤 방식이 됐든 대만독립의 의사에 단호히 반대한다. 분열된 역사의 비극이 다시는 반복되지 않아야 한다"고 강하게 비판했다.

10월 09일
• 대만, 내년 완전모병제 가능할까
(한겨레 10. 09)

– 차이잉원 대만 총통 취임 이후, 전임 국민당 정부의 공약이었던 완전 모병제를 예

정대로 시행할 수 있을지에 관심이 모아지고 있다. 대만 국방부는 내년부터는 사병 징병을 더 이상 하지 않아도 된다는 내용을 보고했다. 대만의 완전 모병제는 2007년 총통 선거에서 국민당 후보로 나선 마잉주 전 총통의 공약으로, 당시 그는 4~6년 안에 실현할 것이라고 주장해 젊은 층으로부터 호응을 얻었다. 그러나 모병제를 시행할 상황이 예상만큼 원활하지 않아, 2013년, 2015년, 2016년 세 차례 시행이 연기되며 '징·모병 병행' 체제가 이어져왔다. 그렇게 지난해 5월 대선에서 민진당의 차이 총통이 당선되면서 새 정부로 임무가 넘겨졌다. 정치권에선 민진당 정부도 모병제로 이행할 수밖에 없을 것이라는 관측이 나온다. 특히 내년 지방선거를 앞둔 상황에서는 젊은 층을 의식해야 하기 때문이다. 민진당 측에서는, "징병제로 돌아가면 정권의 문제가 되기에 쉽지 않은 결정이 될 것"이라며 "현실적으로 정치적인 어려움이 있어 어떤 정당도 쉽게 생각하지 못할 것"이라고 말했다.

대만 여론

10월 16일
• 라이칭더 행정원장 지지율 약 70% 웃돌아 (CNA 10. 16)
– 10월 12일부터 13일까지 차이잉원 총통의 개헌 시도와 라이칭더 행정원장의 업적에 따른 여론조사가 시행되었다. 이 여론조사에 따르면 9월 8일 취임한 라이 행정원장의 지지율은 한 달 만에 68.8%를 기록했고, 또한 차이잉원 총통의 지지율도 전월 대비 약 54%로 올라 라이 행정원장이 차이 총통의 지지율을 끌어올리는 데 기여했다고 여겨진다. 그리고 응답자의 65.8%는 라이 행정원장이 행정 실행 능력이 뛰어나다고 밝힌 반면, 21%의 응답자는 반대 의견을 표명했다. 그리고 라이 행정원장이 최근의 여론에 대해서 잘 알고 있다는 의견은 60.2%, 잘 알고 있지 않다는 의견은 30.3%로 나타났다. 또한 응답자의 63.5%가 라이 행정원장의 경제 성장 촉진 능력을 믿고 있다는 입장을 밝혔고, 응답자의 30.2%는 아직은 섣부르다고 밝혔다. 한편, 정부의 헌법 개정 실시 계획에 대해 응답자의 56%가 정부의 계획에 대해 지지하는 입장을 가지고 있다고 밝혔다.

5차(10월 말~11월 말)

손제인

11월 6일, 야당인 국민당은 최근 일본군 위안부 피해자에 대한 명예회복 등을 위해 법안을 발의했으나, 여당인 민진당이 자신들이 먼저 추진한 법안을 우선 논의해야 한다고 맞섰다(聯合報 2017. 11. 06; 연합뉴스 2017. 11. 06 재인용).

또한 민진당은 현재 주5일 근무제를 '유동적인' 12일 근무제로 변화시켜 휴일 체계를 변경하는 내용의 노동법안 개정을 강제 추진하여 국민당 의원과 몸싸움을 벌였다(CNA 2017. 11. 17). 이후 법안이 입법위원회에 상정되었으나 국민당의 방해공작으로 검토가 연기되었다(CNA 2017. 11. 23). 해당 법안에 대해 국민의 약 60%는 찬성인 것으로 나타났으나 노동단체들의 경우 휴일이 줄어든다는 이유로 반대시위를 벌이고 있어 국가 내부에서도 의견이 대립하고 있다(CNA 2017. 11. 19).

한편, 간첩혐의로 6개월 동안 중국에 구금되어 재판을 받았던 대만의 인권운동가 리밍저가 중국으로부터 국가 전복 혐의로 5년형을 선고받았다(自由時報 2017. 11. 28; 연합뉴스 2017. 11. 28 재인용).

해외를 순방 중인 차이잉원 총통의 지지율은 10월 소폭 상승했었으나 다시금 하락하고 있는 양상이다(CNA 2017. 11. 19). 반면 라이칭더 행정원장의 지지율은 여전히 상승세이다(CNA 2017. 11. 19).

대만 정당

11월 06일

• '역사 바로 세우기' vs '위안부 명예회복' 대만 여야 입법 대결

(聯合報 11. 06; 연합뉴스 11. 06 재인용)

– 대만의 야당 국민당이 최근 일본군 위안부 피해자에 대한 명예회복 등을 위해 법안을 발의했다. 하지만 여당 민진당의 냉담한 반응을 보였다. 민진당이 국민당 정부 시절의 계엄 당시 과거사를 재조명하는 차원에서 앞서 발의한 '역사 바로 세우기' 입

법안에 국민당이 제동을 건 데 맞서 위안부 법안 처리에 미온적인 태도로 일관하고 있기 때문이다. 민진당은 "발의된 법안은 존중하지만, 민진당이 추진 중인 '역사 바로 세우기' 법안을 먼저 논의해야 한다"고 강조했다. 대만 정부와 민진당은 2016년 5월 차이잉원 총통 취임 한 달 만에 '역사 바로 세우기' 법안 초안을 발의하고 입법원 사법법제위원회 심의를 통과시켰으나 이후 국민당 측의 거센 반발로 지금까지 별다른 진전이 없는 상태다. 대만은 일본과 1952년 평화조약을 체결한 후 일본에 대한 배상청구를 포기하면서 일본의 만행에 대해 소극적인 태도를 보이고 있다. 특히, 대만 정부여당은 중국의 외교압박과 경제제재에 맞물려 일본과 관계 강화를 위해 친일 행보를 하는 중이다. 대선 기간, 위안부 배상 문제에 적극적이었던 차이 총통은 당선 이후로는 위안부 문제에 대해 입을 닫고 오히려 후쿠시마 원전 지역의 농산물 수입 재개도 긍정적으로 검토하고 있는 것으로 알려졌다.

11월 17일

- **민진당, 논란에도 불구, 노동법안 개정 강제 추진**   (CNA 11. 17)
– 여야 국회의원들 간 난투극이 벌어지고 있는 가운데서도, 기존의 노동법을 개정하기 위한 법안이 11월 17일 입법 위원회에 상정되었다. 민진당이 현재 추진하는 새 법안의 가장 중요한 개정안 중 하나는 직원들이 6일 이상 연속적으로 근무를 금지하는 현재 규칙의 변경이다. 하지만 최신 개정안에 따르면, 연속적으로 12일을 근무하면 12일의 마지막 날 휴무를 의무적으로 가져야 한다. 야당인 국민당 의원들은 이 법안이 논란의 여지가 있기에 노동부에 먼저 평가를 받고, 의회의 심의를 통해 검토 준비 여부를 결정하기 이전에 위원회에 상정되는 것에 대해 반대했다. 해당 법안이 검토를 위해 여러 위원회에 보내지는 것을 막기 위해 국민당 의원들은 회의장을 점거해 민진당 의원들과 몸싸움을 벌였으나, 결국 민진당 의원의 과반수 찬성으로 타결되어 개정안이 입법위원회로 보내졌다.

11월 23일

• 노동법 개정안 검토에 노동단체와 국민당 거세게 반발 (CNA 11. 23)

- 입법위원회가 새로운 노동법안을 검토함에 따라 약 100개에 이르는 노동단체가 노동법 개정에 항의하기 위해 입법원 밖에서 집회를 가졌다. 행진하는 동안, 그들은 노동법에 대해 내각이 제안한 변화에 대한 중단을 촉구하는 구호를 외치며 대만의 노동자들이 장시간 근로하도록 강요당할 수 있다고 주장했다. 원내에서는, 야당 의원들의 의사 진행 방해로 인해 법안에 대한 검토가 정상적으로 진행되지 못했다. 국민당 의원들은 본 법안의 검토 회의가 무효라고 주장했고, 검토 회의의 의장을 맡은 민진당 입법원인 린칭이(林靜儀)와 논쟁을 펼쳤다. 계속되는 여당의 반대 움직임으로 결국 린 위원은 회의를 중단했다. 위원회 회의의 가장 빠른 재개는 12월 4일이 될 것이며, 항의 시위를 벌이는 노동단체들은 12월 4일 시위를 계속하겠다는 의지를 나타냈다.

11월 28일

• 중국, 대만인에 '국가전복죄 첫 적용'…인권운동가에 5년형

(自由時報 11. 28; 연합뉴스 11. 28 재인용)

- 지난 3월 19일 중국으로 들어간 뒤 간첩 혐의로 후난(湖南)성 국가안전국에 체포되어 구금 상태에서 조사를 받아왔던 대만 출신 인권운동가 리밍저가 징역 5년형을 선고받았다. 중국 후난성 웨양 중급인민법원은 이날 대만 인권운동가 리밍저에 대해 '국가전복죄'를 적용해 징역 5년형을 선고하고 정치 권리를 박탈했다. 법원은 "리밍저가 사실을 고의적으로 왜곡해 중국의 국가체제를 공격하고 적대감을 일으키는 행위를 저질렀다"며 "이는 악의와 사회적 위해성이 있다"고 판시했다. 다만 리밍저가 법정에서 죄를 인정하고 반성하는 태도를 보인 점을 참작해 관대하게 판결한 것이라 말했다. 중국의 형법에서 국가 전복을 유도하기 위한 행동의 주동자는 최대 10년 이상의 징역형을 받고, 국가전복에 가담한 경우에는 3~10년의 징역형에 처하도록 규정하고 있다. 이로써 리밍저는 중국에서 국가전복 혐의로 체포되어 유죄 판결을 받

은 첫 대만인이 됐다. 리밍저는 판결에 대해 항소하지 않겠다고 말했다.

11월 19일

• **차이잉원과 라이칭더의 상반된 지지율 추이** (CNA 11. 19)

‑ 대만 여론조사기관에 따르면, 11월 13일부터 11월 15일까지 시행한 여론조사에서 차이잉원 총통의 지지율은 38.6%로, 10월의 지지율인 43.7%에서 5.1%p 하락했다. 여론조사에서는 응답자의 39.8%가 총통의 집행 결과에 대해 비난한 것으로 나타났으며 이 불만감은 전월 대비 2.5% 증가했다. 조사 결과에 따르면 차이잉원의 성과에 불만족한 사람들의 수는 만족한 사람들보다 1.2%p 높다. 이렇게 차이잉원의 대중만족도가 떨어졌음에도 불구하고 라이칭더 총리의 지지율은 59.7%로 비교적 높은 만족도를 얻었고, 27.2%의 사람들은 불만족감을 나타냈다. 라이 총리의 11월 지지율은 전월 대비 2%p 상승했다. 그러나 불만족한다는 의견은 전월보다 6%p 높았다.

11월 19일

• **대만 국민 60%, '새 노동법 찬성'** (CNA 11. 19)

‑ 일요일에 실시된 조사에 의하면, 대만 국민의 60% 이상이 12일에 한 번은 의무적인 고정 휴일과 유동적인 휴일정책에 대해 찬성하고 있지만, 약 30%는 발의된 법안에 반대한다고 나타났다. 새 법안의 주요 개정안 중 하나는 노동자들이 일주일에 하루의 의무적인 휴일을 가지면 12일을 연속적으로 일할 수 있게 하는 법안을 포함한다. 이 설문조사는 응답자 중 44%가 강력하게 지지하고 있으며, 16.5%는 적당히 지지한다는 의사를 밝혔다. 반면 17.3%의 응답자는 반대의사를 밝혔고, 9.7%는 '모르겠다'고 응답했다. 입법위원회의 유잉룬(游盈隆) 위원장에 따르면, 개정안과 관련된 여론조사에서 55%의 응답자는 노동자가 6일 초과 연속 근무하는 것을 금지하는 법을 조건적으로 완화하기 때문에 개정안에 찬성하지만, 33%는 반대한다고 덧붙였다.

6차(11월 말~12월 말)

　12월 4일, 여당인 민진당은 대만의 중국담당부처인 대륙위원회의 명칭을 중국사무위원회로 개명하는 입법안을 제출하면서 중국의 거센 반발을 살 것으로 보인다(CNA 2017. 12. 04; 연합뉴스 2017. 12. 04 재인용). 또한 대만 사법 당국은 중국 스파이를 처벌하는 '국가안전법' 위반 혐의로 친중파 정당인 신당 간부 4명을 구속했다(CNA 2017. 12. 21; 뉴시스 2017. 12. 21 재인용).

　12월 5일, 입법원에서 역사바로세우기 법안이 최종 심의를 통과하면서, 독립성향의 차이잉원 정부가 추진하는 탈 장제스화 작업이 한층 속도를 낼 전망이다(聯合報 2017. 12. 06; 연합뉴스 2017. 12. 06 재인용). 또한 12월 12일, 입법원은 주요 국가 현안에 대해서 투표하는 국민투표의 선거연령을 만 20세에서 18세로 낮추는 법안을 통과시켰으며, 이 개정 법률은 국민투표권에만 해당되는 것으로 선거권과는 별개이다(聯合報 2017. 12. 13; 연합뉴스 2017. 12. 13 재인용). 한편 대만 매체의 조사에 따르면, 차이잉원 총통에 대한 신뢰도에 대해 32%의 응답자만이 '신뢰한다'고 응답한 것으로 나타났으며, 이 결과는 현재 추진 중인 '탈중국화' 정책에 기인한 중국의 압박 때문인 것으로 추측된다(中時電子報 2017. 12. 26; 아주경제 2017. 12. 26 재인용).

대만 정당

12월 04일

• 대만 여당 '하나의 중국' 역행…대륙위원회 → 중국사무위원회 개명

(CNA 12. 04; 연합뉴스 12. 04 재인용)

－ 대만 집권 민진당 소속 쑤차오후이(蘇巧慧) 입법위원이 대만의 중국담당부처인 대륙위원회의 명칭을 중국사무위원회로 개명하는 입법안을 제출해 중국의 거센 반발이 예상된다. 중국을 대륙이라고 칭하는 것은 중국과 대만이 '하나의 중국'이라는 의미를 담고 있는데 이에 대한 변경을 시도하는 것으로 해석되고 있다. 특히 독립성향

의 차이잉원 대만 총통의 탈중국화의 일환이라고 여겨진다. 쑤 위원은 개정안에서 대만 내부적으로 정치·경제·사회 정세에 많은 변화가 있었으며, 갈수록 가혹해지는 국제정세에 맞춘 정비라고 개명 이유를 밝혔다. 그는 "대만 헌법에서 사용하는 용어는 현재 상황을 사실에 기초해서 객관적으로 진술해야 하며, 세계 각국이 중국이라는 호칭을 사용하기에 대만도 그렇게 사용해야 한다"고 말했다.

12월 19일

• 대만, 친중 통일파 신당 간부 4명 일시 구속…"중국 반발"

(CNA 12. 21; 뉴시스 12. 21 재인용)

– 대만 사법 당국은 중국과 통일을 주장하는 친중파 정당 신당 대변인 왕빙중(王炳忠) 등의 신병을 일시 구속했다고 전했다. 타이베이 지방법원 검찰서는 12월 19일, 중국 스파이를 처벌하는 '국가안전법' 위반 혐의로 신당의 간부 4명에 대해 가택수색을 한 뒤 강제 연행해 사정 청취를 시도했으며, 이를 거부한 1명을 구금했다. 이에 대해 중국 국무원 대만사무관공실 안펑산 대변인은 "대만 당국이 양안 평화통일의 역량과 관련 인사를 자의적으로 박해하는 것에 엄중히 항의한다"고 강하게 비난했다. 이에 대만 행정원 대륙위원회 추추이정(邱垂正) 대변인은 외부에서 이번 사태에 대해 왈가왈부하는 것은 민주법치에 그릇된 행위로서 절대로 용납될 수 없다고 반박했다. 현지 언론은 중국 당국이 이번 수사를 중국에 우호적인 인사를 겨냥한 것으로 판단하고, 보복 조치로서 중국에 주재하는 대만인을 구속할 가능성이 있다며 중국과 대만 간 새로운 갈등 요인으로 작용할 우려를 자아내고 있다.

대만 선거·의회

12월 05일

• 대만 '역사바로세우기' 입법안 통과…탈 장제스화 가속할 듯

(聯合報 12. 06; 연합뉴스 12. 06 재인용)

– 대만에서 '역사바로세우기' 법안이 가결되며 독립성향의 차이잉원 정부가 추진하는 탈 장제스화 작업이 가속화될 전망이다. 12월 5일 입법원에서 역사바로세우기 법

안인 '촉진전형정의조례' 법안이 최종적으로 심의를 통과했다. 이에 따라서 행정원이 설치할 독립적인 위원회는, 과거의 정치 관련 문서를 공개하는 것과 함께 독재정권의 권위주의 상징을 제거하고, 사법부의 과거 불법행위를 바로잡는 등의 업무를 실시하게 된다. 위원회는 또 계엄시대의 피해자 또는 피해 가족의 명예회복과 이에 대한 배상 절차를 밟게 되며 당시 부당한 처분은 모두 철회하는 일도 맡는다. 위원회가 본격적으로 가동되면, 대만 타이베이의 명소이자 장제스를 기념하는 중정기념당이 역사 바로세우기 대상이 될 것으로 추정된다.

12월 12일
· 대만, 국민투표 연령 18세로 낮춘다···통과 기준도 파격 완화

(聯合報 12. 13; 연합뉴스 12. 13 재인용)

− 12월 12일, 입법원에서 국민투표의 투표연령을 만 20세에서 18세로 낮추는 것을 골자로 하는 국민투표법 개정안이 통과됐다. 개정 법률은 만 18세에게 주요 국가현안에 대한 국민투표권만 허가한 것으로 선거권과는 다른 개념이다. 그리고 국민투표 주관기관이었던 국민투표심의위원회를 폐지하고 중앙선거위원회에서 국민투표를 실시하도록 했다. 또한 국민의 의견반영을 위한 국민투표 통과 기준 역시 대폭 완화됐다. 국민투표는 전체 유권자의 25%가 투표에 참가해야 하고, 찬성표가 반대표보다 많아야만 가결된다. 이전에 실시된 국민투표의 경우 유권자의 50%가 참가해야 유효했다. 개정된 국민투표법은 투표연령을 낮추고 기준을 완화하여 국민의 의견을 적극 반영하겠다는 데에 의의를 둔다. 차이잉원 총통은 만 18세 국민들이 투표권을 갖게 되어 다수의 민주국가의 합리적인 기준을 따라가게 됐다고 밝혔다.

12월 21일
· '탈중국' 대만, 한·일 표준시 적용안 '없던 일로'

(自由時報 12. 21; 연합뉴스 12. 21 재인용)

− 대만 정부의 탈중국화 행보와 맞물려 각광 받았던 표준시 변경안이 효용성 논란 끝에 결국 무산됐다. 대만 내정부는 중국과 동일한 그리니치 표준시 GMT+8시인 현행 표준시간을 한국, 일본과 동일한 시간인 GMT+9시로 바꾸는 방안에 대해 난색을

표했다. 내정부는 표준시 변경이 탈중국화를 상징하는 조치가 아니라며, 해당 안건을 받아들일 수 없다고 말했다. 내정부는 표준시간대 변경은 단기적으로는 국제 사회의 관심을 끌 수 있으나 효과는 오래 가지 못할 것이라며 "대만은 국제 사회가 대만과 중국의 차이점을 인식하게끔 소프트파워를 통한 강점 부각으로 대만을 세계에 드러내야 한다"고 입장을 밝혔다.

대만 여론

12월 26일

· 차이잉원 대만 총통 위기? 지지율 급락에 '크리스마스' 굴욕까지

(中時電子報 12. 26; 아주경제 12. 26 재인용)

– 차이잉원 대만 총통에 대한 불만이 커지면서 지지율이 곤두박질치고 있다. 대만 매체가 실시한 조사 결과에 따르면 "차이잉원 총통을 신뢰합니까"라는 질문에 32%의 응답자만 '신뢰한다'고 답했고 절반이 넘는 50.7%의 응답자가 '신뢰하지 않는다'고 밝혔다고 전했다. 11월의 33.9%와 47.7%와 비교해도 악화된 수치다. 2016년 5월 총통 당선 당시 지지율이 55.9%에 육박했던 것과 비교하면 한층 초라한 성적이다. 대만 독립성향의 민진당이 이끄는 차이 정부는 중국이 양안관계의 근간으로 여기는 '하나의 중국' 원칙에 불수용 입장을 유지하면서 중국발 경제·외교·무역·군사 압박에 시달리고 있다. 여기다 2017년 1월 단행한 노동법 개정의 부작용도 커지면서 지지율이 급격히 내리막길을 탔다.

7차(12월 말~2018년 1월 말)

손제인

11월 24일 지방선거를 앞두고 여당 민진당은 국민당의 정치적 근거지인 '신베이시'에서의 승리하는 것을 목표를 세웠다(自由時報 2018. 01. 26). 반면 국민당은 '타이베이시'를 탈환하는 것을 목표로 한다고 전했다(自由時報 2018. 01. 26).

라이칭더 행정원장은 1월부터 각 부처의 수장들과 업무 보고를 시행하면서 범여권 입법위원회를 중심으로 내각 개편을 위한 것이 아니냐는 관측이 제기되고 있는 상황이다(聯合報 2018. 01. 03).

1월 10일, 논란 중이던 노동 기준법 개정안이 전면 시행되었다(CNA 2018. 01. 10; Focus Taiwan 2018. 01. 10 재인용). 이에 1월 12일, 진보적이며 청년 당원 위주 정당으로 알려진 야당 시대역량은 입법위원회에서 통과된 노동 기준법 개정안에 대한 또 다른 검토를 위해 국민투표를 요청할 계획이라고 밝혔다(CNA 2018. 01. 12; Focus Taiwan 2018. 01. 12 재인용).

이 노동 기준법 개정에 대한 여론조사에 의하면, 54% 이상의 응답자가 개정을 지지하는 것으로 나타났다(CNA 2018. 01. 07). 의무적인 휴식시간을 11시간에서 8시간으로 줄이는 정부의 제안에 대해 찬성하는 입장을 나타낸 응답자는 51.9%로 조사되었다(CNA 2018. 01. 07).

대만 정당

01월 12일

• 시대역량, 노동 기준법 국민투표 요청 계획 세워

(CNA 01. 12; Focus Taiwan 01. 12 재인용)

– 대만의 야당인 시대역량은 입법위원회에서 통과된 노동 기준법 개정안에 대한 또 다른 검토를 요청하는 국민투표를 요청할 계획이라고 밝혔다. 시대역량은 국민투표가 올해 말 지방 선거와 같은 날에 개최되기를 희망한다고 전했다. 시대역량 위원장인 황커우창 의원은 12일 기자회견에서 국민투표는 국민의 요구에 의해 노동법 개정

안을 수정하는 것을 목표로 할 것이라고 말했다. 시대역량의 쑤영밍(徐永明) 의원은 당내 여론조사에서 수정안이 근로자의 보호에 있어 17%의 응답자만이 근로자 보호에 도움이 된다고 생각한다는 부분을 지적했다. 또한 조사 대상자의 68%는 입법위원회가 국민투표를 통해 수정안을 다시 검토하기를 원하고 17%는 반대 의견을 피력했다고 전했다.

01월 26일

• 대만 여당 민진당, "신베이시에서의 승리가 지방선거의 목표"　　　　　(自由時報 01. 26)

– 대만의 민진당은 올 11월 24일 있을 지방선거에서 현재 보유하고 있는 13개 지방도시의 연임을 추진하고, 국민당의 정치적 근거지인 신베이시에서 승리하는 것을 목표로 하고 있다는 입장을 밝혔다. 한편 신주시 및 지룽시는 국민당의 지지기반이었으나 2014년 지방선거 이후에 민진당이 장악했다. 현재 각 여론조사에서도 이들 지자체의 만족도가 높게 나타나는 상황이다. 그러나 민진당에는 신베이시장 유력 후보가 없기 때문에, 신베이시에서 승리하기 위한 특단의 대책으로 민진당 원로인 쑤전창 전 행정원장, 여우시쿤 전 행정원장을 내세워야 한다는 주장도 일각에서 제기되고 있는 것으로 밝혀졌다.

01월 26일

• 국민당, '지방선거에서 타이베이시를 탈환하자'　　　　　　　　　　(自由時報 01. 26)

– 국민당은 11월 24일 개최되는 지방선거에 대비하여 목표를 내놓았다. 현재 보유하고 있는 6개 지방도시와 현재 무소속이지만 사실상 국민당으로 분류되는 화롄현장을 지키고, 추가로 6개 지방도시에서 승리하는 것을 목표로 하고 있다. 특히, 국민당의 지지기반에 해당하는 타이베이시를 무소속이지만 친 민진당 성향이 나타나는 커원저 시장으로부터 탈환하고, 타오위안시 및 타이중시에서 승리하는 데 주력하는 것을 목표로 했다. 한편, 현재는 민진당이 보유 중이나 국민당이 탈환할 가능성이 있는 도시로는 지룽시, 신주시, 장화현으로 전망하고 있다고 밝혔다.

01월 03일

• **민진당, 연말선거 앞두고 내각 개편 필요성 제기** (聯合報 01. 03)

– 라이칭더 행정원장은 1월부터 각 부처 수장들과 업무 대면보고를 개별적으로 실시할 것으로 알려졌다. 이로 인해 범여권 입법위원회를 중심으로 춘절 전 내각 개편을 위한 것이 아니냐는 관측이 제기되고 있는 상황이다. 최근 차이잉원 총통과 라이칭더 원장 모두 내각 변화의 필요성을 느끼고 있으며, 라이칭더 원장이 책임을 지고 권한을 행사할 것이라는 관측 제기된다. 라이 원장이 소속한 민진당에서는 연말에 있을 지방선거를 앞두고 정치적으로 성과를 거두기를 바라고 있으며, 시정계획과 예산안 확정 이전에 내각 정비의 필요성을 제기하고 있는 것으로 알려져 있다.

01월 10일

• **대만, 노동법 개정안 전면 시행** (CNA 01. 10; Focus Taiwan 01. 10 재인용)

– 입법원은 1월 10일 기존 노동 기준법의 수정안을 통과시켰다. 수정안을 막기 위한 노력으로 노동당과 노조가 의회 밖에서 항의 시위를 벌였으나 입법 절차를 막지는 못했다. 대만의 노동 기준법의 개정안에 따르면 근로자들은 12일 연속으로 일하고 8시간의 휴식을 취할 것을 요구받을 수 있으나 기업에서는 관련 정부 기관과 직원들로부터 승인을 받아야 한다. 이는 직원들이 6일 이상 연속으로 일하는 것을 금지하고 교대 근무 사이에 최소 11시간의 휴식을 요구하는 기존의 규칙과 비교된다. 국민당 입법위원들은 수정안에 대한 반대 제안으로 200건 이상의 문서를 제출했으나 민진당이 과반수 의석을 보유하고 있기 때문에 아무런 소용이 없었다. 새롭게 개정된 법은 3월 1일부터 시행된다.

01월 07일

· 노동법 개정에 대한 지지도 54% 이상으로 나타나　　　　　　　　　　　(CNA 01. 07)

- 대만의 한 주간지에서 조사한 결과에 따르면 대만의 근로자 중 54% 이상이 노동 기준법 개정안에 찬성하는 것으로 밝혀졌다. 이 여론조사에서는 일반인의 54.2%가 노동법 개정이 필요하다고 응답했으며, 이 중의 88.6%는 관련 산업 당국이 특수 규정을 제정하면서 다양한 산업의 필요에 근거해 법안을 원할 것이라고 밝혔다. 한편 응답자의 50.4%는 현행 7일간의 의무적 휴무 규칙과 달리 종업원이 12일 연속으로 일하는 것을 허용해야한다고 동의했다. 그러나 20~29세 연령층의 지지율은 42%에 불과했다. 근로자의 11시간에서 8시간으로의 의무적인 휴식시간을 줄이는 정부의 제안에 대해 찬성하는 입장을 나타낸 응답자는 51.9%이며, 그중에서도 20~29세의 표본들은 51%의 지지율을 보였다.

손제인

2월 1일 친중 성향의 국민당 당원을 양성하는 기관인 쑨원 학교가 독립 성향을 나타내는 차이잉원 총통의 탈 중국화 역사교과서 추진에 반대하고자 국민투표를 제안했다(中國時報 2018. 02. 01; 연합뉴스 2018. 02. 01 재인용).

한편, 2월 6일 밤 대만 동부 화롄 부근을 강타한 6.0 규모의 강진으로 인해 사망자가 발생했으나, 행정원 대륙위원회는 재난의 정치적 이용 가능성을 염두에 두고 중국의 지진 구조대 지원 제안을 거절했다(SCMP 2018. 02. 07; 중앙일보 2018. 02. 08 재인용). 민진당이 실시한 여론조사에 의하면 약 76%의 응답자들이 화롄 지진에 대한 정부의 반응에 만족한다고 답한 것으로 조사되었다(Taiwan News 2018. 02. 07).

차이잉원 총통은 2월 23일, 출범 이래 첫 내각 개편을 시행할 것으로 알려졌으며(聯合報 2018. 02. 23; 연합뉴스 2018. 02. 23 재인용), 26일에는 내각 개편 이후 입법 우선순위 목록을 확정할 것으로 보인다(Taipei Times 2018. 02. 26).

연말에 있을 지방선거에 앞서 마잉주 전 총통의 영부인인 저우메이칭의 타이베이 시장 출마를 지지하는 목소리가 커지고 있다(明報 2018. 02. 05; 아주경제 2018. 02. 05 재인용).

대만 정당

02월 01일

• 대만 쑨원학교, 탈중국화 역사교과서 반대 국민투표 제안

(中國時報 02. 01; 연합뉴스 02. 01 재인용)

– 친중 성향의 국민당 당원 양성기관인 쑨원학교가 대만 독립 성향 차이잉원 총통의 탈중국화 역사교과서 추진에 반대하는 국민투표를 제안했다. 장야중 쑨원학교 교장 겸 국립정치대 교수는 "국민투표를 통해 정부에 역사교과서 안을 재검토하도록 해야 한다"면서 탈중국화 역사는 양안간의 적대감만 높여줄 뿐이며, 민진당의 탈중국

사 정책은 대만 후대의 국가 정체성에 혼란을 가져올 수 있다고 주장했다.

대만 선거 · 의회

02월 06일

• 강진도 못 녹인 양안 갈등…대만 "재해와 정치 연계 NO" 중국 도움 거절

(SCMP 02. 07; 중앙일보 02. 08 재인용)

– 2월 6일 밤 대만 동부 화롄 일대를 강타한 6.0 규모의 강진으로 지금까지 희생된 사망자 9명에는 중국인 3명이 포함됐다. 대만의 통일부 격인 행정원 대륙위원회의 추추이정 부주임은 2월 7일, "이번 자연재해와 구호는 인도주의 행동으로, 이를 정치와 연계하는 다리로 삼아선 안 된다"라며 중국의 지진 구조대 지원 제안을 거절했다. 중국이 재난을 정치적으로 이용할 가능성을 원천 차단한 것으로 해석된다. 추 부주임은 "현재 충분한 인력과 자원으로 구조 작업을 진행 중이며, 중국의 제안은 감사하지만 현재까지 그들의 도움은 필요 없다"고 전했다.

02월 23일

• 대만 차이잉원, 첫 개각 채비…핵심부처 '물갈이' 예고

(聯合報 02. 23; 연합뉴스 02. 23 재인용)

– 차이잉원 총통이 취임 이후 첫 내각 개편을 단행할 것으로 나타났다. 당지에 따르면 차이 총통이 최근 라이 원장과 개각 인선을 협의했다며 개각 대상 부처로는 국방부와 외교부, 노동부 등 핵심 부처가 거론되고 있다고 말했다. 라이칭더 행정원장은 전날 기자들의 관련 질문에 적절한 시기에 개각 인선을 발표할 것이라고 말했다. 집권 후반기 국정 운영을 목표로 이번 개각에 급변하는 국제정세와 경색된 중국과의 관계 속에서 국방, 외교 부문에 대한 차이잉원 총통의 강력한 정책 의지가 반영될 것이라는 관측이 나온다.

02월 26일

• 내각 개편 후 입법 우선순위 목록 확정될 것   (Taipei Times 2. 26)

– 내각은 경제 법안의 우선순위를 정하고, 2월 27일 시작되는 새로운 입법 회기 중 광업법 및 군사 연금 개혁에 대한 예상 개정안을 작성하여 100개 이상의 법안을 발 의할 예정이다. 이 법안에는 회사법, 도시재생법, 조세 감면 제안 등이 포함되어있 다. 민진당의 커치엔밍 입법위원은 "검토할 정부 예산, 약속 및 구조 조정 법안도 있 으며 오늘 열릴 예정인 위안화 및 민진당 간부회의에서 조정 협의가 있을 때까지 정 확한 우선순위 법안 목록이 확정되지 않을 것"이라고 전했다. 군 연금 개혁과 재건축 절차를 간소화하고 자금 세탁 방지 대책과 기업 경영 유연성을 개선할 수 있는 기업 법 개정 등과 같은 경제 관련 제안도 "시급하고 가장 중요한 사안"이라고 말했다.

대만 여론

02월 05일

• 대만 전 영부인 타이베이시장 출마하나   (明報 02. 05; 아주경제 02. 05 재인용)

– 2018년 말에 치러질 대만 지방선거를 앞두고 마잉주 대만 전 총통의 부인인 저우 메이칭의 타이베이시장 출마를 지지하는 목소리가 커지고 있다. 최근 대만 독립 성 향을 나타낸 차이잉원 총통의 집권 후 민진당에 대한 지지율이 낮아지면서 친서민적 행보로 대만인들이 좋아했던 저우가 국민당 후보로서 타이베이시장에 출마한다면 국민당의 내부 단결을 꾀할 수 있을 것이란 주장이다. 허룽빈 국민당 부주석도 2월 4 일 "최근 민진당이 정치를 제대로 못하는 상황에서 모두들 과거 국민당의 정치를 좋 게 평가하는 것이라고 볼 수 있다" 고 언급했다. 타이베이 시장직은 '총통 등용문'으 로 여겨지며 대권 후보로도 부상할 수 있는 매우 의미 있는 자리다. 하지만 저우가 실제로 출마 선언을 한 것은 아니다. 현재까지 국민당에서 타이베이시장 출마를 선 언한 인물로는 딩서우중 전 입법위원과 정리원 전 행정원 대변인 두 사람으로 알려 졌다.

02월 17일

- **화롄 지진으로 급상승한 차이잉원 총통의 지지율**　　　　　(Taiwan news 02. 17)

　－ 민진당이 발표한 여론조사에 따르면 응답자 중 50.6%가 차이잉원 총통을 지지하는 것으로 나타났다. 반면 41.1%의 응답자는 차이 총통을 지지하지 않는다고 응답한 것으로 나타났다. 화롄 지진에 대한 정부의 반응에 대한 지지율 추이도 있었다. 응답자 중 76.5%가 정부의 비상사태 대응이 만족스럽다고 응답했다. 반면 12.5%는 만족하지 않았다는 의사를 나타냈다. 이 수치는 춘절 직전에 발생한 화롄에서의 비극에 대한 대응으로 민족 단결의 의미가 훨씬 커졌음을 보여준다. 또한 대중의 의견과 달리 대만사람들은 필요할 때는 당원을 정치적으로 믿을 수 있다는 것을 나타내기도 한다.

9차(2월 말~3월 말)

김우진

인도는 의원내각제 국가로 양원제를 채택하고 있다(김미나 2009). 2014년 제16 대 총선에서 힌두민족주의 성향의 인도인민당(Bharatiya Janata Party, BJP)이 543석 중 282석을 차지하면서 인민회의당(Indian National Congress, INC)을 제치고 10년 만에 정권교체를 이뤄냈으며 총리는 나렌드라 모디(Narendra Modi)이다(인도연구원 2014). 한편, 2월부터 3월까지 치러진 주 의회 선거에서 모디 총리가 이끄는 인도 인민당이 연승을 거둬 연임에 청신호가 켜졌다(Channel News Asia 2018. 03. 04).

필리핀의 정부 형태는 대통령제이며, 의회는 양원제이다(외교부 2017). 민주필 리핀당(The Partido Demokratiko Pilipino Lakasng Bayan, PDP-Laban) 소속인 로드리 고 두테르테(Rodrigo Roa Duterte)는 2016년 5월 9일 대선에 승리하면서 대통령으 로 취임했고, 같은 날 총선에서 민주필리핀당이 총 297 의석 중 97석을 차지했다 (Kotra 2017). 최근 두테르테 대통령은 공약에 따라 현행 대통령 6년 단임제를 내각 제로 전환하고 연방제를 도입하는 개헌안을 추진하고 있으나, 일각에서 장기집 권 의혹을 제기하였다(연합뉴스 2018. 03. 01). 그는 이에 대해 개헌이 되면 조기 퇴진 하겠다는 의사를 표명했다(연합뉴스 2018. 03. 01).

인도

03월 03일

• 모디의 인도인민당, 인도 동북 지방 선거에서 우세　　　(Channel News Asia 03. 04)
- 인도의 나렌드라 모디 총리의 정당은 트리푸라주에서 놀라운 승리를 거두었고 2019년 총선을 앞두고 동북 지역의 다른 지역에서도 강세를 보였다. 우익성향의 인 도인민당과 그 동맹우파들은 59석 중에서 43석을 얻어 선거를 휩쓸었고, 25년 동안 이뤄졌던 공산주의자들의 트리푸라주 통치가 막을 내렸다. 인도인민당은 트리푸라 에서 59석 중 35석을 차지했고 동맹정당인 트리푸라 토착인민전선(Indigenous People' s Front of Tripura, IPFT)이 8석을 차지했다. 이로써 인도공산당(Communist Party of India,

CPI)은 16석밖에 얻지 못했다. 모디가 이끄는 인도인민당은 2014년 총선을 승리한 후, 인도 29개 주 중 7개 주를 통치하는 것으로 시작하여 세력을 21개 주까지 확대했다.

03월 10일
- 레닌부터 간디까지…인도서 동상 파괴 '반달리즘' 확산

(The New York Times 03. 10; 경향신문 03. 10 재인용)

— 최근 인도에서 유명 지도자들의 동상을 파괴하는 '반달리즘(vandalism)'이 횡행하고 있다. 마르크스공산당의 지지세가 강했던 이곳에서 집권여당 인도인민당이 25년 만에 대승을 거뒀기 때문이다. 승리감에 도취된 인도인민당 당원 일부는 5일 중장비를 동원해 이 지역에 설치된 레닌 동상을 파괴했다. 이러한 움직임은 트리푸라 지역을 넘어 전국으로 퍼졌는데, 3월 8일에는 일부 힌두민족주의 성향의 인도인민당 지지자들이 달리트(dalit)계급의 지도자들에게 반감을 가지고 인권 운동의 대부이자 국부인 마하트마 간디(Mahatma Gandhi)의 동상도 공격했다.

필리핀

03월 01일
- 연방제 목맨 필리핀 두테르테 "장기집권 안 해, 2020년 조기퇴진"

(Reuters 03. 01; 연합뉴스 03. 01 재인용)

— 두테르테 필리핀 대통령이 연방제 도입에 속도를 내고 장기집권 의혹을 불식시키기 위해 조기 퇴진하겠다는 수를 두었다. 그는 "2020년까지 물러날 것이다. 2022년까지 기다리지 않겠다"며 "나는 늙었고 더는 야망도 없고 쉬고 싶다"고 말했다. 필리핀 의회는 두테르테 대통령의 공약에 따라 대통령 6년 단임제를 내각제로 전환하고 연방제 도입을 골자로 하는 개헌을 추진하고 있다. 상·하원 모두 친 두테르테 진영으로 이뤄져 있어 개헌에 순항이 예상되지만, 반발 여론이 변수다.

03월 08일

• '스트롱맨' 필리핀 두테르테, 대립각 세운 대법원장 축출

(Philstar 03. 08; 연합뉴스 03. 08 재인용)

– 필리핀의 '스트롱맨'(철권 통치자 또는 독재자)로 불리는 로드리고 두테르테 대통령이 3월 8일, 그동안 대립했던 대법원장을 사실상 내쫓았다. 2012년 필리핀 첫 여성 대법원장으로 임명된 마리아 루르데스 세레노(Maria Lourdes Sereno) 대법원장은 마약 유혈 소탕전과 계엄령 선포에 비판의 목소리를 내면서 두테르테 대통령과 마찰을 빚어왔다. 두테르테 대통령은 2017년부터 세레노 대법원장의 탄핵을 희망한다고 공공연하게 말해왔다. 필리핀 하원 사법위원회는 이날 마리아 루르데스 세레노 대법원장에 대한 탄핵안을 절대다수의 찬성으로 통과시켜 본회의에 부쳤다. 상하원 모두 친(親)두테르테 진영이 장악하고 있어 세레노 대법원장의 탄핵이 사실상 이뤄질 것이라 관측된다.

03월 14일

• 필리핀 마약과 전쟁: 국제형사재판소(Internationl Criminal Court, ICC)에서 탈퇴하는 두테르테
(BBC News 03. 14)

– 두테르테 대통령은 국제형사재판소가 마약과의 전쟁에 대한 조사를 시작한 후 국제형사재판소에서 필리핀은 탈퇴할 것이라 언급했다. 두테르테 대통령은 "국제형사재판소가 필리핀에 대한 정치적 도구로 활용되고 있는 것은 분명하다"고 주장했다. 국제형사재판소는 두테르테 대통령의 "초법적 처형 의혹"에 대해 2월부터 조사하기 시작했다. 국제형사재판소 검사는 재판소가 초법적 사형에 대한 보고서를 조사할 것이라고 말했다. 두테르테는 국제형사재판소를 "즉시 탈퇴할 것"이라고 말했지만 국제형사재판소는 탈퇴 효력은 탈퇴 공식 통고가 있은 지 1년 뒤에 발휘된다고 전했다.

10차(3월 말~4월 말)

김우진

인도에서 계급 갈등이 첨예화되고 있다. 달리트 보호를 위해 고안된 법률을 완화하는 대법원 판결에 대항하여 달리트들은 전국적인 시위를 벌였다(BBC 2018. 04. 02). 이에 정부는 대법원 재심을 청구했지만 야당은 늑장 대응이라며 비판했다(연합뉴스 2018. 04. 02).

필리핀 정부는 자국민들 인권 침해에 대한 국제적 목소리에 강경한 입장을 취하고 있다. 마약과의 전쟁 과정에서 일어난 초법적 처형을 비판한 바 있는 자코모 필리베크(Giacomo Filibeck) 유럽사회당(Party of European Socialists, PES) 사무부총장은 필리핀 중부 세부공항에 도착한 직후 억류됐다가 곧바로 추방됐으며(Rappler 2018. 04. 15), 필리핀 이민국은 호주인 수녀가 불법 정치 활동에 참여했다는 이유로 30일 안에 필리핀을 떠나라고 명령했다(Philstar 2018. 04. 25).

대만 양안 갈등이 심화되고 있다. 라이칭더 행정원장이 중국의 강력한 경고에도 '하나의 중국'을 재차 일축하며 '독립 행보'를 이어감에 따라 중국 당국이 거세게 반발하고 나서는 등 논란이 재연되고 있다(연합뉴스 2018. 04. 04). 한편, 중국군이 대만해협에서 훈련을 실시해 대만이 강경한 대응 방침을 천명하는 등 양안관계가 다시 얼어붙을 조짐을 보이고 있다(연합뉴스 2018. 04. 16).

인도

04월 02일

• 인도 카스트 제도에 반대하는 대중 시위 도중 8명 사망　　　　　(BBC 04. 02)

– 인도에서 '불가촉천민'이라 불리던 카스트 최하층 '달리트'가 대법원의 결정에 반발해 전국적으로 시위를 벌이면서 경찰과 충돌해 적어도 8명이 사망했다. 법원은 판결문에서 이 법이 "과격하게 잘못 사용되고 있다"고 말했다. 법원은 그 근거로 2015년 관련 사건 중 15~16%가 거짓으로 드러났으며, 개인을 음해하거나 괴롭히기 위한 목적으로 신고된 사건이 많다고 밝혔다. 따라서 법원은 관련 형사 사건을 '선 체포,

후 등록'하는 기존의 방식을 중단하고, 혐의가 발생할 시 7일 이내에 경찰 예비 조사를 실시하도록 의무화했다. 달리트는 대법원의 '달리트 보호 법규' 완화 판결이 자신들을 보호하는 법적 장치를 앗아갔다고 주장했다. 인도 전역에서 이번 시위의 영향으로 일부 열차 편이 취소되고, 도로 통행이 차단됐다. 연방정부는 대법원에 이번 결정의 재심을 청구했다.

04월 10일

· 인도, 이번엔 하층 카스트 할당제 반대시위 우려···치안 강화

(NDTV 04. 10; 연합뉴스 04. 10 재인용)

- 인도에서 4월 2일 하층 카스트에 불리한 대법원 결정에 항의하는 대규모 시위가 발생한 데 이어 이번에는 하층 카스트에 대한 혜택에 반대하는 중·상층 카스트가 대규모 시위에 나설 것이라는 예상에 정부가 예의주시하고 있다. 연방 내무부는 4월 2일, 대학 진학이나 공무원 선발에서 하층 카스트 주민에 대한 할당제에 반대하는 '총궐기'가 전국적으로 있을 수 있다면서 각 주 정부에 치안을 강화하고 불의의 사태에 대비하라고 지시했다. 실제로 이날 오전 동부 비하르주에서는 시위대가 도로와 철도를 막고 시위를 일으켰으며 카스트 집단 사이의 충돌도 발생했다. 연방정부가 대법원의 결정에 재심을 청구하는 등 민심 수습에 나서면서 시위 열기가 어느 정도 가라앉았지만, 이후 상층 카스트 주민들이 달리트 출신 주의회 의원의 집에 방화하는 등 카스트 간 갈등이 지속되고 있다.

04월 14일

· 모디 총리, '지정 카스트·지정 부족 보호 법률' 완화에 반대해

(The Times Of India 04. 14)

- 나렌드라 모디 총리는 '지정 카스트·지정 부족 보호 법률'(잔학 행위 방지법)을 완화하는 대법원 판결에 "정부는 달리트들의 권리를 침해하는 법안을 허락하지 않을 것"이라고 언급했다. 사태에 대한 대응이 늦었다는 야당의 공격에 모디 현 총리는 "'지정 카스트·지정 부족 보호 법률'을 완화하는 판결에 정부는 즉시 검토 청원서를 제출했으며, 판결 날짜와 검토 접수 사이에 6일간의 공휴일이 있었다"고 대응했다. 오

히려 모디 총리는 정부가 "반(反) 달리트 잔학 행위로 간주될 범죄 건수를 22건에서 47건으로 늘림으로써 2015년에 '지정 카스트·지정 부족 보호 법률'을 강화한 정부"라고 강조했다.

04월 25일

• 필리핀, '초법적 처형' 비판한 유럽연합 정치인 입국 불허

(Rappler 04. 15; 연합뉴스 04. 15 재인용)

– 필리핀 정부가 마약과의 유혈전쟁 과정에서 발생한 '초법적 처형' 의혹을 비판한 유럽연합 정치인의 입국을 허가하지 않았다. 국제형사재판소가 초법적 처형 의혹에 대한 예비조사에 착수한 것에 반발해 국제형사재판소 탈퇴를 선언한 필리핀이 국제사회의 비판 목소리에 귀를 닫겠다는 뜻을 분명하게 밝힌 것으로 해석됐다. 자코모 필리베크 유럽사회당 사무부총장은 4월 15일 필리핀 중부 세부공항에 도착한 직후 억류됐다가 곧바로 추방됐다. 그는 2017년 10월 필리핀에서 마약과의 전쟁 과정 중 발생한 폭력성을 비판한 바 있다. 로드리고 두테르테 대통령은 취임 이후에 마약사범 유혈 소탕으로 4천여 명을 재판과정 없이 처형했다는 '초법적 처형' 비판을 받고 있다.

04월 25일

• 두테르테, 27년 봉사활동 호주 수녀 추방 (Philstar 04. 25)

– 4월 25일 필리핀 이민국은 이날 호주인 수녀 퍼트리샤 폭스(Patricia Fox)에게 30일 안에 필리핀을 떠나라고 명령했다. 필리핀 이민국은 선교사 비자로 체류하고 있는 폭스가 불법 정치 활동에 참여했다고 주장했다. 폭스가 최근 필리핀 농부들에 대한 군인들의 인권침해 실태를 확인하는 대표단에 참여했다며 관련 사진을 공개했다. 당국은 4월 16일에 '바람직하지 않은 외국인'이라며 폭스를 체포했다가 24시간 만에 풀어주기도 했다. 두테르테 대통령은 지난주 군인을 대상으로 한 연설에서 자신이 이민국에 폭스에 대한 조사를 지시했다고 밝혔다. 그는 당시 폭스를 겨냥해 "외국인인

당신은 수녀의 탈을 쓰고 나를 모욕하고 있다"면서 "그것은 주권을 침해하는 것"이라고 주장했다. 그렇기 때문에 이민국의 추방 명령은 두테르테 대통령의 뜻으로 해석된다.

대만

04월 04일

・대만 행정원장 "나는 독립론자"…中 "독립은 죽음의 길" 경고

(聯合報 04. 04; 연합뉴스 04. 04 재인용)

— 대만 라이칭더 행정원장이 중국의 강력한 경고에도 '하나의 중국'을 재차 일축하며 '독립 행보'를 이어가면서 중국 당국이 거세게 반발하는 등 논란이 되고 있다. 라이 원장은 '표현의 자유 신시대의 도전'을 주제로 열린 이날 포럼 연설에서 스스로를 "대만독립 지지자"라고 가리키면서 "대만독립을 주장했던 정난룽(鄭南榕)의 분신자살을 매우 안타까운 사건"이라고 말했다. 주간지 『자유시대』 창립자인 정난룽은 급진적인 대만독립론자이다. 라이 원장이 최근 대만 독립론을 천명하자 중국 당국은 마샤오광 대만판공실 대변인을 통해 라이 원장을 직접 거명하며 "매우 위험하고 주제넘은 발언"이라고 직설했다. 중국 당국은 대만독립이 '죽음에 이르는 길'이라며 라이 원장을 질타하고 나서는 등 양안 긴장이 한층 고조될 조짐을 보이고 있다.

11차(4월 말~5월 말)

김우진

대만에서 공무원 연금을 삭감하는 개혁안을 놓고 정치권 내 갈등이 심화되고 있다. 보수야당인 국민당 의원들이 공무원 연금개혁안 검토에 항의했고 이 과정에서 폭력 사태가 벌어졌다(Taipeitimes 2018. 05. 10). 한편, 취임 2주년을 맞는 차이잉원 대만 총통의 국정수행 지지율이 일부 조사에서 20%대 후반까지 추락한 것으로 나타났다(연합뉴스 2018. 05. 15).

필리핀 경찰은 5월 14일 있었던 바랑가이(barangay, 기초자치단체) 선거 과정까지 35명이 사망하고 27명이 부상당했다고 발표했으며, 피해자는 현직 관료, 후보자, 지지자 등 다양하다(Rappler 2018. 05. 14). 바랑가이 선거는 3년마다 실시되며 당초 2016년 치러질 예정이었지만, 로드리고 두테르테 대통령이 '마약과의 전쟁'을 이유로 2년가량 연기했다(연합뉴스 2018. 05. 14).

인도에서는 내년 총선 분위기를 가늠해볼 수 있을 것으로 주목받은 남부 카르나타카(Karnatak)주 의회 선거에서 1위를 차지한 여당 인도인민당과 2위를 차지한 제1야당 인도인민회의(Indian National Congress) 두 정당은 과반 의석을 확보하기 위해 지역 정당과 연대하기를 선언했다(BBC 2018. 05. 16).

인도

05월 05일

· 인도서 또 10대 소녀 집단성폭행·살해···용의자 16명 체포

(NDTV 05. 05; 연합뉴스 05. 05 재인용)

– 인도에서 10대 소녀가 주민들에 의해 집단성폭행 당하고 살해돼 공분이 일고 있다. 동부 자르칸드주 차트라 지역 한 마을에서 최근 16세 소녀가 집단성폭행 당한 뒤 불에 타 숨졌다. 가족들 증언에 따르면 이 소녀는 지난 부모가 먼 곳에서 열린 결혼식에 참석하느라 집을 떠난 사이 주민 4명에게 성폭행 당했다. 소녀의 아버지는 딸이 성폭행당한 사실을 알게 되자 인도 전통적인 마을 분쟁해결기구인 판차야트(마을 회

의)에 이 사건을 신고했다. 판차야트는 성폭행 가해자들에게 벌금 5만 루피(80만 원)와 윗몸일으키기 100회를 부과하는 것으로 사건을 종결하도록 결정했다. 하지만 가해자들은 적반하장으로 다음날 무리를 데리고 피해자의 집을 찾아와 부모를 구타하고 딸의 몸에 불을 붙여 숨지게 했다고 피해가족은 주장했다. 나렌드라 모디 인도 총리는 성폭행 엄벌 여론이 높아지자 지난달 21일 16세 이하 여성을 성폭행했을 때 최저형을 징역 10년에서 20년으로 높였다. 특히 12세 이하 아동을 성폭행했을 때에는 최고 사형으로까지 처벌하도록 하는 등 성폭행 처벌을 대폭 강화한 긴급행정명령을 발표했다.

05월 16일

• 인도 여당, '총선 풍향계' 주의회선거서 1위   (NDTV 05. 16; 연합뉴스 05. 16 재인용)
– 인도의 집권당과 주요 야당은 모두 지방 선거 뒤, 남부 카르나타카(Karnataka)주에 정부를 구성할 것이라 언급했다. 선거관리위원회에 따르면 인도인민당은 의석수 222석 가운데 104석을 얻었지만 과반 의석수에 8석이 부족한 것으로 나타났다. 한편, 인도국민회의가 78석으로 2위, 지역정당 자나타달-세큘러(JDS)가 38석으로 3위를 차지했다. 인도인민회의는 3위 자나타달-세큘러(JDS)와 연정을 재빨리 선언하고 무소속 의원을 보태 117석으로 주 정부를 구성하겠다고 발표했다. 하지만 인도인민당 역시 무소속과 인도인민당, 자나타달-세큘러(JDS) 소속 주 의원 당선자들과 개별 접촉을 통해 과반 의석 확보에 나선 것으로 알려지며 카르나타카 정부를 누가 차지하기 위한 합종연횡이 일어날 것으로 전망된다.

필리핀

05월 11일

• '스트롱맨' 두테르테에 맞선 필리핀 대법원장 결국 축출
(Philstar 05. 11; 연합뉴스 05. 11 재인용)
– 필리핀 로드리고 두테르테 대통령에게 정면으로 맞섰던 필리핀 최초 여성 대법원장이 결국 축출됐다. 필리핀 대법원은 5월 11일 마리아 루르데스 세레노 대법원장

의 자격을 박탈했다. 불성실 재산 신고 등을 이유로 법무차관이 제출한 세레노 대법원장 파면 청원이 표결에 참가한 동료 대법관 14명 가운데 8명의 찬성으로 통과됐다. 세레노 대법원장은 의혹을 전면 부인하며 표결에 참여하지 않았다. 표결 직후 대법원 주변에 모인 지지자 1,800여 명에게 "오늘은 끝이 아니라 시작"이라며 "더 크고 더 강한 적과 맞서기 위해 우리 모두 뭉쳐야 한다"고 언급했다. 세레노 대법원장은 마약 유혈소탕전과 계엄령 선포에 비판적이었고 두테르테 대통령과 마찰을 빚었다. 두테르테 대통령은 2017년부터 세레노 대법원장의 탄핵을 바란다고 언급했다. 이 때문에 세레노 대법원장에 대한 탄핵안이 국회 본회의에서 통과됐다는 분석이다.

05월 14일

• 필리핀 바랑가이(기초자치단체) 투표 과정에서 35명 사망

(Inquirer 05. 14; 연합뉴스 05. 14 재인용)

– 5년 만에 필리핀 기초자치단체(바랑가이)의 대표와 의원을 뽑는 선거가 5월 14일 오전 7시(이하 현지시간) 4만 2,044개 바랑가이에서 일제히 시작됐다. 필리핀 경찰은 이날 오전 6시 이번 선거와 관련해 33명이 총격으로 피살됐고 26명이 부상 당한 것으로 발표했다. 숨진 33명 가운데 18명은 현직 정부 관료이고 4명은 후보였으며 3명은 전직 관료로 나타났다. 또 2명은 지지자였고, 6명은 시민이었다. 경찰은 용의자 126명 가운데 6명을 체포했다고 밝혔다. 바랑가이 선거는 3년마다 실시되기 때문에 애초 2016년 치러질 예정이었지만, 로드리고 두테르테 대통령이 '마약과의 전쟁'을 이유로 2년가량 늦췄다. 이 때문에 이번 선거는 그 어느 때보다 과열됐다.

대만

05월 10일

• 공무원 연금을 둘러싼 양당 갈등　　　　　　　　　　　　　(Taipeitimes 05. 10)

– 국민당(KMT) 의원들이 공무원 연금 개혁안에 대한 검토에 항의하는 과정에서 난투가 벌어졌다. 10시 10분에 시작된 회의에서 마이크로폰과 휴대용 연설자를 데려온 국민당 의원들은 개혁안을 검토하기 전에 연금 개혁에 대한 세부 번호를 제공할

것을 요구했다. 왕정우(王定宇) 위원장이 국민당 의원들에게 마이크를 사용하는 것은 규칙에 위배되므로 사용하지 말 것을 요청했다. 민주진보당 의원인 우평주(吳秉在)는 국민당 의원들이 왕정우 위원장의 요청을 무시하는 것을 보고 마이크를 압수하려 했다. 국민당 의원인 이연희(李彥秀), 린리찬(林麗蟬), 스카카코(鄭天財)는 그를 제지했다. 양측은 회의실 입구에서 방의 뒤쪽에 있는 기자실까지 밀어붙이기 시작했다. 한 입법부 직원이 부상을 입는 등 유혈 사태가 벌어졌다.

05월 15일
· 대만 차이잉원 취임 2년…지지율 '바닥'·회의론 '비등'

(聯合報 05. 15; 연합뉴스 05. 15 재인용)

− 오는 20일로 취임 2주년을 맞는 차이잉원 대만 총통의 국정수행 지지율이 일부 조사에서 20%대 후반까지 하락했다. 차이 총통은 이에 대해 "개혁을 추진하는 과정에서 마주할 수밖에 없는 필연적 현상"이라며 '개혁'을 지속적으로 추진해나갈 것이라 주장했다. 지난 5월 9~11일 성인남녀 1천19명을 대상으로 설문조사를 실시한 결과 차이 총통의 국정에 '만족한다'는 응답자는 29%에 그쳤다. '불만'이라는 답변은 작년보다 6%p 늘어나 56%였다. 차이 총통은 이와 관련해 전날 한 라디오 방송 인터뷰에서 "개혁의 길에서 마주할 수 있는 필연의 과정"이라고 언급했다. 그는 "현재 많은 개혁이 중요한 단계에 이른 만큼 만족도가 너무 높게 나타날 리 없을 것"이라며 "하는 일이 옳고 대만에 유익하다고 생각되면 꾸준히 앞으로 나아갈 것"이라고 말했다.

12차(5월 말~6월 말)

로드리고 두테르테 대통령(Rodrigo duterte)이 공개 석상에서 성경의 창세기와 원죄를 거론한 뒤 "바보 같은 명제"라면서 "완벽한 어떤 것을 만들고 그 우수함을 해치는 이벤트를 생각하는 이런 멍청한 신이 누구냐"고 언급했다(GMA 2018. 06. 24). 한편, '범죄와의 전쟁'을 벌이는 두테르테 대통령이 "야간에 거리를 배회하는 자는 잠재적인 골칫거리"라고 말한 지 불과 1주일 만에 경찰이 무려 7천여 명을 체포했다(GMA 2018. 06. 20; 연합뉴스 2018. 06. 20 재인용).

대만 당국이 중국의 외교·군사적 압박이 강화되자 친중국계 정당의 당원들을 대거 간첩 혐의로 기소해 반격에 나섰다(自由時報 2018. 06. 14; 연합뉴스 2018. 06. 14 재인용).

인도에서는 카슈미르 분쟁이 심화되고 있다. 카슈미르주(州)에서 6월 2일 경찰의 과잉 진압으로 시위 참가자 3명이 사상한 데 항의하는 주민들의 격렬한 시위가 벌어졌다(연합뉴스 2018. 06. 03). 또한, 파키스탄과 영유권 분쟁에 주민들의 분리주의 운동이 더해져 '인도의 화약고'로 불린 카슈미르에서 줄곧 '카슈미르의 평화'를 강조해온 언론인 슈자트 부카리(Shujaat Bukhari)가 괴한의 총에 맞아 숨졌다(NDTV 2018. 06. 15).

인도

06월 14일

• 인도, 유엔 카슈미르 인권침해 실태 조사에 반발　　　　　　　　　**(연합뉴스 06. 14)**

– 자이드 라드 알 후세인(Zeid Ra'ad Al Hussein) 유엔 인권 최고대표는 인도, 파키스탄의 영유권 분쟁 지역인 카슈미르에서 양쪽 군·경찰이 심각한 인권침해를 저지르고 있다며 독립조사위원회(COI) 구성을 제안했다. 유엔인권고등관무관실(OHCHR)은 이날 카슈미르 인권침해 실태를 다룬 보고서도 펴냈다. 유엔 인권기구가 카슈미르 분쟁 관련 공식 보고서를 낸 것은 처음이다. 유엔은 오랜 기간 공권력의 인권침해가 묵

인됐고 처벌받은 사람도 없다며 책임 규명을 촉구했다. 유엔인권고등판무관실은 이후 간접 증거 조사에 나서 3년 동안 주로 인도령 카슈미르에서 벌어진 인권침해 실태를 조사했다. 보고서는 이 기간에 인도군이 최소 145명을 법적 절차 없이 사실상 살해했다고 비판했다. 이에 대해 인도 외교부는 "조사 내용이 잘못되었고 극도로 편향적이며 의도가 의문스럽다"면서 "인도는 이 보고서를 받아들일 수 없다"고 성명을 냈다.

06월 15일

• '카슈미르 평화' 주장한 인도 언론인, 괴한 총격에 피살 (NDTV 06. 15)

- 현지 일간 '라이징 카슈미르'의 편집장 슈자트 부카리(52)는 인도령 카슈미르(잠무-카슈미르 주) 스리나가르의 사무실에서 나와 차를 타던 중 오토바이를 탄 3명의 괴한이 쏜 총에 맞았다. 부카리 옆에 있던 경호원들도 괴한의 총에 맞아 1명이 숨지고 다른 1명은 중상을 입었다. 살해 동기는 아직 밝혀지지 않았다. 다만 유엔인권고등판무관실(OHCHR)이 카슈미르 인권침해 실태를 다룬 보고서와 관련해 부카리의 행보에 불만을 품은 측에서 범행을 저질렀을 가능성이 제기된다. 부카리는 18년 전부터 살해 위협을 받았기에 줄곧 경호원과 함께 움직였다. 라지나트 싱(Rajnath singh) 인도 내무부장관은 부카리 살해는 비겁한 테러 행위라고 비판했다. 메부바 무프티 잠무-카슈미르 주 주총리는 "평화를 회복하려는 노력을 훼손하려는 세력에 맞서 뭉쳐야 한다"면서 "정의가 실현될 것"이라고 말해 조속한 범인 검거를 약속했다.

필리핀

06월 20일

• 두테르테 계엄령 선포?…1주일 만에 '야간 배회' 7천 명 체포

(GMA 06. 20; 연합뉴스 06. 20 재인용)

- 두테르테 필리핀 대통령이 "야간에 거리를 배회하는 자가 잠재적인 골칫거리"라고 언급한 뒤 경찰은 무려 7천여 명을 체포했다. 두테르테 대통령은 6월 13일 야간에 거리를 배회하는 이들에 대해 엄중히 대처하라고 지시했다. 두테르테 대통령은 당시

"배회하는 이들이 집에 돌아가는 것을 거부하면 연행해도 좋다"고 말했다. 이후 마닐라 경찰청은 대대적인 단속을 벌였다. 체포 사유는 통행금지 위반, 길거리 음주, 과도한 신체 노출, 도박 등으로 발표했다. 이 과정에 경찰의 과잉단속에 문제가 제기됐다. 6월 16일 오후 11시께 주점에 가려고 집 앞에서 친구를 기다리던 청년 6명이 아무런 이유 없이 경찰에 연행돼 1시간가량 구금되는 일이 벌어졌다. 한편, 두테르테 대통령이 계엄령을 선포하려는 것 아니냐는 우려에 대통령궁 대변인은 "대통령은 계엄령을 선포할 의사가 전혀 없다"고 언급했다.

06월 22일
· 두테르테, 신성모독 논란 "멍청한 신" 가톨릭과 대립

(Philstar 06. 24; 이데일리 06. 24 재인용)

– 필리핀의 로드리고 두테르테 대통령이 이번에는 신성모독 발언으로 논란에 빠졌다. 두테르테 대통령은 6월 22일 다바오시에서 열린 ICT 서밋 개막식에서 성경 창세기를 거론하며 신성모독성 발언을 했다. 두테르테는 이 자리에서 "신이 자신을 기쁘게 해줄 이가 없어 외로운 나머지 지구와 세계, 아담과 이브를 창조했다"며 기독교 성서 중 하나인 창세기를 비하하는 발언을 했다. 이어 창세기의 선악과 이야기(이브가 선악과를 먹고 부끄러움을 알게됐다는 내용)를 언급한 뒤 "그 때문에 우리는 원죄를 갖고 태어나고 심지어 배 속에 있을 때부터 죄를 짓고 있다고 한다. 이런 종교가 어디 있냐"고 말했다. 두테르테는 "이는 매우 바보 같은 명제다. 나는 받아들일 수 없다"고 언급하면서 "완벽한 것을 만든 뒤 그것을 해치는 이벤트를 생각하는 멍청한 신(stupid god)이 누구냐"며 독설했다. 한편, 두테르테의 발언이 알려진 뒤 필리핀 내부에서 비판이 이어지고 있다. 특히 필리핀 국민 80% 이상이 가톨릭신자인 점을 감안할 때 대통령의 언행이 매우 부적절했다는 지적이 많다.

06월 14일

• 대만, 중국에 반격…친중정당 당원 간첩혐의 기소

(自由時報 06. 14; 연합뉴스 06. 14 재인용)

– 중국의 외교·군사적 압박이 강화되자 대만 당국이 친중국계 정당의 당원들을 대거 간첩 혐의로 기소해 반격했다. 대만 타이베이 지검은 중국과의 통일을 주창해온 신당(新黨) 소속의 왕빙중 대변인 등 4명을 국가안전법 위반 혐의로 기소했다. 이들은 2014년 5월 간첩죄로 수감 중인 중국인 유학생 저우훙쉬(周泓旭)에 포섭돼 같은 해 12월 중국 대만판공실 및 상하이 대외연락판공실 관리의 지시를 받고 비밀단체를 조직한 혐의를 받고 있다. 검찰은 이들이 대만 전·현직 군인과 각계 인사들을 상대로 조직적인 간첩 활동을 벌였다고 밝혔다. 검찰은 이들이 랴오위안(燎原)신문망, 신중화자녀학회(新中華兒女學會) 등을 설립해 대만 내 통일전선 계획을 추진한 것으로 보고 있다. 중국은 대만 당국의 친중국계 인사에 대한 대대적 기소 조치에 반발했다. 마샤오광 중국 대만판공실 대변인은 "정신 나간 행위"라며 "양안 동포들이 만장일치로 반대하고 비난할 것"이라고 밝혔다. 마 대변인은 "민진당 당국과 대만독립 세력이 통일과 인사에 대한 탄압을 가하고 있지만 양안 인민의 교류와 협력에 대한 민의와 역사적인 추세는 막지 못할 것"이라고 덧붙였다.

13차(6월 말~7월 말)

김우진

인도 구자라트주(州) 인도인민당 지역위원회 부회장인 자얀티 바누샬리(Jayanti bhanushali)는 자신의 성폭행 혐의가 불거져 사임하는 등 집권당이 성 추문에 휘말렸다(NDTV 2018. 07. 13; 연합뉴스 2018. 07. 14 재인용). 이와 더불어 지방 실정 문제로 내각불신임투표가 실시됐으나 나렌드라 모디 총리가 이끄는 인도 정부가 내각불신임을 면했다(NDTV 2018. 07. 20).

차이잉원 대만 총통이 중국을 방문해 친중노선을 보이는 롄잔(連戰) 전 국민당 주석을 겨냥해 '매판자본'이라고 비난하며 양안관계 회복에 매달리지 않겠다는 입장을 보였다(自由時報 2018. 07. 16; 연합뉴스 2018. 07. 16 재인용).

필리핀 두테르테 대통령이 내각제 전환과 연방제 도입을 골자로 하는 개헌안에 지지한다는 입장을 밝혀 장기집권 의혹이 제기됐다(GMA 2018. 07. 10; 연합뉴스 2018. 07. 10 재인용). 한편, 필리핀 남부 민다나오섬에 이슬람 자치정부를 수립하기 위한 법률 개정안이 의회를 통과하면서 50년가량 이어진 정부군과 이슬람 반군의 내전이 공식 종식될 것이라는 기대감이 커지고 있다(Philstar 2018. 07. 19).

인도

07월 13일

• 성범죄에 시달리는 인도…이번엔 집권여당 논란에 휘말려

(NDTV 07. 13; 연합뉴스 07. 14 재인용)

- 인도 구자라트주(州) BJP 지역위원회 부회장인 자얀티 바누샬리는 자신의 성폭행 혐의가 불거지자 이날 사임했다. 전직 주 의원인 바누샬리는 그러나 지역위원장에게 사직서를 제출하면서도 결백을 주장했다. 그런 혐의는 자신의 이미지를 실추시키기 위한 음모라는 것이다. 앞서 수라트에 사는 21세의 한 여성은 지난해 11월부터 바누샬리에게 수차례 성폭행당했다며 지난 10일 지역 경찰서에 신고했다. 이 여성은 "바누샬리가 유명 패션 디자인 대학 입학을 약속하며 성폭행을 저질렀다"며 "바누샬

리 측은 관련 장면을 촬영해 협박도 했다"고 주장했다. 이밖에 인도에서는 아동을 대상으로 한 성범죄가 최근 잇따라 벌어져 충격을 주고 있다. 이에 나렌드라 모디 인도 총리는 지난 4월 16세 이하 여성을 상대로 성폭행을 했을 경우 최저 처벌 수위를 징역 10년에서 20년으로 높였다. 특히 12세 이하 아동을 성폭행했을 때에는 최고 사형으로까지 처벌하도록 하는 등 성폭행 처벌을 대폭 강화한 긴급행정명령을 발표하기도 했다.

07월 20일

• 모디 정부, 야당들의 불신임결의안 압도적인 표 차로 방어 성공

(The Economic Times 07. 21)

- 7월 20일 인도 연방 하원, 야당들이 제기한 모디 정부의 불신임결의안 관련 토론 및 표결 절차를 진행했다. 불신임안은 집권당 인도국민당(BJP) 등을 비롯한 여당 연대 세력이 325표의 무더기 반대표를 던지면서 부결됐다. 인도 하원 총 재적 의원 수는 544명이며 공석 등을 제외하면 534명이 이날 투표권을 행사할 수 있었다. 기권 등을 제외하고 실제 투표에 참여한 의원은 451명이며 불신임 찬성표는 126표에 그쳤다. 투표에 참석한 양측은 이날 오전부터 이후 12시간 동안 열띤 토론과 언쟁을 벌였다. 표결은 현지시간으로 23시 이후에 진행됐다. 나렌드라 모디 총리는 라훌 간디(Rahul gandi) 콩그레스(Congress) 대표가 제기했던 '실정' 이슈를 조목조목 반박하며 토론의 말미를 장식했다. 실정 이슈는 라팔 전투기 도입 사업 스캔들, 2016년 카슈미르 통제선 인근 정밀 타격 이슈, 도클람에서의 중국과 충돌, 안드라프라데시-텔랑가나 분리, 은행권 부실자산 문제 등이 있다.

필리핀

07월 10일

• 필리핀 두테르테 연방제 개헌 본격 추진　　　(GMA 07. 10; 연합뉴스 07. 10 재인용)

- 필리핀의 '스트롱맨'(철권통치자)으로 불리는 로드리고 두테르테 대통령이 연방제 개헌을 추진하고 있다. 그러나 집권을 연장하려는 게 아니냐는 의혹이 제기되고 있

다. 두테르테 대통령은 7월 9일 자문위원회가 제출한 연방제 개헌안에 긍정적인 입장을 밝혔다. 개헌안은 대통령 6년 단임제를 내각제로 전환하고 연방제를 도입을 골자로 했다. 연방제하에서 4년 중임이 가능한 대통령이 국방과 외교를 담당하고, 총리가 행정 수반을 맡게 된다. 또 대통령이 계엄령을 선포할 수 있는 정당한 사유를 현행 '침략 또는 반란'에서 '무법적 폭력'으로 범위를 대폭 넓혔다. 이 때문에 좌파와 야당 일각에서는 오는 2022년 임기가 끝나는 두테르테 대통령이 최장 8년간 집권을 연장하면서 무소불위의 권한을 행사하려고 하는 게 아니냐는 의혹이 제기됐다. 두테르테 대통령도 이를 의식한 듯 개헌안이 통과되면 연방제 시행을 앞두고 대통령을 새로 선출한다는 임시조항을 넣어달라고 자문위원회에 요청했다. 상·하원 모두 친 두테르테 진영이 장악하고 있어 개헌은 무난할 것으로 관측되지만, 반발 여론이 변수다. 최근 발표된 여론조사에서도 국민의 37%만 연방제 개헌을 지지했고, 29%는 반대하는 것으로 나왔다.

07월 19일

• 이슬람 자치법안 상하원 합동회의 통과 (Philstar 07. 19)

– 필리핀 남부 민다나오섬에 이슬람 자치정부를 수립하기 위한 법률개정안이 의회를 통과하면서 50년가량 이어진 정부군과 이슬람 반군의 내전이 공식 종식될 것이라는 기대감이 커지고 있다. 필리핀 상하원 합동회의는 전날 민다나오섬에 '방사모로 자치정부'를 세우기 위한 기본법 수정안을 공식 승인했다. 양원이 각각 통과시킨 기본법에서 이견을 없앤 수정안에 따르면 방사모로 기본법(Bangsamoro Basic Law, BBL)이 발효되면 민다나오섬에 입법, 행정, 재정권 등을 갖는 이슬람 자치정부가 들어선다. 상하원이 오는 23일 각각 수정안을 처리하고 로드리고 두테르테 대통령이 서명하면 입법 절차가 모두 끝난다. 필리핀 정부와 최대 반군단체 모로이슬람해방전선(MILF)이 2014년 3월 평화협정을 체결한 지 4년여 만이다. 정부군과 MILF가 50년 가까이 전쟁을 벌이는 과정에 양측 병력과 주민 등 12만 명 이상이 숨졌고, 200만 명이 삶의 터전을 버리고 이주해야 했다. 두테르테 행정부는 방사모로 자치정부가 들어서면 이슬람 극단주의자들의 세력 확장을 막고 평화체제를 유지할 수 있을 것으로 기대하고 있다.

07월 16일

• 차이잉원 대만 총통만 총통, 친중노선 국민당에 맹비난

(自由時報 07. 16; 연합뉴스 07. 16 재인용)

- 차이잉원 대만 총통이 중국을 방문해 친중노선을 보이는 롄잔 전 국민당 주석을 겨냥해 '매판자본'이라고 비난하며 양안관계 회복에 매달리지 않겠다는 입장을 보였다. 집권 민진당 주석을 겸하는 차이 총통은 전날 민진당 전당대회에 참석해 "집권시기 양안관계를 주도하면서 대만의 존엄을 잊게 한 매판자본이 누구냐"고 물었다. 매판자본은 외국자본과 결탁해 자국민 이익을 해치는 토착세력을 말한다. 친중성향을 보인 이전 국민당 정부를 비판하는 용어로 활용한 것이다. 양안의 공식교류가 중단된 가운데 롄 전 주석이 지난 7월 13일 시진핑(習近平) 중국 국가주석과 만나 '하나의 중국' 원칙에 동의하며 국민당 중심의 양안교류를 지속할 뜻을 내비친 데 대해 반대입장을 밝힌 것으로 해석된다. 차이 총통은 이어 "지난 2년간 중국의 압력에도 우리는 한발도 물러서지 않았다"면서 "앞으로 더욱 강인한 자세로 압력에 굴하지 않겠다는 뜻을 보여주고 지속해서 더 많은 국제 사회 지지를 얻어 내자"고 강조했다. 차이 총통의 이 같은 강경 발언으로 미뤄 양안관계 회복은 당분간 쉽지 않을 것으로 예상된다.

14차(7월 말~8월 말)

김우진

인도에서 잇따른 성폭행 범죄에 정부가 움직임을 보였다. 여아 성폭행범을 최고 사형에 처할 수 있는 법안이 인도 상원에서 구두표결로 통과되었다(NDTV 2018. 08. 06). 한편, 인도 남부를 강타한 홍수로 인해 사망자 수가 324명으로 늘어나고 공항 활주로 등이 물에 잠기는 등 곳곳에서 피해가 속출하고 있다(NDTV 2018. 08. 17; 연합뉴스 2018. 08. 17 재인용).

양안관계가 악화되고 있다. 중국과 대만의 갈등이 악화일로를 걷는 가운데 대만이 중국 본토를 타격할 수 있는 중거리 미사일을 배치했고, 대만의 미사일 배치에 맞서 중국도 미사일 요격 태세를 갖춘 것으로 분석됐다(SCMP 2018. 08. 09; 연합뉴스 2018. 08. 09 재인용). 한편, 미국과 중국 간 무역 전쟁이 고조된 상황에서 차이잉원 대만 총통이 미국을 방문하자 중국이 '하나의 중국' 원칙 수호를 강조하며 강력 반발했다(조선일보 2018. 08. 14).

교황청이 사형을 전면 불허하는 내용으로 교회 교리서를 수정했지만, 전체 인구의 80% 이상이 가톨릭 신자인 필리핀의 로드리고 두테르테 행정부는 사형제 부활을 계속 추진하겠다는 입장을 내놨다(NDTV 2018. 08. 17; 연합뉴스 2018. 08. 17 재인용).

인도

08월 06일

• "여자어린이 성폭행범에 최고 사형"…인도 의회, 법안 가결　　　　　**(NDTV 08. 07)**
– 의회는 8월 6일 12세 미만의 소녀 강간 혐의로 유죄 판결을 받은 사람들에게 사형을 언도하는 엄격한 법안을 통과시켰고 여아 성범죄에 대한 법률을 강화했다. 법안 개정에 따라 12세 이하 여아를 성폭행한 자에게 최소 20년 이상 징역에 최고 사형까지 선고할 수 있게 됐다. 16세 이하 미성년 여성에 대한 성폭행 최소 형량도 징역 10년에서 20년으로 늘렸다. 성인에 대한 강간 최저형도 징역 7년에서 10년으로 강화됐

다. 한편, 인도 정부는 잇따른 아동 성폭행 사건으로 국민의 반발이 생기자 지난 4월 이 같은 내용의 긴급행정명령을 통과시켰다. 이번 상원의 승인으로 긴급행정명령이 정식 법률로 인정됐다.

08월 17일

· **인도 남부 '100년 만의 홍수'로 324명 사망**   (NDTV 08. 17; 연합뉴스 08. 17 재인용)

– 대홍수가 인도를 강타해 사망자 수가 324명으로 늘어나고 공항 활주로가 물에 잠기는 등 피해가 발생하고 있다. 남부 케랄라(kerala)주(州)에서는 이번 폭우로 8월 16일 산사태가 발생해 40명의 사망자가 발생했고, 17일에도 희생자가 추가됐다. 피나라이 비자얀(Pinarayi Vijayan) 케랄라 주 총리는 17일 오후 6시(현지시간)께 "지난 8일부터 쏟아진 비로 사망한 희생자 수는 324명으로 증가했다"고 밝혔다. 케랄라주의 주요 공항인 코치 국제공항은 8월 26일까지 항공기 이착륙을 금지시켰다. 침수된 마을도 수백 곳에 달했다. 폭우 피해를 입은 도로 구간은 1만km에 이르는 것으로 전해졌다. 상황이 심각해지자 나렌드라 모디 총리도 현장을 직접 찾아 피해 지역을 살펴보기로 했다.

필리핀

08월 04일

· **필리핀 정부, 교황청 반대에도 사형제 부활 계속 추진**

(AP 08. 08; 연합뉴스 08. 08 재인용)

– 교황청이 사형을 전면 불허하는 내용으로 교회 교리서를 수정했지만, 전체 인구의 80% 이상이 가톨릭 신자인 필리핀의 로드리고 두테르테 행정부는 사형제 부활을 계속 추진하겠다는 입장을 내놨다. 해리 로케 대통령궁 대변인은 전날 언론 브리핑에서 "심각한 마약 관련 범죄자를 대상으로 한 사형제 재도입은 여전히 정부의 우선 과제"라고 말했다. 로케 대변인은 "이제 상원의 결정에 달려 있다"고 밝혔다. 필리핀 하원은 지난해 3월 마약사범을 사형에 처할 수 있는 법안을 의결해 상원에 넘겼다. 사형제 부활은 두테르테 대통령의 대선 공약이다. 두테르테 대통령은 "사형제를 부활

해 매일 범죄자 5~6명을 처형할 것"이라고 말한 바 있다. 그러나 사형제를 재도입하는 법안이 상원을 통과하기는 어려울 것으로 보인다. 사형제 부활에 찬성하는 상원 의원이 소수인 데다 필리핀에서 사형제를 폐지한 2006년 당시 대통령이었던 글로리아 아로요가 최근 국회의장직을 맡았기 때문이다.

08월 08일

• "개××…죽이겠다" 두테르테, 부패 경찰관에 욕설·살해 위협

(AP 08. 08; 연합뉴스 08. 08 재인용)

‒ 마약에 이어 부패와 전쟁을 선언한 로드리고 두테르테 필리핀 대통령이 범죄에 연루된 경찰관들을 불러 모은 뒤 욕설과 함께 살해 위협을 했다. 두테르테 대통령은 전날 각종 범죄에 연루된 경찰관 100여 명을 대통령궁 앞마당에 불러 놓고 "개×× … 계속 그러면 정말 너희를 죽일 것"이라고 위협했다. 그는 이어 "일부 경찰관이 연루된 사건은 재검토할 것이다. 하지만 특별 기관이 여러분을 평생 지켜볼 것이며 사소한 실수라도 저지르면 죽이라고 지시할 것"이라고 덧붙였다. 이날 대통령궁에 불려와 대통령의 욕설과 살해 협박을 받은 이들은 강간, 납치, 강도 등 사건과 관련해 행정 및 형사 소송에 연루된 현직 경찰관들이다. 지난 2016년 취임한 두테르테 대통령은 마약과의 전쟁을 선포하고 무자비한 마약범 단속을 벌였다. 이 과정에서 4천500명 이상이 재판 없이 사살됐다. 또 두테르테 대통령은 마약 단속 과정 등에서 경찰의 공권력 남용 등에 대한 논란이 불거지자, 경찰이 뿌리까지 썩었다며 마약 단속 과정에서 제외하기도 했다.

대만

08월 14일

• 대만 총통 환대한 美에 中 격앙…"'하나의 중국' 엄중히 지켜라"   (조선일보 08. 14)

‒ 미국과 중국 간 무역 전쟁이 고조된 상황에서 차이잉원 대만 총통이 미국을 방문하자 중국이 '하나의 중국' 원칙을 강조하며 강력 반발했다. 중국 관영 영자 매체 차이나데일리는 사설을 통해 "차이(총통)는 대만이 중국의 일부라는 사실을 지울 수 없

다"고 강조했다. 차이 총통이 전날 중남미 수교국 순방길에 출발하기 앞서 "그 누구도 대만의 존재를 지울 수 없도록 단호하게 대처할 것"이라고 말한 데 따른 비판으로 풀이된다. 차이 총통은 8월 12일(미국 시각) 대만 수교국인 파라과이와 벨리즈로 향하기 전 경유지인 미 로스앤젤레스(LA)를 방문했다. 중국은 차이 총통의 방미에 불편한 심기를 노골적으로 드러내고 있다. 겅솽(耿爽) 중국 외교부 대변인은 8월 13일 미국은 하나의 중국 원칙을 엄중히 지켜야 한다고 항의했다. 그러면서 그는 차이 총통의 미국 방문이 대만 독립 지지자들에 잘못된 신호가 되면 안 된다고 말했다.

15차(8월 말~9월 말)

백하은

88개의 광산 임대 갱신을 불법 허가한 혐의로 조사를 받고 있는 전 인도 구아주(州) 주총리 락미칸트 파세카(Laxmikant Parsekar)는 해당 사건이 현 주총리 마노하르 파리카르(Manohar Parrikar)가 부임하던 2014부터 진행돼 왔음을 밝혔다(NDTV 2018. 09. 07). 또한 마노하르 파리카르는 질병 치료차 미국으로 떠나 의회에 장기간 불참하면서 논란이 되고 있다(NDTV 2018. 09. 07).

중국이 정치헌금을 제공한 대만 기업들에게 '하나의 중국' 지지를 요구하면서 대만 정치헌금의 투명성과 정치적 선택의 자유가 우려되고 있다(自由時報 2018. 08. 29; 연합뉴스 2018. 08. 29 재인용). 한편 대만 인권단체(The Taiwan Association for Human Rights, TAHR)가 최근 발표한 보고서에 따르면 대만 정부가 수년간 국가안보를 위해 기업으로부터 받은 개인정보를 사용하여 비난을 받고 있다(SCMP 2018. 09. 09).

2017년 5월 선포된 필리핀 민다나오섬의 계엄령은 올해 말에 종료될 예정이었지만 두 차례의 테러로 정부 안팎에서 계엄령이 연장될 것에 대해 우려하고 있다(GMA 09. 03; 연합뉴스 09. 03 재인용). 이와 더불어 필리핀 대통령 로드리고 두테르테가 안토니오 트릴라네스(Antonio Trillanes) 상원의원 체포명령을 내렸다(Philstar 2018. 09. 09).

인도

09월 02일

• 인도 구아주 주총리 마노하르 파리카르 14억 4천 루피 광산 임대 비리 연루

(NDTV 09. 07)

- 전 인도 구아주 주총리 락미칸트 파세카가 88개의 광산의 임대 갱신을 불법적으로 허가한 혐의로 조사를 받던 중, 해당 사건이 마노하르 파리카르 주총리가 부임하던 2014부터 이미 진행돼 왔음을 밝혔다. 락미칸트 파세카는 "나는 고등법원의 승인

을 받은 주 정부의 정책에 따를 뿐이었다", "마노하르 파리카르의 임기 중에 이미 9개의 광산 갱신이 허가된 상태였기 때문에 나만의 책임일 수 없다"고 주장했다. 인도국민당은 행정감찰기관에게 두 소속의원의 비리 사건에 대해 신속히 수사를 진행하여 진실을 밝힐 것을 요구했다. 광산 임대 갱신에 반대해 왔던 고아자치재단(Goa Foundation)은 락미칸트 파세카의 책임 회피를 비판하며, 그의 전 비서인 파완 쿠마르 사인(Pawan Kumar Sain)과 프라사나 아차리아(Prasana Azeria)의 지질학 부장을 사건 연루 혐의로 고발하기 위해 로카유카주에 탄원서를 제출했다.

09월 06일

• 구아주 의회, 총리 마노하르 파리카르 미국행, 필요한 것인가?　　　　　(NDTV 09. 07)

– 구아주 주총리 마노하르 파리카르가 미국에서 소화불량 치료를 받기 위해 떠나면서, 의회는 임시적으로 마리둘라 신하(Mridula Sinha) 주지사를 매개로 한 대통령의 주정부 직접통치(President's rule)를 시행할 것을 요구했다. 총리 외에도 장관 판두랑 마드카이카와 프란시스 수자 역시 병가로 의회에 출석하지 않고 있다. 주요 관료가 부재하는 사태가 일어나면서 야당(INC) 대표이자 의회 대변인인 라마칸트 칼랍은 총리의 기한 없는 부재와 그의 행정권을 위임받은 자가 없다는 사실이 국가가 '헌법적 위기'에 직면해 있는 것과 같다고 언급하며 고아주 의회의 해산과 민주주의 성장이 지체되는 것을 우려했다. 더불어 고아주 의회 의장 기리쉬 초단카(Girish Chodankar)는 그들이 국가 비용으로 무료 의료 혜택을 받는 것에 대해 비판했다.

필리핀

09월 02일

• 필리핀 남부서 또 폭탄테러…최소 1명 사망·15명 부상

　　　　　　　　　　　　　　　　　(GMA 09. 03; 연합뉴스 09. 03 재인용)

– 민다나오섬에 있는 술탄쿠다라트주 이술란시의 한 카페에서 사제폭탄이 터졌다. 18세 청소년이 숨졌고 15명의 부상자가 나왔으며, 그중 4명은 위독한 상태여서 희생자가 더 늘어날 것으로 우려되고 있다. 이 장소는 2018년 8월 28일, 3명이 사망하고

30여 명의 부상자를 낸 폭탄테러 현장과 근접한 것으로 알려져 있다. 군은 이번 테러가 발생한 직후 용의자를 추적하고 있으며, 극단주의 무장단체이며 이슬람국가를 추종하는 반군 '방사모로 이슬람자유전사단(the Bangsamoro Liberation Fighetes, BIFF)'을 배후로 지목했다. 필리핀 대통령 로드리고 두테르테는 2017년 5월 IS를 추종하는 반군이 민다나오섬에 있는 마라위시를 점령하자 섬에 계엄령을 선포하고 정부군을 투입해 토벌작전을 벌였다. 이후 2차례 기한이 연장된 계엄령은 2018년도 말 종료될 예정이었지만 이번에 발생한 폭탄테러 이후 정부 안팎에서 계엄령 연장을 검토할 수 있다는 목소리가 나오고 있다.

09월 04일

• **필리핀 대통령 두테르테 로드리고, 트릴라네스 상원의원 체포 명령** (Philistar 09. 05)

– 로드리고 두테르테 필리핀 대통령이 안토니오 트릴라네스 상원의원에 체포 명령을 내렸으며, 트릴라네스 의원 체포를 위해 합법적인 모든 수단을 동원할 것을 언급했다. 2011년 필리핀 대통령 베니그노 아키노 3세 당시 트릴라네스 의원 사면 결정이 합법적이지 않다는 이유다. 이에 대해 트릴라네스는 두테르테 대통령의 체포명령은 불법적이며 정치탄압이라고 주장했다. 체포 명령에 대한 정치적 긴장 상황에서 일부 야당 정치인과 추종자들은 트릴라네스 의원에 대한지지를 표명하기 위해 상원을 방문했으며, 그가 상원의 보호하에 있을 예정이라고 전했다. 비센테 소토 3세 상원의장은 상원의원들의 합의하에 트릴라네스 의원을 보호하기로 결정했다고 밝혔다. 트릴라네스 대변인은 변호사들이 대법원에 대항하도록 대법원에 청원할 것이며, 정치적으로 야당을 박해하기 위해 대통령이 법률을 이용하는 것이라고 주장했다.

대만

08월 29일

• **"중국, 대륙 진출 대만기업 민진당 정치헌금 조사"**

(自由時報 08. 29; 연합뉴스 08. 29 재인용)

– 중국 정부가 대만 민진당에 정치헌금을 제공한 중국 내 대만 기업인을 조사 중인

것으로 알려져 파문이 일고 있다. 중국이 정치헌금을 제공한 것으로 드러난 대만 기업인들에게 '92공식', 하나의 중국을 인정하되 각자 명칭 사용에 대한 지지 표명을 요구하고 있기 때문이다. 중국의 조사가 본격화되자 중국내 대만 기업인이 민진당 측에 속히 해결책을 찾아 달라며 도움을 요청하고 있다. 일각에서는 중국의 정치자금 조사가 사실이라면 앞으로 중국 진출 대만 기업인들이 대만 정치인들에게 지원하는 정치헌금이 끊길 것이라는 우려가 나오고 있으며, 기업 아닌 개인 명의로 기부하는 방식으로 이를 피할 수 있지만 정치헌금 제도가 왜곡되는 결과를 초래할 수 있다고 지적했다. 린칭치(林淸淇) 대만 내정부 민정사(民政司)도 정치헌금을 공개적이고 투명하게 처리해야 하며, 기부 정보를 숨기고 비공개로 하는 것은 입법 정신에 어긋난다고 말했다.

09월 09일

- 대만 국민의 프라이버시는 어디로?　　　　　　　　　　　　　　　(SCMP 09. 09)

− 대만 인권단체가 최근 발표한 보고서에 따르면 대만 정부는 지난 수년간 범죄 소탕 및 국가 안보를 위해 위치추적 등에 기업으로부터 받은 개인정보를 사용했다. 논란이 붉어지자 국회는 디지털 개인정보 보호에 대한 청문회를 열었다. 당국은 범죄 수사 외에 군대 훈련을 실시하고 섬 외교 동맹군 몇 명을 뒤집어 놓은 중국 본토에서의 위협에 대응하기 위해 감시가 필요하다고 주장했다. 하지만 비평가들은 시민의 사생활 침해에 대해 여전히 우려하고 있다. 민진당의 유메이니(尤梅尼) 의원은 당국이 법률을 개정하거나 개인 정보를 보호할 수 있기를 바라며, 당국이 서비스 제공 업체에게 정보의 사용 목적에 대해 가능한 한 투명하게 머물도록 요청했다. 반면 기업 측은 중국이 위협을 받을 시 우리에게 더 많은 장애물이 생길 것이라며 개인정보 수집에 대해 간단히 밝히지만 완전히 공개하지는 않을 것이라고 말했다.

16차(9월 말~10월 말)

백하은

9월 28일, 인도 구자라트 지역의 이민자들이 시민들에게 폭행당한 사건이 일어났으며, 여당인 인도인민당은 이주민 범죄율 증가에 따라 그들에 대한 처벌을 강화할 것을 주장한 야당의 알프레드 타코르(Alpesh Thakor) 의원에 의해 이번 사건이 발생했다고 그를 비난했다(NDTV 2018. 10. 10). 아울러 파티다르(Patidar) 계급 대표 하디크 파텔(Hardik Patel)은 내년 하원의원 선거에서의 승리를 위해 소수정당의 연합을 주장했다(The Indian Express 2018. 10. 27).

대만에서 민주화 이후 독립 투표를 요구하는 첫 대규모 시위가 열렸다(自由時報 2018. 10. 20; 연합뉴스 2018. 10. 20 재인용). 한편 2017년 대만에서 2년 만기합법 판정을 받은 동성애 결혼의 영구적 합법을 위해 올해 11월 24일에 국민투표가 실시될 예정이다(Human Rights Watch 2018. 10. 10). 필리핀 하원에서 대통령 유고시 승계순위에서 부통령을 제외한 개헌을 발의했지만 이는 야당인 자유당(Liberal Party, LP)의 비판을 받고 무산됐다(Philistar 2018. 10. 11; 연합뉴스 2018. 10. 11 재인용). 또한 필리핀의 두테르테 대통령은 건강악화설에도 불구하고 그의 건강상태를 국민들에게 밝혀야 한다는 헌법을 지키지 않아 비판받고 있다(Philstar 2018. 10. 09).

인도

09월 28일

• 구자라트주의 알프레드 타코르 의원, 이주자에 대한 폭력사태에 대해 책임이 없다고 주장 (NDTV 10. 10)

– 사바르 칸타지역의 한 마을에서 여아가 이주민 노동자에게 성폭행을 당했으며 사건의 범인은 비하르(Bihar)에서 발견됐다. 해당 사건의 범인이 힌두어를 사용하는 이민자라는 사실이 밝혀지자, 구자라트주의 야당 의원인 인 알프레드 타코르는 엄격한 이민자 처벌에 대해 언급했다. 하지만 발언 이후 6개 지역에서 힌디어를 사용하는 60,000명의 이민자가 폭행 테러를 받자 타코르 의원은 자신의 이민자들에 대한 공격

적 언행이 이번 폭력사태와는 관련이 없다고 밝혔다. 한편 인도인민당은 이번 이민자 폭력사태가 타코르 의원과 그에 말에 동의한 구자라트 내 귀족계층 Kshatriya 집단에 책임이 있다며 비난하고 있다. 현재 점차 더 많은 주에서 이민자들의 공격이 확산되고 있으며 구자라트를 떠나는 이민자들이 늘어나고 있다. 이에 대해 타코르 의원은 강간 피해자를 위해 정의를 실현할 것을 요구했을 뿐이며, 야당을 지지하지 않는 일부 사람들이 자신의 발언을 정치적 문제로 만들었다고 주장하고 있다.

10월 27일

· Patidar계급 대표 하디크 파텔, '작은 정당들이 단결하지 않으면 2019년 이후에는 하원의원 선거가 없을 것'   (The Indian Express 10. 27)

– 인도 일반계층인 파티다르 계급 대표 하디크 파텔이 전국의 지역 정당들이 단합하지 않는다면 2019년 이후 하원의원 선거는 없을 것이라고 말했다. 파텔은 마하라 슈트라 주에서 있을 제9회 총선을 앞두고 "다음 총선인 2019년 하원의원 선거에 마하라 슈트라 주의 소수민족의 사회요구를 충족시키지 못한 인도인민당이 불리할 것이며, 소수정당이 단합할 때"라고 연설했다. 그는 나아가 "2019년 총선에서 국민들, 특히 고속철도 사업 보상 문제로 분노했던 농민계층이 현 총리인 모디 정부에 맞서 싸울 것이고 이에 동참할 것이라" 말했다. 또한 현 정부가 역사 기념관을 건설하는 데 세금을 사용하는 것을 비판하며, 국민을 위한 고용 기회 창출을 위해 노력할 것을 주장했다. 파텔은 지난달 초부터 일과 교육 기관에 대한 대출 제한을 완화할 것을 요구하고 무기한 파업을 진행해 오면서 정부가 국민의 말에 귀 기울일 때까지 싸움을 강화할 것을 강조했다.

필리핀

10월 07일

· 필리핀 하원 측, 대통령 유고시 승계순위서 부통령 제외 개헌발의 무산
                              (Philistar 10. 11; 연합뉴스 10. 11 재인용)

– 지난 7일 필리핀에서 연방제 개헌 추진 중에 하원의원 22명이 대통령 유고 사태가

발생할 경우 부통령을 제외하고 상원의장, 하원의장, 법무부 장관 순으로 대통령직을 승계한다는 수정 개헌안을 발의했다. 해당 수정 개헌안을 발의한 하원의원 측은 2016년, 마르코스 주니어 상원의원이 로브레도 부통령과의 선거 결과에 불복하고 법원에 이의신청한 것을 언급하며 "부통령이 선거와 관련한 소송에 휘말려 있기 때문에 국정 안정위해 승계순위에서 제외한 것"이라고 주장했다. 두테르테 대통령도 "로브레도 부통령은 무능해서 국가를 통치할 준비가 돼 있지 않다"고 말했다. 하지만, 이에 대해 야당을 이끌고 있는 로브레도 부통령은 "여당이 나를 쫓아내려 한다"면서 "국민이 가만있지 않을 것"이라고 비판했다. 대통령직 승계 1순위로 지목된 빈센트 소토 상원의장도 반대 의사를 밝혔으며 상원의장을 지낸 프랭클린 드릴론 상원의원은 "상원의장은 언제든지 바뀔 수 있기 때문에 수정 개헌안이 정국을 더 불안하게 한다"고 지적했다. 연이은 비판에 하원은 10월 10일 밤 수정 개헌안을 백지화했다.

10월 08일

• 필리핀 대통령 두테르테 로드리고, 건강검진 결과 비공개　　　　(Philistar 10. 09)

– 지난 9월 말에 두테르테 대통령이 암 검사를 위해 소·대장 내시경 검사를 받은 사실과 식도에 관한 질병을 앓고 있음을 밝힌 이후, 대통령의 건강 이상에 대한 논란이 일어났다. 이로 인해 헌법에 따라 대통령의 건강을 국민에게 알려야 할 의무를 이행하지 않은 두테르테 대통령에 대한 비난이 커지고 있다. 하지만 대통령 특별보좌관인 크리스토퍼 고는 두테르테 대통령은 헌법에서 요구하는 심각한 질병이 있는 경우 그가 직접 자신의 건강상태를 공개할 것이라고 말했다. 두테르테 대통령은 "건강이 나빠진 것은 사실이지만 질병에 관한 것은 아직 결과를 기다려야 한다"며 "그러나 나는 그것이 암이고 이미 3기가 지난 상태라면 더 이상 치료를 받지 않을 것이다"라고 말했다. 대통령의 건강 악화에 관한 소문이 도는 와중 대통령은 지난 토요일에 예고 없이 홍콩을 방문했다. 특별보좌관은 여행이 휴식을 주기 위한 것이라 말했지만, 일부 여론에선 두테르테가 해외에서 의료 상담을 받기 위해 갔을 것이라 추측하며 대통령의 건강상태를 밝히지 않는 것에 대해 비난했다.

10월 09일

· 대만 동성 결혼 합법화, 국민투표   (Human Rights Watch 10. 10)

– 대만의 성소수자들의 인권이 신장되고 있다. 2017년 5월 대만 헌법재판소는 결혼
의 정의를 "남자와 여자 사이"로 선언했지만, 법원은 동성 결혼에 대해 숙고하기 위
해 2년 만기 합법화를 인정했다. 그러나 성소수자 단체는 영구적인 동성결혼 허용
을 투표에 붙이기 위해 서명을 수집했고 중앙 선거 관리위원회(Central Central Election
Commission)에 표결에 붙일 것을 청원했다. 이후 중앙 선거 관리위원회는 한 달간의
검토 후 동성애 합법화에 관해 11월 24일 전국 투표가 실시할 것을 발표했다. 대만
의 결혼 제 평등 연대 수석 코디네이터 제니퍼 루(Jennifer Lu)는 이번 국민투표에 대해
"반대자들은 동성 커플 및 청소년을 공격하는 행위들은 결국 국민투표를 촉진시키
는 매개가 됐으며, 소수자들의 인권을 성장시켰다"고 말했다.

10월 20일

· 대만서 독립 투표 요구 첫 대규모 시위…"中 압박에 항거하자"

                                        (自由時報 10. 20; 연합뉴스 10. 20 재인용)

– 대만에서 독립 투표를 요구하는 첫 대규모 시위가 열렸다. 타이베이 민진당 청사
앞에서 대만의 독립추진단체 포모사(喜樂島)연맹이 대만 독립에 대한 국민투표를 실
시할 것을 요구하며 시위를 벌였다. 집회는 약 8만 명이 참석했는데 이들은 중국의
압박에 항거할 것과 대만 독립 국민투표를 시행할 것을 외쳤다. 독립 투표를 요구하
는 시위는 대만이 민주화된 이후로 처음이다. 포모사연맹은 대만의 독립적인 유엔가
입과 중국으로부터 공식적으로 독립을 선언하는 것에 대해 국민투표를 주장하고 있
다. 하지만 독립투표를 위해서는 영토를 변경하는 투표를 금지하고 있는 현행 법률
을 개정해야 한다. 포모사연맹은 민진당 정부에 국민투표를 위한 법률개정을 요구하
는 중이지만 현 민진당 정부는 이에 부정적이다. 민진당은 대만 독립을 추구하고는
있지만 차이잉원 총통은 양안관계와 국제정세의 현실을 인정하고 중국과의 현상을
유지하려 하고 있다. 민진당은 이에 따라 소속 당직자들의 타이베이 집회 참석을 금

지하고 지지기반인 남부도시 가오슝(高雄)에서 '병탄에 반대하고 대만을 지키자'라는 구호의 집회를 따로 열고 있다.

17차(10월 말~11월 말)

백하은

인도에선 11월 12일부터 12월 7일 사이에 5개의 주(州)가 각각 기간을 나누어 지방선거를 실시한다. 선거 이전에 실시한 여론조사에 따르면, 현재 인도인민당이 집권 중인 3개의 주에서 제1 야당인 인도국민회의파가 승리하여 정권교체가 이뤄질 것으로 예측됐다(Nikkei Asian Review 2018. 11. 11).

대만에선 11월 24일에 지방선거가 치러졌다. 현 집권당인 민진당은 22개의 현(縣)·시(市)장 자리 중에 단 6개에 당선되는 것에 그쳐 선거에서 패배했으며, 선거 직후 민진당 소속의 차이잉원 주석이 선거 결과를 책임지기 위해 당 주석에서 사퇴할 것을 발표했다(SCMP 2018. 11. 24).

필리핀 법무부가 로드리고 두테르테 대통령을 비판적으로 보도해온 래플러(Rappler) 언론사를 탈세혐의로 기소하겠다고 밝히자 언론탄압이라 고 비난이 일고 있다(GMA 2018. 11. 10; 조선일보 2018. 11. 12 재인용). 또한 장기집권을 했던 프레디난도 마르코스(Ferdinand Edralin Marcos) 전 대통령의 부인 이멜다 마르코스(Imelda Marcos)가 정치자금 횡령으로 77년형을 받았었지만 불과 300만 원 남짓한 보석금을 내고 석방됐다(Inquirer.Net 2018. 11. 17).

인도

11월 11일

• 인도 지방선거를 통한 국민여론…2019 총선의 전조   (Nikkei Asian Review 11. 11)
– 인도의 5개의 주(州)에서 11월 12일부터 12월 7일까지 지방선거를 실시하며, 이번 선거는 나렌드라 모디 총리를 이을 후보를 찾는 2019년 총선의 무대가 된다. 뉴델리의 여론조사 기관인 사회발전연구센터(Centre for the Study of Developing Societies, CSDS)의 산제이 쿠마르 국장은 "이번 지방선거에서 이기는 당이 2019년 총선의 승리를 가져온다고 장담할 수는 없지만 전체적인 틀을 볼 수 있을 것이다"라고 말했다. 이번 지방선거를 치루는 5개주 중에 인도인민당이 집권 중인 차티스가르주와 마디야 프

라데시주, 라자스탄주에서 인도인민당과 인도국민회의파의 치열한 경쟁이 예상된다. 올해 8월 ABP뉴스와 C-보터가 진행한 여론조사에서 인도인민당이 집권 중인 차티스가르·마디야 프라데시·라자스탄 3개 주 모두에서 인도국민회의파가 승리를 거두고 정권교체를 이룰 것으로 예측됐다. 이미 지난해 인도인민당과 연합정당이 집권하고 있던 북부 펀자브주에서 인도국민회의파로 정권교체를 이룬 사례도 있으며, 모디 총리가 12여 년간 주총리로 있었던 구자라트주 선거에서도 아슬아슬하게 집권을 유지 중이다.

11월 25일

· 인도 종교갈등 진원지 아요디아…힌두사원 건립 놓고 '폭풍전야'

(NDTV 11. 26; 연합뉴스 11. 26 재인용)

– 내년 총선을 앞두고 인도의 우타르프라데시주(州) 아요디아에서 종교 갈등이 심화되고 있다. 힌두 우익단체 비슈바 힌두 파리샤드(Vishva Hindu Parishad, VHP)을 중심으로 힌두교도들이 모여 힌두신 라마의 사원 건립을 요구하고 있다. 우타르프라데시주는 인도에서 인구가 가장 많은 주로, 총선 승리를 위해서는 반드시 필요한 요충지다. 이 문제는 힌두교 지지를 기반으로 한 인도국민당이 2014년에 라마 사원 건설을 추진하겠다고 공약하며 다시 떠올랐다. 종교들의 공존을 주장하는 인도국민회의파 등의 정당들은 인도인민당이 선거에 종교갈등을 이용한다며 비난했지만 인도국민당은 당시 집권하던 인도국민회의파에게 승리했다. 현재 이 지역에서 내년 총선을 앞두고 라마 사원 설립 문제가 다시 불거지고 있다. 인도인민당은 최근 아요디아에 221m에 달하는 세계 최대의 라마 신상을 건립할 것을 약속하는 등 선거의 기반을 다지고 있다.

필리핀

11월 09일

· '두테르테 비판' 필리핀 매체, 탈세 혐의 기소…"언론 탄압" 논란

(GMA 11. 10; 조선일보 11. 12 재인용)

– 필리핀 법무부가 두테르테 대통령에 대해 비판적으로 보도해온 인터넷 마리아렛 사(Maria Lesa)가 사장으로 역임 중인 래플러(Rappler)언론사를 탈세 혐의로 기소할 예정이라고 알리자 언론 탄압 논란이 일고 있다. 필리핀 당국은 래플러가 지난 2015년 채권을 매각해 조달한 1억6250만 페소(약 34억5000만 원)에 대해 세금을 납부하지 않았다는 혐의가 있다고 밝혔지만 래플러는 혐의에 대해 부인했다. 두테르테 대통령은 래플러가 미국인 소유로, 미국 중앙정보국(Central Intelligence Agency, CIA)으로부터 자금을 지원받고 있다고 주장했다. 그는 래플러가 가짜뉴스를 생산한다며 래플러 기자의 대통령궁 출입을 금지했다. 래플러는 반박 성명을 내고 "이번 기소는 필리핀 정부가 불편하게 하는 보도를 막아 침묵하게 하려는 시도일 뿐만 아니라 명백한 위협과 괴롭힘"이라며 "두테르테 정부가 래플러의 독립적이고 거침없는 보도를 어떻게 다뤄왔는지 생각해보면 이 결정은 전혀 놀랍지 않다"고 비판했다.

11월 17일

• 이멜다의 보석금은 계엄령 피해자에 대한 모욕이다　　　　　　(Inquirer.Net 11. 17)

– 부패혐의로 징역형을 받은 페르디난드 마르코스 전 필리핀 대통령의 부인 이멜다가 불과 300만 원 남짓한 보석으로 석방됐다. 이에 대해 국민과 야당 의원 및 변호사들의 비난이 쏟아지고 있다. 계엄령 피해자들의 대변인인 올리야는 "27년간의 고통을 겪은 독재 피해자들이 또 다시 기다림의 시간을 가져야 한다"고 말했다. 이멜다는 11월 9일, 선고공관에도 출석하지 않았으며, 77년형을 선고받고도 몇 시간 뒤 열린 딸의 생일파티에서 로드리고 두테르테 대통령의 딸과 함께 웃는 사진을 소셜미디어에 올려 논란이 되고 있다. 필리핀 학자 빌라린은 "그녀를 재판하는 것은 역사적인 일이며 이것은 우리가 어물쩍 넘길 수 있는 평범한 사례가 아니다. 왜 그녀가 보석으로 석방되어 정치에 참여할 수 있도록 허용하는가? 그녀는 투옥되어야 한다"고 말했다. 또한 공관에 개인 질병을 사유로 출석하지 않고, 특별대우를 받은 것에 대해 국민들의 비난이 일고 있다.

11월 24일

• 대만식 민주주의 '눈길'…18세 투표·직접민주·여성 약진

(CNA 11. 24; 연합뉴스 11. 25 재인용)

– 대만에서는 24일 최초로 지방선거와 국민투표가 동시에 진행됐다. 또한 국민투표의 규모 역시 이렇게 큰 유례가 없었다. 대만 국회는 2017년 12월 민중의 의사를 더욱더 적극적으로 반영하기 위해 국민투표 기준을 크게 완화했다. 과거 총 유권자의 5% 이상의 서명을 받아야 국민투표가 진행됐지만 국민투표법을 개정하여 발의 기준을 1.5%로 낮추고, 국민투표 통과기준 역시 50%에서 25%로 하향조정했다. 이는 국민투표 발의가 폭발적으로 늘어나는 결과를 가져왔다. 다만 대만의 국민투표는 가결돼도 국회 문턱을 거쳐야 해서 사실상 '입법 청원'에 가까우며, 대만의 국민투표 제도가 완화돼 정치가 포퓰리즘에 빠질 우려가 있다는 지적도 나온다. 또한 대만의 지방선거 참여 연령은 만 20세 이상으로 변동이 없지만 국민투표 참여 연령을 만 18세로 낮춰 눈길을 끌었으며, 이번 지방선거에서는 여성 후보자들의 약진 현상도 두드러졌다. 2014년 지방선거 때는 여성 당선자가 2명이었던 것에 비해 대만 중앙선거위원회에 따르면 25일 7명의 여성후보자가 현·시장으로 당선됐다.

11월 24일

• 지방선거 패배 이후 주석직에서 물러나는 차이잉원   (SCMP 11. 24)

– 24일, 국민투표와 동시에 치러진 대만 지방선거에서 집권 민진당이 참패했다. 차이잉원 총통은 선거 이후 민진당 주석 사퇴를 발표했다. 선거 결과 민진당의 정치적 입지가 더욱 약해질 것으로 드러났다. 대만 중앙선거위원회의 최종 집계에 의하면 22개 현·직할시장의 선거에서 민진당은 6곳의 현·시장 자리를 지키는 데 그치며, 2010년 지방선거에서 13곳의 현·시장을 차지했던 것에 비해 세력이 크게 줄어들었다. 반면 대만 독립에 반대했던 야당 국민당은 2014년엔 6석을 차지했던 것에 비해 15석으로 약진했다. 차이잉원 주석의 탈(脫)중국화 정책은 군사적, 외교적 압박을 가져왔고, 또한 국민당의 마잉주 정권 때부터 시작된 청년 실업 등 경제 문제를 해결하

지 못했다. 타이완 차이나 문화 대학의 왕쿵이(Wang Kung-yi) 교수는 "이번 선거 결과
는 현 정권에 대한 대중들의 불만을 보여준다"고 말했다.

18차(11월 말~12월 말)

백하은

11월 12일부터 12월 7일 사이에 진행된 인도 지방선거 집계 결과, 현 집권당인 인도인민당은 5개의 주에서 모두 과반수의 의석을 차지하지 못했다(ALJAZEERA 2018. 12. 21). 이번 선거의 패배는 나렌드라 모디 정부의 정책이 인도 국민의 대다수가 종사하는 농업을 외면한 것이 원인으로 꼽히고 있다(ALJAZEERA 2018. 12. 21).

대만에서는 11월 24일 지방선거에서 승리한 야당인 국민당이 현 정부에게 대규모 내각 개편을 요구했다. 이후 내각은 1차 개혁을 실시했고 그 결과 민진당의 리잉위안(李應元) 환경 보호 총재, 우훙머우(吳宏謀) 교통 통신부 장관, 린광헌(林聰賢) 농업 협의회장이 사임했다(SCMP 2018. 12. 02).

필리핀에선 2019년 총선 마라가 지역시장 후보이자 아코바이콜(Ako Bicol Party) 정당의 당수인 로델 바토카베(Rodel Batocabe) 하원의원이 괴한에 의해 사살되었다(Philstar 2018. 12. 23). 에스코발(Supt. Arnel Escobal) 경찰총장은 해당 사건의 동기가 2019년 총선에 관한 정치적 이유로 추측된다고 밝혔다(Philstar 2018. 12. 23).

인도

12월 10일

• '정부와 통화정책 갈등' 인도 중앙은행 총재 사임

(Wall Street Journal 12. 10; 연합뉴스 12. 11 재인용)

– 모디 정부와 통화정책에 대한 오랜 갈등을 이어가던 인도중앙은행(Reserve Bank of India, RBI) 총재인 파텔이 끝내 사임했다. 파텔 총재는 '개인적인 사유'로 "현직에서 즉각 물러나기로 결정했다"고 밝혔다. 본래 파텔 총재의 임기는 3년으로 내년까지였지만 갑작스러운 사임은 내년 총선의 중간선거 성격의 지방선거의 결과를 앞두고 민감한 시기에 나온 것이다. 인도중앙은행은 나렌드라 모디 정부로부터 공공부문 은행들에 대한 대출 규제를 완화하고 정부의 재정적자 충당에 중앙은행의 준비금을 사용하라는 압박을 받아왔다. 인도는 올해 통화가치가 10% 이상 하락하는 등의 문제를 안

고 있었기 때문에 중앙은행은 강력히 금융을 통제하는 정책을 시행했지만 이는 내년 총선을 준비하는 모디 총리가 추구하는 정책과 달라 갈등이 촉발했다. 해당 사건은 10월 말에 비랄 아차리아 부총재가 중앙은행의 자율성을 침해하는 것은 파멸적인 일이라고 경고라고 연설하면서 인도 정부의 중앙은행 독립성 침해문제가 공개적으로 드러났다.

12월 11일

· 모디 총리는 이번 선거에 따른 여론 결과를 우려해야 하는가   (ALJAZEERA 12. 21)

– 12월 11일, 인도 지방선거가 실시된 5개의 주에서 여당 인도인민당은 543개의 하원의석 중 65석만을 차지하면서 패배했다. 정권교체가 이뤄진 라자스탄, 마디아프라데시, 차티스가르 등 힌디어를 사용하는 북부는 인도에서 높은 인구와 경제수준으로 정권의 열쇠를 쥐고 있는 중요한 지역이다. 이러한 선거 결과는 농민들을 외면한 모디 총리의 정책에 대한 반감을 가진 여론이 반영된 것으로 보인다. 오랫동안 인도의 여론기관들은 대부분은 다가오는 전국 선거가 여당에게 쉬운 승리라고 생각했다. 하지만 대중은 총리의 공약에 대한 믿음을 잃어버렸다. 이달의 주 선거에서 2013년 선거와 비교했을 때 인도인민당은 패배한 3개 주의 지지도가 4~8% 감소한 것으로 나타났다. 또한 최근 결과를 2014년에 실시한 의회 여론조사에서 전체 주에서 확보한 투표 점유율을 올해와 비교해 각 주에서 14~17%가 쇠퇴했다. 인도인민당의 지지도 하락이 여러 주에서 나타난 것은 이번이 처음이다.

필리핀

12월 08일

· 필리핀 로드리고 두테르테, 민다나오섬 계엄령 연장 추진   (Philstar 12. 18)

– 필리핀 대통령 두테르테가 민다나오섬의 계엄령의 1년 연장을 추진할 것을 지시했다. 현 사안에 대해 필리핀 의회에서는 계엄령 연장이 합헌적인지 검토할 것을 법원에 청원했지만 메나르도 구바르라(Menardo Guevarra) 법무부 장관은 "대법원의 임무는 계엄령 연장을 위한 사실적인 근거를 확인하는 것이고 설명할 자료들은 대통령

측을 통해 모두 준비가 된 것 같다"고 말했다. 또한 게바라 장관은 "우리는 민다나오에서 계속되는 테러로부터 공공 안전을 지켜야 한다는 군의 보고는 충분히 진실성을 갖고 있고, 법무부는 민다나오에서 계엄령을 연장할 것을 지지한다"라고 밝혔다. 하지만 필리핀의 오스칼 알바 알 데르(Oscar Albayalde) 필리핀 경찰청장은 민다나오의 계엄 연장으로는 테러문제를 해결하지 못했다고 비난했다. 또한 세미라(Samira Gutoc) 상원의원은 민다나오 주민들을 위한 사회봉사 제공 측면에서 군부 통치가 실패했음을 주장했다.

12월 22일

• 필리핀, 로델 바토카베 국회의원 총격 피살 (Philstar 12. 23)

– 필리핀 알베이의 다라가 지역에서 아코바이콜 정당의 당수이자 다라가 지역의 시장 후보로 등록된 로델 바토카베 하원의원과 그의 보디가드가 정체불명의 괴한에 의해 사살되었다. 경찰 측 보고서에 의하면 로델 바토카베가 노인들에게 선물을 제공하는 행사에 참석하기 위해 그곳에 있었으며, 마스크를 착용한 총잡이 2명에 의해 살해되었다고 한다. 에스코발 경찰총장은 해당 사건의 동기가 2019년 인도 총선에 관한 정치적 이유로 추측된다고 밝혔다. 살바도르 판도 대변인은 성명서를 통해 "우리는 아코바이콜 당원인 로델 바토 카베의 무의미한 죽음을 비난한다"고 말했다. 그는 아코바이콜 정당의 당수로서 임기의 마지막 해를 보내고 있었으며 정의, 방법 및 수단, 교통, 천연자원, 게임 및 오락, 관광, 주택 및 도시 개발 및 건강을 포함하여 여러 하원위원회에 속한 하원위원이었다.

대만

12월 02일

• 민진당은 지방선거 패배에 대가를 치러야 했다 (SCMP 12. 02)

– 올해 대만 지방선거에서 승리한 국민당은 선거 이후 민진당에서 몇몇 정부 관리에 대한 대규모 개혁을 요구했다. 국민당 지도자인 칭명정(孟明昌)은 선거 이후 민진당의 정치적 합법성이 상실됐음을 주장했다. 토요일 민진당의 라이칭더 의원은 30명의

장관과 각료를 만나 정부의 성과를 검토했고 그 실태에 대해 비판했다. 이후 리잉위안 환경 보호 총재, 우홍머우 교통 통신부 장관, 린광헌 농업 협의회장이 사임하면서 대만의 환경, 교통, 농업 장관의 자리가 공석이 되었다. 황궈창(黃國昌) 입법위원은 우 교통부 장관은 전 장관들은 사태 파악도 제대로 하지 못했었으며 일찌감치 사퇴했어야 했다며 비판했다. 대만 중앙통신사(中央通訊社)에 따르면 민진당은 2019년 총선을 위해 이번 달 안으로 정책 회의를 개최할 것이라고 밝혔다.

12월 24일

• **지방선거 패배 이후 주석직에서 물러나는 차이잉원** (SCMP 11. 24)

– 마잉주 전 주석이 2008년부터 2016년까지의 임기 중의 사건을 회고록으로 작성했다. 회고록에는 사법 당국을 비판하는 내용이 있었고, 22일 토요일 그 내용이 언론에 공개되면서 타이페이 검찰청은 마 전 주석을 공개적으로 질타했다. 특히 검찰은 마 전 주석의 회고록이 현재까지 사법부가 진행하고 있는 사안에 대해서 언급한 것이 재판에 영향을 미쳐서는 안 되는 일이라고 말했다. 회의록에서는 마 전 주석이 기업의 민영화에 대한 재판에서 불공정하게 기소되었다고 전하는데, 검찰 측은 공개석상에서 이를 반박했다. 마 전 주석은 기업의 민영화 과정에서 자신은 부당한 이익을 취한 것이 없다고 주장했지만, 검찰 측에서는 마 전 주석 자신에게 이익이 돌아간 것이 아니더라도 특정 집단이 이익을 주기 위해 정당과 국민에게 돌아갈 이익을 희생시킨 사실도 불공정한 것이라고 덧붙였다.

19차(12월 말~2019년 1월 말)

백하은

인도의 케랄라주에서 2018년 10월 여성의 힌두사원 출입이 허용됐었지만 이를 제지하려는 힌두교인들과 여성들 간의 시위가 발생했으며, 이를 둘러싸고 여성의 사원 출입을 지지하는 인도공산당과 반대하는 인도인민당이 대립하고 있다(Support The Guardian 2019. 01. 02).

대만에서는 여당인 민진당 주석 자리에 쥐룽타이(卓榮泰) 전 행정원 비서장이 당내 선거에서 70%가 넘게 득표하며 압도적인 표 차로 당선됐다(中國時報 2019. 01. 07; 중앙일보 2019. 01. 07 재인용). 더불어 1월 18일에 본토 조사위원회(The Mainland Affairs Council, MAC)가 발표한 여론조사에서 중국의 통일의사를 받아들일지에 대해 대만의 응답자 74.3%가 부정적으로 응답했다(Focus Taiwan News Channel 2019. 01. 20).

필리핀의 국립경찰(Philippine National Police, PNP)은 다라가시 칼윈(Carlwyn Baldo) 시장이 경쟁자인 아코바이콜 정당의 로델 바토카베 의원의 살인을 청부한 것이 확인됐다고 밝혔지만 칼윈 시장은 이를 부인하고 있다(Inquirer.Net 2019. 01. 03).

인도

01월 02일

• 인도 여성의 힌두사원 출입을 둘러싼 시위행렬　　　　(Support The Guardian 01. 02)

− 인도의 케랄라주에서 전통주의자 집단이 여성이 힌두사원으로 들어오는 것에 반대하는 시위를 벌였다. 현 사건에 대해 집권당인 인도인민당은 사바리말라 힌두사원에 여성이 출입하는 것을 반대하는 입장이다. 반면에 케랄라 주의 대표 정당인 인도공산당은 여성들이 성전에서 기도할 권리를 주장하고 있다. 대법원은 3개월 전에 여성의 힌두사원 출입 금지령을 철회했지만, 전통을 고수하려는 사람들로 인해 여전히 여성의 출입이 어려운 상태이다. 2018년 10월, 대법원에서 여성의 힌두사원 출입 금지령 폐지 판결이 끝나자 몇몇 여성들은 신전에 들어가려 했지만 인도인민당을 포함

한 반대 입장의 활동가들에게 퇴각을 강요받았다. 이후 케랄라의 수십만 명의 여성들이 남녀평등에 대한지지를 표하며 380마일의 시위행렬을 이어나갔지만 나렌드라 모디 총리는 인터뷰에서 금지령은 양성평등이 아니라 종교적 신념의 문제라고 말했다. 반면 인도공산당은 "대법원 판결에도 불구하고 인도인민당이 단순히 이 문제를 내려놓을 준비가 되어 있지 않다는 것을 감안할 때 폭력이 계속될 가능성이 있음을 의미한다"고 말했다.

01월 22일

· "인도 모디 정부, 농가에 11조 원 현금지원 검토"

(Bloomberg 01. 22; 연합뉴스 01. 22 재인용)

– 2019년 4월 총선을 앞둔 인도의 나렌드라 모디 정부는 11조 원 규모의 농가 현금지원안을 검토하고 있다고 밝혔다. 모디 정부는 초반에는 영세 농가의 비료, 농약 관련 비용 등에 대해 약 20조 원 규모의 보조금 지급안을 검토했으나 농민들이 정책 실행을 확실히 실감할 수 있도록 현금 지급 프로그램을 마련하기로 했다. 모디 정부가 이같은 농민 지원안을 준비하는 것은 현재 인도 농민들이 2014년 모디 정부 출범 후 각종 경제 정책에서 소외됐다며 불만을 드러내고 있기 때문이다. 모디 정부는 농민들에 대한 현금지원 정책에 그치지 않고 저소득층 1억9천만 명에게 공무원 채용과 대입 정원의 10%를 할당해주는 개헌안도 마련했다. 이 안은 총선 표를 의식한 의원들의 압도적 지지 속에 1월 초 상·하원에서 차례로 통과된 상태다. 이에 인도국민회의 파도 선거에서 승리한 라자스탄주 등에서 농가 부채를 감면해주겠다고 약속하고 나섰다. 두 정당이 주민 기본 소득 보장, 대형 인프라 건설 등 각종 선심성 공약을 쏟아내는 모습은 포퓰리즘적인 공약만 펼치는 총선이 되는 것이 아닌가 하는 우려를 부르고 있다.

필리핀

01월 03일

· 다라가시 칼원시장, 바토카베 의원 총격 피살사건으로 입건　　　(Inquirer.Net 01. 03)

– 필리핀 국립경찰은 다라가시 시장인 칼원이 알베이 지역에 시장 자리의 경쟁자인 아코바이콜 정당의 바토카베 의원의 살인을 청부한 것이 확인됐다고 밝혔다. 필리핀 국립 경찰청장인 알바야드(Albayalde)는 칼원 시장 사무실에 고용된 7명의 직원들이 필리핀 퇴역 군인이라는 것을 확인한 후 살인 혐의자로 지목했다. 그들은 직원으로서 7,000루피의 보상금을 받았으며, 현재 경찰에 구속되어 있다고 말했다. 현지 경찰은 재선을 노리는 칼원 시장이 바토카베 의원을 암살하려고 지난해 9월 전직 해군 등을 포함해 7명을 고용했다고 밝혔다. 또한 칼원 시장이 이들에게 총기와 오토바이 구매 등을 위해 25만 페소를 제공한 것이 확인됐다고 전했다. 하지만 칼원 시장은 혐의를 강력히 부인하고 있다. 필리핀에서는 오는 5월 13일 상원의원 절반과 하원의원 전원, 지방자치단체장을 선출하는 대규모 중간선거를 앞두고 경쟁 후보를 제거하려는 시도로 인해 선거의 공정성에 대한 우려가 확산되고 있다.

01월 26일
• 필리핀 상원, 청소년 범죄 처벌 연령 인하 조정 (Philistar 01. 26)

– 필리핀 상원은 1월 25일 청소년 형사 책임의 최저연령을 낮추기 위한 청문회를 열었다. 리차드 고든 사법인권위원회 위원장은, 비센테 소토 3세 상원의원과 다른 몇몇 상원의원들과 함께 형사 책임의 최소 연령을 낮추는데 개방적인 태도를 보이고 있지만 그들은 12세로 낮추는 것에 찬성하는 반면 두테르테 대통령과 그의 측근들은 그보다 더 낮은 9세로 낮추는 것을 지지한다. 이에 대해 고든 상원의원은 범죄 책임의 최소 연령을 낮추기 위해 분야의 우려를 해결하기 위해 타협안을 마련해야 한다고 말했다. 버하이(Buhay) 정당의 리토 아틴자 의원은 "우리는 미성년 범죄에 대한 과도한 처벌 연령 인하를 승인하면 안 된다." 또한 "잘못을 저지른 미성년자를 감옥에 집어넣는 것이 과연 옳은 것인가?"라고 말했다. 청소년 인권단체는 "국회의원들이 두테르테 대통령과 하원의장의 총애를 받으려고 청소년들의 삶을 큰 위험에 빠뜨렸다"고 말하며 이는 청소년에 대한 폭력행위라고 비판했다.

01월 06일

• 대만 여당 민진당 신임주석에 쥐룽타이 선출 (中國時報 01. 07; 뉴시스 01. 07 재인용)

− 대만의 집권당인 민진당은 2018년 11월 지방선거 참패에 책임을 지고 차이잉원 총통이 사퇴한 당 주석에 전 행정원 비서장인 쥐룽타이를 선출했다. 당내 선거에서 70%가 넘는 득표를 하면서 압도적인 표 차로 당선된 쥐룽타이는 1월 9일 취임해 2020년 5월까지 잔여임기 동안 당 수장을 맡는다. 그는 주석 당선 후 "향후 모든 선거에서 승리하는 것이 최우선 과제"라고 선언했다. 차이 총통은 아직 재선에 의욕을 보이고 있으나 지지율이 바닥권에 떨어지면서 민진당 내는 물론 지지층에서도 재출마에 의문을 보내는 분위기가 확산하고 있다. 그 때문에 라이칭더 전 행정원장을 필두로 쑤자취안(蘇嘉全) 입법원장과 정원찬(鄭文燦) 타오위안 시장 등의 이름이 총통후보로 오르내리고 있다. 쥐룽타이 당 주석은 타이베이 시의원으로 시작해 입법위원, 총통부 부비서장, 민진당 비서장을 거쳐 2017년 9월에서 작년 12월까지 행정원 비서장을 역임했다. 쥐룽타이는 당 주석으로서 첫 선거인 1월 27일과 3월에 시행하는 입법위원 보궐선거를 승리로 이끌 수 있도록 노력할 것을 언급했다.

01월 18일

• 대만 국민 여론, 중국의 명백한 통일의사 거부

(Focus Taiwan News Channel 01. 20)

− 1월 18일, 본토 조사위원회(The Mainland Affairs Council, MAC)가 발표한 여론조사에 따르면 대만의 1,078명의 응답자 중 74.3%가 중국의 통일 의사를 받아들이지 않을 것이라고 응답했다. 새해 연설에서 중국의 시진핑 주석은 대만과의 "평화적 통일"을 계속 추할 것을 언급하며 "중국 정부는 앞으로도 통일을 위해 중국의 군사력 및 모든 수단을 동원할 것"이라고 말했다. 그러나 대만 내에서는 대만 정부를 정치 단체로 존중해야 한다는 응답이 86.7%로 나왔으며, 대만정부가 경제발전을 추진하고 국가 안보를 지켜야 한다고 응답한 사람은 90.1%였다. 차이잉원 총통은 시진핑 주석의 발언에 대해 "대만은 미래에 대한 베이징의 제안을 받아들이지 않을 것이다"고 말했다.

또한 대만의 모든 정당과 국민들에게 중국의 제안을 받아들이지 말고 대만 국민들이 원하는 것을 존중하도록 중국 정부에 촉구하며, 양안관계가 긍정적인 방향으로 나아갈 수 있길 바란다고 언급했다.

20차(1월 말~2월 말)

백하은

    인도에서는 4월 총선을 앞두고 나렌드라 모디 총리와 야권의 유력한 총리 후보인 웨스트벵골주(州)의 마마타 바네르지(Mamata Banerjee) 총리가 해당 지역의 라지브 쿠마르 콜카타(Rajiv Kumar Kolkata) 경찰청장의 부정부패 진위 여부를 두고 충돌했다(Times of India 2019. 02.05; 연합뉴스 2019. 02. 05 재인용).

    대만에서는 2018년 11월 말 실시된 국민투표에서 탈원전을 중단하자는 결과가 나왔음에도 불구하고 선룽진(沈榮津) 대만 경제부 장관이 투표결과와 무관하게 탈원전을 계속 진행할 것이라고 밝혀 논란이 되고 있다(聯合報 2019. 02. 01; 연합뉴스 2019. 02. 01 재인용).

    필리핀에서는 1월 27일 100여 명의 사상자가 발생한 술루주(州) 성당 자살폭탄 테러사건의 용의자 5명이 자수했으며, 이들은 이슬람테러단체에 소속된 것으로 확인됐다(The Straits Times 2019. 02. 04; 연합뉴스 2019. 02. 05 재인용). 한편 로드리고 두테르테 대통령의 폭력적인 정책에 대해 비판적인 기사를 실어온 래플러 언론사의 마리아 레사(Maria LeSa) 사장이 사이버 명예훼손혐의로 2월 13일 체포됐지만 하루 만에 보석으로 석방됐다(Philistar 2019. 02. 18).

인도

02월 03일

· 印 모디 총리와 야권 총리후보 '충돌'…연방·주 수사기관 대립

(Times of India 02. 05; 연합뉴스 02. 05 재인용)

– 인도의 나렌드라 모디 총리가 웨스트벵골주의 라지브 쿠마르 콜카타 경찰청장의 부정부패를 수사하던 중 야권의 유력한 총리 후보인 웨스트벵골주 마마타 바네르지 총리와 충돌했다. 2월 3일 웨스트벵골주의 소액 투자금 사취와 관련한 사건에 라지브 쿠마르 콜카타 경찰청장의 연관 가능성이 드러나 이를 수사하기 위해 경찰청장의 집에 인도 중앙수사국(Central Bureau of Investigation, CBI)의 요원들이 기습했지만 이를

저지하려 투입된 경찰 병력에게 구금당했다. 바네르지 주총리는 4월 총선을 앞두고 자신이 이끄는 주 정부에 압력을 가하기 위해 연방정부가 음모를 꾸몄다고 주장했다. 하지만 집권당인 인도인민당은 바네르지 주총리가 경찰을 동원해 연방요원을 기습했다고 비판했다. 역사학자인 라마찬드라(Rama Chandra)는 이번 사건에 대해 인도인민당의 지지율이 강세지역에서 마저 하락했기 때문에 모디 총리가 바네르지 주총리의 텃밭인 동북부 지역 등을 공략하기 위해 공개적인 비리수사를 하는 것이라 주장하며, "무자비하고 도덕관념 없는 두 정치인이 제도를 무시한 채 벌이는 전쟁"이라고 비판했다.

02월 18일

• 모디 총리의 집권 이후 힌두교인들의 종교폭력 증가　　(The New York Times 02. 18)

– 휴먼 라이츠 워치(Human Rights Watch)에서 발표한 보고서에 따르면 2014년 인도의 모디 총리가 권력을 잡은 이후, 힌두교도들이 타 종교인들을 공격하는 사건이 급격히 증가했다고 발표했다. 2015년 5월부터 2018년 12월까지 힌두교인들의 종교폭력에 의해 최소 44명이 사망했으며, 대부분 희생자들은 무슬림이었다. 이러한 사건에 관해 경찰 당국은 수사를 연기하고 절차를 무시하는 등 힌두교인들의 범죄를 눈감아주는 모습을 보이고 있다. 또한 여당인 인도인민당에 소속된 의원들은 공개석상에서 "우리는 암소를 죽이는 사람들을 교수형에 처할 것"이라고 말하는 등 힌두 민족주의의 성향을 드러냈다. 모디 총리는 힌두교인들의 종교공격에 반대하며 "폭도 조직은 범죄와 상관없이 범죄라고 분명히 밝히고 싶다"고 말했지만 리아나주의 인도 사회 복지사인 하스만더(Harsh Mander)는 "폭도들은 그들의 행동한 것에 대해 보복을 두려워하지 않는다"고 주장하며 모디 총리의 발언이 무용지물이라 비판했다.

필리핀

02월 04일

• '필리핀 성당 테러' 배후조직 용의자 5명, 경찰에 자수

(The Straits Times 02. 04; 연합뉴스 02. 05 재인용)

– 1월 27일 주일미사 중인 필리핀 남단의 술루주 홀로섬의 성당에서 두 차례 폭발물이 터져 23명이 숨지고 100명이 다치는 사건이 발생했다. 해당 테러의 범인은 이슬람 테러단체에 소속된 인도네시아 부부로 사건 발생 당시 몸에 폭탄을 지닌 채 사망했다. 이슬람 테러단체는 지난달 참사 당일 자체 선전 매체인 아마크(AMAQ) 통신을 통해 이번 성당 테러의 배후가 그들임을 밝혔다. 이후 로드리고 두테르테 대통령이 군에 테러단체 소탕을 명령내리자 필리핀군은 1월 31일에 전투용 헬기 2대와 포병부대를 동원해 정글 지역에 있는 테러단체의 근거지를 집중적으로 공격하여 반군 3명을 사살했다. 이에 두려움을 느낀 5명의 테러 용의자들은 2월 4일 경찰에 자수하여 체포됐다. 테러사건의 범인이 인도네시아 자국민이란 사실에 인도네시아 정부도 경찰 대테러 특수부대인 '88파견대' 소속 팀을 필리핀으로 보내 테러 용의자들의 신원을 파악하길 돕겠다고 밝혔다.

02월 14일

• 래플러 언론사 사장 마리아 레사, 체포된 지 하루 만에 보석으로 석방 (Philistar 02. 18)
– 필리핀 법무부가 평소 두테르테 대통령의 정책에 대해 비판적인 기사를 실어왔던 래플러 언론사의 마리아 레사 사장을 사이버 명예훼손으로 기소하여 체포했다. 이에 필리핀 언론인 연합은 두테르테 정부의 이 같은 행동은 언론사들을 침묵시키기 위한 것이며 언론의 사막화를 만들기 전에 막아야 한다고 주장했다. 또한 그들은 "필리핀의 명예 훼손 조항이 1932년 이후 저널리스트들을 침묵시키기 위해 사용되어왔다"고 말하며, "결국 이러한 명예훼손 법은 언론사들을 위협하고 부패한 공직자가 우리에게 사용할 수 있는 무기 중 하나이다"라고 주장했다. 이러한 비판 속에서 마리아 레사는 체포된 지 하루만인 2월 14일에 100만 파운드의 보석금을 지불하고 석방됐다.

대만

02월 01일

• 대만 경제부 "국민투표와 관계없이 탈원전 계속"…논란 예상

(聯合報 02. 01; 연합뉴스 02. 01 재인용)

– 2018년 11월 말 실시된 국민투표에서 탈원전을 중단하자는 결과가 나왔다. 하지만 선룽진 대만 경제부 장관이 투표결과와 무관하게 탈원전을 계속 진행할 것이라고 밝혀 논란이 되고 있다. 그는 앞으로 신재생에너지와 천연가스를 주력으로 전력을 공급할 것이며, 원전을 폐기하는데 비용이 매우 크다는 것과 핵폐기물 처리장이 확정되지 않았다는 점, 그리고 지방정부와 지역민이 원전 폐쇄 연기나 재가동에 반대한다는 점을 들어 탈원전을 유지해야 한다는 입장을 밝혔다. 경제부의 이번 '탈원전 지속' 방침은 '탈원전 폐기'를 원하는 민심과 충돌할 것이라는 분석이 나오고 있다. 예쭝광(葉宗洸) 대만 원자력과학기술개발센터장은 경제부의 방침이 국민의 뜻을 거스르는 것이며, 국민투표 결과에서 보듯이 다수가 원자력 에너지 사용을 지지하고 있다고 말했다. 이와 달리 리위자(李育家) 중소기업총회 이사장은 경제부장이 과거에 여러 차례 전력 부족이 발생하지 않을 것을 확인했기에 정부의 판단을 믿어 보겠다고 밝혔다.

02월 19일
• 차이잉원 총통 "연임 확신한다"···2020년 대선 출마 의지 밝혀

(CNN 02. 19; 조선일보 02. 19 재인용)

– 대만의 차이잉원 총통은 19일 CNN 인터뷰에서 2020년 대선에 출마하겠다는 의사를 밝혔다. 그녀는 지난 2018년에는 지방선거 참패로 낮은 지지율을 보였지만 올해는 반중(反中)을 내세우면서 젊은 층을 중심으로 지지율이 높이고 있는 추세다. 19일 전용기에서 진행된 CNN 단독 인터뷰에서 "대만을 위한 내 목표를 완수하고 싶다"고 말하며 2020년 대선에서 승리할 것이라는 자신감을 내비쳤다. 차이잉원 총통은 첫 임기 때 가장 후회하는 것은 "정부 업무와 외교의 일환으로 동맹국들을 방문하는 데 많은 시간을 할애하여 국민들과 소통하지 못한 것"이라고 답했다. 차이 총통은 올해 반중 성향을 훨씬 노골적으로 드러내면서 지지층을 다시 결집하고 있다. 젊은 층은 '중국에 매운맛을 보여준 대만 여성'이라는 의미로 차이 총통을 '라타이메이(辣臺妹)'라고 칭하며 그녀의 대선 출마를 지지하고 있다.

21차(2월 말~3월 말)

김은중

야당인 인도국민회의파의 라훌 간디 의회 의장은 나렌드라 모디 정부의 라팔 (Rafale) 제트기 구매 관련 혐의에 대해 수사를 요구했다(Arab News 2019. 03. 07).

2020년 1월 있을 대만 총통 선거를 앞두고 3월 21일 차이잉원 총통이 민진당의 당내 경선 후보 등록을 마쳤다(蘋果日報 2019. 03. 22; 연합뉴스 2019. 03. 22 재인용). 양안정책협회(兩岸政策協會)의 여론조사 결과 야당인 국민당의 한궈위(韓國瑜) 가오슝 시장이 현 총통과 라이칭더 전 행정원장보다 더 높은 지지율을 기록했다(蘋果日報 2019. 03. 22; 연합뉴스 2019. 03. 22 재인용).

한편 2018년 2월 국제형사재판소는 필리핀의 로드리고 두테르테 정부의 마약과의 전쟁에서 반인륜적 범죄와 대량 살상 의혹에 대해 조사할 것을 발표하였다 (Time 2019. 03. 18). 이에 필리핀 정부는 반발하여 2018년 3월 국제형사재판소 탈퇴를 결정하고 2019년 3월 17일 최종적으로 탈퇴하게 되었다(Time 2019. 03. 18).

인도

03월 07일

- **인도의 야당, 모디 총리의 라팔 협정에 대한 수사 촉구**　　　　　(Arab News 03. 07)

– 모디 총리는 2016년 프랑스의 라팔 제트기를 인수하는 협상에서 만모한 싱 전 총리가 협상한 예상 비용보다 약 2억 7600만 달러 더 비싸게 인수했다. 하지만 2018년 12월 14일 대법원이 라팔 구매에 대해 조사하였지만 기업에 특혜를 주었다는 증거가 없다고 판결하였다. 하지만 재판과정에서 알려지지 않았던 세부 문서가 이후에 공개되면서, 3월 6일 심리가 열렸다. 이에 야당인 인도국민회의파의 라훌 의장은 의회 앞에서 기자회견을 열고 라팔 협정에 대해 노골적인 부패사건이라고 말하며 모디 총리에 대한 수사를 요구했다. 하지만 같은 날 재판에서 수석변호인은 국방부에서 보관하던 이 세부 문서는 '도난당한 것'으로 이를 보도했던 언론사를 기소할 방안을 검토 중이라고 밝혔고, 관련 문서를 게재하는 사람은 법원 모독죄가 성립된다고 말했다.

이에 반발하여 언론사들은 성명서를 통해 언론을 억압한다고 비판했지만 여당인 인도인민당의 수석이자 법무장관인 라비 프라사드(Ravi Prasad)는 간디 의장의 비리 의혹 주장은 거짓말이라고 말했다.

03월 14일

• 인도인민당의 2019년 선거 슬로건: 모디는 해낼 수 있다   (NDTV 03. 14)

– 재무장관이자 인도인민당의 홍보부를 맡고 있는 아룬 자이틀리(Arun Jaitley)는 4월 11일 시작되는 총선에서 모디 총리를 강조하기 위해 '모디는 해낼 수 있다(Modi Haii to Mumkin Haii)'를 인도인민당의 슬로건으로 선택했다고 밝혔다. 그는 모디 정부의 획기적인 업적을 상기시키기 위해 인도가 지난 5년 연속 전 세계에서 가장 빠르게 성장하고 있으며, 세계 경제에서도 중요한 위치를 유지하고 있다고 말했다. 뿐만 아니라, 경제적 약자 계층에게 대학 입시 및 취업 정원의 10%를 제공하고 통합진보연합(United Progressive Alliance, UPA)체제하에서 10.4%였던 인플레이션을 2.5%로 낮췄음을 강조했다. 자이틀리 재무장관은 과거와 다른 현재의 인도 모습은 모디 총리의 리더십, 결단력, 성실성을 통해 이루어진 것이며 앞으로 인도가 더욱 발전할 수 있을 것이라고 말했다.

필리핀

03월 05일

• 필리핀 내의 여성 보호 법률   (Philippine News Agency 03. 05)

– 3월 여성의 달을 맞아 필리핀에서 전국 여성의 달 기념행사가 열렸다. 필리핀은 1995년 여성의 마그나 카르타 법을 통해 여성의 역할과 영향력을 증진시키기 위해 노력해 왔다. 마그나 카르타법은 필리핀의 사회적 소외계층인 여성들의 인권을 인정하고 보호하며 차별을 없애려는 종합적인 여성 인권 법안이다. 이는 결과적으로 필리핀을 2018년 12월 세계경제포럼(World Economic forum, WEF)이 발표한 세계 젠더 격차에서 상위 8위, 여성을 위한 최고의 10개 국가 중에 하나로 선정되게 하였다. 또한 2019년 2월에는 기존의 60일이었던 유급 출산 휴가를 105일로 연장하고 미혼모에게

는 추가적으로 15일의 유급휴가를 보장하는 확대 출산 휴가법이 제정되었다. 이 외에도 고용과 승진에 있어 남녀의 차별을 금지하는 법안과 반폭력법, 강간 피해자 지원 및 보호법, 소규모 여성 기업인에 대한 지원 등 많은 여성을 위한 법안들이 있다. 필리핀 정부는 2025년까지 성역할 개발 계획을 통해 남녀 성평등을 위해 노력할 계획이다.

03월 17일

• **필리핀 정부, 공식적으로 국제형사재판소 탈퇴** (Time 03. 18)

– 두테르테 대통령은 2016년 임기 시작과 동시에 마약과의 전쟁을 선포하였다. 하지만 이 마약과의 전쟁은 두테르테 정부의 정적을 침묵시키고 권력을 공고히 하려는 정치적 수단이라고 비난받아왔다. 결국 마약과의 전쟁에서 발생한 반인륜적인 범죄와 대량 살상 의혹으로 국제형사재판소는 두테르테 대통령을 조사하겠다고 2018년 2월 밝혔다. 이에 두테르테 정부는 3월 국제형사재판소를 탈퇴하겠다고 밝혔고, 2019년 3월 17일 필리핀 대법원이 인권운동단체가 요청한 가처분 신청을 기각하면서 필리핀은 국제형사재판소에서 최종적으로 탈퇴하게 되었다. 인권운동가들의 변호사인 로멜 바가레스(Romel Bagares)는 이를 끔찍한 후퇴라고 말했으며, 인권단체인 국제 엠네스티(Amnesty International)는 성명서를 통해 필리핀의 탈퇴는 국제 정의를 회피하려는 헛된 시도라고 비난했다. 국제형사재판소는 국제 사회에서 심각한 범죄, 특히 집단학살, 반인륜 범죄, 전쟁 범죄를 저지른 개인들을 조사, 기소, 재판하기 위해 설립되었다.

대만

03월 15일

• **동성 결혼 법안 2차 검토까지 진행** (Focus Taiwan News Channel 03. 15)

– 2017년 5월 24일 대만의 헌법재판소는 동성 간의 결혼 금지는 위헌이라고 판결했다. 이에 2018년 11월 24일 국민투표를 통해 민법 개정을 통한 동성 결혼 합법화에 대한 국민들의 의견을 물었고, 결과는 반대표가 더 많았다. 하지만 이와 상관없이 입법

부는 헌법 재판소의 판결에 따라 2019년 5월 안에 동성 결혼에 대한 법률을 개정하거나 새로운 법안을 만들어야 한다. 2019년 3월 5일 동성 결혼에 찬성하는 여당인 민진당이 제출한 동성 결혼 합법안이 2차 검토에 넘겨졌고, 3월 15일 동성 결혼에 반대하는 야당인 국민당의 라이 신-바오(賴士葆) 의원이 제출한 결혼과 배우자라는 단어 사용을 이성애 커플에게 제한을 두자는 법안 또한 2차 검토에 넘겨졌다. 대만의 법안은 법률이 되기 전에 전체 입법부를 대상으로 2번의 검토가 진행되어야 한다. 이 과정에서 협의가 가능하며, 두 법안은 함께 검토될 예정이다. 한편 3월 15일 동성 결혼 반대 운동가인 창 시엔-잉(曾獻瑩)은 기자회견을 갖고 민진당에게 2018년 국민투표 결과에 역행하지 말 것을 촉구했다.

03월 21일
• 대만 총통 후보 지지율 조사마다 달라… 차이, 한궈위 선두 경쟁
(蘋果日報 03. 22; 聯合報 03. 22; 연합뉴스 03. 22 재인용)

- 2020년 1월 11일에 있을 총통 선거를 위해 3월 21일 차이 총통은 경선후보 등록을 마쳤고, 라이 전 원장도 3월 19일 경선후보등록을 하면서 양안정책협회가 실시한 여론조사에서 차이 총통과 라이 전 원장이 총통-부총통인 러닝메이트가 1위를 차지하였다. 반면 가상의 단독 대결에서는 국민당의 한 시장이 차이 총통과 무소속의 커원저 타이페이 시장을 제치고 1위를 기록하였고, 라이 전 원장과의 대결에서도 1위를 차지하였다. 연합보가 발표한 대만 TVBS(Television Broadcasts Satellite, TVBS)의 여론조사센터에서 실시한 여론조사에서도 한 시장이 1위를 기록하였고, 차이 총통은 3위를 기록하면서 양안정책협회의 여론조사결과보다 낮은 지지율을 기록하였다. 한 시장이 여러 가상의 단독 후보 대결에서 우세한 반면 차이 총통은 단독 후보 출마에서 낮은 지지도를 기록하면서, 민진당 내부에서 총선 승리를 위해 차이 총통과 라이 전 원장의 러닝메이트 출마를 위한 교섭활동이 활발해질 것이란 관측이 나오고 있다.

22차(3월 말~4월 말)

인도의 총선거가 4월 11일 시작되어 5월 18일까지 진행될 예정이지만, 유권자 등록 과정에서 거주지가 등록되었음에도 불명확하다는 이유 등으로 부당하게 투표권 등록을 거부당한 유권자들이 나타나면서 선거의 정당성이 의심받고 있다(Foreign Policy 2019. 04. 09).

대만에서는 집권당인 민진당이 총통 후보 선출을 연기했고(Focus Taiwan News Channel 2019. 04. 11), 폭스콘(Foxconn)의 창업자인 궈타이밍(郭台銘) 홍하이(鴻海) 정밀공업 회장이 야당인 국민당의 총통 후보 경선에 참여한다고 밝혔다(聯合報 2019. 04. 22; 연합뉴스 2019. 04. 22 재인용).

한편 필리핀의 파올로 두테르테(Paolo Duterte) 전 다바오 부시장의 마약거래 의혹을 폭로하는 영상이 유포되어 논란이 일고 있다(Coconuts Manila 2019. 04. 15). 그러나 로드리고 두테르테 대통령은 높은 지지율을 유지하고 있어 5월 13일 있을 총선거에서 여당인 민주당의 승리가 예상된다(CNN Philippines 2019. 04. 24).

인도

04월 09일

• 인도의 누락된 유권자들   (Foreign Policy 04. 09)

－ 미싱 보터란 선거관리위원회에게 투표권을 부당하게 거부당한 유권자들을 등록하기 위해 만들어진 앱이다. 개발자 칼리드 사이풀라는 유권자 목록을 연구한 결과, 이전 선거에서는 투표권을 가지고 있었지만 2019년 총선에서는 투표권을 갖지 못한 사람들을 발견했다. 그뿐만 아니라 전국적으로 성인임에도 미성년이라는 이유와 같이 부당하게 투표권을 거부당한 사람들이 나타나고 있으며, 사이풀라는 약 1억 2천만 명의 유권자가 전국적으로 누락되었다고 주장한다. 또한 누락된 유권자의 대다수는 무슬림과 여성, 인도 카스트제도의 가장 아래를 차지하는 불가촉천민들로 추정되며, 모디 총리의 민족주의적이고 친 힌두적인 정책에 의해 의도되었다는 주장이 나

오고 있다. 이에 대해 쿠라이시(S. Y. Quraishi) 전 인도 선거 위원장은 정당들이 선거운동을 통해 표를 구하는 것이 아닌 뇌물을 통해 표를 얻고 있다고 말하며, 투표자 목록에서 유권자들 전체를 간단하게 삭제할 수도 있다고 말했다.

04월 11일

• 유권자 9억 명··· 인도, 39일간의 총선 시작   (경향신문 04. 11)

– 세계에서 가장 큰 민주주의 선거라고 불리는 인도의 선거가 4월 11일 시작된다. 유권자만 9억 명으로 투표는 선거 관리 인원과 투표소 부족으로 인해 5월 19일까지 지역별로 진행하고, 개표는 5월 23일 이뤄진다. 인도 선거의 특이한 점은 정당들이 상징을 이용하여 인구의 30%를 차지하는 문맹들이 투표할 수 있도록 유도한다는 것으로, 여당인 인도인민당은 연꽃, 야당인 인도국민회의파는 손바닥 모양이다. 한편 파키스탄과의 갈등과 민족주의, 힌두교 편향 정책은 모디 총리의 지지율을 40%에서 60%로 상승시켰지만 야당의 라훌 간디 의회 의장은 모디 총리의 경제정책인 모디노믹스(Modinomics) 실패론을 주장하며, 오히려 농민 부채를 증가시켰다고 비난했다. 양당은 이번 총선을 겨냥해 전체 인구의 70%를 차지하는 농민을 위한 공약을 내놓았다. 모디 총리는 농민에게 현금 지급과 농촌지역 개발 등을 내걸었고, 라훌 의장은 저소득층에게 현금 지급과 농민 부채 탕감 등을 약속했다.

필리핀

04월 15일

• 불법 마약 거래 조사   (Coconuts Manila 04. 15)

– 4월 초 'Real Narco List'라는 제목의 영상이 익명의 유포자에 의해 4차례 인터넷에 공개되었다. 이 영상은 두테르테 대통령의 아들인 파올로 전 다바오 부시장과 딸인 사라 두테르테 다바오 시장의 남편인 마나시스 카르피오(Manases Carpio)가 불법 마약 거래를 통해 수백만 페소를 받고 있으며, 파올로 전 부시장과 카르피오의 등에 마약 조직을 의미하는 용 문신이 있다는 주장을 담고 있다. 또한 상원의원 후보이자 대통령의 오랜 측근인 크리스토퍼 고(Christopher Go)도 연루되어 있다고 언급했다. 이에

야권은 파올로 전 부시장과 카르피오, 고 후보에게 등을 공개할 것을 요구했지만 파올로 전 부시장은 사생활 침해를 이유로 거부하고 있어 의혹이 증폭되고 있다. 하지만 사라 시장은 5월 13일에 있을 총선을 앞두고 공개된 비디오인 만큼 흑색선전이라고 비판하며 파올로 전 부시장에게 등을 공개하지 말 것을 충고했다. 이에 필리핀 경찰은 유포자를 추적하는 한편, 익명의 유포자에게 소셜미디어를 사용하지 말고 당국에게 증거를 제시하라고 말했으며, 만약 그렇지 않는다면 사이버 명예훼손의 위험성이 있다고 경고했다.

04월 24일

• **5월 13일 중간선거에서 두테르테는 이길 수 있을까**　　　　　(CNN Philippines 04. 24)
– 5월 13일 필리핀에서 상원의원의 절반에 해당하는 12명과 하원의원 전체, 지방의원들을 선출하는 총선거가 실시된다. 현재 집권당인 민주당의 두테르테 대통령은 비사법적 처결 의혹과 재산 증폭 등의 논란에도 불구하고 2018년 기준 74%의 높은 지지율을 기록하고 있으며, 2019년 1분기 순만족도는 66점으로 2017년 6월 집계되었던 개인 최고 기록과 맞먹는다. 이에 따라 두테르테 대통령이 지지하는 민주당의 상원의원 후보들 또한 지지도 조사에서 높은 순위를 차지하고 있다. 상원의원 후보들에 대한 설문조사 결과, 두테르테 대통령이 지지한 8~10명의 후보들이 상위 12위 안에 자리하고 있으며 특히 대통령의 최측근인 고 후보는 3위에 올라 있다. 한편 필리핀의 상원의원 선거는 유권자가 1명에게 표를 행사하는 것이 아닌 후보자 명단에서 12명을 모두 뽑는 방식을 채택하고 있으며, 2019년 2월 6일 62명의 후보자 명단을 발표한 바 있다.

대만

04월 11일

• **민진당, 총통 후보 선출 연기**　　　　　(Focus Taiwan News Channel 04. 11)
– 4월 11일 집권당인 민진당의 사무총장인 로 웬-지아(羅文嘉)는 2020년 1월 11일에 있을 총통 선거의 후보 선출을 5월까지 연기할 것이라고 밝혔다. 현 총통인 차이잉원

과 총통 후보 경쟁자인 라이칭더 전 행정원장이 하루 앞선 10일 중재를 위한 회동에서 합의를 이루지 못했기 때문이다. 이에 민진당의 중앙집행위원회(Central Executive Committee)는 두 후보 간의 중재 기간을 연장하고, 정당의 입법 경선이 끝나는 5월 22일 이후인 5월 31일까지 국민 여론조사를 연기하기로 결정했다. 또한 최근 후보 선출 연기에 따른 민주성 논란에 대해 로 사무총장은 총통 후보 경선 과정은 정상적인 제도와 절차에 따를 것임을 강조했다. 당초 민진당의 경선 일정에 따르면 후보자들은 4월 13~14일 TV 생방송을 통해 정치 성향을 발표하고, 같은 달 15~17일에는 국민 여론조사를 실시해 총통 선거 후보를 선출하여 4월 24일 발표할 예정이었다.

04월 22일

• 대만 여론조사… 국민당은 한궈위(韓國瑜), 민진당은 라이칭더 선두

(聯合報 04. 22; 연합뉴스 04. 22 재인용)

- 폭스콘의 창업자인 궈타이밍 훙하이정밀공업 회장이 4월 17일 총통 후보 경선에 참여할 것을 발표했고, 같은 달 20일 한궈위 가오슝 시장은 총통 선거 참여 여부에 대해 곧 성명을 발표할 것이라고 말했다. 아울러 4월 22일 연합보의 여론조사 결과에 따르면, 한궈위 가오슝 시장은 26%, 궈타이밍 회장은 19%의 지지율을 기록했으며, 국민당 지지자의 약 48%가 한 시장이 총통 후보로 나서기를 희망하고 있다고 밝혔다. 하루 앞선 21일, 대만민의기금회의(Taiwanese Public Opinion Foundation, TPOF)는 여론조사 결과를 통해 라이 전 원장이 49.9%로 27.7%인 차이 총통보다 지지율에서 앞서고 있으며 응답자의 18.8%는 아직 결정하지 못했다고 밝히고 있다. 또한 차이 총통의 국정 만족도는 34.6%이며 불만족도가 53.2%라고 언급했으며, '이상적인 총통' 특질 조사 항목에서 라이 전 원장이 차이 총통을 모두 앞서고 있다고 설명했다. 한편 차이 총통과 라이 전 원장은 각각 지역들을 방문하며 중국과의 관계에서 독립을 유지하기 위해서 본인을 총통 후보 경선에서 선택해 줄 것을 강조했다.

23차(4월 말~5월 말)

김은중

인도의 나렌드라 모디 총리가 높은 실업률과 농민 자살률이 기록된 주요 자료를 공개하지 않고 있으며, 경제성장률과 국내총생산 수치 등을 조작했다는 의혹이 불거지고 있다(India Today 2019. 05. 10). 그럼에도 불구하고 4월 11일 시작된 총선거에서 여당인 인도인민당이 과반을 확보하면서 모디 총리의 집권 2기가 시작되었다(연합뉴스 2019. 05. 24).

대만에서는 5월 24일부터 동성 결혼이 아시아 최초로 합법화되었다(自由时报 2019. 05. 21; 연합뉴스 2019. 05. 21 재인용). 여당인 민진당의 차이잉원 총통과 라이칭더 전 행정원장이 당내 총통 후보 경선에서 휴대전화를 통한 여론조사 방식을 도입하는 것에 합의하였다(Taiwan News 2019. 05. 22).

한편 5월 13일 치러진 필리핀의 중간선거에서 로드리고 두테르테 대통령의 측근들이 대거 당선될 것으로 예상된다(Philippine Star 2019. 05. 14; 연합뉴스 2019. 05. 14 재인용). 하지만 개표 과정에서 두테르테 대통령이 선거 결과를 조작했다는 의혹이 불거짐으로써 상원과 하원은 6월 4일 공동 청문회를 열기로 결정했다(Philippine Star 2019. 05. 16; 연합뉴스 2019. 05. 16 재인용).

인도

05월 10일

• 하원선거: 모디 총리의 실적은 좋지만, 실업률과 농민 자살률은 어떨까?

(India Today 05. 10)

－ 모디 정부가 발표한 경제성장률은 8%를 넘나들고 있으며, 이를 바탕으로 여당인 인도인민당 주도의 국민민주연합(National Democratic Alliance, NDA)은 총선 홍보에 적극 이용하고 있다. 하지만 경제성장률이 허위라는 의혹이 야당을 중심으로 불거지면서 모디 정부의 조작 의혹이 제기되었다. 또한 모디 정부는 매년 공개해야 할 실업률과 범죄율, 농민 자살률 등의 자료들도 공개하지 않고 있어 논란이 가중되고 있

다. 이 중 2016년 이후 공개되지 않고 있던 인도의 국가 표본 조사국(National Sample Survey Office, NSSO)이 작성한 2017~2018년 일자리 보고서가 2월 언론을 통해 유출되었고, 이에 따르면 2011~2012년 2.2%였던 인도의 실업률이 현재 6.1%로 증가했다. 게다가 2015년 인도 국가범죄기록국(National Crime Records Bureau, NCRB)이 발표한 보고서에 따르면 매년 1만 2천 건 이상의 농민자살 사건이 발생하며, 이는 매일 34명의 농부가 자살하는 셈이 된다. 인도 국민의 70%가 농민으로 이는 매우 중요한 문제이지만 모디 총리가 관련 자료를 공개하지 않아 논란이 계속되고 있다.

05월 24일
- **인도 여당, 총선 단독과반 303석 확보…선관위 공식 발표**　　　　(연합뉴스 05. 24)
- 지난 4월 11일부터 5월 19일까지 인도에서 총선거가 치러졌으며 같은 달 23일 개표했다. 다음날인 24일 인도 선거관리위원회(Election Commission of India)는 야당인 인도국민회의파가 이번 총선에서 52석을 얻는 데 그친 반면, 여당인 인도인민당은 하원의석 543석 중에서 303석을 획득, 단독 과반을 확보했다고 발표했다. 이는 인도인민당이 1980년 창당한 이후 39년 만의 최다 의석수로 기록된다. 또한 인도인민당은 전통적으로 열세였던 지역에서도 의석을 확보하면서 안정적인 집권 2기를 시작할 수 있게 되었다. 따라서 모디 총리의 임기는 2024년까지 연장되었으며, 인도 정치사상 최초로 인도국민회의파 소속이 아닌 총리가 10년 동안 집권하게 될 것이다. 한편 올해의 총선은 선거구의 개별 후보 중심의 선거가 아닌 친(親)모디와 반(反)모디의 경쟁으로 진행되었으며, 인도인민당은 힌두를 앞세운 종교, 민족, 지역 분열에 앞장섰다는 비판을 받고 있다.

필리핀

05월 14일
- **필리핀 '스트롱맨' 두테르테 진영, 중간선거서 압승 예상**
　　　　　　　　　　　　　　(Philippine Star 05. 14; 연합뉴스 05. 14 재인용)
- 5월 13일 필리핀에서 중간선거가 치러졌다. 상원의원의 절반인 12석과 하원의원

전체인 297석, 1만 8천 명에 달하는 지방자치단체 대표 및 지방의회 의원을 선출한다. 같은 달 14일 전체 투표의 94%가량이 개표되었고, 두테르테 대통령의 측근이 상원의원의 9석, 하원의원의 245석을 가져갈 것으로 예측된다. 또한 두테르테 대통령의 장녀인 사라(Sara Duterte) 다바오 시장은 재선이 거의 확실하며, 차남인 세바스찬(Sebastian Duterte)은 다바오 부시장에 당선될 것으로 보인다. 장남인 파올로(Paolo Duterte) 전 다바오 부시장 역시 하원의원에 당선될 것으로 예상된다. 이에 따라 두테르테 대통령은 초법적 처형으로 인해 논란이 있었던 마약과의 전쟁뿐 아니라 대선 공약이었던 연방제 개헌 및 사형제 부활 등을 적극 추진할 것으로 전망된다. 한편 필리핀 경찰은 중간선거와 관련해 지난 1월 초부터 투표일 전날인 5월 12일까지 필리핀에서 발생한 폭력사태로 20명이 사망했으며, 24명이 부상당하는 등 약 43건의 폭력사건이 발생했다고 밝혔다.

05월 16일

• 필리핀 중간선거 조작 의혹 제기···상하원 합동 청문회

(Philippine Star 05. 16; 연합뉴스 05. 16 재인용)

- 5월 13일 치러진 중간선거 개표 과정에서 약 7시간가량 집계가 지연되었고 뒤이어 두테르테 대통령의 측근들이 중간선거의 핵심인 상원의원 선거에서 압승한 결과들이 발표되어 선거 조작 의혹이 일고 있다. 또한 필리핀 선거관리위원회는 전체 85,000개의 자동 개표기 중에서 약 600대가 오작동했다고 밝혔지만, 교육부에서는 고장 신고가 1333건이었다고 발표하면서 더욱 논란이 거세졌다. 결국 다음달 6월 4일 상원과 하원은 합동으로 청문회를 열어 선거 조작 의혹을 조사하기로 결정했다. 이에 대해 판필로 락손(Panfilo Lacson) 상원의원은 투명성 서버 도입 이유와 누가 그 서버를 관리했는지에 대해 명백히 밝혀야 한다고 주장했다. 또한 가톨릭 자선단체인 카리타스 필리핀(Caritas Philippines, NASSA)은 부정 선거 의혹이 해소될 때까지 상원의원의 당선인 발표를 연기하라고 요구했으며, 선거감시단체인 책임 있는 투표를 위한 교구 사목위원회(Parish Pastoral Council for Responsible Voting, PPCRV)는 선거관리위원회에게 중간 서버에 대한 자료를 제출하라고 말했다.

05월 17일

· 대만, 아시아 최초로 동성결혼 허용…"24일부터 혼인신고 가능"

(自由時報 05. 21; 연합뉴스 05. 21 재인용)

- 2017년 5월 24일 대만의 대법원이 동성 간의 결혼 금지는 위헌이라는 판결을 내림에 따라, 의회는 2년이내에 관련 법 개정이나 특별법 제정을 해야 했다. 판결 이후 약 2년 동안 대만의 정당들은 동성 결혼에 찬성하는 민진당과 반대하는 국민당을 주축으로 동성 결혼과 관련하여 치열한 법안 경쟁을 거쳐 왔다. 그리고 2019년 5월 17일, 동성 결혼을 허용하는 내용의 특별법안이 의회에서 통과되면서 아시아 최초로 동성 결혼이 합법화되었다. 이에 따라 같은 달 24일부터 동성 간 혼인신고를 할 수 있으며, 동성 배우자의 성명이 신분증의 배우자 항목과 호적 등본에 명기될 예정이다. 현재 21일 대만 전국에서 254쌍의 동성 커플이 혼인신고를 사전 예약했다. 다만 외국인과의 동성 결혼은 대만 외교부가 동성 결혼을 합법화한 것으로 인정한 국가의 외국인 배우자와만 동성 간 혼인신고를 할 수 있다.

05월 22일

· 중앙집행위원회(Central Executive Committee, CEC) 회의 실시간 방송: 민진당 지지자들이 정당 본부 밖에 모여 공정한 선발 과정을 요구했다 (Taiwan News 05. 22)

- 여당인 민진당의 중앙집행위원회는 2020년 1월에 있을 총통 선거의 후보 선출 방식을 결정하기 위해 5월 22일 만났다. 지난 3월 차이 총통과 라이 전 원장이 당내 후보 경선에 등록한 이후, 라이 전 원장은 기존의 유선전화를 통한 여론조사 방식을 유지하길 원하였고, 차이 총통은 휴대전화를 통한 여론조사를 추가하길 원하면서 논쟁이 이어져 왔다. 이에 두 차례 조정이 있었으나 합의에 실패했고, 이번 3차 회동에서 두 후보는 여론조사 방식을 두 가지 모두 수용하여 휴대전화와 유선전화의 반영 비율을 각각 50%로 합의하였다. 최종적인 총통 선거 후보는 6월 5일쯤 결정될 예정이다. 하지만 당초 민진당의 당내 후보 선출은 4월이었으나 6월까지 연기되면서 민주성 논란이 일었고, TV 토크쇼의 진행자인 데니스 펑(彭文正)은 민진당이 대만의 자

유를 공격하고 있다고 비난하였다. 또한 22일 회동이 있던 중앙집행위원회의 본부 안팎에서 정당 지지자 100여 명이 모여 한쪽에 치우치지 않은 공정한 선택을 하길 희망한다고 말하면서, '공정한 경선'과 '민진당 민주주의는 죽었다'는 플래카드를 들고 시위를 진행하였다.

24차(5월 말~6월 말)

김은중

인도의 나렌드라 모디 총리는 6월 19일 전체회의를 열어 하원의원 선거와 주 의회 선거를 동시에 실시할 것을 제안했다(India Today 2019. 06. 20). 하루 전날인 18일에는 자크핸드 지역에서 무슬림 남성이 무차별 폭행을 당해 사망하는 사건이 발생했고, 26일 델리 지역에서 종교적 폭력에 반대하는 시위가 일어났다(Al-jazeera 2019. 06. 27).

대만에서는 6월 13일 집권여당인 민진당이 2020년 1월 있을 총통 선거의 후보 경선 결과 차이잉원 총통이 승리했다고 발표했지만 결과에 대한 의혹과 불만이 커지고 있다(Taiwan News 2019. 06. 14). 한편 2018년 가오슝 시장 선거 당시 중국이 야당인 국민당의 한궈위 후보를 당선시키기 위해 여론을 조작했다는 의혹이 제기되었다(Taiwan Times 2019. 06. 27).

필리핀에서는 5월 13일 치러진 중간선거에서 제기된 로드리고 두테르테 대통령의 선거 조작 의혹에 대한 수사 결과, 조작 증거가 발견되지 않았다고 밝혀졌다(Philippine Star 2019. 06. 05). 또한 4월 인터넷을 통해 두테르테 대통령 일가의 마약 거래 의혹을 제기한 유포자가 동영상은 조작이라고 자백하면서 배후로 야권을 지목했다(Manila Bulletin 2019. 06. 15).

인도

06월 20일

• 동시 선거, 람 나스 코빈드 대통령은 빈번한 선거가 인도의 발전을 저해한다고 말했다

(India Today 06. 20)

- 모디 총리는 6월 19일 전체회의를 열어 하원의원 선거와 주 의회 선거를 동시에 시행할 것을 제안했다. 또한 하루만인 20일 람 나스 코빈드(Ram Nath Kovind) 대통령은 연설을 통해 잦은 선거는 인도 발전에 장애물이 되며, 동시 선거를 통해 정당들이 발전과 공공복지에 더 많은 에너지를 쏟을 수 있을 것이라 말했다. 하지만 인도국민회

의파와 인도인민당에 우호적인 시바지의군대당(Shiv Sena Party)을 포함한 대다수의 정당들이 동시선거에 반대하며, 전체회의에 참석하지 않았다. 전체회의에 참석한 인도공산당-마르크스주의의 총서기 시타람 예추리(Sitaram Yechury) 또한 동시 선거가 연방주의의 정신과 헌법에 위배된다며 격렬히 반대했다. 한편 동시선거는 선거 비용 절약과 매해 평균 5개 주가 주 총선을 실시하는 데 따른 임기의 불안정성을 해결하기 위한 방법으로 지난해 2018년부터 모디 총리가 주장해 왔다.

06월 26일

• 무차별 폭행당한 무슬림, 시위로 이어져　　　　　　　　　　　　(Aljazeera 06. 27)

– 6월 18일 인도 자크핸드 지역에서 무슬림 남성이 지역 주민에게 무차별 폭행을 당해 사망하는 사건이 발생했다. 이 지역의 주민들은 피해자인 타바레즈 안사리(Tabrez Ansari)를 나무에 묶어 힌두교 신에게 예배드릴 것을 강요했으며 안사리가 이를 거부하자 나무막대로 폭행하였다. 이후 사건이 인터넷을 통해 알려지자 26일 수도인 델리에서 시위가 발생했으며 시위대는 여당인 인도인민당과 모디 총리에 반대하는 플래카드를 들고 종교적 폭력 중단을 요구했다. 인도는 인도인민당이 집권한 이후 소수집단인 이슬람교도에 대한 증오범죄가 빠르게 증가하고 있으며 모든 인도 여성 협회(All India Progressive Women's Association)의 사무처장은 이슬람계 사람들이 지속적으로 표적이 되고 있다고 주장했다. 또한 미국의 국제 종교 자유(International Religious Freedom) 연례 보고서에 따르면 모디 총리가 집권한 이후 인도의 종교적 편협성이 높아지고 있다고 밝혔다.

06월 05일

• 5월 총선거, 부정선거 증거 없어　　　　　　　　　　　　　　(Philippine Star 06. 05)

– 지난달 5월 13일 치러진 중간선거 개표 과정에서 약 7시간가량 집계가 지연되었고, 뒤이어 두테르테 대통령의 측근들이 대거 당선되면서 선거 조작 의혹이 제기된 바 있다. 이에 상·하원은 6월 4일 합동으로 청문회를 열어 조작 의혹

을 조사하였다. 합동의회감독위원회(The Joint Congressional Oversight Committee)는 제기된 사기 및 조작의 증거를 찾지 못했다고 발표하면서 개표 과정의 취약성을 차단하기 위해 기술적으로 보완할 것을 제안하였다. 또한 하원의원들은 개표 및 결과 전송 결함과 관련하여 선거관리위원회의 고위 담당자와 자동화 서비스 제공 업체 및 공급업체에 대한 형사 고발을 검토 중이라고 밝혔다. 이에 대해 다닐로 수아레즈(Danilo Suarez) 소수당 원내 총무는 수사를 계속하여 개표 결함과 기타 부정행위에 책임이 있는 사람들에 대한 소송 제기를 권고하는 보고서를 작성할 것이라고 기자회견을 통해 말했다.

06월 15일

· 필리핀 경찰, 안토니오 트릴라네스 상원의원에게 불법 마약 거래 의혹에 대한 정보 공유를 촉구해 (Manila Bulletin 06. 15)

– 필리핀 경찰은 4월 초 'Real Narco List'라는 제목으로 인터넷에 유포된 두테르테 대통령 일가의 불법 마약 거래 의혹에 대한 수사 과정에서 유포자를 피터 어드빈쿨라(Peter Advincula)로 지명, 수사해 왔다. 용의자로 지명된 이후 어드빈쿨라는 의혹을 부정하며 잠적하였으나 지난달 5월 23일, 갑자기 필리핀경찰에 자진 출석하여 불법 마약 거래 영상은 거짓이며 조작된 것이라고 자백했다. 또한 이 일의 배후로 야권을 지목, 안토니오 트릴라네스 의원에게 50만 페소를 받았다고 주장했다. 이에 필리핀 경찰 최고 책임자인 오스카 알바얄드(Oscar Albayalde)는 균형 있는 수사를 위해 트릴라네스 의원에게 어드빈쿨라에 대한 정보를 가지고 있다면 경찰 수사를 위해 제공해 줄 것을 촉구했다. 한편 어드빈쿨라의 신원조회 결과, 과거부터 여러 정치인들의 정보를 팔아온 것이 밝혀졌다. 그의 주장에 따르면 어드빈쿨라는 2016년 티토 소토(Tito Sotto) 상원의원에게 당시 대통령이었던 아키노3세(Benigno S. Aquino III)의 불법 마약 거래 정보를 제공했다고 밝혔다.

06월 14일

• 차이 총통의 민진당 총통 후보 경선 승리   (Taiwan News 06. 14)

- 지난 6월 13일 여당인 민진당은 앞서 6월 10일에서 12일까지 진행된 여론조사 결과 당내 총통 후보 경선에서 차이 총통이 라이 전 원장을 8.2%p차로 앞서 최종적으로 민진당의 총통 후보가 되었다고 공식적으로 발표하였다. 그동안 진행된 수차례의 여론조사에서 차이 총통의 지지율이 라이 전 원장보다 낮았지만 이번 경선에서 차이 총통이 승리하면서 14일 민진당의 지지자와 시민단체를 중심으로 선거 과정과 결과에 대한 의혹이 제기되고 있다. 같은 날 대만 독립 운동(TIM)의 대표는 차이 총통과 민진당 지도부가 합심하여 정부 재원을 이용하여 경선에서 승리했다고 주장했으며, 대만 사회(Taiwan Society, TS)는 차이 총통을 예의 주시하며 필요할 경우 시위를 조직할 수도 있다고 말했다. 또한 천수이볜(陳水扁) 전 총통도 여론조사 표본 추출 과정에서 수치가 조작됐을 가능성을 암시했으며, 타이페이 커원저(柯文哲) 시장은 만약 라이 전 원장이 민진당의 후보가 됐다면 내년 총통 선거에서 승리할 가능성이 더 높았을 것이라고 전했다.

06월 26일

• 2018년 가오슝 시장 선거, 중국 기업의 여론조작 의혹   (Taiwan Times 06. 27)

- 6월 26일 외교전문지인 포린폴리시(Foreign Policy)는 보고서를 통해 2018년 가오슝 시장 선거 당시 중국이 국민당의 한궈위 현 가오슝 시장이 당선될 수 있도록 여론을 조작했다는 의혹을 제기했다. 국민당은 전통적으로 중국에 우호적인 정당으로 당시 한 시장은 인기 있는 후보가 아니었지만 출마 선언 하루 만에 소셜미디어인 페이스북에 팬 페이지가 신설되었고, 이는 곧 대만에서 가장 규모가 큰 비공식 팬 페이지 중 하나가 되었다. 이 페이지의 관리자는 총 3명이며 모두 북경대학교를 졸업, 중국의 인터넷 서비스 전문 업체인 텐센트(Tencent)의 직원으로 밝혀졌다. 이들은 선거운동 기간 동안 한 시장의 경쟁 후보에 대한 공격과 가짜뉴스를 게재하며 한 시장의 선거 운동을 도왔다. 이에 대해 대만 국방부 산하 정치국 소속의 중위는 과거에도 중국

이 대만의 소셜미디어를 조작하려는 시도를 했었다고 주장하며 많은 콘텐츠들이 중국 공산당의 홍보부가 대만인을 모방하여 만든 것임을 확인한 바 있다고 전했다.

25차(6월 말~7월 말)

김은중

인도 제1야당인 인도국민회의파 총재 라훌 간디가 5월 총선거 패배에 책임을 지고 사퇴했다(CNN 2019. 07. 03). 한편 민간인 사찰을 우려하는 야권의 반대에도 불구하고 국립수사국(National Investigation Agency)의 권한을 확대하는 개정안이 17일 상원을 통과하였다(NDTV 2019. 07. 17).

대만에서는 7월 14일 야당인 국민당의 여론조사를 통한 총통 후보 예비선거에서 한궈위 가오슝 시장이 지지율 44.81%를 기록하여 2020년 1월 총통 선거에 출마하게 되었다(연합뉴스 2019. 07. 15). 7월 20일에는 대만을 중국으로부터 완전히 독립시키는 것을 목표로 하는 포모사 연맹(喜樂島聯盟)이 공식적으로 새롭게 창당되었다(Taiwan News 2019. 07. 20).

한편 필리핀에서는 네그로스 오리엔탈 지역에서 7월 18일부터 29일까지 총 21명의 민간인이 살해당했으며 정부는 배후로 50여 년 동안 테러 활동을 해온 공산주의 무력단체를 지목하였다(CNN 2019. 08. 03). 사회주의 국가 건설을 목표로 하는 이 단체는 살해 혐의에 대해 모든 것이 정부가 주도한 것이라고 주장하며 맞서고 있다(CNN 2019. 08. 03).

인도

07월 03일

· 라훌 간디, 총선거 참패 후 인도국민회의파 총재 사임   (CNN 07. 03)

– 지난 3일 인도의 제1야당인 인도국민회의파의 총재 라훌 간디가 5월 총선거에서 하원의석 543석 중 52석을 얻으며 인도인민당에 참패한 것에 책임을 지고 총재직에서 사임하였다. 라훌 전 총재는 사임을 공식 발표하는 서한을 통해 집권여당인 인도인민당을 힌두교 우파 운동에 뿌리를 둔 민족주의자로 묘사했다. 또한 인도인민당이 인도 국민의 목소리를 체계적으로 짓밟는다고 비판하면서 인도의 민주주의가 근본적으로 약화되었으며 국가를 단결시키고 국가기관들을 소생하는 데 있어 인도국민

회의파가 노력해야 한다고 말했다. 한편 라훌 전 총재는 인도의 초대 총리와 인도 최초의 여성 지도자의 후손으로 전통적인 '네루-간디(Nehrū-Gāndhī)' 정치가문 출신이다. 인도국민회의파는 인도 건국에서부터 약 50여 년 동안 정권을 유지하였었으나 2014년 나렌드라 모디 총리에게 패배한 이후 점점 쇠락하고 있어 인도인민당이 정치를 독점할 것이란 우려의 목소리도 나오고 있다.

07월 17일

• 국립수사국 조사권 확대 개정안, 연방하원·상원에서 통과　　　　　　(NDTV 07. 17)

– 7월 15일 인도 하원에서 국립수사국의 수사권을 강화하는 개정안이 통과된 지 이틀 만인 17일 논란 속에서 개정안이 상원을 통과했다. 국립수사국은 2009년 뭄바이에서 있었던 테러의 여파로 설립되었으며, 개정안을 통해 국립수사국에게 테러로 의심될 경우 인도 내외의 자산과 사이버 테러, 무기 및 인신 매매 등에 대한 조사 권한도 부여된다. 이에 대해 매니시 테와리(Manish Tewari) 하원의원은 정부가 인도를 경찰국가로 만들려 한다고 비난했다. 또한 여러 야권 의원들은 정부가 개정안을 통해 수사기관을 정치적 보복에 악용한다고 주장하며 개정안에 반대했다. 반면 정부는 개정안이 테러에 대한 무관용 정책의 일부이며 국가 이익에 부합된다고 주장했으며, 아미트 샤(Amit shah) 내무부 장관은 모디 정부에게 테러와의 전쟁 이외의 목적은 없으며 테러를 끝내는 것이 유일한 정부의 목표라고 말했다.

필리핀

07월 16일

• 성차별적 농담으로 유명한 두테르테 대통령, 성추행 금지법에 서명

(The New York Times 07.16)

– 여성에 대한 조잡한 발언으로 유명한 로드리고 두테르테 대통령이 공공장소에서 성적 괴롭힘 등의 성희롱을 처벌하는 법안에 서명, 7월 15일 공식화됐다. 취임 전부터 두테르테 대통령은 강간, 성차별적 언어, 여성 혐오 발언들로 인해 논란이 끊이지 않았으며, 지난 2018년 한 행사에서 여성을 무대로 불러 뽀뽀를 부탁하는 등 직권을

남용한 혐의를 받아왔다. 이로 인해 일부 여성 인권 옹호자들과 필리핀 정치인들은 두테르테 대통령이 법을 준수할 것인 지에 대해 의문을 제기했으나, 대변인 살바도르 파넬로(Salvador Panelo)는 두테르테 대통령이 서명한 것은 법안에 동의, 준수할 것을 의미한다고 전했다. 하지만 필리핀 법에 따르면 대통령은 재임 중 소송에서 면죄되기 때문에 2022년 대통령의 임기가 끝날 때까지 두테르테 대통령은 이 법에 영향을 받지 않게 된다. 이에 여성 단체 가브리엘라(Gabriela)의 젬 살바도르(Joms Salvador) 사무총장은 대통령이 법안에 서명함으로써 자신에게 면죄부를 준 것이라고 말했다.

08월 03일

- **공산당-신인민군: 넘지 말아야 할 것을 넘었다**　　　　　　　(CNN 08. 03)
  - 지난 7월 18일 네그로스 오리엔탈주(州) 아융온시(市)에서 경찰관 4명이 살해당했다. 이후 29일까지 11일 동안 총 21명이 목숨을 잃었으며 두테르테 대통령은 범인으로 필리핀 공산당-신인민군((the Communist Party of the Philippines-New People's Army, CPP-NPA)을 지목, 체포하기 위해 현상금을 올리고 보안을 강화하고 있다. 그럼에도 불안이 계속되고 있는 8월 2일, 두테르테 대통령은 연설을 통해 신인민군(NPA)에게 마지막 경고라고 전하며 최후의 수단까지 사용할 것을 필리핀 군대에게 명령했다고 말했다. 또한 네그로스 오리엔탈 지역에 계엄령을 선포할 방안도 고려 중이며 법적으로 문제없다는 법원의 판결도 뒤따랐다. 하지만 신인민군은 모든 살인 혐의를 부인하고 있으며 이 모든 것은 정부가 주도한 것이라고 주장하고 있다. 한편 신인민군은 필리핀의 공산주의 반군단체로 1968년 필리핀 공산당으로부터 분리되어 사회주의 국가 건설을 목표로 활동하며 약 50년 동안 게릴라전을 전개하고 있다.

대만

07월 15일

- **대만 총통선거 대진표 확정…민진 차이잉원 vs 국민 한궈위**　　　(연합뉴스 07. 15)
  - 지난 7월 8일부터 14일까지 진행된 국민당의 총통 선거 후보 선출을 위한 여론조사에서 한궈위 가오슝 시장이 44.81%의 지지율을 기록하여 2020년 1월 11일 있을 총

통 선거에 국민당 대표로 출마하게 되었다. 한편 집권여당인 민진당 역시 여론조사를 통해 지난 6월 차이잉원 총통을 차기 총통 선거 후보로 최종 확정하였다. 이는 시진핑 중국 국가주석의 대만 무력 통일 발언을 계기로 대만 내에 중국에 대한 거부감이 강해지면서 2018년 지방 선거에서 민진당이 대패한 이후 줄어들었던 차이 총통의 지지율이 상승한 것에 영향을 받았다. 현재 올해 초 대만의 각종 여론조사에서 40%를 넘나들던 한 시장의 지지율이 하락세이며 차이 총통의 지지율은 상승하고 있어 차이 총통의 신승이 예측되고 있다. 하지만 대만 양대 정당에 불만을 느끼는 중산층의 높은 지지를 받는 커원저 타이페이 시장이 차이 총통, 한 시장과의 3자 구도에서 꾸준히 20%대의 지지율을 얻고 있어 커 시장이 출마한다면 민진당 지지표가 잠식되어 국민당이 최종 승리할 것이라는 분석도 나오고 있다.

07월 20일

• 포모사 연맹 창당, 총통 선거 출마는 안 해 (Taiwan News 07. 20)

- 7월 20일 포모사 연맹이 공식적으로 창당되었다. 당초 포모사 연맹은 포모사 텔레비전(Formosa Television)의 회장인 궈베이홍(郭倍宏)이 주도하였으며, 내년 있을 총통 선거에 도전할 것이라고 밝혔었다. 하지만 20일 연맹의 새 의장인 윌리엄 로(羅仁貴)는 내년 총통 선거와 함께 치러질 국회의원 선거에서 10명의 의원을 지명할 것이며 총통 선거에는 후보를 출마시키지 않을 것이라고 전했다. 또한 차이 총통을 당 차원에서 지지할 것인지에 대한 논의는 아직 이뤄지지 않았지만 차이 총통과 라이칭더 전 행정원장의 러닝메이트가 당선된다면 대만에게 큰 행복이 될 것이라고 덧붙였다. 또한 로 의장은 포모사 연맹이 차이 총통의 성과에 불만을 갖고 독립한 것이 아니라 대만의 독립을 원하는 유권자들에게 민진당 외의 선택권을 부여하기 위해 형성됐다고 밝혔다. 포모사 연맹은 대만을 공식 명칭으로 하는 정상국가로 바꿀 것과 중국-대만 통일에 반대, 새로운 헌법 제정, 대만의 이름으로 유엔 가입 등을 주요 원칙으로 하고 있다.

26차(7월 말~8월 말)

김은중

인도 뉴델리주는 여성의 안전과 경제적 지원을 위해 오는 10월부터 델리지역의 여성들이 대중교통을 무료로 이용할 수 있다고 밝혔다(NDTV 2019. 08. 15). 한편 인도와 파키스탄 접경지역인 잠무-카슈미르의 자치권이 박탈되면서 현지주민과 정부의 충돌이 발생하고 있다(AFP 2019. 08. 18; 연합뉴스 2019. 08. 19 재인용).

대만에서는 8월 20일 여론조사결과에서 궈타이밍 전 홍하이(鴻海)정밀공업 회장과 커원저 타이페이 시장의 러닝메이트가 29.4%를 기록하여 차이잉원 총통을 제치고 1위에 올랐다(蘋果日報 2019. 08. 20; 연합뉴스 2019. 08. 20 재인용). 8월 22일에는 대만의 제 4원전을 재가동하겠다는 한궈위(韓國瑜) 가오슝 시장에게 차이 총통이 원전의 활성화 이전에 핵폐기물 처리방안을 먼저 찾아야 할 것이라고 말했다(Focus Taiwan News Channel 2019. 08. 22).

한편 필리핀에서는 7월 네그로스 오리엔탈 지역에서 발생했던 공산주의 무장단체의 테러를 멈추기 위한 반(反)체제법의 부활이 논의되고 있지만 무장단체와의 연계성이 없는 공산주의 이념을 가진 모든 단체의 가입마저 금지하고 있어 논란이 계속되고 있다(Rappler 2019. 08. 14).

인도

08월 15일

• 뉴델리, 여성 버스 요금 무료 (NDTV 08. 15)

- 뉴델리주 총리인 아르빈드 케지리왈(Arvind Kejriwal)은 오는 10월 29일부터 델리지역의 여성들은 델리교통공사가 운영하는 대중교통 버스를 무료로 이용할 수 있다고 밝혔다. 케지리왈 총리는 이를 통해 여성의 안전을 보장하고 경제적으로 취약한 여성에게 도움이 될 것이라고 덧붙였다. 케리지왈 총리는 뉴델리의 지역 정당인 보통사람당(Aam Aadmi Party, AAP)을 이끌고 있으며, 앞서 6월 총선거를 앞두고 여성들이 무료로 교통수단을 이용할 수 있는 정책을 도입하겠다고 밝힌 바 있다. 하지만 내년

초 지방의회 선거를 겨냥한 선심성 이벤트라는 비판과 함께 더 절실한 경제적 지원이나 치안 강화 등이 동반되지 않은 상황에서의 버스 요금 무료 정책은 여성에게 실질적인 도움이 되지 못할 것이란 지적이 뒤따르고 있다. 한편 지난 2012년 버스를 타고 귀가하던 20대의 여대생이 버스 안에서 기사를 비롯한 6명에게 집단 성폭행을 당한 뒤 사망하는 사건이 발생했다. 이후 인도 정부는 치안 인력을 늘리고 법안을 강화하는 등 성범죄를 줄이기 위해 노력했지만 효과가 미비한 상황이다.

08월 19일

• 인도 정부, 카슈미르 자치권 박탈 후 4천여 명 체포

(AFP 08. 18; 연합뉴스 08. 19 재인용)

− 8월 5일 인도 정부는 테러 방지라는 명분을 내세우며 파키스탄과의 접경지역인 잠무−카슈미르의 자치권을 박탈하였다. 그로 인해 잠무−카슈미르는 연방 직할지로 편입되었으며 현주민이 가지고 있던 부동산 취득 및 취업 관련 특혜도 사라졌다. 이슬람계 주민이 다수인 현지에서 강하게 반발하자 인도 정부는 잠무−카슈미르에 통신 폐쇄 등 강력한 통제조치를 내렸으며, 17일에는 시위대와 무력충돌이 발생하기도 하였다. 이로 인해 5일부터 18일까지 체포된 이들이 4천 명이 넘었으며 대부분 지역 정치인, 사회운동가, 학생 등으로 이뤄졌다. 뿐만 아니라 인도와 파키스탄 간의 국경과 같은 정전 통제선(Line of Control, LoC) 인근에서 양국 간의 산발적 교전이 계속되어 군인과 민간인 사상자가 발생하고 있다. 카슈미르 전체의 영유권을 두고 수십 년 동안 인도와 다퉈온 파키스탄은 인도의 이번 조치가 이슬람계 주민의 생존을 위협한다며 인도와의 외교 관계를 격하하고 무역과 열차 운행 등도 중단했다.

필리핀

08월 14일

• 필리핀 공산당, 반체제법 반대 성명서 발표   (Rappler 08. 14)

− 8월 13일 에두아르도 아뇨 내무장관은 반(反)체제법을 개정하여 필리핀에서의 공산주의 반란을 종식시켜야 한다고 말했다. 반체제법은 1957년 제정된 법안으로 필

리핀 공산당을 금지시키고 공산주의 이념을 가진 단체에 가입하거나 회의에 참석할 경우 처벌받는 법안이었지만 1992년 당시 정부가 공산주의 게릴라와 평화 협정을 시작하면서 폐지된 바 있다. 아뇨 장관의 발언에 따라 필리핀 공산당은 14일 성명서를 통해 반체제법의 부활은 군사와 경찰의 권력 남용을 야기하고 민주적 권리의 침해를 초래할 것이라고 비난했다. 또한 판필로 락손 상원의원은 평화로운 집회와 항의의 기본권을 침해할 수 있다며 반대했으며, 프랭클린 드릴론 상원의장은 어떤 조직의 회원이 되는 것은 범죄가 될 수 없다고 말했다.

08월 20일
• 성적 지향·성 정체성·성 표출(SOGIE) 평등 법안 통과 촉구

(Philippines News Agency 08. 20)

- 8월 13일 퀘존(Quezon) 지역의 한 쇼핑몰에서 트랜스젠더 여성인 그레첸 디에즈(Gretchen Diez)는 여성화장실에 들어갔다는 이유로 경비실로 끌려간 뒤 수갑을 차고 인근 경찰서로 연행되었고, 이 모습이 인터넷을 통해 공유되면서 차별 논란이 일고 있다. 솔 아라곤스(Sol Aragones) 의원은 지난 2017년 9월 하원에서 통과되었지만 2019년 초 기한을 넘겨 법률이 되지 못한 '성적 지향·성 정체성·성 표출 평등(Sexual Orientation, Gender Identity and Gender Orientation Equality, SOGIE)' 법안을 수정하여 통과시켜야 한다고 말했으며, 성소수자를 사회의 구성원으로 받아들이고 이해하도록 장려하기 위해 노력해야 할 것이라고 강조했다. 또한 최초의 트랜스젠더 의원인 제럴딘 로만(Geraldine Roman)은 디에즈 사건을 하원에서 조사할 것을 요구했다. 논란이 계속되자 로드리고 두테르테 대통령은 디에즈를 만나 평등 법안의 통과를 위해 의회와 협력하기로 약속했다. 한편 평등 법안은 개인의 성적 지향과 정체성 등에 기반한 모든 종류의 차별을 금지하며 차별할 경우 처벌할 수 있는 내용을 담고 있다.

대만

08월 20일
• 대만 野 경선 탈락 궈타이밍, 대선 출마 가상대결서 1위

(蘋果日報 08. 20; 연합뉴스 08. 20 재인용)

- 8월 20일 여론조사기관인 뎬통(典通)은 내년 있을 총통선거를 앞두고 가상조합으로 여론조사를 한 결과 궈타이밍 전 홍하이정밀공업 회장과 커원저 타이페이 시장의 러닝메이트가 지지율 29.4%를 기록했다고 밝혔다. 뒤를 이어 집권여당인 민진당의 차이잉원 총통이 29.2%, 제1야당인 국민당의 한궈위 가오슝 시장이 27.3%를 기록했다. 최근 대만민중당(台灣民衆黨)의 창당을 선언 커 시장이 궈 전 회장과 합심한다면 총통 선거에서 승리할 가능성이 있지만 연대 작업에 진도를 내지 못하면 두 사람의 지지기반이 흔들리게 될 것이란 분석도 나오고 있다. 한편 차이 총통과 한 시장의 가상 양자대결에서는 차이 총통이 42%, 한 시장이 34.2%를 기록하여 점점 격차가 벌어지고 있으며, 한 시장의 지지도는 7월 이후 연속 6주째 하락세로 국민당 내부에서도 후보 교체설이 나오고 있다.

08월 22일

• 차이 총통 vs 한 시장의 원자력 발전 정책   (Focus Taiwan News Channel 08. 22)
- 8월 21일 한궈위 시장은 2020년 총통 선거에서 승리한다면 국민의 요구에 맞춰 중단되었던 대만 제4원전을 가동하겠다고 밝혔다. 이에 8월 22일 차이 총통은 기자회견을 통해 한 시장에게 원전의 활성화를 제안하기에 앞서 핵폐기물 처리 방안을 먼저 찾아야할 것이라고 전했다. 지난 2014년 대만에서 있었던 반핵 시위의 결과로 여당인 민진당과 차이 총통은 2025년까지 대만을 핵이 없는 나라로 만들겠다고 약속했었다. 이후 총 4개의 원전 가운데 제4원전과 제1원전은 폐쇄되었지만 제2원전과 제3원전은 핵폐기물 처리 문제로 인해 폐로가 지연되고 있는 상황이다. 하지만 2018년 한 차례 대만에서 정전사태가 발생한 이후 2025년까지 모든 원자력 발전소 운영을 중단한다는 내용의 법안을 폐지하자는 국민투표가 2018년 11월 진행되었고 과반이 넘는 찬성표가 나오기도 하였다. 그러나 민진당과 차이 총통은 국민투표 결과와 상관없이 기존의 원전 폐기 입장을 고수하고 있으며, 반대로 국민당은 국민들의 요구에 맞게 원전을 재가동해야 한다고 주장하고 있다.

동남·남부 아시아 I의 쟁점

위기에 놓인 대만의 정당 민주주의

최민지

대만의 계엄령 해제 30주년을 맞이하여 차이잉원 총통이 자신의 페이스북에 대만 민주주의의 청사진을 제시하였다. 첫째, 더 많은 신흥 본토세력들을 민주주의 정치에 영입하는 것. 둘째, 대만 시민사회가 더욱 건강해지고 정당과 시민사회가 이성적이고 건전한 교류 방식을 찾는 것. 셋째, 대만의 모든 정당이 대만 주체성에 입각하여 국가의 미래를 생각하여 향후 30년에는 대만의 주체성이 사라질 우려를 하지 않아도 되는 정치적 환경이 조성되는 것(Facebook 2017. 07. 15) 등이 차이 총통이 바라는 민주주의의 모습이다. 차이 총통은 대만 민주주의 성장의 공로를 국민에 돌리고, 대만 민주주의의 발전에 대해 자부심을 표했다.하지만 야당 국민당은 대만의 민주주의를 이와는 다르게 바라보고 있다. 국민당은 대만 민주주의를 장징궈 전 총통의 결실로 여기며, 그가 권위주의 체제하에 성장하며 이와 관련된 정책을 시행하였음에도 불구하고 저항 없이 직접 권위주의 체제를 종결한 점을 높이 평가하고 있다(聯合報 2017. 07. 15; 주 타이베이 대한민국 대표부 2017. 07. 17 재인용). 또한 정작 정권을 장악한 정당인 민진당이 권위주의의 유혹에서 자유로울 수 있을지는 의문을 가진다고 밝혔다(聯合報 2017. 07. 15; 주 타이베이 대한민국 대표부 2017. 07. 17 재인용).

대만의 민주주의는 성공적인 측면도 있으나 실패하거나 미성숙한 부분도 많은 상황이다(中國時報 2017. 07. 15). 최근 정부가 퇴역 장성 또는 정무관의 중국행에 최소 3년 이상 제한을 두는 '양안인민관계조례' 개정안 초안을 통과시킨 것(自由時報 2017. 07. 07; 연합뉴스 2017. 07. 07 재인용)은 민주주의에서 가장 중요한 '인권'에 위배되는 것이며 중화민국 헌법 제11조 '언론의 자유'를 위반한다는 견해가 있다(中國時報 2017. 07. 15). 또한 차이 총통이 의욕적으로 추진 중인 인프라 개발을 둘러싼 갈등으로 여야 입법위원들이 충돌하며 대만 입법원이 아수라장이 된 모습에서도 대만 정당 민주주의의 미성숙한 모습을 확인할 수 있다(AFP 2017. 07. 14; 뉴스1 2017. 07. 14 재인용).

이러한 대만의 현 상황은 정부가 진심으로 민주주의 원칙을 준수하려는 것인지, 아니면 민주주의를 이용하여 신권위주의를 수립하려는 것인지에 대한 의문을 야기하였고, 이는 현재 대만의 정당이 민주화 과정에 따라 발전하고 있는지에 대한 의문으로도 이어졌다(聯合報 2017. 07. 16; 주 타이베이 대한민국 대표부 2017. 07. 17 재인용). 국민당은 계엄령을 해제한 정당임에도 불구하고 여전히 정치 엘리트주의에 머물러 있으며, 민진당은 여전히 이데올로기를 통해 민중을 조종하고 있다(聯合報 2017. 07. 16; 주 타이베이 대한민국 대표부 2017. 07. 17 재인용). 대만이 성숙한 대의 민주주의를 실현하기 위해서는 권위주의에서 탈피한 집권당의 모습과 집권당을 효과적으로 견제하는 야당의 역할이 요구된다.

참고문헌

류정엽. 2017. "대만, 중국인 간첩 혐의 기소…퇴역장교 中 방문 규제도 강화." 『연합뉴스』(07월 07일).
최종일. 2017. "대만 국회 이틀째 '아수라장' 인프라 예산 놓고 충돌." 『뉴스1』(07월 14일).
中國時報. 2017. "解嚴30年 思劉曉波之死"(07월 15일).
주 타이베이 대한민국 대표부. 2017. "대만 계엄해제 30주년 기념." http://overseas.mofa.go.kr/tw-ko/index.do(검색일: 2017.07.17).

Facebook. 2017. "蔡英文 Tsai Ing-wen."
https://www.facebook.com/tsaiingwen/(검색일: 2017.07.15).

‖‖

차이잉원 총통의 탈원전 정책

최민지

지난 15일 대만에서 발생한 대정전으로 차이잉원 총통이 최악의 위기에 빠졌다. 대정전의 직접적인 원인은 원자력발전소 가동 중단이 아닌 액화천연가스(LNG)발전소의 조작 실수 때문이었지만, 차이 총통의 대표적인 공약인 '탈핵'에 대한 회의감이 급속도로 퍼져 가고 있다(서울신문 2017. 08. 18). 대만 정계에는 거센 반발이 일어났다. 국민당 대변인은 "전력난 없는 대만을 만든다던 민진당이 선거가 끝나니 오히려 발전량을 줄였다"면서 "자신 있게 내놓은 공약이 휴지조각이 된 셈"이라고 비판했고, 친민당은 "이번 정전 사태가 대만 송·배전 시스템은 물론이고 에너지 정책과 전력 관리에 심각한 문제가 있음을 보여줬다"면서 조속한 해결을 촉구했다(中國時報 2017. 08. 16; 아주경제 2017. 08. 17 재인용). 친중 성향이 강한 대만신당은 "대규모 정전사태는 탈원전 정책에 따른 것으로 원전이 제대로 가동됐다면 충분히 피할 수 있었던 일"이라며 "원전을 재가동하라"라고 목소리를 높였다(中國時報 2017. 08. 16; 아주경제 2017. 08. 17 재인용). 이러한 각 정당의 반발에도 불구하고 차이 총통은 "현재 정부가 추진 중인 분산식 녹색 에너지 발전을 통해 단일 발전소 사고가 전체 전력 공급에 영향을 끼치는 일을 막을 수 있고, 오늘 사고는 우리의 결심을 더욱 굳건히 만들 뿐이며 우리의 정책 방향은 바뀔 수 없다"고 밝히며, 정전 사태에 대해 사과하면서도 탈원전 정책에는 변화가 없음을 분명히 했다(중앙일보 2017. 08. 16). 하지만 현재 차이 정부가 추구하고 있는 녹색 에너지의 총 발전량은 3.46%로, 이는 탈원전으로 인한 부족한 발전량인 18%을 대체하기에는 턱없이 부족한 상황이다. 또한 탈원전 정책은 화력발전소의 비중 증가를 초래하기에 석탄으로 인한 환경오염문제가 발생할 수 있다(中國時報 2017.

08. 18). 허술한 정책의 피해를 대정전 사태로 직접 경험한 국민들에게 차이 총통의 주장은 공감을 불러일으킬 수 없는 상황이다. 현재 국민들이 느끼고 있는 친환경에너지 정책은 실질적인 준비가 없는 '구호'일 뿐이다(環球時報 2017. 08. 17; 아주경제 2017. 08. 17 재인용). 따라서 차이 정부는 대만의 전력난 해결을 위해 실무적·전문적·이성적인 태도로 문제를 직시해야 하며, 비핵화와 저탄소의 우선순위 및 그 결과에 대해 범국민적 논의를 통해 사회적 공감대를 형성하여 해결방법을 모색해야 할 필요가 있다(中國時報 2017. 08. 18).

참고문헌

김근정. 2017. "대만 대정전…'脫원전' 반대 커진다." 『아주경제』(08월 17일).
신경진. 2017. "탈원전 추진 대만서 대규모 정전…668만 가구 피해." 『중앙일보』(08월 16일).
이창구. 2017. "'대정전'에 갇힌 대만 차이 내각 최대 위기." 『서울신문』(08월 18일).
中國時報. 2017. "偏執的能源政策 台灣會更黑暗"(08월18일).

내각 개편으로 시정 쇄신 기대하는 차이잉원 총통

손제인

9월 5일, 대규모 정전사태와 노동 규제 개혁 등 시정 혼란의 이유로 사퇴한 린취안 행정원장의 후임으로 라이칭더 전 타이난시장이 임명되었다(CNA 2017. 09. 05; 뉴시스 2017. 09. 05 재인용). 시정 혼란으로 인해 차이잉원 총통의 지지율이 하락한 것으로 분석된 반면, 새로 임명된 라이 시장은 최근 여론조사에서 차이 총통의 지지율보다 7.9%p 높은 27.7%를 보이는 유력한 차기 총통 주자로 거론되었다(CNA 2017. 09. 04; 동아일보 2017. 09. 04 재인용). 중앙통신에 따르면, 이번 인사 결정에서 차이 총통은 높은 지지율의 라이칭더를 내세워 시정 쇄신과 지지율 회복을 꾀하면서 2020년 재선 출마 시 여당 내 유력 경쟁자가 될 수 있는 그를 행정원장으로 앞혀 견제한다는 분석이 있다(CNA 2017. 09. 05; 뉴시스 2017. 09. 05 재인용). 라이칭더 임명에 대한 정계의 반응은 좋지만은 않은데, 특히 국민당은 내각 인사의 교체가 차이 정부의 문제를 해결하기 위한 만병통치약이 아니라며 비판했다(연합뉴스 2017. 09. 05). 내각을 개편하는 것은 하락하는 차이 총통의 지지율을 회복하는 근본적인 해결책이 될 수 없다. 따라서 현재 내각을 개편하는 것보다도 대국민담화 또는 국민초청토론과 같은 시민들과의 대화의 장을 마련하면서 민심의 상황을 점검하는 총통으로서의 지혜가 필요한 시점이다.

참고문헌

김수연. 2017. "대만 행정원장, 정전사태 책임지고 사퇴." 『동아일보』(9월 5일).
류정엽. 2017. "대만 신임 총리에 라이칭더…의사 출신 정계 약진." 『연합뉴스』(9월 5일).
이재준. 2017. "대만 신임 행정원장에 라이칭더 타이난 시장 임명." 『뉴시스』(9월 5일).

라이칭더 내각의 연이은 도발로 불거지는 양안 갈등

손제인

새로 취임한 라이칭더 행정원장은 첫 입법원 시정보고회에서 자신은 대만의 독립을 지지한다는 주장을 하였고, 이에 중국 대변인은 대만은 중국영토에서 한 부분으로 분할될 수 없고 원래부터 국가가 아니었다며 거세게 반발했다(聯合報 2017. 09. 27; 연합뉴스 2017. 09. 27 재인용). 그뿐만 아니라 집권 민진당 소속의 차이잉원 총통이 헌법 개정을 예정했는데, 헌법 개정 초안에서는 기존 '자유지구와 대륙지구'로 표현한 대만과 중국을 '우리나라와 중화인민공화국'으로 변경함으로써 두 나라를 명확히 분리하겠다는 의지를 나타냈고, 이에 따라 국민당은 어떠한 형식의 대만독립 행위도 반대한다고 주장하였다(聯合報 2017. 09. 28; 연합뉴스 2017. 09. 28 재인용).

한편 라이 행정원장 취임 이후 지지율은 상승세를 보였는데 최근 실시된 조사에 따르면 약 70%의 국민들이 라이 행정원장에 만족감을 표했다(CNA 2017. 10. 16). 하지만 현재 대만 정치권의 행보에 대한 중국의 반발 강도가 심해지고 있어,중국에 대해 감정적인 표현을 사용하는 것은 대만 국민들에게 직접적인 위험을 야기할 가능성이 있다. 따라서 현재 중국과 경제적 측면에서 많은 상호 교류를 하고 있는 만큼 공식 석상에서 보다 신중하고 조심스러운 자세가 필요할 것이다.

참고문헌

류정엽. 2017. "대만 새 행정원장 '독립 지지' 주장⋯발끈한 中 단호히 반대" 『연합뉴스』(9월 27일).
_____. 2017. "대만 집권 민진당, '통일' 삭제 개헌안 발의⋯中 반발할 듯" 『연합뉴스』(9월 28일).
Tsai Chia-ling. 2017. "Premier's satisfaction rating at 70% after one month in office." *CNA*(October 16).

민진당의 새로운 노동법 추진

손제인

11월 17일 민진당이 국민당의 반대에도 새 노동법안을 입법위원회에 상정하였다(CNA 2017. 11. 17). 민진당의 법안 상정 이후 입법위원회는 새 노동법안을 검토하겠다고 나섰으며, 야당인 국민당 의원들은 회의장 내부를 점거하는 등 방해 공작을 펼쳐 법안을 검토하는 입법위원회의 회의를 연기시켰다(CNA 2017. 11. 23).

개정되는 노동법안은 6일에 하루를 의무 휴일로 정했던 현행 제도를 개정하는 것으로, 12일 연속근무 시 하루는 유동적으로 쉬고, 마지막 날은 의무적으로 쉬는 것으로 변경하는 내용을 담고 있다(CNA 2017. 11. 17). 이 법안에 대해 노동단체들은 실제 연속 근무 기간이 증가하고, 12일 기준으로 사용할 수 있는 2일의 휴일 중 하루가 유동적이기에 실제로 효용이 없을 수 있다는 점에서 거세게 반발하고 있다.

비록 여론의 절반 이상은 해당 법안에 대해 찬성하고 있으나(CNA 2017. 11. 19), 국민의 의사를 대변하는 야당의 의견을 철저히 무시하며 충분한 논의 없이 '밀어붙이기'식으로 법안을 추진한 민진당의 모습은 바람직한 대의민주주의의 의사결정이라고 할 수 없다. 따라서 민진당은 관련된 여러 기관과의 논의와 타협을 통해 비판점을 줄여나가는 정책결정과정을 수행함으로써 대의민주주의를 강화시키기 위한 노력을 해야 할 것이다.

참고문헌

Huang Li–yun. 2017. "Labor groups protest amid review of labor law revisions." *CNA*(November 23).

Justine Su. 2017. "Amid scuffles, DPP pushes controversial labor bill to committee." *CNA*(November 17).

Yeh Su–ping. 2017. "Over 60% of Taiwanese favor new labor law revisions: poll." *CNA*(November 19).

친중성향 정당 신당 간부 체포로 깊어지는 양안 갈등

손제인

12월 19일, 대만 당국이 친중파 의원들을 체포하면서 양안갈등이 커질 조짐을 보이고 있다(明報 2017. 12. 20; 연합뉴스 2017. 12. 20 재인용). 대만의 사법 당국은 중국과 통일을 주장하는 친중파 정당 신당 대변인 왕빙중 등을 '국가안전법' 위반 행위로 강제 연행해 조사를 실시했다(CNA 2017. 12. 21; 뉴시스 2017. 12. 21 재인용).

이 조사는 9월 국가안전법 위반으로 유죄판결을 받은 중국인 유학생 출신 저우훙쉬가 신당과 접촉한 사실이 드러나면서 시행되었다(CNA 2017. 12. 21; 뉴시스 2017. 12. 21 재인용). 이에 대해 중국 대만사무판공실 대변인은 불편한 기색을 보였고, 대만의 대륙위원회 대변인은 이번 사태에 대해 왈가왈부하는 것을 삼가 달라는 입장을 표했다(CNA 2017. 12. 21; 뉴시스 2017. 12. 21 재인용). 게다가 중국 전투기와 전폭기 정찰기 등이 12월에 잇달아 대만을 선회 비행하며 무력시위를 강화하고 있는 상황이다(SCMP 2017. 12. 19; 동아일보 2017. 12. 20).

차이잉원 정부는 '탈중국화' 정책으로서 여론의 지지를 얻고자 하고 있다. 그러나 중국이 지속적이고 다각적인 방법을 통해 '무력통일'에 대한 신호를 보내는 만큼 국민들을 위한 실질적이고 신중한 정책 결정이 필요한 시점이다.

참고문헌

구자룡. 2017. "中 전투기 잇단 대만 근접비행…무력통일 위협." 『동아일보』(12월 20일).

이재준. 2017. "대만, 친중 통일파 신당 간부 4명 일시 구속…'중국 반발'." 『연뉴시스』(12월 21일).

심재훈. 2017. "양안 갈등 커지나…대만, 친중파 의원들 체포 논란." 『연합뉴스』(12월 20일).

연말 지방선거를 앞두고 내각 개편의 의지를 다지는 민진당

손제인

대만의 라이칭더 행정원장은 1월부터 각 부처 수장들과 업무 대면보고를 개별적으로 실시할 것으로 알려졌다(聯合報 2018. 01. 03). 이로 인해 범여권 입법위원회를 중심으로 춘절 전에 내각 개편을 하기 위한 것이 아니냐는 관측이 제기되고 있다(聯合報 2018. 01. 03). 1월 2일, 이런 관측에 대해 총통부와 행정원은 내각 개편 계획이 없다고 발표했으나, 정계 및 언론은 정책의 성과 촉진, 지방 선거 등 요소를 고려할 때 내각 개편의 가능성이 크다고 판단 중인 것으로 나타났다(聯合報 2018. 01. 03). 더불어 라이칭더 행정원장이 속한 민진당에서도 지방선거에 앞서 정치적 성과를 올리는 것을 바라고 있으며, 시정계획과 예산안 확정 전에 내각 정비의 필요성이 제기되고 있는 것으로 알려져 있다(聯合報 2018. 01. 03).

현재 각 부처의 수장 중 일부는 업무에 제동이 걸린 상태이다. 린메이주(林美

珠) 노동부장은 노동법 개정 논란으로 인해 정신적 타격을 받은 것으로 알려졌으며, 판원중(潘文忠) 교육부장은 2017년 9월 교육과정 심사 조작 혐의로 인해 물의를 빚고 있는 것으로 밝혀진 바 있다(聯合報 2018. 01. 02). 이렇게 각료들이 민심을 반영한 정책을 펼치기 힘든 상황인 만큼 내각을 비롯한 인사체계에서 집권여당으로서 내각 정비가 필요할 것으로 보이는 상황이다.

참고문헌

林敬殷. 2018. "內閣微調「最可能在春節後」." 『聯合報』(1月 3日).
林河名. 2018. "新聞眼 / 隨時檢討的內閣 何時拴緊螺絲？" 『聯合報』(1月 3日).
程嘉文. 2018. "遭點名換將 六部全否認." 『聯合報』(1月 3日).
陳熙文. 2018. "內閣改組？ 黨內人士點名外交部 交通部和財政部." 『聯合報』(1月 2日).

지진 피해에 대한 중국의 도움을 거절한 대만 행정원

손제인

유명 관광지인 화롄에서 2월 6일 발생한 강진으로 큰 피해를 입은 대만이 중국의 구조대 파견 제안을 거절한 것으로 알려졌다(SCMP 2018. 02. 07; 아주경제 2018. 02. 08 재인용). 중국 국무원 대만판공실의 장즈쥔 주임은 "대만 동포에 깊은 애도를 표하며 구조대원을 파견하여 도움을 주고자 한다"고 지원 의사를 전했지만 대만은 완곡하게 그 제안을 거절했다(SCMP 2018. 02. 07; 아주경제 2018. 02. 08 재인용). 이는 중국이 주창하는 '하나의 중국' 원칙 수용을 거부하는 대만이 기존의 입장을 고수하겠다는 강경한 의지를 재차 보인 것으로서, 이를 통해 양안 간의 갈등이 계속해서 깊어질 가능성이 있는 것으로 밝혀졌다(SCMP 2018. 02. 07; 아주경제 2018. 02. 08 재인용).

최근 경색된 양안관계를 개선할 기회를 놓친 것 아니냐는 일각의 질문에 대만의 추추이정 대변인은 "이는 자연재해로서 정치적 문제와 재난을 연결 지어서는 안 된다"고 밝혔다(SCMP 2018. 02. 07; 아주경제 2018. 02. 08 재인용). 대만은 6일 이후에도 크고 작은 여진들로 고통 받고 있으며, 복구 대원이 부족한 가운데 피해자들도 속출하고 있는 상황인 만큼, 정치적인 이해관계를 떠나 자국민들의 피해를 조금이라도 막기 위해 여러 방면으로 해법을 모색해야 할 것이다.

참고문헌

김근정. 2018. "지진 충격 대만, '도움 필요 없다' 중국 측 지원 제안 거절." 『아주경제』(2월 8일).

‖‖

필리핀 두테르테 대통령의 반(反)민주적 행보

김우진

2018년 초부터 여당인 민주필리핀당과 두테르테 대통령은 대선 당시 공약에 따라 내각제 전환과 연방제 도입을 골자로 하는 개헌을 추진하고 있으나, 일각에서 장기집권 의혹을 제기하면서 정치권에 논란이 일고 있다(AP 2018. 02. 11; 중앙일보 2018. 02. 12 재인용). 여당이 상·하원을 장악했기 때문에 개헌안은 무난히 통과될 것으로 보이지만, 두테르테 대통령은 장기집권 의혹을 잠재우기 위해 조기 퇴진의 가능성을 내비쳤다(Reuters 2018. 03. 01; 연합뉴스 2018. 03. 01 재인용).

그러나 장기집권의 의혹이 채 가시기도 전에 두테르테 대통령은 반민주적인 행보를 이어갔다. 3월 8일에 그는 마약사범 유혈소탕과 계엄령에 비판의 목소리를 내던 마리아 루르데스 세레노 대법원장을 사실상 축출했으며(AP 2018. 03. 08; 연합뉴스 2018. 03. 08 재인용), 마약사범 소탕 중 '초법적 처형' 혐의로 국제형사재판소 조사를 받고 있음에도 국제형사재판소 탈퇴를 선언했다(BBC News 2018. 03. 20).

두테르테 대통령은 권력분산을 목적으로 하는 개헌안을 추진하고 있으나 대법원장을 축출하고 국제형사재판소를 탈퇴하는 행보는 독단이다. 두테르테 대통령은 민주국가의 지도자에 상응하는 민주적인 언행을 해야 할 필요가 있다.

참고문헌

김문성. 2018. "연방제 목맨 필리핀 두테르테 '장기집권 안 해, 2020년 조기퇴진'."
『연합뉴스』(3월 1일).

민영규. 2018 "'스트롱맨' 필리핀 두테르테, 대립각 세운 대법원장 축출."『연합뉴스』
(3월 8일).

최익재. 2018. "필리핀 두테르테 개헌 추진 시끌… '대통령 더 하면 날 쏴라'."『중앙
일보』(2월 11일).

BBC. 2018. "Philippines drugs war: Duterte to withdraw from ICC"(March 14).

카스트로 인한 갈등을 해소하기 위한 정부의 노력

김우진

인도에는 여전히 계급차별을 용인하는 카스트 풍습이 남아 있어 이를 없애려는 제도들이 존재한다. 그런데 인도 대법원이 '지정 카스트·지정 부족 보호 법률'(불가촉천민보호법)에 명시된 계급 차별 가해자를 즉시 체포하는 규정을 제외하자, 반감을 가진 달리트들이 전역에서 시위를 벌였다(NDTV 2018. 04. 02; 연합뉴스 2018. 04. 03 재인용).

대법원은 2015년 관련사건 중 허위 신고가 있었기 때문에 이와 같은 결정을 내렸다고 밝혔다(BBC News 2018. 04. 02). 사태가 확산되자 인도 정부는 대법원의 판결에 재심을 청구했으나, 야당은 늑장대응이라며 비판했다(NDTV 2018. 04. 02; 연합뉴스 2018. 04. 03 재인용). 이러한 야당의 비판에 대해 나렌드라 모디 총리는 "판결과 재심청구 사이에는 공휴일이 있었고, 오히려 정부는 2015년에 달리트 차별에 대한 처벌 기준을 높여 법률을 강화했다"라고 반박했다(Hindustan Times 2018. 04. 14).

법으로 금지된 카스트 제도는 여전히 잔존해 인도의 실질적 민주주의를 저해하고 있다. 정부와 여당에게 인도 사회의 발전을 가로막는 카스트 제도를 없애려는 노력을 요구한다.

참고문헌

나확진. 2018. "인도 불가촉천민 시위 확산 우려…'천민보호법' 완화 여부가 변수." 『연합뉴스』(04월 03일).

BBC. 2018. "Eight dead in massive India caste protests"(April 2).

Hindustan Times. 2018. "Won't allow dilution of SC. ST Act: PM Modi." *Hindustan Times*(April 14).

연금 개혁을 둘러싼 갈등과 차이잉원 정부의 지지율 하락

김우진

공무원연금과 군인연금 개혁은 차이잉원 정부가 출범하며 내세운 주요 과제 중 하나이지만 여론과 야당의 반발에 부딪히고 있다. 이에, 차이잉원 총통은 공공 연금 제도 붕괴를 막기 위해서 연금 삭감은 "고통스럽지만 필수적"이라면서 개혁을 지속적으로 추진하겠다고 언급했다(South China Morning Post 2018. 05. 18). 정부는 연금 제도가 개편되지 않으면 2020년에는 파산할 것이라 경고했다(South China Morning Post 2018. 05. 18).

2018년 초에는 대만 퇴역 군인들이 군인연금 개혁 반대시위 도중 경찰과 충돌해 1명이 중태에 빠지는 사고가 발생했으며(AFP 2018. 02. 27; 뉴스1 2018. 02. 27 재인용), 5월 10일에는 중국국민당(KMT) 의원들이 공무원 연금개혁안 검토에 항의하는 과정에서 한 의회 직원이 부상을 입어 출혈하는 사태가 벌어졌다(Taipeitimes 2018. 05. 10). 더욱이 취임 2주년을 맞는 차이잉원 대만 총통의 국정수행 지지율이 일부 조사에서 20%대까지 하락하며 부정적인 여론이 형성되고 있다(聯合報 2018. 05. 15; 연합뉴스 2018. 05. 15 재인용).

공무원 및 군인 연금을 삭감하는 개혁은 불가피하지만 차이잉원 정부는 여론과 야당의 거센 반발이 있는 만큼 충분한 설득을 하려는 노력을 해야 할 필요가 있다.

참고문헌

김윤정. 2018. "대만 퇴역군인 '연금 삭감 반대' 시위…1명 중태." 『뉴스1』(02월 27일).
류정엽. 2018. "대만 차이잉원 취임 2년…지지율 '바닥'·회의론 '비등'." 『연합뉴스』
 (05월 15일).
SCMP. 2018. "Taiwan President Tsai Ing-wen under midterm pressure over
 wages and pensions." *SCMP*(May 15).
Taipei Times. 2018. "Legislators fight over civil servant pension reform." *Taipei*
 Times(May 10).

거침없는 언행을 서슴지 않는 두테르테 대통령

김우진

두테르테 대통령이 6월 22일 공식석상에서 성경 창세기를 거론하며 신성 모독성 발언을 했다(GMA 2018. 06. 24). "신이 자신을 기쁘게 해줄 이가 없어 외로운 나머지 지구와 세계, 아담과 이브를 창조했다"며 기독교 창세기를 비하했다(GMA 2018. 06. 24). 국민 80% 이상이 가톨릭 신자인 필리핀에서 대통령의 언행이 매우 부적절했다는 반발 여론이 거세지자(GMA 2018. 06. 24; 이데일리 2018. 06. 24 재인용), 두테르테 대통령은 가톨릭교회 등 교계와 대화하기 위해 위원회를 구성했다고 밝혔다(Philstar 2018. 06. 26; 연합뉴스 2018. 06. 26 재인용).

한편, 두테르테 대통령은 6월 13일 야간에 거리를 배회하는 이들에 대해 엄중히 대처하라고 지시했고, 불과 1주일 만에 경찰이 무려 7천여 명을 체포했다(GMA 2018. 06. 20; 연합뉴스 2018. 06. 20 재인용). 일각에서 두테르테 대통령이 또 다시 계엄령을 선포하려는 것 아니냐는 우려까지 제기되자 대통령 대변인은 "대통령은 현재 계엄령을 선포할 의사가 전혀 없다"고 강조했다(GMA 2018. 06. 20; 연합뉴스 2018. 06. 20 재인용).

국민 정서를 무시하는 발언과 민주 절차를 뛰어넘는 지시를 하는 두테르테 대통령은 민주주의 지도자에 걸맞은 언행을 해야 할 필요가 있다.

참고문헌

민영규. 2018. "'기독교 신성모독' 두테르테, 역풍 맞고 대화 모색."『연합뉴스』(06월 26
　일).

장영락. 2018. "두테르테, 신성모독 논란 '멍청한 신'… '정책 비판' 가톨릭과 대립."
　『이데일리』(06월 24일).

GMA. 2018. "'Who is this stupid God?' Duterte shoots down creation story in
　Bible." *GMA*(June 23).

나렌드라 모디 총리 국정 위기의식 가져야

김우진

　인도 집권 여당인 인도인민당 지역위원회 부회장 자얀티 바누샬리는 자신의
성폭행 혐의가 불거져 사임했다. 앞서 인도인민당 소속인 쿨딥 싱 셍가르(Kuldip
singh sengar) 우타르프라데시(Uttar Pradesh)주 의원이 성폭행 혐의로 기소되어 인
도인민당이 성추행 구설수에 휘말렸다(NDTV 2018. 07. 13; 연합뉴스 2018. 07. 14 재인
용).

　이에, 집권당원 성추행 사태와 모디 정부의 국정 운영을 문제 삼은 야당 텔
루구데삼당(Telugu Desam Party, TDP)의 주도로 불신임결의안이 제출됐고 하원의
장인 수미트라 마하잔(Sumitra mahajan)이 이를 받아들이면서 투표가 성사됐다
(Times of india 2018. 07. 19; 연합뉴스 2018. 07. 19 재인용). 그러나 20일 실시된 불신임결
의안은 총 451표 중 인도인민당이 이끄는 민족민주연합 소속 여당의원들이 325
표의 반대를, 야당 의원들이 126표의 찬성을 함으로써 부결됐다(2018. 07. 21 The
economic times).

　비록 모디 총리의 불신임결의안은 부결됐지만, 여러 사태로 불신임투표가 진
행됐던 만큼 모디 총리는 국정 운영에 더욱 신경 써야 할 필요가 있다.

참고문헌

김영현. 2018. "성범죄에 시달리는 인도…이번엔 집권당 도마 올라." 『연합뉴스』(07월 14일).

김영현. 2018. "모디 정부, 20일 첫 불신임투표 직면…'가결 가능성은 작아'." 『이연합뉴스』(07월 19일).

The economic times. 2018. "Modi government defeats no-trust motion comfortably." *The economic times*(July 21).

미·중 갈등 속에서 경색되는 양안관계

김우진

양안관계가 회복될 기미가 보이지 않고 있다. 중국 해사국은 8월 10일부터 13일까지 산둥(山東)성 칭다오(靑島)에서 르자오(日照) 지역의 동쪽 해역 5개 지점에서 중대한 군사 활동을 한다고 발표했다(이데일리 2018. 08. 10). 대만은 중국 본토를 타격할 수 있는 중거리 미사일을 배치하면서 양안관계의 긴장이 고조되고 있다(SCMP 2018. 08. 09; 연합뉴스 2018. 08. 09 재인용).

한편, 미·중 양국 간 갈등이 심화되면서 미국은 대만과 외교 관계를 회복하려는 정책을 선택하며 중국을 견제하려는 움직임을 보였고, 이후 3국 간 관계에 미묘한 기류가 흐르고 있다. 차이잉원 대만 총통이 중남미 순방을 떠나면서 미국 로스앤젤레스를 방문하자 중국이 '하나의 중국' 원칙 수호를 강조하며 강력 반발했다(조선일보 2018. 08. 14). 오히려 차이 총통은 귀국길에 NASA를 방문하는 등 크고 작은 금기를 깨며 보란 듯 광폭 행보를 펼쳤다(동아일보 2018. 08. 21).

미·중 무역분쟁 중에 차이잉원 정부가 탈중국화 노선을 강화하면서 양안갈등이 고조되고 있다. 양안에 실전군사무기가 배치된 일촉즉발의 상황인 만큼, 대만 정부는 국민들을 위해 신중한 행보를 보여야 할 것이다.

참고문헌

김인경. 2018. "中 10~13일 서해 해상서 대규모 군사훈련 실시." 『이데일리』(08월 10
    일).

김철문. 2018. "대만, 중국 본토 타격할 수 있는 미사일 배치 완료." 『연합뉴스』(08월
    09일).

이선목. 2018. "대만 총통 환대한 美에 中 격앙…'하나의 중국' 엄중히 지켜라." 『조선
    일보』(08월 14일).

한기재. 2018. "차이잉원, 이번엔 NASA 방문… 中 강력 반발." 『동아일보』(08월 21일).

인도 주(州) 고위 관료들의 공백과 대책 마련의 필요성

백하은

　인도는 민주주의 체제하의 연방국가로서 의원내각제의 정부 형태를 취하고
있으며, 주총리는 하원의 다수당 지도자로 행정실권을 행사한다(김미나 2009). 그
런데 행정실권을 쥐고 있는 마노하르 파리카르 구아주 주총리와 프란시스 수자
(Francis D' Souza) 부총리, 사회복지부 장관 판두랑 마드카이카(Pandurang Madkai-
kar)가 지병을 이유로 장기간 의회에 참석하지 않아 논란이 되고 있다(NDTV 2018.
09. 03).

　인도 대통령 람 나트 코빈드는 총리와 장관이 장기간 의회에 참석하지 않은
것과 세금을 치료비로 사용한 것을 비판했다(NDTV 2018. 09. 03). 이에 여당인 인도
인민당은 대책팀을 파견할 것이라고 밝혔지만(NDTV 2018. 09. 03), 야당 국민회의
파 대표 라마칸트 칼랍(Ramakant Khalap)은 의원들의 책임성 없는 행동에 의회의
해산을 우려하며, 이 같은 상황이 빈번히 발생한다면 민주적인 정치를 이행하지
못할 것이라 비판했다(NDTV 2018. 09. 07).

　인도 정치제도 상 주총리의 역할이 중요한 만큼 원활히 행정부를 운영하기 위
해선 주총리가 그들의 역할을 책임성 있게 이행해야 한다. 또한 정치권은 이번
사태를 계기로 주요 관료들의 부재 시에도 빠르게 대처할 방안을 마련해야 할

것이다.

참고문헌

김미나. 2009. "The Political Structure and Governance in India."『한국행정학회』
  학술발표논문집 1~27.
NDTV. 2018. "Congress Demands President Rule In Goa In Absence Of Mano-
  har Parrikar"(September 03).
NDTV. 2018. "Why Is Goa Chief Minister Flying To US For Indigestion, Asks
  Congress"(September 07).

베일에 싸인 필리핀 대통령 건강악화설

백하은

필리핀은 헌법상 대통령의 건강에 대해 국민에게 공표할 의무가 있으며, 국정
운영이 어려울 정도로 건강에 이상이 생기면 6년의 대통령 임기 중 남은 기간을
부통령이 대행해야 한다(중앙일보 2018. 10. 07).

그런데 필리핀의 두테르테 대통령이 9월 말에 대장암 및 식도에 관한 질병 검
진을 받은 사실이 알려졌다(Philstar 2018. 10. 09). 이에 대해 대통령 특별보좌관이
대통령은 암이 아니며 국정 운영에 무리가 없기에 정확한 검진결과를 밝히지 않
겠다고 발표했지만 대통령의 건강악화설은 계속 확산됐다(Philstar 2018. 10. 09). 이
러한 상황에서 여당인 필리핀민주당 하원의원이 대통령 승계 순위에서 부통령
을 제외하는 개헌을 발의하자, 야당 측에서는 이번 발의가 야당 출신의 로브레
도(Maria Leonor Santo Tomas Gerona) 부통령을 승계 순위에서 제외하여 야당을 견
제하려는 것이 아니냐는 비난을 하고 있다(Philistar 2018. 10. 11; 연합뉴스 2018. 10. 11
재인용).

정당의 주요 목표 중 하나가 정권 획득이나(강경태 2009), 국정안정 역시 여당의
중요한 역할이다. 따라서 여당인 필리핀민주당은 정치적 안정에 대한 국민들의

우려를 덜어주기 위해 노력해야 할 것이다.

참고문헌

강경태. 2009. "정당공천제 개선방안." 『한국행정학회』

민영규. 2018. "필리핀 하원 측, 대통령 유고시 승계순위서 부통령 빼려다 무산." 『연합뉴스』(10월 11일).

이민정. 2018. "암이면 말하겠다"…'건강이상설' 두테르테 철권통치 무너지나." 『중앙일보』(10월 07일).

Alexis Romero. 2018. "Only Duterte can release medical records." *Philistar*(October 09).

대만, 민진당의 지방선거 패배와 그 원인

백하은

11월 24일에 치러진 대만 지방선거에서 집권당인 민진당이 참패했다(SCMP 2018. 11. 24). 대만 중앙선거위원회에 의하면 민진당은 2010년 지방선거에서 22개 중 13개의 현·직할시장 자리를 차지했던 것에 비해 이번 선거에서는 단 6개의 자리만을 유지하며 부진한 성적을 거뒀다(SCMP 2018. 11. 24). 지방선거의 정당 지지율 조사에서도 민진당의 지지율은 39.2%로 48.8%인 국민당에게 뒤처졌다(SCMP 2018. 11. 24; 중앙일보 2018. 11. 26 재인용).

전문가들은 민진당이 집권한 이후에 차이잉원 주석의 탈(脫)중국화 정책으로 인해 대만이 국제 사회에서 고립된 것과 마잉주 전 정권 때부터 시작된 경제난을 해결하지 못한 것을 선거 패배원인으로 꼽았다(SCMP 2018. 11. 24; 중앙일보 2018. 11. 26 재인용). 차이잉원 주석은 선거 결과가 발표된 직후에 이번 선거의 결과에 대한 책임을 당 주석에서 사퇴하겠다고 발표했다(SCMP 2018. 11. 24).

민진당은 과거 국민당 정부의 급격한 친(親) 중국정책을 반대하는 대학생들의 대규모 시위를 계기로 집권했기 때문에(SCMP 2018. 11. 24; 중앙일보 2018. 11. 26 재인용) 지금까지 민족정책에 더 중심을 두어왔지만, 이번 선거를 계기로 경제성장과 정치적 안정 회복 등을 원하는 여론을 고려해 민생을 위한 정책에도 힘써야 할 것이다.

참고문헌

예영준. 2018. "차이 총통 참패 … 실익 없는 독립보다 안정 택한 대만."『중앙일보』
(11월 26일).
Lawrence Chung. 2018. "Democratic Progressive Party suffers big defeat in Taiwan elections; Tsai Ing-wen resigns as chairwoman 2018." *SCMP*(November 24).

||||||||||||||||||||||||||||||||||||||||||||||||||||||||||||||||||||||||||||||||||||||||||||||||||||||||||

현 인도정부의 경제정책에 대한 국민들의 불만과 여당의 지방선거 패배

백하은

11월 12일부터 12월 7일까지 진행된 인도 지방선거에서 여당인 인도인민당이 다수당이 되지 못하면서 패배했다(NDTV 2018. 12. 11; 연합뉴스 2018. 12. 11 재인용). 인도인민당은 2014년 총선에서부터 민족주의 성향이 강했던 마디아프라데시주(州), 차티스가르주(州), 라자스탄주(州)지역에서마저도 패배하며, 2019년 총선에서 재집권할 가능성에서 멀어졌다(NDTV 2018. 12. 11; 연합뉴스 2018. 12. 11 재인용).

인도인민당의 모디 총리는 인도의 경제성장률을 8.2%까지 끌어올렸다. 그런데 이 과정에서 저소득층 국민들과 실업을 겪는 청년들의 불만이 쌓이고(NDTV 2018. 12. 11; 연합뉴스 2018. 12. 11 재인용) 인도 인구의 70%를 차지하는 농민이 정책에서 소외되어 모디 정부에 친(親)농업 정책 도입을 요구하는 시위가 전국으로 확산되었다(NDTV 2018. 12. 11; 연합뉴스 2018. 12. 11 재인용). 따라서 이번 선거의 패배원인은 기업과 도시 성장에 치우친 경제정책으로 보인다.

지방선거는 정당들에 대한 국민들의 중간평가이다(이현우 2011). 인도인민당은 이번 지방선거를 2019년 총선 방향을 보여주는 지표로 삼고 다양한 경제 계층의 국민을 위한 정책 수립을 위해 노력해야 할 것이다.

참고문헌

김영현. 2018. "인도 집권당, 주의회 선거 '완패'…모디, 내년 총선 '경고등'." 『연합뉴스』(12월 11일).

이현우. 2011. "제5회 지방선거의 주요 이슈와 유권자 평가." 한국선거학회. 『선거연구』 1권 1호.

Nilanjan Mukhopadhyay. 2018. "Should Modi be worried about the BJP's losses in key state polls?" *ALJAZEERA*(December 21).

인도 여성의 힌두사원 출입에 대한 두 정당의 대립

백하은

2018년 10월 대법원에서 여성의 사원 출입 금지령이 폐지됐음에도 불구하고, 인도 케릴라 주의 힌두사원은 힌두교인들과 보수단체에 의해 여전히 여성들의 사원 출입이 불가했었다(NDTV 2019. 01. 03; 연합뉴스 2019. 01. 04 재인용). 현안을 둘러싸고 약 600여 명이 사상된 격렬한 시위가 일어나자 이는 곧 정치적 갈등으로 이어졌다(NDTV 2019. 01. 03; 연합뉴스 2019. 01. 04 재인용).

케릴라 주의 대표 정당인 인도공산당은 여성도 성전에서 기도할 권리가 있음을 주장하며, "대법원 판결에도 불구하고 인도인민당이 단순히 이 문제를 내려놓을 준비가 되어 있지 않다면, 폭력이 계속될 가능성이 있다"고 주장했다(Support The Guardian 2019. 01. 02). 하지만 나렌드라 모디 총리는 여성의 사원 출입금지령은 양성평등이 아니라 종교적 신념의 문제라고 말하며(Support The Guardian 2019. 01. 02), 민족주의자들에게 우호적인 태도를 보이고 있다(NDTV 2019. 01. 03; 연합뉴스 2019. 01. 04 재인용).

현대에는 소수자 및 성평등 문제와 같이 다양한 사회적 이슈가 떠오르면서 정당 간 입장 차이와 갈등이 증가하고 있다. 따라서 모디 총리는 종교에 따른 정치적 입장을 고수하기보다 다양한 국민의 의견을 대변하고 합의점을 찾기 위해 노력해야 한다.

참고문헌

김영현. 2019. "인도 '여성 사원 출입 갈등' 폭발…힌두교도 격렬시위로 1명 사망." 『연합뉴스』(01월 04일).

Amrit Dhillon. 2019. "Protests break out in India after two women enter temple." *Support The Guardian*(January 02).

||||||||||||||||||||||||||||||||||||||||||||||||||||||||||||||||||||||||||||||||||||||||||||||||||

래플러 언론사 사장의 계속되는 체포와 두테르테 대통령의 언론탄압 의혹

백하은

필리핀 두테르테 대통령의 정책에 대해 비판적인 기사를 실어왔던 래플러 언론사의 마리아 레사 사장이 2018년 11월에 탈세 혐의로 기소된 데에 이어(Philistar 2019. 02. 15; 연합뉴스 2019. 02. 15 재인용), 2월 13일 또다시 사이버 명예훼손 혐의로 체포됐다(Philistar 2019. 02. 18).

하지만 마리아 사장이 지난번 기소건과 마찬가지로 체포된 지 하루 만에 보석으로 풀려나자(Philistar 2019. 02. 15; 연합뉴스 2019. 02. 15 재인용) 필리핀 언론인 연합(National Union of Philippines, NUP)은 "필리핀 법무부의 이 같은 행위는 언론을 침묵시킨다"라고 비판했다(Philistar 2019. 02. 18). 또한 마리아 레사는 석방된 후 인터뷰에서 "두테르테 정부가 법을 무기로 권력을 남용한다"며, "언론의 자유는 모든 국민 권리의 기초"라고 주장했다(Philistar 2019. 02. 15; 연합뉴스 2019. 02. 15 재인용).

신문이나 인터넷 등 언론 미디어는 현대사회에서 민주적 숙의가 일어나는 공론장이라고 할 수 있다(이민웅 2005). 필리핀 정부는 폭력적인 마약소탕 정책 등에 대한 비판을 피하기 위해 언론을 탄압하기보다 비판을 수용하고 민주적으로 국정을 운영하기 위해 노력해야 할 것이다.

참고문헌

민영규. 2019. "두테르테 비판하다 체포됐던 필리핀 언론인, 보석 석방." 『연합뉴스』
　(02월 15일).
이민웅. 2005. "숙의민주주의 4차원과 언론 역할." 『한국언론학회』, 347~372.
Kristine Joy Patag. 2019. "Journalists reiterate call to decriminalize libel."
　Philistar(February 18).

모디 총리의 라팔 제트기 비리에 대한 논란과 여론의 반응

김은중

2016년부터 불거져온 모디 총리의 라팔 제트기 구매 비리 의혹에 대해 2018년 12월 14일 인도 대법원이 모디 총리의 비리는 없었다고 판결하였다(Arab News 2019. 03. 07). 하지만 같은 날 언론사를 통해 국방부에서 보관 중이던 협상 상세문서가 공개되면서 2019년 3월 6일 심리(審理)가 열렸다(Arab News 2019. 03. 07).

심리에서 정부의 수석 변호사가 상세문서는 도난당한 것으로 재판에서 사용될 수 없다고 주장하며 이를 보도한 힌두 언론사를 기소할 방침이라고 말했다(Arab News 2019. 03. 07). 반면 힌두 언론사의 회장은 반발하며 오히려 국방부가 문서를 진짜라고 인정한 것과 같다고 말했다(The Hindu 2019. 03. 06). 또한 다른 언론사들도 성명서를 통해 문서 관련 기사를 막는 국방부를 비난했으며(Arab News 2019. 03. 07), 2월 13일에 라훌 의장은 만모한 싱(Manmohan Singh) 전 총리 및 의원들과 함께 의회 앞에서 시위를 주도했고(NDTV 2019. 02. 13), 2019년 3월 6일에는 뉴델리에서 기자회견을 통해 라팔 협정에 대한 수사를 요구했다(Arab News 2019. 03. 07).

모디 총리는 총리로서 사회의 위기를 해결하고 그 책임을 져야할 의무가 있다(Rod Hague 2017). 2016년도부터 지속된 비리 의혹으로 혼란이 가중되고 있는 인도 사회에서 모디 총리는 이를 하루빨리 청산하되, 선거를 위한 눈가림이 아닌 진정성 있게 수사에 임해야 할 것이다.

참고문헌

Rod Hague, Martin Harrop and John McCormick 저. 김계동·김욱·민병오·윤진표·이유진 역. 2017. 『비교정부와 정치』. 서울: 명인문화사.

Sanjay Kumar. 2019. "India's opposition seeks probe against PM Modi over Rafale deal." *Arab News*(March 08).

Special Correspondent. 2019. "Rafale documents: we are committed to protecting our sources, says N. Ram." *The hindu*(March 06).

Sunil Prabhu. 2019. "Paper Jets At Sonia Gandhi, Rahul's Rafale Protest Outside Parliament." *NDTV*(February 13).

인도, 세계 최대 민주주의 선거의 명암

김은중

인도 선거는 유권자가 약 9억 명으로 민주주의 국가 중 최대이며, 투표는 4월 11일부터 5월 19일까지 지역별로 나눠 진행 후 5월 23일 개표될 예정이다(경향신문 2019. 4. 11). 하지만 유권자 등록 과정에서 28세임에도 18세 미만으로, 19년째 같은 곳에 거주 중이지만 거주지 불명확이라는 이유 등으로 많은 유권자들이 부당하게 투표권을 거절당해 총선의 정당성이 의심받고 있다(Foreign Policy 2019. 04. 09).

부당하게 투표권이 거절된 유권자들을 돕기 위해 미싱 보터(Missing Votor) 앱(App)을 개발한 칼리드 사이풀라(Khalid Saifullah)는 이번 총선에서 투표권을 잃은 유권자를 약 1억 2천만 명으로 추정했으며, 이들의 다수가 무슬림과 여성이라고 밝혔다(Foreign Policy 2019. 04. 09). 또한 그는 집권당인 인도인민당이 민족주의적이고 친 힌두적인 정책을 통해 유권자들을 의도적으로 배제한 것이라 했으며

(Foreign Policy 2019. 04. 09), 알빈드 케이리왈(Arvind Kejriwal) 델리 장관은 투표권이 거절된 유권자의 대부분이 인도인민당을 반대했던 사람들이라고 주장하고 있다 (India Today 2019. 04. 11).

자유롭고 공정한 선거는 인도 헌법에 보장된 권리(Foreign Policy 2019. 04. 09)임에도 불구하고 인도 선거는 종교와 신분에 의한 정치적 차별을 의심받고 있다. 세계 최대 민주주의 선거라(경향신문 2019. 4. 11) 불리는 인도 선거를 성숙한 민주주의로 정착시키기 위해 인도 정부는 하루빨리 정당성 문제를 해결해야 할 것이다.

참고문헌

노도현. 2019. "유권자 9억 명⋯인도, 39일간의 '총선 대장정' 막 올랐다."『경향신문』 (April 11)

India Today Web Desk. 2019. "General election: Names of several anti-BJP voters missing from electoral list, says Arvind Kejriwal." *India Today*(April 11)

Soumya Shankar. 2019. "Millions of Voters Are Missing in India." *Foreign Policy*(April 09)

필리핀의 중간선거 조작 의혹

김은중

5월 13일 중간선거에서 개표 조작이 있었다는 의혹이 제기되면서 6월 4일 상·하원은 합동으로 청문회를 열기로 합의했다(Philippine Star 2019. 05. 16; 연합뉴스 2019. 05. 16 재인용).

필리핀 선거관리위원회(Commission on Elections)는 2010년부터 인터넷을 통해 실시간으로 선거 개표 결과를 공개했다(Rappler 2015. 05. 15). 하지만 이번 선거 당일 오후 6시 첫 결과가 인터넷에 공개된 직후 서버가 오작동하여 7시간 동안 개표 상황이 대중에게 제공되지 않았다(Rappler 2019. 05. 15). 이후 두테르테 대통령의 측근들이 대거 당선되었다는 소식이 전해지면서 선거 결과 조작 의혹이 제기되었다(Philippine Star 2019. 05. 16). 또한 2016년 선거와 비교해서 자동개표기의 오작동 신고가 3배 이상 증가하였다고 선거관리위원회가 발표하면서 의혹이 더욱 커지고 있다(Philippine Star 2019. 05. 16).

대의민주주의에서 선거는 국민의 대리자를 선출하여 국민 주권을 실현하는 수단이다. 하지만 대통령이 개표 조작에 개입하여 국민의 의견을 왜곡했다는 의혹이 제기되고 있는 만큼 필리핀 정부는 선거 조작에 대한 의혹을 투명하게 조사해야 할 것이다.

참고문헌

민영규. 2019. "필리핀 중간선거 조작 의혹 제기…상하원 합동 청문회." 『연합뉴스』 (May 16).

Gemma Bagayaua-Mendoza. 2019. "Was transmission of 2019 PH election results better or worse?" *Rappler*(May 15).

Helen Flores. 2019. "Senate sets June 4 probe for election glitches." *Philippine Star*(May 16).

Michael Bueza. 2015. "How does the PH automated election system work?" *Rappler*(May 15).

차이 총통의 총통 후보 경선 승리를 둘러싼 조작 의혹

김은중

6월 13일 민진당은 총통 선거 후보 경선에서 차이 총통이 라이칭더 전 행정원장보다 8.2%p 앞서 최종적으로 2020년 1월 선거에 출마하게 되었다고 발표했다(Taiwan News 2019. 06. 14).

하지만 발표 직후 경선 결과에 대해 시민단체인 대만 독립운동(Taiwan Independence Movement, TIM)은 차이 총통이 경선에서 승리하기 위해 정부자금을 사용했다고 의혹을 제기했다(Taiwan news 2019. 06. 14). 또한 스톰 미디어(Storm Media)

의 선 칭료(孫慶餘) 해설위원은 17일 차이 총통의 승리가 '믿기지 않는다'라며 경선 이전까지의 여론조사에서 차이 총통이 라이 전 원장에 뒤처지는 기록을 보였었다고 덧붙였다(Taiwan news 2019. 06. 18). 반면 일부 정치 전문가들은 차이 총통이 중국의 대만 통일론 압박에 단호하게 대응하며 지지율이 상승한 것이라고 분석했다(自由時報 2019. 06. 20; 연합뉴스 2019. 06. 20 재인용).

차이 총통은 대만의 민주와 자유를 계속 유지하기 위해 자신이 재선되어야 한다고 말했다(自由時報 2019. 06. 20; 연합뉴스 2019. 06. 20 재인용). 하지만 후보 지명과정에서부터 의혹이 불거지고 있는 만큼 차이 총통은 본선 이전에 경선 의혹을 해소하기 위해 노력해야 할 것이다.

참고문헌

김철문. 2019. "대만 차이잉원 '총통선거 승리·입법위원 과반 당선이 내년 목표'." 『연합뉴스』(June 20).

Matthew Strong. 2019. "Taiwan president's victory in DPP primaries keeps provoking reactions." *Taiwan news*(June 14).

Yeh Su-ping and Elizabeth Hsu. 2019. "DPP to officially nominate Tsai as candidate in 2020 election." *Taiwan news*(June 18).

인도 정부의 국립수사국 권한 강화를 둘러싼 권위주의적 행보

김은중

최근 인도의 제1야당인 인도국민회의파가 5월 총선거 패배 이후 세력이 약화되고 있는 가운데 여당인 인도인민당의 독단적인 정치 행보에 대한 우려의 목소리가 나오고 있다(CNN 2019. 07. 03).

지난 7월과 8월에는 테러와 관련하여 국립수사국의 권한을 강화하는 개정안과 불법활동방지법 개정안이 야권의 정치적 보복 가능성 우려에도 불구하고 각각 상원과 하원에서 통과되었다(NDTV 2019. 07. 17; Hindustan Times 2019. 07. 25; 연합뉴스 2019. 07. 25 재인용). 이 개정안의 확장된 권한은 세 가지로 축약될 수 있다. 첫 번째 국립수사국의 수사 권한이 해외로까지 확장되었다(NDTV 2019. 07. 17). 두 번째 국립수사국에게 재산 몰수권이 부여되었으며, 세 번째 수사 대상을 단체에서 개인으로 확대시켰다(India Today 2019. 08. 02). 이로 인해 친(親) 힌두·민족주의적 성향을 앞세운 인도인민당이 테러를 정치적으로 활용하고 있다는 비판이 나오고 있다(Hindustan Times 2019. 07. 25; 연합뉴스 2019. 07. 25 재인용).

여당과 정부는 테러방지라는 명목하에서 수사기관에게 과도한 권한을 부여하고 국민을 통제하려 하고 있다. 정부는 인도의 민주주의와 국민 자유권 보장을 위해 이러한 독단적이며 권위주의적인 행보를 그만두어야 할 것이다.

참고문헌

김영현. 2019. "인도 정치권, 테러방지법 강화 놓고 '시끌'." 『연합뉴스』(07월 25).
India Today Web Desk. 2019. "Rajya Sabha Passes Anti-terror UAPA Bill to Declare Individuals as Terrorists." *India Today*(August 02).
Jimmy Jacob. 2019. "Bill To Strengthen Anti-Terror Agency NIA Passed By Rajya Sabha." *NDTV*(July 17).
Manveena Suri. 2019. "Rahul Gandhi Resigns as India's Congress Party Leader After Crushing Defeat." *CNN*(July 03).

필리핀의 테러 방지를 위한 반체제법 부활을 둘러싼 기본권 침해 논란

김은중

1968년 필리핀 공산당으로부터 분리되어 사회주의 국가 건설을 목표로 게릴라전을 전개해온 필리핀 공산주의 반군단체인 신인민군(New People's Army, NPA)은 지난 7월 네그로스 지역에서 테러를 자행했으며 그 결과 21명의 시민이 희생되었다(CNN 2019. 08. 03).

이에 8월 13일 에두아르도 아뇨(Eduardo Año) 내무장관은 1992년 폐지된 반(反)체제법(Anti-Subversion Act)을 부활시켜 공산주의 반란을 종식시켜야 한다고 말했다(Rappler 2019. 08. 14). 반체제법에 따르면 필리핀 공산당(CPP)을 포함하여 공산주의 이념을 가진 모든 조직에 가입하거나 회의에 참석할 경우 최고 12년 이하의 징역에 처해질 수 있어 기본권 침해에 대한 논란이 일고 있다(Inquirer 2019. 08. 20). 이에 대해 판필로 락손 상원의원은 평화적인 집회 및 항의할 수 있는 기본권을 침해하기 때문에 반체제법의 부활을 반대한다고 밝혔고, 프랭클린 드릴론(Franklin Drilon) 상원의장은 어떤 조직에 가입하는 것 자체가 불법이 될 수는 없다고 주장했다(Rappler 2019. 08. 14).

필리핀 국민에게는 집회와 결사의 자유가 보장된다. 하지만 필리핀 정부는 테러 방지라는 이유로 국민의 기본권을 침해하고 있으며 필리핀의 기본 가치인 민주주의 수호를 위해 이러한 행보를 멈춰야 할 것이다.

참고문헌

CNN Philippines Staff. 2019. "Duterte to CPP-NPA: You've Crossed the Red Line." *CNN*(August 03).

JC Gotinga. 2019. "CPP Slams Bid to Revive Anti-Subversion Law." *Rappler*(August 14).

Neil Arwin Mercado. 2019. "'Relic of Cold War Era': Marcos Rejects Revival of Anti-Subversion Law." *Inquirer*(August 20).

동남·남부 아시아 II의 동향 및 쟁점

반정부 시위와 대의민주주의 강화 노력

제1장

동남·남부 아시아 II의 동향

1차(2017년 6월 말~7월 말)

김진주

싱가포르에서는 2017년 6월에 발생한 리셴룽(李顯龍·Lee Hsien Loong) 가족 스캔들에 대한 논란이 지속되고 있다. 이번 스캔들이 사적인 문제에서 권력 남용이라는 공적인 부분까지 확대됨에 따라 7월 3일 의회에서 토론이 열렸다(The Online Citizen 2017. 07. 01). 리 총리는 의회에 참석해 2015년 사망한 리콴유(李光耀·Lee Kuan Yew) 전(前) 총리의 유산과 관련하여 동생들과의 불화에 대해 국민에게 사과했으며, 자택을 정치적 도구로 활용했다는 동생들의 주장에 반박했다(연합뉴스 2017. 07. 03). 이에 대해 여러 의원들은 이번 정치적 싸움이 나라의 신뢰도를 하락시킬 수 있는 심각한 문제이며 법적 절차를 통해 권력 남용 등의 혐의를 입증하라고 주장했다(싱가포르 언론 2017. 07. 04; 연합뉴스 2017. 07. 04 재인용).

노동자당(Workers' Party, WP) 대표인 로티아키앙(劉程强·Low Thia Khiang)은 법정에 서서 결백을 명확히 입증하지 않는다면 의회 차원에서 특위를 구성해 조사해야 한다고 목소리를 높였다(싱가포르 언론 2017. 07. 04; 연합뉴스 2017. 07. 04 재인용). 또한 그는 총리의 권력남용과 관련하여 1월에 임명된 루시엔 웡(Lucien Wong) 법무상(Attorney-General)과 이전 인민행동당(People's Action Party, PAP) 당원이었던 하리 쿠마 나이르(Hri Kumar Nair) 부 법무상에 대해서도 리 총리의 개인변호사를 하는 등의 친분이 있는 인물이 법무상이 된 것에 대해 잠재적인 이해관계의 해명을 촉구했다(Today 2017. 07. 04). 이와 관련하여 인민행동당 소속이자 싱가포르 법무 및 재정부 선임 장관인 인드라니 라자(Indranee Rajah)는 웡이 철저하고 엄격한 정차를 거쳐 임명되었다고 해명하였으며, 웡이 옥슬리로드(Oxley Road) 38번가 문제 등 이해관계가 상충될 수 있는 문제에 개입하지 않을 것이라고 덧붙였다(Today 2017. 07. 04).

이번 스캔들에 대한 여론의 반응은 긍정적이지 않은 것으로 보인다. 7월 16일 유일한 집회 허용 장소인 스피커스 코너(Speakers' Corner)에서 400여 명의 시민들이 모여 리 총리가 권력을 남용했는지에 대한 독립적인 조사를 촉구하는 시위를 벌였다(AFP통신 2017. 07. 16; 연합뉴스 2017. 07. 16 재인용).

한편 9월 대통령선거와 관련해서는 대통령에 당선될 가장 유력한 후보로 평가되는 하원의장 할리마 야콥(Halimah Yacob)이 대통령선거에 출마할 의사가 있다는 의견을 내비추면서, 아직 공식적으로 등록된 것은 아니지만 그녀의 대통령 출마가 기정사실화되고 있다(The Straits Times 2017. 07. 17).

싱가포르 정당

07월 01일

• 예전 활동가 및 오랜기간 봉사한 봉사자들에게 경험과 지혜를 배우는 인민행동당 노인 단체   (Today 07. 01)

- 인민행동당은 시니어그룹(Senior Group, SG)을 통해 기존의 장기적으로 봉사한 활동가들뿐만 아니라 전체 시니어 활동가들에게 다가가고자 한다. 현재 하원 의장이기도 한 할리마 야콥은 인민행동당 내 연로한 당원 활동가들이 많은 지혜와 경험을 가지고 있으며, 그들이 가진 것을 공유할 수 있다고 강조하였다. 또한 그녀는 인민행동당 시니어그룹의 현재 활동이 본부에서 진행되는 중앙 집중적인 지시로 이루어지기 때문에 그것을 분권화하기 위해 각 지구가 고령 운동자들과의 연계된 노력을 기울일 것이라고 말했다. 이번 행사에 참석한 리센룽 총리는 수년 동안 노력한 활동가들의

공헌에 경의를 표하며, 계속해서 중요한 역할을 담당할 수 있을 것이라 말했다.

07월 03일

• 노동자당, 리 총리와 법무장관 사이 잠재적인 이해관계에 대한 명확한 설명을 요구

(Today 07. 04)

– 노동자당은 어제 정부가 임명한 루시엔 웡 법무상과 이전 인민행동당 당원이었던 하리 쿠마 나이르 부 법무상에 대해 잠재적인 이해관계의 해명을 촉구했다. 로티아 키앙과 실비아 림(林瑞蓮·Sylvia Lim)은 옥슬리 38번가 장관회의(Ministerial Committee)에 외무부장관 겸 법무부장관 샨무감(K. Shanmugam)이 참여한 것에 대해서도 리 총리 가족과 매우 가까운 사이라는 것에 대해 의문을 제기했다. 야당 당수인 로는 웡이 리 총리 가(家) 내 재산분할 관련 사적 분쟁에서 리 총리의 변호사로 활동하고 있었다는 점을 강조했다. 이와 유사하게 이전에 리콴유에게 개인적으로 정보를 제공했던 샨무감에 대해서도 언급했다. 그는 이 부분에 대해 이해관계가 있었는지 대중에게 설명할 것이며, 법무부장관과 법무상의 역할을 명확히 하라고 강조했다. 또한 노동자당의 의장인 림은 올바른 통치 체제를 유지하기 위해서는 국가의 기관에 간섭하거나 영향을 미치지 않아야 한다고 말했다.

07월 03일

• 루시엔 웡은 철저하고 엄격한 절차를 거쳐 임명되었다　　　　(Today 07. 04)

– 싱가포르 법무 및 재정부 선임 장관인 인드라니 라자는 리셴룽 총리의 개인 변호사로 일한 후 법무상이 된 루시엔 웡에 대해 이해관계 문제를 제기한 노동자당의 우려를 일축했다. 그녀는 웡이 철저하고 엄격한 절차를 거쳐 임명되었다고 강조했으며, 그가 법적인 정신이 뛰어난 싱가포르 내 최고의 변호사 중 한명으로 꾸준히 인정받아왔다고 말했다. 그녀는 또한 웡이 옥슬리 38번가 문제 등 이해관계가 상충될 수 있는 문제에 개입하지 않을 것이라고 덧붙였다. 마찬가지로, 이전에 인민행동당(PAP)의 정치인이었던 하리 쿠마 나이르 부 법무상 역시 "분쟁의 규칙을 지켰다"고 말했다. 덧붙여 리콴유 전(숲) 총리와 친분이 있는 외무부장관 겸 법무부장관(Law Minister) 샨무감이 옥슬리 38번가 장관회의에 참여한 것에 대해서는 내각의 업무로부터

그의 자격을 박탈하지 않을 것이라고 말하며, 이전 싱가포르 최초의 법무장관이었던 에드먼드 윌리엄 베이커(Edmund William Barker) 역시 리콴유와 친분이 있었으나 그가 훌륭한 법무부 장관이 되는 데에는 문제가 되지 않았다고 말했다.

싱가포르 선거·의회

07월 01일
• 2017년 7월 3일 의회 질문들 　　　　　　　　　　　　(The Online Citizen 07. 01)
– 싱가포르 13대 의회는 7월 3일 월요일 오전 11시에 47차 회기를 개최한다. 이번 의회에서는 85개의 구두질문과 39개의 서면질문이 요청되었으며, 무슬림 법안 개정만 소개될 예정이다. 또한 이번 회기에서는 리셴룽 총리가 개인적인 문제로 인해 의회의 권위를 훼손시켰다는 의혹에 대해 연설할 것이다.

07월 03일
• 리콴유 家(가) '형제의 난' 의회로 … 리셴룽 "형제들 거짓…소송 안 해"
　　　　　　　　　　　　　　　　　　　　　　　　　　　　　(연합뉴스 07. 03)
– 리콴유 전(前) 총리의 유산을 둘러싼 자녀들의 갈등이 싱가포르 의회에서 다뤄졌다. 장남인 리셴룽 총리는 3일 의회에 출석해 동생들과의 불화에 대해 국민에게 깊은 유감과 사과의 뜻을 밝히고, 자택을 허물어 버리라는 아버지의 유언을 어긴 채 이를 정치적 도구로 활용한다는 동생들의 주장을 조목조목 반박했다. 그는 동생들이 전혀 근거가 없는 주장으로 싱가포르의 명성에 흠집을 냈고 정부에 대한 국민의 신뢰에도 악영향을 미칠 수 있다고 말하며, 부친이 생존했을 당시 2011년 자택을 허물지 말고 수리하라는 제안을 받아들인 적이 있으며 다수 여론과 신문 편집인들의 의견을 수렴하여 자택을 허물지 않기로 했다고 설명했다. 또한 리 총리는 이 문제에 대해 동생들에게 법적 대응을 하지는 않을 것이라고 말했다.

07월 03일
• "한국 드라마가 아니다" 싱가포르 총리 家(가) '형제의 난' 집중포화　　(연합뉴스 07. 04)

- 4일 현지 언론에 따르면 싱가포르 주요 정치인들은 7월 3일 의회에 출석한 리셴룽 총리와 정부를 향해 리콴유 자택 처리 문제로 불거진 총리와 그 형제들 간의 갈등을 비판하고 조속한 문제 해결을 촉구했다. 리우 청 치앙 노동자당 총재는 이건 한국드라마가 아니며, 나라의 신뢰도에 영향을 미치는 심각한 문제라면서 총리와 정부 법적인 대응을 통해서라도 문제를 조속히 매듭 지으라고 요구했다. 또한 그는 일련의 사태는 정부는 물론 싱가포르 국민을 혼란에 빠뜨렸고, 특히 정치·경제적 난관에 봉착한 싱가포르에 해를 끼쳤다고 말했다. 또한 그는 "총리는 동생들이 제기한 권력남용 등 주장에 대해 결백을 입증하기 위해서라도 법정에 서야 한다. 그렇지 않으면 의회에 특위를 구성해 조사해야 할 것"이라고 말했다. 리콴유 전(前) 총리의 유언이 차남 리셴양(李顯陽·Lee Hsien Yang) 싱가포르 민간항공국 이사회 의장의 부인인 리수엣펀(Lee Suet-Fern) 변호사에 의해 조작됐다는 리셴룽 총리 측의 의혹을 밝히라는 목소리도 나왔다. 또한 한 의원은 총리가 직권남용과 정실인사를 행하고 정부부처 장관과 국가기관은 총리에 예속돼 독립적인 활동을 못 했다는 주장이 나왔다며 국가의 자원이 개인 가족사에 소모됐다는 데 대해 개인적으로 매우 실망했다고 비판하기도 했다.

07월 16일
• 할리마 야콥의 대통령에 대한 '생각'　　　　　　　　　　　(The Straits Times 07. 17)
- 할리마 야콥 하원의장이 수개월 만에 대통령에 출마할 것인지 여부에 대해 침묵을 깨고 "나는 그것에 대해 생각하고 있다"라고 말했다. 그녀는 공동체 행사 이후에 실제로 공식적인 발표를 한 것은 아니라고 강조하며 선출직 대통령직은 싱가포르에서 매우 중대한 자리이며, 중요한 기관이기 때문에 가볍게 받아들여야 할 것이 아니라고 말했다. 그러나 다수의 논평들에서는 그녀를 말레이시아 후보자들을 위해 실시될 9월 선거에 유력한 후보로 평가하고 있다. 그녀는 2013년부터 핵심공직을 해 왔기 때문에 공공부문 후보자를 위한 모든 기준에 적합한 인물이다. 지금까지 대통령 후보로 모하메드 살리 마리칸(Mohamed Salleh Marican)과 파리아 칸이 출마를 선언한 상황이다.

07월 16일

• "싱가포르는 국민의 것" 리콴유 가(家) '형제의 난' 관련 첫 시위

(AFP 07. 16, 연합뉴스 07. 16 재인용)

– 싱가포르의 '국부(國父)'로 추앙받는 리콴유 전(前) 총리의 유언을 둘러싸고 벌어진 자녀들 간의 싸움과 관련해 처음으로 시민들이 독립적인 진상조사를 요구하는 집회를 열었다. 16일 AFP 등에 따르면 전날 싱가포르 내 유일한 집회 허용 장소인 스피커스 코너에서 400여 명의 시민들이 모여 시위를 벌였다. 리콴유 전(前) 총리의 자택 처리 문제를 둘러싼 형제들과의 분쟁 과정에 장남인 리셴룽 총리가 권력을 남용했는지에 대한 독립적인 조사를 위해 대통령 직속 조사기구 설치를 촉구했다. 또한 이들은 "싱가포르는 국민의 것이지 리 씨 가문 것이 아니다"라고 적힌 대형 플래카드를 내걸었으며, 최근 의회가 리셴룽 총리의 권력남용 여부를 밝힌다면서 열었던 토론회가 '눈가림'을 위한 제스처에 불과하다고 비판했다. 집회를 주도한 정치운동가 오스만 술라이만(Osman Sulaiman)은 "리셴룽 총리와 그 형제들 간의 다툼은 단순히 리콴유 전(前) 총리의 유언을 둘러싼 싸움이 아니다"라고 하면서 "총리의 권력 남용 주장은 공개되지 않은 정보에 접근할 수 있는 그의 형제들에게서 나온 것"이라며 조사의 필요성을 강조했다.

2차(7월 말~8월 말)

김진주

싱가포르에서는 2017년 9월에 있을 대통령선거를 앞두고 하원의장이었던 할리마 야콥이 대선 출마를 선언했다(Channel News Asia 2017. 08. 06). 그녀는 출마를 위해 소속 정당이던 인민행동당의 탈당을 신청했으며, 인민행동당의 총재이자 현 총리인 리셴룽 총리가 이를 승인하였다(Channel News Asia 2017. 07. 28). 그녀는 국경일 연설에서 대선 출마에 대한 선언을 공고히 하였으며, 8월 7일 하원의장직과 의원직까지 사임하고 선거 준비를 시작할 것이라고 밝혔다(Channel News Asia 2017. 08. 06).

노동자당 대표인 로티아키앙과 실비아 림, 프리탐 싱 세 의원이 작년 2016년부터 진행된 아주니드-호우강 시의회(Aljunied-Hougang Town Council, AHTC) 소송에서 공동으로 변호사를 선임해 대응하겠다고 밝혔다(The Independent 2017. 08. 17). 또한 그들은 아주니드-호우강 시의회 관리 기관 임명 과정에서 전 관리 기관이었던 업체와 부적절한 유착이 있었다는 혐의에 대해 전면 부인했으며, 해당 시 주민들에게 최선의 이익을 가져다주기 위해 직무와 의무를 다했다고 반박했다(The Independent 2017. 08. 17).

한편 9월 선거와 관련하여 일정이 결정되었다. 9월 13일에는 대통령선거위원회(Presidential Elections Committee, PEC)가 전날인 12일까지 대통령 후보자들의 자격요건을 심사하여 후보자를 지명할 예정이며, 해당 일자에 지명된 후보자가 여럿일 경우 9월 23일 선거가 치러질 예정이다(The Straits Times 2017. 08. 28). 만약 한 명의 후보자만이 지명될 경우에는 23일 투표 없이 대통령이 임명된다.

싱가포르 여론으로는 8월 20일 이루어진 국경일 행사에서 리 총리의 연설에 대한 싱가포르인들의 의견이 조사되었다(Yahoo News Singapore 2017. 08. 21). 싱가포르인의 48%가 8월 20일 국경일 행사에서 리 총리의 연설이 중립적이었다고 평가하는 것으로 나타났으며, 44%는 연설에 긍정적인 반응을 보인 반면, 8%는 부정적인 반응을 보인 것으로 나타났다(Yahoo News Singapore 2017. 08. 21).

07월 28일

• 리 총리, 할리마 야콥의 인민행동당 탈당을 수락 　　　　(Channel News Asia 07. 28)

– 싱가포르 리 총리와 인민행동당 사무총장은 할리마 야콥의 인민행동당 탈당을 수락했다. 그들은 보도자료를 통해 할리마 야콥이 대통령 후보로 나서기 위해 인민행동당을 탈당하고, 하원의원직을 사임하겠다는 결정을 받아들인다고 밝혔다. 리 총리는 다음 의회에서 새로운 하원의장을 지목할 것이라고 밝혔다. 리 총리는 야콥에게 서한을 통해 그녀가 공정한 고용과 적절한 임금을 받을 수 있는 노동자와, 미혼모, 가난한 가정의 아동, 장애인, 노약자 등의 사회적 소외계층을 위해 노력한 점에 대해 감사의 인사를 표하며, 헌법상 대통령의 역할을 수행하고자 한다면 의심의 여지 없이 항상 그녀가 최선을 다할 것이라 확신한다고 격려를 보냈다.

08월 07일

• 싱가포르민주당(SDP), 인민행동당이 우리의 정책적 아이디어를 훔쳐갔다

　　　　　　　　　　　　　　　　　　　　　　　　　(The Independent 08. 07)

– 싱가포르민주당은 최근 전문가, 경영자, 임원 및 기술자들에게 재정적 도움을 제공하는 계획에 대해 여당인 인민행동당이 자신들의 정책적 아이디어를 빼앗아 갔다고 주장했다. 2010년 싱가포르민주당이 수입 소득자의 상위 5%에 대해 세금을 인상하자는 정책적 제안을 제시하였으나, 다음해 인민행동당이 이러한 정책이 싱가포르를 파산시킬 것이라며 비판하였다고 말했다. 하지만 이들에 따르면 이후 인민행동당은 해당 정책을 펼친 싱가포르민주당(SDP)을 강하게 비판했음에도, 이러한 법안을 채택한 것이다. 싱가포르민주당 측은 이번 정책에 최저임금 모델, 고용 및 정부 계획에 대한 싱가포르인들의 우선순위 등이 포함되어있다면서, 이는 외국인 고용 프로그램을 수행하기 이전에 고용주가 싱가포르인들을 고용하기 위해 먼저 노력해야 한다는 자신들의 제안을 빼앗아 활용한 것이라며 비난의 목소리를 높였다.

08월 17일

• 노동자당 로티아키앙, 실비아 림, 프리탐 싱 공동 변호 선언 (The Independent 08. 17)

– 노동자당은 성명서를 통해 지난 2016년부터 시작된 아주니드–호우강 시의회 소송에서 변호사를 고용해 공동 변호를 신청했다고 발표했다. 이번 소송은 노동자당 의원들이 아주니드–호우강 시의회 관리 기관을 임명하는 과정에서 시의회의 전 관리 기관이었던 FM 솔루션과 서비스(FM Solutions and Services, FMSS)에게 부적절한 금액을 받았다는 혐의 때문이다. 그러나 노동자당은 언제가 성실하게 시를 위해 노력했으며, 아주니드–호우강 주민들에게 최선의 이익을 가져다주기 위해 직무와 의무를 다했다며 혐의를 부인하고 있다.

싱가포르 선거 · 의회

08월 06일

• 할리마 야콥, 싱가포르 차기 대통령 출마 선언   (Channel News Asia 08. 06)

– 하원의장이었던 할리마 야콥이 8월 6일 다가오는 대통령선거에 출마하겠다고 선언했다. 국경일 연설에서 그녀는 대통령의 지위는 모든 싱가포르인들과 싱가포르 자체를 위해 좋은 일을 할 수 있는 막강한 역량을 가진 자리라며, 따라서 본인은 다가오는 대선에 출마할 것이라고 밝혔다. 또한 그녀는 다음날인 8월 7일에 하원의장과 의원직을 사임할 것이라고 말했다.

08월 28일

• 2017 대통령선거, 9월 13일 후보자 지명, 9월 23일 투표 실시(The Straits Times 08. 28)

– 9월 23일 역사상 두 번째 말레이시아 출신 대통령을 선출할 예정이다. 특정 지역사회 후보자를 위해 선거를 실시하는 것은 이번이 사상 처음이다. 하지만 싱가포르인들은 9월 13일에 있을 후보자 지명일에 따라 지명자가 여럿일 경우에는 23일 투표를 실시하고, 한 명일 경우에는 투표를 할 수 없게 된다. 대통령선거위원회는 전날인 9월 12일까지 모든 대통령 후보자들을 선별할 예정이며, 자격조건을 통과하는 후보자가 한 명이라면 당일 그가 대통령으로 선출될 예정이다. 선거관리위원회(Elections

Department, ELD)는 8월 28일 성명서를 통해 리 총리가 선거일을 승인했다고 발표했다. 9월 13일에 있을 후보자 지명은 조지스 애비뉴에 있는 국민협회(the People's Association) 본부에서 진행할 것이다.

싱가포르 여론

08월 17일

• 16개 부문에서 부족한 싱가포르의 순위, 모르고 있을 것인가?

(The Online Citizen 08. 17)

– 국내 일간지들은 싱가포르에 대해 불리한 결과가 나오지 않을 경우 이와는 다른 통계를 제시하고는 했다. 실제 조사의 목적과 의도와는 다른 방식으로 통계를 해석한 것이다. 따라서 싱가포르 내에서 현재와 과거 모두를 통틀어 영광스럽지 않은 순위의 목록을 작성해 이를 생각해 볼 필요가 있다고 보았다. 아래는 5개의 부문만을 제시한 것이다. 1) 국경 없는 기자회(Reporters Without Borders)의 '언론의 자유 순위 2017(Press Freedom ranking 2017)' 151위, 2) '아시아—태평양 업무 몰입도 2017(Asia-pacific for employee engagement 2017)' 하위 2위, 3) '전 세계 중 서명되고 발효된 유엔인권협약의 최소 수(the world for the least number of United Nations human rights conventions signed and ractified)' 하위 10위, 4) 이코노미스트(The Economist)의 '세계에서 가장 비싼 도시 2017(Most expensive city in the world 2017)' 1위, 5) 이코노미스트(The Economist)의 '자본주의—연고주의 지수(Capitalism—cronyism index)' 4위.

08월 21일

• 국민의 절반, 리 총리의 국경일 연설은 중립적   (Yahoo News Singapore 08. 21)

– 여론조사기관의 조사에 따르면 싱가포르인의 48%가 8월 20일 국경일 행사에서 리 총리의 국가 안위를 위한 연설이 중립적이었다고 평가하는 것으로 나타났다. 조사 결과 싱가포르 국민의 44%는 연설에 긍정적인 반응을 보였으며, 8%는 부정적인 반응을 보인 것으로 나타났다. 또한 싱가포르의 미래를 담은 연설이었는지에 대한 질문에 대해서는 35%가 그렇다, 54%가 보통, 11%가 그렇지 않았다고 응답했다.

3차(8월 말~9월 말)

김진주

9월 싱가포르에서는 제8대 대통령선거가 예정되어 있었다. 그러나 후보에 등록한 3명 중 전 국회의장이자 인민행동당 소속인 할리마 야콥만이 싱가포르 대통령선거위원회의 적격심사를 통과하면서 9월 13일 선거위원회는 무투표로 야콥의 대통령 당선을 선언하였다(연합뉴스 2017. 09. 13).

이에 대해 야당인 노동자당과 싱가포르민주당(Singapore Democratic Party, SDP)은 강하게 비난했으며, 특히 싱가포르민주당은 성명서를 통해 인민행동당이 법률과 기준을 바꾸어 대통령을 당선시킴으로써 당의 권력만을 추구했다고 비판했다(The Online Citizen 2017. 09. 11). 또한 9월 16일 싱가포르인 수백 명은 대통령이 무투표로 당선됨에 따라 투표권을 가질 수 없게 된 것에 대해 비난하는 시위를 벌였다(Today 2017. 09. 16).

한편 야콥의 대선 출마로 공석이었던 국회의장에 사회가족개발부 장관인 탄추안진(陳川仁·Tan Chuan-Jin)이 지명되면서, 9월 11일 회기에서 탄추안진이 제10대 싱가포르 국회의장으로 공식 선출되었다(The Straits Times 2017. 09. 05; People's Action Party News&Happening 2017. 09. 14).

싱가포르 정당

09월 05일

• 노동자당(WP) 실비아 림, 9월 11일 의회에서 대통령선거에 대해 말하지 않을 것

(The Straits Times 09. 05)

- 노동자당 소속의 실비아 림이 다음 의회 회기에서 선출된 대통령직에 대해 연설하고자 한 제안이 안건으로 상정되지 않았다. 그녀는 예비 선거를 시작하기에 앞서, 정부가 대통령의 임기를 시작할 시기에 이 문제에 대해 말하고자 했으며 8월 28일 소송을 제기한 바 있다. 그 외 다른 두 의원들도 다른 문제를 논하기 위해 정회 동의를 제안했으나 제출된 정회 동의는 상임명령 2(8)(d)에 따라 투표의 대상이 되기 때문에

이번에 정회 동의가 선택되지 않았다. 이 규정은 의회의 정회 동의에 관한 문제를 제기할 수 있는 권리의 경우, 필요할 때마다 발언자의 지시하에 하루에 한 회원에게만 할당된다는 내용을 담고 있다. 림 의원의 정회 동의는 9월에 열릴 예정인 예비선거와 관련이 있으며, 이번 선거는 말레이시아 출신의 지역 사회 후보들만 참여가 가능하다.

09월 11일

• **싱가포르민주당: 인민행동당이 싱가포르 헌법 및 국기를 경멸하는 것은 반드시 비난받아야 한다**   (The Online Citizen 09. 11)

– 싱가포르민주당은 의회의 전 의장이자 인민행동당 당원인 할리마 야콥의 최근 상황과 관련해 성명서를 발표했다. 할리마 야콥은 이번 9월 선거에서 유일하게 자격증명서를 발급받은 후보자이다. 싱가포르민주당은 성명서를 통해 인민행동당이 할리마 야콥에게 직책을 맡기기 위해 규칙을 변경하고 기준을 개정한 것에 대해 비판하였다. 또한 그들은 이번 사안이 싱가포르 내 법에 의한 지배가 조롱받고 모욕받은 것이라고 말하며, 인민행동당이 싱가포르의 이익과 발전이 아니라 권력만을 추구한 행동을 했다며 이에 대해 강력히 항의한다는 내용을 담고 있다.

싱가포르 선거·의회

09월 05일

• **의회의 새로운 의장 탄추안진, 사회가족개발부 장관 데스몬드 리**

                                                (The Straits Times 09. 05)

– 할리마 야콥이 8월 7일 대선 출마를 위해 국회의장 자리를 사임하면서 공석이 된 국회의장 자리에 4세대 정치 리더십의 핵심 멤버인 탄추안진이 내정되었다. 탄은 10대 국회의장으로 리셴룽 총리에 의해 지명되었으며 현재 맡고 있는 사회가족개발부 장관에서는 사임할 예정이다. 차기 사회가족개발부 장관에는 제2장관이었던 데스몬드 리(李智陞·Desmond Lee)가, 데스몬드 리의 자리에는 조세핀 테오(楊莉明·Josephine Teo)가 임명되었다.

09월 11일

· 의회 주요 사건-2017년 9월 11일

(People's Action Party News&Happening 09. 14)

– 2017년 9월 회기에서는 다음과 같은 사안이 논의되었다. ▷탄추안진 국회의장 선출. 2017년 9월 11일 싱가포르 제10대 국회의장으로 공식 선출된 탄은 연설에서 국회 의장직을 수행하면서 바람직한 결과가 나올 수 있도록 더 나은 정책과 법률을 위한 자유토론을 촉진하고 싶다고 말했다. 그는 또한 공평하고 공정하게 할 것을 약속했다. ▷무현금 대중교통 시스템으로의 전환 지원. 현재 비접촉식 전자 지갑 카드를 사용하는 대중교통 시스템에서 무현금 대중교통 시스템으로 전환시키기 위해 정부가 지원하기로 합의하였다. ▷남북선로 재가동 작업 마감 이전 완료. 교통부 장관 콰분완(許文遠·Khaw Boon Wan)은 12월에 마감예정이었던 남북선로 재가동 작업이 마감일 이전에 완료될 수 있다고 발표했다.

09월 13일

· 싱가포르 첫 여성 대통령된 할리마 "나는 모두의 대통령"   (연합뉴스 09. 13)

– 싱가포르 대통령선거위원회의 대선후보 적격심사를 유일하게 통과한 할리마 야콥이 9월 13일 대통령 후보 등록을 마쳤다. 선관위는 할리마 야콥이 유일한 후보이기에 무투표 당선이 확정됐다고 선언했으며, 총리실에서도 제8대 대통령 당선인의 취임식이 9월 14일 오후 6시 이스타나궁에서 치러질 것이라고 성명을 통해 밝혔다. 할리마 야콥은 2013년 첫 싱가포르 여성 국회의장이 되었으며 이번에 헌정사상 최초 여성 대통령이 되었다. 그녀는 비록 이번 선거가 말레이시아계에게만 출마 자격을 주었으나 자신은 인종, 언어, 종교, 신념을 모두 초월한 대통령이라며, 본인의 임무는 오직 싱가포르와 국민을 향한다고 말했다.

싱가포르 여론

09월 16일

· 수백 명이 대통령선거에 대해 항의하다   (Today 09. 16)

- 9월 16일 토요일 홍림 공원에서 수백 명의 예비 대통령선거에 대한 침묵 항의가 있었다. 이번 시위에 참가했던 사람들 중에는 전직 대통령 후보였던 탄쳉복(陳淸木·Tan Cheng Bock), 싱가포르민주당 치순유안(徐順全·Chee Soon Juan), 싱가포르의 탄지사이(陈如斯·Tan Jee Say) 사무총장도 있었다. 시위가 예정된 시간인 오후 4시 이전부터 많은 참가자들이 공원 내 플래카드를 들고 있었으며, 저녁이 될수록 더 많은 사람들이 시위에 참여하였다. 2016년 11월 의회 내에서 제8대 대통령을 말레이시아계로 제한하는 법적 변경이 통과된 이후, 2017년 9월 할리마 야콥만이 대통령 후보자격을 얻게 되어 무투표로 대통령에 당선되었다. 많은 싱가포르인들은 이러한 비경쟁 상황에 실망감을 표하며 일부는 소셜네트워크를 통해 해시태그 #NotMyPresident(#내대통령이아니다)를 사용하여 의견을 전하고 있다. 이번 시위에 주최자인 길버트 고(Gilbert Goh)는 시위 시작 후 언론 연설에서 싱가포르인들이 말레이시아계에게 반발하는 것이 아니라 투표권을 갖지 못한 것에 대해 실망감을 표하는 것이라고 말했다.

4차(9월 말~10월 말)

김진주

10월 싱가포르는 여전히 지난 9월에 무투표로 인민행동당 소속인 할리마 야콥이 당선된 것에 대한 논쟁이 치열했다. 노동자당의 실비아 림은 본 회의에서 2016년 11월 대통령선거의 자격 기준을 변경하고 소수민족에게 기회를 제공하기로 한 헌법 개정이 정치적 행위가 아니었는지 강하게 비판했고, 이에 대해 법무부장관 산무감은 11월의 헌법 개정은 정책적으로 신중하게 다민족 사회를 위해 내린 결정이라고 반박했다(Today 2017. 10. 03).

또한 리셴룽 총리 역시 대통령선거 결과에 대해 여론이 불만을 갖는 것은 알고 있으나 다인종 국가에서 소수민족의 권리를 보장하기 위한 제도를 강화한 것뿐이라고 강조했다(Today 2017. 09. 29). 한편 이에 대해 싱가포르 네티즌들의 반응은 긍정적이지 않은 것으로 보인다. 대통령 선거 결과와 소수민족 보호에 대해 지속적으로 언급하고 있는 리 총리에 대해 네티즌들은 "정부가 오히려 인종과 종교로 싱가포르인을 분열시킨다", "대선으로 인한 대란을 덮기 위한 말은 하지 말라"는 등의 반응을 보이고 있다(The Online Citizen 2017. 10. 02).

싱가포르 정당

10월 11일

• **차세대 인민행동당 지도자들에게 새로운 직위**　　　　　(The Straits Times 10. 12)

- 조세핀 테오 국무장관이 인민행동당 최고 의사결정기구에 가입했다. 관측통들은 이러한 움직임이 4세대 정치지도자의 일원으로서 자신의 지위를 확고히 하는 것이라고 보고 있다. 동시에 탄추안진 국회의장도 인민행동당 시니어그룹의 새로운 위원장으로 임명되었다. 인민행동당은 10월 11일 성명서를 통해 중앙집행위원회(Central Executive Committee, CEC)와 고위 당직자들의 변경사항을 발표했다.

10월 31일

· 로티아키앙: 노동자당은 대안정부가 될 '기반'을 가지고 있다   (Today 10. 31)

– 4년 전 노동자당은 대안정부를 구성할 준비가 되어 있지 않다고 공개적으로 선언한 바 있다. 그러나 창당 60주년을 맞이하는 올해 로티아키앙 사무총장은 자신의 저서를 통해 노동자당이 대안정부를 구성할 수 있는 다음 단계로 진화할 토대를 마련했다고 밝혔다. 그는 덧붙여 이러한 변화는 국민들의 지지에도 달려있다면서, 인민행동당이 부패하지 않는 한 유권자가 대안정부를 원할지는 확실치 않다고 말했다. 여러 정치 분석가들은 로티아키앙의 이러한 발언이 노동자당의 중대한 변화를 보여주는 것이라고 말했다. 한편 그들은 그럼에도 노동자당이 여전히 현재 정부를 대체하기에는 역부족이라는 데에 동의했다. 싱가포르 경영대학의 법학 교수인 유진 탄은 유권자들의 기대에 부응하기 위해 야당이 야당답게 진보하고 있다고 강조하며, 이러한 노력이 당의 지지자들과 유권자들을 끌어모을 수 있을 것이라고 말했다.

싱가포르 선거·의회

09월 23일

· 리 총리: 여론의 불만을 인정하지만 선출직 대통령제가 역행하지는 않을 것

(Today 09. 29)

– 리 총리는 선출직 대통령제로의 변화가 역효과를 보이는 것 같지만 싱가포르 정부의 다인종 제도 강화에 있어서는 필요한 변화라고 말했다. 그는 9월 23일 인민 협회에서 대통령선거에 대해 인민행동당이 비난을 받을 것을 알고 있었지만 이것이 옳은 일이라고 강력하게 믿는다고 말했다. 최초로 예비선거를 치렀던 이번 대통령선거에서 할리마 야콥이 유일한 후보였다. 리 총리는 국가수반을 위해 특별한 조치를 취하는 것이 결코 특이한 행위는 아니며, 많은 다인종 국가에서 소수집단의 권리를 보장하기 위한 제도를 가지고 있다고 말했다. 덧붙여 그는 시민들이 이번 선거로 인해 인종적 정치가 퇴행됐다고 생각할 수 있지만 실제 현실은 싱가포르가 다인종 제도를 강화하기 위해 필요한 변화를 만들고 있는 것이라고 강조했다.

10월 02일

• 2017년 10월 2일 의회 안건   (The Online Citizen 10. 02)

– 싱가포르 의회는 2017년 10월 2일 51번째 회기를 개최할 예정이다. 본회의에서는 70개의 구두 질문과 36개의 서면 질문이 요청되었다. 의회에서는 중앙선거구 기금, 직장 안정 보전, 담배, 식품개발 법안 등이 소개될 예정이며, 싱가포르 해상 항만청, 인프라 보호 청구서, 재화 및 서비스세 법안 등에 대해서도 논의될 것이다. 또한 테러에 관하여 유엔에 대한 합의서가 논의될 예정이다. 본 합의서는 다인종주의와 사회적 응집력의 핵심 가치를 재확인함으로써 싱가포르가 테러 위협에 대항하여 연합을 유지하겠다는 결의에 대한 내용을 담고 있다.

10월 19일

• 리 총리: 옥슬리로드 분쟁은 유예상태이며, 최근 형제, 자매와 연락하지 않았다
                                          (CNBC 10. 19; Today 10. 20 재인용)

– 리셴룽 총리와 형제, 자매 간의 옥슬리로드 분쟁이 아직 해결되지 않은 상태이다. 리 총리는 10월 21일 미국 방문을 앞두고 10월 19일 CNBC와의 인터뷰에서 옥슬리로드 분쟁이 유예상태라고 밝혔다. 그는 만약 해결된다 하더라도 확실하지 않다며 형제, 자매와는 감정이 가라앉을 때 앞으로 관계가 개선될 것이라고 희망을 표했다. 하지만 리셴양은 금요일 페이스북 게시판을 통해 리 총리가 사적인 문제를 해결하기 위해 우리에게 다가오려는 시도조차도 하지 않았다고 밝혔다.

싱가포르 여론

09월 30일

• 네티즌, 중국계 싱가포르인들에게 소수계가 환영받는다고 상기시켜주는 리 총리의 성명서에 불만을 제기해   (The Online Citizen 10. 02)

– 지난 9월 30일 토요일, The Straits Times와 The New Paper의 보고서에서 리 총리는 리콴유 전 총리가 싱가포르에 대해 싱가포르는 인도 국가도, 중국 국가도, 말레이시아 국가도 아니라고 말한 것에 대해 모든 사람들이 싱가포르에 자리 잡을 수 있

을 것이라고 단언했다. 인종에 대한 그의 발언은 소수민족을 안심시키고 중국계 다수가 소수를 억압하지 않도록 주의를 상기시키는 것이라 할 수 있다. 그는 다수가 중국계이기 때문에 싱가포르가 제3의 중국과 같이 되어 버린다면 이웃 국가들과 문제가 야기되고 이 지역에서 평화롭게 살 수 없을 것이라고 말했다. 덧붙여 다인종 대표를 갖는 것이 싱가포르의 상징 중 하나이며 소수민족의 평등한 대우를 위해 다수가 특별한 노력을 기울이고 있는 것에 대해 부끄러워하지 않아야 한다고 말했다. 그러나 이러한 발언에 대해 네티즌들은 다른 견해를 가지고 있는 것으로 보인다. 네티즌들은 리 총리의 이와 같은 말과 행동이 오히려 국가를 분열시키고 있다는 입장을 보였다. 한 네티즌은 "어느 시점부터 우리 싱가포르인들은 모두 서로 우호적이었는데, 정부가 우리를 구별하기 위해 인종과 종교를 이용한다"고 말했으며 다른 네티즌은 "싱가포르는 지난 50년간 인종, 종교 간 조화를 이루었고 이미 싱가포르인들도 인도, 중국, 말레이시아 등의 대통령을 받아들였다. 대통령선거의 대란을 덮기 위한 말은 집어치워라"라는 글을 남기기도 했다. 그밖에도 이번 대통령 후보 심사과정에서 민주적으로 누구나 후보에 나올 수 있고 선택은 유권자가 해야 하는데 투표할 기회조차 주지 않은 것은 오히려 평등하지 않다는 의견도 다수 존재했다.

5차(10월 말~11월 말)

김진주

11월 19일 주쿤역에서 전철 두 대가 충돌하는 사고가 발생했다(Channel News Asia 2017. 11. 19). 이 사고에 대해 교통부 장관 콰분완은 두 개의 신호시스템을 사용하기에 발생한 사고라며, 내년 중반까지 시스템을 통합해 국민의 신뢰를 회복하겠다고 말했다(The Straits Times 2017. 11. 22).

한편 53번째 싱가포르 회기에서는 노동자당의 레온 페레라(Leon Perera)가 올해 2월 의회에서 대통령선거 법안 개정에 대해 토론한 비디오를 싱가포르 방송협회(Mediacorp)가 편집했다며 문제를 제기했다(Channel NewsAsia 2017. 11. 09). 이에 대해 치홍탓 정보통신부 및 보건부 국무장관은 싱가포르 방송 협회에 대한 심각한 비난이라고 페이스북을 통해 밝혔다(Channel NewsAsia 2017. 11. 09).

하지만 네티즌들은 치홍탓의 이러한 발언에 대해 오히려 반발했고, 정부가 투명성과 책임성을 가질 수 있도록 의회의 실시간 비디오 피드(Feed)를 요구하는 온라인청원서에 서명을 받고 있다(The Independent 2017. 11. 13). 이 청원서는 2017년 11월 30일 기준으로 3,404명의 서명이 모였으며, 노동자당과 노동자당의 페레라 의원에게 전달될 예정이다(www.change.org 2017. 11. 30).

싱가포르 정당

11월 08일

• 누가 다음번 노동자당 사무총장이 될 것인가? (Channel NewsAsia 11. 12)

– 내년 2018년 노동자당의 새로운 사무총장이 임명될 것이라는 발표가 있은 지 일주일이 지났음에도 여전히 현 사무총장 로티아키앙은 후계자에 대해 침묵하고 있다. 싱가포르 국립대학 리콴유 공공정책 대학원(Lee Kuan Yew School of Public Policy)의 질리언 코(许林珠·Gillian Koh) 박사는 노동자당이 원하는 미래에 핵심이 있을 것이라고 말했다. 그녀는 당원들이 당의 방향을 결정해야 하며, 노동자당이 대안정부로 자리해야 한다고 말했다. 또한 싱가포르 경영대학(Singapore Management University)의 법학

교수인 유진 탄은 젊은 당원이 사무총장이 될 가능성이 높다는 데에 동의했다. 특히 그는 로티아키앙보다 10살 어린 실비아 림과 그보다 더 어린 프리탐 싱(Pritam Singh)이 차기 사무총장이 될 가능성이 있다고 말했다. 덧붙여 그는 중국계가 아닌 프리탐이 사무총장이 될 경우 노동자당이 인종을 초월하는 정당이며 국가의 주요 야당이 될 수 있다고 강조했다. 노동자당의 로티아키앙은 2001년부터 사무총장직을 수행하고 있으며 2018년 새로운 사무총장을 선출하기 위한 당내 선거가 치러질 예정이다.

11월 19일

• 인민행동당 사무총장 리셴룽: 절대 사람들의 신뢰를 깨선 안 돼
(PAP News & Happening 11. 19)

- 인민행동당 2017 전당대회(PAP Awards and Convention 2017)가 19일 개최되었다. 인민행동당의 사무총장이자 싱가포르 총리인 리셴룽은 당 대회에 모인 약 2000여 명의 활동가들에게 인민행동당이 현재 싱가포르 국민들과 깊은 신뢰를 가지고 있으며, 어려움 속에서 얻어낸 신뢰를 결코 깨뜨려서는 안 된다고 말했다. 또한 그는 인민행동당이 싱가포르 국민들의 약속을 늘 지켜왔듯 말보다는 행동으로 국민들에게 신뢰를 얻어야 한다고 강조했다. 리 총리는 인민행동당 활동가들의 노력에 감사를 표했으며 올해 당 대회에서는 총 359명의 정당 활동가들이 공로, 헌신적 봉사, 청년, 여성, 노인과 복지 등 부문에서 상을 수여받았다.

싱가포르 선거·의회

11월 05일

• 2017년 11월 6일 의회 안건
(The Online Citizen 11. 05)

- 싱가포르 의회는 2017년 11월 6일 53번째 회기를 개최할 예정이다. 본 회의에서는 91개의 구두 질문과 33개의 서면 질문이 요청되었다. 의회에서는 지불 및 결재 시스템, 공공부문, 이민법(개정), 협동조합(수정) 법안 등이 소개될 예정이며, 국경 간 철도법, 싱가포르 연금제도(수정안), 담배(광고 및 판매 통제) 법안 등에 대해서도 논의될 예정이다.

11월 09일

· 치홍탓: 레온 페레라는 싱가포르 방송 협회가 의회 비디오를 편집했다고 심각한 비판을 했다 (Channel NewsAsia 11. 09)

– 노동자당의 레온 페레라가 11월 7일 화요일, 싱가포르 방송 협회가 2017년 2월 대통령선거 법안 개정과 관련된 의회 토론 비디오를 편집했다며 의회에서 이 문제를 제기했다. 이후 9일인 목요일 정보통신부 및 보건부 국무장관 치홍탓은 자신의 페이스북을 통해 페레라가 싱가포르 방송 협회가 의회의 창작물을 당당히 편집했다고 암시한 것에 대해 심각한 비난이라며 의회의 진행과정을 보도하기 위해 노력하는 싱가포르 방송 협회에게 불공평한 처사라고 입장을 표명했다. 또한 그는 2017년 2월 20일 이미 페레라가 싱가포르방송협회에게 메일을 보내 비디오 영상이 편집된 사실에 대한 해명을 들었음에도 처음인 것처럼 거짓으로 질문한 것에 대해 잘못된 것이라며 글을 남겼다.

11월 21일

· 콰분완: 신호시스템 회사가 더 잘할 수 있었는데 (The Straits Times 11. 22)

– 11월 15일 오전 주쿤역에서 한 열차가 정차되어있었음에도 다른 열차가 신호체계 오류로 운전을 멈췄다가 다시 전진하여 앞선 열차와 충돌하는 사건이 발생했다. 이 사건으로 38명의 부상자가 발생했다. 이후 신호시스템을 제공한 프랑스 업체 탈레스 (Thales)가 시스템 오류를 인정하였으며, 콰분완 기초건설총괄부 겸 교통부 장관은 11월 21일 기자회견에서 지난 11월 15일에 주쿤역에서 발생한 기차 충돌사건에 대해 입장을 표명했다. 콰분완 교통부 장관은 두 가지의 신호시스템을 사용함으로써 발생한 사건이라며, 비록 이번 사건으로 새로운 시스템인 탈레스에 대한 신뢰가 낮아졌으나, 내년 중반까지 시스템 운영방식 전체를 탈레스 시스템으로 변경하여 국민들의 신뢰를 회복하겠다고 말했다.

11월 13일

· 네티즌, 의회 내에서 그들의 직업을 수행함에 있어 수백만 달러를 지불하는 장관을 보고
싶어 해…의회 실시간 피드 요구   (The Independent 11. 13)

— 네티즌들은 11월 9일 치홍탓 장관의 발언에 대해 의회가 생중계를 하지 않는 이유
는 우리의 수요가 크지 않기 때문이라고 반발하며, 정부가 투명성과 책임성을 가질
수 있도록 의회에서의 실시간 비디오 피드를 요구하는 온라인 청원서를 받기 시작했
다. 이 청원서는 한 네티즌에 의해 시작했으며 11월 7일 하원에서 비디오 편집 문제
를 제기한 노동자당의 페레라 의원에게 전달될 예정이다. 청원서를 지지한 사람들은
하원에서 무슨 일이 일어나고 있는지 국민들이 알 필요가 있다고 주장했다.

6차(11월 말~12월 말)

김진주

12월 케펠 주식회사(Keppel Offshore&Marine Ltd.)의 부패 의혹이 불거지면서 노동자당 의원들은 다음 회기에서 해당 사건에 대해 리셴룽 총리와 행스위키트(王瑞杰·Heng Swee Keat) 재무장관에게 질의하겠다고 예고했다(The Independent 2017. 12. 30). 이는 싱가포르 기업인 케펠이 브라질 내 계약에 있어 뇌물을 수수한 혐의로 이를 해결하기 위해 미국, 브라질, 싱가포르에 4억 2천 2백만 달러의 벌금을 내기로 하면서 국내에서도 이슈화되었다(AFP News 2017. 12. 23).

한편 2021년 총선을 앞두고 여당인 인민행동당은 벌써부터 총선 후보자를 물색하고 있는 상황이다(The Sunday Times 2017. 12. 03; The Straits Times 2017. 12. 03 재인용). 더불어 리 총리에 이어 누가 정권을 잡을지에 대한 윤곽이 드러나야 안정적으로 총선을 준비할 수 있기 때문에 차기 총리에 대해서도 논의하고 있다(Today 2017. 12. 26). 전문가들은 2018년 상반기 예산안 심의 이후 차기 총리의 윤곽이 정해질 것으로 전망하고 있으며, 현재 유력한 후보로 행스위키트 재무장관과 찬춘싱(陈振声·Chan Chun Sing) 장관, 옹예궁(王乙康·Ong Ye Kung) 장관이 거론되고 있다(Today 2017. 12. 26).

싱가포르 정당

12월 03일

• 인민행동당, 차기 총선에 200명의 후보자 있어

(The Sunday Times 12.03; The Straits Times 12.03 재인용)

- 5년 임기의 중간 지점이 다가오면서 여당인 인민행동당은 다음 총선에 출마할 가능성이 있는 약 200명의 후보들을 찾아냈다고 밝혔다. 민간과 공공부문의 인사들로 구성된 이 목록은 여전히 늘어나고 있으며 일부는 2015년 총선에서 논의되었던 사람들이다. 인민행동당의 경우 총선에서 새로운 인물을 추가하여 약 1/4의 후보자들을 교체해왔다. 다음 총선은 2021년 4월에 치러질 예정이지만 선거가 다가옴에 따라 후

보자들은 선거구 운동을 위해 인민행동당 소속 의원들에게 소속될 것이다. 그러나 이번에는 후보를 선출하는 과정이 더욱 어려워질 전망이다. 일부 의원들은 유권자들이 점점 어려워지며, 사회적으로 언론의 신랄한 비난이 거세지고 있다고 말했다.

12월 30일

• 노동자당, 케펠 주식회사 부패 사건에 대해 의회 질의를 제기하고, 리 총리와 행 장관의 답변 요구해 (The Independent 12. 30)

– 노동자당의 사무차장인 프리탐 싱은 의회에서 노동자당 의원들이 케펠 부패 사건에 대해 네 개의 질문을 제기했다고 밝혔다. 그는 페이스북을 통해 싱가포르 정부가 연결된 기업 역사상 가장 규모가 큰 부패 스캔들이 드러났다고 말했다. 실비아 림은 리 총리에게 케펠 주식회사가 2001~2014년 사이 브라질 국영 석유회사 페트로브라스(Petroleo Brasileiro SA) 및 브라질 여당 관계자들에게 지불한 뇌물이 미국, 브라질, 싱가포르 3개국 협상의 일부였는지, 현지 법 집행 및 검찰의 결정에 영향을 미치는, 이러한 합의에 도달할 때 고려할 사항은 무엇인지 질의할 예정이다. 그 외에도 프리탐 싱 의원이 재무장관에게 지난 30년간 부패한 관행에 대해 많은 국내 정부관련 회사와 해외 기업의 현지 법인들에 대해 조사를 하고 있는지, 이들의 부패한 관행을 막기 위한 장관의 역할은 무엇인지 질의할 것이다.

싱가포르 선거·의회

12월 26일

• 2018년을 향해: 속도를 내는 정치적 승계 (Today 12. 26)

– 2018년은 연초 주요 내각이 개편되면 누가 총리인 리셴룽의 뒤를 이을지 귀추가 주목되는 역사상 가장 중요한 한 해가 될 것이다. 정치 분석가들에 따르면, 과거 지도부의 경우 누가 권력을 이양받을 지 국민들에게 최대한 늦게 알렸으나, 새로운 세대의 지도자들에게는 2021년 차기 총선이 다가오기 전까지 정치적 적응기간이 필요하기 때문에 오히려 적절한 시기에 후임을 정해야 한다고 말했다. 고촉통(吳作棟·Goh Chok Tong) 및 현(現) 리 총리와 마찬가지로 싱가포르 차기 총리의 경우 부총리로 먼저

선출될 것이며 이후 총리직에 오르게 될 것이다. 유력한 후계자가 될 사람과는 별개로 새로운 내각 구성은 그 자체로도 이후 10년 이상 싱가포르의 발전을 위해 책임질 사람들이기에 중요하다. 그렇기에 분석가들과 관측통들은 기존에 2월이나 3월에 발표되었던 예산안 심의회 이후 그리고 내년 중반 이전에 내각 구성과 차기 총리의 윤곽이 잡힐 것으로 보고 있다. 인터뷰한 정치 분석가들의 대다수는 리 총리가 차기 총선 이후 총리직에서 물러날 것이라고 예측하고 있으나, 일부 정치학자들은 리 총리가 차기 총선에서 바로 자신의 후임자를 지도자로 내세울 수도 있다고 보고 있다. 전문가들은 현재 차기 총리의 가장 유력한 후보로 행스위키트 재무장관과 총리실에 있는 찬춘싱 장관, 옹예궁 교육부 장관을 들고 있다.

01월 03일

• 그레이스 푸 하이 이엔(傅海燕·Grace FU Hai Yien): 노동자당의 페레라 의원, 의회 비디오에 대한 부당한 비난에 대해 사과해야 (Today 01. 03)

– 하원의장인 그레이스 푸는 노동자당 의원들에게 의회 방송국이 의회에 제출한 비디오의 일부 장면을 의도적으로 편집했다는 의혹을 제기한 것에 대해 국회에 사과하라고 요구했다. 푸 하원의장은 의회 본회의에서 제기한 의혹이 향후 허위 사실로 오인된 것으로 밝혀질 경우 왜곡될 소지가 다분하다고 말했다. 또한 그녀는 자신의 글을 통해 의원들은 의회에서 자유롭게 발언하여 국민들의 여론을 표면화할 수 있는 특권을 누리고 있으나, 그 과정에서 사실을 잘못 보도하거나 근거 없는 주장을 하는데에 이 특권을 악용해서는 안 된다고 말하며, 이것은 국회의원들과 국회의 지위를 떨어뜨리고 진실성을 훼손하는 행위라고 강조했다.

싱가포르 여론

01월 04일

• 네티즌, 할리마 야콥 대통령 호위 차량에 대한 이중 기준에 의문점 제기
(The Online Citizen 01. 04)

– 싱가포르 경찰청은 12월 28일 일간지 리엔허 자오빠오(Lianhe Zaobao)가 문의한

것에 대한 답장으로 이중 노란 노선에 주차하는 것은 위법행위라고 밝혔다. 그러나 2017년 12월 초 할리마 야콥 대통령의 호위 차량이 이중 노란 노선에 대기하고 있는 것에 대해 소환장이 발부되지 않은 것으로 나타나 국민들의 비난이 높아지고 있다. 이에 대해 관계 당국은 12월 20일 경찰관이 이중 노란 노선에 정차한 운전자에게 내리라고 요청했으나 운전자가 그곳을 떠나려는 대통령을 태우러 왔다고 말했고, 대화 도중 대통령이 도착해 대통령 호위 차량을 그냥 보내주었다고 밝혔다. 리엔허 자오빠오 일간지 편집장은 경찰관들이 교통 규칙을 준수하지 않았으니 그들에게 소환장을 발부해야한다고 밝혔다. 이에 대해 대다수의 네티즌들은 경찰이 운전자를 향후에 소환했어야 한다고 말하며, '운전사가 법을 어겼으니 대통령이 그가 벌금을 낼 것이라는 성명을 발표해야 한다', '모든 운전자가 준수하고 따를 수 있는 법이 있어야 하기에, 대통령도 법을 무시해서는 안 된다' 등의 부정적인 반응을 보였다.

7차(12월 말~2018년 1월 말)

김진주

여당인 인민행동당의 사무총장인 리셴룽 총리는 기자회견을 통해 총선 이후에 다음 총리를 내정할 것이며, 많은 견해와는 달리 내각 개편에서 차기 총리로 이어지는 부총리를 임명하지 않을 것이라고 밝혔다(The Independent 2018. 01. 26).

한편 2018년 첫 회기에서 케펠 주식회사의 부패사건에 대한 집중 질의가 있었다. 의회에 출석한 인드라니 라자 재정·법무 수석장관은 케펠이 막대한 대가를 치를 것이며, 해외 다른 싱가포르 기업들의 부패를 수사하겠다는 의지를 내보였다(The Independent 2018. 01. 10). 그러나 현지 언론은 많은 고위공무원들이 퇴직 후 케펠에 재취업하고 있으며, 스캔들에 연루된 케펠사 고위간부 중 한 명이 사건 기간에 싱가포르의 브라질(비주재) 대사로 임명됐다는 사실을 지적하며 정부가 부패를 알고 있었을 것이라고 비판했다(The Independent 2018. 01. 10; 주간경향 2018. 01. 22 재인용).

국제인권감시기구(Human Rights Watch)의 2018년 국제보고서에 따르면 2017년 이후 싱가포르 정부의 언론의 자유와 평화적 집회에 대한 제한이 심각해지고 있는 것으로 나타났다(Human Rights Watch 2018. 01. 18).

싱가포르 정당

01월 08일
· 노동자당 레온 페레라 의원, 의회 비디오 관련 부정확한 진술에 대해 철회하겠다고 사과
(Today 01. 08)

– 노동자당의 레온 페레라 하원의원이 18일(현지시간) 싱가포르 방송 협회가 의도적으로 의회의 영상을 편집하였다는 부정확한 주장을 한 것에 대해 사과했다. 의회 질문시간이 끝나갈 무렵, 페레라 의원은 2017년 11월 7일 제시한 성명서를 철회했다. 그는 사건에 대한 자신의 부정확한 기억에 대해 하원에 사과하고 싶다고 말했다. 그러나 그는 사건을 고의적으로 왜곡한 것은 아니라고 강조했다. 1월 초 페레라 의원에

게 오도된 진술과 관련하여 사과를 요구했던 그레이스 푸 하이 이엔 하원의장은 페레라 의원의 사과에 감사를 표하며, 그가 잘못된 진술을 철회한 행위는 의원 서로 간의 신뢰 회복에 도움이 될 것이라고 말했다.

01월 26일

• 인민행동당 리 총리 차기 총선 이후 후임자에게 양도할 것 (The Independent 01. 26)

– 인도 뉴델리에서 아세안–인도 정상회의(ASEAN–India commemo rative summit)에 참석한 리 총리가 1월 26일 기자회견을 통해 다음 총선 이후에 후임자에게 총리직을 넘겨줄 것이라고 밝혔다. 리 총리는 국가의 4세대 지도자들을 선택하고 후임자를 지정하는 것에 시간이 조금 더 걸릴 수 있다고 말했다. 또한 그는 2월 19일 2018년 예산 논의 이후 새 내각 개편이 있을 것이라고 말했다. 하지만 내각 개편에서 새 부총리가 임명되면 후임자의 윤곽이 잡힐 것이라는 정치 전문가들의 견해와는 달리 리 총리는 이번 내각 개편에 새로운 부총리를 임명하지 않을 것이라고 밝혔다. 현재 차기 총리로는 행스위키트 재무장관과 찬춘싱 장관, 옹예궁 장관이 유력한 후보로 알려져 있다.

싱가포르 선거·의회

01월 06일

• 2018년 1월 8일 의회 안건 (The Online Citizen 01. 06)

– 13대 국회의 55차 회기가 2018년 1월 8일 월요일 오전 11시에 개최된다. 이번 회기에는 73개의 구두 질문과 31개의 서면 질문이 예정되어 있다. 또한 공공사업 개시와 관련하여 경제 확장 인센티브(소득세 감면), 사이버 보안 등 4개의 법안이 소개될 것이다. 현재 인민행동당이 과반수 의석을 보유하고 있기 때문에 지불 및 결제 시스템, 공공 부문, 이민법, 사법 최고 재판소 법안 등 7개 법안은 통과될 것으로 예상된다. 또한 케펠 주식회사 부패 관련하여 의회 의원들의 질문이 이어질 예정이다.

01월 10일

· 싱가포르 뇌물 스캔들, 청렴 이미지 '먹칠'

(The Independent 01. 10; 주간경향 01. 22 재인용)

– 세계적인 석유회사이자 싱가포르 대표 기업인 케펠이 해외 사업을 벌이는 과정에서 현지 정치인 등에게 거액의 뇌물을 건넸다는 사실이 최근 드러나면서 싱가포르 내부가 충격에 빠졌다. 2015년 2월 처음 자회사 케펠 펠스(Keepel Fels)가 브라질에서 국영 석유기업과 당시 집권당인 노동당(Partido Trabalhista Brasileiro, PTB)에 뇌물을 줬다는 현지 언론보도가 있었다. 당시 케펠은 강하게 부인했지만 2017년 8월 미국 블룸버그 통신이 검찰 수사기록을 입수해 보도하면서 사실이 아니라던 케펠은 두 달 후 거래 중 의심스러운 것이 있을 수 있다는 입장을 표명했다. 이후 미국 법무부가 공개한 자료에 따르면 케펠이 2001년부터 2014년까지 석유시추사업 등을 따내기 위해 브라질 각계에 5500만 달러(약 586억 원)에 달하는 뇌물을 미국 은행 계좌를 이용해 건넨 것으로 나타났다. 이에 케펠은 미국의 해외부패방지법(the Foreign Corrupt Practices Act, FCPA)에 따라 2017년 12월 23일 뇌물수수금지법 위반으로 싱가포르, 브라질, 미국 등 3개국에 총 4억2200만 달러(약 4493억 원)의 벌금을 물게 됐다. 싱가포르 정부는 1월 9일 첫 공식 반응을 내놨으며, 이날 의회에 출석한 인드라니 라자 재정·법무 수석장관은 케펠은 마땅히 무거운 대가를 치러야 한다고 말했다. 또한 해외의 다른 싱가포르 기업들의 부패를 수사하겠다는 의지를 내보였다. 하지만 싱가포르 언론 The Independent는 1월 10일 기사를 통해 싱가포르의 많은 고위공무원들이 퇴직 후 케펠에 재취업하고 있으며, 스캔들에 연루된 케펠사 고위간부 중 한 명이 당시 사건 기간에 싱가포르의 브라질(비주재) 대사로 임명됐다는 사실을 지적하며 정부가 케펠의 부정을 알았을 것이라고 주장했다.

싱가포르 여론

01월 18일

· 싱가포르: 새로운 제한으로 비판적인 목소리 제한　　(Human Rights Watch 01. 18)

– 국제인권감시기구는 90개국 이상의 인권 관행을 검토하여 발표한 국제보고서 28

호에서 2017년 싱가포르 정부가 언론의 자유와 평화적인 집회에 대한 제한을 부과하였다고 밝혔다. 아시아 책임자인 필 로버트슨(Phil Robertson)은 싱가포르 정부가 비판적인 의견들을 제재하는 데에 한계가 커지자 두려움과 자기 검열이 증가했다고 말하며, 어떤 종류의 공개 시위에 대해서도 심각하게 제한함으로써 정부가 기본적인 자유를 범죄로 규정하고 국가의 명예를 훼손시키고 있다고 말했다. 싱가포르의 공공 집회에 대한 제한은 2017년 더욱 강화되었으며 정부는 홍림 공원 내 스피커스 코너에서만 집회를 허가하고 있다. 정부의 규제에 따라 외국계 회사들이 홍림 공원 내 집회를 후원할 경우에는 허가 신청을 해야 하는데 2017년 핑크닷(Pink Dot) 행사를 후원하기 위해 허가 신청을 한 10개의 다국적 기업이 거부당하기도 했다.

8차(1월 말~2월 말)

김진주

여당인 인민행동당 소속 재무장관 헹스위키트가 기존의 7%였던 정부세를 9%로 상향 조정하는 2018년도 예산안을 발표했다(Yahoo News 2018. 02. 19).

이에 대해 야당인 노동자당은 정부세 인상을 지지할 수 없다는 입장을 밝혔고 (Yahoo News 2018. 02. 27), 원내에는 진입하지 못했으나 싱가포르 내에 정당을 구성하고 있는 싱가포르 민주당은 성명서를 발표하여 부유층을 위한 인민행동당과 정부의 움직임이라고 비판했다(The Online Citizen 2017. 02. 20).

한편 노동자당은 5월 의회 회의 시작과 맞물려 새로운 사무총장을 선출하기 위해 4월 8일 지도부 선거를 실시할 예정이며, 현재 당내 사무차장인 프리탐 싱이 후보로 거론되고 있다(The Online Citizen 2017. 02. 20).

덧붙여 리센룽 총리는 할리마 야콥 대통령의 활동과 맞물려 새로운 내각이 활동할 수 있도록 내각 개편을 준비하고 있는 것으로 알려졌다(Human Rights Watch 2018. 01. 18).

싱가포르 정당

02월 10일

• **노동자당 4월 8일, 차기 사무총장 선출**　　　　　　　　(The Straits Times 02. 10)

− 노동자당은 의회 회기가 재개되는 5월 이전까지 새로운 사무총장을 선출하기 위해 4월 8일 지도부 선거를 실시할 예정이다. 2001년 현재 사무총장인 로티아키앙이 선출된 이래 약 20년 만에 처음으로 사무총장이 변경되는 것이다. 로키아티앙은 현재 내각 내 유일한 야당 장관이다. 리콴유 공공정책대학원 질리언 코는 특히 주요 내각 개편과 함께하기에 새로운 리더십 아래 정당을 개편하는 적절한 시기라고 말했다. 노동자당의 차기 사무총장으로 거론되는 인물은 현재 당내 사무차장인 프리탐 싱이다. 당 간부들은 비밀 투표를 통해 사무총장을 선출할 예정이다.

02월 19일

• 싱가포르 민주당 성명서: 싸구려 속임수 예산　　　　　　(The Online Citizen 02. 20)

– 2월 19일(현지시간) 재무장관인 행스위키트가 모든 개인에 대해 최대 300달러를 제공하는 '자금조달(ang pow)'을 발표했다. 총액은 7억 달러이며, 전년도 96억 달러 흑자를 기록한 것에 대해서다. 즉, 정부가 세금으로 거두어들여 남은 여분의 1달러 중 7센트를 납세자에게 돌려주는 것으로 이는 훌륭한 계획이라 할 수 있다. 그러나 19억 달러의 세금이 남을 것으로 예상되었던 것과 5배 이상의 수익을 거둬들인 것은 인민행동당의 과도한 세금징수의 결과이며, 정부가 민심을 달래기 위해 '자금조달' 계획을 수행하는 것이다. 인민행동당은 이것에서 멈추지 않고, 탄소세와 전자 서비스에 세금을 도입할 계획을 발표하며 과도한 세금 징수를 예고하고 있다. 세금이 이렇듯 증가하면 앞으로 경제적으로 저소득층과 중산층이 재정적 부담을 더욱 많이 느낄 것이다. 항상 부유층을 보호하고자 하는 인민행동당의 행태는 이번 2018년 예산에서도 여실 없이 드러나고 있다.

싱가포르 선거·의회

02월 05일

• 사이버 보안법 의회 통과, 사생활 보호 및 비용에 대한 의원들의 질문

　　　　　　　　　　　　　　　　　　　　　　(Channel News Asia 02. 05)

– 사이버 보안 법안이 2월 5일 월요일 의회에서 통과되었다. 이 법안은 국가 안보, 국방, 대외 관계, 경제, 공중 보건, 공공 안전 또는 공공질서에 필수적인 서비스를 제공하는 컴퓨터 시스템 소유자는 이러한 시스템과 관련된 사이버 보안 사건을 보고하고 인프라 보안, 구성과 같은 데이터를 공개할 의무를 가진다. 핵심 정보통신 기반시설(CII, Critical Information Infrastructure)이라 불리는 이 법안을 불이행할 경우 최대 10만 달러의 벌금이나 징역 2년에 처할 수 있다. 이번 법안에 대해 인민행동당의 사크티안디 수파트(Saktiandi Supaat) 의원은 사생활 침해에 대한 사람들의 우려를 언급하며, 오용을 방지하기 위한 안정장치가 있는지 질문했으며, 노동자당의 프리탐 싱은 이 법안이 국장이나 권한 있는 경찰이 하드 디스크를 가져가거나 제거, 복사할 수 있게 만

드는 우려가 있는지 질문했다. 통신보안부 장관인 야곱 아브라힘(Yaacob Ibrahim)은 이에 대해 이 법안이 사생활 침해 의도를 가지고 있지 않다는 것을 명백히 하며 기술적, 운영적으로 현명하게 활용될 것이라고 답변했다.

02월 19일
· **싱가포르 예산 2018: 2021~2025년 정부세 9%로 상승 예정**   (Yahoo News 02. 19)
– 행스위키트 재무장관은 2021년부터 2025년까지 7%였던 정부세를 9%로 상향 조정할 것이라고 발표했다. 정부세의 증가는 5%에서 7%로 증가했던 2007년 이후 처음이며 그는 연설에서 싱가포르의 경제, 지출 증가 및 기존 세금을 고려하여 정확한 시기를 정하겠다고 밝혔다. 그는 의료, 보안 등 모든 부문에서 지출이 증가했기 때문에 장기적으로 정부세 인상이 불가피하다고 말했다. 보다 세부적으로 그는 인구 고령화에 따라 의료 지출이 현재 2.2%로 향후 10년에는 국내총생산(Gross Domestic Product, GDP)의 3%에 달해 교육 부문 지출을 따라잡을 것으로 보고 있다. 또한 행 장관은 인프라 구조 개선을 위한 투자의 중요성과 테러 위협 증가에 따른 보안 강화에도 예산이 필요하다고 말했다. 이러한 정부세 개정안은 지난 Reuters 여론조사에서 경제학자 10명 중 9명이 이미 정부에 상향조정을 예상한 바 있다.

02월 27일
· **싱가포르, 차기 총리 지원 위한 내각 개편 계획**   (Reuters 02. 27)
– 현 리셴룽 총리는 차기 지도자를 위해 내각을 개편할 것이라고 밝혔다. 싱가포르의 1965년 독립 후 세 번째 총리직을 역임하고 있는 그는 2년 내 사임할 준비가 되어 있다고 밝혔으며, 현재 임기가 끝나는 2021년 초 이전에 언제든 후계자가 나타날 가능성이 있다면 새로운 선거를 할 것이라고 말했다. 리 총리는 5월 할리마 야콥 대통령의 활동과 맞물려 새로운 내각이 움직일 수 있도록 초안을 준비 중인 것으로 알려져 있다.

9차(2월 말~3월 말)

김진주

말레이시아는 연방 입헌군주제의 국가형태로, 의원내각제를 채택하고 있다 (Kotra 2018). 영국으로부터 1957년 8월 31일 말라야 영연방 국가로 독립하였고, 동년 선거를 통해 통일말레이국민조직(United Malays National Organization, UMNO)이 집권당이 되어, 툰쿠 압둘 라만(Tunku Abdul Rahman)이 초대 총리로 임명되었다 (Kotra 2018). 이후 최근 2013년 4월 13대 총선까지 통일말레이국민조직이 속한 국민전선(Barisan Nasional, BN)이 장기집권하고 있으며, 2018년 4월 말에서 5월 초 총선이 있을 예정이다(연합뉴스 2018. 03. 15).

인도네시아는 대통령제로, 1945년 8월 17일 공화국을 성립하고 4년 후 주권국이 되었다(Kotra 2018). 2014년 첫 대통령 직선제가 시행되었고 투쟁민주당(Partai Demokrasi Indonesia Perjuangan, PDIP) 소속의 조코 위도도(Joko Widodo)가 대통령직을 수행 중이다. 2019년 총선을 앞두고 여당인 투쟁민주당은 현 대통령이 재임을 준비하고 있으며, 여당과 연정 중인 제1야당 골카르(Golkar)도 이를 지지하고 있다(연합뉴스 2016. 07. 27). 한편 제2야당인 위대한 인도네시아 운동당(Partai Gerakan Indonesia Raya, Gerindra)은 프라보워 수비안토(Prabowo Subianto) 총재가 선거에 출마할 예정이다(Tempo 2018. 03. 27).

싱가포르

03월 08일

• 노동자당 실비아 림, 하원에서의 사과는 거부하지만 자신의 주장이 정확하지 않을 수 있음을 시인   (Channel News Asia 03. 08)

– 노동자당 당수 실비아 림은 3월 1일 의회에서 정부가 임박한 재화 및 세금 인상 발표 전 '시험용 풍선(test ballons·여론의 반응을 관찰하기 위해 언론에 미리 정보를 누설하는 행위)'을 했다고 의심한 바 있다. 이에 대해 그레이스 푸 하이엔 하원의장은 실비아 림의 하원에서의 사과를 촉구했으며, 8일 실비아 림 당수는 하원에서 이러한 발언을 사과

할 수는 없으나, 정부세 인상 시기와 관련한 자신의 의심이 맞지 않을 수도 있다는 점에 대해서는 시인했다. 덧붙여 그녀는 야당의 일원으로 싱가포르의 미래와 복지에 대한 정부의 모든 움직임을 살피는 것이 자신의 의무라고 말했다.

말레이시아

03월 13일

• **마하티르, 제14대 총선은 가장 더러운 선거가 될 것** (The Malaysian Insight 03. 13)
– 범야권 연합 희망연대(Pakatan Harapan, PH)의 차기 총리 후보로 확정된 마하티르 전 총리가 13일(현지시간) 기자회견을 통해 범여권 국민전선과 나집 현 총리는 어떤 식으로든 권력을 유지할 전략을 가지고 있다고 말했다. 그는 나집 총리가 선거구를 조정해 승리하려고 하며, 사회등록원(Registrar of Societies, RoS)은 희망연대를 공식 연합으로 등록하는 것을 연기하고 있다고 말하며 부정행위가 있음을 시사했다. 또한 그는 이에 대해 말레이시아 사상 가장 더러운 선거가 되고 있다고 비판했다.

03월 15일

• **"말레이, 이달 말 의회 해산 전망…4월 말–5월 초 총선 치를 듯"**

(The Star 03. 15; 연합뉴스 03. 15 재인용)
– 말레이시아 연방의회는 이르면 3월 20일 차기 총선에 적용될 선거구 조정 법안을 상정해 논의할 계획이다. 해당 법안은 범여권연합인 국민전선에게 유리한 내용을 담은 것으로 알려져 있으며, 3월 28일에서 30일 사이 의결이 이뤄질 예정이다. 현지 전문가는 이 법안을 마지막으로 연방의회가 3월 말 해산되고 4월 말이나 5월 초 총선이 치러질 것으로 전망했다. 말레이시아의 현 의회는 2018년 8월 임기 만료를 앞두고 있으며, 국민전선이 1957년 말레이시아 독립 이해 61년간 장기집권해 왔으나 최근 나집 총리와 측근들이 국영투자기업 1MDB(1 Malaysia Development Berhad)에서 수십억의 국고를 횡령해 비자금을 조성했다는 의혹이 제기되면서 입지가 흔들리고 있다. 야권은 마하티르 전 총리를 총리 후보로 추대하여 국민전선의 지지기반인 말레이계의 표를 분산시키는 등 정권교체를 위해 노력하고 있다.

03월 11일

- 하지 모하마드 수하르토(Haji Mohammad Soeharto) 아들, 인도네시아 정계 복귀 논란
(Kompas 03. 11; 연합뉴스 03. 13 재인용)

- 3월 11일 독재자인 수하르토 전 인도네시아 대통령의 막내아들 후토모 만달라 푸트라(Hutomo Mandala Putra, Tommy Suharto)가 야당인 노동당의 총재로 추대됐다. 원내 의석을 갖고 있지 않은 신생정당인 노동당은 많은 이들이 수하르토 시절의 경제발전을 그리워한다면서 내년 4월 총선에서 최대 13.7% 득표할 수 있을 것으로 기대했다. 수하르토는 32년간 인도네시아를 통치하다 1998년 5월 민주화로 인해 하야한 인물이다. 그는 재임 기간 중 연평균 7% 자국의 경제성장률을 기록했다는 평가를 받고 있지만 동시에 국고에서 약 150억–350억 달러를 횡령한 혐의와 공산주의자 척결 등을 내세워 수십만의 민간인을 학살하는 등의 행위를 저지른 바 있다. 토미는 수하르토 집권기 당시 국고횡령 등의 혐의로 기소돼 2000년에 징역 18개월을 선고받은 바 있다. 따라서 전문가들은 그의 자격과 변화하는 시대를 지목하며 노동당의 원내 진입은 어려울 것이라고 평가하고 있다.

03월 14일

- 국민계몽당(Partai Kebangkitan Bangsa, PKB) 총재 무하이민 이스칸다르
(Muhaimin Iskandar), 스스로를 조코 위도도의 부통령 후보로 추천 (Tempo 03. 15)

- 국민계몽당의 총재인 무하이민 이스칸다르는 3월 14일 미디어 업계 지도자들과의 비공식 토론에서 스스로를 조코 위도도 현 대통령의 부통령 후보로 추천했다고 밝혔다. 그는 국민계몽당이 지난 2014년 총선에서 9.04%의 표를 얻었기 때문에 조코 위도도과 동행할 가능성이 높다고 말하며, 이슬람 사회의 표를 얻기 위해서는 자신과 함께해야 한다고 덧붙였다.

03월 26일

・프라보워 4월 11일 대통령 후보로 나설 것 (Tempo 03. 27)

– 위대한 인도네시아 운동당 총 비서 아흐맛 무자니(Ahmad Muzani)는 다음달 4월 11일 프라보워 당 총재를 대통령 후보로 지명할 것이라고 선언했다. 그는 부통령 후보에 대해서는 현재 위대한 인도네시아 운동당이 대통령 출마 기준인 의석 20%에 못미치는 73개 의석만을 보유하고 있기 때문에 당 연합체를 구성해야 하므로 이를 고려할 것이라고 말했다.

10차(3월 말~4월 말)

김진주

  싱가포르에서는 2017년 6월 14일 리셴룽 총리의 형제들이 리 총리가 아버지인 리콴유 전(前) 총리의 자택을 정치적으로 이용하려 한다는 성명을 발표한 이후, 2018년 4월 2일 장관급 위원회의 자택 처리 방안 보고서가 발표되었다(Channel News Asia 2018. 04. 02). 또한 리 총리는 24일 내각 개편을 단행하여 차기 총리 후보로 거론되고 있는 찬춘싱과 행스위키트, 옹예궁에게 통상산업부 장관직, 교육부 장관직 등 주요 임무를 부여하였다(Reuters 2018. 04. 24).

  말레이시아에서는 임기 만료로 4월 7일 의회가 해산되고 선거관리위원회가 24대 총선 투표일을 5월 9일로 확정하였다. 이번 선거에서 222명의 하원과 587명의 주위원이 선출될 예정이다(AP 2018. 04. 11; 중앙일보 2018. 04. 11 재인용).

  한편 인도네시아에서는 위대한 인도네시아 운동당이 프라보워 수비안토 당총재를 대선후보로 공식 추대하였다(Kompas 2018. 04. 12; 연합뉴스 2018. 04. 12 재인용). 이로써 프라보워는 조코 위도도 현 대통령과 2014년 대선 이후 다시 한번 대결하게 되었다.

싱가포르

04월 02일
• 리 총리, 옥슬리 38번가 관련 장관급 위원회 보고서 수락

(Channel News Asia 04. 02)

- 2일(현지시간) 장관급 위원회가 옥슬리 38번가 자택의 처리 방식을 두고 세 가지의 선택사항을 제시한 보고서를 발표하였다. 리 총리는 장관급 위원회의 이러한 결정을 받아들인다는 입장을 페이스북을 통해 표명했다. 해당 보고서에는 리콴유 전(前) 총리 자택과 관련하여 1) 자택을 국가기념물로 지정한 뒤 정부가 구입하여 다른 용도로 활용하는 방안, 2) 자택 중 거실 등 일부만 보존하고 나머지 공간은 다른 용도로 활용하는 방안, 3) 자택을 완전히 철거하고 재개발하여 주거용도 혹은 정부가 공원 등으

로 재개발하는 방안이 포함되어 있다.

04월 24일
· 리 총리의 내각 개편과 어렴풋이 나타나는 권력 승계　　　　　(Reuters 04. 24)

－ 리 총리는 24일 내각 개편을 단행하였으며, 차기 총리로 거론되고 있는 찬춘싱을 통상산업부 장관으로 임명하고, 찬춘싱 외에 차기 총리 후보로 부상하고 있는 행스 위키트와 옹예궁에게는 추가적인 임무를 부여하였다. 행 스위키드는 재무장관에 유임됨과 동시에 총리실의 연구개발기구인 국립연구재단(National Research Foundation)의 업무를 통해 총리를 도울 예정이며, 옹예궁은 교육부 장관에 임명되었다. 리 총리는 향후 2년 내에 새롭게 정권이 바뀔 것임을 분명히 하였으나, 이번 개편된 16개 부처 장관 중 강력한 차기 총리 후보는 아직 없는 것으로 보인다. 여당인 인민행동당은 50여 년 전 독립 이후 싱가포르의 정권을 잡아왔으며 3명의 총리를 배출했다. 싱가포르의 다음 총선은 2021년 초에 치러질 예정이다. 리 총리는 페이스북을 통해 앞으로 몇 년 내 추진될 지도부 전환이 잘 진행되고 있다고 밝혔다.

말레이시아

04월 10일
· 말레이시아 내달 9일 총선⋯나집 총리 vs 마하티르 전 총리 격돌
　　　　　　　　　　　　　　　　(AP 04. 11; 중앙일보 04. 11 재인용)

－ 10일(현지시간) AP에 따르면 말레이시아 선거관리위원회가 24대 총선 투표일을 5월 9일로 확정했으며, 후보지명이 4월 28일에 이루어질 경우 이후 11일 간 선거운동을 시작할 것이라고 밝혔다. 4월 7일 의회는 국왕인 술탄 무하마드 5세(Sultan Muhammad V)의 승인을 받은 뒤 해산되었다. 헌법상 총선은 의회 해산 후 60일 이내에 치러야 하지만 5월 중순부터 라마단에 들어가는 것을 감안하여 당국은 총선 일정을 앞당기기로 하였다. 이번 선거에서는 222명의 하원과 587명의 주위원을 선출할 예정이며, 범여권연합인 국민전선 소속인 나집 총리와 야권연합인 희망연대의 총리 후보인 마하티르 빈 모하맛(Mahathir bin Mohamad) 전 총리와 대결을 벌이고 있다. 국민전선은

야권의 도전에 맞서 선거구를 여권에 유리하게 조정하는 행위 등을 통해 정권 유지를 위해 총력을 기울이고 있다.

인도네시아

04월 06일
• **인도네시아 젊은 유권자의 지지를 얻기 위해 노력하는 정당**　　(Asean Today 04. 06)
– 정당보다는 기업에서의 시작이 더 많은 것을 실행할 수 있다는 단결당(Partai Soli-daritas Indonesia, PSI)은 최근 젊은 층으로부터 지지를 받고 있다. 정당본부에서는 젊은 직원들이 청바지를 착용하며, 45세 미만의 사람들로 이사회를 구성한다. 단결당은 소수정당이지만 반부패와 정부의 투명성 제고를 요구하는 데에 목적을 두고 있다. 단결당은 2014년에는 2만 3000명, 2018년에는 약 40만 명의 회원을 보유하고서 강력한 소셜미디어 활동을 벌이고 있다. 하지만 이들은 선거구에 후보를 내기보다는 현 대통령인 조코 위도도를 지지하고 있어 향후 정치적 입지를 확대하는 데에 큰 노력이 필요할 것이다.

04월 11일
• **수하르토 전 사위, 인니 대선 출마…'서민' 조코위와 재대결**

(Kompas 04. 12; 연합뉴스 04. 12 재인용)
– 인도네시아 야당인 위대한 인도네시아 운동당은 11일 전국조정위원회를 열고 당 총재인 프라보워 수비안토를 차기 대선후보로 공식 추대했다. 인도네시아를 32년간 통치한 독재자 하지 모하마드 수하르토 전(前) 대통령의 사위였던 프라보워는 수하르토 정권 말기 군부세력의 대표자로 군 요직을 역임한 인물이다. 그는 단호하고 카리스마 넘치는 리더십으로 보수세력의 지지를 받아왔다. 현 대통령인 조코 위도도와 프라보워는 지난 2014년 대선에서도 맞붙었으나 당시 친서민 정책과 소통의 리더십으로 돌풍을 일으킨 조코 위도도 대통령에게 패한 바 있다. 하지만 현지 언론은 조코 위도도 대통령의 재선이 유력하다는 의견이다. 인도네시아는 2019년 4월 17일 대선과 총선을 치를 예정이다.

11차(4월 말~5월 말)

김진주

싱가포르에서는 리셴룽 총리가 5월 13일 야당들이 여당인 인민행동당의 역할을 방해하고 있다고 발언함에 따라 논쟁이 불거졌다(The Straits Times 2018. 05. 16). 이에 대해 16일 리 총리는 의회에 출석해 야당의 역할이 싱가포르 정치체제에 있어 중요하다고 말하며 인민행동당과 정부는 야당이 스스로의 역할을 충분히 수행할 수 있도록 모든 부분에서 지원하고 있다고 해명했다(The Straits Times 2018. 05. 16).

5월 9일 말레이시아 선거에서는 마하티르 빈 모하맛 전(前) 총리가 이끄는 야권연합 희망연대가 범여권연합인 국민전선에게 승리했다(BBC 2018. 05. 10). 이번 선거에서 희망연대는 정부 구성에 필요한 의석 기준인 112석을 넘어 222명의 하원 중 115석을 획득하였고, 이로 인해 92세의 마하티르 전 총리가 2003년 정계 은퇴선언 이후 약 15년 만에 다시 총리직에 올랐다(연합뉴스 2018. 05. 11).

인도네시아에서는 5월 13일 테러로 인해 일가족이 사망하는 사건이 벌어졌고, 이러한 영향으로 25일 수년간의 논란 끝에 법 집행자들과 군대에게 테러 집단의 퇴치에 있어 강력한 권한을 부여하는 2003년 테러 방지법 개정안이 하원에서 통과되었다(The Jakarta Post 2018. 05. 25).

싱가포르

05월 16일

• **리 총리, 싱가포르 정치체제에서 노동자당의 역할 중요해** (The Straits Times 05. 16)
- 16일 의회에서 리 총리는 싱가포르의 정치체제에서 노동자당의 중요한 역할에 동의한다고 밝혔다. 3일 전 리 총리가 야당들이 여당인 인민행동당이 역할을 제대로 하지 못하게 만들고 있다고 발언하면서 논쟁이 불거진 바 있다. 야당들이 싱가포르 정치를 비난하고 정부가 무능하거나 부패했다고 말함으로서 야당이 성장한다고 말한 것이다. 그는 이번 의회에서 현 정부와 여당은 야당의 중요한 역할을 인지하고 그들

이 역할을 충분히 수행할 수 있도록 모든 부분에서 지원하고 있다고 말했다. 또한 인민행동당이 권력을 독점할 권한이 없으며, 싱가포르를 무한정 통치할 권리도 없기에 인민행동당이 스스로를 개선하고 국민들에게 봉사하면서 국가 발전을 이룩한다면 정권을 유지하겠으나, 그렇지 못할 경우 정권을 잃을 수 있을 것이라고 밝혔다.

말레이시아

05월 09일

• 말레이시아 선거, 야당의 역사적인 승리 (BBC 05. 10)

− 9일 말레이시아 선거에서 야권연합인 희망연대의 총리 후보인 마하티르 전 총리가 역사적인 승리를 거뒀다. 92세인 마하티르 총리는 약 60년간 정권을 가지고 있었던 범여권연합인 국민전선을 몰아냈다. 선거관리위원회는 야당 연합이 하원 222명 중 정부 구성에 필요한 112석의 기준을 넘는 115석을 획득했다고 밝혔다. 그가 총리직에 오르면 역대 선출직 중 최고령 지도자가 될 것이다. 2013년 이전 선거에서도 야당 연합은 전례 없는 지지를 받아 투표에서 승리했으나 정부를 구성하기에 충분한 의석을 확보하지는 못했다.

05월 24일

• '비리의혹' 말레이 전(前) 총리 압수품 헤아려보니···900억 원 넘을 듯

(The Star 05. 24; 연합뉴스 05. 24 재인용)

− 24일 말레이시아 일간지 The Star는 경찰 내 소식통을 인용해 말레이시아 나집 전 총리의 아파트를 수색한 결과 현금과 외화, 보석, 명품 핸드백 등이 발견되었으며 현지 경찰은 최종 가액을 한화 약 900억 이상으로 추측하고 있다. 말레이시아 경찰은 5월 16일부터 4일에 걸쳐 나집 전 총리 일가가 사용하던 집과 아파트 등 6개에 대한 압수수색을 진행했다. 나집 전 총리는 국내외 자본을 유치해 경제개발을 하겠다며 2009년 설립한 국영펀드 1MBD를 통해 최대 60억 달러(한화 약 6조 5천억 원)의 국고를 해외로 횡령해 비자금을 조성했다는 의혹을 받고 있었으나 전면 부인해 왔다. 나집 전 총리가 이끄는 국민전선이 5월 9일 선거에서 패함에 따라 마하티르 신임 총리

가 이끄는 새 정부가 즉각 1MDB 스캔들 재조사에 착수한 상황이다. 말레이시아 반부패위원회(Malaysian Anti-Corruption Commission, MACC)는 5월 22일 1MDB에서 공금 횡령 의혹과 관련해 그를 소환해 5시간 동안 진술을 청취했으며, 24일 반부패위원회에 재출석해 추가 진술할 예정이다. 모흐드 슈크리 압둘(Mohd Shukri Abdull) 반부패위원회 위원장은 나집 전 총리가 곧 형사기소될 수 있다고 밝혔다.

인도네시아

05월 03일

• 대선 앞둔 인도네시아 '자원민족주의' 노골화 (한국일보 05. 03)

– 자원이 많은 인도네시아가 주요 자원에 대한 해외 투자를 제한하는 성향을 드러내고 있다. 인도네시아 정부는 공정한 절차를 거쳐 이권을 배분했다고 주장했지만 민족주의 정서를 자극해 2019년 4월에 치러질 대선에서 조코 위도도 대통령이 재선을 노리고 정치적 도박을 하고 있다는 해석도 나오고 있다. 인도네시아는 천연가스, 무연탄 등 자원 부국으로 현재 미국, 일본, 프랑스 등이 채굴권과 운영권 등 이권을 가지고 있다. 외신은 인도네시아 정부가 외국 자본의 주요 광산 지분 소유를 제한하고 있는 사례가 늘어가고 있다고 주장하고 있다. 더욱이 1월 인도네시아 최대 천연가스 프로젝트인 동부 칼리만탄 광구 개발권을 인도네시아 국영 석유회사인 페르타미나(Pertamina)가 인수하면서, 이 광구의 50%씩 지분을 가지고 있던 프랑스와 일본 기업이 계약 연장에 실패했다. 전문가들은 해외 투자를 유치하겠다고 내세우지만 실제로 이를 어렵게 하고 있는 조코 위도도 대통령의 행보를 비판하고 있다.

05월 25일

• 인도네시아, 강력한 테러 방지법 통과시켜 (The Jakarta Post 05. 25)

– 25일 수년간의 오랜 논란 끝에 하원이 법 집행자들과 군대에게 테러 집단의 퇴치를 위한 강력한 권한을 부여하는 2003년 테러 방지법 개정안을 통과시켰다. 새로운 법안에는 이라크와 시리아에서 인도네시아로 귀국한 이슬람 국가(IS) 무장 세력에 대한 법적 근거를 포함해 테러 방지 조치에 관한 많은 조항이 담겨 있다. 5월 13일 테러

로 인해 일가족이 사망하는 사건이 벌어지면서 하원과 정부는 2016년 1월에 시작되었던 본 법안의 심의를 가속화했다. 새로운 법에 따라 테러 용의자는 최고 14일 동안 구속될 수 있으며, 법을 집행하는 기관에서는 공식적으로 테러 혐의로 용의자를 기소할 경우 최대 200일 동안 구금할 수 있다. 또한 인도네시아 군대가 테러 진압에 관여할 수 있도록 하는 법적 근거가 마련되었다.

12차(5월 말~6월 말)

김진주

  싱가포르에서는 지명직의원(Nominated Member of Parliament, NMP) 후보의 공개 등록이 시작되었다(Channel News Asia 2018. 06. 03). 싱가포르 국회의원은 지역구 의원과 야당 당선자가 9명 이하일 경우 가장 높은 득표율로 낙선한 야당 후보자를 선출하는 무선거구의원, 그리고 정부가 사회 각계각층의 전문가를 9명까지 임명하는 지명직의원으로 나뉘며, 지역구 의원을 제외한 의원들은 내각 불신임, 대통령 탄핵 등 주요 법안에 대한 투표권이 없다(주싱가포르대사관 2013. 05. 09).

  말레이시아에서는 신임 마하티르 빈 모하맛 총리가 대규모 국책 사업을 정리하고, 공무원을 감원하며, 정부세를 폐지하는 등 강력한 개혁을 수행하고 있다(파이낸셜타임스 2018. 05. 28; 매일경제 2018. 05. 29 재인용). 또한 정치적으로는 1MDB를 통해 국고를 횡령한 나집 라작(Najib Razak) 전(前) 총리에 대한 수사를 진행하고 있으며, 현재 이 사건은 검찰에게 넘겨져 나집 전 총리의 기소만을 남겨둔 상황이다(Reuters 2018. 06. 16; 연합뉴스 2018. 06. 16 재인용).

  한편 인도네시아에서는 6월 27일 전국 171개 지역에서 동시 지방선거가 치러졌으며, 선거 결과는 7월 9일 발표될 예정이다(The Jakarta Post 2018. 06. 27).

싱가포르

06월 03일

• 지명직의원 후보 공개등록 시작　　　　　　　　　(Channel News Asia 06. 03)

– 월요일부터 차기 지명직의원 후보자 명단이 제출이 시작된다. 양식은 국회 웹사이트에서 다운 받을 수 있으며, 7월 6일 오후 4시 30분에 마감될 예정이다. 지명된 후보는 '공적으로 봉사한 자, 국가에게 명예를 가져다 준 자, 또는 예술, 문학, 스포츠, 문화, 과학, 산업, 직업, 사회봉사 분야에서 활동한 자'이어야 한다. 현재 9명의 지명직의원 중 5명이 사임할 것으로 보인다. 블로거인 웬디 청(Wendy Cheng)은 4월 1일 지명직의원에 관심이 있다고 밝힌 바 있다. 헌법에 따르면 지명직의원 후보자는 최소한

768　지역 다양성과 사회 통합 (V)

21세 이상의 싱가포르인으로 선거인단에 소속되어야 하고, 최근 10년간 싱가포르에 거주해야 하며, 의회 절차에 적극적으로 참여할 수 있어야 한다.

말레이시아

05월 28일

· 93세 마하티르의 개혁…공무원 1만7천 명 줄이고 적폐청산

(파이낸셜타임즈 05. 28; 매일경제 05. 29 재인용)

– 말레이시아 역사상 처음으로 정권 교체를 이룬 마하티르 총리가 취임 초부터 강한 개혁을 수행하고 있다. 경제적으로는 수십조가 들어간 국책 사업을 접고, 공무원 17,000명을 감원해 정부 효율을 높이겠다고 밝혔다. 파이낸셜타임즈와 인터뷰에서 그는 신임정부의 우선순위로 불필요한 국책 사업을 중단해 재정을 확충하겠다고 말했으며, 첫 개혁으로 말레이시아–싱가포르 고속철도 사업을 취소하겠다고 밝혔다. 또한 전문가들과 투자자들은 포퓰리즘이라고 비판하는 정책이지만 6%의 정부세를 일주일 만에 폐지했다. 정부세의 경우 말레이시아 재정 수입의 18.3%를 차지하기 때문에 막대한 국고의 타격이 예상되기 때문이다. 정부세 폐지를 포함하여 유류비 보조금 도입, 톨게이트비 인하, 최저임금 인상 등이 신임정부 공약에 포함되어 있다.

06월 16일

· '천문학적 비자금' 전(前) 말레이 총리 기소 임박…돈세탁·횡령 혐의

(Reuters 06. 16; 연합뉴스 06. 16 재인용)

– 16일 말레이시아 사법당국이 비자금 스캔들로 총선에서 패배한 나집 전 총리를 돈세탁 및 횡령혐의로 기소하는 방안을 고려하고 있다고 로이터 통신이 보도했다. 소식에 따르면 나집 총리가 횡령혐의로 말레이시아 형법에 기소될 수 있을 것으로 보인다. 횡령혐의로 기소되면 최대 5년 징역형과 벌금, 태형에 처할 수 있다. 단, 태형의 경우 50세까지 나이 제한이 있기에 64세인 나집 총리는 대상에서 제외된다. 기소 여부를 최종 결정하는 검찰총장은 현재 기소 여부 질의에 아직 응답하고 있지 않은 상황이다. 토미 토마스(Tommy Thomas) 검찰총장은 앞서 6월 12일 말레이시아 반부패

위원회로부터 나집 총리와 국내외 자본을 유치해 경제개발을 하겠다며 2009년 설립한 국영펀드 1MDB 관련 수사기록을 넘겨받아 검토 중이라고 밝혔다. 나집 총리와 측근들은 국영펀드 1MDB 통해 국고를 해외로 횡령해 비자금을 조성했다는 의혹을 받았다. 미 법무부는 횡령 액수가 최대 45억 달러(약 5조 원)에 달하며 이 중 7억 달러(약 7,693억 원)가 나집 총리의 개인 계좌로 들어갔다고 주장했다.

인도네시아

06월 26일

• 조코 위 인도네시아 대통령, 지방선거로 대선 선거전 시작　　　(Bloomberg 06. 26)

– 인도네시아에서 가장 인구가 많은 지역은 내년 대통령선거를 앞두고 조코 위도도 대통령의 인기와 경쟁자들의 잠재적인 발판을 시험하는 사전 조사가 될 예정이다. 특히 서부 자바의 경우 2019년 대선에 중요한 계기가 될 것으로 보인다. 조코 위 대통령은 국가 등급 상향 조정과 절실히 필요한 투자를 확보하는 데 도움이 되는 야심찬 인프라 계획과 개혁 프로그램으로 찬사를 받아왔다. 그러나 최근 선거를 앞두고 후보자들의 포퓰리즘적 공약이 늘어나면서 이미 계획되어있는 개혁정책들이 만약 서 자바 지역이 경쟁자들에게 넘어갈 경우 수행이 더뎌질 수 있어 재선에서 영향을 미칠 가능성이 있다. 실제로 조코 위 대통령은 2014년 프라보워 수비안토에게 서 자바 지역에서 패배한 적이 있다. 또한 가장 큰 선거구가 있는 서 자바 지역의 실업률이 전국 평균 5.13%보다 웃도는 8.16%인 만큼 이번 선거에서 서 자바지역의 결과는 향후 대선을 미리 보여주는 결과일 수 있다.

06월 27일

• 2018년 인도네시아 지방선거　　　(The Jakarta Post 06. 27)

– 6월 27일 171개 지역에서 동시 지방선거가 치러진다. 총 152,066,685명 유권자를 보유한 17개 주, 115개 시, 39개 도시에서 새로운 행정 책임자를 선출할 것이다. 총선거위원회(The General Elections Commission, KPU)는 이번 투표율 목표를 77.5%로 설정했다. 지방선거는 인도네시아의 민주주의를 보여주는 것이기에 중요하며, 2019년 총

선과 대선이 불과 몇 달 남지 않은 시점이기에 현 정당들에게 있어도 중요한 선거이다. 이번 선거에서 가장 격전지는 서부 자바주, 동부 자바주, 중부 자바주, 북부 수마트라주, 남부 술라웨시주이다. 선거 결과는 7월 9일 발표될 예정이다.

13차(6월 말~7월 말)

김진주

싱가포르에서는 건강정보 데이터베이스가 해킹공격을 받아 리셴룽(李顯龍·
Lee Hsien Loong) 총리를 포함 약 150만 명의 개인정보가 유출되었다(Channel News
Asia 2018. 07. 22; 연합뉴스 2018. 07.22 재인용). 해당 사건에 대해 8월 초 의회에서 논의
가 있을 예정이다. 한편 장기집권하고 있는 인민행동당에 대항하고자 싱가포르
민주당을 중심으로 7개 야당이 연합 움직임을 보이고 있다(The Straits Times 07.28).

말레이시아에서는 신임 마하티르 빈 모하맛 총리가 이끄는 새 정부가 말레이
계 우대정책인 '부미푸트라(Bumiputera)' 완화의 움직임을 보이면서 국내 인종갈
등이 증폭되고 있다(연합뉴스 2018. 07. 29). 한편 인도네시아에서는 6월 27일 열린
전국 171개 지역 동시 지방자치단체장 선거의 결과가 7월 9일 발표될 예정이었
으나, 선거에 패배한 많은 후보자들의 소송으로 인해 헌법재판소의 결과를 기다
리고 있는 상황이다(Tempo.co 2018. 07. 10).

싱가포르

07월 22일

• 국민 25% 건강정보 털린 싱가포르 "국가 차원 해킹 정황"

(Channel News Asia 07. 22; 연합뉴스 07. 22 재인용)

– 싱가포르에서 건강정보 데이터베이스 해킹 공격으로 리셴룽 총리를 포함 약 150
만 명의 개인정보가 유출되었다. 이번 사건에 대해 전문가들은 이런 고도의 공격은
국가급 해커 집단만이 할 수 있는 사안이라는 견해를 보였으며, 과거 해킹 사건의 배
후로 지목된 바 있는 러시아, 중국, 이란 등에 대해 말했다. 싱가포르 보건부는 지난
6월 27일부터 7월 4일까지 해커들이 악성코드에 감염된 컴퓨터를 이용하여 싱가포
르 건강 데이터베이스에 있는 진료기록 등을 빼갔다고 밝혔다.

07월 28일

· 7개 야당, 전 인민행동당 의원 탄쳉복을 표로 하는 새로운 연합 논의

(The Straits Times 07. 28)

- 7월 28일 싱가포르 민주당 본부에서 개최된 회의에 개혁당(the Reform Party), 연합당(the National Solidarity Party) 등 싱가포르 민주당을 포함하여 총 7개의 야당이 참석했다. 싱가포르 민주당 사무총장은 경험과 리더십을 토대로 전 인민행동당 의원인 탄쳉복이 야당 연합을 이끌어 줄 것을 제안했다. 이에 탄쳉복은 만약 본인이 연합을 이끌길 원한다면 국가를 먼저 생각해 모든 야당들이 공동으로 연합해야 한다고 말했다. 현재 제1야당인 노동자당과의 연합에 대해서는 회의에서 언급되지 않았다. 싱가포르 정치에서 마지막으로 나타났던 야당 연합은 2001년 총선 때 싱가포르 민주동맹(Singapore Democratic Alliance)이었다.

> **말레이시아**

07월 24일

· 말레이도 선거연령 18세로 하향 추진…"청년참정권 보장"   (연합뉴스 07. 24)

- 역사상 처음으로 정권교체를 이룬 말레이시아에서 청년참정권 확대를 위해 선거연령을 18세로 낮추는 방안을 추진할 예정이다. 샤딕 사이드 압둘 라흐만(Syed Saddiq Syed Abdul Rahman) 말레이시아 청년스포츠부 장관은 기자들을 통해 차기 총선이 열리는 2023년 전까지 선거연령을 현행 21세에서 18세로 하향할 계획이라고 밝혔다. 말레이시아 역대 최연소 장관인 그는 젊은 유권자의 영향력 확대의 의미라고 말했다. 선거연령을 18세로 낮출 경우 말레이시아 유권자 수는 약 370만 명가량 늘어날 것으로 보인다.

07월 29일

· '말레이계 우대정책' 완화에 말레이시아 종족 갈등 증폭   (연합뉴스 07. 29)

- 지속적으로 인종차별 논란을 빚어온 말레이시아계 우대정책인 '부미푸트라' 완화와 관련하여 말레이계와 중국계의 갈등이 증폭되고 있다. 7월 28일에는 쿠알라룸푸

르 시내에서 말레이시아계의 권익 보호를 주장하는 집회가 열렸다. 집회에는 야당인 통일말레이국민조직과 범말레이시아이슬람당(Parti Islam Se-Malaysia, PAS) 지도자가 다수 참석해 여당의 말레이계 우대정책 완화 움직임을 비난했다. 최근 새 정부는 부미푸트라 정책의 핵심이자 말레이계에게 정부 조달 계약상에 혜택을 주고 대입 정원을 할당하는 등의 내용이 담긴 '신경제정책'을 재검토하는 등 인종차별을 해소하려는 움직임을 보였다. 이 정책은 인구의 다수이지만 빈곤했던 말레이계의 사회적 지위를 높여준 정책이라 할 수 있다. 그러나 말레이계가 정치권력을 잡았음에도 해당 정책 수정에 소극적 태도를 보여 중국계와 인도계에 대한 차별 정책으로 변질했다는 비판을 받고 있다.

인도네시아

07월 10일

• **인도네시아 선거관리위원회 2018년 지방자치단체장 선거 당선자 결정 지연**

(Tempo.co 07. 10)

‐ 인도네시아 선거관리위원회는 6월 27일에 치러진 지방자치단체장 선거 당선자 결정을 연기했다. 이번 선거에서 패배한 많은 후보자들이 헌법재판소에 소송을 제기했기 때문이다. 현재 선거관리위원회는 헌법재판소의 판결을 기다리고 있는 상황이다.

07월 11일

• **인도네시아 선거관리위원회, 대통령에서 선거 결과 보고**   (Tempo.co 07. 12)

‐ 인도네시아 선관위는 6월 27일 171개 지역에서 치러진 동시 지자체장 선거 결과에 대해 11일 수요일 조코 위도도 대통령에게 보고했다. 인도네시아에서 대통령에게 선거 결과를 보고하는 것은 헌법에 명시되어 있는 사항이다. 선거관위원장인 아리프 부디만(Arief Budiman)은 선거 이후 163개 지역의 선거 결과를 받았으며 8개 지역의 선거 결과는 아직 받지 못했다고 말했다. 또한 선거 쟁의와 관련하여 28개의 사건이 헌법재판소에 접수되었기에 헌법재판소의 결정을 기다리고 있다고 밝혔다. 한편 내년 하원선거를 앞두고 7월 17일까지 후보자 등록을 받고 있는 가운데 8일 기준 아직까지는 어떤 정당도 하원의원 후보를 등록하지 않은 상황이다.

14차(7월 말~8월 말)

김진주

싱가포르에서는 7월 22일 해킹공격을 받았던 건강정보 시스템에 대한 논의가 의회에서 이루어졌다(Today 2018. 08. 06). 간킴용(Gan Kim Yong) 싱가포르 보건부 장관과 이스와란(Iswaran) 정보통신부 장관은 의회 논의에서 이번 사이버 공격은 국가가 연계된 정교한 공격이며, 다른 주요 IT 프로젝트들의 사이버 보안조치도 검토하고 강화해야 한다고 말했다(Today 2018. 08. 06).

말레이시아에서는 마하티르 빈 모하맛 현 총리가 이끄는 새 정부가 들어섬에 따라 의회 내에서 나집 라작 전 총리에 의해 도입 및 추진되었던 상품·서비스세와 가짜 뉴스 법안의 폐지가 승인되었다(The Online Citizen 2018. 07. 31; Channel News Asia 2018. 08. 16).

한편 인도네시아에서는 8월 10일 대선 후보 등록이 마감되었다. 조코 위도도 현 대통령과 2014년 대선 당시 출마해 현 대통령과 겨루었던 군 장성 출신 정치인 위대한 인도네시아 운동당은 프라보워 수비안토 총재가 후보 등록을 마쳤으며, 2019년 7월 대선이 치러질 예정이다(New York Times 2018. 08. 11; 아시아투데이 2018. 08. 12 재인용).

싱가포르

08월 06일

• 싱가포르 건강정보 해킹에 대한 의회 내 논의   (Today 08. 06)

– 8월 6일 싱가포르 공중 보건 의료기관인 싱헬스(SingHealth)가 사이버 공격을 받음에 따라 이에 대한 논의가 의회에서 이루어졌다. 간킴용 싱가포르 보건부 장관과 이스와란 정보통신부 장관이 성명을 발표할 예정이다. 그들은 의회 내 의원들의 질문에 이번 해킹 사건에 대해 일반적으로 국가가 연계된 정교한 해커들의 작업이라고 말했으며, 정보를 훔치거나 운영을 혼란시키는 사이버 공격이라고 말했다. 간 킴 용 장관은 성명서를 통해 사이버공격 용의자가 더욱 강력한 도구를 통해 다시 공격할

제6부.. 동남·남부 아시아 II 의 동향 및 쟁점 **775**

수 있다고 경고하면서 의회에서 이 문제에 대해 가볍게 생각해서는 안 되며 주요 IT 프로젝트들의 사이버 보안조치를 검토하고 강화해야 한다고 말했다.

08월 09일

• 싱가포르 국민의 날을 맞이한 각 정당들의 메시지　　　　(The Online Citizen 08. 09)

– 1965년 8월 9일 말레이시아로부터 독립한 지 올해 53주년이 되었다. 싱가포르 여러 정당들은 53주년 국민의 날을 맞이하여 다양한 메시지를 담은 영상을 공개하였다. 영상을 통해 인민행동당은 싱가포르인 사이의 관용과 연대의 중요성을 강조하였고, 노동자당은 일상의 소리들을 통해 싱가포르에서의 삶을 보여주었다. 또한 싱가포르인민당(Singapore People's Party)은 싱가포르 심장부에 살고 있는 사람들의 일상생활을 보여주며 이것이 우리의 삶의 방식이라는 메시지를 전했다. 한편 싱가포르민주당은 영상 대신에 자원봉사자 중 하나의 연구를 통해 독립 메시지를 전달하였다.

말레이시아

07월 31일

• 말레이시아 의회, 상품·서비스세 폐지 법안　　　　(The Online Citizen 07. 31)

– 7월 31일 말레이시아 의회에서 새 정부에 의해 최초로 정부세 폐지 법안 2018이 발표되었다. 현 6%의 상품 및 서비스세의 폐지는 희망연대의 공약이기도 했다. 희망연대는 선언서를 통해 상품 및 서비스세는 나집 라작 전 총리에 의해 도입된 저소득층을 압박하고 가난한 사람들조차 지불해야 하는 퇴보적인 세금제라고 비판했다. 해당 법안으로 향후 상품 및 서비스 판매에 있어 세금 부과·납부에 대해 우회하거나의 이러한 활동에 참여해 유죄를 받을 경우 10배, 20배 이상의 벌금을 부과할 수 있으며 징역 5년 이내의 징역형을 선고받을 수도 있게 된다.

08월 16일

• 가짜 뉴스에 대항하는 법안을 폐지한 말레이시아 의회　　(Channel News Asia 08. 16)

– 말레이시아 의회는 올해 나집 전 총리의 행정부가 도입했던 가짜 뉴스에 대한 법

률을 폐지했다. 올해 4월 나집 정부는 가짜 뉴스를 발행할 경우 최대 500만 링깃의 벌금과 징역 6년을 받을 수 있는 법안을 통과시키기 위해 과반수 의석을 확보한 바 있다. 이에 대해 일부 비평가들은 5월 총선을 앞두고 나집 총리가 언론을 압박하기 위해 해당 법안을 마련한 것이라고 비판했었다. 마하티르 빈 모하맛 현 총리는 선거 당시 해당 법안을 폐지하겠다고 밝혔으며, 의회 내에서 약 3시간의 논의 끝에 가짜 뉴스 법안의 폐지가 승인되었다.

인도네시아

08월 10일

· **내년도 인도네시아 대선 후보 윤곽, 무슬림 강경파 단체 이번 선거도 암약할까**

(New York Times 08. 11; 아시아투데이 08. 12 재인용)

− New York Times의 11일(현지시간) 보도에 따르면 8월 10일 대선 후보 등록이 마감 되면서 조코 위도도 현 인도네시아 대통령과 2014년 대선 당시 겨루었던 군 장성 출 신 정치인 위대한 인도네시아 운동당 총재 프라보워 수비안토로 대선 후보의 윤곽이 드러났다. 이번 대선은 인도네시아 민주 정부가 들어선 1998년 이래 4번째로 치러지 는 선거로, 지난 대선 당시 소셜미디어에서 현 조코 위도도 대통령이 중국계 기독교 인이라는 가짜 뉴스가 널리 퍼져 종교적 논란을 가져왔기에 이번 선거에서 역시 이슬람 단체들과의 종교적 마찰이 빚을 수 있을 것으로 보인다. 한편 일부 다른 전문 가들은 이번 대선에서는 종교가 아닌 경제 이슈가 더욱 중요할 것으로 전망한다.

15차(8월 말~9월 말)

김진주

싱가포르에서는 의회가 9월 10일 국립도서관위원회(National Library Board, NLB)에 접수된 불만사항과 선거 예치금 하향 조정과 관련한 법안에 대해 논의하는 등 회의를 진행하였다(Today 2018. 09. 10). 또한 현재 지명직의원들이 17일을 기준으로 모두 사퇴하였으며 특별 선정 위원회(Special Select Committee)를 통해 다양한 분야의 새로운 지명직의원 9인이 선출되었다(The Straits Times 2018. 09. 17).

말레이시아에서는 마하티르 빈 모하맛 현 총리를 이어 차기 총리로 유력한 후보로 거론되는 안와르 이브라힘(Anwar Ibrahim)이 느그리슴빌란주(州) 포트 딕슨 하원의원으로 출마하면서 원내복귀의 출사표를 던졌다(The Star 2018. 09. 13; 연합뉴스 2018. 09. 13 재인용).

한편 인도네시아에서는 9월 23일 총선거위원회가 주최한 2019년 총선거 공식 선거운동 시작 행사가 이루어졌으며, 대통령 후보와 부통령 후보, 그리고 각 정당의 지도자들이 참석하여 평화로운 선거 캠페인에 대한 의지를 확인하였다(The Jakarta Post 2018. 09. 23).

싱가포르

09월 10일

• 의회 안건: 7가지　　　　　　　　　　　　　　　　　　　(Today 09. 10)

- 9월 10일 의회 회의에서 여러 안건이 논의되었다. 대표적으로 국립도선관위원회(NLB) 2014년 이후 동성애 관련 콘텐츠가 포함된 도서에 대해 11건의 불만사항을 접수해 관련 도서를 성인 독자 전용 칸으로 옮기는 등의 조치를 취했다고 이스와란 정보통신부 장관이 밝혔다. 또한 이번 달로 임기가 끝나는 지명직의원 9인에 대해 그레이스 푸 하이엔 하원의장이 감사를 표했으며, 선거를 치르기 전에 후보자가 지불해야 하는 선거 예치금의 계산식을 단순화하자는 법안에 대해서도 논의하였다.

09월 17일

• 9명의 신임 지명직의원   (The Straits Times 09. 17)

– 9명의 새로운 지명직의원이 싱가포르 사회의 다양한 분야의 견해를 대표하도록 선출되었다. 새로운 지명직의원은 노동조합원인 아라수 두라이사미(Arasu Duraisamy), Sakae Holdings의 회장인 더글라스 푸 페오우 용(Douglas Foo Peow Yong), 싱가포르 중국 오케스트라의 호 웨이 산(Ho Wee San) 사무총장, 커뮤니케이션 및 기술 교수인 림 선 선(Lim Sun Sun), 종교 간 비영리 단체인 평화의 장미 창립자인 압바스 알리 모하메드이라 샤드(Abbas Ali Mohamed Irshad), 기업의 사회적 책임 컨설턴트 안데아 옹 레이 텡(Anthea Ong Lay Theng), 싱가폴 제약 협회 회장 아이린 퀘이 시에 칭(Irene Quay Siew Ching), 노동자 경제학자 겸 부교수 월터 에드거 데세이라(Walter Edgar Theseira), 패럴림픽 수영 선수 입 핀 시우(Yip Pin Xiu) 이다. 이들은 모두 초선이며 9월 21일 현재 지명직의원이 모두 사임함에 따라 임기가 시작된다. 지명직의원을 선출하는 특별 선정 위원회 의안인 탄 추안 진(Tan Chuan Jin) 의원은 성명을 통해 후보자 9명이 모든 헌법적 기준과 요건을 충족시켰다고 밝혔으며, 그레이스 푸 하원의장은 성명서를 통해 다양한 분야의 활동가들이 의회에 함께하면서 전문성과 다양성을 강화할 수 있을 것이라고 말했다. 특히 그녀는 입 핀 시우 의원과 압바스 의원이 각각 26세, 29세로 30세 이하인 만큼 청년들의 목소리를 하원에서 잘 반영할 수 있게 될 것이라는 확신을 표했다.

말레이시아

09월 13일

• '말레이 총리 예약' 안와르, 보궐선거 출마…당선 확실시

                                    (The Star 09. 13, 연합뉴스 09. 13 재인용)

– 마하티르 현 총리를 이어 말레이시아 차기 총리로 유력한 여권의 실질적 지도자 안와르가 느그리슴빌란주(州) 포트 딕슨 하원의원 보궐선거에 출마하면서 원내복귀의 시동을 걸었다. 이번 보궐선거는 해당 주 소속 초선의원이었던 집권 연정인 희망연대 내 친(親) 안와르 계열로 구성된 인민정의당(PKR)의 다냥 발라고팔 압둘라가 사

실상 지역구를 안와르에게 양보한 것이라고 볼 수 있다. 보궐선거 날짜는 아직 정해지지 않았으나 포트 딕슨이 인민정의당의 텃밭으로 여겨지는 만큼 원내 진입에 성공할 전망이다. 마하티르 현 총리는 2년 이내 하야하여 안와르에게 총리직을 넘길 예정인 것으로 알려져 있다.

09월 19일

• 말레이 반부패위, 비리혐의 전 총리 다시 체포…내일 추가기소

(The Star 09. 19, 연합뉴스 09. 19 재인용)

– 나집 라작 전 총리가 또다시 현지 말레이시아 반부패위원회에 체포됐다. 이번 체포는 지난 5월 2009년 설립한 국영펀드 1MBD(1 Malaysia Development Berhad)를 통해 최대 60억 달러(한화 약 6조 5천억 원)의 국고를 해외로 횡령해 비자금을 조성했다는 의혹을 받은 것과 관련해 이루어졌으며, 이후 보석으로 풀려났으나 다시 비자금 횡령 혐의로 체포되었다. 나집 전 총리는 반부패위원회와 경찰의 조사를 받은 뒤 9월 20일 쿠알라룸푸르 형사기록법원에 출마해 추가 기소될 전망이다.

인도네시아

09월 17일

• 내년도 인도네시아 대선, 이슈는 '종교보다 경제'

(The Australian Financial Review 09. 17, 아시아투데이 09. 18 재인용)

– The Australian Financial Review는 17일, 지난 3년간 인도네시아 정치권의 화두가 종교 문제였음에도 내년 2019년 대선에서의 주요 사안이 경제문제가 될 것이라 보도했다. 지난 2017년 조코 위도도 대통령의 최측근이자 중국계 기독교도인인 바수키 차하야 푸르나마(Basuki Tjahaja Purnama) 전(前) 자카르타 주지사가 이슬람 경전을 모독했다는 신성 모독죄로 2년 형을 선고받은 이후 현 대통령은 종교적 논란을 잠재우기 위해 여러 조치를 취하고 있는 상황이다. 특히 이슬람 최고의결기구인 나프다툴 올라마(Nahdlatul Ulama) 소속 마루프 아민(Ma'ruf Amin)을 러닝메이트로 지목하는 등의 행보를 통해 종교적 이슈를 약화시킬 전망이다. 따라서 2019년 대선에서는 생

활 물가 상승과 심화되고 있는 루피아화 약세 등의 경제문제가 대두될 전망이다. 현재 조코 위도도 정부는 식량가격 안정과 환율 잡기에 주력하고 있으며, 달러당 1만 5000루피아 선을 심리적 방어선으로 두고 총력을 기울이고 있다.

09월 23일
• 평화 맹세로 2019년 총선거 운동 시작　　　　　　　　　　　(The Jakarta Post 09. 23)
– 자카르타 중부 국립기념공원에서 "평화로운 선거캠페인을 벌이겠다"는 선언에 대한 서명과 함께 2019년 총선거의 공식 선거운동 기간이 시작되었다. 2019년 4월 17일 총선거에서는 대통령과 국회의원, 지방대표위원회, 주 지방의회 의원, 시·군 지방의회 의원 선거가 동시에 실시될 예정이다. 인도네시아 총선거위원회가 주최한 이번 행사에는 대통령 후보와 부통령 후보들이 함께 참여했으며, 각 정당의 지도자들도 참석했다. 정부와 여당, 야당 모두 평화롭고 건설적인 선거 캠페인에 대한 의지를 재확인했다.

16차(9월 말~10월 말)

김진주

　싱가포르에서는 10월 5일 아주니드-호우강 시의회와 파시리스-풍골 시의회(Pasir Ris-Punggol Town Council, PRPTC)가 제1야당인 노동자당 소속 의원 3인이 시의회 관리 기관을 임명하는 과정에서 사적 이익을 추구했다는 의혹을 제기하며 신의성실의무(fiduciary duties) 위반 혐의로 그들에 대해 민사소송을 제기하였다(Channel News Asia 2018. 10. 05). 노동자당 의원 3인은 관리기관 임명 과정에서 어떠한 사적 이익도 추구하지 않았다는 입장이다(Channel News Asia 2018. 10. 05).

　말레이시아에서는 마하티르 빈 모하맛 현 총리를 이어 차기 총리의 유력한 후보로 거론되는 안와르 이브라힘이 느그리슴빌란주(州) 포트 딕슨 하원의원 선거에서 71% 득표율로 압도적으로 승리했다(연합뉴스 2018. 10. 13).

　인도네시아에서는 9월 29일 술라웨시섬에서 발생한 지진 및 쓰나미로 인해 수천 명이 목숨을 잃었고, 이와 관련해 하원의원들은 기상청장이 쓰나미 경보를 조기해제해 피해가 확대되었다고 주장하며 기상청장의 사임을 요구하고 있다(The Straits Times 2018. 10. 05).

싱가포르

10월 05일

• 노동자당 3명 의원에 대한 수백만 달러의 민사소송이 재판에 회부되었다

(Channel News Asia 10. 05)

- 아주니드-호우강 시의회와 파시리스-풍골 시의회가 노동자당 소속 의원인 로티 아키앙, 프리탐 싱, 실비아 림에게 신의성실의무 위반 혐의로 2백만 달러의 민사소송을 제기하여, 10월 5일 첫 재판이 이루어졌다. 이들 외에도 아주니드-호우강 시의원 2인과 부의장인 호우 웽 팬(How Weng Fan), 시의회의 전 관리 기관이었던 FM 솔루션과 서비스, 그리고 FMSS의 대표인 2015년 사망한 대니 로(Danny Loh)도 피고 측에 이름을 올렸다. 노동자당 3명의 의원들은 아주니드-호우강 시의회 관리 기관을 임명

하는 과정에서 FMSS에게 부적절한 금액을 지불받았다는 혐의를 받고 있다. 파시리스-풍골 시의회 역시 2017년 노동자당 의원들로부터 아주니드-호우강 시의회와 같은 일이 벌어졌었다는 혐의로 이들을 상대로 소송을 제기했다. 세 의원은 현재 FMSS 임명에서는 어떠한 사적 이익도 있지 않았다고 주장하고 있다.

10월 29일
· **전국연합정당 전 대표인 림 틴이 국민의 목소리 정당을 공식적으로 창당했다**

(Yahoo News 10. 29)

− 전 전국연합정당(The National Solidarity Party, NSP) 대표인 림 틴(Lim Tean)이 10월 29일 새로운 정당인 국민의 목소리(Peoples Voice party, PV)를 정식으로 등록했다. 53세의 변호사인 그는 페이스북 비디오를 통해 상품용역세(Goods and Services Tax, GST)의 2% 인상을 폐지하고, 선거관리위원회 위원장을 바꾸고 새로운 후보를 선출하기 위한 국민투표를 요구하며, 최저임금제를 도입하겠다는 등의 내용을 발표했다. 그는 야후 뉴스 싱가포르의 인터뷰에서 싱가포르 인들에게 국민의 목소리(PV) 정당이 기존의 다른 정당과는 매우 다른 민주적 방식으로 어떻게 구성되었는지 알릴 것이며, 최소 600명이 당원 가입에 관심을 가지고 있다고 말했다. 또한 그는 2021년에 치러지는 다음 총선에 참가하겠다고 밝혔다.

말레이시아

10월 13일
· **'말레이 차기 총리' 안와르, 보궐선거 압승…의회 복귀**   (연합뉴스 10. 13)
− 마하티르 현 총리로부터 2년 이내에 차기 총리직을 넘겨받기로 한 여권의 실질적 지도자 안와르가 13일(현지시간) 느그리슴빌란주(州) 포트 딕슨 하원의원 보궐선거에서 승리하면서 원내에 복귀하게 되었다. 말레이시아 선관위에 따르면 안와르는 71% 득표율로 보궐선거에서 승리했다. 안와르는 무슬림 청년 지도자 출신으로 1998년 아시아 금융위기 대책에 대한 대립 중 실각한 뒤 동성애 혐의로 기소되어 유죄를 선고받고 수감생활을 이어왔다. 그의 동성애 혐의는 현지에서는 당시 정부와 여당이

사건을 조작해 누명을 씌운 것이란 의견이 우세하다. 그는 2017년 7월 마하티르와 화해하고 올해 5월 총선에서 정권교체를 이루는 데 큰 역할을 수행했다.

10월 18일

• '61년 장기집권' 종식 후 5개월…말레이 전 집권당 끝없는 추락

(The Star 10. 18, 연합뉴스 10. 19 재인용)

- 18일(현지시간) 아흐맛 자힛 하미디(Ahmad Zahid Hamidi) 통일말레이국민조직 총재가 권력남용과 배임, 자금세탁 등 45건의 혐의로 말레이시아 검찰에게 기소됐다. 그는 국가사업 수주를 빌미로 뇌물을 받는 등 4천 200만 링깃(약 114억 원)의 부당이득을 취한 혐의와 7천 200만 링깃(약 196억 원)의 자금을 세탁한 혐의를 받고 있다. 유죄가 인정될 경우 자힛 총재는 최장 20년의 징역, 부당이득의 5배 이상의 벌금을 선고받을 수 있다. 통일말레이국민조직은 현 정부가 전 정권을 상대로 정치적 보복을 감행하는 것이라 주장하지만, 여론의 지지는 받지 못하고 있다.

인도네시아

10월 05일

• 술라웨시 지진과 쓰나미: 기상청장의 사임을 요구한다   (The Straits Times 10. 05)

- 인도네시아 하원의원들은 최근 기상기후지질청(Badan Meteorologi, Klimatologi, dan Geofisika, BMKG)을 방문해 9월 28일 술라웨시섬 북부에서 규모 7.5의 강진이 발생했을 당시 쓰나미 경보가 30여 분 만에 해제된 상황에 대해 질의했다. 안톤 시홈빙(Anthon Sihombing) 의원은 기상기후지질청의 과실이 치명적이었으며, 당시 상황에 대한 드위코리타(Dwikorita) 청장의 해명이 혼란스럽고 현실과 매우 다르며, 조직의 지도자는 상황을 명확하게 보고할 수 있어야 한다고 말했다. 그러나 드위코리타 청장은 문제가 아직 해결되지 않았기에 사임하지 않을 것이라고 밝혔다.

10월 10일

- "지진·쓰나미 피해 여전한데…" 인도네시아 발리 IMF 총회 논란

(Kompas 10. 10; 연합뉴스 10. 11 재인용)

– 10일(현지시간) 콤파스 등 현지 여론에 따르면 인도네시아 야권 대선후보인 위대한 인도네시아 운동당의 프라보워 수비안토 총재가 최근 국제통화기금(International Monetary Fund, IMF)·세계은행(World Bank, WB) 연차총회에 불참하겠다는 의사를 밝혔다. 그는 술라웨시섬에 지진과 쓰나미로 수천 명의 목숨이 사라진 대형 재난 속에서 수백억 원의 나랏돈으로 호화로운 국제행사를 유치하는 것이 바람직하지 않다고 말하며 조코 위도도 현 대통령 정부를 연일 비판하고 있다. 또한 10월 8일에는 자카르타 내 주인도네시아 미국 대사관 앞과 발리 덴파사르에서 IMF와 WB 연차총회를 반대하는 대대적 시위가 벌어지기도 했다. 하지만 인도네시아 현지에서는 야권에서 대선캠프 소속 여성 활동가가 성형시술 멍 자국을 괴한에 피습당한 것이라 거짓 주장을 펼친 것이 들통나자 국면 전환을 위해 IMF와 WB의 연차총회를 걸고넘어지는 것이라는 해석이 나옴에 따라 프라보워의 이러한 주장에 대해 대체적으로 냉소적인 반응이 나오고 있다.

17차(10월 말~11월 말)

김진주

    싱가포르에서는 11월 5일 한 독립언론이 1MBD(1 Malaysia Development Berhad) 비자금 사건과 관련하여 리센룽 총리가 개입되어있다는 기사를 페이스북(Facebook)에 게재해 논란이 일었다(The Straits Times 2018. 11. 10). 정부는 이후 해당 기사의 삭제를 요청했으나, 페이스북이 이를 거부하자 가짜뉴스를 확산시키고 있다며 비난했다(The Straits Times 2018. 11. 20). 차기 지도부와 관련해서는 행 스위 키트가 인민행동당 중앙집행위원회에서 제1사무총장보에 지명되면서 내년 중 총리직을 이어받을 것으로 전망된다(연합뉴스 2018. 11. 23).

    말레이시아에서는 유력한 차기 총리 후보인 안와르 이브라힘이 집권당 인민정의당 연차총회에서 총재직을 승계했다(The Star 2018. 11. 19; 연합뉴스 2018. 11. 19 재인용).

    인도네시아에서는 10월 29일 189명이 탑승한 여객기가 추락해 전원이 사망한 사고가 발생하였으며, 국가교통안정위원회(Komite Nasional Kesel amatan Transportasi, KNKT)가 경위와 원인을 조사 중이다(연합뉴스 2018. 11. 28).

싱가포르

11월 05일
• 의회: 에드윈 통, "가짜뉴스를 삭제하지 않은 페이스북, 거짓말 퍼뜨릴 수 있어"

(The Straits Times 11. 20)

– 11월 5일 독립언론 '스테이츠 타임스 리뷰(States Times Review)'는 리센룽 총리가 말레이시아 국영펀드 1MBD 비자금 사건의 주요 조사대상이라는 기사를 페이스북과 홈페이지에 게재하였다. "말레이시아가 싱가포르 은행들이 1MDB의 돈세탁을 도와주는 대가로 다수의 불공정한 협약을 싱가포르와 체결했다"고 보도한 것이다. 이와 관련하여 싱가포르 정부는 해당 콘텐츠가 가짜 뉴스라며 호주에 서버를 둔 홈페이지 매체가 접속할 수 없도록 조치했으며, 페이스북 측에게는 해당 콘텐츠를 삭제해 달

라고 요구했다. 호주 매체의 경우 싱가포르 내에서 접속이 불가하기에 활동을 중단하기로 했으나, 페이스북은 해당 콘텐츠의 즉시 삭제를 거부했다. 이에 법무부 선임 국무장관(Senior Minister of State in the Ministry of Law)인 에드윈 통(Edwin Tong)은 11월 20일 페이스북이 해당 콘텐츠를 유지하는 행위에 대해 이러한 행위는 스스로 사회를 독살하고 분열시키는 거짓말과 허위사실을 퍼뜨릴 뿐만 아니라 외국인 혐오증을 조장하고 그로부터 이익을 얻는 것이라고 맹비난했다.

11월 23일
• 싱가포르 차기 지도부 윤곽…총리는 헹 스위 키트 유력　　　　　　(연합뉴스 11. 23)
- 2015년 총선 이후 리 총리가 언급했던 권력승계 계획에 따라 여당인 인민행동당은 중앙집행위원회를 열어 제1사무총장보, 제2사무총장보, 당 총재 등 주요 보직 인선을 수행했다. 사무총장인 리 총리를 보좌한 2인자인 제1사무총장보에는 재무장관인 헹 스위 키트, 제2사무총장보에는 통상산업부 장관인 찬춘싱, 당 총재 자리에는 보건부 장관인 간킴용이 지명됐다. 특히 헹 스위 키트 장관은 내년 중 부총리 자리에 올라 총리직 승계를 준비할 것으로 예상된다.

말레이시아

11월 18일
• '말레이 차기 총리' 안와르, 집권당 총재 취임…"총리는 천천히"
　　　　　　　　　　　　　　　(The Star 11. 19; 연합뉴스 11. 19 재인용)
- 마하티르 빈 모하맛 현 총리로부터 차기 총리직을 약속받은 여권 지도자 안와르가 11월 18일 슬랑오르주 샤알람에서 열린 집권당 인민정의당 연차총회에서 인민정의당 총재직을 승계했다. 안와르는 당분간 당내 내부 분열과 기강해이 등 문제를 해결하는데 전념할 것으로 전해졌으며, 총리가 될 준비는 되어있으나 마하티르가 자신의 과업을 수행할 준비가 돼 있는 한 그를 총리로 지지할 것이라는 발언을 한 것으로 보아 당분간 현 총리에게 권력 이양을 요구하지는 않을 것으로 보인다.

11월 18일

• 말레이, 인종차별철폐협약 비준계획 철회…"말레이계 반발 탓"

(베르나마 11. 18, 연합뉴스 11. 20 재인용)

– 18일(현지시간) 마하티르 총리가 기자들을 만나 유엔 인종차별철폐협약(International Convention on the Elimination of All Forms of Racial Discrimination, ICERD)의 비준이 현실적으로 불가능할 것이라는 입장을 밝혔다. 말레이시아에서 이를 비준하려면 다수민족인 말레이계를 우대하는 현행 헌법을 개정해야 한다는 이유에서이다. 그는 야권이 동의해야 헌법을 개정할 수 있는 3분의 2 지지 확보가 불가능할 것이라고 말했다. 이 가운데 야당인 통일말레이국민조직과 범말레이시아이슬람당은 인종폭동 발생 가능성까지 말하며 현 정부에 대한 말레이계국민들의 반감을 부추기고 있다. 말레이시아는 국내 인구의 61.7%가 말레이시아계와 원주민으로 수십 년 동안 '부미푸트라'라 불리는 말레이계 국민 우대정책을 펼쳐왔다.

인도네시아

11월 21일

• 프라보워 인도네시아 대통령 후보, 경제성장을 위한 커다란 아이디어 제시

(The Straits Times 11. 21)

– 인도네시아 야권 대선후보인 위대한 인도네시아 운동당의 프라보워가 인도네시아를 번영한 국가로 만들기 위해 동남아시아 이웃 국가들을 따라잡을 대대적인 전략을 가지고 있다고 밝혔다. 그는 인도네시아 경제 포럼(Indonesia Economic Forum)에서 식량, 에너지, 수자원의 자급자족을 달성하는 것이 목표로 삼고 있는 핵심 프로그램 중 하나이며, 자신의 전략은 인도네시아가 경쟁에서 우위에 있는 농업 및 농업 관련 사업을 이용하는 것이라고 말했다. 최근 몇 주 동안 프라보워는 유권자들의 관심을 끌기 위해 이웃 국가들의 많은 투자를 유치하기 위한 기업 및 개인 소득세 삭감 등 큰 아이디어들을 제시하고 있다. 프라보워의 러닝메이트는 전직 자카르타 특별주 부지사인 산디아가 우노이며, 현 대통령인 조코 위도도와 그의 러닝메이트이자 현재 인도네시아 내 등록된 이슬람 조직들, 즉 나드라뚤 울레마(Nahdlatul Ulama, NU), 무하마

디아(Muhammadiyah), 그리고 이슬람 유니온(Islamic Uion)으로 구성된 최고 이슬람 성직자 평의회 울레마의 의장인 마루프 아민에 맞서 2019년 대선을 준비하고 있다.

11월 28일

• 인도네시아 추락 보잉기, 핵심 센서 수리 안 된 채 운항 투입   (연합뉴스 11. 28)

- 28일(현지시간) 인도네시아 국가교통안정위원회는 기자회견을 통해 10월 29일 발생한 보잉 737 맥스(MAX) 9 여객기 추락 사고에 대한 예비조사 결과를 발표했다. 10월 29일 승객과 승무원 189명을 태운 라이온에어 소속 여객기가 이륙한 지 13분 만에 인도네시아 해상에 추락하면서 탑승자 전원이 사망한 것으로 추정되는 사건이 발생했다. 이후 국가교통안정위원회가 사고원인 조사에 착수하였고, 11월 22일 하원 청문회에 사고와 관련한 자료를 제출한 뒤 조사를 이어갔다. 예비조사를 통해 발표한 보고서에서는 추락 원인을 구체적으로는 제시하지 않았고, 사고경위를 밝히는 데 초점을 두었다. 보고서에 따르면 해당 여객기는 추락 전 마지막 비행에서 받음각(Angle Of Attack, AOA) 센서의 고장이 확인되었고, 이를 교체해 수리했으나 계속 같은 문제 증상이 반복되었던 것으로 나타났다. 해당 사고와 관련한 최종 보고서는 2019년 중순쯤 나올 것으로 전망된다.

18차(11월 말~12월 말)

김진주

싱가포르에서는 리셴룽 총리가 차기 내각 개편 시기와 관련하여 2019년 3월 예산안 논의 이후 4, 5월쯤 실시할 예정이라고 말했다(The Straits Times 2018. 12. 03). 한편 노동자당은 향후 총선을 대비하여 집단선거구(Group Representation Constituency, GRC)에 정당 팸플릿을 배포하였다(The Independent 2018. 12. 07).

말레이시아에서는 야당과 이슬람 단체 등을 중심으로 말레이계 우대정책이 폐지될 것을 우려하여 정부의 유엔 인종차별철폐협약 비준 반대 대규모 집회가 열렸다(The Star 2018. 12. 08; 연합뉴스 2018. 12. 09 재인용).

인도네시아에서는 이슬람 강경파의 2016년 12월 전 자카르타 주지사 규탄 시위를 기념하는 대규모 집회가 열렸다. 주최 측은 비정치적인 시위라 했으나, 전 주지사가 조코 위도도 대통령의 측근이고, 중국계 기독교인이라는 이유에서 신성모독 혐의로 기소되었기에 종교적으로 중도성향인 현 대통령의 재선을 저지하려는 움직임으로 보인다(콤파스 2018. 12. 03; 연합뉴스 2018. 12. 03 재인용).

싱가포르

12월 01일

• 리셴룽 총리: 2019년 예산안 이후 내각 개편할 예정　　　　(The Straits Times 12. 03)

– 리셴룽 총리가 지난 12월 1일 토요일 아르헨티나에서 싱가포르 언론과의 인터뷰를 통해 내각 개편 기간에 대해 언급했다. 그는 2019년 3월 예산안에 대한 논의가 끝난 뒤 4, 5월쯤 내각에 대한 변화가 있을 수 있다고 말했다. 그러나 인민행동당의 4세대(4G) 내각이 계획대로 추진되기 위해서는 총선에서의 승리가 우선이다. 리 총리는 4세대 지도자들이 다가오는 선거에서 주도권을 잡기 위해서는 당의 안건을 수용하여 정책을 수립하고, 선언문을 준비하고, 대중에게 홍보하며, 적극적으로 선거 운동을 하고, 선거를 조직해야한다고 말했다. 리 총리는 현재 제1사무총장보인 재무장관 행스위 키트가 차기 총리가 될 것인지 묻는 질문에 그가 차기 지도자가 될 것이라고 답

했다. 싱가포르의 다음 총선은 2021년 1월내에 이루어질 예정이지만 현재 리 총리가 조기총선 실시 가능성을 강하게 보이고 있어 그 이전에 치러질 것으로 보인다.

12월 07일

• 노동자당 집단선거구에서 팸플릿 배포 "노동자당은 반대를 위해 반대하지 않는다"

(The Independent 12. 07)

– 현재 싱가포르 의회 내에서 유일하게 의석을 보유하고 있는 야당인 노동자당이 집단선거구에 정당 팸플릿을 배포했다. 집단선거구는 집권당에 유리한 선거 구조로 의원 2인 이상이 선출되는 지역이며, 집단선거구에 출마하기 위해서는 한 정당에서 1개 집단선거구 선출 의원 수인 5, 6명과 동일한 수의 후보자 명단을 제출하도록 제한하고 있어 당원의 수가 적거나 후보자가 많지 않은 군소정당에는 불리한 제도이다. 노동자당이 해당 지역구에 배포한 팸플릿에는 노동자당에 대한 정보로 당원이 누구인지, 당이 성취하고자 하는 것이 무엇인지, 그리고 당이 의회에서 지지하고 있는 중요한 문제가 무엇인지에 대한 내용을 포함하고 있다. 특히 그들은 반대를 위해 반대하지 않는다면서, 훌륭한 정부정책에 대해서는 지지하고, 교육, 의료 및 일자리와 같은 분야에서는 개선안을 제시한다고 팸플릿을 통해 강조하였다.

말레이시아

12월 08일

• 말레이시아서 '말레이계 기득권' 보장 요구 대규모 집회

(The Star 12. 08; 연합뉴스 12. 09 재인용)

– 12월 8일 말레이시아 야당인 통일말레이국민조직과 범말레이시아이슬람당은 현지 이슬람 단체 등과 쿠알라룸푸르 시내에서 집회를 진행했다. 경찰추산에 따르면 이번 집회에는 최소 5만 5천 명이 참가한 것으로 보인다. 집회 참가자들은 "말레이여 영원하라" 등 구호를 외치면서 정부·여당이 유엔 인종차별철폐협약을 비준해선 안된다고 목소리를 높였다. 유엔 인종차별철폐협약은 인종이나 피부색, 가문, 민족 등에 따른 차별을 금지하는 협약이다. 말레이시아는 1957년 영국에서 독립 이후 사회

적 약자 보호 정책으로 말레이계에 특혜를 주는 말레이계 우대정책 '부미푸트라'를 시행해 왔다. 하지만 최근 말레이시아 인구의 다수인 61.7%를 차지하는 말레이계와 원주민은 정부가 유엔 인종차별철폐협약에 가입할 경우 해당 정책이 폐지될 것을 우려해 왔다. 논란이 거세지자 마하티르 빈 모하맛 총리가 이끄는 현 정부는 유엔 인종차별철폐협약을 비준하지 않겠다고 했으나, 주최 측은 집회를 강행하였다.

12월 17일

· 말레이 검찰, '前 총리 비자금' 연루 골드만삭스 형사 기소

(디엣지 12. 17; 연합뉴스 12. 17 재인용)

- 토미 토머스(Tommy Thomas) 말레이시아 법무부 장관이 성명을 통해 나집 라작 전 말레이시아 총리가 국영펀드 1MBD를 통해 수조원의 비자금 조성을 도왔다는 의혹을 받아온 골드만삭스(The Goldman Sachs)의 자회사들과 전 임직원 2명 등을 증권법 위반 혐의로 기소했다고 밝혔다. 토머스 장관은 골드만삭스가 2012~2013년 동안 세 차례에 걸쳐 65억 달러 상당의 채권을 발행하고, 채권발행으로 확보한 자금의 약 절반인 27억 달러(약 3조 원)가량이 유용 혹은 횡령됐다고 말했다. 그는 골드만삭스가 투자자들을 속여 돈을 끌어모았다고 주장했다. 말레이시아 정부는 횡령된 공적자금 전액과 채권발행 수수료를 포함한 33억 달러 이상의 벌금이 골드만삭스에게 부과되기를 바라고 있다. 말레이시아 검찰은 골드만삭스의 동남아 사업 대표였던 팀 라이스너(Tim Leissner)와 전 직원인 로저 응(Roger Ng), 1MDB 전 직원인 재스민 루(Jasmine Loo), 그리고 비자금을 조성하고 관리한 금융업자 로 택 조(Low Taek Jho) 등 4명도 함께 기소했다. 이들은 유죄판결을 받을 경우 최장 10년형에 처할 수 있을 것으로 보인다.

인도네시아

12월 03일

· 총·대선 앞둔 인도네시아서 '이슬람 강경파' 대규모 집회

(콤파스 12. 03; 연합뉴스 12. 03 재인용)

- 조코위 현 대통령의 재선을 반대해 온 이슬람 강경파가 22일 자카르타 도심 모나

스 광장에서 집회를 열었다. 주최 측은 원리주의 성향의 이슬람 단체 등으로 구성된 '212 재결집' 행사 위원회이며, 2016년 12월 2일 자카르타 시내에서 이슬람을 모독했다는 논란에 휘말린 바수키 차하야 푸르나마 당시 자카르타 주지사를 규탄하는 대규모 시위를 벌였던 것을 기념하고자 이번 집회를 준비했다고 밝혔다. 경찰 추산 약 10만 명이 집회에 참가했다. 당시 자카르타 주지사는 중국계 기독교인이었으며 그는 재선에 실패한 뒤 신성모독 혐의로 기소돼 징역 2년 형에 처했다. 주최 측은 이날 집회가 비정치적이라 했으나, 바수키 차하야 푸르나마 전 주지사가 조코위 대통령의 오른팔이었고 종교적으로 중도 성향인 조코위 대통령의 재선을 저지하려는 움직임이 아니냐는 해석이 나오고 있다. 실제로 이번 집회에서 조코위 대통령과 경쟁하고 있는 야권 대선후보인 위대한 인도네시아 운동당의 프라보워 수비안토가 참석하여 연설하기도 하였다. 최근 여론조사에 따르면 조코위 대통령의 지지율이 47.0%로 앞서고 있는 상황이지만 프라보워 총재의 지지율도 35.5%로 상승세인 것으로 나타나고 있다.

12월 22일

· 인니 순다해협 쓰나미 사망자 최소 222명…사상자 늘어날 듯 　　　(연합뉴스 12. 24)

— 22일 저녁(현지시간) 인도네시아 순다해협 주변 일대에 쓰나미가 발생해 최소 222명이 사망하였다고 인도네시아 국가재난방지청(Badan Nasional Penanggulangan Bencana, BNPB)이 밝혔다. 부상자는 최소 843명, 실종자는 수십 명에 이르는 것으로 잠적 집계되었다. 반텐주 판데글랑 리젠시 등 주요 피해지역에서는 다음날인 23일 낮 쓰나미 경보 사이렌이 잘못 울려 대피 소동이 벌어지는 등 여러 혼란이 쉽게 가라앉지 않고 있다. 조코 위도도 대통령은 쓰나미 피해자들에 대해 "반텐과 람풍의 희생자들께 삼가 조의를 표한다"고 밝히고 재난당국에 신속한 구호 작업을 지시했다.

19차(12월 말~2019년 1월 말)

김진주

싱가포르에서는 1월 16일 전 인민행동당 의원 탄쳉복이 싱가포르 진보당 (Progress Singapore Party) 등록 신청서를 제출하였다(The Independent 2019. 01. 21). 2011년 대통령선거 당시 당선된 토니 탄켕얌(陳慶炎 · Tony Tan Keng Yam)과 단 0.34%p의 득표차를 보였던 그의 창당 움직임으로 인해, 2019년 치러질 가능성이 있는 조기 총선에서의 야당연합에 대한 관심이 높아지고 있다(The Straits Times 2019. 01. 19; The Independent 2019. 01. 21).

말레이시아에서는 차기 국왕으로 파항주의 술탄 압둘라 이브니 술탄 아흐맛 샤(Abdullah ibni Sultan Ahmad Shah)가 선출됐다(연합뉴스 2019. 01. 24). 한편 전 하원의원의 뇌물혐의로 보궐선거가 치러진 카메론하일랜즈 지역에서는 범여권연합인 희망연대가 국민전선에게 패배했다(Channel News Asia 2019. 01. 27).

인도네시아에서는 2019년 4월 17일 치러질 대선의 여론조사 결과 조코 위도도 현 대통령의 지지율이 프라보워 수비안토 후보를 앞서고 있다(Tempo 2019. 01. 23; 연합뉴스 2019. 01. 23 재인용).

싱가포르

01월 21일

• 행 스위 키트: "싱가포르인들은 누가 싱가포르를 더 잘 섬길지 결정해야 한다"

(The Independent 01. 21)

– 전 인민행동당 의원인 탄 쳉 복이 2019년 1월 16일 싱가포르 진보당의 등록 신청서를 제출했다. 해당 정당은 탄 쳉 복과 11명으로 이루어졌으며, 일부는 인민행동당의 전 간부인 것으로 알려졌다. 탄 쳉 복의 정계 복귀와 관련하여 재무장관이자 인민행동당 제1사무총장보로 여권의 차기 총리로 내정된 행 스위 키트는 "누가 더 나은 서비스를 제공할지 싱가포르인들은 결정해야 한다"고 밝혔다. 야당들은 탄 쳉 복의 창당을 환영하고 있으며, 향후 야당 연합을 현실화시키는 것에 대한 기대를 높이고 있

다. 한편 리셴룽 총리는 2019년 신년인사에서 행 스위 키트를 차기 총리 후보로 지목하는 것은 "좋은 결과"이며 장기적으로 싱가포르를 좋은 방향으로 이끌 것이라고 전했다.

01월 24일

• 여론조사: 찬춘싱보다 행 스위 키트를 다음 총리로 선호하는 것으로 나타나

(Yahoo News Singapore 01. 24)

– 야후 뉴스 싱가포르가 자체적으로 의뢰한 여론조사에 따르면 3배 차이로 싱가포르인들은 차기 총리로 행 스위 키트를 찬 춘 싱보다 선호하는 것으로 나타났다. 시장조사 컨설팅 업체 블랙박스 리서치(Blackbox Research)가 916명의 시민들을 대상으로 2018년 12월 14일에서 26일까지 실시한 조사에 따르면 75%의 응답자가 차기 총리로 행 스위 키트를 선호한다고 응답했다. 조사에 따르면 응답자의 62%는 차기 총리로 행이나 찬 둘 중에 하나에 만족한다고 답했으나, 38%는 다른 사람을 선호한다고 응답했다.

말레이시아

01월 24일

• 말레이시아, 술탄 압둘라 차기 국왕 선출…국왕 공석 사태 종료　　(연합뉴스 01. 24)

– 말레이시아 차기 국왕으로 파항주의 술탄 압둘라 이브니 술탄 아흐맛 샤가 선출됐다. 말레이시아 각 주 술탄들로 구성된 통치자 위원회(Majlis Raja-Raja)는 1월 24일 쿠알라룸푸르 시내 왕궁에서 특별 회의를 개최하고 술탄 압둘라를 제16대 국왕으로 선출했다. 전임 국왕인 클란탄주의 술탄 무하맛 5세가 1월 6일자로 2년 만에 조기 퇴위함에 따라 말레이시아 국왕자리는 공석이었다. 술탄 무하맛 5세의 조기 퇴위 이유에 대해서는 현지 소식통에 따르면 그가 러시아 출신 여성 모델과 비밀리에 결혼식을 올린 것이 문제가 되었다는 이야기가 나오고 있다. 연방제 입헌군주국인 말레이시아는 9개 주 최고 통치자들이 돌아가면서 5년 임기 국왕직인 양 디 페르투안 아공(Yang di- Pertuan Agong)을 맡게 된다. 순번에 따라 다음 국왕은 파항주의 전 술탄인 아흐맛

샤이나 89세의 고령으로 건강이 악화되면서 왕세자였던 압둘라가 술탄 위를 계승한 뒤 차기 국왕으로 선출되었다. 그는 1월 31일부터 국왕 직무를 수행할 예정이다.

01월 26일

• **무하딘 야신(Muhyiddin Yassin): 희망연대의 카메론하일랜즈 보궐선거 패배를 통한 교훈** (Channel News Asia 01. 27)

– 1월 26일 치러진 카메론하일랜즈 보궐선거에서 범여권연합인 희망연대가 집권 이후 처음으로 패배했다. 말레이시아통일원주민당(PPBM) 대표인 무하딘 야신은 이번 선거에서의 패배는 집권 연맹인 희망연대의 통치 약점을 수정하라는 의미를 가지고 있다고 말했다. 내무장관이기도 한 그는 희망연대가 패배했긴 하지만 국민들로부터 정부에 대한 기대를 엿볼 수 있는 기회였다고 말하며, 현 정부는 생활비, 개발비 등 서민경제에 대한 문제점을 해결해 이를 바로잡아야 한다고 덧붙였다. 이번 보궐선거에서는 국민전선의 후보자인 람리 모드 노가 12,038(56.18%)표를 획득해 승리하였다.

01월 22일

• **석 달 앞 인도네시아 대선…연임이든, 복수든 승부는 '인권·부패'** (아시아경제 01. 22)

– 오는 4월 17일 실시되는 대선에 대한 레이스가 시작되었다. 현지 전문가들은 이번 대선에서 인권과 부패에 대한 문제가 가시화될 것이라 전망하고 있다. 우선 인권 부분에서는 조코위 대통령이 2014년 임기 시작 이후 과거 인권침해 사건들에 대해 해결하겠다는 공약을 이행하지 못하고 있다며 비판받고 있다. 한편 위대한 인도네시아운동당의 프라보워 수비안토 후보의 경우 1997년과 1998년 그가 육군특수부대 장군이었을 당시 민주주의 운동가 13명의 실종된 사건에 대해 의구심이 남은 상태이다. 부패 관련 문제는 1월 17일 열린 첫 번째 대선후보 TV토론에서 팽팽히 맞섰는데, 특히 프라보워 후보는 이날 토론에서 현 정부가 단순히 그들을 지지하지 않았다는 이유로 징역형을 선고했다며 불공정한 법집행을 공격했다. 조코위 대통령은 그란드라당이 부패한 정치인을 대거 배출했다고 반박했다.

01월 23일

• 인니 대선, 조코위 대통령 우세 확인…지지율 격차는 좁혀져

(Tempo 01. 23; 연합뉴스 01. 23 재인용)

- 최근 실시된 세 차례 여론조사 모두에서 조코 위도도 현 대통령이 위대한 인도네시아 운동당의 프라보워 수비안토 후보를 크게 앞선 것으로 나타났다. 여론조사기관 인도네시아서베이연구소가 2018년 12월 16일부터 26일까지 전국 유권자 1,220명을 대산으로 진행한 조사에서 조코위 대통령과 부통령 후보인 최고 이슬람 성직자 평의회 울레마의 의장 마루프 아민의 지지율이 54.9%인 것으로 나타났다. 한편 프라보워 후보와 러닝메이트인 산디아가 우노(Sandiaga Uno)의 지지율은 20.1%p 낮은 34.8%에 그쳤다. 그러나 양측의 지지율 격차는 2018년 10월 조사보다 2.9%p가량 줄어든 것이다. 다른 여론조사기관인 메디아 수르베이나시오날의 2019년 1월 6일부터 16일까지 실시된 조사에서는 조코위 대통령에 대한 지지율과 프라보워 후보에 대한 지지율이 각각 47.9%, 38.7%로 조코위 대통령이 앞서긴 했으나 그 격차가 9.2%p에 지나지 않는 것으로 확인되었다. 2019년 4월 17일 총선과 함께 치러질 차기 대선에서 현재 조코위 대통령의 재선 가능성이 높지만 지난 2014년 대선 당시보다는 프라보워 후보와 격차가 크지는 않은 상황이다.

김진주

싱가포르에서는 2월 18일 헹 스위 키트 재무장관이 2019 회계연도 예산안을 발표했다. 이번 예산안은 2018년 말 리셴룽 총리가 2021년 1월 내에 이루어져야 하는 총선을 2019년 예산안 발표 이후에 조기 실시할 수 있다는 가능성을 내보인 후에 이루어진 것이기에 조기총선에 대한 관심이 높아지고 있다(South China Morning Post 2019. 02. 19; 아시아투데이 2019. 02. 19 재인용).

말레이시아에서는 주요 야당인 통일말레이국민조직을 탈당한 하원의원 7인이 마하티르 빈 모하맛 총리의 말레이시아원주민연합당(Parti Pribumi Bersatu Malaysia, PP BM)에 입당을 허가받았다(Channel News Asia 2019. 02. 12).

인도네시아에서는 오는 4월 치러질 대선을 앞두고 각 진영의 공방이 치열한 상황이다. 조코 위도도 현 대통령은 상대편인 프라보워 수비안토 후보가 흑색선전과 가짜뉴스를 통한 교란작전을 하고 있다며 비판했으나 프라보워 진영은 이에 대해 거짓이라며 반박했다(The Jakarta Post 2019. 02. 07; 연합뉴스 2019. 02. 07 재인용).

싱가포르

01월 28일

• 설문조사: 리콴유의 손자가 정치에? 싱가포르인들의 전망

(Yahoo News Singapore 01. 28)

- 야후 뉴스 싱가포르가 자체적으로 의뢰해 실시한 여론조사에 따르면 리 총리 일가의 정치세습에 대한 싱가포르인들의 의견이 반으로 나뉘는 것으로 나타났다. "선생님께서는 향후 리콴유의 손자 중 한 명이 싱가포르 정치에 입성한다면 어떻게 느끼시겠습니까?"라는 질문에 매우 긍정적이라는 답변이 9%, 꽤 긍정적이라는 답변이 41%, 꽤 부정적이라는 답변이 30%, 매우 부정적이라는 답변이 20%로 긍정과 부정의 의견이 양분되었다. 최근 몇 달 동안 리 총리의 아들인 리홍이(李鴻毅·Li Hongyi)가 정치에 입문하기 위해 준비하고 있다는 소문이 끊이지 않고 있었다. 물론 리홍이

는 이러한 사실을 부인했으며 정치에 관심이 없다고 말한 바 있다. 현재 리홍이는 싱가포르 정보기술청(Government Technology Agency of Singapore, GovTech) 내 부국장으로 활동 중이다.

02월 18일
• 싱가포르 2019년 예산안, 조기총선 실시 가능성 커지나?

(South China Morning Post 02. 19; 아시아투데이 02. 19 재인용)

– 행 스위 키트 재무장관이 2월 18일 2019 회계연도(2019년 4월–2020년 3월) 예산안을 발표했다. 이번 정부 지출은 전년 대비 1.6% 증가했으며, 의료지원 및 교육 등 사회 개발을 위한 지출이 전년 대비 3.5% 증가하였다. 전문가들은 여당인 인민행동당이 선거운동을 위한 발판으로 1950년대에 태어난 세대들을 위한 의료지원 패키지 및 보조금 확대, 저소득층 지원금 연간 최대 400달러까지 인상 등의 내용을 담아 예산안을 편성했다고 보고 있다. 특히 노령세대 및 저소득층을 위한 내용이 담긴 예산안이 발표되자 조기 총선의 가능성에 대해서도 이목이 집중되고 있다. 지난 역대 예산안들을 보면 이번 예산안과 유사한 형태를 띠었을 경우 매번 조기 총선이 이루어졌기 때문이다. 2011년 예산안 발표당시 같은 해 4월 총선이 실시되었고, 2014년 예산안에서 역시 다음해 9월 총선이 실시되었다. 2018년 11월 리셴룽 총리가 2021년 1월 이전까지 실시되어야 하는 총선이 1년 이상 앞당겨 치러질 수 있다는 입장을 보였던 만큼, 향후 조기 총선 실시와 차기 총리에 대한 관심이 높아지고 있다.

말레이시아

02월 12일
• '부패혐의' 말레이 前 총리 공판 개시 연기…재판 지연 전술 통했나

(The Star 02. 12; 연합뉴스 02. 12 재인용)

– 말레이시아 항소법원이 나집 라작 전(前) 총리의 배임과 반부패법 위반 등 혐의에 대한 공판을 연기하라고 판결해 재판이 일시 중단되었다. 재판부는 하급심을 거치지 않고 고등법원에서 바로 심리가 시작되는 것이니만큼, 나집 전 총리가 제기한 소송

이 마무리되고 난 후에 공판을 진행해야 한다고 보았다. 검찰은 이에 대해 흔한 법적 문제이므로 다소 지연되었으나 곧 재판을 시작할 수 있는 것이라고 밝혔다. 나집 전 총리는 국내외 자본을 유치해 경제개발을 하겠다며 2009년 국영펀드 1MDB를 설립하였고, 이를 통해 최대 45억 달러(약 5조 원)에 달하는 공적자금을 횡령해 비자금을 조성했다는 혐의로 기소되었으나 이에 대해 전면 부인하고 있는 상황이다.

02월 12일

• **통일말레이국민조직 탈당한 하원의원 7인, 마하티르 총리의 말레이시아원주민연합당에 입당** (Channel News Asia 02. 12)

– 야당인 통일말레이국민조직에서 탈당한 하원의원 7인이 12일 마하티르 총리의 정당인 말레이시아원주민연합당에 입당을 허가받았다. 기자회견에서 마하티르 총리는 그들이 오래전에 자신들의 정당을 떠났고, 입당을 허가했으나 과거의 잘못으로부터 보호되는 것은 아니라고 말했다. 또한 그는 말레이시아원주민연합당은 면밀히 자격 여부를 조사해 나집 전 행정부의 열성 지지자가 아니거나 어떠한 그릇된 행위도 없는 사람들이라면 언제든 환영할 것이라고 밝혔다. 현재 말레이시아원주민연합당의 하원의석은 22석이며, 같은 여권 연합인 인민정의당(People's Justice Party, PKR)과 민주행동당(Democratic Action Party, DAP)은 각각 50, 42석을 보유하고 있다.

인도네시아

02월 02일

• **흑색선전 난무하는 인도네시아 대선판…'러시아식 선전전?'**
(The Jakarta Post 02. 04; 연합뉴스 02. 07 재인용)

– 오는 4월 17일에 치러질 대선을 앞두고 야권후보 진영이 외국 컨설턴트를 고용해 '러시아식 선전전(Russian propaganda)'을 벌이고 있다는 주장이 제기되었다. 조코 위도도 대통령은 2월 2일 동부 자바 주 수라바야에서 진행된 대중연설 중 흑색선전을 강하게 비판했다. 그는 끊임없이 중상모략과 죄악, 헛소문을 남발하는 선거운동팀이 있다고 말하며, 이들은 가짜뉴스로 국민을 교란하려는 조직적 움직임을 보인다고 말

했다. 대상을 구체적으로 말하진 않았으나 상대후보가 한 명이니만큼 위대한 인도네시아 운동당의 프라보워 수비안토 후보를 겨냥한 것으로 보인다. 또한 조코위 대통령은 SNS를 통해 오는 선거를 앞두고 컨테이너 7개 분량의 투표용지가 중국에서 비밀리에 들어왔다는 등의 일부 거짓 정보를 직접 거론하며, 오히려 말레이시아 주권을 위해 노력하는 자신을 음해하는 이들이 외국의 꼭두각시라고 비판했다. 한편 프라보워 진영은 조코위 대통령의 발언은 거짓이고 그들은 외국 컨설턴트를 고용한 적도 없다고 반박했다. 러시아 정부 역시 '러시아식 선전전'이라는 용어에 대해 해당 용어는 사실이 아니며, 주요 파트너인 인도네시아뿐만 아니라 타국의 내정과 선거에 개입하지 않는다며 당혹스러운 반응을 보였다.

02월 18일

• 인니 대선서 '유니콘' 화두로…TV토론서 '상식 부족 논란' 불거져   (연합뉴스 02. 18)
– 대선을 앞두고 두 번째 TV 토론회가 2월 18일 진행되었다. 이번 토론회에서는 조코위 대통령과 프라보워 위대한 인도네시아 운동당 총재가 1 대 1로 에너지, 식량, 사회기반 시설 등을 주제로 경제 현안에 대해 논의하는 형식으로 진행되었다. 조코위 대통령은 2014년 본인의 임기 동안 도로와 공항, 항만을 건설해 취약한 기반시설을 확충했다며 주요한 업적을 주장했으나, 프라보워 총재는 충분한 조사 없이 사업을 진행해 낭비가 심각했으며 비효율적이었다고 비판했다. 하지만 이날 토론회에서 가장 논란이 됐던 것은 스타트업 산업 육성 정책과 관련한 조코위 대통령의 질문에 대한 프라보워 총재의 반응이었다. 조코위 대통령은 "인도네시아의 '유니콘'을 성장시키기 위해 (대통령이 된다면) 어떤 기반시설을 마련할 것이냐"고 질문했는데, 여기서의 '유니콘'은 기업 가치 10억 달러 이상의 비상장 스타트업 기업을 뜻하는 '유니콘 기업'을 말한 것이었다. 그러나 프라보워 총재는 유니콘이 뭐냐며 온라인의 것들을 말하는 거냐는 등의 어리둥절한 모습을 보였다. 이에 대해 조코위 대통령 지지자들은 프라보워 총재의 기본 상식이 부족하다며 비판했고, 온라인상에서도 이에 대한 논쟁이 지속되고 있다.

21차(2월 말~3월 말)

김진주

　싱가포르에서는 2월 발표된 2019 회계연도 예산안과 관련한 의회 회의에서, 야당 노동자당 대표 프리탐 싱(Pritam Singh)이 1950년대생의 의료보조금을 확대하는 부분의 내용에 대해 차기 총선을 염려한 인민행동당의 전술이라며 비판했다(The Online Citizen 2019. 02. 27).

　말레이시아에서는 여권연합 희망연대가 마하티르 빈 모하맛 현 총리 정부의 중간평가 성격을 띠고 있는 3월 2일 슬랑오르주(州) 스므니 지역 하원의원 보궐선거에서 야권연합 국민전선에게 패배했다(The Star 2019. 03. 02; 연합뉴스 2019. 03. 02 재인용). 한편 야당인 통일말레이국민조직은 지금까지 탈당한 하원 및 주의원 약 30인에게 당이 지원한 선거자금을 배상하라는 소송을 진행하겠다고 밝혔다(Malay Mail 2019. 03. 19).

　인도네시아에서는 오는 4월 17일 치러질 대선을 앞두고 여론조사 결과, 조코 위도도 현 대통령이 상대편인 프라보워 수비안토 후보보다 11.8%p 앞서는 것으로 나타났으나, 2018년 10월 조사에 비해 그 격차가 줄어들고 있어 선거에서의 접전이 예상된다(연합뉴스 2019. 03. 21).

싱가포르

02월 26일

· 인민행동당을 비판하는 것이 국가 통합을 훼손하는 것인가?

(The Online Citizen 02. 27)

– 애국심이란 인민행동당이 아니라 싱가포르를 위해 가져야하는 것이기에 시민들은 두려워하지 않고 정당하게 인민행동당을 비판할 수 있어야 한다. 2월 26일 의회 내 예산안에 대한 논의 중 노동자당 대표 프리탐 싱의 메르데카 세대 패키지(Merdeka Generation Package)에 대한 질의가 있었다. 일명 '메르데카 세대(1950년대 생)'를 위한 80억 싱가포르 달러 상당의 의료지원 패키지·보조금 확대와 관련하여 선거 주기와 시기를

맞춘 것이 아니냐며, 인민행동당의 선거 전술이라고 비판했다. 또한 그는 예산안에 대해 비판하는 것이 국가의 단결이나 강건하고 통일된 싱가포르를 위협하는 행위는 아니라며, 이번 의료패키지를 통해 싱가포르인들이 근본적으로 인민행동당 정부가 우리 사회가 해결할 수 없는 심각한 사회 문제들에 대해 실질적인 해결책을 제시할 수 있는 능력이 없다는 것을 알게 되었기에 선택을 하지 않으면 안 된다고 주장했다.

03월 16일

• 싱가포르민주당, 장관급 인사들의 급여 삭감과 최대 1%의 세금 부과 및 전체 중앙공제기금(Central Provident Fund, CPF) 반환 제안   (Mothership 03. 17)

− 다음 총선이 언제 열릴지 알 수 없는 상황에서 야당인 싱가포르민주당은 2월 23일 선거캠페인을 시작한 이후 민생에 초점을 맞춘 첫 번째 정책을 발표했다. 3월 16일 싱가포르민주당 본부에서 당대표인 치순유안은 인민행동당 리셴룽 현 총리의 연설을 인용하며 생활비를 낮추겠다고 했으나 지출이 오히려 증가되었다며, 전기, 수도, 교통, 교육 등과 같은 분야에서 16가지나 가격이 상승한 것을 증거로 들며 인민행동당이 생활비 절감을 수행하지 못했다고 주장했다. 또한 그는 싱가포르민주당은 정부 지출에 있어 인민행동당과는 다른 행보를 보일 것이라고 말하며, 생활비 절감에 있어 다음과 같은 10개의 대안을 제시하였다. ▷필수품에 대한 상품・서비스세(Goods and Services Tax, GST) 폐지 및 고급 품목에서의 인상, ▷최저 임금 제정, ▷의료비용 절감, ▷공공주택 가격 인하, ▷중앙공제기금(CPF) 절감액 환급 및 월간 지불금 지급, ▷장관급 인사 임금 10% 삭감, ▷소득자 상위 1% 소득세 28%까지 인상, ▷분야별 예산안 조정을 통한 수입 중립적 예산 보장, ▷2천만 달러 이상 재산의 경우 30% 세금을 부과하는 부동산세 재시행, ▷정부의 지출 철저한 조사.

말레이시아

03월 02일

• 말레이 여당, 보궐선거서 잇단 패배…신정부 지도력 흔들리나

(The Star 03. 03; 연합뉴스 03. 03 재인용)

– 3월 2일 치러진 슬랑오르주(州) 스므니 지역 하원의원 보궐선거에서 야권연합 국민전선 소속 자카리아 하나피(Zakaria Hanafi)가 19,780표를 얻어 여권연합 희망연대의 무하맛 아이만(Muhammad Aiman) 후보를 1,914표 차로 이겼다. 2018년 5월 스므니 지역에서 승리했던 희망연대는 10개월 만에 해당 지역구를 다시 국민전선에게 내어주게 되었다. 이번 선거는 마하티르 빈 모하맛 총리 정부의 중간평가 성격을 띠고 있어 더욱 주목을 받아왔다. 희망연대는 올해 1월에도 파항주 카메론하이랜즈 지역에서 치러진 보궐선거에서 국민전선에게 패한 바 있다. 잇따른 여권의 보궐선거 패배에 대해 새 정부가 말레이계 우대정책을 완화하려는 움직임을 보이고 있는 것에 반발하여 인구의 다수인 말레이계 무슬림들이 국민전선을 다시 지지하고 나선 것이 아니냐는 해석도 나오고 있다. 희망연대의 실질적 지도자이자 인민정의당 대표인 안와르 이브라힘은 이번 선거에 대해 국민, 특히 말레이계의 정서를 보여주는 결과라며, 이를 고려해 말레이계와 이슬람의 권리를 보장한 연방헌법의 정신을 옹호함과 동시에 민족 간 화합을 지켜나가야 한다고 말했다.

03월 19일

• **통일말레이국민조직, 탈당한 하원의원 30인 고소**　　　　　　　(Malay Mail 03. 19)

– 야당인 통일말레이국민조직 출신 30인의 의원들은 2018년 선거 이후 당을 떠난 혐의로 법정에 서게 되었다. 탄 시리 애뉴얼 무자(Tan Sri Annuar Musa) 통일말레이국민조직 사무총장(secretary-general)은 소송을 진행하지 않을 것이라는 언론 보도를 반박하며 소송을 위해 유명한 법률 회사에 서신을 보낼 것이라고 말했다. 또한 그는 이번 소송이 당 지도부, 재무부 그리고 사건 담당 변호사들과 협의한 사항이며 다른 유명 법률회사에게 서신을 보내 정당을 탈당한 하원의원과 주 의원들의 전체 목록을 제공할 것이라고 말하며, 그들은 모두 예외 없이 소환장을 받게 될 것이라고 덧붙였다.

인도네시아

03월 06일

• **인도네시아 총선서 이슬람정당 지지율 추락⋯"종교보다 민생"**

- 현지 언론에 따르면 인도네시아 내 이슬람계 5개 정당 중 4개의 정당이 이번 4월 17일 대선과 동시에 치러지는 총선에서 하원의원을 한 명도 배출하지 못할 수 있을 것으로 전망되었다. 현재 인도네시아 선거법상 전국 유효투표수의 4% 이상을 득표한 정당만이 하원의 의석을 받을 수 있다. 하지만 이슬람계 정당들의 지지율이 현재 매우 낮게 나타나고 있어 선거에서도 고전을 면치 못할 것으로 보인다. 2014년 총선에서 7.59%를 득표했던 국민수권당(National Mandate Party, PAN)은 2018년 12월부터 2019년 1월까지 네 차례 실시된 여론조사에서 단 한 번만 4%의 지지율을 보였으며, 다른 조사에서는 1.5~2.7% 수준이었다. 번영정의당(Prosperous Justice Party, PKS)과 통일개발당(United Development Party, PPP)의 경우 역시 각각 3.5~4.5%, 4.0~5.0%의 지지율을 기록하고 있어 원내 입성이 불안할 전망이다. 현지 전문가들은 국민각성당(National Awakening Party, PKB)만이 원내에 진출할 수 있을 것이라 보고 있으며, 이것도 또한 국민각성당이 조코 위도도 대통령의 재선을 지지하면서 나타난 후광효과 때문이라고 분석했다.

03월 21일

• 인니 대선 여야후보 지지율 격차 좁혀져…접전 예고   (연합뉴스 03. 21)

- 4월 17일 대선을 한 달 앞두고 여론조사 기관 릿방 콤파스(Litbang Kompas)가 2월 22일부터 3월 12일까지 전국 성인남녀 2천명을 조사한 결과, 조코위 현 대통령의 지지율이 49.2%로 인도네시아 운동당의 프라보워 수비안토 후보보다 11.8%p 높은 것으로 나타났다. 하지만 응답자의 13.4%가 지지하는 후보를 밝히지 않겠다고 응답하였고, 2018년 10월 같은 조사기관의 여론조사에서는 양 후보의 지지율 격차가 19.9%p였다는 것으로 미루어 볼 때 이번 대선에서의 접전이 예고되는 바이다. 해당 기관은 베이비붐 세대와 31~40세 유권자들의 조코위 대통령에 대한 지지가 약해지고 있다고 분석하였다. 인도네시아 대선은 다음 달인 2019년 4월 17일 총선과 함께 치러질 예정이며 약 1억8천700만 명의 유권자가 참가할 전망이다.

22차(3월 말~4월 말)

　　싱가포르에서는 4월 1일 정부가 거짓으로 간주하는 정보를 웹사이트의 운영자에게 삭제·수정하게 할 수 있고, 가짜 뉴스를 유포한 대상에게는 징역과 벌금형 등의 강한 처벌 내용을 포함하는 온라인 허위 및 조작 방지 법안(the Protection from Online Falsehoods and Manipulation Act, POFMA)을 의회에 제출하면서, 인권단체들을 중심으로 표현과 언론의 자유를 억압하는 것이라며 논란이 일고 있다(AP 2019. 04. 01; Reuters 2019. 04. 01; 연합뉴스 2019. 04. 02 재인용).

　　말레이시아에서는 마하티르 빈 모하맛 총리의 여권연합 희망연대가 3월 스므니 지역 하원의원 보궐선거 패배에 이어 4월 13일 네게리 셈 빌란주(州) 란타우 지역 하원의원 보궐선거에서 야권연합 국민전선에게 참패해 현 정부에 대한 위기가 아니냐는 지적이 나오고 있다(Independent 2019. 04. 14).

　　인도네시아에서는 4월 17일 대통령선거 결과 표본개표(quick count)에서 조코위도도 현 대통령이 야권의 프라보워 수비안토 후보보다 11.0%p 앞서는 것으로 나타났으나, 야권에서는 표본개표 결과가 조작되었다며 조코위 진영의 관권·부정선거 의혹을 제기하고 있다(Detik.com 2019. 04. 18; 연합뉴스 2019. 04. 18 재인용). 선거 결과는 5월 22일 발표될 예정이다.

싱가포르

04월 01일

- **싱가포르 '정부 막강권한 가짜 뉴스법' 추진…언론자유 위축 우려**

　　　　　　　　　　(AP 04.01; Reuters 04. 01; 연합뉴스 04. 02 재인용)

－ 싱가포르 정부가 4월 1일 의회에 가짜 뉴스 대응 법안을 제출하였다. 해당 법안은 정부가 거짓으로 간주하는 정보에 대해 웹사이트 운영자에게 이를 수정하거나 경고문을 보내도록 지시할 수 있는 내용을 담고 있다. 또한 심각한 해를 야기할 수 있다고 간주하면 운영업체 측에 '가짜 뉴스'를 내리도록 정부가 명령할 수 있도록 하고,

공공이익에 반하는 댓글들도 삭제할 수 있게 된다. 더욱이 가짜 온라인 계정을 사용해 거짓 정보를 퍼뜨리거나 '봇(bot·프로그램을 이용해 자동으로 글을 올리는 계정)'을 사용하는 경우에는 최장 징역 10년이나 최대 74만 달러(한화 약 8억3천만 원) 벌금형에 처할 수 있다. 법무내부장관인 샨무감은 법안은 허위 진술만을 다룰 뿐 개개인의 사실에 대한 의견이나 관점을 다루는 것은 아니라고 말했다. 하지만 국제인권단체 휴먼라이츠워치(Human Rights Watch) 아시아 지부 부지부장인 필 로버트슨은 이 법안은 초안단계이지만 인권, 특히 표현의 자유와 언론의 자유에 재앙이 될 것이라고 비난하며, 해당 법은 정의가 광범위하게 되어 있어서 싱가포르 정부가 선호하는 정치적 내용에 반하는 뉴스가 제시될 경우 이를 '오해의 소지가 있는' 혹은 '틀린 것'으로 보고자 하는 정부 공무원들에게 최대의 규제 재량권(regulatory discretion)을 제공하고 있는 것이라며 비판했다.

04월 23일
• 싱가포르 재무장관 부총리로 '승진'…차기 총리 예약?

(The Straits Times 04. 23; 연합뉴스 04. 23 재인용)

– 싱가포르 총리실은 4월 23일 성명을 통해 5월 1일자로 행 스위 키트를 부총리에 임명하겠다고 밝혔다. 따라서 기존의 부총리였던 테오 치 힌(Teo Chee Hean)과 타르만 샨무가라트남(Tharman Shanmugaratnam)은 선임 장관직만을 맡게 될 것으로 보인다. 행 장관이 부총리직에 오르면서 리셴룽 현 총리의 후계자 자리에 그가 유력하다고 현지 언론들은 전하고 있다. 행 장관은 2018년 11월 인민행동당 중앙집행위원회에서 제1사무총장보에 지명되면서 유력한 차기 총리 후보자로 여겨져 왔다.

말레이시아

04월 05일
• 말레이 신정부 '흔들'…인종갈등에 ICC 가입도 한 달 만에 철회

(Malay Mail 04. 08; 연합뉴스 04. 08 재인용)

– 마하티르 말레이시아 총리가 4월 5일 국제형사재판소에 관한 로마 규정(Rome Statute of the International Criminal Court)을 비준하지 않겠다고 밝혔다. 그는 이러한 결정이 국제형사재판소에 반대하기 때문이 아니라 기득권 세력에 의한 정치적 혼란이 있을 수 있기 때문에 내린 것이라고 말했다. 말레이시아 정부는 3월 초 로마 규정에 서명했으나 비준 절차를 밟지는 않았다. 국제형사재판소에 관한 로마 규정은 "국제형사재판소의 관할범죄는 국제공동체 전체의 관심사인 가장 중대한 범죄에 한정되어, 집단살해죄, 인도에 반한 죄, 전쟁범죄, 침략범죄에 대해서만 관할권을 갖는다(5조 1항), 개인만 처벌하며 국가책임은 묻지 않는다(25조)" 등의 내용을 담고 있다. 이 가운데 말레이시아 정부에 대한 지지율이 하락세를 보이고 있다. 현지 카지다타 리서치 조사기관은 2018년 12월 1일부터 한 달간 전국 주민 9천71명을 대상으로 전화 여론조사를 진행한 결과 희망연대에 대한 직무수행 만족도가 57.2%에 그쳐 작년 총선 전보다 16.4%p 낮아졌으며, 특히 20대 젊은 층에서 만족도 하락 폭이 가장 컸다고 밝혔다.

04월 13일

• 현 희망연대 정부 말레이시아 재보선 선거에서 또다시 참패   (Independent 04. 14)
- 말레이시아 중부 네게리 셈 빌란주(州) 란타우 지역에서 치러진 보궐선거에서 마하티르 현 총리의 희망연대가 야당인 국민전선에게 참패했다. 올해 1월 파항주 카메론 하이랜즈 지역, 3월 슬랑오르주(州) 스므니 지역 하원의원 보궐선거에 이어 연이은 여권의 보궐선거 패배는 현 정부의 위기를 보여주고 있다. 심지어 이번 선거에서는 희망연대의 주축이자 집권당인 인민정의당 후보가 5,887표를 얻은 것에 비해 야당 후보의 득표수가 10,397표로 약 2배 가까이의 차이가 나타났다. 이번 선거를 앞두고 비자금 조성 혐의로 기소된 나집 라작 전 총리의 공판도 희망연대에게 도움이 되지 않았던 것으로 보인다.

04월 17일

• 조코위 대통령, 인니 대선 승리 선언…"표본개표서 54.5% 득표"

(Detik.com 04. 18; 연합뉴스 04. 18 재인용)

– 4월 17일 치러진 인도네시아 대선과 관련하여 다음날 조코위 현 대통령이 자카르타에서 기자회견을 가졌다. 그는 12개 주요 여론조사기관의 표본개표 결과를 인용하면서 자신과 부통령 후보인 마루프 아민 최고 이슬람 성직자 평의회 울레마의 의장이 54.5%를 득표했다고 밝혔다. 또한 덧붙여 야권 대선후보인 위대한 인도네시아 운동당의 프라보워와 부통령 후보 산디아가 우노 전 자카르타 부지사는 45.5%를 득표했다고 말했다. 그는 표본개표 결과가 실제 개표결과와 거의 일치하며 사실상 승리했다고 말했다. 하지만 프라보워 후보는 표본개표 결과가 조작되었다고 말하며 32만 개 투표소의 실제 개표결과를 자체 집계한 결과 자신들이 62%를 득표해 오히려 조코위 대통령을 앞섰다고 주장했다. 프라보워 후보는 조코위 진영에 의한 관권·부정선거 의혹도 제기하고 있다. 현지에서는 프라보워 후보 지지자들이 대규모 시위나 소요사태를 벌일 가능성이 있을 것이라고 우려하고 있다. 인도네시아 선거 당국은 5월 22일 최종 선거 결과를 발표할 예정이다.

04월 29일

• '대선 승리 유력' 인니 조코위, 수도 이전 카드 다시 만지작

(CNN Indonesia 04. 29; 연합뉴스 04. 29)

– 4월 29일 조코위 대통령이 자카르타 집무실에서 '수도 이전 후속 계획'을 주제로 각료회의를 주재했다. 회의에는 현 부통령인 유수프 칼라(Jusuf Kalla)와 위란토(Wiranto) 정치법률안보조정장관, 다르민 나수티온(Darmin Nasution) 경제조정부 장관, 스리 물랴니 인드라와띠(Sri Mulyani Indrawati) 재무장관, 밤방 브로조느고로(Bambang Brodjonegoro) 국가개발기획부 장관, 리니 수마르노(Rini Soemarno) 국영기업부 장관 등이 참석했다. 해당 회의에서는 수도 이전의 타당성 조사 결과를 바탕으로 자카르타의 행정 기능을 타 지역으로 분산하거나 수도 자체를 이전하는 방안 등이 논의된

것으로 알려졌다. 밤빙 장관은 해당 회의에서 현재처럼 자카르타에 기능을 집중하거나, 말레이시아의 푸트라자야처럼 자카르타 근방에 행정수도를 건립하는 것, 그리고 자바섬 이외 지역으로 수도를 이전하는 것에 대해 논의했으며, 조코위 대통령이 세 번째, 수도 자체를 이전하는 방안을 선택해 결정되었으며, 새 수도의 입지는 향후 오랜 기간 논의할 것이라고 말했다. 하지만 현지에서는 이전 거의 모든 정부에서도 수도 이전을 검토했었으나 경제적 이유 등으로 실행되지 못했었기에 실제로 수도 이전이 추진될지 회의적인 시각이 다수이다.

23차(4월 말~5월 말)

김진주

싱가포르 의회에서는 개인과 언론의 표현의 자유를 억압할 것이라며 논란이 되었던 가짜 뉴스 대응 법안이 치열한 토론 끝에 찬성 72명, 반대 9명, 기권 3명으로 통과되었다(Today 2019. 05. 05). 원안대로 시행된다면 정부 공무원은 웹사이트 운영자에게 가짜 뉴스의 삭제·수정을 요구할 수 있고, 유포자에게 강한 처벌을 내릴 수 있는 권한을 가지게 된다(BBC 2019. 04. 04).

말레이시아에서는 마하티르 빈 모하맛 현 총리의 국정 지지도가 처음으로 50% 이하로 하락했다(Malaysiakini 2019. 04. 27; 연합뉴스 2019. 04. 27 재인용). 경제정책에 대한 국민들의 불만 증대와 말레이계 우대 정책을 완화하려는 현 정부의 움직임으로 인해 말레이계 지지자들의 이탈이 지지도 하락의 주요 원인으로 보인다(Malaysiakini 2019. 04. 27; 연합뉴스 2019. 04. 27 재인용).

한편 인도네시아에서는 5월 21일 55.5% 득표율로 조코 위도도 현 대통령의 대선 승리가 확정되었으나, 선거 결과에 불만을 가진 야권 지지자들의 대규모 폭력시위가 일어났다(Compas 2019. 05. 23; 연합뉴스 2019. 05. 23 재인용). 시위는 진정되었으나, 야권 진영은 여권 캠프가 선거에서 부정행위를 저질렀다며 선거 결과 불복 소송을 헌법재판소에 제기하였다(The Jakarta Post 2019. 05. 25).

싱가포르

05월 05일

• 행 스위 키트: 인민행동당, 차기 총선 대비해 후보 선정 중 (Today 05. 05)

– 여당 인민행동당의 제1사무총장보이자 5월 1일자로 부총리직에 오른 행 스위 키트는 차기 총선을 대비한 인민행동당의 후보자 선정이 진행 중이라고 밝혔다. 그는 부총리에 오른 뒤 실시한 첫 인터뷰에서 차기 총선을 준비하기 위해 인민행동당의 제2사무총장보인 찬춘싱 통상산업부 장관과 함께 총선 후보를 선정 중이라고 밝혔다. 또한 그는 아주 좋은 후보들이 많이 있으며, 싱가포르의 다양성을 당이 지속적으

로 대표할 수 있도록 다양한 배경을 가진 후보자들을 모색하고 있다고 말하며, 정치가 매우 의미 있고 영향력 있는 것이라는 점을 국민들에게 납득시키고 지속적인 신뢰를 얻을 수 있도록 노력할 것이라고 말했다. 덧붙여 행 스위 키트 부총리는 인민행동당이 후보 선정뿐만 아니라 향후 5년간의 싱가포르를 대비하는 정책들도 함께 구상 중이라고 밝혔다. 싱가포르 내 정치 전문가들은 올해 말이나 2020년 초 다음 총선이 개최될 것으로 보고 있다.

04월 23일

• 의회: 이틀에 걸친 토론 끝에 가짜 뉴스 법안 통과 　　　　　 (The Straits Times 05. 08)

- 5월 8일 저녁 이틀간의 마라톤 토론 끝에 가짜 뉴스에 대응하기 위한 온라인 허위 및 조작 방지 법안이 의회에서 통과되었다. 법무내부장관인 샨무감은 법안 초안 연설에서 제안된 법안은 여당의 정치적 도구가 아니며 거짓말로부터 싱가포르 사회를 보호하기 위한 것이라고 말했다. 오후 10시 20분경 찬성 72명, 반대 9명, 기권 3명으로 결국 가짜 뉴스 대응 법안이 통과되었다. 당국에 지나치게 강력한 권한을 부여한다는 이유로 해당 법안을 강력히 반대한 제1야당 노동자당의 프리탐 싱은 해당 규제의 재량권을 정부 공무원이 아니라 법원에게 주어야 한다고 강조했다. 하지만 샨무감 장관은 법원이 매시간 모든 것들에 대응할 수 없다며 오히려 정부의 권한을 확대해야 한다는 입장을 보였다. 또한 의도적으로 가짜 뉴스를 만들지 않는다면 걱정할 필요가 없다고 덧붙였다.

말레이시아

04월 27일

• 마하티르 국정 지지도 급락…말레이 신정부, 출범 1년 만에 흔들

　　　　　　　　　　　　　 (Malaysiakini 04. 27; 연합뉴스 04. 27 재인용)

- 3월 5일부터 일주일간 전국 남녀 1,204명을 대상으로 시행한 여론조사 결과 마하티르 총리의 국정 지지도가 46%를 기록했다. 2018년 5월 총선에서 마하티르 총리와 정당 연합 희망연대가 승리한 이래 9차례의 여론조사가 실시되었는데, 현 총리의 국

정 지지도가 50% 미만으로 하락한 것은 이번이 처음이다. 선거 직후 국정 지지도가 83%에 달했던 것과 비교하면 약 10개월 만에 37%p 급락한 상황이다. 응답자의 46%는 나라가 잘못된 방향으로 가고 있다고 응답했으며, 특히 경제정책에 대한 불만족이 가장 큰 것으로 나타났다. 또한 현 정부가 말레이계 우대정책인 '부미푸트라'를 완화하려는 움직임을 보이자 말레이계 국민들이 대거 야권으로 지지를 변경한 것도 국정 지지도 하락에 주요 원인으로 보인다. 실제로 여권 연합 희망연대는 최근 세 차례 보궐선거에서 야권 연합 국민전선에 전패하기도 했다.

05월 16일

• **안와르: 말레이시아인들에게 인종 차별 문제에 대해 경고**   (Today 05. 17)

– 희망연대의 주축이자 집권당인 인민정의당 대표이며 차기 총리 내정자인 안와르 이브라힘이 이슬람의 라마단(Ramaḍān) 기간을 맞아 개최된 이프 타르(Iftar) 행사에서 말레이시아가 앞으로 나아가기 위해서는 인종 차별 문제가 새롭게 논의되어야 한다고 말했다. 그는 말레이계뿐만 아니라 인도, 중국계 모든 민족에서 인종 차별적 문제가 있다고 말하면서 이슬람에 대한 견해 및 소수민족에 대해 논의를 이어갈 수 있는 공간이 마련되어야 한다고 강조했다.

인도네시아

05월 21일

• **인도네시아 대선 불복 폭력사태 진정 국면으로**

(Kompas 05. 23; 연합뉴스 05. 23 재인용)

– 인도네시아 선거관리위원회는 5월 21일 새벽 4월 17일 치러진 대선 결과 조코위 현 대통령 진영이 55.5%의 득표율로 승리했다고 발표했다. 선거 이후 야권 대선 캠프에서 부정선거 의혹이 제기되었으나 4월 20일 선거감독위원회(Bawaslu)에서 근거가 부족하다며 주장을 기각한 가운데, 5월 21일 밤 선거감독위원회 앞에서 대선 결과에 불만을 가진 야권 지지자들이 폭력시위를 벌였다. 시위대는 경찰과 대치를 이어갔으며, 야권 대선후보인 프라보워 수비안토의 시위 중단을 요구하는 동영상 메시지

가 공개된 뒤에야 진정 국면에 접어들었다. 구체적인 인명피해 규모는 확인되지 않았으나 자카르타 시내에서 5월 21일 밤부터 22일 새벽까지 있었던 폭력시위에서는 최소 6명이 숨지고 수백 명이 다친 바 있다. 프라보워 측은 5월 24일 헌법재판소에 선거 결과에 불복하는 소송을 제기하겠다고 밝혔다. 일각에서는 프라보워 측이 헌법재판소를 압박하기 위해 의도적으로 폭력사태를 일으켰을 수 있다는 의혹이 제기하고 있으나, 프라보워 후보 진영은 폭력시위와의 관련성을 전면 부인하고 있다.

05월 24일
• 인니 대선후보 운명, 결국 헌재 손으로…"반전 가능성은 희박"

(The Jakarta Post 05. 25; 연합뉴스 05. 27 재인용)

– 인도네시아 대선 결과와 관련하여 5월 24일 밤 야권인 위대한 인도네시아 운동당 총재 측 법률팀이 선거 결과에 불복하는 소송을 헌법재판소에 제기하였다. 이들은 51개의 증거물을 제출하며 조코위 대선 캠프가 조직적, 구조적으로 대규모 부정행위를 저질렀다고 주장했다. 인도네시아 선거 결과 조코위 대통령은 55.5%, 프라보워 후보는 44.5%에 그쳤다. 현지 언론에 따르면 헌법재판소가 프라보워 측의 손을 들어주지는 않을 것으로 보인다. 이번 소송의 변론 준비 기일은 6월 14일까지며, 6월 17일 재판을 시작해 28일 최종 판결을 내릴 예정이다. 현지에서는 프라보워 후보가 패소할 경우 야권 지지자들의 소요사태가 다시 일어날 것이라는 우려가 높은 상황이다.

24차(5월 말~6월 말)

싱가포르 여당인 인민행동당이 새로운 원내총무(party whip)로 교통 및 정보통신부 장관인 자닐 푸쑤체리(Janil Puthucheary)를 임명했다(Today 2019. 06. 06). 동료 의원들은 그의 원내총무직 임명을 환영하고 있으며, 현지에서는 여권의 역대 주요 내각 인사들이 원내총무직을 역임해왔던 만큼 자닐이 다른 중요 직책을 맡을 가능성도 있다고 보고 있다(Today 2019. 06. 06).

말레이시아에서는 마하티르 빈 모하맛 현 총리가 2018년 총선에서 기존의 총리에게 권한이 있었던 주요 공직자 임명에 대해 의회 위원회로 권한을 넘기겠다고 약속했던 것과 관련하여, 여권이 2, 3 의석수를 충족하지 못해 헌법을 개정할 수 없기에 계속해서 총리가 주요 공직자를 임명하는 형태로 이어갈 것이라고 밝혀 논란이 일고 있다(Channel News Asia 2019. 06. 11).

한편 인도네시아에서는 5월 25일 야권 진영에서 제기한 대통령선거 무효 소송과 관련하여 헌법재판소가 6월 27일 야권이 제기한 모든 쟁점에 대해서 증거가 불충분하다며 조코 위도도 현 대통령의 재선을 확정하였다(연합뉴스 2019. 06. 28). 이로써 조코위 대통령은 10월부터 두 번째 임기를 시작하게 되었다(연합뉴스 2019. 06. 28).

싱가포르

06월 06일

• 인민행동당 새로운 원내총무, 자닐 푸쑤체리 (Today 06. 06)

– 교통 및 정보통신부 장관인 자닐이 6월 6일 여당 인민행동당의 원내총무에 임명되었다. 지금까지 인민행동당 주요 내각 인사들이 모두 원내총무직을 역임하였던 것으로 보았을 때, 전문가들은 자닐의 원내총무 임명이 향후 리셴룽 총리 내각이 더욱 중요한 직책을 맡길 가능성을 보여주는 것이라고 추측하고 있다. 정당의 규율을 책임지고 있는 원내총무는 정당의 입장을 하원에서 통과시키기 위해 의원들 간의 의사소

제6부.. 동남·남부 아시아 II의 동향 및 쟁점 **815**

통을 원활하게 하고 전략적으로 방식을 세우는 주요한 역할을 하고 있다. 인민행동당 소속 정치인들은 원내총무직을 수행하기 위해서는 동료들과의 관계가 원활하고 그들에게 존경받는 인물이어야 한다고 말하며, 그가 매우 친화적이고 존경받는 인물이기에 원내총무에 적임자라는 긍정적인 반응을 보이고 있다.

06월 07일

• 리 총리: 인민행동당, 여전히 총선에 나갈 새로운 후보 물색 중

(The Independent 06. 10)

– 리 총리가 6월 7일 간담회에서 인민행동당이 차기 총선 후보자들을 물색하기 위해 많은 사람들과 인터뷰했으며, 계속해서 후보자를 찾고 있다고 밝혔다. 그는 전통을 준수하면서도 자유로운 배경, 다양한 연령대의 사람들이 후보자 인터뷰에 응하고 있다고 말했다. 또한 그는 역대 총선들이 모두 조기에 치러졌었기에 현재 총선은 예상보다 늦어지고 있다고 말하며, 차기 총선에 대한 명확한 날짜를 밝히지는 않았으나 과거의 사례를 언급하였다. 덧붙여 최근 내각이 젊은 장관들로 교체되고 있는 것과 관련하여 상당히 긍정적이라고 말하며 이들이 안정적으로 책임감을 가지고 더욱 민감한 사안들을 잘 다룰 수 있도록 경험과 자신감을 얻을 수 있게 도울 것이라고 밝히면서, 지속적으로 내각 구성원들을 강화하여 그 너머에 더욱 많은 사람들을 발굴해 낼 것이라고 말했다.

말레이시아

06월 11일

• 마하티르: 주요 공직자 계속 총리 임명직으로 유지할 것 (Channel News Asia 06. 11)

– 희망연대는 지난 총선 당시 주요 공직자 임명에 대해 총리의 영향을 줄이겠다고 약속했으나 6월 11일 마하티르 총리가 주요 공직자에 대해 계속 임명직으로 유지하겠다고 입장을 밝혔다. 그는 여권 연합인 희망연대가 의회에 2/3 이상을 차지하고 있지 않기 때문에 연방 헌법을 개정할 수 없어 위원회를 구성하기 어렵다고 말했다. 희망연대는 국가인권위원회(SUHAKAM), 선거관리위원회, 말레이시아 반부패위원회,

사법임명위원회(Judicial Appointme nts Commission)의 경우 위원장을 임명할 경우 의회 내 의원회의 승인을 받아야 한다는 공약을 내세웠고, 총리가 주요 공직자 임명에 개입하는 것이 줄어들게 될 것이라고 선언했다. 이러한 공약으로 인해 마하티르 총리가 말레이시아 반부패위원회 위원으로 희망연대의 주축이자 집권당인 인민정의당 소속이었던 라티파 비비 코야(Latheefa Beebi Koya)를 임명해 크게 비판받은 바 있다.

06월 22일

- **93세 말레이시아 지도자, 3년 이내 사임할 것** (CNBC 06. 23)

– 93세 말레이시아 총리인 마하티르는 3년 이내에 총리직을 사임하고 안와르 이브라힘에게 정권을 넘겨줄 것이라고 밝혔다. 최근 마하티르 총리가 차기 총리로 안와르를 공개적으로 지목했음에도 경제 장관인 아즈민 알리(Azmin Ali)를 선호했었던 것으로 추측됨에 따라 누가 차기 총리가 될지 다소 논란이 있어왔던 상황이다. 더욱이 마하티르 총리가 총리직을 사임할 시점에 대해 명확히 언급하지 않으면서 현 정부에 대한 우려가 가중되었다. 현지에서는 현 총리의 나이가 적지 않은 만큼 건강이 갑자기 악화되어 정권이 불안정해지는 상황을 막기 위해서 정권 전환 계획을 조속히 수립해야 한다는 목소리가 높아지고 있다.

인도네시아

05월 28일

- **인도네시아 야권 대선후보 돌연 출국…해외 도피 등 의혹 고개**

(Jakartaglobe 05. 28; 연합뉴스 05. 30 재인용)

– 현지 언론은 야권 대선후보인 프라보워 위대한 인도네시아 운동당 총재가 5월 28일 자카르타 할림 공항에서 전세기를 이용해 두바이로 출국했다고 보도했다. 출입국관리사무소는 프라보워가 어떤 법적 문제가 있는 것이 아니기에 여행 금지 등이 적용되지 않는다고 밝혔으며, 그가 출국한 이유에 대해서는 알 수 없다고 말했다. 한편 현지에서는 조코위 대통령의 지지자들을 중심으로 프라보워 후보가 해외로 도피한 것이 아니냐는 의혹이 제기하고 있다. 야권 진영은 단순 업무상 출국이라며 음해하

는 세력이 존재한다고 강하게 반발했다.

06월 27일

• 인니 헌재, '대선 무효소송' 기각…조코위 재선 확정　　　　　　　　(연합뉴스 06. 28)

– 인도네시아 헌법재판소가 6월 27일 대통령선거 무효 소송을 기각하고, 조코위 현 대통령의 재선을 확정했다. 헌재는 조코위 진영이 대규모 불법 행위와 권력 남용을 했다는 야권이 제기한 모든 쟁점에 대해 증거가 불충분하다며 기각했다. 조코위 대통령은 헌재 결정 직후 자카르타 할림페르다나쿠수마 국제공항에서 기자회견을 통해 "더 이상 기호 1번과 기호 2번은 없다. 오로지 인도네시아의 단결만이 있다"고 말했다. 야권의 프라보워 후보는 기자회견을 열어 실망스럽지만 헌재 결정을 존중한다며 다만, 아직 다른 법적 절차가 남아 있는지 법률팀과 상의할 것이라고 말했다. 조코위 대통령은 10월부터 두 번째 임기를 시작하게 된다.

25차(6월 말~7월 말)

김진주

    싱가포르 인민행동당 소속 리센룽 총리의 동생 리센양이 SNS를 통해 야당을 지지한다고 밝히면서 논란이 일고 있다(Reuters 2019. 07. 28). 더욱이 2021년 1월까지 치러져야 할 총선을 앞두고 전 인민행동당 의원인 탄쳉복을 중심으로 야당이 연합을 형성하기 위한 움직임을 보이고 있어 차기 총선에서 정치진영의 변화가 있을지 주목된다(Today 2019. 08. 04).

    말레이시아에서는 마하티르 빈 모하맛 정부를 중심으로 진행된 선거연령 18세 하향 내용의 헌법개정안이 의회를 통과했다(Channel News Asia 2019. 07. 16). 이로써 말레이시아의 선거권과 피선거권 연령이 현행 21세에서 18세로 하향되었으며, 선거인명부 등록 방식에서 자동유권자 등록 방식으로 변경될 예정이다(Channel News Asia 2019. 07. 16).

    한편 인도네시아에서는 조코 위도도 현 대통령이 대규모 인프라 확충, 인적자원 재발, 투자 환경 및 기회 조성, 관료주의 개혁 등 재임기간 동안의 비전을 발표했다(Jakartaglobe 2019. 07. 14).

싱가포르

07월 28일

• 싱가포르 총리 동생 선거에서 야당 지지   (Reuters 07. 28)

– 리콴유 전(前) 총리의 유산과 관련하여 치열한 공방을 벌였던 인민행동당 소속 리센룽 총리의 동생 리센양이 SNS 글을 통해 차기 선거에서 여당이 아닌 야당을 지지한다고 밝혔다. 그는 글을 통해 형이 이끄는 인민행동당은 아버지가 이끌었던 인민행동당과는 다르다며 길을 잃었다고 말했다. 또한 그는 2019년 1월 전 인민행동당 의원인 탄쳉복을 중심으로 창당한 싱가포르 진보당의 원칙과 가치를 전적으로 지지한다고 의사를 표명했다. 리센양이 정계에 진출할지는 불분명하지만 싱가포르 진보당 대표인 탄쳉복은 그의 당 가입을 환영한다고 밝혔다.

08월 04일

• 싱가포르 민주당 대표 치순유안, 야당 연합 촉구 　　　　　　　(Today 08. 04)

– 싱가포르 민주당 당대표 치순유안이 야당이 분열되어있는 한 유권자들의 신뢰를 얻지 못할 것이라는 입장을 밝혔다. 그는 차기 총선에서 야당 간의 소모적인 경쟁이 없도록 탄쳉복 싱가포르 진보당 대표를 중심으로 한 야당 연합을 구성할 것을 촉구했다. 이러한 발언은 일주일 전 탄쳉복이 지난 7월 말 7개의 야당 간에 논의가 있었던 연합과 관련하여 해당 연합이 제대로 이루어지지 않고 있다고 암시한 이후에 나온 것으로 보인다. 치 대표는 야당 내에서도 정당 간 분명 차이가 존재하지만 싱가포르 유권자들에게 정치적 대안을 제공해야 한다는 공통의 목표와 비교한다면 그러한 차이는 매우 사소한 것에 불과하다고 덧붙이며, 싱가포르의 미래를 위해 나서야 한다고 밝혔다.

말레이시아

07월 16일

• 말레이시아 의회, 선거연령 18세 하향 개헌안 승인 　　　(Channel News Asia 07. 16)

– 말레이시아 의회가 선거연령을 현행 21세에서 18로 하향하는 개헌안을 승인했다. 치열한 논쟁 끝에 222명 중 211명이 선거연령 하향과 관련하여 연방 헌법을 개정하는 데에 찬성했다. 이러한 선거개혁은 마하티르 정부의 지지를 받아 이루어졌다. 한 하원의원은 개헌안 투표 전 최근 말레이시아 젊은이들이 과거보다 더욱 정치적 인식이 강하다며 선거연령 하향은 국가의 민주주의를 구성해 나갈 수 있는 기회와 공간, 목소리를 부여받는 것이라고 말했다. 이번 개헌안은 선거권과 피선거권 모두 연령을 18세로 하향하는 내용을 담고 있으며, 덧붙여 유권자들이 투표를 위해 선거인명부를 개별적으로 등록해야 했던 기존 방식에서 나아가 자동적으로 유권자들을 등록하는 내용도 포함하고 있다.

07월 30일

- 말레이 총리 "중도 하야할 것"…야당 대표들 "임기 마쳐달라"

(The Straits Times 08. 02; 연합뉴스 08. 02 재인용)

– 말레이시아 총리인 마하티르가 2~3년 이내에 하야해 안와르 이브라힘에게 정권을 넘겨줄 것이라는 입장을 명확히 하였다. 그러자 7월 30일 야당 통일말레이국민조직과 범말레이시아이슬람당 등의 대표들이 총리를 찾아가 총리직을 계속해 줄 것을 요청했다. 마하티르 총리는 이에 대해 8월 1일 기자들을 통해 야당 대표들에게 총리직을 넘기겠다는 약속을 반드시 지킬 것이라고 말했다며 국내 상황이 호전되면 물러나겠다고 말했다.

인도네시아

07월 14일

- 조코위의 새로운 비전, '더 이상 비효율적이고 비관용적인 인도네시아는 없다'

(Jakartaglobe 07. 14)

– 재선에 성공한 조코위 대통령이 지속적인 인프라 확충, 인적 자원 개발, 투자 문호 개방, 관료주의 민 국가 예산 조정이라는 5개의 새로운 비전에 대해 발표했다. 그는 14일 인도네시아 자바섬 보고르의 컨벤션센터에서 연설을 통해 "우리가 매우 역동적인 글로벌 환경에 살고 있다는 점을 인식해야 한다"며 오래된 형식에서 벗어나 새로운 모델과 방법을 통해 우리의 문제를 해결하는 데에 도움이 되도록 새로운 가치를 찾아야 한다고 말했다. 특히 그는 정부 기관, 조직 및 내각에서의 오래된 관습을 버리고 효율적이고 효과적인 형태를 추구할 수 있도록 경쟁력 있고 유연하게 국가를 만들어나가야 한다고 강조했다. 조코위 대통령은 이어 고속도로, 기차, 항구, 공항 등 대규모 인프라를 구축할 것이며, 건강과 교육에 중점을 둔 인적 자본 개발 확충, 투자 환경 및 기회 조성, 효율적으로 관료제 개혁, 주 예산의 효율적 분산을 주요 비전으로 내세웠다.

07월 30일

•인도네시아 행정수도 예정지, 보르네오섬 '칼리만탄' 낙점

(The Jakarta Post 07. 31; 연합뉴스 07. 31 재인용)

– 인도네시아의 수도 예정지로 보르네오섬 인도네시아령 칼리만탄이 선정되었다. 밤방 브로조느고로 국가개발기획부 장관은 30일 조코위 대통령이 칼리만탄을 행정수도로 건설하기로 결정했다며 정확한 지역은 향후 발표하겠다고 밝혔다. 인도네시아 정부는 현재 수도가 있는 자바섬에 인구의 57%가 밀집되어 있고, 현 수도인 자카르타가 무분별한 지하수 개발과 고층건물 건설 급증 등으로 지반이 상당히 낮아진 상태임을 고려하여 올해 4월에 각료회의에서 수도 이전 방안을 추진한 바 있다. 인도네시아 정부는 행정수도를 칼리만탄에 두고, 자카르타에는 경제와 산업 중심을 두어 역할을 분산시킬 계획이다.

26차(7월 말~8월 말)

김진주

싱가포르에서는 8월 3일 전 인민행동당 의원 탄쳉복을 중심으로 한 싱가포르 진보당이 공식 출범했다. 당대표인 탄쳉복은 출범행사에서 싱가포르 진보당이 차기 총선에서 원내에 진입할 경우 18세로 선거연령을 하향하는 등의 정치 개혁을 추진하겠다고 밝혔다(The Straits Times 2019. 08. 04).

말레이시아에서는 8월 2일 교육부가 초등학교 4학년 정규 교육과정에 '아랍어 표기법 수업(khat)'을 포함하겠다고 밝혀 다른 주요 민족인 중국계, 인도계의 반발을 사고 있다(The Star 2019. 08. 06; 연합뉴스 2019. 08. 06 재인용). 한편 말레이시아 검찰은 불법자금 횡령과 직권남용 혐의로 조사 중인 나집 라작 전 총리를 기소하고 재판을 이어가고 있다(연합뉴스 2019. 08. 28).

인도네시아에서는 8월 4일 수도 자카르타 및 수도권에 송전 시스템 문제로 인해 대규모 정전이 발생해 교통수단이 마비되고 화재가 발생하는 등 피해가 잇따랐다(연합뉴스 2019. 08. 04). 한편 조코 위도도 대통령은 공식적으로 8월 26일 수도를 보르네오섬으로 이전하겠다고 발표했다(연합뉴스 2019. 08. 26).

싱가포르

08월 03일

• 탄쳉복, 싱가포르 진보당 원내 진 시 정치적 변화 모색할 것

(The Straits Times 08. 04)

– 싱가포르 진보당 탄쳉복 대표가 공식 출범식에서 싱가포르 내 투표 연령을 18세로 낮추는 등 싱가포르 진보당이 원내에 진입할 경우 다양한 변화를 모색하겠다고 밝혔다. 그는 18세 청년들은 국가의 안보를 지킬 의무가 있기에 그들 역시 지도자를 선출할 권리를 가져야 한다고 말하며, 그들이 시민의 책무와 정책을 이해하고 원하는 정부를 판단할 수 있을 정도로 성숙하다고 주장했다. 또한 싱가포르 진보당은 인도와 포괄적인 경제협력 협정에 앞장서며, 출산율을 높이고, 의료모델을 확대하며, 직업

제6부.. 동남·남부 아시아 II의 동향 및 쟁점 **823**

에 있어 안전을 보장하는 등의 노력을 기울이겠다고 말했다. 이와 관련하여 세부적인 사항은 선거 공약집에 수록하겠다며 말을 아꼈다. 또한 다가올 총선에서 어느 지역에 출마할 것이냐는 질문에 신중하게 계획 중이라고 덧붙였다.

08월 28일
• 프리탐 싱: 노동자당, 인민행동당과 싱가포르 개선을 위한 통합 연합을 유지할 것

(mothership 08. 30)

– 싱가포르 제1야당인 노동자당 대표 프리탐 싱이 방콕에서 진행된 아세안 의원 총회(ASEAN Inter-Parliamentary Assembly, AIPA)에 싱가포르 대표단으로 참석한 이후 SNS 글을 통해 여러 사람들이 이상하게 볼지라도 국가의 더 나은 미래를 위해 추구하고자 하는 가치는 여당과 야당이 모두 같기 때문에 의회 내에서 서로 다른 진영이라 하더라도 통합된 연합을 유지할 수 있다고 밝혔다. 또한 그는 국내에서는 상대편일지라도 해외에서는 모든 의원들이 더 나은 싱가포르의 미래를 위해 함께해야 한다고 덧붙였다.

말레이시아

08월 02일
• 말레이 '아랍어 표기법 수업' 도입에 이슬람화 논란

(The Star 08. 06; 연합뉴스 08. 06 재인용)

– 말레이시아 교육부가 초등학교 4학년을 대상으로 '아랍어 표기법 수업'을 정규 과정으로 포함하겠다고 8월 2일 발표했다. 교육부는 "아랍어 표기법은 말레이시아 언어 유산의 일부"라며 "말레이 언어와 국가 정체성의 가치를 배우기 위해 수업이 필요하다"고 설명했다. 하지만 중국계와 인도계 등은 이슬람화 교육이 우려된다고 반발했으며, 중국 주도의 말레이시아 민주행동당 관계자와 국회의원 총 138명은 교육부 계획에 공개적으로 반대하며 정치적인 문제로 확산되고 있다.

08월 28일

• 말레이 검찰, 나집 전 총리 재판서 "조 로우와 한몸"   (연합뉴스 08. 28)

– 2009년 경제개발 사업을 수행하겠다며 설립한 국영투자기업 1MBD를 통해 45억 달러(한화 약 5조 2천억 원)을 유용했다는 혐의로 기소된 말레이시아 전 총리인 나집 라작이 올해 4월 3일 재판에 이어 8월 28일 2011~2014년 최소 5억5천80만 달러(6천689 억 원)를 불법 송금받은 행위와 관련하여 돈세탁과 관련한 21개의 혐의와 4개의 직권 남용 혐의에 대해 재판받았다. 검찰은 나집 전 총리가 1MDB 스캔들을 막기 위해 조사를 방해하는 등의 행위를 함으로써 직권을 남용했고 횡령한 자금을 사적으로 사용했다고 강조했다. 나집 전 총리를 여전히 모든 혐의를 부인하여 정치적인 이유에서 법정에 선 것이라고 주장했다.

인도네시아

08월 04일

• 인도네시아 자카르타 수도권 '대정전' 대부분 복구

(Compas 08. 05; 연합뉴스 08. 05 재인용)

– 수도 자카르타와 수도권 및 자바섬 서부·중부지역에 4일(현지시간) 정오 대정전이 발생했다. 인도네시아 국영 전력회사(PT Perusahaan Listrik Negara, PLN)는 송전 시스템의 문제로 인해 자바섬 동부에서 서부로 전력을 보낼 수 없어 지역 사회는 물론 자바섬 서부의 모든 발전소에도 전기가 끊어졌다고 설명했다. 또한 이번 정전으로 지하철과 경전철이 멈추고 교차로 신호등이 꺼졌으며, 휴대전화와 인터넷 통신이 안되는 등 수도권 주민 3천만 명, 그리고 그 밖의 지역까지 총 1억 명 가까이가 피해를 본 것으로 추산되고 있다. 병원과 쇼핑몰, 아파트 등에서는 비상 발전기를 가동했으며, 정전이 장기화되지 않도록 당국이 총력을 기울인 끝에 8월 5일 대다수의 복구가 완료되었다. 조코위 대통령은 이번 사태에 대해 8월 5일 오전 전력회사를 방문, 정전 사태에 대한 미흡한 대응을 질책하고 재발 방지를 요구했다.

• **인도네시아 새 수도는 보르네오섬 동부…조코위, 공식 발표** (연합뉴스 08. 26)

– 조코 위도도 대통령이 새 수도를 보르네오섬의 동(東) 칼리만탄의 북프나잠 파세르군(Penajam Paser Utara)과 쿠타이 카르타느가라(Kutai Kartanegara)군 일부에 건설하겠다고 26일 공식 발표했다. 그는 수도선정 이유에 대해 홍수, 쓰나미 등의 재난 위험이 적고, 지리적으로 인도네시아 중앙에 위치하고 있기 때문이라고 밝혔다. 또한 수도 이전으로 인해 해당 지역의 산업화가 뒤따를 것이며, 현 수도인 자카르타는 세계적인 금융 도시로 지속 개발하겠다고 말했다. 인도네시아 정부는 신행정수도 건설 1단계에서는 공무원과 경찰, 군 병력을 포함한 인구 150만 명을 수용한다는 계획이며, 신행정수도 건설비용은 대략 330억 달러(40조 원)로 추산된다. 인도네시아 정부는 건설비용 대부분을 '민관협력 형태'로 조달한다는 방침이라 재원 마련이 신행정수도 계획 실행의 관건이 될 전망이다.

제2장
동남·남부 아시아 II의 쟁점

리셴룽 총리의 정치적 스캔들 대응 방식과 대의민주주의

김진주

2017년 6월 14일 리셴룽 총리 가(家)의 정치적 스캔들이 터져 나왔다. 그의 형제, 자매가 페이스북을 통해 리 총리가 싱가포르의 국부(國父)라 불리는 리콴유의 재산인 자택과 관련하여 아버지의 유언을 따르지 않고, 개인의 정치적 도구로 활용했다고 폭로한 것이다(중앙일보 2017. 06. 21). 더욱이 리 총리가 이를 통해 자신의 아들인 리훙이에게 권력을 이양하려고 한다는 논란이 불거지면서(중앙일보 2017. 06. 21) 이번 스캔들을 단순히 형제, 자매 간 유산 싸움을 넘어 싱가포르 내 논란의 중심이 되었다.

소위 '형제의 난'이라 불리는 리 총리 가(家)의 스캔들은 권력남용이라는 공적인 문제까지 확대되자 7월 3일 의회 회기 내에서 논의되었다(The Online Citizen 2017. 07. 01). 싱가포르 여러 의원들은 이것은 한국 드라마가 아니며 나라의 신뢰를 하락시키는 심각한 문제이기에 총리와 정부는 법적 대응을 통해서라도 문제를 해결하라고 요구했으며, 동생들이 제시한 권력남용 문제에 대해서도 입증하라고 촉구했다(연합뉴스 2017. 07. 04). 비록 이번 리 총리 가(家)의 스캔들이 완전히 입증된 것은 아니며, 국민의 신뢰를 하락시키고 국가를 불안정하게 만들었지만 리 총리의 정치 스캔들 대응방식에 대해서는 주목할 필요가 있다. 리 총리는 스캔들이 발생하자마자 자신의 소속 정당인 인민행동당의 홈페이지와 TV 방송을 통해 직접적으로 대국민 사과를 수행했으며, 이후 의회에도 자리를 마련하여 의원들이 사안에 대해 직접 자신을 비판할 수 있는 자리를 마련하는 모습을 보였다(South China Morning Post 2017. 07. 06).

그러나 긍정적인 평가만이 있는 것은 아니다. 오히려 여론의 반응은 이번 대응방식에 대해 냉담하다. 정치적 스캔들의 해결을 촉구하라는 첫 시위가 7월 16일에 열렸고, 그들은 리 총리가 스캔들을 해명하기 위해 마련한 의회 내 토론회에 대해서 '눈가림'을 위한 제스처에 불과하다고 비판했다(AFP 2017. 07. 16; 연합뉴스 2017. 07. 16 재인용). 이렇듯 리 총리의 이번 스캔들 대응방식이 마냥 긍정적인 평가를 받고 있는 것은 아니며, 싱가포르 내 국민들의 신뢰 역시 제고되었다고 단정 지을 수는 없다. 하지만 정치인에게 있어 정치적 위기 상황에서 국민들의 팽배해지는 불신을 막을 수 있는 가장 좋은 방안은 국민들에게 개방적이고 투명하게 문제에 대한 사과와 해명을 수행하고, 적극적으로 해결방안을 모색하는 것이다. 따라서 이번 리 총리의 신속하고 공개적인 대응방식은 대의민주주의하에서 적절한 조치라 여겨지며, 이후 보다 투명하게 스캔들을 해결하는 모습을 보여야 할 것이다.

참고문헌

김상훈. 2017. "'한국드라마가 아니다' 싱가포르 총리 가(家) '형제의 난' 집중포화." 『연합뉴스』(07월 04일).
_____. 2017. "'싱가포르는 국민의 것' 리콴유家 '형제의 난' 관련 첫 시위." 『연합뉴스』(07월 16일).
윤설영. 2017. "싱가포르 '형제의 난'…리셴룽 총리, 대국민사과에도 리더십 '흔들'." 『중앙일보』(06월 21일).
Bhavan Jaipragas. 2017. "Is this the end of Singapore's Lee family row?" *South China Morning Post*(July 4).
The Online Citizen. 2017. "Parliamentary questions for 3 July 2017"(July 1).

싱가포르 내 언론과 여론의 현실과 자율성 확대의 필요

김진주

인민행동당의 장기집권 속에서 오랜 기간 정치적 다양성의 부족을 겪고 있는 싱가포르는 실제로 언론과 여론에서도 낮은 자율성을 보이고 있다. 2017년 이코노미스트지의 '언론의 자유 순위 2017'에서 싱가포르는 전 세계 국가 중 151위를 차지했다(The Online Citizen 2017. 08. 17). 또한 프리덤하우스(Freedom House)의 '2013 세계자유지수(Freedom in the World 2013 Index)'에서도 '정치적 권리와 시민의 자유(political rights and civil liberties)' 부문에서도 7점 만점(1점이 가장 자유로움) 중 4점을 기록하며 '부분적 자유(Partly Free)' 국가라는 평가를 받았다(The Online Citizen 2017. 08. 17). 이렇듯 지표상으로도 싱가포르 내 언론과 여론의 자유는 높지 않은 상황이다.

더욱이 싱가포르 통계에 기반을 둔 국가평가 결과들에 대해서도 논란의 여지가 존재한다. 한 언론사 기사는 "거짓말이 종종 나타난다. 국내 일간지들은 (싱가포르에 대해) 유리한 시점이 아니거나 결과가 좋지 않을 때 다르게 통계를 제시했다. 그들은 목적과 의도와는 상관없이 통계를 해석하고 있다"라고 밝히기도 했다(The Online Citizen 2017. 08. 17). 즉, 국내 언론사들이 객관적으로 조사된 자료들을 사용하기보다 국내에 유리하게 해석하여 통계 자료를 제시해 왔다고 인정한 것이다. 하지만 이러한 문제가 비단 언론사의 개별적인 것에서 기인한 것은 아닐 것이다. 일당의 장기간의 집권 속에서 비롯된 언론의 자율성 결여일 수 있다는 것이다.

또한 여론에서도 인터넷상에서는 현 총리에 대한 지지율, 혹은 정치적 사안에 대한 싱가포르인들의 평가 등과 같은 여론조사를 찾아보기 어렵다. 대다수의 소수 정당들은 페이스북 페이지를 통해 성명서를 발표하며, 국민들은 이러한 SNS를 활용하여 댓글로 의사를 표현한다. 그리고 온라인 언론사를 이러한 내용을 토대로 기사를 작성한다. 예컨대, 지난달인 2017년 6월 발생한 옥슬리 38번가 분쟁과 관련해서도 법무장관인 샨무감은 자신의 페이스북 페이지를 통해 의견을 게시하였고, 해당 글에 대한 페이스북 일반 싱가포르 사용자들의 반응을 정리하여 The Independent가 기사를 작성하기도 하였다(The Independent 2017. 06. 18). 특히, 정치적 현안에서는 이러한 방식의 기사들이 싱가포르 내에서 많이 나오고 있다.

앞서 살펴본 여러 상황들을 종합하여 볼 때, 싱가포르 내 정치적 사안들에 대하여 객관적인 언론과 여론을 찾아보는 것은 쉽지 않은 상황이다. 하지만 민주주의 국가는 사회주의, 권위주의 국가와는 달리 다양한 의견이 존재하고 수용될 수 있어야 한다. 따라서 싱가포르 집권여당과 정부는 현 상황을 파악하고 더 나은 민주주의 국가로 나아가기 위해 언론과 여론의 자율성을 보장하기 위한 노력을 기울여야 할 것이다.

참고문헌

Carlton Tan. 2017. "Economist's liveability report meaningless for non-expats." *The Online Citizen*(July 17).

Leong Sze Hian. 2017. "16 "poor" Singapore rankings that you probably didn't know?" *The Online Citizen*(July 17).

Voltaire. 2017. "Dr Lee: Shanmugam's view on conflicts of interest is 'absurd'." *The Independent*(July 18).

||||||||||||||||||||||||||||||||||||||||||||||||||||||||||||||||||||||||||||||||||||||||||||||||||||||

제8대 대통령 선출과정과 싱가포르 민주주의의 위기

김진주

2016년 11월, 싱가포르는 대통령 선거에서 소수민족이 배제되지 않게끔 권력을 잡지 못한 소수민족이 단일 후보로 대선에 출마할 수 있도록 헌법을 개정하였고, 2017년 9월 제8대 대통령선거에서는 말레이시아계만이 후보로 나올 수 있게 되어 총 3명의 후보가 적격심사를 위해 서류를 제출하였다(The Straits Times

2017. 09. 03).

하지만 후보자 중 할리마 야콥이 유일하게 적격심사에 통과하면서, 무투표로 제8대 대통령이 결정되었다(연합뉴스 2017. 09. 13). 그러나 야당은 인민행동당이 권력 창출을 위해 헌법을 개정한 것이라며 비난하였고, 싱가포르 국민들 역시 대선에서 투표의 기회조차 갖지 못한 상황에 대해 항의하며 시위를 벌였다(The Online Citizen 2017. 09. 11; Today 2017. 09. 16).

현재 싱가포르는 여당의 장기집권으로 권위주의 국가라는 비판을 피하지 못하고 있다(Ortmann 2011). 물론 적격심사 과정에서 이 점이 영향을 미쳤을 것이라고 볼 수는 없다. 하지만 적격심사만으로 대통령이 결정된 것은 절차적, 실질적 민주주의 측면에서 의구심을 불러일으키기에 충분하다. 따라서 싱가포르 정부는 이러한 민주적 위기를 해결하고 부정적 여론을 잠재우기 위해 이번 후보자 선출과정을 투명하게 공개하고, 적극적으로 국민과 야당을 설득하는 모습을 보여야 할 것이다.

참고문헌

김상훈. 2017. "싱가포르 첫 女대통령 된 할리마 '나는 모두의 대통령.'" 『연합뉴스』(9월 13일).

Kenneth Cheng. 2017. "Hundreds protest against reserved Presidential Election." *Today*(September 16).

Nur Asyiqin Mohamad Salleh. 2017. "A to Z guide to Presidential Election 2017." *The Straits Times*(September 3).

Ortmann, S. 2011. "Singapore: Authoritarian but newly competitive." *Journal of Democracy*, 22(4), 153~164.

The Online Citizen. 2017. "SDP: PAP's contempt for Singapore Constitution and flag must be roundly condemned"(September 11).

대통령선거와 여당의 불통

김진주

싱가포르 대통령선거위원회의 적격심사를 통해 제8대 대통령이 무투표로 당선된 가운데(연합뉴스 2017. 09. 13) 논란이 지속되고 있다. 리 총리와 정부는 다인종 국가에서 소수집단의 권리확보를 주장하며, 2016년 11월 이루어진 헌법 개정을 정당화하고 이번 대선 결과가 문제될 것이 없다는 입장이다(Today 2017. 09. 29; 2017. 10. 03). 하지만 싱가포르인들은 정부의 해명이 오히려 싱가포르 사회를 인종, 종교로 분열시키고, 대통령 직선제의 의미를 퇴색시킨 행위를 덮으려고 한다며 불만을 표시하고 있다(Today 2017. 09. 16; The Online Citizen 2017. 10. 02).

이번 결과에 대해 여당인 인민행동당은 홈페이지를 통해 정부의 입장을 전달할 뿐, 어떤 입장도 내놓지 않고 있다. 야당인 노동자당도 대선 이후 여당을 비판하고 있으나, 헌법 개정과 관련된 사항들에 대해서만 문제를 제기하고 있는 상황이다(Today 2017. 10. 03). 하지만 국민들이 실제로 가장 궁금한 것은 어떤 기준으로 유일하게 할리마만이 대통령 후보 적격심사를 통과했는지 일 것이다. 따라서 이번 대선 결과에 대해 여·야 모두 국민이 실제 원하는 것이 무엇인지 살펴보고 진심으로 소통하는 모습을 보여야 할 것이다.

참고문헌

김상훈. 2017. "싱가포르 첫 女대통령 된 할리마 '나는 모두의 대통령'." 『연합뉴스』(9월 13일).

윤종빈, 정회옥, 김윤실. 2014. "한국 정당의 유권자 연계 수준과 정당정치 만족도." 『한국정당학회보』 13집 2호, 31~62.

Neyla Zannia. 2017. "SDP: PAP's contempt for Singapore Constitution and flag must be roundly condemned." *The Online Citizen*(October 2).

Kelly, NG. 2017. "Reserved presidential election was 'policy decision', says Shanmugam." *Today*(October 3).

Kenneth Cheng. 2017. "Hundreds protest against reserved Presidential Election." *Today*(September 16).

Today. 2017. "Elected Presidency change not regressive, says PM Lee as he ac-
knowledges public unhappiness"(September 29).

||||||||||||||||||||||||||||||||||||||||||||||||||||||||||||||||||||||||||||||||||||||||||||||||||||||||||||||||

싱가포르 노동운동가의 검찰 기소와 국민의 자율권

김진주

　11월 29일, 노동운동 활동가인 졸로반 웸(Jolovan Wham)이 검찰에 기소됐다. 경찰의 허가 없이 공공장소에서 시위를 하고, 전철에 A4 용지를 붙였다는 것만으로 최대 3년형에 처해질 위기에 놓인 것이다(The New York Times 2017. 11. 29).

　프리덤하우스의 '2017 세계자유지수(Freedom in the World 2017 Index)'에 따르면 싱가포르는 '부분적 자유' 국가로서, 시민의 자유 분야에서는 '부분적 자유'이며, 언론 분야에서는 '자유롭지 않은(Not Free)' 것으로 평가받았다(Freedom House 2017). 장기집권으로 언론이 정부에게 억압받고(Reporters without Borders 2017), 야당도 의석에서 여당에게 밀려 제 역할을 못하고 있기 때문이다(Freedom House 2017). 그렇기에 싱가포르인들은 무투표 대통령 선출에서도, 의회 의사결정과정 비디오 편집 문제에서도 대부분 인터넷을 통해서 의견을 표출해왔다(The Online Citizen 2017. 10. 02; The Independent 2017. 11. 13).

　더 이상 싱가포르의 민주주의가 퇴보하고, 국민의 자유가 억압받아서는 안 될 것이다. 정부와 여당을 견제하는 것은 야당의 주요한 역할이다. 따라서 비록 적은 의석이지만 노동자당은 야당을 대표해 국민의 편에서 정부·여당과 맞서고, 향후 선거에서 의석을 확보해 민주주의와 국민의 자유를 위해서 노력해야 할 것이다.

참고문헌

Austin Ramzy. 2017. "Charges Cast Spotlight on Singapore's Strict Rules on Public Gatherings," *The New York Times*(November 29).

Freedom House. 2017. *Freedom in the World 2017*.

Neyla Zannia. 2017. "Netizens take issue with PM Lee's statement to remind Chinese Singaporeans to make minorities feel welcome." *The Online Citizen*(October 2).

Reporters without Borders. 2017. *2017 World Press Freedom Index*.

The Independent. 2017. "Netizens want to see ministers paid millions of dollars doing their job in Parliament; demand parliamentary live feed"(November 13).

정권 지속을 위한 인민행동당의 다각적인 행보

김진주

여당인 인민행동당은 1968년 4월 13일 치러진 첫 총선에서 전 의석을 차지한 이래 2018년인 오늘날까지 싱가포르를 장기집권하고 있다(Kotra 2018). 국제 사회에서는 인민행동당의 장기집권에 대해 언론을 억압하고(Reporters without Borders 2017), 수적 우세를 통해 야당의 역할을 제지하고 있다는 등 권위주의적이라는 평가를 내린다(Freedom House 2017).

그러나 인민행동당의 집권을 위한 노력이나 행태를 보면 장기집권의 이유를 어느 정도 찾을 수 있다. 당내 여성, 노인 등의 세부 위원회를 두고 그들의 활동을 적극적으로 장려하고 있으며(PAP 홈페이지, 2018), 선거를 약 3년 이상 앞둔 시점부터 차기 총선 후보자 목록을 작성하여 홍보하는 등(The Sunday Times 2017. 12. 03; The Straits Times 2017. 12. 03 재인용) 정권 창출을 위해 타 정당보다 한발 앞선 행보를 보이고 있다.

정당의 주요 목표는 정권 창출이다. 비록 인민행동당이 권위적으로 정권을 유지하려는 행태를 보이고 있지만, 목표인 정권 창출을 달성하고 주요 정당으로 자리매김하기 위한 인민행동당의 지속적인 노력과 움직임에 대해서는 타 정당들이 주목할 필요가 있을 것이다.

참고문헌

Freedom House. 2017. *Freedom in the World 2017*.

Joanna Seow, Seow Bei Yi, Charissa Yong. 2017. "PAP identifies 200 hopefuls for next GE." *The Straits Times*(December 3).

Kotra. 2018. http://news.kotra.or.kr/user/nationInfo/kotranews/14/userNatio nBasicView.do?nationIdx=60(검색일: 2018.01.01).

PAP 홈페이지. 2018. http://www.pap.org.sg(검색일: 2018.01.01).

Reporters without Borders. 2017. *2017 World Press Freedom Index*.

싱가포르 대의민주주의의 위기, 심각한 표현의 자유 통제

김진주

국제인권감시기구에 따르면 2017년 이후 싱가포르 정부의 표현의 자유 통제가 심해진 것으로 나타났다(Human Rights Watch 2018. 01. 18). 즉, 정부가 국민의 소리를 듣지 않고, 언론의 비판적인 의견마저 억압하고 있는 것이다. 국민의 의견을 대변해야 하는 대의민주주의의 위기가 심각해지고 있다.

정부가 대의민주주의를 약화시킨다면 정당이나 의회가 이 역할을 수행해야 한다. 의원이 의정활동을 통해 국민의 의사를 반영해 정치적 대표성을 갖는 주요한 역할을 수행해야 하기 때문이다(정회옥 외 2016). 그러나 2018년 1월 9일 국회 55차 회기에서 70명 이상의 여당 인민행동당 의원들이 회의에 참석하지 않은 것으로 나타났다(The Online Citizen 2018. 01. 22). 회의록에는 단 5명의 의원만이 결석한 것으로 되어있지만 다수의 의원들이 끝까지 자리를 지키지 않은 것이다(The Online Citizen 2018. 01. 22).

국가는 국민이 없이 이루어질 수 없기에 국민의 소리를 무시하는 정치기관들의 행태는 국가의 근간을 흔드는 모습이라 할 수 있다. 정부·정당·의회가 국민의 의견을 제대로 반영하여 대의민주주의를 강화시킬 때 비로소 국가가 건재할 수 있을 것이다.

정회옥·윤종빈·박영환. 2016. "국회의원의 의정활동에 있어 개인적 수준 변수들의 영향력 분석." 『정치정보연구』 19권 1호, 243~274.

Human Rights Watch. 2018. "Singapore: New Restrictions Limit Critical Voices" (January 18).

Terry Xu. 2018. "Untrue that more than 70 PAP MPs skipped Parliament on 9 Jan." *The Online Citizen* (January 22).

||||||||||||||||||||||||||||||||||||||||||||||||||||||||||||||||||||||||||||||||||||||||||||||||||||||||||||||||

실질적 민주주의로 가기 위한 싱가포르 야당들의 노력

김진주

인민행동당은 1965년 독립 이후 초대 총리인 리콴유가 설립한 이래 장기적으로 의회 내 다수 의석을 차지하고 있다(Kotra 2018). 가장 원내에 야당이 많이 진입했다고 평가받는 2015년 총선에서도 야당인 노동자당의 의석은 총 89석 중 단 6석에 불과했다(BBC 2015. 09. 12).

하지만 싱가포르 내에 정당이 없는 것은 아니다. 단지 원내 진입한 정당이 노동자당에 불과할 뿐 실제 2015년 총선에서 후보를 낸 정당은 인민행동당과 노동자당을 제외하고도 34개에 달한다(싱가포르 정부 2018). 실제 이번 2018년 예산과 관련하여 싱가포르 국민당(Singapore People's Party, SPP)은 소득불평등, 주택, 의료 등 다양한 분야에서 의견을 제시하는 성명서를 발표했고(The Online Citizen 2017. 02. 13), 싱가포르 민주당은 정부의 예산발표 후 부유층을 위한 내용에 대해 반박하는 성명을 냈다(The Online Citizen 2017. 02. 20).

두드러지지는 않지만 주요 여당, 야당 외에 싱가포르 내 여러 정당들의 목소리가 조금씩 높아지고 있다. 향후 싱가포르의 대의민주주의 발전과 다양한 여론의 의견을 수렴하기 위한 야당들의 행보를 예의주시할 필요가 있을 것이다.

참고문헌

BBC. 2015. "Singapore Election: Governing Party Secures Decisive Win"(September 12).

Kotra. 2018. http://news.kotra.or.kr/user/nationInfo/kotranews/14/userNationBasicView.do?nationIdx=60(검색일: 2018.02.20).

The Online Citizen. 2018. "SPP's Statement on Budget 2018: Improving Singaporean's Quality of Llife, Bridging Inequality, Spending Prudently"(February 13).

_____. 2018. "SDP: A Budget of Wayang and Cheap Gimmicks"(February 20).

말레이시아 범여권의 장기집권 야욕과 비(非) 민주적 행위

김진주

2018년 총선을 앞두고 범여권 국민전선이 장기집권을 위해 야권연합인 희망연대에게 부당한 행위를 하고 있다는 의혹이 제기되었다. 희망연대의 총리 후보인 마하티르 빈 모하맛 전 총리는 기자회견을 통해 국민전선과 나집 라작 현 총리가 자신들을 방해하고 있다고 밝힌 것이다(The Malaysian Insight 2018. 03. 13).

현 집권연합인 국민전선은 1974년 이래 총선마다 의석의 과반을 확보하며 장기집권을 이어가고 있다(Kotra 2018). 이러한 상황에서 국민전선과 현 총리가 집권을 지속하기 위해 반(反) 민주적 행위를 하고 있다는 주장이 제기된 것이다. 더욱이 나집 총리는 2013년 총선을 앞두고 국영투자기업 1MDB를 통해 비자금을 조성했다는 사실이 드러나면서 사퇴 압박을 받았으며(연합뉴스 2016. 01. 31), 11월 19일에는 총리의 퇴진을 요구하는 국민들의 대규모 시위도 있었다(한국일보 2016. 11. 20).

말레이시아는 2014년 대통령 직선제를 도입하며 점차 민주적으로 나아가고 있다. 여권연합으로서, 한 국가의 총리로서 국가의 민주적 행보에 방해가 되는 행위는 지양해야 할 것이다.

참고문헌

김문성. 2016. "말레이시아 총리 '비자금 스캔들' 확산…정국 긴장 고조." 『연합뉴스』 (01월 31일).

정지용. 2016. "말레이시아도 '총리 하야' 주말 대규모 반정부 시위." 『한국일보』(11월 18일).

Kotra. 2018. http://news.kotra.or.kr/user/nationInfo/kotranews/14/userNation BasicView.do?nationIdx=56(검색일: 2018.03.26).

Yasmin Ramlan. 2018. "GE14 will be dirtiest election in the world, says Dr Mahathir." *The Malaysian Insight*(March 13).

||||||||||||||||||||||||||||||||||||||||||||||||||||||||||||||||||||||||||||||||||||||||||||||||||

인도네시아 단결당의 의미와 한계

김진주

2014년에 창당하여 강력한 소셜미디어 활동을 벌이고 있는 인도네시아 단결당이 젊은 층의 높은 지지를 받고 있다(Asean Today 2018. 04. 06). 기성세대에 대항하여 젊은 유권자가 주체적으로 정치적 견해를 표명해야 한다는 목적을 가진 단결당은 반(反)부패와 정부의 투명성 제고를 주장하고 있다(Asean Today 2018. 04. 06).

하지만 정당의 주요 기능 중 하나가 의회 충원인데도 불구하고(서현진 2014), 선거에서 단결당이 뚜렷한 후보를 제시하지 못하고 있어, 정치권에 뿌리 깊게 자리 잡을 수 있을지는 의문이다. 또한 단결당은 현 조코 위도도 대통령을 사상적 아버지라 칭하고 있으며 그에 대한 지지만을 보내고 있다(Aljazeera 2018. 03. 21).

단결당은 선거에서 현 대통령의 투쟁민주당과의 차별점을 보이지 못하고 있다. 따라서 젊은 세대의 진정한 정치참여를 위한 정당으로 자리 잡기 위해서는 자신들의 의견을 직접적으로 대변할 수 있는 인물을 모색해 정치적 행보를 이어가야 할 것이다.

참고문헌

서현진. 2014. "정당 활동가의 의회충원에 관한 연구: 19대 총선을 중심으로." 『한국 정치연구』 23집 1호, 75~100.

Aljazeera. 2018. "PSI: Indonesia's new millennials party"(March 21).

Asean Today. 2018. "The party trying to win over Indonesia's youth"(April 6).

말레이시아 마하티르 전 총리 정권 재탈환의 명암(明暗)

김진주

약 60년 만에 말레이시아에 정권교체가 이루어졌다. 1957년 통일말레이국민 조직이 집권한 이래 범여권연합 국민전선이 정권을 잡고 있었으나 5월 9일 선거에서 야권연합인 희망연대가 정부 구성 요건을 충족하는 의석을 획득하게 된 것이다(BBC 2018. 05. 10). 희망연대의 주역은 이들을 이끈 마하티르 전 총리로, 그는 나집 라작 총리의 비자금 스캔들이 터지자 재임기간 몸담았던 국민전선을 떠나 나집 총리의 퇴진을 목표로 반(反)나집 연대를 구성했다(조선일보 2018. 05. 10).

일각에서는 장기 집권한 정권을 몰아낸 역사적인 승리라 이번 선거를 평가하고 있다. 그러나 1981년 7월 4대 총리로 취임한 이래 5차례 총리직을 연임해 23년간 장기 집권한 마하티르가 다시 총리직에 복귀한 것까지 과연 역사적인 승리라 할 수 있을지는 의문이다. 마하티르 총리는 말레이시아 근대화의 아버지로도 불리지만 이전 집권기간 동안 언론을 통제하고 반대세력을 억압했다는 평가를 받고 있기도 하다(연합뉴스 2018. 05. 11). 그의 총리직 재탈환이 향후 말레이시아 정치에 어떠한 영향을 미칠지 귀추가 주목된다.

참고문헌

박수현. 2018. "'말레이시아 국부이자 독재자'…92세 마하티르의 화려한 복귀." 『조선일보』(05월 10일).

황철환. 2018. "93세에 돌아온 마하티르… 말레이 총리 취임선서." 『연합뉴스』(05월 11

일).

BBC. 2018. "Malaysia Election: Opposition Scores Historic Victory"(May 10).

|||||||||||||||||||||||||||||||||||||||||||||||||||||||||||||||||||||||||||||||||||||||||||||||||||||||||||||||||

인도네시아 선거와 족벌주의(nepotism)

김진주

6월 27일 인도네시아에서 2015년 12월 9일 이후 역대 두 번째로 171개 지역에서 전국 규모 지방선거가 치러졌다(The Jakarta Post 2018. 06. 27). 지방정부 수장을 2005년에서야 처음 직선제로 선출한 인도네시아는 지방자치에서의 민주주의를 점차 확대해 나가고 있다(연합뉴스 2015. 12. 09).

하지만 여전히 실질적으로는 선거에서 족벌주의가 만연하게 나타나고 있어 민주적 의식이 부족한 상황이다. 주지사 선거가 치러질 17개 지역 중 6개의 후보들이 현직 총재의 친인척이거나 직접적 이해당사자인 것으로 나타났다(The Jakarta Post 2018. 01. 13). 남부 슬라웨시의 경우 국회의원 이산 야신 림포(Ichsan Yasin Limpo)가 2015년 부패혐의로 체포되었음에도 그의 형인 샤룰 야신 림포가 주지사 후보로 지명되었다(The Jakarta Post 2018. 01. 13).

미국의 부시, 케네디 일가(一家)와 같이 한 집안에서 다수의 정치가가 있는 것 자체를 부정적으로 볼 수는 없다. 그러나 인도네시아의 지방정치가 민주적으로 완연히 자리 잡지 않았고, 내부에서도 비판의 목소리가 존재하는 만큼 다양한 후보자들이 정치적으로 선의의 경쟁을 할 수 있도록 환경이 조성되어야 할 것이다.

참고문헌

신성철. 2015. "인도네시아, 첫 전국 규모 지방선거…민주화·지역개발 '가속화'." 『연합뉴스』(12월 09일).

Surakarta·Makassar. 2018. "19 years after Reform, politics still a family affair." *The Jakarta Post*(June 27).

The Jakarta Post. 2018. "2018 regional elections: The basics"(May 10).

<hr/>

'부미푸트라'를 둘러싼 갈등과 사회통합

김진주

'부미푸트라'는 말레이시아 원주민과 토착민을 일컫는 말로 토지, 공직, 특정 사업의 면허 등을 일정 비율 이상 말레이계에게 주는 등의 말레이계 국민 우대 정책이다(한국경제 2018. 05. 21). 과거 부유한 중국계에 대한 말레이계의 불만이 고조되면서 폭동으로 이어져 수백 명의 희생자가 발생하였고 이를 해결하기 위해 정부는 1971년 '신경제정책'을 도입하였다(연합뉴스 2018. 07. 29).

하지만 오늘날 말레이계의 사회적 지위가 향상되었음에도 여전히 부미푸트라 정책이 남아 있어 새 말레이시아 정부는 오히려 중국계와 인도계에게 역차별적인 현상이 나타나기에 이를 완화하겠다는 입장을 밝혔다(연합뉴스 2018. 07. 29). 그러나 정책 완화에 대해 말레이계 국민의 반발이 거센 상황이며 지난 선거에서 정권획득에 실패해 야당으로 전락한 통일말레이국민조직과 범말레이시아이슬람당까지 가세해 여당을 비난하고 있다(연합뉴스 2018. 07. 29).

이에 대해 현재 여당은 어떠한 입장도 보이지 않고 있다. 국가적 측면에서 모든 국민의 통합을 이룩하는 것은 매우 중요하다. 하지만 이처럼 갈등이 증폭되고 야당까지 가세해 문제가 불거진다면 오히려 정책 완화를 통한 사회통합을 이행하기 어려울 수 있다. 따라서 여당은 국민의 목소리를 듣고, 야당과의 숙의를 통해 사회적 합의를 이루기 위한 노력을 기울여야 할 것이다.

참고문헌

유승호. 2018. "기로에 선 말레이시아의 '중국인 차별 정책'." 『한국경제』(05월 21일).

황철환. 2018. "'말레이계 우대정책' 완화에 말레이시아 종족갈등 증폭." 『연합뉴스』(07월 29일).

말레이시아 새 정부의 급진적 행보와 전망

김진주

60년 만에 정권교체를 이룬 마하티르 정부가 급진적 행보를 이어가고 있다. 지난 7월 마하티르 정부는 말레이계 우대정책인 '부미푸트라'가 오히려 중국계와 인도계 말레이시아 인들에게 역차별적인 현상을 보인다며 정책 완화를 추진하겠다는 입장을 밝혔고(연합뉴스 2018. 07. 29), 기존에 부과되었던 6%의 상품·서비스세를 폐지(The Online Citizen 2018. 07. 31)와 나집 전 총리가 2018년 4월 도입한 가짜 뉴스 법안의 폐지까지 의회의 승인을 받았다(Channel News Asia 2018. 08. 16).

야당은 새 정권의 급진적인 행보에 거세게 반발하지만 현 정권이 추진하고 있는 부미푸트라 완화 정책, 상품·서비스세와 가짜 뉴스 법안 등은 말레이시아 기득권과 전 총리가 국민의 상황을 고려하지 않은 법안이기도 하다. 특히 가짜 뉴스 법안의 경우 나집 전 총리가 올해 5월 총선을 앞두고 도입한 것으로, 허위사실을 유포할 경우 형량을 강하게 부과하는 내용을 담고 있어 언론을 압박하기 위한 법안이라는 비판이 제기된 바 있다(Channel News Asia 2018. 08. 16).

민주주의 사회에서는 다양한 목소리가 반영되어야 하며, 누구의 자유도 억압받지 않아야 한다. 현 정권의 긍정적인 급진적 행보가 향후 말레이시아 사회를 더욱 민주적으로 변화시킬지 귀추가 주목된다.

참고문헌

황철환. 2018. "'말레이계 우대정책' 완화에 말레이시아 종족갈등 증폭." 『연합뉴스』 (07월 29일).

Danisha Hakeem. 2018. "Malaysia's Parliament tables Bill to repeal Goods and Services Tax." *The Online Citizen*(July 31).

Kuala Lumpur. 2018. "Malaysian parliament throws out law against 'fake news'." *Channel News Asia*(August 16).

말레이시아 주(州) 하원의원의 차기 총리를 위한 '자리양보'의 정당성

김진주

임기 초기부터 적절한 시기에 총리직을 위임하겠다고 밝혀왔던 마하티르 총리는 5월 11일 동성애 혐의로 정치범 신세였던 안와르에 대해 술탄 무하맛 5세 국왕이 완전한 사면에 동의하자 그에게 총리직을 이양하겠다는 의사를 표명했다(연합뉴스 2018. 05. 14).

따라서 안와르는 차기 총리 후보로서 보궐선거 등을 통해 하원의원직을 확보하기만 하면 총리직을 위임받을 수 있게 되는데(연합뉴스 2018. 05. 14), 최근 9월 11일 같은 인민정의당 소속의 초선의원인 포트 딕슨 지역구 하원의원 다냘 발라고팔 압둘라(Danyal Balagopal Abdullah)가 차기 총리가 의회에 복귀하도록 의원직을 사퇴하겠다고 발표하면서 그의 보궐선거 출마가 확실시되었다(The Star 2018. 09. 13). 사실상 포트 딕슨 지역은 인민정의당의 '텃밭'이기에 안와르 후보의 당선이 유력할 전망이다(The Star 2018. 09. 13).

말레이시아 하원의원은 선출직으로 5년마다 국민투표를 통해 선출한다(외교통상부 2014). 당을 위해서 선출직 자리를 사임하고 양보한다는 것이 과연 정당성을 가질 수 있는지 생각해봐야 한다. 대의민주주의하에서 국민의 선택을 양보받아 얻은 자리가 진정으로 정당성을 가질 수 있는지, 이러한 행위로 조건을 충족한 후보가 차기 총리직을 역임할 자격이 있는지 숙고해 보아야 할 것이다.

참고문헌

외교통상부. 2014. 『말레이시아 개황』.
황철환. 2018. "정치범에서 차기 총리로…안와르, '말레이판 신데렐라' 부상." 『연합뉴스』(05월 14일).
The Star. 2018. "Saifuddin: Decision to vacate PD seat for Anwar made by PKR

political bureau"(September 13).

||||||||||||||||||||||||||||||||||||||||||||||||||||||||||||||||||||||||||||||||||||||||||||||

노동자당 의원 3인의 부패혐의와
정권교체를 위한 노력의 난관

김진주

싱가포르는 여당인 인민행동당이 1968년 이래 50년간 장기집권하고 있는 국가이다(Kotra 2018). 하지만 지난 2015년 선거에서 노동자당이 6석의 의석을 차지함에 따라 역대 가장 많은 야당 의원이 원내 진입에 성공하면서(BBC 2015. 09. 12), 정권 교체를 향한 움직임이 일어나고 있다.

그러나 10월 5일 제1야당인 노동자당의 주요 의원 3인이 신의성실의무 위반 혐의로 시의회로부터 민사소송을 당해 재판에 회부된 사건이 벌어졌다(Channel News Asia 2018. 10. 05). 노동자당 의원들이 아주니드-호우강 시의회와 파시리스-풍골 시의회의 관리 기관을 선정하는 과정에서 특정 기업에게 부적절한 금액을 받았다는 것이다(Channel News Asia 2018. 10. 05). 부패척결에 대해 엄격한 잣대를 가지고 있는 싱가포르에서(조은경 2013) 이러한 혐의는 소송결과를 떠나 야당에 대해 불리한 정치적 상황을 만들 수 있다.

2021년 총선거를 앞두고 노동자당을 제외한 야당들이 정치적 연합을 모색하는 등 정권교체 노력을 지속하는 가운데(The Straits Times 2018. 07. 28), 주요 야당인 노동자당이 연합에 참여하지는 않더라도 야당 진영에 해가 갈 수 있는 행태를 보여서는 안 될 것이다.

참고문헌

조은경. 2013. "[부패방지 해외사례 – 싱가포르] 생존을 위한 전략, 부패 척결." 『월간 공공정책』 93호, 28~29.
BBC. 2015. "Singapore Election: Governing Party Secures Decisive Win"(Septem-

ber 12).

Kotra. 2018. http://news.kotra.or.kr/user/nationInfo/kotranews/14/userNatio
nBasicView.do?nationIdx=60(검색일: 2018.10.30).

Lianne Chia. 2018. "Multimillion-dollar civil suits against 3 Workers' Party MPs
go to trial." *Channel News Asia*(October 28).

Yuen Sin. 2018. "7 Opposition Parties Discuss forming a New Coalition, Invite
former PAP MP Tan Cheng Bock to be Leader." *The Straits Times*(July 28).

2019년 인도네시아 대선, 경제이슈와 향후 전망

김진주

지난 2014년 대선은 조코 위도도 후보가 중국계 기독교인이라는 가짜 뉴스
가 퍼지면서 무슬림의 인구가 많은 인도네시아에서 종교가 주요 쟁점이 되었다
(New York Times 2018. 08. 11). 하지만 조코위 대통령의 임기 시작 이후 경제적 불평
등이 심화돼 2019년 선거에서는 경제이슈가 더욱 중요할 것이라는 전망이 나오
면서(New York Times 2018. 08. 11), 야권 진영의 움직임이 분주하다.

야권 후보인 프라보워 수비안토와 러닝메이트 산디아가 우노는 여권 후보인
조코위 현 대통령 정부가 당초 7% 경제성장률을 목표로 한 것에 비해 5.17%밖
에 달성하지 못했고, 달러 대비 루피아 가치 또한 1998년 외환위기 이후 최저 수
준이라는 등의 경제적인 문제를 비판하면서, '더 많은 일자리·더 많은 투자 유
치·더 적은 생활비'를 내세운 선거운동을 통해 경제이슈 선점에 힘을 쏟고 있다
(South China Morning Post 2018. 11. 20; 아시아투데이 2018. 11. 22 재인용).

물론 조코위 대통령도 선진국의 투자확대를 위한 경제 패키지를 발표하면서,
201 9년에는 대선공약인 경제성장률 7%를 달성하겠단 강한 의지를 보이고 있다
(아시아경제 2018. 11. 27). 하지만 야권에서 현 경제문제를 비판하고 이슈 선점을 위
해 노력하고 있는 만큼, 향후 조코위 대통령의 재임에 어려움이 없을지 귀추가
주목된다.

참고문헌

김지수. 2018. "인니 대선 '경제이슈' 선점하라…공세 높이는 억만장자 부통령 후보 '산디아가.'" 『아시아투데이』(11월 22일).

최수진. 2018. "'1시간 만에 사업 허가' 인니의 파격을 보라." 『아시아경제』(11월 27일).

Joe Cochrane. 2018. "Indonesia's Presidential Race Takes Shape, in Shadow of Hard-Line Islam." *The New York Times*(August 11).

Resty Woro Yuniar. 2018. "In Indonesian Elections, How Far Cac VP Candidate Sandiaga Push Widodo Over The Economy?" *South China Morning Post*(November 20).

싱가포르 집단선거구의 명암과
이를 극복하기 위한 야당의 움직임

김진주

11월 10일 리 총리가 인민행동당 전당대회에서 이번 대회가 차기 총선에 앞선 마지막이 될 것이라고 언급함에 따라 2019년 싱가포르에서 조기총선이 실시될 전망이다(로이터 2018. 11. 11). 여당은 일찍이 차기 내각을 준비하였으며, 야당 역시 선거를 위한 움직임을 시작하였다.

싱가포르는 영국식 의원내각제를 기반으로 한 특유의 선거제도를 가지고 있다. 특히 지역구 의원 선출에서 집단선거구는 정당별로 4~6명의 후보자 팀을 구성해 선거에 출마시키는 것으로, 정당투표를 통해 최다 득표한 정당이 해당 지역구 의석 전체를 독식하게 된다(주싱가포르대사관 2013. 05. 09). 따라서 집단선거구는 인재가 적고, 지지기반이 약한 군소정당에게는 불리해 집권여당인 인민행동당이 독식해왔다. 하지만 지난 2011년 총선에서 처음으로 야당인 노동자당이 집단선거구에서 승리하였고 다음 선거에서도 재확보하였다(The Straits Times 2015. 08. 28). 더욱이 노동자당은 차기 총선을 대비해 집단선거구에 당 홍보 팸플릿을 배포하는 등 노력을 기울이기 시작했다(The Independent 2018. 12. 07).

물론 집단선거구는 반드시 소수인종 후보자를 포함시켜야 하기에 명부를 정할 때 소수인종의 정치참여를 보장한다(주싱가포르대사관 2013. 05. 09). 하지만 한 정당이 싱가포르를 장기집권하고 있는 상황인 만큼 해당 제도에 대한 재고가 필요할 것이다.

참고문헌

주싱가포르대사관. 2013. 『싱가포르 특유의 선거제도』(05월 09일).

Chew Hui Min. 2015. "GE2015: A Look Back at The Last 5 General Elections from 1991 to 2011." *Thet Straits Times*(August 28).

Jack Kim. 2018. "Singapore PM Lee Hints at Early Election Next Year." *Reuters*(November 11).

Jewel Stolarchuk. 2018. "'WP does not Oppose for The Sake of Opposing'–WP Pledges in Party Pamphlet Distributed at PAP–Held GRC." *The Independent*(November 11).

카메론하일랜즈 보궐선거 패배의 의미와 이를 수용하는 희망연대의 자세

김진주

약 60년간의 장기집권을 몰아내고 정권교체를 이룬 희망연대는 말레이계 우대정책인 '부미푸트라' 완화 시도, 상품·서비스세 폐지 등 정치개혁의 움직임을 보여 왔다(연합뉴스 2018. 07. 29; The Online Citizen 2018. 07. 31).

하지만 최근 카메론하일랜즈 보궐선거에서 집권 이후 처음으로 희망연대가 야권연합인 국민전선에게 패배했다(Channel News Asia 2019. 01. 27). 이번 선거 결과에 대해 내무장관을 비롯해 대다수의 언론들은 현 정부가 경제성과를 보여주지 못했기 때문이라고 입을 모으고 있다(Channel News Asia 2019. 01. 27; Malay Mail 2019. 01. 29). 하지만 여당 주요인사인 마하티르 전 총리는 이번 선거에 대해 국민전선이 기존에도 농촌에서 강한 지지를 받아왔고, 현지인 후보를 내세웠기 때문에 승리한 것이라고 밝혔다(Channel News Asia 2019. 01. 28).

물론 그는 해당발언 이후 선거패배에 있어 정부가 농촌의 높은 생활비 문제를 해결하지 못했다는 의견을 표했다(Channel News Asia 2019. 01. 28). 하지만 선거 결과를 두고 여당 주요 인사가 승리한 야당에 대해 우선 비판부터 하는 모습은 정부와 여당에 대한 국민의 신뢰를 저하시킬 뿐이다. 그러므로 여당과 정부는 투표를 통해 나타난 국민의 목소리를 겸허히 받아들이고 해결책 모색에 힘써야 할 것이다.

참고문헌

황철환. 2018. "'말레이계 우대정책' 완화에 말레이시아 종족갈등 증폭." 『연합뉴스』 (07월 29일).

ARAU, Perlis. 2019. "Loss of Cameron Highlands by-election a lesson for Pakatan Harapan: Muhyiddin." *Channel News Asia*(January 27).

Danisha Hakeem. 2018. "Malaysia's Parliament tables Bill to repeal Goods and Services Tax." *The Online Citizen*(July 31).

PUTRAJAYA. 2019. "Barisan Nasional's win in Cameron Highlands not a surprise: Mahathir." *Channel News Asia*(January 28).

Raynore Mering. 2019. "Kadir Jasin: Pakatan faces 'clear and present danger' after Cameron Highlands defeat." *Maylays Mail*(January 29).

인도네시아 대선 후보들의 네거티브 캠페인과 대통령의 정치적 대표성

김진주

2019년 4월 17일 대선을 앞두고 현 대통령인 조코 위도도와 야당 총재인 프라보워 후보가 선거운동을 펼치는 중이다. 더욱이 오는 대선은 직선제 도입 후 두 번째로 치러지는 것이며, 두 후보는 처음 직선제가 도입되었던 2014년에도 맞붙은 바 있다(New York Times 2018. 08. 11; 아시아투데이 2018. 08. 12 재인용).

그래서인지 이번 선거운동은 매우 치열한 양상을 보이고 있다. 현 대통령인 조코위 후보는 프라보워 후보가 외국 컨설턴트를 고용해 가짜뉴스와 흑색선전을 벌이고 있다며 공개적으로 비판하였으며, 프라보워 후보는 TV토론을 통해 조코위 대통령의 지난 임기 동안의 취약 기반시설 확충 활동에 대해 준비가 미흡했고, 비효율적이어서 낭비가 심각했다며 비난하고 나섰다(The Jakarta Post 2019. 02. 04; 연합뉴스 2019. 02. 07 재인용; 연합뉴스 2019. 02. 18).

대의민주주의하에서 국가의 수반인 대통령은 국민을 대리하는 정치적 대표자로, 향후 국정 운영을 책임지는 중요한 자리이다. 그렇기에 선거에서의 승리만을 위해 네거티브 캠페인을 벌이는 것은 대통령직 자체에 대한 국민의 신뢰를 저하시킬 수 있다. 따라서 대선 후보들은 국민을 대표한다는 사명감을 가지고 국정운영의 발전적이고 정책적인 비전을 제시하여 선거에 임하는 자세를 보여야 할 것이다.

참고문헌

김지수. 2018. "내년도 인도네시아 대선 후보 윤곽, 무슬림 강경파 단체 이번 선거도 암약할까." 『아시아투데이』(08월 12일).

황철환. 2019. "흑색선전 난무하는 인도네시아 대선판…'러시아식 선전전?'" 『연합뉴스』(02월 07일).

_____. 2019. "인니 대선서 '유니콘' 화두로…TV토론서 '상식부족 논란' 불거져" 『연합뉴스』(02월 18일).

Joe Cochrane. 2018. "Indonesia's Presidential Race Takes Shape, in Shadow of Hard-Line Islam." *New York Times*(August 11).

The Jakarta Post. 2019. "Jokowi Accuses Prabowo Camp of Enlisting Foreign Propaganda Help."(February 04).

통일말레이국민조직의 탈당 의원 소송에 대한 제언

김진주

2018년 제14대 말레이시아 총선에서 패배해 야당이 된 통일말레이국민조직이 선거 후 소속 하원 및 주 의원 약 30여 명이 여권연합인 희망연대로 들어가기 위해 탈당하자 소송을 제기하겠다고 나섰다(Malay Mail 2019. 03. 19).

탈당 의원들에 대한 소송은 2018년 9월 말 총회에서 당대표 아흐마드 자히드 하미디가 이들에게 당이 지원했던 선거자금을 배상하라는 소송을 진행하고 있다고 밝히면서 처음 언급되었다(New Straits Times 2018. 10. 02). 이후 피고 의원들이 소송에 대해 전례가 없고, 실제 소환장도 받지 못했다고 밝히면서 단순한 위협으로 여겨져 왔다(FMT News 2018. 10. 01). 하지만 최근 통일말레이국민조직 사무총장이 탈당 의원에 대한 소송이 진행되지 않을 것이란 뉴스를 반박하면서, 법률회사를 변경해 준비 중이며 탈당한 모든 의원들이 소환장을 받을 것이라고 말해 다시 논란이 일고 있다(Malay Mail 2019. 03. 19).

모든 국민에게 결사의 자유가 존재하는 만큼 통일말레이국민조직의 소송은 소속 의원들의 충성심을 강요하는 것이란 오해를 불러일으킬 수 있다. 따라서 해당 정당은 민주주의의 원칙을 준수하고 정당을 지지하는 국민들의 요구에 알맞은 정강·정책을 통해 의원들의 소속감을 높이는 노력을 기울여야 할 것이다.

Durie Rainer Fong. 2018. "In defection-prone Sabah, ex-Umno reps unfazed by Zahid's threat to sue." *FMT News*(October 01).
Ida Nadirah Ibrahim. 2019. "Umno to sue 30 lawmakers who quit party." *Malay Mail*(March 19).
New Straits Times. 2018. "No point suing party defectors, says Nazri"(October 02).

싱가포르 정부의 온라인 허위 및 조작 방지 법안과
표현의 자유 논란

김진주

　4월 1일 싱가포르 정부는 가짜 뉴스로부터 싱가포르인들을 보호하고 특히 인종이나 종교적으로 갈등을 유발할 수 있는 잠재적인 피해를 방지하는 것이 필수적이라며 의회에 온라인 허위 및 조작 방지 법안을 제출하였다(BBC 2019. 04. 04).

　하지만 법안의 발표 이후 인권단체와 시민단체, 언론인 연합, 인터넷 관련 업계 등은 해당 법안이 정부가 거짓이라고 간주하는 내용을 기업에게 삭제하도록 하는 권한이 강하게 부여되어 있고, 위법시 처벌의 수위가 높기 때문에 개인과 언론의 표현의 자유를 억압할 위험을 가지고 있다며 우려하고 있다(The Online Citizen 2019. 04. 11; 2019. 04. 25; Bloomberg 2019. 04. 15). 이에 대해 이스와란 정보통신부 장관은 해당 법안은 개인의 비판이나 풍자, 의견 등에는 해당되지 않는다고 반박하고 있으나(Bloomberg 2019. 04. 15), 여전히 논란이 지속되고 있다.

　싱가포르의 '언론자유 지수(2019 World Press Freedom Index)'는 2019년 기준 180개국 중 151위에 불과하다(Reporters without borders, 2019). 따라서 이미 표현의 자유가 보장되어있지 않다는 비판이 존재하는 만큼 정부는 이번 법안이 국민의 인권과 자유를 보장할 수 있도록 충분히 재고할 필요가 있다.

참고문헌

Danisha Hakeem. 2019. "Singapore's new anti-'fake news' Bill 'entrenches and legalizes censorship in all forms': Civil rights group Function 8, in its call for Govt to withdraw Bill." *The Online Citizen*(April 11).

_____. 2019. "Prominent journalists express concern over POFMA's impact on their practices in a letter to Comms and Info Minister S Iswaran." *The Online Citizen*(April 25).

Karishma Vaswani. 2019. "Concern over Singapore's anti-fake news law." *BBC*(April 04).

Melissa Cheok and Juliette Saly. 2019. "Singapore's Fake News Bill Set to Be-
come Law in Second Half of Year." *Bloomberg*(April 15).

Reporters without borders. 2019. "2019 World Press Freedom Index." https://rsf.
org/en/ranking(검색일: 2019.04.30).

|||||||||||||||||||||||||||||||||||||||||||||||||||||||||||||||||||||||||||||||||||||||||||||||||||||||||||||||||||

대선 결과를 둘러싼 사회적 불안과
야권의 선거 결과 불복 소송의 무게

김진주

4월 17일에 치러진 인도네시아 대통령 선거 결과 조코위 현 대통령이 재선에 성공하였다. 그러나 5월 21일 예정된 선거 결과 공식 발표 이전부터 야권 후보 진영은 조코위 진영의 부정선거 의혹을 제기하며, 개표결과가 자신들의 집계와 맞지 않을 경우 선거 결과 불복 소송을 제기하겠다고 밝혀왔다(CNN Indonesia 2019. 04. 18). 결국 5월 21일 선거관리위원회가 조코위 대통령의 승리를 발표하자 야권 후보 법률팀은 24일 헌법재판소에 여권 캠프의 선거 부정행위 증거를 제출하며 불복 소송을 제기하였다(The Jakarta Post 2019. 05. 25).

실제 부정행위가 있다면 불복 소송하는 게 옳을 것이다. 하지만 선거 결과 발표 이후 불만을 가진 야권 지지자들이 대규모 폭력시위를 벌여 수백 명의 사상자가 발생함에 따라(Kompas 2019. 05. 23; 연합뉴스 2019. 05. 23 재인용), 현지에서는 6월 28일 헌재의 판결 결과가 프라보워 후보의 패소로 나올 경우 다시 발생할 폭력사태에 대해 우려하고 있다(The Jakarta Post 2019. 05. 25; 연합뉴스 2019. 05. 27 재인용). 이러한 상황에서 야권은 정권획득만을 목표로 무리한 소송을 감행해 사회적으로 불안과 갈등을 조장하고 있는 것은 아닌지 신중한 판단을 내려야 할 것이다.

참고문헌

황철환. 2019. "인도네시아 대선 불복 폭력사태 진정 국면으로." 『연합뉴스』(05월 23일).

_____. 2019. "인니 대선후보 운명, 결국 헌재 손으로…'반전 가능성은 희박'."『연합뉴스』(05월 27일).

Kamis. 2019. "Tim Prabowo Gugat ke MK Jika Hasil KPU Beda dengan Kubu 02." *CNN Indonesia*(April 18).

Karishma Vaswani. 2019. "6 Hoaks dan Cek Fakta Kerusuhan 22 Mei 2019, Brimob China hingga Ambulans Gerindra." *Kompas*(May 23).

The Jakarta Post. 2019. "Prabowo takes poll fight to court"(May 25).

||||||||||||||||||||||||||||||||||||||||||||||||||||||||||||||||||||||||||||||||||||||

말레이시아 마하티르 정권의 불안정성을 통해 본 공약의 중요성

김진주

여권 연합 희망연대의 마하티르 정권이 올해 초 잇달아 국민전선에게 보궐선거에서 패배하고(Independent 2019. 04. 14), 지지도 역시 선거 직후 국정 지지도에 비해 37%p 급락하면서(Malaysiakini 2019. 04. 26) 불안한 모습을 보이고 있다.

이에 대한 주요 원인으로 현지에서는 경제정책에 대한 저소득층의 불만과 우대 정책 완화에 반대하는 말레이계들의 불만을 들고 있다(Malaysiakini 2019. 04. 26). 하지만 이 밖에도 현 정부는 국가안전보장회의법(National Security Council Act)의 철회를 약속했었으나 시행하지 않았으며(Human Rights Watch 2019. 04. 10), 주요 공직자 임명권한을 의회에게 넘겨 총리의 권한을 줄이겠다는 약속도 헌법 개정을 위한 의석 부족을 이유로 이행하지 않는(Channel News Asia 2019. 06. 11) 등 2018년 총선에서의 공약을 계속해서 이행하지 않는 상황이다.

대의민주주의하에서 공약은 정당이나 정치인이 특정 정책을 내세워 국민과 약속하는 것으로 이를 어길 경우 유권자의 신뢰는 하락하게 된다. 따라서 정권을 안정시키고, 국민의 신뢰를 회복하기 위해서 여권은 국민에게 위임받은 정통성을 바탕으로 책임성을 가지고 국민과 소통하고 공약을 이행하기 위해 노력해야 할 것이다.

참고문헌

Channel News Asia. 2019. "I will Decide on Key Public Appointments for Now: Malaysian PM Mahathir"(Jun 11).

Human Rights Watch. 2019. "Malaysia: Backtracking on Abusive Security Law" (April 10).

Kazi Mahmood. 2019. "Back-to-Back Defeat in Malaysia By-Elections Sends Current PH Government into Further Turmoil." *Independent*(April 14).

Malaysiakini. 2019. "Poll: PM Sees Massive Dip in Approval Rating, Down to 46pct"(April 26).

||||||||||||||||||||||||||||||||||||||||||||||||||||||||||||||||||||||||||||||||||||||||||

싱가포르, 인민행동당의 장기집권 속 야당 연합의 필요성

김진주

인민행동당은 1954년 창당 이래 지금까지 장기집권 중이다(Kotra 2016). 야당들은 의회에 진출하는 것조차 쉽지 않으며, 야당의 원내 진출이 가장 많았던 2015년 총선에서도 하원의석 89석 중 6석만을 제1야당인 노동자당이 획득했을 뿐이다(BBC 2015. 09. 12).

이러한 상황에서 다가올 총선을 앞두고 여당의 독주를 막기 위해 야당이 연합 구성에 나서기 시작했다. 2018년 7월 싱가포르 7개 야당은 싱가포르 민주당과 전 인민행동당 의원인 탄쳉복을 중심으로 연합을 형성하자는 목소리가 나온 것이다(The Straits Times 2018. 07. 28). 하지만 이는 제1야당인 노동자당을 제외한 채 이루어져 반쪽짜리에 지나지 않았다. 그러나 최근 탄쳉복이 싱가포르 진보당을 창당하면서 다시 야당 연합에 대한 논의가 이루어졌으며, 싱가포르 민주당의 당 대표 역시 이를 지지하고 나섰다(Today 2019. 08. 04).

현재 제1야당인 노동자당은 여전히 연합 구성에 회의적인 입장이다(Today 2019. 08. 04). 하지만 점차 낮아지고 있는 인민행동당의 지지율이 보여주듯 싱가포르 국민들에게는 새로운 정치적 대안이 필요하다. 민주주의 하에서 모든 국민

이 정치적 의견을 표출할 수 있어야 하는 만큼 이를 집약하여 대변하기 위해 야
당들은 연합 구성에 적극적으로 임해야 할 것이다.

참고문헌

BBC. 2015. "Singapore Election: Governing Party Secures Decisive Win"(September 12).

Kotra. 2016. http://overseas.mofa.go.kr/sg-ko/brd/m_2510/view/o?seq=1148993&srchFr=&srchTo=&srchWord=&srchTp=&multi_itm_seq=0&itm_seq_1=0&itm_seq_2=0&company_cd=&company_nm=&page=3(검색일: 2019.08.02).

Wong Pei Ting. 2019. "SDP Chief Chee Soon Juan Repeats Call for Opposition Alliance." *Today*(August 4).

Yuen Sin. 2018. "7 Opposition Parties Discuss Forming a New Coalition, Invite Former PAP MP Tan Cheng Bock to be Leader." *The Straits Times*(July 28).

━━━━━━━━━━━━━━━━━━━━━━━━━━━━━━━━━━━━━━

사회 다양성과 포용의 측면에서 바라본 말레이시아 아랍어 표기법 수업 도입

김진주

　말레이시아 교육부가 8월 2일 초등학교 4학년 학생들을 대상으로 하는 정규
교육 과정에 아랍어 표기법 수업을 포함하겠다고 발표하면서 중국계와 인도계
등의 비난을 받고 있다(The Star 2019. 08. 06; 연합뉴스 2019. 08. 06 재인용).

　말레이시아는 다민족·다종교 사회로 말레이계(62%), 중국계(22%), 인도계(7%)
등으로 구성되어 있고, 국교는 이슬람교이나 불교와 힌두교를 함께 인정하여 종
교의 자유를 보장하며, 1969년 중국계와 말레이계의 인종폭동 이후 사회통합을
위해 노력하고 있다(외교부 2019). 그러나 이번 교육부 발표는 아랍어가 말레이계
중에서도 무슬림의 언어라는 점에서 지금까지 지속해온 사회적 포용과 통합의

노력과는 다소 다른 모습이다. 말레이시아의 공용어는 말레이어지만 실제로 중국계와 인도계를 각자의 언어를 사용하기에 오히려 영어가 통용되고 있다(외교부 2019). 따라서 이번 발표에 대해 중국계와 인도계는 이슬람화 교육이라며 야당을 통해 정치적인 문제까지 제기하고 있다(The Star 2019. 08. 06; 연합뉴스 2019. 08. 06 재인용).

현재 교육부는 "말레이시아 국가의 정체성의 가치를 배우기 위해" 해당 수업을 도입해야 한다고 주장하고 있다(The Star 2019. 08. 06; 연합뉴스 2019. 08. 06 재인용). 하지만 다민족·다종교 사회에서 진정한 국가 정체성은 무엇인지, 사회통합과 포용을 위해 나아갈 방향은 무엇인지 교육부와 정부는 다시 한번 숙고해야 할 것이다.

참고문헌

성혜미. 2019. "말레이 '아랍어 표기법 수업' 도입에 이슬람화 논란." 『연합뉴스』(08월 06일).

외교부. 2019. "말레이시아 개황."